权威·前沿·原创

皮书系列为

“十二五”国家重点图书出版规划项目

权威·前沿·原创

SSAP

社会科学文献出版社

皮书系列

2016年

盘点年度资讯　预测时代前程

社会科学文献出版社 学术传播中心 编制

社长致辞

我们是图书出版者，更是人文社会科学内容资源供应商；

我们背靠中国社会科学院，面向中国与世界人文社会科学界，坚持为人文社会科学的繁荣与发展服务；

我们精心打造权威信息资源整合平台，坚持为中国经济与社会的繁荣与发展提供决策咨询服务；

我们以读者定位自身，立志让爱书人读到好书，让求知者获得知识；

我们精心编辑、设计每一本好书以形成品牌张力，以优秀的品牌形象服务读者，开拓市场；

我们始终坚持“创社科经典，出传世文献”的经营理念，坚持“权威、前沿、原创”的产品特色；

我们“以人为本”，提倡阳光下创业，员工与企业共享发展之成果；

我们立足于现实，认真对待我们的优势、劣势，我们更着眼于未来，以不断的学习与创新适应不断变化的世界，以不断的努力提升自己的实力；

我们愿与社会各界友好合作，共享人文社会科学发展之成果，共同推动中国学术出版乃至内容产业的繁荣与发展。

社会科学文献出版社社长

中国社会学会秘书长

谢寿光

2016年1月

社会科学文献出版社成立于1985年，是直属于中国社会科学院的人文社会科学专业学术出版机构。

成立以来，特别是1998年实施第二次创业以来，依托于中国社会科学院丰厚的学术出版和专家学者两大资源，坚持“创社科经典，出传世文献”的出版理念和“权威、前沿、原创”的产品定位，社科文献立足内涵式发展道路，从战略层面推动学术出版五大能力建设，逐步走上了智库产品与专业学术成果系列化、规模化、数字化、国际化、市场化发展的经营道路。

先后策划出版了著名的图书品牌和学术品牌“皮书”系列、“列国志”、“社科文献精品译库”、“全球化译丛”、“全面深化改革研究书系”、“近世中国”、“甲骨文”、“中国史话”等一大批既有学术影响又有市场价值的系列图书，形成了较强的学术出版能力和资源整合能力。2015年社科文献出版社发稿5.5亿字，出版图书约2000种，承印发行中国社科院院属期刊74种，在多项指标上都实现了较大幅度的增长。

凭借着雄厚的出版资源整合能力，社科文献出版社长期以来一直致力于从内容资源和数字平台两个方面实现传统出版的再造，并先后推出了皮书数据库、列国志数据库、“一带一路”数据库、中国田野调查数据库、台湾大陆同乡会数据库等一系列数字产品。数字出版已经初步形成了产品设计、内容开发、编辑标引、产品运营、技术支持、营销推广等全流程体系。

在国内原创著作、国外名家经典著作大量出版，数字出版突飞猛进的同时，社科文献出版社从构建国际话语体系的角度推动学术出版国际化。先后与斯普林格、博睿、牛津、剑桥等十余家国际出版机构合作面向海外推出了“皮书系列”“改革开放30年研究书系”“中国梦与中国发展道路研究丛书”“全面深化改革研究书系”等一系列在世界范围内引起强烈反响的作品；并持续致力于中国学术出版走出去，组织学者和编辑参加国际书展，筹办国际性学术研讨会，向世界展示中国学者的学术水平和研究成果。

此外，社科文献出版社充分利用网络媒体平台，积极与中央和地方各类媒体合作，并联合大型书店、学术书店、机场书店、网络书店、图书馆，逐步构建起了强大的学术图书内容传播平台。学术图书的媒体曝光率居全国之首，图书馆藏率居于全国出版机构前十位。

上述诸多成绩的取得，有赖于一支以年轻的博士、硕士为主体，一批从中国社科院刚退出科研一线的各学科专家为支撑的300多位高素质的编辑、出版和营销队伍，为我们实现学术立社，以学术品位、学术价值来实现经济效益和社会效益这样一个目标的共同努力。

作为已经开启第三次创业梦想的人文社会科学学术出版机构，我们将以改革发展为动力，以学术资源建设为中心，以构建智慧型出版社为主线，以“整合、专业、分类、协同、持续”为各项工作指导原则，全力推进出版社数字化转型，坚定不移地走专业化、数字化、国际化发展道路，全面提升出版社核心竞争力，为实现“社科文献梦”奠定坚实基础。

经 济 类

经济类皮书涵盖宏观经济、城市经济、大区域经济，
提供权威、前沿的分析与预测

经济蓝皮书

2016 年中国经济形势分析与预测

李　扬 / 主编　　2015 年 12 月出版　　定价 :79.00 元

◆　本书为总理基金项目，由著名经济学家李扬领衔，联合中国社会科学院等数十家科研机构、国家部委和高等院校的专家共同撰写，系统分析了 2015 年的中国经济形势并预测 2016 年我国经济运行情况。

世界经济黄皮书

2016 年世界经济形势分析与预测

王洛林　张宇燕 / 主编　　2015 年 12 月出版　　定价 :79.00 元

◆　本书由中国社会科学院世界经济与政治研究所的研究团队撰写，2015 年世界经济增长继续放缓，增长格局也继续分化，发达经济体与新兴经济体之间的增长差距进一步收窄。2016 年世界经济增长形势不容乐观。

产业蓝皮书

中国产业竞争力报告（2016）NO.6

张其仔 / 主编　　2016 年 12 月出版　　估价 :98.00 元

◆　本书由中国社会科学院工业经济研究所研究团队在深入实际、调查研究的基础上完成。通过运用丰富的数据资料和最新的测评指标，从学术性、系统性、预测性上分析了 2015 年中国产业竞争力，并对未来发展趋势进行了预测。

G20国家创新竞争力黄皮书

二十国集团（G20）国家创新竞争力发展报告（2016）

李建平　李闽榕　赵新力 / 主编　　2016年11月出版　估价:138.00元

◆　本报告在充分借鉴国内外研究者的相关研究成果的基础上，紧密跟踪技术经济学、竞争力经济学、计量经济学等学科的最新研究动态，深入分析G20国家创新竞争力的发展水平、变化特征、内在动因及未来趋势，同时构建了G20国家创新竞争力指标体系及数学模型。

国际城市蓝皮书

国际城市发展报告（2016）

屠启宇 / 主编　　2016年1月出版　　估价:79.00元

◆　本书作者以上海社会科学院从事国际城市研究的学者团队为核心，汇集同济大学、华东师范大学、复旦大学、上海交通大学、南京大学、浙江大学相关城市研究专业学者。立足动态跟踪介绍国际城市发展实践中，最新出现的重大战略、重大理念、重大项目、重大报告和最佳案例。

金融蓝皮书

中国金融发展报告（2016）

李　扬　王国刚 / 主编　2015年12月出版　定价:79.00元

◆　本书由中国社会科学院金融研究所组织编写，概括和分析了2015年中国金融发展和运行中的各方面情况，研讨和评论了2015年发生的主要金融事件。本书由业内专家和青年精英联合编著，有利于读者了解掌握2015年中国的金融状况，把握2016年中国金融的走势。

农村绿皮书

中国农村经济形势分析与预测（2015～2016）

中国社会科学院农村发展研究所　国家统计局农村社会经济调查司 / 著
2016年4月出版　估价:69.00元

◆　本书描述了2015年中国农业农村经济发展的一些主要指标和变化，以及对2016年中国农业农村经济形势的一些展望和预测。

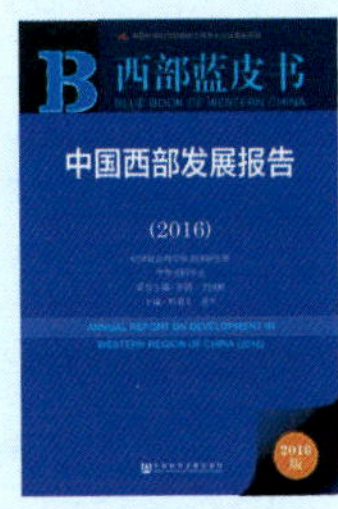

西部蓝皮书

中国西部发展报告（2016）

姚慧琴　徐璋勇 / 主编　　2016 年 7 月出版　　估价 :89.00 元

◆　本书由西北大学中国西部经济发展研究中心主编，汇集了源自西部本土以及国内研究西部问题的权威专家的第一手资料，对国家实施西部大开发战略进行年度动态跟踪，并对 2016 年西部经济、社会发展态势进行预测和展望。

民营经济蓝皮书

中国民营经济发展报告 No.12（2015 ~ 2016）

王钦敏 / 主编　2016 年 1 月出版　估价 :75.00 元

◆　改革开放以来，民营经济从无到有、从小到大，是最具活力的增长极。本书是中国工商联课题组的研究成果，对 2015 年度中国民营经济的发展现状、趋势进行了详细的论述，并提出了合理的建议。是广大民营企业进行政策咨询、科学决策和理论创新的重要参考资料，也是理论工作者进行理论研究的重要参考资料。

经济蓝皮书夏季号

中国经济增长报告（2015 ~ 2016）

李　扬 / 主编　2016 年 8 月出版　估价 :69.00 元

◆　中国经济增长报告主要探讨 2015~2016 年中国经济增长问题，以专业视角解读中国经济增长，力求将其打造成一个研究中国经济增长、服务宏微观各级决策的周期性、权威性读物。

中三角蓝皮书

长江中游城市群发展报告（2016）

秦尊文 / 主编　2016 年 10 月出版　估价 :69.00 元

◆　本书是湘鄂赣皖四省专家学者共同研究的成果，从不同角度、不同方位记录和研究长江中游城市群一体化，提出对策措施，以期为将“中三角”打造成为继珠三角、长三角、京津冀之后中国经济增长第四极奉献学术界的聪明才智。

社会政法类

社会政法类皮书聚焦社会发展领域的热点、难点问题，
提供权威、原创的资讯与视点

社会蓝皮书

2016 年中国社会形势分析与预测

李培林　陈光金　张　翼 / 主编　2015 年 12 月出版　定价 :79.00 元

◆　本书由中国社会科学院社会学研究所组织研究机构专家、高校学者和政府研究人员撰写，聚焦当下社会热点，对 2015 年中国社会发展的各个方面内容进行了权威解读，同时对 2016 年社会形势发展趋势进行了预测。

法治蓝皮书

中国法治发展报告 No.14（2016）

李　林　田　禾 / 主编　　2016 年 3 月出版　　估价 :105.00 元

◆　本年度法治蓝皮书回顾总结了 2015 年度中国法治发展取得的成就和存在的不足，并对 2016 年中国法治发展形势进行了预测和展望。

反腐倡廉蓝皮书

中国反腐倡廉建设报告 No.6

李秋芳　张英伟 / 主编　2017 年 1 月出版　　估价 :79.00 元

◆　本书抓住了若干社会热点和焦点问题，全面反映了新时期新阶段中国反腐倡廉面对的严峻局面，以及中国共产党反腐倡廉建设的新实践新成果。根据实地调研、问卷调查和舆情分析，梳理了当下社会普遍关注的与反腐败密切相关的热点问题。

生态城市绿皮书

中国生态城市建设发展报告（2016）

刘举科　孙伟平　胡文臻 / 主编　2016 年 6 月出版　估价 :98.00 元

◆　报告以绿色发展、循环经济、低碳生活、民生宜居为理念，以更新民众观念、提供决策咨询、指导工程实践、引领绿色发展为宗旨，试图探索一条具有中国特色的城市生态文明建设新路。

公共服务蓝皮书

中国城市基本公共服务力评价（2016）

钟　君　吴正杲 / 主编　2016 年 12 月出版　估价 :79.00 元

◆　中国社会科学院经济与社会建设研究室与华图政信调查组成联合课题组，从 2010 年开始对基本公共服务力进行研究，研创了基本公共服务力评价指标体系，为政府考核公共服务与社会管理工作提供了理论工具。

教育蓝皮书

中国教育发展报告（2016）

杨东平 / 主编　2016 年 5 月出版　估价 :79.00 元

◆　本书由国内的中青年教育专家合作研究撰写。深度剖析 2015 年中国教育的热点话题，并对当下中国教育中出现的问题提出对策建议。

生态文明绿皮书

中国省域生态文明建设评价报告（ECI 2016）

严耕 / 主编　2016 年 12 月出版　估价 :85.00 元

◆　本书基于国家最新发布的权威数据，对我国的生态文明建设状况进行科学评价，并开展相应的深度分析，结合中央的政策方针和各省的具体情况，为生态文明建设推进，提出针对性的政策建议。

国别与地区类

国别与地区类皮书关注全球重点国家与地区，
提供全面、独特的解读与研究

美国蓝皮书

美国研究报告（2016）

黄　平　郑秉文 / 主编　2016 年 7 月出版　估价 :89.00 元

◆　本书是由中国社会科学院美国所主持完成的研究成果，它回顾了美国 2015 年的经济、政治形势与外交战略，对 2016 年以来美国内政外交发生的重大事件以及重要政策进行了较为全面的回顾和梳理。

拉美黄皮书

拉丁美洲和加勒比发展报告（2015~2016）

吴白乙 / 主编　2016 年 5 月出版　估价 :89.00 元

◆　本书对 2015 年拉丁美洲和加勒比地区诸国的政治、经济、社会、外交等方面的发展情况做了系统介绍，对该地区相关国家的热点及焦点问题进行了总结和分析，并在此基础上对该地区各国 2016 年的发展前景做出预测。

日本经济蓝皮书

日本经济与中日经贸关系研究报告（2016）

王洛林　张季风 / 编著　2016 年 5 月出版　估价 :79.00 元

◆　本书系统、详细地介绍了 2015 年日本经济以及中日经贸关系发展情况，在进行了大量数据分析的基础上，对 2016 年日本经济以及中日经贸关系的大致发展趋势进行了分析与预测。

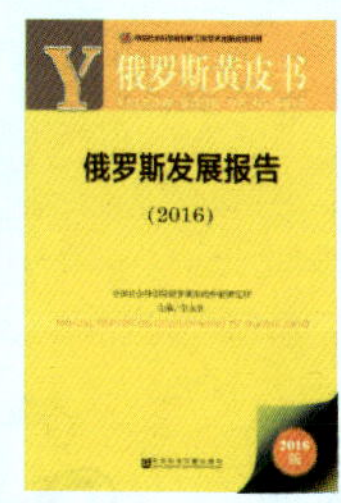

俄罗斯黄皮书

俄罗斯发展报告（2016）

李永全 / 编著　2016 年 7 月出版　估价 :79.00 元

◆　本书系统介绍了 2015 年俄罗斯经济政治情况，并对 2015 年该地区发生的焦点、热点问题进行了分析与回顾；在此基础上，对该地区 2016 年的发展前景进行了预测。

国际形势黄皮书

全球政治与安全报告（2016）

李慎明　张宇燕 / 主编　2015 年 12 月出版　定价 :69.00 元

◆　本书旨在对本年度全球政治及安全形势的总体情况、热点问题及变化趋势进行回顾与分析，并提出一定的预测及对策建议。作者通过事实梳理、数据分析、政策分析等途径，阐释了本年度国际关系及全球安全形势的基本特点，并在此基础上提出了具有启示意义的前瞻性结论。

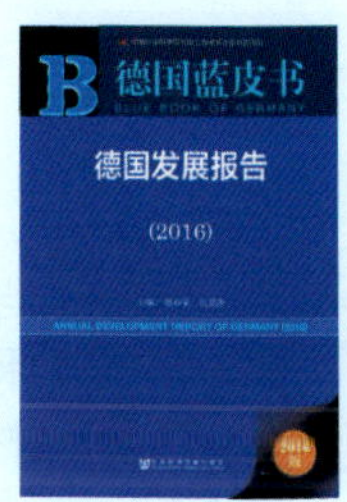

德国蓝皮书

德国发展报告（2016）

郑春荣　伍慧萍 / 主编　2016 年 6 月出版　估价 :69.00 元

◆　本报告由同济大学德国研究所组织编撰，由该领域的专家学者对德国的政治、经济、社会文化、外交等方面的形势发展情况，进行全面的阐述与分析。

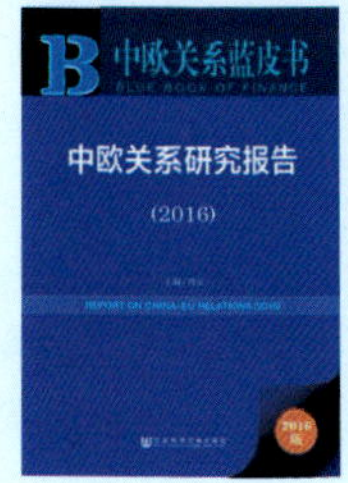

中欧关系蓝皮书

中欧关系研究报告（2016）

周弘 / 编著　2016 年 12 月出版　估价 :98.00 元

◆　本书由欧洲所暨欧洲学会推出，旨在分析、评估和预测年度中欧关系发展态势。本报告的作者均为欧洲方面的专家，他们对欧洲与中国在各个领域的发展情况进行了深入地分析和研究，对读者了解和把握中欧关系是非常有益的参考。

经济类

G20国家创新竞争力黄皮书
二十国集团（G20）国家创新竞争力发展报告（2016）
著(编)者:李建平 李闽榕 赵新力
2016年11月出版 / 估价:138.00元

产业蓝皮书
中国产业竞争力报告（2016）NO.6
著(编)者:张其仔 2016年12月出版 / 估价:98.00元

城市创新蓝皮书
中国城市创新报告（2016）
著(编)者:周天勇 旷建伟 2016年8月出版 / 估价:69.00元

城市蓝皮书
中国城市发展报告 NO.9
著(编)者:潘家华 魏后凯 2016年9月出版 / 估价:69.00元

城市群蓝皮书
中国城市群发展指数报告（2016）
著(编)者:刘士林 刘新静 2016年10月出版 / 估价:69.00元

城乡一体化蓝皮书
中国城乡一体化发展报告（2015～2016）
著(编)者:汝信 付崇兰 2016年7月出版 / 估价:85.00元

城镇化蓝皮书
中国新型城镇化健康发展报告（2016）
著(编)者:张占斌 2016年5月出版 / 估价:79.00元

创新蓝皮书
创新型国家建设报告（2015～2016）
著(编)者:詹正茂 2016年11月出版 / 估价:69.00元

低碳发展蓝皮书
中国低碳发展报告（2016）
著(编)者:齐晔 2016年3月出版 / 估价:89.00元

低碳经济蓝皮书
中国低碳经济发展报告（2016）
著(编)者:薛进军 赵忠秀 2016年6月出版 / 估价:85.00元

东北蓝皮书
中国东北地区发展报告（2016）
著(编)者:马克 黄文艺 2016年8月出版 / 估价:79.00元

工业化蓝皮书
中国工业化进程报告（2016）
著(编)者:黄群慧 吕铁 李晓华 等
2016年11月出版 / 估价:89.00元

管理蓝皮书
中国管理发展报告（2016）
著(编)者:张晓东 2016年9月出版 / 估价:98.00元

国际城市蓝皮书
国际城市发展报告（2016）
著(编)者:屠启宇 2016年1月出版 / 估价:79.00元

国家创新蓝皮书
中国创新发展报告（2016）
著(编)者:陈劲 2016年9月出版 / 估价:69.00元

金融蓝皮书
中国金融发展报告（2016）
著(编)者:李扬 王国刚 2015年12月出版 / 定价:79.00元

京津冀产业蓝皮书
京津冀产业协同发展报告（2016）
著(编)者:中智科博（北京）产业经济发展研究院
2016年6月出版 / 估价:69.00元

京津冀蓝皮书
京津冀发展报告（2016）
著(编)者:文魁 祝尔娟 2016年4月出版 / 估价:89.00元

经济蓝皮书
2016年中国经济形势分析与预测
著(编)者:李扬 2015年12月出版 / 定价:79.00元

经济蓝皮书·春季号
2016年中国经济前景分析
著(编)者:李扬 2016年5月出版 / 估价:79.00元

经济蓝皮书·夏季号
中国经济增长报告（2015～2016）
著(编)者:李扬 2016年8月出版 / 估价:99.00元

经济信息绿皮书
中国与世界经济发展报告（2016）
著(编)者:杜平 2015年12月出版 / 定价:89.00元

就业蓝皮书
2016年中国本科生就业报告
著(编)者:麦可思研究院 2016年6月出版 / 估价:98.00元

就业蓝皮书
2016年中国高职高专生就业报告
著(编)者:麦可思研究院 2016年6月出版 / 估价:98.00元

临空经济蓝皮书
中国临空经济发展报告（2016）
著(编)者:连玉明 2016年11月出版 / 估价:79.00元

民营经济蓝皮书
中国民营经济发展报告 NO.12（2015～2016）
著(编)者:王钦敏 2016年1月出版 / 估价:75.00元

农村绿皮书
中国农村经济形势分析与预测（2015～2016）
著(编)者:中国社会科学院农村发展研究所
国家统计局农村社会经济调查司
2016年4月出版 / 估价:69.00元

农业应对气候变化蓝皮书
气候变化对中国农业影响评估报告 No.2
著(编)者:矫梅燕 2016年8月出版 / 估价:98.00元

企业公民蓝皮书
中国企业公民报告 NO.4
著(编)者:邹东涛　2016年1月出版 / 估价:79.00元

气候变化绿皮书
应对气候变化报告（2016）
著(编)者:王伟光 郑国光　2016年11月出版 / 估价:98.00元

区域蓝皮书
中国区域经济发展报告（2015～2016）
著(编)者:梁昊光　2016年5月出版 / 估价:79.00元

全球环境竞争力绿皮书
全球环境竞争力报告（2016）
著(编)者:李建平 李闽榕 王金南
2016年12月出版 / 估价:198.00元

人口与劳动绿皮书
中国人口与劳动问题报告 NO.17
著(编)者:蔡昉 张车伟　2016年11月出版 / 估价:69.00元

商务中心区蓝皮书
中国商务中心区发展报告 NO.2（2016）
著(编)者:魏后凯 李国红　2016年1月出版 / 估价:89.00元

世界经济黄皮书
2016年世界经济形势分析与预测
著(编)者:王洛林 张宇燕　2015年12月出版 / 定价:79.00元

世界旅游城市绿皮书
世界旅游城市发展报告（2016）
著(编)者:鲁勇 周正宇 宋宇　2016年6月出版 / 估价:88.00元

西北蓝皮书
中国西北发展报告（2016）
著(编)者:孙发平 苏海红 鲁顺元
2015年12月出版 / 估价:79.00元

西部蓝皮书
中国西部发展报告（2016）
著(编)者:姚慧琴 徐璋勇　2016年7月出版 / 估价:89.00元

县域发展蓝皮书
中国县域经济增长能力评估报告（2016）
著(编)者:王力　2016年10月出版 / 估价:69.00元

新型城镇化蓝皮书
新型城镇化发展报告（2016）
著(编)者:李伟 宋敏 沈体雁　2016年11月出版 / 估价:98.00元

新兴经济体蓝皮书
金砖国家发展报告（2016）
著(编)者:林跃勤 周文　2016年7月出版 / 估价:79.00元

长三角蓝皮书
2016年全面深化改革中的长三角
著(编)者:张伟斌　2016年10月出版 / 估价:69.00元

中部竞争力蓝皮书
中国中部经济社会竞争力报告（2016）
著(编)者:教育部人文社会科学重点研究基地
南昌大学中国中部经济社会发展研究中心
2016年10月出版 / 估价:79.00元

中部蓝皮书
中国中部地区发展报告（2016）
著(编)者:宋亚平　2016年12月出版 / 估价:78.00元

中国省域竞争力蓝皮书
中国省域经济综合竞争力发展报告（2015～2016）
著(编)者:李建平 李闽榕 高燕京
2016年2月出版 / 估价:198.00元

中三角蓝皮书
长江中游城市群发展报告（2016）
著(编)者:秦尊文　2016年10月出版 / 估价:69.00元

中小城市绿皮书
中国中小城市发展报告（2016）
著(编)者:中国城市经济学会中小城市经济发展委员会
中国城镇化促进会中小城市发展委员会
《中国中小城市发展报告》编纂委员会
中小城市发展战略研究院
2016年10月出版 / 估价:98.00元

中原蓝皮书
中原经济区发展报告（2016）
著(编)者:李英杰　2016年6月出版 / 估价:88.00元

自贸区蓝皮书
中国自贸区发展报告（2016）
著(编)者:王力 王吉培　2016年10月出版 / 估价:69.00元

社会政法类

北京蓝皮书
中国社区发展报告（2016）
著(编)者:于燕燕　2017年2月出版 / 估价:79.00元

殡葬绿皮书
中国殡葬事业发展报告（2016）
著(编)者:李伯森　2016年4月出版 / 估价:158.00元

城市管理蓝皮书
中国城市管理报告（2016）
著(编)者:谭维克 刘林　2017年2月出版 / 估价:118.00元

城市生活质量蓝皮书
中国城市生活质量报告（2016）
著(编)者:张连城 张平 杨春学 郎丽华
2016年7月出版 / 估价:89.00元

体育蓝皮书
长三角地区体育产业发展报告（2016）
著(编)者:张林 2016年4月出版 / 估价:79.00元

体育蓝皮书
中国公共体育服务发展报告（2016）
著(编)者:戴健 2016年12月出版 / 估价:79.00元

土地整治蓝皮书
中国土地整治发展研究报告 NO.3
著(编)者:国土资源部土地整治中心
2016年5月出版 / 估价:89.00元

土地政策蓝皮书
中国土地政策发展报告（2016）
著(编)者:高延利 李宪文 唐健
2016年12月出版 / 估价:69.00元

危机管理蓝皮书
中国危机管理报告（2016）
著(编)者:文学国 范正青 2016年8月出版 / 估价:89.00元

形象危机应对蓝皮书
形象危机应对研究报告（2016）
著(编)者:唐钧 2016年6月出版 / 估价:149.00元

医改蓝皮书
中国医药卫生体制改革报告（2016）
著(编)者:文学国 房志武 2016年11月出版 / 估价:98.00元

医疗卫生绿皮书
中国医疗卫生发展报告 NO.7（2016）
著(编)者:申宝忠 韩玉珍 2016年4月出版 / 估价:75.00元

政治参与蓝皮书
中国政治参与报告（2016）
著(编)者:房宁 2016年7月出版 / 估价:108.00元

政治发展蓝皮书
中国政治发展报告（2016）
著(编)者:房宁 杨海蛟 2016年5月出版 / 估价:88.00元

智慧社区蓝皮书
中国智慧社区发展报告（2016）
著(编)者:罗昌智 张辉德 2016年7月出版 / 估价:69.00元

中国农村妇女发展蓝皮书
农村流动女性城市生活发展报告（2016）
著(编)者:谢丽华 2016年12月出版 / 估价:79.00元

宗教蓝皮书
中国宗教报告（2016）
著(编)者:邱永辉 2016年5月出版 / 估价:79.00元

行业报告类

保健蓝皮书
中国保健服务产业发展报告 NO.2
著(编)者:中国保健协会 中共中央党校
2016年7月出版 / 估价:198.00元

保健蓝皮书
中国保健食品产业发展报告 NO.2
著(编)者:中国保健协会
中国社会科学院食品药品产业发展与监管研究中心
2016年7月出版 / 估价:198.00元

保健蓝皮书
中国保健用品产业发展报告 NO.2
著(编)者:中国保健协会
国务院国有资产监督管理委员会研究中心
2016年2月出版 / 估价:198.00元

保险蓝皮书
中国保险业创新发展报告（2016）
著(编)者:项俊波 2016年12月出版 / 估价:69.00元

保险蓝皮书
中国保险业竞争力报告（2016）
著(编)者:项俊波 2015年12月出版 / 估价:99.00元

采供血蓝皮书
中国采供血管理报告（2016）
著(编)者:朱永明 耿鸿武 2016年8月出版 / 估价:69.00元

彩票蓝皮书
中国彩票发展报告（2016）
著(编)者:益彩基金 2016年4月出版 / 估价:98.00元

餐饮产业蓝皮书
中国餐饮产业发展报告（2016）
著(编)者:邢颖 2016年4月出版 / 估价:69.00元

测绘地理信息蓝皮书
测绘地理信息转型升级研究报告（2016）
著(编)者:库热西·买合苏提 2016年12月出版 / 估价:98.00元

茶业蓝皮书
中国茶产业发展报告（2016）
著(编)者:杨江帆 李闽榕 2016年10月出版 / 估价:78.00元

产权市场蓝皮书
中国产权市场发展报告（2015～2016）
著(编)者:曹和平 2016年5月出版 / 估价:89.00元

产业安全蓝皮书
中国出版传媒产业安全报告（2016）
著(编)者:北京印刷学院文化产业安全研究院
2016年4月出版 / 估价:69.00元

产业安全蓝皮书
中国文化产业安全报告（2016）
著(编)者:北京印刷学院文化产业安全研究院
2016年4月出版 / 估价:89.00元

产业安全蓝皮书
中国新媒体产业安全报告（2016）
著(编)者:北京印刷学院文化产业安全研究院
2016年5月出版 / 估价:69.00元

大数据蓝皮书
网络空间和大数据发展报告（2016）
著(编)者:杜平　2016年2月出版 / 估价:69.00元

电子商务蓝皮书
中国电子商务服务业发展报告 NO.3
著(编)者:荆林波 梁春晓　2016年5月出版 / 估价:69.00元

电子政务蓝皮书
中国电子政务发展报告（2016）
著(编)者:洪毅 杜平　2016年11月出版 / 估价:79.00元

杜仲产业绿皮书
中国杜仲橡胶资源与产业发展报告（2016）
著(编)者:杜红岩 胡文臻 俞锐
2016年1月出版 / 估价:85.00元

房地产蓝皮书
中国房地产发展报告 NO.13（2016）
著(编)者:魏后凯 李景国　2016年5月出版 / 估价:79.00元

服务外包蓝皮书
中国服务外包产业发展报告（2016）
著(编)者:王晓红 刘德军
2016年6月出版 / 估价:89.00元

服务外包蓝皮书
中国服务外包竞争力报告（2016）
著(编)者:王力 刘春生 黄育华
2016年11月出版 / 估价:85.00元

工业和信息化蓝皮书
世界网络安全发展报告（2016）
著(编)者:洪京一　2016年4月出版 / 估价:69.00元

工业和信息化蓝皮书
世界信息化发展报告（2016）
著(编)者:洪京一　2016年4月出版 / 估价:69.00元

工业和信息化蓝皮书
世界信息技术产业发展报告（2016）
著(编)者:洪京一　2016年4月出版 / 估价:79.00元

工业和信息化蓝皮书
世界制造业发展报告（2016）
著(编)者:洪京一　2016年4月出版 / 估价:69.00元

工业和信息化蓝皮书
移动互联网产业发展报告（2016）
著(编)者:洪京一　2016年4月出版 / 估价:79.00元

工业设计蓝皮书
中国工业设计发展报告（2016）
著(编)者:王晓红 于炜 张立群
2016年9月出版 / 估价:138.00元

互联网金融蓝皮书
中国互联网金融发展报告（2016）
著(编)者: 李东荣　2016年8月出版 / 估价:79.00元

会展蓝皮书
中外会展业动态评估年度报告（2016）
著(编)者:张敏　2016年1月出版 / 估价:78.00元

节能汽车蓝皮书
中国节能汽车产业发展报告（2016）
著(编)者:中国汽车工程研究院股份有限公司
2016年12月出版 / 估价:69.00元

金融监管蓝皮书
中国金融监管报告（2016）
著(编)者:胡滨　2016年4月出版 / 估价:89.00元

金融蓝皮书
中国金融中心发展报告（2016）
著(编)者:王力 黄育华　2017年11月出版 / 估价:75.00元

金融蓝皮书
中国商业银行竞争力报告（2016）
著(编)者:王松奇　2016年5月出版 / 估价:69.00元

经济林产业绿皮书
中国经济林产业发展报告（2016）
著(编)者:李芳东 胡文臻 乌云塔娜 杜红岩
2016年12月出版 / 估价:69.00元

客车蓝皮书
中国客车产业发展报告（2016）
著(编)者:姚蔚　2016年2月出版 / 估价:85.00元

老龄蓝皮书
中国老龄产业发展报告（2016）
著(编)者:吴玉韶 党俊武　2016年9月出版 / 估价:79.00元

流通蓝皮书
中国商业发展报告（2016）
著(编)者:荆林波　2016年5月出版 / 估价:89.00元

旅游安全蓝皮书
中国旅游安全报告（2016）
著(编)者:郑向敏 谢朝武　2016年5月出版 / 估价:128.00元

旅游绿皮书
2015～2016年中国旅游发展分析与预测
著(编)者:宋瑞　2016年1月出版 / 估价:98.00元

煤炭蓝皮书
中国煤炭工业发展报告（2016）
著(编)者:岳福斌　2016年12月出版 / 估价:79.00元

民营企业社会责任蓝皮书
中国民营企业社会责任年度报告（2016）
著(编)者:中华全国工商业联合会
2016年7月出版 / 估价:69.00元

民营医院蓝皮书
中国民营医院发展报告（2016）
著(编)者:庄一强 2016年10月出版 / 估价:75.00元

能源蓝皮书
中国能源发展报告（2016）
著(编)者:崔民选 王军生 陈义和
2016年8月出版 / 估价:79.00元

农产品流通蓝皮书
中国农产品流通产业发展报告（2016）
著(编)者:贾敬敦 张东科 张玉玺 张鹏毅 周伟
2016年1月出版 / 估价:89.00元

期货蓝皮书
中国期货市场发展报告(2016)
著(编)者:李群 王在荣 2016年11月出版 / 估价:69.00元

企业公益蓝皮书
中国企业公益研究报告（2016）
著(编)者:钟宏武 汪杰 顾一 黄晓娟 等
2016年12月出版 / 估价:69.00元

企业公众透明度蓝皮书
中国企业公众透明度报告 (2016) NO.2
著(编)者:黄速建 王晓光 肖红军
2016年1月出版 / 估价:98.00元

企业国际化蓝皮书
中国企业国际化报告（2016）
著(编)者:王辉耀 2016年11月出版 / 估价:98.00元

企业蓝皮书
中国企业绿色发展报告 NO.2（2016）
著(编)者:李红玉 朱光辉 2016年8月出版 / 估价:79.00元

企业社会责任蓝皮书
中国企业社会责任研究报告（2016）
著(编)者:黄群慧 钟宏武 张蒽 等
2016年11月出版 / 估价:79.00元

企业社会责任能力蓝皮书
中国上市公司社会责任能力成熟度报告（2016）
著(编)者:肖红军 王晓光 李伟阳
2016年11月出版 / 估价:69.00元

汽车安全蓝皮书
中国汽车安全发展报告（2016）
著(编)者:中国汽车技术研究中心
2016年7月出版 / 估价:89.00元

汽车电子商务蓝皮书
中国汽车电子商务发展报告（2016）
著(编)者:中华全国工商业联合会汽车经销商商会
北京易观智库网络科技有限公司
2016年5月出版 / 估价:128.00元

汽车工业蓝皮书
中国汽车工业发展年度报告（2016）
著(编)者:中国汽车工业协会 中国汽车技术研究中心
丰田汽车（中国）投资有限公司
2016年4月出版 / 估价:128.00元

汽车蓝皮书
中国汽车产业发展报告（2016）
著(编)者:国务院发展研究中心产业经济研究部
中国汽车工程学会 大众汽车集团（中国）
2016年8月出版 / 估价:158.00元

清洁能源蓝皮书
国际清洁能源发展报告（2016）
著(编)者:苏树辉 袁国林 李玉崙
2016年11月出版 / 估价:99.00元

人力资源蓝皮书
中国人力资源发展报告（2016）
著(编)者:余兴安 2016年12月出版 / 估价:79.00元

融资租赁蓝皮书
中国融资租赁业发展报告（2015～2016）
著(编)者:李光荣 王力 2016年1月出版 / 估价:89.00元

软件和信息服务业蓝皮书
中国软件和信息服务业发展报告（2016）
著(编)者:洪京一 2016年12月出版 / 估价:198.00元

商会蓝皮书
中国商会发展报告NO.5（2016）
著(编)者:王钦敏 2016年7月出版 / 估价:89.00元

上市公司蓝皮书
中国上市公司社会责任信息披露报告（2016）
著(编)者:张旺 张杨 2016年11月出版 / 估价:69.00元

上市公司蓝皮书
中国上市公司质量评价报告（2015～2016）
著(编)者:张跃文 王力 2016年11月出版 / 估价:118.00元

设计产业蓝皮书
中国设计产业发展报告（2016）
著(编)者:陈冬亮 梁昊光 2016年3月出版 / 估价:89.00元

食品药品蓝皮书
食品药品安全与监管政策研究报告（2016）
著(编)者:唐民皓 2016年7月出版 / 估价:69.00元

世界能源蓝皮书
世界能源发展报告（2016）
著(编)者:黄晓勇 2016年6月出版 / 估价:99.00元

水利风景区蓝皮书
中国水利风景区发展报告（2016）
著(编)者:兰思仁 2016年8月出版 / 估价:69.00元

私募市场蓝皮书
中国私募股权市场发展报告（2016）
著(编)者:曹和平 2016年12月出版 / 估价:79.00元

碳市场蓝皮书
中国碳市场报告（2016）
著(编)者:宁金彪 2016年11月出版 / 估价:69.00元

体育蓝皮书
中国体育产业发展报告（2016）
著(编)者:阮伟 钟秉枢 2016年7月出版 / 估价:69.00元

投资蓝皮书
中国投资发展报告（2016）
著(编)者:谢平 2016年4月出版 / 估价:128.00元

土地市场蓝皮书
中国农村土地市场发展报告（2016）
著(编)者:李光荣 高传捷 2016年1月出版 / 估价:69.00元

网络空间安全蓝皮书
中国网络空间安全发展报告（2016）
著(编)者:惠志斌 唐涛 2016年4月出版 / 估价:79.00元

物联网蓝皮书
中国物联网发展报告（2016）
著(编)者:黄桂田 龚六堂 张全升
2016年1月出版 / 估价:69.00元

西部工业蓝皮书
中国西部工业发展报告（2016）
著(编)者:方行明 甘犁 刘方健 姜凌 等
2016年9月出版 / 估价:79.00元

西部金融蓝皮书
中国西部金融发展报告（2016）
著(编)者:李忠民 2016年8月出版 / 估价:75.00元

协会商会蓝皮书
中国行业协会商会发展报告（2016）
著(编)者:景朝阳 李勇 2016年4月出版 / 估价:99.00元

新能源汽车蓝皮书
中国新能源汽车产业发展报告（2016）
著(编)者:中国汽车技术研究中心
日产（中国）投资有限公司 东风汽车有限公司
2016年8月出版 / 估价:89.00元

新三板蓝皮书
中国新三板市场发展报告（2016）
著(编)者:王力 2016年6月出版 / 估价:69.00元

信托市场蓝皮书
中国信托业市场报告（2015～2016）
著(编)者:用益信托工作室
2016年2月出版 / 估价:198.00元

信息安全蓝皮书
中国信息安全发展报告（2016）
著(编)者:张晓东 2016年2月出版 / 估价:69.00元

信息化蓝皮书
中国信息化形势分析与预测（2016）
著(编)者:周宏仁 2016年8月出版 / 估价:98.00元

信用蓝皮书
中国信用发展报告（2016）
著(编)者:章政 田侃 2016年4月出版 / 估价:99.00元

休闲绿皮书
2016年中国休闲发展报告
著(编)者:宋瑞
2016年10月出版 / 估价:79.00元

药品流通蓝皮书
中国药品流通行业发展报告（2016）
著(编)者:佘鲁林 温再兴
2016年8月出版 / 估价:158.00元

医药蓝皮书
中国中医药产业园战略发展报告（2016）
著(编)者:裴长洪 房书亭 吴滁心
2016年3月出版 / 估价:89.00元

邮轮绿皮书
中国邮轮产业发展报告（2016）
著(编)者:汪泓 2016年10月出版 / 估价:79.00元

智能养老蓝皮书
中国智能养老产业发展报告（2016）
著(编)者:朱勇 2016年10月出版 / 估价:89.00元

中国SUV蓝皮书
中国SUV产业发展报告 （2016）
著(编)者:靳军 2016年12月出版 / 估价:69.00元

中国金融行业蓝皮书
中国债券市场发展报告（2016）
著(编)者:谢多 2016年7月出版 / 估价:69.00元

中国上市公司蓝皮书
中国上市公司发展报告（2016）
著(编)者:中国社会科学院上市公司研究中心
2016年9月出版 / 估价:98.00元

中国游戏蓝皮书
中国游戏产业发展报告（2016）
著(编)者:孙立军 刘跃军 牛兴侦
2016年4月出版 / 估价:69.00元

中国总部经济蓝皮书
中国总部经济发展报告（2015～2016）
著(编)者:赵弘 2016年9月出版 / 估价:79.00元

资本市场蓝皮书
中国场外交易市场发展报告（2016）
著(编)者:高峦 2016年8月出版 / 估价:79.00元

资产管理蓝皮书
中国资产管理行业发展报告（2016）
著(编)者:智信资产管理研究院
2016年6月出版 / 估价:89.00元

创意城市蓝皮书
台北文化创意产业发展报告（2016）
著(编)者:陈耀竹 邱琪瑄 2016年11月出版 / 估价:89.00元

创意城市蓝皮书
无锡文化创意产业发展报告（2016）
著(编)者:谭军 张鸣年 2016年10月出版 / 估价:79.00元

创意城市蓝皮书
武汉文化创意产业发展报告（2016）
著(编)者:黄永林 陈汉桥 2016年12月出版 / 估价:89.00元

创意城市蓝皮书
重庆创意产业发展报告（2016）
著(编)者:程宇宁 2016年4月出版 / 估价:89.00元

地方法治蓝皮书
南宁法治发展报告（2016）
著(编)者:杨维超 2016年12月出版 / 估价:69.00元

福建妇女发展蓝皮书
福建省妇女发展报告（2016）
著(编)者:刘群英 2016年11月出版 / 估价:88.00元

甘肃蓝皮书
甘肃经济发展分析与预测（2016）
著(编)者:朱智文 罗哲 2016年1月出版 / 估价:79.00元

甘肃蓝皮书
甘肃社会发展分析与预测（2016）
著(编)者:安文华 包晓霞 2016年1月出版 / 估价:79.00元

甘肃蓝皮书
甘肃文化发展分析与预测（2016）
著(编)者:安文华 周小华 2016年1月出版 / 估价:79.00元

甘肃蓝皮书
甘肃县域社会发展评价报告（2016）
著(编)者:刘进军 柳 民 王建兵
2016年1月出版 / 估价:79.00元

甘肃蓝皮书
甘肃舆情分析与预测（2016）
著(编)者:陈双梅 郝树声 2016年1月出版 / 估价:79.00元

甘肃蓝皮书
甘肃商务发展报告（2016）
著(编)者:杨志武 王福生 王晓芳
2016年1月出版 / 估价:69.00元

广东蓝皮书
广东全面深化改革发展报告（2016）
著(编)者:周林生 涂成林 2016年11月出版 / 估价:69.00元

广东蓝皮书
广东社会工作发展报告（2016）
著(编)者:罗观翠 2016年6月出版 / 估价:89.00元

广东蓝皮书
广东省电子商务发展报告（2016）
著(编)者:程晓 邓顺国 2016年7月出版 / 估价:79.00元

广东社会建设蓝皮书
广东省社会建设发展报告（2016）
著(编)者:广东省社会工作委员会
2016年12月出版 / 估价:99.00元

广东外经贸蓝皮书
广东对外经济贸易发展研究报告（2015~2016）
著(编)者:陈万灵 2016年5月出版 / 估价:89.00元

广西北部湾经济区蓝皮书
广西北部湾经济区开放开发报告（2016）
著(编)者:广西北部湾经济区规划建设管理委员会办公室
广西社会科学院广西北部湾发展研究院
2016年10月出版 / 估价:79.00元

广州蓝皮书
2016年中国广州经济形势分析与预测
著(编)者:庾建设 沈奎 谢博能 2016年6月出版 / 估价:79.00元

广州蓝皮书
2016年中国广州社会形势分析与预测
著(编)者:张强 陈怡霓 杨秦 2016年6月出版 / 估价:79.00元

广州蓝皮书
广州城市国际化发展报告（2016）
著(编)者:朱名宏 2016年11月出版 / 估价:69.00元

广州蓝皮书
广州创新型城市发展报告（2016）
著(编)者:尹涛 2016年10月出版 / 估价:69.00元

广州蓝皮书
广州经济发展报告（2016）
著(编)者:朱名宏 2016年7月出版 / 估价:69.00元

广州蓝皮书
广州农村发展报告（2016）
著(编)者:朱名宏 2016年8月出版 / 估价:69.00元

广州蓝皮书
广州汽车产业发展报告（2016）
著(编)者:杨再高 冯兴亚 2016年9月出版 / 估价:69.00元

广州蓝皮书
广州青年发展报告（2015～2016）
著(编)者:魏国华 张强 2016年7月出版 / 估价:69.00元

广州蓝皮书
广州商贸业发展报告（2016）
著(编)者:李江涛 肖振宇 荀振英
2016年7月出版 / 估价:69.00元

广州蓝皮书
广州社会保障发展报告（2016）
著(编)者:蔡国萱 2016年10月出版 / 估价:65.00元

广州蓝皮书
广州文化创意产业发展报告（2016）
著(编)者:甘新 2016年8月出版 / 估价:79.00元

广州蓝皮书
中国广州城市建设与管理发展报告（2016）
著(编)者:董皞 陈小钢 李江涛 2016年7月出版 / 估价:69.00元

广州蓝皮书
中国广州科技和信息化发展报告（2016）
著(编)者:邹采荣 马正勇 冯 元 2016年8月出版 / 估价:79.00元

广州蓝皮书
中国广州文化发展报告（2016）
著(编)者:徐俊忠 陆志强 顾涧清 2016年7月出版 / 估价:69.00元

贵阳蓝皮书
贵阳城市创新发展报告·白云篇（2016）
著(编)者:连玉明 2016年10月出版 / 估价:89.00元

贵阳蓝皮书
贵阳城市创新发展报告·观山湖篇（2016）
著(编)者:连玉明 2016年10月出版 / 估价:89.00元

贵阳蓝皮书
贵阳城市创新发展报告·花溪篇（2016）
著(编)者:连玉明 2016年10月出版 / 估价:89.00元

贵阳蓝皮书
贵阳城市创新发展报告·开阳篇（2016）
著(编)者:连玉明 2016年10月出版 / 估价:89.00元

贵阳蓝皮书
贵阳城市创新发展报告·南明篇（2016）
著(编)者:连玉明 2016年10月出版 / 估价:89.00元

贵阳蓝皮书
贵阳城市创新发展报告·清镇篇（2016）
著(编)者:连玉明 2016年10月出版 / 估价:89.00元

贵阳蓝皮书
贵阳城市创新发展报告·乌当篇（2016）
著(编)者:连玉明 2016年10月出版 / 估价:89.00元

贵阳蓝皮书
贵阳城市创新发展报告·息烽篇（2016）
著(编)者:连玉明 2016年10月出版 / 估价:89.00元

贵阳蓝皮书
贵阳城市创新发展报告·修文篇（2016）
著(编)者:连玉明 2016年10月出版 / 估价:89.00元

贵阳蓝皮书
贵阳城市创新发展报告·云岩篇（2016）
著(编)者:连玉明 2016年10月出版 / 估价:89.00元

贵州房地产蓝皮书
贵州房地产发展报告NO.3（2016）
著(编)者:武廷方 2016年6月出版 / 估价:89.00元

贵州蓝皮书
册亨经济社会发展报告 (2016)
著(编)者:黄德林 2016年1月出版 / 估价:69.00元

贵州蓝皮书
贵安新区发展报告（2016）
著(编)者:马长青 吴大华 2016年4月出版 / 估价:69.00元

贵州蓝皮书
贵州法治发展报告（2016）
著(编)者:吴大华 2016年5月出版 / 估价:79.00元

贵州蓝皮书
贵州民航业发展报告（2016）
著(编)者:申振东 吴大华 2016年10月出版 / 估价:69.00元

贵州蓝皮书
贵州人才发展报告（2016）
著(编)者:于杰 吴大华 2016年9月出版 / 估价:69.00元

贵州蓝皮书
贵州社会发展报告（2016）
著(编)者:王兴骥 2016年5月出版 / 估价:79.00元

海淀蓝皮书
海淀区文化和科技融合发展报告（2016）
著(编)者:陈名杰 孟景伟 2016年5月出版 / 估价:75.00元

海峡西岸蓝皮书
海峡西岸经济区发展报告（2016）
著(编)者:福建省人民政府发展研究中心
福建省人民政府发展研究中心咨询服务中心
2016年9月出版 / 估价:65.00元

杭州都市圈蓝皮书
杭州都市圈发展报告（2016）
著(编)者:董祖德 沈翔 2016年5月出版 / 估价:89.00元

杭州蓝皮书
杭州妇女发展报告（2016）
著(编)者:魏颖 2016年4月出版 / 估价:79.00元

河北经济蓝皮书
河北省经济发展报告（2016）
著(编)者:马树强 金浩 刘兵 张贵
2016年3月出版 / 估价:89.00元

河北蓝皮书
河北经济社会发展报告（2016）
著(编)者:周文夫 2016年1月出版 / 估价:79.00元

河北食品药品安全蓝皮书
河北食品药品安全研究报告（2016）
著(编)者:丁锦霞 2016年6月出版 / 估价:79.00元

河南经济蓝皮书
2016年河南经济形势分析与预测
著(编)者:胡五岳 2016年2月出版 / 估价:69.00元

河南蓝皮书
2016年河南社会形势分析与预测
著(编)者:刘道兴 牛苏林 2016年4月出版 / 估价:69.00元

河南蓝皮书
河南城市发展报告（2016）
著(编)者:谷建全 王建国 2016年3月出版 / 估价:79.00元

河南蓝皮书
河南法治发展报告（2016）
著(编)者:丁同民 闫德民 2016年6月出版 / 估价:79.00元

河南蓝皮书
河南工业发展报告（2016）
著(编)者:龚绍东 赵西三 2016年1月出版 / 估价:79.00元

河南蓝皮书
河南金融发展报告（2016）
著(编)者:河南省社会科学院
2016年6月出版 / 估价:69.00元

河南蓝皮书
河南经济发展报告（2016）
著(编)者:河南省社会科学院
2016年12月出版 / 估价:79.00元

河南蓝皮书
河南农业农村发展报告（2016）
著(编)者:吴海峰 2016年4月出版 / 估价:69.00元

河南蓝皮书
河南文化发展报告（2016）
著(编)者:卫绍生 2016年3月出版 / 估价:79.00元

河南商务蓝皮书
河南商务发展报告（2016）
著(编)者:焦锦淼 穆荣国 2016年4月出版 / 估价:88.00元

黑龙江产业蓝皮书
黑龙江产业发展报告（2016）
著(编)者:于渤 2016年10月出版 / 估价:79.00元

黑龙江蓝皮书
黑龙江经济发展报告（2016）
著(编)者:曲伟 2016年1月出版 / 估价:79.00元

黑龙江蓝皮书
黑龙江社会发展报告（2016）
著(编)者:张新颖 2016年1月出版 / 估价:79.00元

湖南城市蓝皮书
区域城市群整合（主题待定）
著(编)者:童中贤 韩未名 2016年12月出版 / 估价:79.00元

湖南蓝皮书
2016年湖南产业发展报告
著(编)者:梁志峰 2016年5月出版 / 估价:98.00元

湖南蓝皮书
2016年湖南电子政务发展报告
著(编)者:梁志峰 2016年5月出版 / 估价:98.00元

湖南蓝皮书
2016年湖南经济展望
著(编)者:梁志峰 2016年5月出版 / 估价:128.00元

湖南蓝皮书
2016年湖南两型社会与生态文明发展报告
著(编)者:梁志峰 2016年5月出版 / 估价:98.00元

湖南蓝皮书
2016年湖南社会发展报告
著(编)者:梁志峰 2016年5月出版 / 估价:88.00元

湖南蓝皮书
2016年湖南县域经济社会发展报告
著(编)者:梁志峰 2016年5月出版 / 估价:98.00元

湖南蓝皮书
湖南城乡一体化发展报告（2016）
著(编)者:陈文胜 刘祚祥 邝奕轩 等
2016年7月出版 / 估价:89.00元

湖南县域绿皮书
湖南县域发展报告 NO.3
著(编)者:袁准 周小毛 2016年9月出版 / 估价:69.00元

沪港蓝皮书
沪港发展报告（2015～2016）
著(编)者:尤安山 2016年4月出版 / 估价:89.00元

吉林蓝皮书
2016年吉林经济社会形势分析与预测
著(编)者:马克 2016年2月出版 / 估价:89.00元

济源蓝皮书
济源经济社会发展报告（2016）
著(编)者:喻新安 2016年4月出版 / 估价:69.00元

健康城市蓝皮书
北京健康城市建设研究报告（2016）
著(编)者:王鸿春 2016年4月出版 / 估价:79.00元

江苏法治蓝皮书
江苏法治发展报告 NO.5（2016）
著(编)者:李力 龚廷泰 2016年9月出版 / 估价:98.00元

江西蓝皮书
江西经济社会发展报告（2016）
著(编)者:张勇 姜玮 梁勇 2016年10月出版 / 估价:79.00元

江西文化产业蓝皮书
江西文化产业发展报告（2016）
著(编)者:张圣才 汪春翔 2016年10月出版 / 估价:128.00元

经济特区蓝皮书
中国经济特区发展报告（2016）
著(编)者:陶一桃 2016年12月出版 / 估价:89.00元

辽宁蓝皮书
2016年辽宁经济社会形势分析与预测
著(编)者:曹晓峰 张晶 梁启东
2016年12月出版 / 估价:79.00元

拉萨蓝皮书
拉萨法治发展报告（2016）
著(编)者:车明怀 2016年7月出版 / 估价:79.00元

洛阳蓝皮书
洛阳文化发展报告（2016）
著(编)者:刘福兴 陈启明 2016年7月出版 / 估价:79.00元

南京蓝皮书
南京文化发展报告（2016）
著(编)者:徐宁 2016年12月出版 / 估价:79.00元

内蒙古蓝皮书
内蒙古反腐倡廉建设报告 NO.2
著(编)者:张志华 无极 2016年12月出版 / 估价:69.00元

浦东新区蓝皮书
上海浦东经济发展报告（2016）
著(编)者:沈开艳 陆沪根　　2016年1月出版 / 估价:69.00元

青海蓝皮书
2016年青海经济社会形势分析与预测
著(编)者:赵宗福　　2015年12月出版 / 估价:69.00元

人口与健康蓝皮书
深圳人口与健康发展报告（2016）
著(编)者:陆杰华 罗乐宣 苏杨
2016年11月出版 / 估价:89.00元

山东蓝皮书
山东经济形势分析与预测（2016）
著(编)者:李广杰　　2016年11月出版 / 估价:89.00元

山东蓝皮书
山东社会形势分析与预测（2016）
著(编)者:涂可国　　2016年6月出版 / 估价:89.00元

山东蓝皮书
山东文化发展报告（2016）
著(编)者:张华 唐洲雁　　2016年6月出版 / 估价:98.00元

山西蓝皮书
山西资源型经济转型发展报告（2016）
著(编)者:李志强　　2016年5月出版 / 估价:89.00元

陕西蓝皮书
陕西经济发展报告（2016）
著(编)者:任宗哲 白宽犁 裴成荣
2016年1月出版 / 估价:69.00元

陕西蓝皮书
陕西社会发展报告（2016）
著(编)者:任宗哲 白宽犁 牛昉
2016年1月出版 / 估价:69.00元

陕西蓝皮书
陕西文化发展报告（2016）
著(编)者:任宗哲 白宽犁 王长寿
2016年1月出版 / 估价:65.00元

陕西蓝皮书
丝绸之路经济带发展报告（2016）
著(编)者:任宗哲 石英 白宽犁
2016年8月出版 / 估价:79.00元

上海蓝皮书
上海传媒发展报告（2016）
著(编)者:强荧 焦雨虹　　2016年1月出版 / 估价:69.00元

上海蓝皮书
上海法治发展报告（2016）
著(编)者:叶青　　2016年5月出版 / 估价:69.00元

上海蓝皮书
上海经济发展报告（2016）
著(编)者:沈开艳　　2016年1月出版 / 估价:69.00元

上海蓝皮书
上海社会发展报告（2016）
著(编)者:杨雄 周海旺　　2016年1月出版 / 估价:69.00元

上海蓝皮书
上海文化发展报告（2016）
著(编)者:荣跃明　　2016年1月出版 / 估价:74.00元

上海蓝皮书
上海文学发展报告（2016）
著(编)者:陈圣来　　2016年1月出版 / 估价:69.00元

上海蓝皮书
上海资源环境发展报告（2016）
著(编)者:周冯琦 汤庆合 任文伟
2016年1月出版 / 估价:69.00元

上饶蓝皮书
上饶发展报告（2015～2016）
著(编)者:朱寅健　　2016年3月出版 / 估价:128.00元

社会建设蓝皮书
2016年北京社会建设分析报告
著(编)者:宋贵伦 冯虹　　2016年7月出版 / 估价:79.00元

深圳蓝皮书
深圳法治发展报告（2016）
著(编)者:张骁儒　　2016年5月出版 / 估价:69.00元

深圳蓝皮书
深圳经济发展报告（2016）
著(编)者:张骁儒　　2016年6月出版 / 估价:89.00元

深圳蓝皮书
深圳劳动关系发展报告（2016）
著(编)者:汤庭芬　　2016年6月出版 / 估价:79.00元

深圳蓝皮书
深圳社会建设与发展报告（2016）
著(编)者:张骁儒 陈东平　　2016年6月出版 / 估价:79.00元

深圳蓝皮书
深圳文化发展报告(2016)
著(编)者:张骁儒　　2016年1月出版 / 估价:69.00元

四川法治蓝皮书
四川依法治省年度报告 NO.2（2016）
著(编)者:李林 杨天宗 田禾
2016年3月出版 / 估价:108.00元

四川蓝皮书
2016年四川经济形势分析与预测
著(编)者:杨钢　　2016年1月出版 / 估价:89.00元

四川蓝皮书
四川城镇化发展报告（2016）
著(编)者:侯水平 范秋美　　2016年4月出版 / 估价:79.00元

四川蓝皮书
四川法治发展报告（2016）
著(编)者:郑泰安　　2016年1月出版 / 估价:69.00元

四川蓝皮书
四川企业社会责任研究报告（2015～2016）
著(编)者:侯水平 盛毅 2016年4月出版 / 估价:79.00元

四川蓝皮书
四川社会发展报告（2016）
著(编)者:郭晓鸣 2016年4月出版 / 估价:79.00元

四川蓝皮书
四川生态建设报告（2016）
著(编)者:李晟之 2016年4月出版 / 估价:79.00元

四川蓝皮书
四川文化产业发展报告（2016）
著(编)者:侯水平 2016年4月出版 / 估价:79.00元

体育蓝皮书
上海体育产业发展报告（2015～2016）
著(编)者:张林 黄海燕 2016年10月出版 / 估价:79.00元

体育蓝皮书
长三角地区体育产业发展报告（2015～2016）
著(编)者:张林 2016年4月出版 / 估价:79.00元

天津金融蓝皮书
天津金融发展报告（2016）
著(编)者:王爱俭 孔德昌 2016年9月出版 / 估价:89.00元

图们江区域合作蓝皮书
图们江区域合作发展报告（2016）
著(编)者:李铁 2016年4月出版 / 估价:98.00元

温州蓝皮书
2016年温州经济社会形势分析与预测
著(编)者:潘忠强 王春光 金浩 2016年4月出版 / 估价:69.00元

扬州蓝皮书
扬州经济社会发展报告（2016）
著(编)者:丁纯 2016年12月出版 / 估价:89.00元

长株潭城市群蓝皮书
长株潭城市群发展报告（2016）
著(编)者:张萍 2016年10月出版 / 估价:69.00元

郑州蓝皮书
2016年郑州文化发展报告
著(编)者:王哲 2016年9月出版 / 估价:65.00元

中医文化蓝皮书
北京中医药文化传播发展报告（2016）
著(编)者:毛嘉陵 2016年5月出版 / 估价:79.00元

珠三角流通蓝皮书
珠三角商圈发展研究报告（2016）
著(编)者:王先庆 林至颖 2016年7月出版 / 估价:98.00元

遵义蓝皮书
遵义发展报告（2016）
著(编)者:曾征 龚永育 2016年12月出版 / 估价:69.00元

国别与地区类

阿拉伯黄皮书
阿拉伯发展报告（2015～2016）
著(编)者:罗林 2016年11月出版 / 估价:79.00元

北部湾蓝皮书
泛北部湾合作发展报告（2016）
著(编)者:吕余生 2016年10月出版 / 估价:69.00元

大湄公河次区域蓝皮书
大湄公河次区域合作发展报告（2016）
著(编)者:刘稚 2016年9月出版 / 估价:79.00元

大洋洲蓝皮书
大洋洲发展报告（2015～2016）
著(编)者:喻常森 2016年10月出版 / 估价:89.00元

德国蓝皮书
德国发展报告（2016）
著(编)者:郑春荣 伍慧萍
2016年5月出版 / 估价:69.00元

东北亚黄皮书
东北亚地区政治与安全（2016）
著(编)者:黄凤志 刘清才 张慧智 等
2016年5月出版 / 估价:69.00元

东盟黄皮书
东盟发展报告（2016）
著(编)者:杨晓强 庄国土 2016年12月出版 / 估价:75.00元

东南亚蓝皮书
东南亚地区发展报告（2015～2016）
著(编)者:厦门大学东南亚研究中心 王勤
2016年4月出版 / 估价:79.00元

俄罗斯黄皮书
俄罗斯发展报告（2016）
著(编)者:李永全 2016年7月出版 / 估价:79.00元

非洲黄皮书
非洲发展报告 NO.18（2015～2016）
著(编)者:张宏明 2016年9月出版 / 估价:79.00元

国际形势黄皮书
全球政治与安全报告（2016）
著(编)者:李慎明　张宇燕
2015年12月出版 / 定价:69.00元

韩国蓝皮书
韩国发展报告（2016）
著(编)者:牛林杰 刘宝全
2016年12月出版 / 估价:89.00元

加拿大蓝皮书
加拿大发展报告（2016）
著(编)者:仲伟合　2016年4月出版 / 估价:89.00元

拉美黄皮书
拉丁美洲和加勒比发展报告（2015～2016）
著(编)者:吴白乙　2016年5月出版 / 估价:89.00元

美国蓝皮书
美国研究报告（2016）
著(编)者:郑秉文 黄平
2016年6月出版 / 估价:89.00元

缅甸蓝皮书
缅甸国情报告（2016）
著(编)者:李晨阳　2016年8月出版 / 估价:79.00元

欧洲蓝皮书
欧洲发展报告（2015～2016）
著(编)者:周弘 黄平 江时学
2016年7月出版 / 估价:89.00元

日本经济蓝皮书
日本经济与中日经贸关系研究报告（2016）
著(编)者:王洛林 张季风
2016年5月出版 / 估价:79.00元

日本蓝皮书
日本研究报告（2016）
著(编)者:李薇　2016年4月出版 / 估价:69.00元

上海合作组织黄皮书
上海合作组织发展报告（2016）
著(编)者:李进峰 吴宏伟 李伟
2016年7月出版 / 估价:98.00元

世界创新竞争力黄皮书
世界创新竞争力发展报告（2016）
著(编)者:李闽榕 李建平 赵新力
2016年1月出版 / 估价:148.00元

土耳其蓝皮书
土耳其发展报告（2016）
著(编)者:郭长刚 刘义　2016年7月出版 / 估价:69.00元

亚太蓝皮书
亚太地区发展报告（2016）
著(编)者:李向阳　2016年1月出版 / 估价:69.00元

印度蓝皮书
印度国情报告（2016）
著(编)者:吕昭义　2016年5月出版 / 估价:89.00元

印度洋地区蓝皮书
印度洋地区发展报告（2016）
著(编)者:汪戎　2016年5月出版 / 估价:89.00元

英国蓝皮书
英国发展报告（2015～2016）
著(编)者:王展鹏　2016年10月出版 / 估价:89.00元

越南蓝皮书
越南国情报告（2016）
著(编)者:广西社会科学院 罗梅 李碧华
2016年8月出版 / 估价:69.00元

越南蓝皮书
越南经济发展报告（2016）
著(编)者:黄志勇　2016年10月出版 / 估价:69.00元

以色列蓝皮书
以色列发展报告（2016）
著(编)者:张倩红　2016年9月出版 / 估价:89.00元

中东黄皮书
中东发展报告 No.18（2015～2016）
著(编)者:杨光　2016年10月出版 / 估价:89.00元

中欧关系蓝皮书
中欧关系研究报告（2016）
著(编)者:周弘　2016年12月出版 / 估价:98.00元

中亚黄皮书
中亚国家发展报告（2016）
著(编)者:孙力 吴宏伟　2016年8月出版 / 估价:89.00元

皮书起源

“皮书”起源于十七、十八世纪的英国，主要指官方或社会组织正式发表的重要文件或报告，多以“白皮书”命名。在中国，“皮书”这一概念被社会广泛接受，并被成功运作、发展成为一种全新的出版形态，则源于中国社会科学院社会科学文献出版社。

皮书定义

皮书是对中国与世界发展状况和热点问题进行年度监测，以专业的角度、专家的视野和实证研究方法，针对某一领域或区域现状与发展态势展开分析和预测，具备原创性、实证性、专业性、连续性、前沿性、时效性等特点的公开出版物，由一系列权威研究报告组成。

皮书作者

皮书系列的作者以中国社会科学院、著名高校、地方社会科学院的研究人员为主，多为国内一流研究机构的权威专家学者，他们的看法和观点代表了学界对中国与世界的现实和未来最高水平的解读与分析。

皮书荣誉

皮书系列已成为社会科学文献出版社的著名图书品牌和中国社会科学院的知名学术品牌。2011 年，皮书系列正式列入“十二五”国家重点出版规划项目；2012~2015 年，重点皮书列入中国社会科学院承担的国家哲学社会科学创新工程项目；2016 年，46 种院外皮书使用“中国社会科学院创新工程学术出版项目”标识。

中国皮书网

www.pishu.cn

发布皮书研创资讯，传播皮书精彩内容
引领皮书出版潮流，打造皮书服务平台

栏目设置：

- □ 资讯：皮书动态、皮书观点、皮书数据、皮书报道、皮书发布、电子期刊
- □ 标准：皮书评价、皮书研究、皮书规范
- □ 服务：最新皮书、皮书书目、重点推荐、在线购书
- □ 链接：皮书数据库、皮书博客、皮书微博、在线书城
- □ 搜索：资讯、图书、研究动态、皮书专家、研创团队

中国皮书网依托皮书系列“权威、前沿、原创”的优质内容资源，通过文字、图片、音频、视频等多种元素，在皮书研创者、使用者之间搭建了一个成果展示、资源共享的互动平台。

自2005年12月正式上线以来，中国皮书网的IP访问量、PV浏览量与日俱增，受到海内外研究者、公务人员、商务人士以及专业读者的广泛关注。

2008年、2011年，中国皮书网均在全国新闻出版业网站荣誉评选中获得“最具商业价值网站”称号；2012年，获得“出版业网站百强”称号。

2014年，中国皮书网与皮书数据库实现资源共享，端口合一，将提供更丰富的内容，更全面的服务。

皮书大事记
（2015）

☆ 2015年11月9日，社会科学文献出版社2015年皮书编辑出版工作会议召开，会议就皮书装帧设计、生产营销、皮书评价以及质检工作中的常见问题等进行交流和讨论，为2016年出版社的融合发展指明了方向。

☆ 2015年11月，中国社会科学院2015年度纳入创新工程后期资助名单正式公布，《社会蓝皮书：2015年中国社会形势分析与预测》等41种皮书纳入2015年度“中国社会科学院创新工程学术出版资助项目”。

☆ 2015年8月7~8日，由中国社会科学院主办，社会科学文献出版社和湖北大学共同承办的“第十六次全国皮书年会（2015）：皮书研创与中国话语体系建设”在湖北省恩施市召开。中国社会科学院副院长李培林，国家新闻出版广电总局原副总局长、中国出版协会常务副理事长邬书林，湖北省委宣传部副部长喻立平，中国社会科学院科研局局长马援，国家新闻出版广电总局出版管理司副司长许正明，中共恩施州委书记王海涛，社会科学文献出版社社长谢寿光，湖北大学党委书记刘建凡等相关领导出席开幕式。来自中国社会科学院、地方社会科学院及高校、政府研究机构的领导及近200个皮书课题组的380多人出席了会议，会议规模又创新高。会议宣布了2016年授权使用“中国社会科学院创新工程学术出版项目”标识的院外皮书名单，并颁发了第六届优秀皮书奖。

☆ 2015年4月28日，“第三届皮书学术评审委员会第二次会议暨第六届优秀皮书奖评审会”在京召开。中国社会科学院副院长李培林、蔡昉出席会议并讲话，国家新闻出版广电总局原副局长、中国出版协会常务副理事长邬书林也出席本次会议。会议分别由中国社会科学院科研局局长马援和社会科学文献出版社社长谢寿光主持。经分学科评审和大会汇评，最终匿名投票评选出第六届“优秀皮书奖”和“优秀皮书报告奖”书目。此外，该委员会还根据《中国社会科学院皮书管理办法》，审议并投票评选出2015年纳入中国社会科学院创新工程项目的皮书和2016年使用“中国社会科学院创新工程学术出版项目”标识的院外皮书。

☆ 2015年1月30~31日，由社会科学文献出版社皮书研究院组织的2014年版皮书评价复评会议在京召开。皮书学术评审委员会部分委员、相关学科专家、学术期刊编辑、资深媒体人等近50位评委参加本次会议。中国社会科学院科研局局长马援、社会科学文献出版社社长谢寿光出席开幕式并发表讲话，中国社会科学院科研成果处处长薛增朝出席闭幕式并做发言。

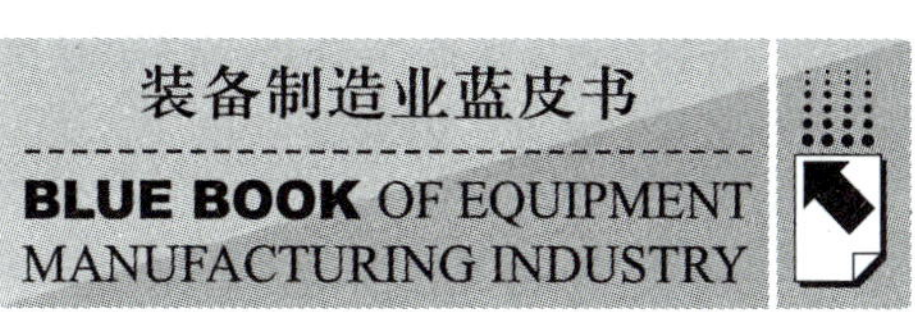

中国装备制造业发展报告（2015）

REPORT ON THE DEVELOPMENT OF EQUIPMENT MANUFACTURING INDUSTRY IN CHINA (2015)

主　编 / 徐东华
副主编 / 聂秀东　马向晖　黄必烈
机械工业经济管理研究院 / 编著

社会科学文献出版社
SOCIAL SCIENCES ACADEMIC PRESS (CHINA)

图书在版编目（CIP）数据

中国装备制造业发展报告．2015/徐东华主编．—北京：社会科学文献出版社，2015.12
（装备制造业蓝皮书）
ISBN 978－7－5097－8365－8

Ⅰ．①中… Ⅱ．①徐… Ⅲ．①制造工业－研究报告－中国－2015 Ⅳ．①F426.4

中国版本图书馆 CIP 数据核字（2015）第 270116 号

装备制造业蓝皮书
中国装备制造业发展报告（2015）

主　　编／徐东华
副 主 编／聂秀东　马向晖　黄必烈
编　　著／机械工业经济管理研究院

出 版 人／谢寿光
项目统筹／王　绯
责任编辑／孙燕生

出　　版／社会科学文献出版社·社会政法分社（010）59367156
地址：北京市北三环中路甲 29 号院华龙大厦　邮编：100029
网址：www.ssap.com.cn
发　　行／市场营销中心（010）59367081　59367090
读者服务中心（010）59367028
印　　装／北京季蜂印刷有限公司

规　　格／开 本：787mm×1092mm　1/16
印 张：33.25　字 数：508 千字
版　　次／2015 年 12 月第 1 版　2015 年 12 月第 1 次印刷
书　　号／ISBN 978－7－5097－8365－8
定　　价／148.00 元

皮书序列号／B－2015－477

《中国装备制造业蓝皮书（2015）》
编辑委员会

主要编撰者简介

徐东华　二级研究员、教授级高级工程师、机械工业经济管理研究院院长。曾任中共中央书记处农村政策研究室综合组副研究员、国务院发展研究中心研究员、国务院国资委研究中心研究员。参加了国家“九五”至“十三五”国民经济和社会发展规划研究工作，参加了我国多个工业部委行业发展规划工作，参加了我国装备制造业发展规划工作，撰写的研究报告多次被中共中央政治局常委和国务院领导同志批转国家经济综合部委，其政策性建议被采纳。他兼任中共中央“五个一”工程奖评委，中央电视台特邀财经观察员，中国机械工业联合会专家委员，中国石油和化学工业联合会专家委员，中国工业环保促进会副会长，中国机械工业企业管理协会副理事长，中华名人工作委员会副主席，原国家经贸委、国家发改委中国国际咨询公司工业项目评审委员，福建省政府经济顾问，中国社会科学院经济研究所博士生答辩评审委员会委员，北京大学光华管理学院博士生答辩评审委员会委员，北京大学商业经济与管理研究所副所长，清华大学经济管理学院、中国传媒大学和北京化工大学等校兼职教授。在《经济日报》《光明日报》《科技日报》《经济参考报》《求是》《经济学动态》《经济管理》等杂志发表百余篇理论研究文章。

聂秀东　院长助理，兼任产业经济研究所所长，采购研究中心主任，工业互联网研究中心主任、研究员。北京大学光华管理学院经济学博士，拥有经济管理理论研究和政府采购研究优势，主要研究领域：产业经济、政府采购、国际贸易、区域发展、企业战略、品牌战略等。主持和参加了国家发改委“十二五”和“十三五”发展规划前期重大课题研究；参与了一些重要产业政策的制定；为我国加入“WTO政府采购协议谈判”和“两岸经济合作框架协议谈判”提出了谈判策略和出价方案；主持和参与商务部、工信部、国资委、卫计委等国家级课题70余项，并为多个地方政府和企业制定发展战略。公开发表论文十余篇，获奖论文中《我国工业产业国际竞争力分析与提升对策》2009年10月获得商务部“集聚优势转型升级提升产业国际竞争力”征文活动二等奖。参与编写或出版的著作有:《保健蓝皮书——中国保健用品产业发展报告》（社会科学文献出版社，2012）；《我国工业产业国际竞争力分析与提升对策》（中国商务出版社，2009）；《中国品牌发展报告》（北京大学出版社，2007）；《中国品牌发展报告》（北京大学出版社，2011）；《中国石油装备产业发展报告》（机械工业出版社，2014）。

序

装备制造业是为国民经济发展和国防建设提供技术装备的基础性、战略性产业。一个国家的综合竞争力很大程度上体现在制造业，而制造业中最重要与最核心的是装备制造业，它是工业及全制造业的基础。综观世界经济强国的发展史，它们都拥有强大的装备制造业。所以，国与国之间的经济竞争，实质上是装备制造业的竞争。目前，世界强国在高端装备制造业领域的竞争已成为博弈的核心。

改革开放30多年，我国装备制造业取得了举世瞩目的成就，装备制造业形成了完整的生产门类与工业体系，自主创新能力明显增强。但与世界装备制造强国相比，还有较大差距，总体上我国是大而不强，一些关键核心技术对外依赖程度较高，基础技术支撑能力相对薄弱，自主品牌的培育相对滞后，尚未完全摆脱粗放型发展方式。

当前，全球经济形势尚未明显好转，我国装备制造业的发展环境比较复杂：中低端产能过剩成为难以破解的难题，技术创新尤其是高端与基础领域的创新少有开创性突破；融资环境亟待改善，国内外市场低迷；劳动力成本优势逐渐丧失，在发展中国家以更低成本承接产业转移，以及发达国家在努力重振制造业，在此“双向挤压”下，使得产业竞争更加残酷。在严峻形势下，我国政府和企业通过推动“一带一路”战略的实施、亚洲基础设施投资银行的建立、《中国制造2025》的发布，来努力探索建设装备制造业强国的发展之路。

机械工业经济管理研究院有着多年装备制造业研究的历史，积累了丰富的经验，他们以全局眼光，从智库的视角，立足长远，客观分析，编辑出版了我国首部《中国装备制造业发展报告——装备制造业蓝皮书（2015）》。该书是关于中国装备制造业发展的年度性研究报告，也是我国首部权威发布的装备制造业蓝皮书。该书在多位装备制造业业内院士专家指导下，一是首次全面系统地梳理了国际装备制造业的发展概况，分析了我国装备制造业的现状、特点、问题、投资机会，提出了政策建议和发展策略；二是系统分析了7个子行业的运行情况、面临的问题以及对发展形势加以展望；三是选取了我国装备制造业杰出企业技术创新和管理创新的典型案例，为政府、行业、企业提供参照和借鉴；四是深入解读当前国际国内装备制造业的热点问题。

本书是我国第一部公开发表的全面系统分析我国装备制造业的发展报告，具有很强的创新性、科学性、实用性，对引导我国装备制造业的转型升级和深入发展，具有较强的参考价值。希望此书能为广大读者了解国际国内装备制造业提供一个广阔、有深度的平台！当然，报告单位在国际国内相关数据的搜集、跟踪和研究上还需持续完善。

何光远

2015年9月8日

摘　要

装备制造业是为国民经济和国防建设提供生产技术装备的制造业，是制造业的核心组成部分，是现代产业体系的脊梁，是推动工业转型升级的引擎。建立起强大的装备制造业，是提高中国综合国力和实现工业化的根本保证。我国是装备制造业大国，但我国装备制造业“大而不强”是不争的事实。特别是受国际金融危机及国内经济增速放缓的影响，我国装备制造业面临的形势日趋严峻。未来30年是建设制造业强国的关键期，在全球制造业竞争日趋激烈的环境下，中国装备制造业应以强大国家、造福人民、繁荣世界为使命，积极稳步地推进装备制造业的转型升级。因此，全面系统地分析研究我国装备制造业，对装备制造业乃至整个工业实现结构优化升级，加快转变经济发展方式，抢占未来经济和科技发展制高点，实现由制造业大国向强国转变都有重要意义。

《中国装备制造业发展报告——装备制造业蓝皮书（2015）》包括总报告、行业篇、企业篇和专题篇四个部分。总报告介绍了国际装备制造业的发展概况，综述了2014年中国装备制造业发展情况，并对未来中国装备制造业发展进行展望，还分别有针对性地提出了中国装备制造业发展的建议；行业篇内容包括中国装备制造业的七个主要分行业，主要介绍各行业2014年运行基本情况、面临的问题以及对发展趋势的展望；企业篇分别列举了我国成功的技术创新和管理创新企业，明确提出企业的创新点、具体做法和效果，给其他装备制造企业提供参考和启示；专题篇对2014年我国发生的装备制造业热点事件进行深入分析解读。

在总报告中，认为：2014年，国际装备制造业生产情况有所好转，销售收入持续增长，正朝着智能化、绿色化、信息化、服务化、标准化、个性化方向发展。2014 年，我国装备制造业产业规模趋稳，经济效益增速呈现出“前高后低”的发展态势，行业和企业之间分化加剧。本报告研究表明，装备制造业运行进入中高速增长期，行业转型升级程度有所提高，创新驱动成为发展新引擎；同时，我国装备制造业发展仍面临较大下行压力，产能过剩问题依然突出，核心技术亟须突破，装备制造业国有企业改革困难重重，中小型企业面临可持续发展难题，进出口产品结构需要调整，“走出去”战略实施仍有不小阻力。预计 2015 年，我国装备制造业增长速度将继续缓慢下行，行业之间分化将进一步加剧，随着“一带一路”和《中国制造2025》战略的发布实施，亚洲基础设施投资银行的设立，以及《推进国际产能和装备制造合作的指导意见》的发布，我国装备制造业在数控机床、工业机器人、海洋工程装备、轨道交通、新能源汽车、电力装备、农业机械七大方面有较好的投资机会。

总报告认为我国装备制造业要实现健康发展，就要转换增长动力机制，加快转型升级步伐，积极化解产能过剩；树立以市场为导向的创新生态观，加大对技术创新的财政扶持力度，加强基础研究和共性技术研究，提升企业研发能力，营造良好的商业化环境；继续深化装备制造业国有企业改革，促进中小企业健康发展，加快装备制造企业兼并重组；优化出口产品结构，实现出口市场多元化，完善进出口关税政策，并积极实施“走出去”战略。

在行业篇中，分别对电工电器、石化通用、船舶、轨道交通、汽车制造、工程机械、机床工具七个子行业进行了分析研究。本报告研究表明，各子行业部分技术已达到国际先进水平，2014 年各主要子行业收入和利润增速总体放缓；其中，电工电器、石化通用、轨道交通、汽车制造等行业实现稳步增长，市场需求旺盛；船舶、工程机械、机床工具等行业呈下滑态势，市场表现低迷。各行业普遍存在产能过剩、自主创新能力不强、行业间无序竞争、缺乏统一标准等问题。但相信在各种宏观经济政策刺激下，各子行业尤其是高端装备制造业发展前景向好。

在企业篇中，分别对四家装备制造企业的技术创新和管理创新情况进行了介绍，并对这些企业的成功经验加以总结，希望能给其他装备制造企业以启示。在对技术创新企业的分析中，发现这些企业均具有重视人才引进、重视科研投入、重视产学研相结合等特点。在对管理创新企业的分析中，发现这些企业均具备重视管理理念的更新和创新、重视管理体系的更新和创新、重视管理手段的更新和创新等特点。

在专题篇中，在对热点事件解析部分，选取了七件发生在2014年的装备制造业热点事件进行回顾与解析，认为《中国制造2025》和“一带一路”战略的出台，将对我国整个装备制造业的发展带来深远影响；南车北车合并则开启了国际产能与装备制造业合作的新道路；机器人产业、光伏发电行业、新能源汽车在发展中遇到的困难和挑战值得其他装备制造产业反思；三一重工在美国胜诉的案件为中国企业在海外保护自己的合法权益提供了榜样，值得“走出去”的中国企业汲取经验和借鉴学习。

2015年是全面深化改革的关键之年，是全面推进依法治国的开局之年，是完成“十二五”规划目标的“收官”之年。对于装备制造业来讲，也是转型升级、为“十三五”起步奠定基础的重要一年。我们要紧紧抓住《中国制造2025》、“一带一路”等国家战略发展机遇，努力实现装备制造业向智能化、绿色化、信息化的转型。

Abstract

The equipment manufacturing industry (EMI), which provides technological equipments for the national economy and national defense, is the core constituent for manufacturing industry, the essence of modern industry system, and the engine that impels the transformation and upgrading of industry. The formidable EMI is a fundamental guarantee for enhancing China's comprehensive national strength and realizing the industrialization. It is an undoubted fact that our country is a large but weak EMI nation. Especially influenced by the international financial crisis and gradually slowed down domestic economy growth, the status quo of our EMI tends to be increasingly severe. For the critical period to realize a powerful manufacturing nation in next 30 years, with the gradually intense competition in global manufacturing industry, we should take "strengthening the nation, benefiting the people and blooming the world" as the mission and steadily promote the transformation and upgrading of EMI. Therefore, a systematic analysis of EMI development bears important significance for realizing the optimizing and upgrading of manufacturing industry, speeding up the shift of economical development method, grabbing the future key point of economy and technological progress, as well as realizing a powerful manufacturing nation.

"China EMI Blue Book (2015)" includes four parts, that is, general reports, industry reports, enterprise reports and special subject reports. General reports introduces the present situation of international EMI, surveying the status quo of China's EMI development in 2014, forecasting its future and proposing several target-oriented suggestions. Industry reports present the operating situation of 7 main branch industries in 2014, their facing problems and future trend. Enterprise reports aim at the innovation methods and their effects of both technological innovation enterprises and management innovation ones, thus providing references and inspiration for other EMI enterprises. The special subject report analyse the main political measures and review the hot spot events relative with EMI in 2014.

In the general reports, it shows that the manufacture of international EMI improves and sales revenue grows continently in 2014, which develops towards intelligent, greening, informational, servicing, standard and personalized. The industry scale of our EMI grows stably in 2014, the growing speed appears to be a momentum of "high in former and low in later", while the gap between enterprises becomes broader. The research result of this report shows that our EMI turns into a medium- and high-speed developing period, and the extent of transformation and upgrading is progressed. The innovation becomes a new engine for industry development. However, our EMI still faces the downstream tension with serious overcapacity problem. The import and export structure needs to be adjusted, and "going-out strategy" is difficult to implement. In 2015, the growing speed of our EMI is predicted to slow down, and the polarization of industries tends to be more serious. With the release and implementation of "the Belt and Road" and "Made in China 2025" strategies, as well as the establishment of Asian Infrastructure Investment Bank and the release of "The guidance to promote the cooperation between international capacity and equipment manufacturing", there are broad prospects to invest numerical control machine: industrial robots, marine engineering equipment, railway equipment, new energy vehicles, electrical equipment, and agricultural machine, etc.

This report suggests that, to realize a healthy development, our EMI should transform its growth engine mechanism, speed up its transformation and upgrading, resolve overcapacity, set up a market-oriented ecological view, strengthen the supporting force for technological innovation, promott basic research and generic technology research, improve the enterprises' research capacity, speed up the merging and reorganization of EMI enterprises, optimize the export product structure, export market, and tariff policy, as well as implement the "going-out strategy".

In the industry part, this report surveys 7 branch industries, including

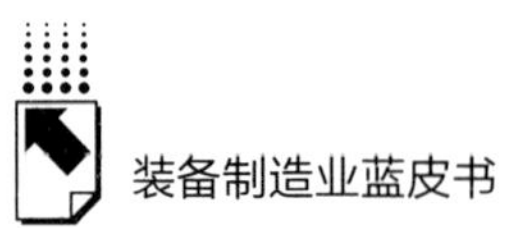

electrical equipment, mining equipment petroleum and petrochemical equipment, shipbuilding, railway equipment, automobile manufacturing, construction machinery, machine tool and tool builders agriculture components. The evidence suggests that part of our technologies has reached the advanced level in the world, but in 2014, the revenue and profit growth of main branch industries are slowing in general. Among them, the branch industries such as electrical equipment, petroleum and petrochemical equipment, railway equipment, automobile manufacturing, grow steadily with blooming market demand, while the others such as shipbuilding, construction machinery, machine tool and tool builders tend to decline with market downturn. In common, all the branch industries appear overcapacity, weak independent innovation ability, disorderly competition between industries, and lack of unifies standards. However, with the stimulus of various macroeconomic policies, the prospects of these branch industries, especially the high-end equipment manufacturing industry, incline to better.

In the enterprise part, this report selects four enterprises as the sample of technical innovation and management innovation in EMI, trying to provide successful experiences for other equipment enterprises. For the technical innovation enterprises, we find that they all attach great importance to talent recommend, scientific research investment, and the combination of industry, university and research institutes. For the management innovation enterprises, it shows that they all attach great importance to the updating and innovation of management concepts, management systems and management measures.

In the special subject part, for hot spots part, we review seven EMI issues in 2014. The "Made in China 2025" and "the Belt and Road" strategies will bring deep influence on the whole EMI; the combination of CSR Co. Ltd. and CNR Co. Ltd. opens up a new road for the cooperation between international capacity and EMI; the difficulties and challenges suffered by the robot industry, photovoltaic industry and new energy vehicle prompt the introspection of other EMIs; the win case of Sany Group in the United States provides good example for Chinese enterprises to protect their legitimate rights and interests of overseas, deserving to learn by Chinese enterprises who want to go abroad.

2015 is a key period for the comprehensive deepen reform, the starting year of promoting rule law, and the ending year of finish the target of "12th five-year plan". It is also an important year for the transformation and upgrading, as well as the foundation for "13th five-year plan". We should catch the opportunity of "the Belt and Road" and "Made in China 2025" strategies, and take our efforts to achieve the shift of intelligent, greening and informational EMI.

目录

𝔹 Ⅰ 总报告

BⅡ　行业篇

BⅢ　企业篇

BⅣ　专题篇

皮书数据库阅读使用指南

CONTENTS

𝔹 I General Reports

BⅡ Industry Reports

BⅢ Enterprise Reports

BⅣ Special Reports

总　报　告

General Reports

B.1

国际装备制造业发展概况

徐东华*

摘　要： 2014年，国际装备制造业生产情况有所好转，实现销售收入64428亿美元，同比增长5.4%，各主要分行业均实现不同程度的增长，智能化、绿色化、信息化、服务化、标准化、个性化将成为未来国际装备制造业的主要发展趋势。目前，美国、日本、中国、德国、韩国、法国是装备制造业的主要生产国。尽管2014年美国装备制造业销售收入有所下降，进出口贸易也处于逆差状态，但美国仍通过制定多项国家战略努力抢占装备制造业技术高地；德国运用多种政策措施促进装备制造业技术进步，2014年德国装备制造业销售收入增速加快，进出口贸易继续保持顺差状态；2014年日本装备制造业销

* 徐东华，研究员，机械工业经济管理研究院院长。

售收入大幅下滑，装备制造主要进出口产品额也出现大幅下降，但日本装备制造业不论在技术还是产品上仍具备较强竞争力。

关键词：装备制造业　经济运行　发展趋势　技术水平

一　国际装备制造业的发展现状

（一）国际装备制造业经济运行情况

1. 国际装备制造业生产情况有所好转

2014年，国际装备制造业生产情况有所好转。根据我国机械工业联合会公布的2014年世界机械工业生产指数可以看出，2014年机械工业生产指数较2013年有所回升，2014年11月，世界机械工业生产指数125.0，比上月回落1.9点，但同比2013年有所回升。按月来看，2013年8月世界机械工业生产指数探底仅为109.9，之后逐步企稳回升，尽管2014年8月生产指数再次探底，但仍高于2013年同期水平（见图1）。

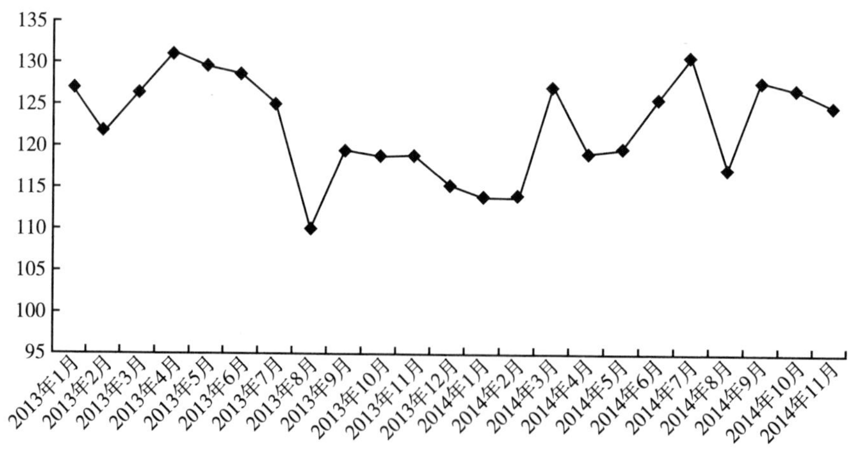

图1　2013~2014年世界机械工业生产指数

2014 年 11 月，美国生产指数为 125.4，较 10 月回落 1.4 点；德国生产指数为 120.8，较 10 月回落 0.4 点；日本生产指数 105.0，较 10 月回落 2.9 点。此外，南非、英国和法国 11 月生产指数分别为 126.3、107.5 和 93.4，较 10 月分别回落 5.5、5.7 和 8.3 点；韩国和印度生产指数分别为 125.0 和 122.5，较 10 月分别提高 13.7 和 7.6 点[①]（见表 1）。

表 1　2014 年世界机械工业生产指数

时间＼国家	世界	美国	德国	日本
2014 年 1 月	113.8	112.9	104.1	100.0
2014 年 2 月	113.7	115.9	112.2	102.3
2014 年 3 月	127.2	125.8	119.9	118.6
2014 年 4 月	119.1	122.7	114.0	98.3
2014 年 5 月	119.6	123.3	113.2	97.2
2014 年 6 月	125.6	126.5	113.1	106.6
2014 年 7 月	130.7	138.7	123.7	110.8
2014 年 8 月	117.3	124.4	94.0	112.2
2014 年 9 月	127.7	124.5	125.5	112.6
2014 年 10 月	126.9	126.8	121.2	107.9
2014 年 11 月	125.0	125.4	120.8	105.0

数据来源：机械工业联合会。

2. 国际装备制造业销售收入持续增长

截至 2014 年 11 月，世界装备制造业实现销售收入 64428 亿美元，同比增长 5.40%，增速比 2013 年提高 2.90 个百分点。按月来看，除 2 月、8 月、11 月增速为负，其他月份均实现了正增长（见图 2）。

（1）汽车行业

2014 年前 11 个月，世界汽车行业实现销售收入 20072 亿美元，比 2013 年前 11 个月的 18618 亿美元增长 7.81%。按月来看，2014 年前 10 个月同比均有增长，其中 1～3 月、5 月、7 月同比涨幅在 10.00% 以上，11 月同比下降 0.90%（见图 3）。

① 机械工业联合会：《机械工业经济运行与市场分析》2015 年第 2 期，第 35 页。

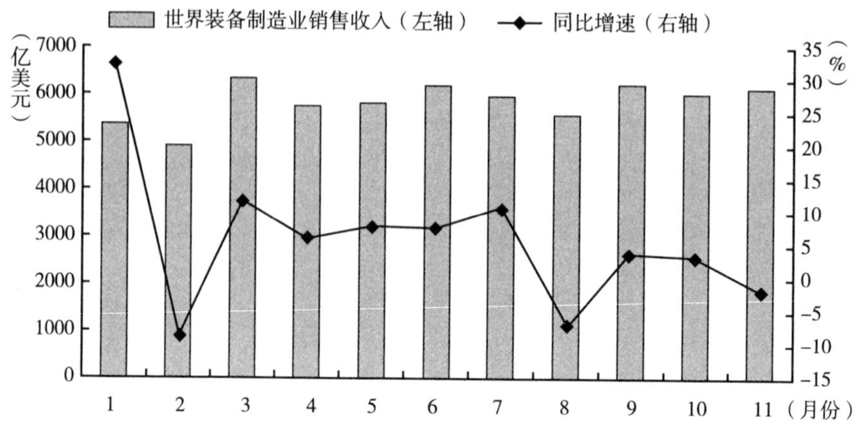

图 2　2014 年 1～11 月世界装备制造业销售收入及增长

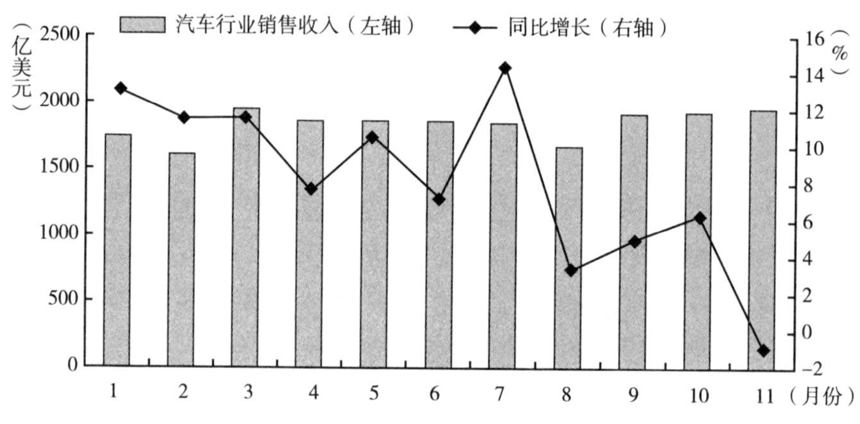

图 3　2014 年 1～11 月世界汽车行业月度销售收入及增长

（2）电工电器

2014 年前 11 个月，世界电工电器行业实现销售收入 10690 亿美元，与 2013 年前 11 个月 9959 亿美元的销售收入相比，增加了 7.34%。按月来看，1 月、2 月、9 月的同比增长超过 10.00%，而 5 月份和 11 月份同比增速下降较快，仅在 2.00% 左右（见图 4）。

（3）仪器仪表

2014 年前 11 个月，世界仪器仪表行业实现销售收入 2748 亿美元，与

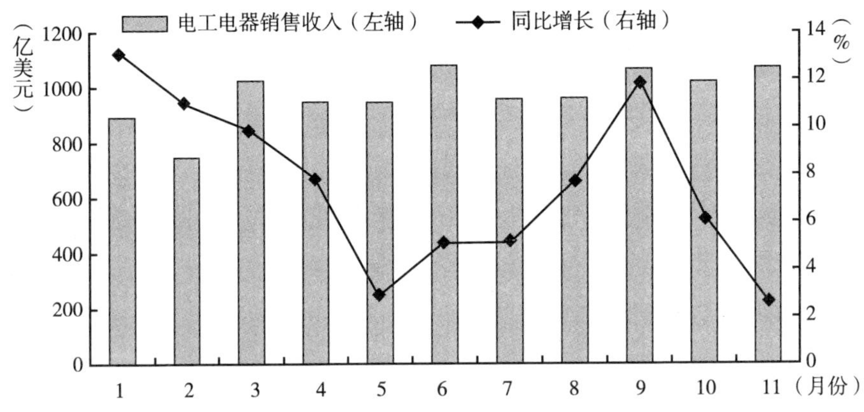

图4　2014 年 1～11 月世界电工电器月度销售收入及增长

2013 年前 11 个月的 2581 亿美元相比，增长 6.47%。按月来看，各月增速较为平稳，5 月份同比增长 9.60%，增长最快；10 月份同比增长 4.50%，增长最低（见图 5）。

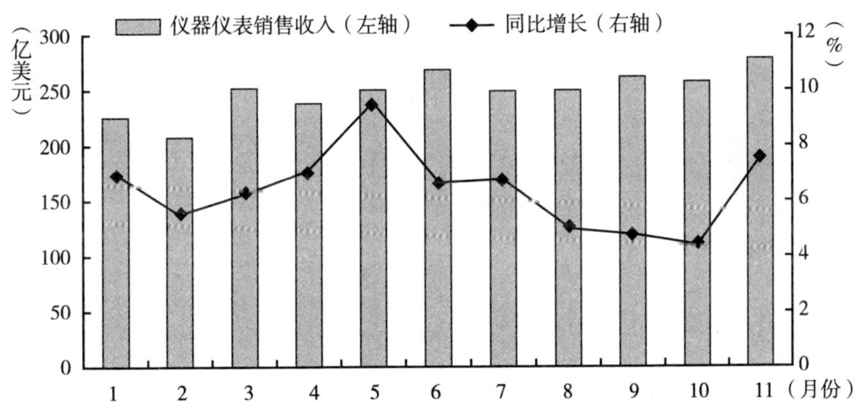

图5　2014 年 1～11 月世界仪器仪表月度销售收入及增长

（4）重型矿山

2014 年前 11 个月，世界重型矿山行业（包括重型矿山和工程机械两个行业）实现销售收入 4092 亿美元，与 2013 年前 11 个月的 3892 亿美元相比，实现增长 5.14%。按月来看，7 月份同比增长 11.50%，其他月份同比增长均低于 10.00%，6 月份同比增长 2.50%，涨幅最低（见图 6）。

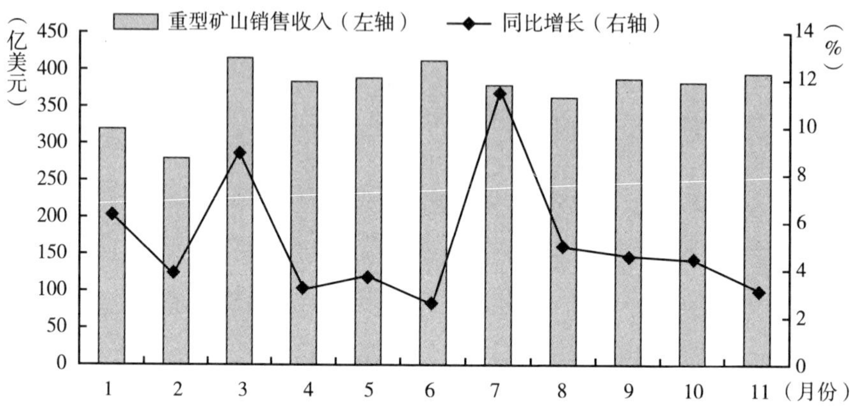

图 6　2014 年 1～11 月世界重型矿山月度销售收入及增长

（5）石化通用

2014 年前 11 个月，世界石化通用行业实现销售收入 4389 亿美元，与 2013 年前 11 个月的 4048 亿美元相比，增长 8.42%。按月来看，同比增速呈逐渐下降趋势，到 2014 年 11 月份世界石化通用销售收入同比下降 3.00%（见图 7）。

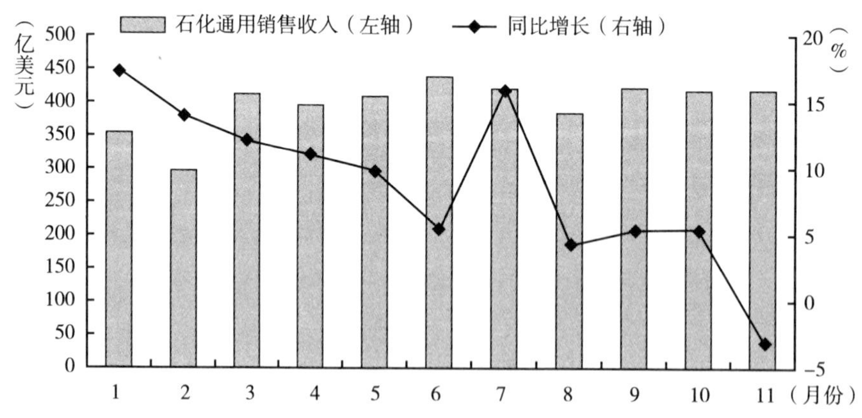

图 7　2014 年 1～11 月世界石化通用月度销售收入及增长

（6）机床工具

2014 年前 11 个月，世界机床工具行业实现销售收入 2043 亿美元，与 2013 年前 11 个月的 1856 亿美元相比，同比增长 10.08%。按月来看，各月销售收入均较为平稳，各月均实现较快同比增长（见图 8）。

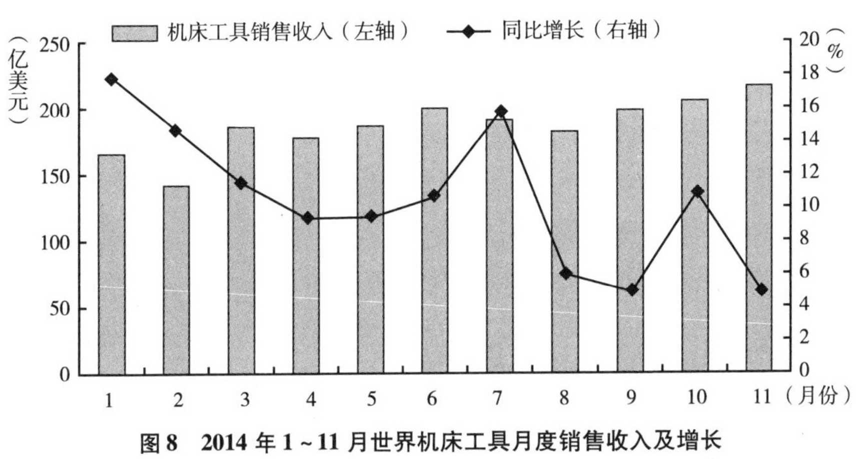

图 8　2014 年 1～11 月世界机床工具月度销售收入及增长

（二）国际装备制造业区域分布情况

根据 2014 年机械工业经济管理研究院发布的《世界机械 500 强》名单，大致可以了解国际装备制造业的区域分布情况。

从行业来看，世界装备制造企业遍布 17 个行业，以电工电器为首，机动车及零部件制造行业紧随其后。其中，位于电工电器行业最高排位的企业是三星电子（总榜单中排位第三）；机动车及其零部件行业最高排位的是位于世界机械 500 强榜首的德国大众，名列榜眼的丰田汽车也属其中，行业整体优势明显。

从区域来看，装备制造企业分布于 34 个国家和地区，具体情况如表 2 所示。其中，美国、日本、中国大陆、德国、韩国、法国居于前六位，接着将对除中国大陆外的五个国家进行具体分析。

1. 美国

美国以 145 家上榜企业数列居各国家之首，且 17 个行业均有企业分布，

表 2 国际装备制造业主要区域分布

国家	企业数	国家	企业数
美国	145	俄罗斯	3
日本	102	爱尔兰	3
中国大陆	66	中国香港	2
德国	40	加拿大	2
韩国	19	墨西哥	2
法国	18	马来西亚	2
瑞士	14	丹麦	2
英国	13	百慕大	2
中国台湾	10	比利时	2
瑞典	10	以色列	2
荷兰	7	奥地利	1
印度	6	西班牙	1
意大利	4	智利	1
新加坡	4	沙特阿拉伯	1
芬兰	4	卢森堡	1
土耳其	3	菲律宾	1
巴西	3	埃及	1

资料来源：《2014 年世界机械 500 强》。

占有较大优势的类别分别为电工电器（29 家企业）、其他民用机械（21 家企业）、机动车及零部件（15 家企业）。其中，通用机械、文化办公设备、航空设备、农业机械、其他民用机械这 5 个行业中的最高排位企业分别为通用电气、惠普、波音、迪尔公司及卡地纳健康（见图 9）。

2. 日本

日本以 102 家上榜企业数居第二位，分布于除航空设备、国防设备、重型矿山机械、食品包装机械之外的 13 个行业。在日本众多上榜行业中，电工电器企业数达到 29 家，入榜企业数量已经逐渐逼近美国；机动车及零部件制造行业的企业 27 家，且丰田汽车、本田汽车分别排在榜单的第二和第十一位，实力雄厚；仪器仪表行业中排名最高的理光集团也属于日本（见图 10）。

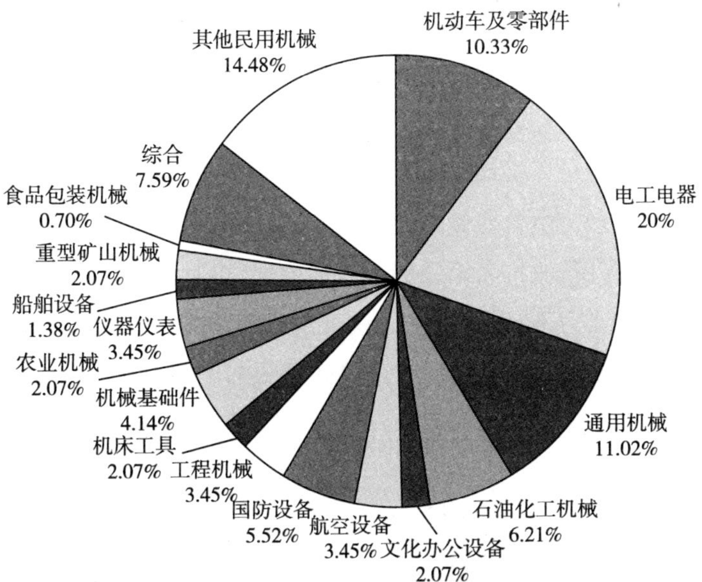

图 9　美国装备制造业分行业分布情况

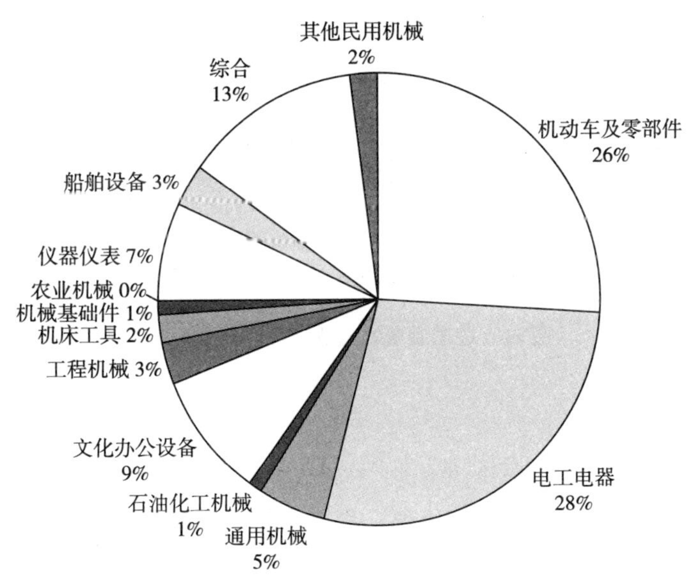

图 10　日本装备制造业分行业分布情况

3. 德国

2014 年世界机械 500 强中，德国共有 41 家企业上榜，它们分布在机动车及零部件、电工电器、综合、工程机械、通用机械等 13 个机械行业。在德国所有上榜行业中，机动车及其零部件制造企业上榜数量最多，达 9 家，以汽车及汽配生产为主营业务的大众汽车集团再次蝉联第一。此外，在德国机动车及其零部件行业排名第二的戴姆勒公司位列世界机械 500 强第五位，德国在此行业的实力不容小觑；机械基础件、综合行业的最高排位企业分别为德国的蒂森克虏伯集团及西门子公司（见图 11）。

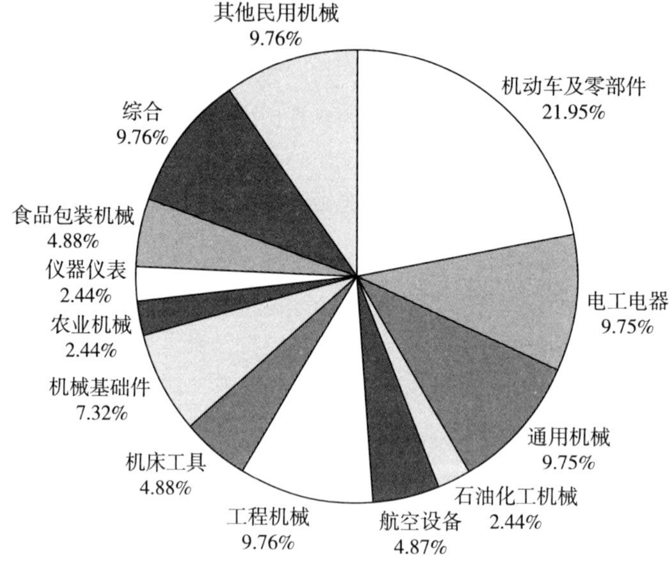

图 11　德国装备制造业分行业分布情况

4. 韩国

2014 年世界机械 500 强中，韩国共有 19 家企业上榜，它们分布于机动车及零部件、电工电器、通用机械、机床工具、船舶设备及综合 6 个行业。在韩国所有上榜企业中，机动车及零部件、电工电器两个行业上榜企业数量最多，均达到 5 家，其中韩国的三星电子位于整个电工电器行业的最高排位，且在整个世界机械企业中排名第三位（见图 12）。

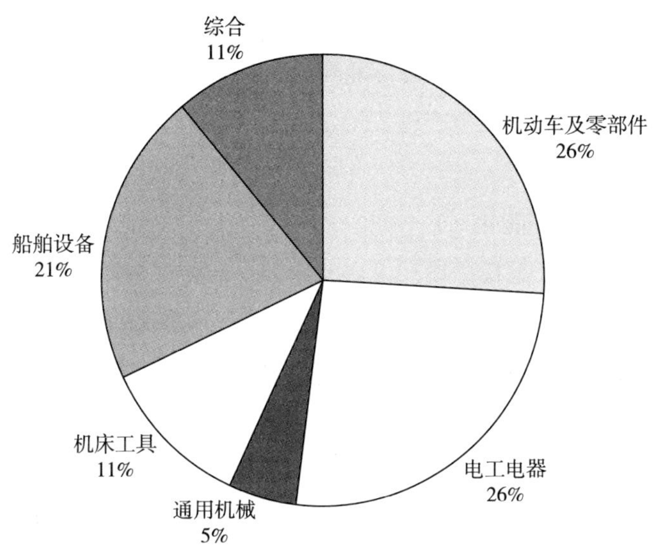

图 12　韩国装备制造业分行业分布情况

5. 法国

法国以 18 家上榜企业数居第六位，它们分布于机动车及零部件、电工电器、通用机械、航空设备、国防设备等 9 个行业。在 9 个行业中，上榜企业最多达 4 家的行业为机动车及零部件、电工电器，标致汽车位列榜单的第 24 位。处于机床工具行业排位最高的圣戈班磨料磨具公司也隶属于法国。

二　国际装备制造业发展趋势

（一）智能化

1. 智能制造的定义

智能制造装备是对具有感知、决策、执行功能的各类制造装备的统称。近年来，由于人工智能技术、机器人技术和数字化制造技术等相结合的智能制造技术开始贯穿于设计、生产、工艺、管理和服务等制造业的各个环节，正催生智能制造业，引领新一轮制造业变革。

智能化制造装备已经成为全球制造业的发展趋势，成为首要任务，智能制造产业已经成为国际竞争的新一轮焦点。发达国家的工业化战略和制造业转型，与生产效率提升及生产模式创新密不可分。

2. 智能制造的内容

（1）产品设计智能化

智能化产品设计是根据设计方法的原理，借助于多媒体、超媒体等现代化方法，对产品的设计理念、设计方式、设计结果进行规划，并通过测试和建模降低支出风险，简化设计部门和制造部门之间的切换，压缩新产品进入市场时间。

（2）生产过程智能化

生产过程智能化是利用底层设备的互联互通、基于大数据分析的决策支持、可视化展现等技术手段，通过计划安排智能、生产过程协同智能、设备互联互通智能、生产资源管控智能、质量过程控制智能、决策支持智能，实现智能化生产过程的管理与控制，最终建成智能生产的智能工厂。

（3）供应链管理智能化

智能化供应链管理是通过改造传统供应链信息管理平台，运用数据分析、动态管理功能，通过提高供应链的市场响应能力、对需求预测的准确度、处理突发事件的能力和速度，满足下游企业的个性化需求，解决传统供应链出现的信息处理能力差、缺乏灵活性、缺乏透明度、决策分散等问题，实现供应链管理的协同化。

（4）服务模式智能化

智能化服务业模式正在加速形成，企业运用互联网、大数据等技术，通过嵌入式软件、无线连接和在线服务的启用整合成新的“智能”服务业模式，使制造业与服务业之间的界限日益模糊，融合越来越深入。

（二）绿色化

1. 绿色制造的定义

绿色制造是指在保证产品的功能、质量、成本的同时，综合考虑在产品的生产、使用、报废、再利用等整个生产周期，确保废弃资源和有害排放物数量最少，以达到对生态环境的维护、对资源的有效利用和能源的节约与保护。

绿色制造包括绿色设计、绿色材料、绿色工艺、绿色包装、绿色处理（绿色再制造）五大主要内容，从管理观念、工艺规划、材料选择、产品包装、回收处理等各个环节对传统制造业进行改造，其几大特征使得制造业突破了资源、环境、能源的约束，从而实现可持续发展。

2. 绿色制造的内容

（1）绿色设计

绿色设计是指对在产品及其寿命周期全过程的设计中，在充分考虑产品的功能、质量、开发周期和成本的同时，充分考虑对资源和环境的影响，要优化各种相关因素，使产品及其制造过程中对环境的总体负影响减到最小，使产品的各项指标符合绿色环保的要求。因而绿色设计强调的是产品的全生命周期，既从原材料制备直到产品最终的回收及再利用，在系统论的基础上，利用并行工程的思想，将环境、安全性、能源、资源等因素集成到产品的设计活动中，从根本上达到保护环境、保护人体健康和优化利用资源与能源的目的。

（2）绿色工艺

绿色工艺是指通过改变原材料的投入、生产工艺或制造技术，加强对自然资源使用以及空气、土壤、水体和废弃物排放的环境评价，尽量选择相容性强、能源消耗少的原材料，以及更科学、先进的工作方案和工艺流程，从而达到提高经济效益、减少环境影响的目的。

（3）绿色包装

绿色包装是指通过循环复用、再生利用或降解腐化，实现从原材料采集、加工、产品制造、产品使用、废弃物回收再生，直到最终处理的整个产品生命周期中，对人体及环境不造成公害的适度包装，从而达到保护环境的目的。

（4）再制造工程

再制造工程是以全生命周期理论为指导，以实现废旧产品性能提升为目标，以高新技术和产业化生产为手段，以节能、节资、节材为标准，以低污染的修复工艺为方法，使废旧产品经过零部件的拆分、检查、再制造、组装等阶段，对废旧产品进行批量化的修复和性能升级，以实现产品的可持续发展。

（三）信息化

1. 信息化制造的定义

制造业信息化即制造企业信息化，是将现代化的信息、自动化、管理等技术与制造技术的有效结合，进而使企业在产品设计、工具改进、管理模式、相互协作上创新，最终实现制造企业管理信息化、生产过程智能化、制造装备数字化、咨询服务网络化。

制造业信息化是国际制造业发展的大趋势，受到世界各国的高度重视。全国经济国际化的趋势，让更多的制造业意识到，市场上的竞争优势最重要的在于产品研发、企业管理的全面信息化。制造业实现工业化与信息化的“两化融合”是必然趋势，信息化已经成为推动装备制造业创新升级和转型升级的重要支撑。装备制造行业是制造业信息化最早的行业之一，有着良好的信息化应用基础。

2. 信息化制造的内容

（1）产品设计信息化

产品设计信息化是指工程技术人员运用计算机辅助设计（简称 CAD）技术，以计算机为工具，通过数学建模、工程分析、动态模拟和自动绘图，对产品设计、开发、生产和营销等全生命周期活动加以规范化的总称。

（2）企业管理信息化

企业管理信息化是指实现企业内部、外部管理的数字化，以提高企业管理的效益和水平，这主要集中体现在企业资源计划系统（简称 ERP 系统）和电子商务的开发及推广应用，通过充分利用现代信息技术建立信息网络系统，使企业的信息流、资金流、物流、工作流集成和整合，使现代管理做到实处。

（3）制造装备信息化

制造业信息化是对制造企业信息化的简称。中国正在成为全球制造业的中心，中国是制造业大国，但还不是强国。因此，国家确定了通过信息化带动工业化的国策，推动制造企业实施制造业信息化。

（4）生产过程信息化

生产过程信息化是指在产品的生产过程中，广泛采用信息技术和计算机辅助技术，通过这些技术的实施，综合运用生产信息管理系统、工程设计系统、质量管理系统、车间制造自动化系统等，实现产品的高质量、低成本，做到交货及时、售后服务好、能快速响应客户需求，以提高在全球市场上的竞争力。

（四）服务化

1. 制造业服务化的定义

制造业服务化是指制造企业从满足客户需求、实现价值增值、提升企业竞争力等动因出发，由提供产品为中心向提供服务为中心转变的一种动态过程，是当今全球装备制造产业发展的重要趋势。

制造业服务化有两个层次，一是投入服务化，即服务要素在制造业的全部投入中具有越来越重要的地位；二是业务服务化，也称为产出服务化，即服务产品在制造业的全部产出中占据越来越重要的地位。两大产业体系在全球范围内的交叉融合，帮助传统制造业实现由“生产型制造”向“服务型制造”的革命性发展。

2. 制造业服务化的主要形式

以国家为标度细分服务类型，设计和开发服务依然是最常见的制造业服务化形式，紧随其后的是系统和解决方案、维护和支持服务，以及零售和分销服务。这四个板块构成了最主要的制造业服务化形式，是当今制造业强国发展服务化生产的主流形式。

基于全球上市公司财务分析库（OSIRIS），剑桥大学从 23 个国家的 44000 家上市公司的运营信息中，筛选出从事混合服务业务的制造企业

22952家，其业务类型主要集中在：咨询服务、设计和开发服务、金融服务、安装和实现服务、租赁服务、维护和支持服务、外包和运营服务、采购服务、物业和房地产服务、零售和分销服务、系统和解决方案服务，以及运输和货运服务这12个领域。其中，产品的设计和开发服务（21.92%）、系统解决方案服务（15.70%）、零售和分销服务（12.18%）、维护和支持服务（11.94%）分别占据前四位，提供这几类服务的公司比例均高于10%。

（五）标准化

1. 标准化制造的定义

标准化是为在一定的范围内获得最佳秩序，对实际的或者潜在的问题制定共同的和重复使用的规则的活动。标准化也是一项制定条款的活动，条款内容是现实问题或潜在目的在一定范围内形成的最佳秩序。近年来，装备制造业产品呈现标准化趋势，不论是德国的工业4.0、美国的“再工业化”战略，还是“英国制造2050”都是从国家战略层面制定制造业的最高标准，并试图以此争夺世界制造业的制高点，这是因为标准化可以规范社会的生产活动，规范市场行为，引领经济社会发展，推动建立最佳秩序，促进相关产品在技术上的相互协调和配合；有利于实现科学管理和提高管理效率；可以简化生产技术，使资源合理利用；有利于扩大市场占有率；促进科学技术转化成生产力。

2. 标准化制造的内容

标准化在制造业中主要体现在技术的标准化。技术标准包括基础技术标准、产品标准、工艺标准、检测试验方法标准及安全、卫生环保标准等。

随着世界范围内的装备制造业技术标准竞争日趋激烈，技术标准不仅是实行贸易保护的重要壁垒，还正在成为企业专利技术追求的最高体现形式，成为产业竞争的制高点，谁的技术标准被业界认同，从中获得的市场和经济利益就越大。因此，技术标准的制定权成为各国制造业的一个新的战略目标。

（六）个性化

1. 个性化制造的定义

随着电子商务的发展，借助日益成熟的网络数据交换、网络市场调查和物流配送体系，企业逐渐从依赖转接大厂订单生产向个性化生产转变，从而摆脱凭借廉价劳动力争取市场的发展模式，走上依靠创意设计和特色市场营销来争取市场的发展新路，这将彻底改变装备制造企业传统的采购、生产、配送以及供应链发展模式。

随着个性化定制需求的凸显，传统大规模批量化生产模式已经开始发生变化，小批量、多样化的产品生产模式已经出现，中国制造业个性化定制开始兴起。在汽车行业，奥迪在中国率先进军个性化定制市场，目前个性化订单比例已经占20%以上；徐州工程机械集团有限公司（简称徐工）“私人定制”自卸车再获批量订单，凭借着良好的可操作性和稳定性、性价比高等优势，徐工汽车公司的产品在非洲地区成为主打热销产品。

2. 个性化制造的内容

（1）个性化用户的多样选择

装备制造企业要实现个性化用户的多样选择，就要帮助用户做好选择，也就是让用户对企业给出的若干种商品做出准确的选择。因此，企业需要支持客户进行快速搜索和快速分类，充分开放自己的产品库，实现生产产品与客户需求的快速匹配，让客户以最小的成本做出决定。

（2）实现个性化用户的参与设计

装备制造企业通过产品制造的构件化、模块化，给客户提供灵活的选择空间，从而实现对用户需求关键数据的把握；还应通过参数化设计，做好柔性制造，敏捷供应，满足客户参与设计过程的需求，并且尽可能对模块构件进行细化，以最大限度地实现尽可能丰富的产品组合，以真正实现量身定制。

（3）个性化用户的主导开发

在整个生产制造过程中，让用户成为主导者，主导整个开发过程。为了支持用户施展创意，企业必须提供相应专业化的工具。这意味着企业不仅要开放产品构件，还要开放自身工艺。最终实现原来由企业完成的工艺动作，现在交给客户主导进行，这要求企业工艺流程的标准化、工具化，并把标准化的工艺流程传递给客户，让用户便利地去开发、使用。

三　主要国家和地区装备制造业概况

（一）美国装备制造业发展概况

1. 美国装备制造业销售收入增速放缓

2014 年 1～11 月，美国装备制造业销售收入为 14484.9 亿美元左右，同比增长 5.26%，增速同比下降 1.18 个百分点。按月份来看，呈现先升后降的趋势，最高为 7 月，达到 11.37%；而后逐月下降，最低为 11 月，达到 1.93%（见图 13）。

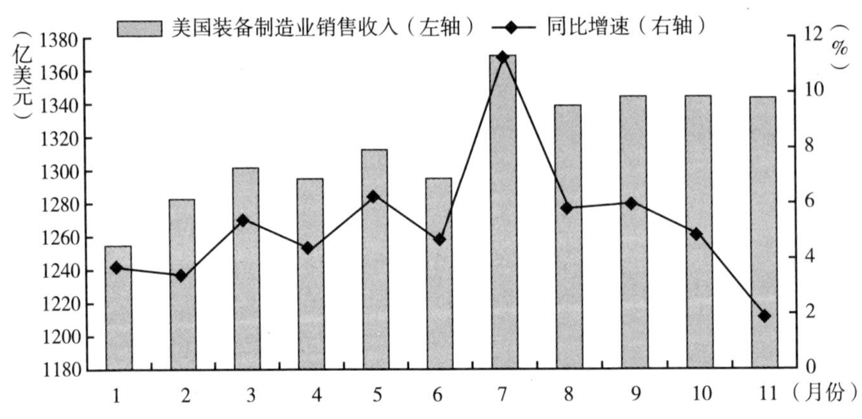

图 13　2014 年 1～11 月美国机械工业销售收入及同比增速

2. 美国装备制造业技术发展情况

（1）大力发展工业机器人

2011 年 6 月，奥巴马宣布启动《先进制造伙伴计划》，明确提出通过发展工业机器人提振美国制造业。美国将斥资28亿美元重点开发机器人，由于美国的机器人语言的研究水平居世界之首，如果将机器人语言研究技术与信息网络技术融合，为美国在机器人智能化发展方面奠定了可靠的基础。

2015年2月，奥巴马政府投入2.9亿美元新建两个高科技制造业研究所，其中一个是设立在国防部的灵活混合动力电子研究所，具体项目涉及计算机、手机等智能电子产品（如无线医疗监护仪、拉伸的电子机器人和车辆等），将获得至少7500万美元联邦资金和7500万美元的私营投资。

（2）大力发展清洁能源

近年来，美国政府正加速推进清洁能源战略。计划到2030年，80%的美国电力将由清洁能源提供（包括核电在内）。在日本发生福岛核电事故之后，美国政府对于发展小型核电站仍寄予厚望；同时，发展小型核电站也是代替退役电站和增强电网调节能力的极佳选择。

（3）新能源汽车电池突破技术瓶颈

2013年8月和2014年1月，配备美国波士顿电池的安凯10.5米纯电公交车在内蒙古电力科学研究院进行了春季和冬季的运行测试，测试结果一切正常，波士顿电池在续航能力、安全性以及高低温等极限条件下的稳定性均表现优秀，而且打破了纯电动汽车在高温和低温两种情况下运行艰难的技术缺陷。

据了解，波士顿电池使用温度宽泛，一次充电续驶里程可达夏季280公里、冬季258公里，而且电流和电压无任何异常，电芯的一致性优异，电池组内部热场分布均匀，温度性能优异。而据来自“配备波士顿电池的东风天翼大巴”商业运行报告显示，波士顿电池包电性能优越，大巴开空调情况下续航里程为190公里，不开空调情况下续航里程可达300公里。在同等情况下，一套波士顿电池包电量221千瓦时，性能相当于两套其他同类电池包（180千瓦时）性能，这将使公交公司有效降低运营成本。

（4）抢夺3D打印技术的高地

3D打印技术最早出现在20世纪80年代的美国，经过20多年的发展，美国的3D打印技术已取得长足发展，美国生产的3D打印设备目前仍处于

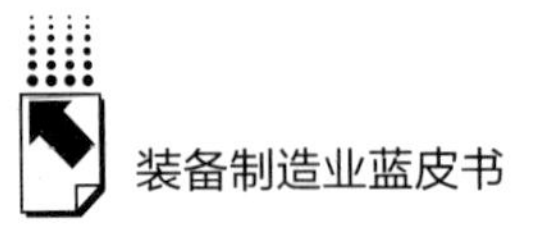

世界领先水平。

全球 3D 打印机生产商的专利排名前十位的企业中，美国企业占据了 4 席，2012 年美国企业申请了 1186 项 3D 打印专利，占全球 3D 打印专利年度数量的 49%。

美国政府对 3D 打印技术研发也十分支持，2012 年 3 月，美国联邦政府提议成立国家增材制造创新研究院，后改名为 America Makes（美国制造），成立之初便获得了 3000 万美元的联邦资金拨款，2015 年 6 月又获得了美国国防部为其提供的 1000 万美元。该研究所致力于帮助工业界、军方和政府推进 3D 打印，面向 3D 打印材料、设计、工艺及装备、资格及认证和知识库五个技术领域推动 3D 打印技术的发展。

（5）大力发展下一代半导体技术

宽禁带（WBG）半导体，如碳化硅和氮化镓可以在较高的温度下工作，并具有更高的耐用性和可靠性，承载更高的电压和频率。宽禁带（WBG）半导体新技术可以把笔记本电脑电源适配器的体积缩小 1/5，降低 20% 左右的能耗，同时使电源转换损失减少 90%。宽禁带（WBG）半导体也将改变插电式电动汽车产业发展，使消费者可以更容易、更便宜地拥有和驾驶电动汽车。宽禁带（WBG）半导体技术还将在新能源领域发挥重大作用，该技术有助于克服一系列发电、输电、配电和最终使用的挑战，以建设一个更智能、更可靠、更具弹性的电网。

2014 年 1 月 15 日，奥巴马政府宣布正式成立"下一代电力电子制造创新学院"。该研究院由美国北卡罗来纳州立大学领导，汇集超过 25 家公司、大学及州和联邦机构，致力于发明和制造具有成本竞争力及比现有硅技术强大 10 倍的宽禁带（WBG）半导体电力电子器件。为促进该院的技术研发，5 年内美国能源部将投资 7000 万美元，同时非联邦政府机构（包括企业、大学等）将提供至少 7000 万美元的匹配资金。

（6）轻质金属研发获得政府支持

轻质金属在美国制造业中占有重要地位，近年来，轻质铝材在节能汽车领域中的广泛应用就是例证。美国与德国、日本在轻金属、轻质合金方面的研发均处于世界领先地位。美国加州大学欧文分校和休斯研究实验室曾于2011年联合研制出当时世界上最轻的固体金属材料，这种新材料99.99%的成分都是空气，具有耐压性超强、被压缩超过50%后几乎能完全恢复，而且具有“极高的能量吸收”的属性。

美国政府于2014年2月底在底特律成立了轻量制造和现代金属制造创新研究院，该研究院将与包括美国铝业公司、美国RTI国际金属公司、粉末冶金公司在内的多家知名铝、钛及钢制造公司合作，增加轻量金属的制造，新产品主要面向国防、航空、能源及汽车等消费品行业，该研究院着眼于高强度钢以及轻量金属的制造，并计划扩大轻量金属在商业生产中的应用。

（7）传感器技术不断取得进展

美国政府一直对纳米传感器技术非常重视，与之相关的政策法案和计划分散于《国内国家纳米技术计划》的各个层面，应用领域涉及面广阔。

2012年美国的北卡罗来纳州立大学研制出了具备高导电性和弹性的导体。

2014年初，该团队利用银纳米技术成功开发出用于可穿戴设备的多功能传感器，这种可以拉升的传感器能够充当机器人的类人皮肤，能够监测诸如拇指、膝盖的运动情况。

美国近年来在石墨烯传感器技术上也取得了很大进展。2014年3月，美国科学家用石墨烯研发出一种指甲盖大小的红外线图像传感器。由于体积小、重量轻，甚至能集成至隐形眼镜以及手机中，未来有望可应用于军事、安保、医学等多个领域。

3. 美国装备制造业对外贸易情况

（1）美国装备制造业进口增速快于出口

2014年1～11月，美国装备制造业进出口总额9292亿美元，同比增幅为4.37%，各月变动较大，基本呈现先升后降的趋势，最高为7月，达到10.76%，最低为1月，达到－5.67%（见图14）。

2014年1～11月，美国出口额3835亿美元，同比增幅为2.98%。按月来看，各月变动较大，基本呈现先升后降趋势，最高为7月，达到12.42%，最低为1月，达到－2.09%（见图15）。

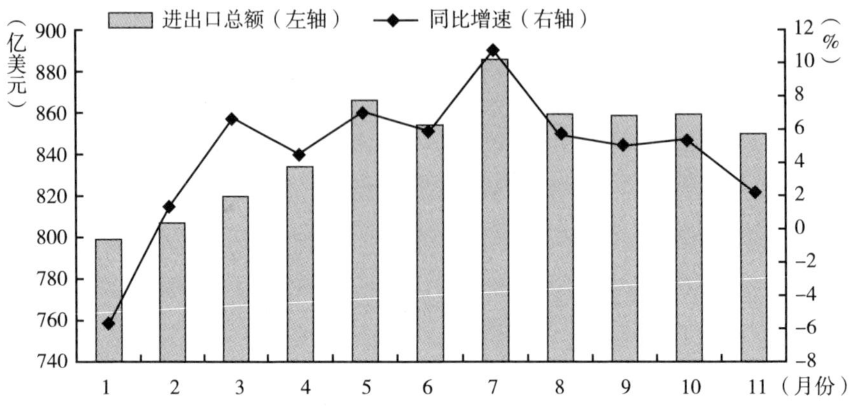

图 14　2014 年 1～11 月美国装备制造业进出口总额及同比增速

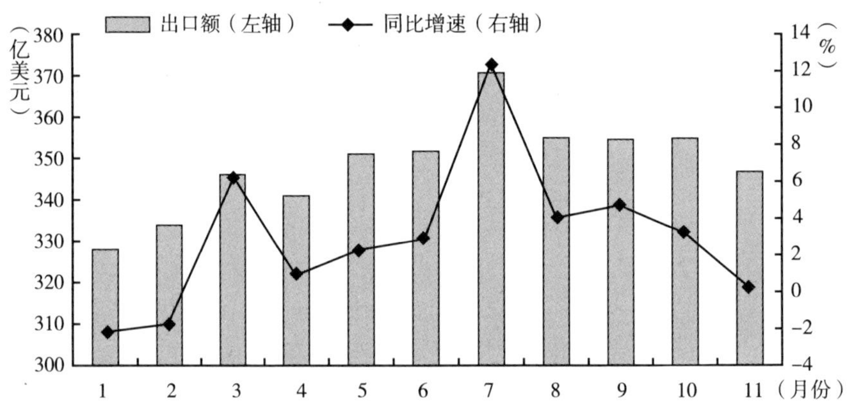

图 15　2014 年 1～11 月美国装备制造业出口总额及同比增速

2014 年 1～11 月，美国进口额 5457 亿美元，同比增幅为 5.37%。各月变动较大，基本呈现先升后降趋势，最高为 5 月，达到 10.52%，最低为 1 月，达到 -8.40%（见图 16）。

（2）美国装备制造业处于贸易逆差状态

2014 年 1～11 月，美国始终处于贸易逆差状态，逆差额 1622 亿美元。贸易逆差最高出现在 5 月份，达到 164 亿美元，最低出现在 3 月份，贸易逆差额 130 亿美元（见图 17）。

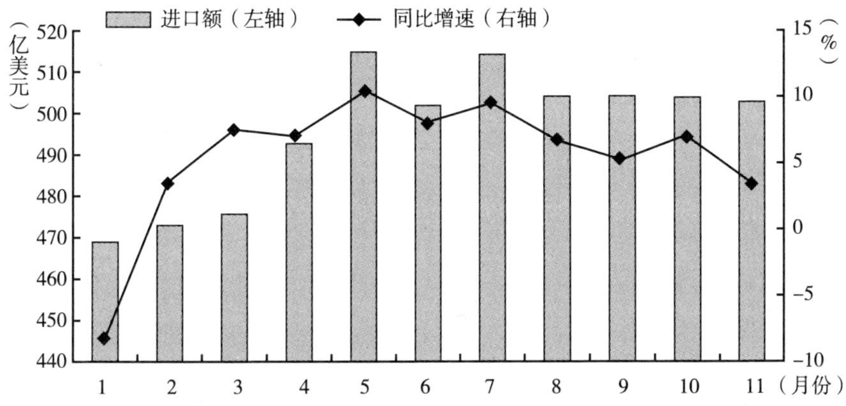

图 16　2014 年 1～11 月美国装备制造业进口额及同比增速

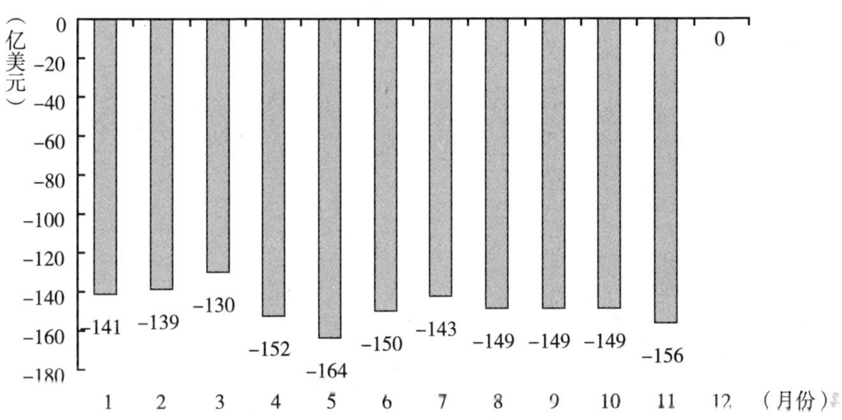

图 17　2014 年 1～11 月美国装备制造业贸易差额

4. 美国装备制造业发展措施

（1）加强制造业发展的顶层政策设计

一是加强立法，用法规形式确立制造业在经济发展中的地位。2010 年 8 月 11 日，奥巴马正式签署《制造业促进法案》；同年 12 月 21 日，美国国会通过了《竞争力再授权法案》，正式从法律层面将发展制造业作为美国经济发展战略的核心。

二是国家层面的先进制造业组织机构的建立，制定并出台一系列促进先进制造业发展的政策和战略规划，建立发展的长效机制。2009 年，公布《重振美国制造业框架》；2011 年又相继启动《先进制造业国家战略计划》、《先进制造业伙伴计划》和《先进制造伙伴 AMP 计划》，在国家战略层面从投资、劳动力和创新等方面提出了促进美国先进制造业发展的对策措施，实施“再工业化”。根据《先进制造业国家战略规划》，奥巴马提出创建国家制造业创新网络，由国防部、商务部、教育部、国家标准与技术研究所、美国航空航天局、国家科学基金会等多个部门共同组建先进制造业项目办公室，在多个方面与高校、企业合作，以强化美国制造业能力。

（2）完善先进制造业创新政策

奥巴马政府在第一任期提出振兴美国制造业的目标后，作为技术和产业发展的支撑，在 2012 年进一步提出建立“15 个制造业创新中心”的计划。15 家制造业创新中心的遴选标准一是要求技术具有革命性，符合国家当下的需求或者对制造业具有重要的影响；二是要求具有商业化前景和广泛的经济影响；三是技术研发走出基础研究阶段，有望实现商业化。

2011 年以来，奥巴马政府还提出了一揽子税收改革方案以支持美国制造业发展。例如，降低向海外输出就业机会的税收削减收益，提升税收成本，为制造业回流提供新的激励；加大对本国制造业企业，尤其是先进制造业企业的税收减免力度；引入一个新的 60 亿美元的补偿就业损失社区的制造业社区税收信贷基金；设定推动清洁能源发展的 50 亿美元临时性税收信贷支持政策；为工厂和设备投资提供 40 亿美元授权的信贷资金，制定永久性的研发投资税收减免政策；等等。通过税收减免和信贷政策，加大先进制造业研发创新投入力度，加快美国中小企业投资步伐，增强企业原始创新能力，推动产业化发展，提升总体创新水平，并激励美国制造业企业内包，充分获取制造业创新的收益。

（3）完善产业集群创新政策

一是通过联邦投资，建立包含制造企业、行业协会、学术机构以及支持组织的合作伙伴关系，形成先进制造业发展的“产业公地”，促进产业协同创新和集群创新。例如，在美国商务部经济发展局资助下，成立了国家工程设计和制造协会，为中小企业测试自己的产品搭建了重要的技术平台，提升了中小企业的技术水平和创新积极性。

二是各联邦政府通过投资，汇集教育及研究机构，并将国家和区域的经济发展部门，以及进行概念设计与商业化活动的私营部门整合在一起，提升制造业集群创新能力。奥巴马政府在2014财年的预算中提出，一次性投资10亿美元，分别在美国15个地区创建“国家制造业创新研究院”，最大限度地共享基础设施资源，打造其核心竞争力。截至2014年底，美国政府已成立7家国家制造业创新研究院。

（4）统筹政府和社会各方投资资源

加强先进制造业投资组合，推动联邦投资的广泛应用。鼓励跨领域机构投资，增加公共和私人对美国先进制造业研发投资的总量。着力加强对中小企业投资，在重点行业领域扩大对中小企业产品的政府采购，鼓励中小企业对应用研究和示范设施进行投资，参与标准制定并加快应用。

（5）加强对高素质先进制造人才的培养

美国针对装备制造企业雇主的不同技能需求，制订差别化的响应性教育培训方案，在短期内提高劳动力技能。强化先进制造业工人培训，为教育和劳动部门提供80亿美元用以支持国家、社区学院和制造企业的伙伴关系，以此提升行业工人技能，提供有竞争力的劳动力。投入2.2亿美元支持“学徒计划”，由各联邦政府提供职业教育的机会，并制订业前学徒计划，加强社区学院和制造企业之间的教育合作，帮助国家和地方普及应用性专业知识，转变社会各界对制造业的传统认识和观念。

（6）鼓励企业投资

美国2011年6月颁布名为《选择美国倡议》（*The Select USA Initiative*）的政府令，这项指令主要目的在于加大私营部门对装备制造业的投资，鼓励小企业发展。为确保美国小企业获得充足的经营资金，美国提高了小企业管理局担保贷款的担保限额，加大融资力度，通过税收抵免、贷款担保等措施，促进清洁能源、可再生能源、风力发电场、生物精炼厂、节能汽车等行业的小型企业的发展。

（二）德国装备制造业发展概况

1. 德国装备制造业销售收入增速加快

一直以来，德国的装备制造业是德国就业人数最多的行业。数据显示，德国装备制造业的就业人数为92.3万，设备开工率89.9%。在全球装备制造业转型升级的背景下，德国装备制造业依旧保持着良好的市场表现。

2014年1～11月，德国装备制造业销售收入为9477.7亿美元，同比增长10.09%，增速同比增长3.37个百分点。按月来看，增速呈逐渐下降的趋势，1～7月装备制造业销售收入增速高位运行，平均增速达到18.22%，8月份增速急转直下，之后一直在低位运行，到11月份，增速仅为-7.61%（见图18）。

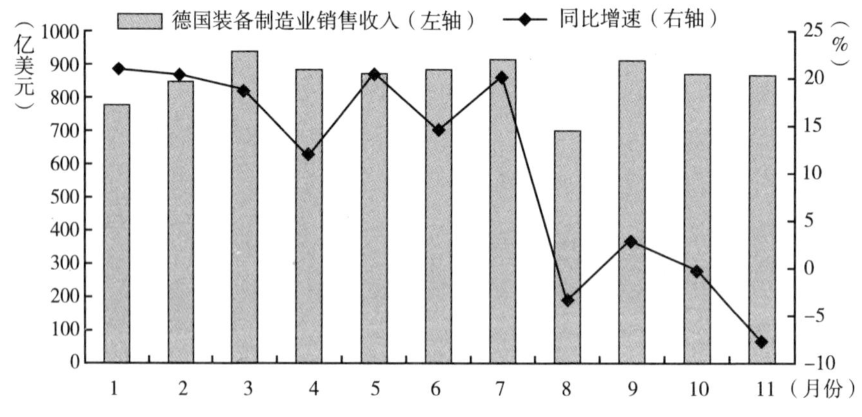

图18　2014年1～11月德国装备制造业销售收入及同比增速

2. 德国装备制造业技术发展现状

（1）推动信息物理融合系统

信息物理融合系统是通过3C（Computation、Communication、Control）技术的有机融合与深度协作，实现大型工程系统的实时感知、动态控制和信息服务，实现计算、通信与物理的一体化系统设计。德国基于自身强大的制造业基础，试图通过互联、数字、智能化的融合，促进德国制造业技术走向尖端水平。德国制造业为该系统计划投入2亿欧元，通过通信网络，将工厂内所有设备互联，以打造智能工厂。

（2）支持物联网技术研发

物联网是新一代信息科技的重要组成部分，物联网的核心仍是互联网，但其用户端延伸到任何物品与物品之间，已日益成为现代工业社会的基础。2013年，德国联邦教研部与联邦内政部联手，支持网络信息安全领域的研发项目，确保网络安全环境，巩固经济安全。研发项目以产学研合作的形式展开，重点研究物联网中的嵌入式信息系统安全、数据传输及编码过程安全问题，将研发可以保障开放的互联网环境下嵌入式操作系统安全可靠运行的新型信息系统硬件结构。

（3）支持光子技术

2011年5月，德国联邦教研部推出《德国光子学研究——未来之光》计划，提出了未来10年德国的光子研究战略。德国政府将充分利用相关技术和产业界合力建立新的光子技术与应用联盟，包括建立集成光子系统技术、新型光源与材料、3D打印等光子产业链，通过光子程序，补充装备制造业方面的传统技术能力。德国已经围绕光媒体的多种利用形式，建成了领先世界的光子学高科技产业，增加了德国装备业制造的竞争力和综合国力。

（4）加快节能环保技术推广

资源短缺以及生态环境的恶化，迫使制造业寻求更为节能、环保、高效的技术来带动制造业的优化升级。德国政府主要通过建立创新友好环境型技术研发来鼓励企业的创新投入。德国制造业每年投入巨额资金进行环境保护。2013年初，德国政府提出了新的优惠政策，若企业能引进能源管理系统与环境管理系统来提高能源利用效率，在缴纳能源税与电力税后，政府将退回缴纳的部分税收。

（5）积极推动能源转型

受到日本核泄漏事件的影响，德国政府决定关闭所有核电站，目前德国已经关闭8座核电站，剩余9座将在2022年之前全部关掉。在推动能源转型方面，德国走在了世界前面。德国计划大力发展可再生能源，计划到

2025 年将可再生能源发电比例由 2014 年的 25.8% 提高到 40% 至 45%，并在 2035 年前将这一比例提高到 55% 至 60%。德国悄然发生的能源转型，以其坚定的发展目标和清晰的发展路径备受世界关注。

目前，德国能源系统以分布式为主，无论是风能还是太阳能都是通过分布式能源系统实现的。以光伏能源为例，德国 90% 以上都是分布式光伏系统，用户已经达到 100 多万。

2014 年以来，德国的两大电网公司也准备在德国从北往南新建一条 800 公里的输电网络，把风电输送给南部工业城市，满足德国摈弃核电、向新能源转型后的用电需求，以及缓解德国用电格局中“三多三少”的矛盾①。这个“北电南输”项目也被称为“南部链接”，是德国迄今距离最长的输电网。

3. 德国装备制造业对外贸易情况

据统计，德国装备制造业出口额占世界装备制造业总出口额的 20% 左右，在装备制造业的 31 个产品领域中，德国产品在 21 个领域是世界出口第一，在其余领域内几乎全部排名在世界前三位。

（1）德国装备制造业出口呈负增长

2014 年 1～11 月，德国进出口总额为 8437 亿美元，同比下降 2.29%。按月份来看，各月增速变动较大，基本呈现先升后降趋势，2014 年上半年增速逐步提高，6 月份达到 94.44%，进出口增速随后急剧下降，9 月份增速甚至同比下降 74.37%（见图 19）。

2014 年 1～11 月，德国装备制造业出口额为 5486 亿美元，同比增长 -7.36%。按月份来看，各月增速变动较大，但同样呈现先升后降态势，6 月出口同比增速达到 131.90%，之后出口增速急速下降，9 月份增速下降到 -73.86%（见图 20）。

2014 年 1～11 月，德国装备制造业进口总额为 2951 亿美元，同比增长

① “三多三少”的矛盾：北部产电多，但城市少、用电需求小；南部产电少，但城市多、用电需求大。

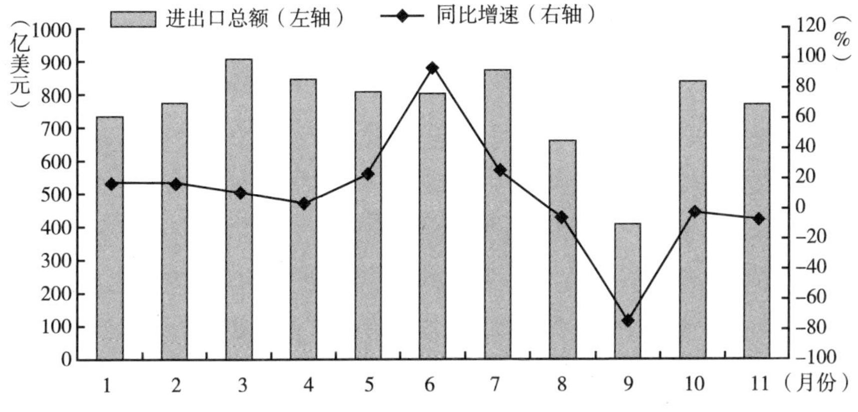

图19　2014年德国装备制造业进出口总额及同比增速

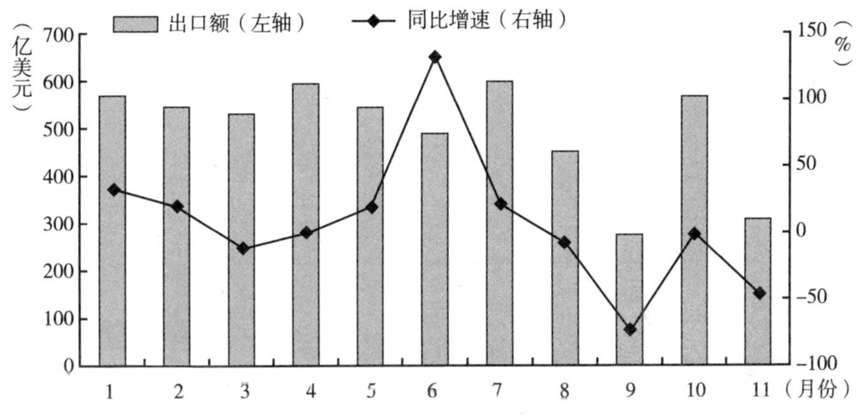

图20　2014年德国装备制造业出口额及同比增速

8.73%。按月来看，各月进口额变化较大，1月和11月不论在进口总额还是同比增速上均实现较快增长，但3月、8月和9月进口增速却呈现负增长（见图21）。

（2）德国装备制造业继续保持贸易顺差状态

2014年1~11月，德国装备制造业实现贸易顺差2535亿美元，贸易顺差幅度同比缩小673亿美元。按月份来看，除11月出现150亿美元逆差外，其余各月均为贸易顺差，最高顺差额出现在3月，达到469亿美元（见图22）。

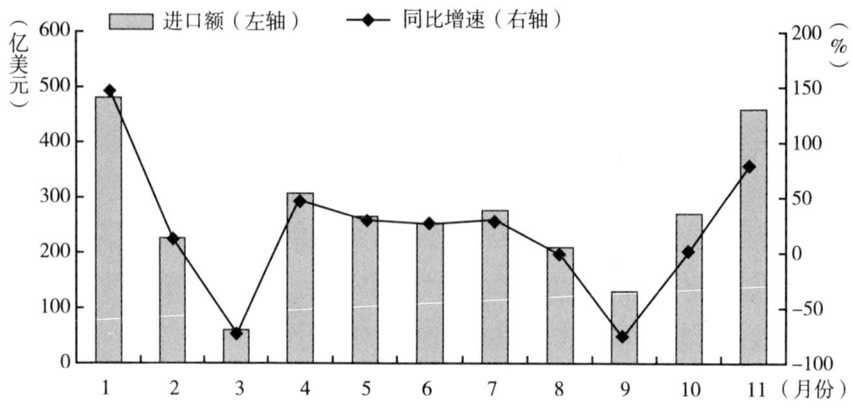

图 21　2014 年德国装备制造业进口额及同比增速

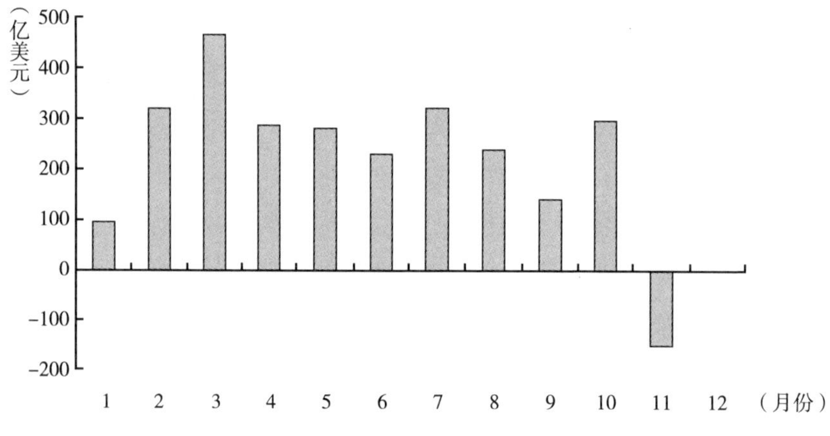

图 22　2014 年德国装备制造业进出口贸易差额

4. 德国装备制造业发展措施

（1）为技术创新提供完善的市场制度框架

在德国的创新体系中，政府的第一任务是为科技创新提供制度保障，这包括严格的知识产权保护制度、公平竞争的市场环境与制度。德国不但具有完备的知识产权法律体系，而且知识产权法律执行机制严格高效。特别值得一提的是，德国的《雇员发明法》不仅解决了机构（包括企业、大学和科研机构）与雇员之间就发明权归属方面的纠纷，而且还明确了雇员和机构在知识产权保护、技术创新应用及收益分配等方面的权利、责任和义务以及补偿方式。

德国将公平竞争的市场环境视作推动创新的决定力量，将维护市场秩序视作政府的主要责任，先后制定并完善了《反对不正当竞争法》《反垄断法》《反对限制竞争法》《中小企业组织原则》等法律，禁止大企业限制竞争行为，禁止企业不正当竞争行为，维护中小企业的发展权益和平等竞争的市场地位。其中，最为重要的是《反对限制竞争法》为企业界做出了有关市场竞争的原则性规定和具体行为规范；《反对不正当竞争法》则一直在维护市场秩序方面发挥着重要作用，该法对于企业开展竞争有详细的规范，对商业欺诈、行贿、诽谤、出卖商业秘密等不正当竞争行为都列有非常详细严厉的惩戒性条款，这些法令条款通过清廉、高效的司法体系得到严格执行。这些法律和其他相关法律一起构成系统、完善且行之有效的公平竞争法律体系。

（2）致力于建设完善的科技公共服务体系

德国政府在大力支持基础性研究的同时，还致力于建设完善的科技公共服务体系。以德国联邦政府为主导，建立了德国技术转移中心。德国技术转移中心不仅是全国性的技术交易平台，而且是综合性科技服务公共平台。它分布在德国各地，与德国商标专利局、德国技术联盟、德国技术与创新协会、德国工商总会、ADT 协会、欧洲专利局等机构紧密联系，并在各州均有一个伙伴机构，负责开展技术供需信息的收集和咨询、技术咨询和服务、交易项目的受理与评估、寻找合作伙伴、专利保护咨询等服务，并且上述服务是无偿提供给企业的。此外，分中心还担负着本地区产业和科学技术发展的前沿性研究，探索对未来经济社会具有重要影响的科研课题，包括从政府相关部门、科技基金会和欧洲组织中为企业联系创新资金资助。

此外，德国政府也主持或参与建设各类技术交易平台和技术转移中心。对于这些技术转移中心，政府一般只负责发起、组织和协调等行动，不直接提供主要经费，如巴伐利亚州研究基金会、弗朗霍夫协会以及柏林市 TSB 技术基金会等。在州这一层面的技术转移平台中，成效显著和比较著名的是巴登-符腾堡州“史太白”技术转移中心，史太白经济促进基金会（以公益性为目的）和史太白技术转移有限公司（以赢利为目的）是其核心的两个部门。而弗朗霍夫协会，具有半官方、半私人机构性质，主要从事应用研究领域的技术开发和技术转移等活动。

（3）积极支持创新联盟与创新集群的发起

以创新为焦点的全球竞争正演化为创新链与创新生态之间的竞争，产业链之间、企业之间、企业与研究机构之间围绕创新活动展开的合作与协调日趋重要。德国为增强市场协调经济主体的合作创新与协同创新的能力，积极推动创新联盟与创新集群的发展。

①制订实施多个创新联盟计划

德国政府积极推动产业技术创新联盟的发展，相继制订实施了联邦经济技术部支持的创新联盟计划、国家高技术战略框架中的创业联盟促进计划、支持中小企业研究联盟的创新网络计划，对产业技术创新联盟给予多方位的支持，还建立合作联盟网站为联盟的合作、交流、发展和服务提供平台，推动创新主体积极合作建立产业技术创新联盟。在支持创新联盟发展的政策中，德国政府的主要角色是为创新联盟的形成、发展及创新活动创造良好的外部环境，提供必要的资金支持，以及提供必要的协助和协调。

②同科技界、产业界紧密协作

联邦教育与研究部同科技界、产业界紧密协作，其中最重要的项目是2007年德国教研部在《德国高技术战略》的框架下发起的“德国尖端集群项目”。该项目拟订了3期计划，每期计划为5年。每期资助5个从全国范围内遴选出的优胜集群，并对每个优胜集群提供4000万欧元的资助。在该项目的支持下，2007年组建了6个创新联盟并启动相应行动计划，2008年又组建了3个创新联盟。到2012年底，德国联邦政府向9个创新联盟投入资金总计6亿欧元。此外，联邦政府还积极促进学术界、科技界和产业界形成各种形式的战略伙伴关系。2011年8月，德国政府在高科技战略框架下发起“科技校园：公司创新伙伴联盟”行动计划，目的在于深化产学研之间的合作，使企业与科研院所之间形成长期的伙伴关系，从而推动科研成果的顺利转化。

（4）重视教育体制对产业发展的支撑作用

长期以来，德国公立学校实行学费全免政策。早在 2006 年德国联邦政府的预算中，就有一项名为“精英大学”的专项基金，主要用于资助“精英大学”建设。在开展教学科研的同时，德国也高度重视专业技术人才的培养，颁布了《职业技术培训法》。该法规定企业有义务为青年员工提供技术培训，青年员工必须参加相关技术培训。事实上，“德国制造”能在全球激烈竞争中始终保持长盛不衰的重要原因之一，正是这种教育体制为德国培养了一大批高素质产业工人。

（5）重视发挥非政府组织的作用

非政府组织在德国制造业发展中表现尤为显著。德国约有 30 万个社团组织。这些社团组织与企业联系密切。比如，德国工业联合会，设有 35 个全国性的成员协会、344 个专业协会、153 个州代表处，同 8 万多个企业保持着联系。又如，德国工业研究协会工作联合会，是德国经济界的自主管理机构，负责经济技术部资助的“中小企业创新能力规划”“资助东部地区中小企业研究、开发及创新活动规划”等项目的具体实施。这些非政府组织帮助企业拓展国内外市场、筹措企业发展基金、发布政府和市场信息，并为企业提供技术和人员培训等相关服务。

（6）通过横向转移支付解决老工业基地问题

德国长期实施区域财政转移支付制度，包括区域财政平衡制度和对问题地区的财政补贴制度。区域财政转移支付制度能很好地解决老工业基地的技术、资金等问题。比如，在老工业基地优化投资结构，北莱茵－威斯特法伦州规定凡是投资生物技术等新兴产业的大企业可以获得投资额 28% 的补贴，小企业获得 18% 的补贴。

（三）日本装备制造业发展概况

1. 日本装备制造业销售收入大幅度下滑

日本制造业虽然在技术实力方面受到高度评价，但在面对不断加强攻势的亚洲企业时，竞争力正在动摇。日本装备制造业在世界排名下滑的原因主要因为利润率较低。此外，还因为决策速度缓慢。日本国际合作银行2013年秋季以国内制造业为对象实施的问卷调查显示，大多数企业回答称，与中国大陆、中国台湾、韩国企业相比，“开发实力和制造技术仍然占优”，但同时也承认“在经营速度方面落后”，在电机和电子行业，这种趋势尤为明显。

2014年1~11月，日本装备制造业销售收入为8014.4亿美元。同比下降9.6%，下降速度与2013年同期相比有所收窄。按月来看，增速呈现先升后降的趋势，第一季度销售收入增速有加快迹象，3月份达到全年的最高增速1.21%，但自6月份开始，销售收入下降速度再次加快，截至11月同比下降21.60%，达到全年最低点（见图23）。

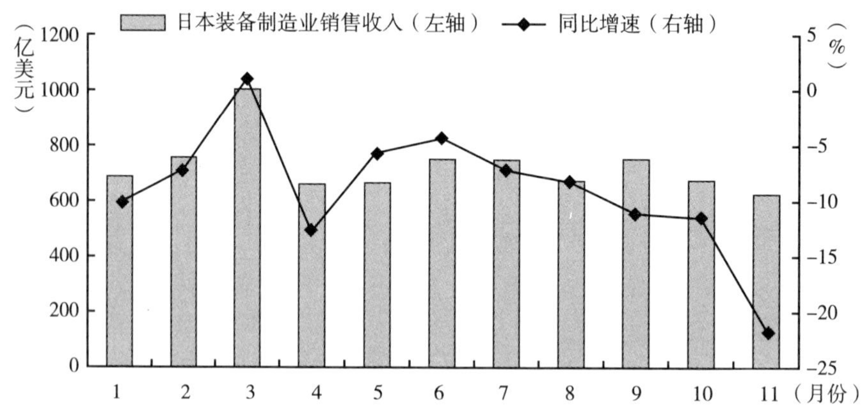

图23　2014年1~11月日本装备制造业销售收入及同比增速

2. 日本装备制造业技术发展现状

日本作为与美国、德国并列的工业发达国家，在装备制造技术上依然保持世界领先水平。日本的装备制造业门类齐全，产业之间的相互联系程度高，高端化趋势明显，即使日本的高端精密机构所占比重有限，但却是日本装备制造业一个未来发展的主要方向。

（1）潜心研究“人工智能”

日本作为全球最早进入老龄化的国家，正加快人工智能应用于工业化生产线的步伐。日本希望借助在人工智能产业的发展解决劳动力断层问题，降低高昂的劳动成本同时达到扶持工业智能化产业的目的。

日本工业机器人产业从20世纪60年代就开始发展，自美国引进工业机器人技术后，于20世纪80年代实现了商业化应用，并将机器人产业竞争优势维持至今，日系工业机器人与欧美系工业机器人多年来不分上下。2012年，汽车产业对工业机器人需求的增加，工业机器人密度达到332台/万人，再次成为全球最大的工业机器人市场。

日本工业机器人在关键零部件方面均具备较强的技术优势，正朝着轻量化、微型化、仿人化、网络化方向发展。近年来，日本凭借工业机器人产业优势积极发展服务机器人，以应对自然灾害和人口老龄化问题。

（2）开发3D打印人体关节和皮肤的技术

日本东京大学医学系附属医院利用3D打印技术和基因工程学技术，开发出了能在短时间内批量生产可移植给人体的皮肤、骨骼和关节的技术。

该研究小组在高户毅教授的率领下，以重组人类胶原蛋白肽为主要材料，向材料中加入提取的干细胞和促进细胞增殖的生长因子，然后填充到医用3D打印机内，同时通过计算机断层扫描（CT）获取体内组织数据，就可以在2~3个小时内制作出所需组织，并且根据患者需求制作不同形状和大小不同的人体组织。这项新技术能够降低术后感染风险，移植组织在数月内就能与人体融合。

（3）新能源智能汽车全面发展

日本汽车企业在新能源汽车领域一直处于世界前列，混合动力汽车技术已接近完善，纯电动汽车进入普及阶段，燃料电池汽车也于2014年底开始量产。丰田推出的第三代普锐斯混合动力汽车每升汽油可行驶38公里，成为行业节能新标杆。日产公司和三菱公司也在2014年宣布，将联合研制和生产每辆售价在150万日元（约合1.27万美元）左右的低价电动汽车，并于2016年正式投放市场。燃料电池汽车领域，丰田于2014年12月在日本市场率先量产燃料电池车。该车续航里程达到480公里，零到百公里加速时间为10秒左右，一次加注氢燃料仅需3分钟。

智能汽车的发展也得到日本政府的大力支持。2014年5月，日本IT综合战略本部审议通过了一项关于全智能汽车的预案，该预案拟于2030年在日本国内普及自动行驶全智能汽车。在日本政府及企业的推动下，该项计划预计将于2020年中期施行，2030年前实现普及。

（4）高端数控机床技术世界领先

日本机床业在中高端数控机床、加工中心领域拥有较强竞争力和集成开发能力，据日本机床工业协会公布的数据显示，日本企业2014年1～6月获得的机床订单额（确定值）达7008.49亿日元，同比增长35.5%。其中，来自海外的订单额达4804.24亿日元，同比增长39.7%，创1～6月海外订单额新高。近年，汽车、航空、能源、医疗等领域机械加工需求持续增长，为满足制造业复合型加工的需要，日本机床业积极研发集成多道工序的加工技术。扩大材料范围，可加工钛金属、陶瓷、玻璃等非金属材料；提高加工精度，开展光纤连接器等精密加工。

日本国际贸易和工业部通过对进口机床设定配额和征收关税来保护国内机床产业。此外，日本政府还通过修正产业政策，支持推行长期战略的机床企业，实现最终发展目标，这些支持性的产业政策对日本机床的发展起到了关键性的作用。

3. 日本装备制造业对外贸易情况

2013年日本装备制造业主要行业出口额为2823.81亿美元，相对2012年3279.80亿美元的出口额出现了13.9%的下滑。从分行业的数据看，2013年日本装备制造业的主要子行业除了轨道交通设备制造业有4.1%的小幅上涨之外，其他行业均出现了一定程度的下滑，在统计的11个子行业中，石化通用、机床工具、重型矿山、船舶制造、工程机械等子行业均出现了20%以上的下滑，其中船舶行业出口额的下滑更是达到30.5%，可见2013年日本装备制造业的形势较为严峻。

虽然出口额出现了较大幅度的下滑，但是从RCA指数（Revealed Comparative Advantage Index，即显示性比较优势指数）来看，日本的装备制造业仍然具有很强的国际竞争力，在统计的11个子行业中，机床工具和船舶制造行业的RCA指数显示为“强”，汽车制造、电工电器、石化通用等7个行业RCA指数显示为“较强”，只有轨道交通和农机制造行业RCA指数显示为“较弱”和“弱”，日本装备制造业的国际竞争力可见一斑。

4. 日本装备制造业发展措施

（1）财税政策层面

日本的财税政策有效地促进了装备制造业的现代化发展。对机械设备和机械研究实验用设备实行“特别”折旧制度，简单地说，就是通过固定资产的超前折旧，使企业能更快地收回投放资本以促进其资本积累；对重要装备制造产品实行免征进口税；对进口最新装备制造产品的企业给予奖励，进口产品价格的一半由政府承担。

（2）贸易政策层面

日本的贸易政策保护支持了国内装备制造产业的健康发展。通过出口所得税扣除制度、开拓海外市场准备金制度积极扶持了本国装备制造产品的出口。

（3）法律制定层面

日本政府通过了支持装备制造业的法律政策，产业主管部门还制定了专门的产业发展规划，在技术、资金上给予支持，提高装备制造业设备的质量和现代化水平。

（4）产业政策层面

2013年日本政府提出了“日本再兴战略”，试图通过对产业结构的调整来实现经济复兴。在此期间，日本政府出台了众多针对装备制造业的产业政策，对日本装备制造业产生了深远影响。

例如，为促进机床业发展，日本经济产业省制定了一系列产业政策，如针对机床进行技术改造的企业的减税和加速折旧等政策刺激了日本国内市场的需求，带动了机床消费的增长。

2015年初，日本政府还通过了“机器人新战略”，决定未来5年将重点发展机器人产业，并将对按照政府战略意图开展机器人研究开发的企业提供一定财政补贴和风险保障。同时，放宽行政限制，允许其他行业的企业从事机器人及相关技术的开发研制。对“无人飞机”和“自动驾驶汽车”等机器人主导的产业，予以扶植和保护。日本政府还决定2015年开始在中等专科学校逐步开设“机器人专业”，加快普及机器人技术和知识，快速培养相关人才。

B.2

2014年我国装备制造业发展概况

聂秀东*

摘　要：本文分别从发展现状、发展特点和存在问题三个方面介绍了2014年我国装备制造业的发展概况。2014年，我国装备制造业整体规模趋稳，行业经营效益放缓，行业和企业之间分化加剧；企业自主创新能力不断加强，技术改造取得积极成效；民营及中小型装备制造企业表现突出，兼并重组规模再创新高；2014年我国装备制造业进出口增速全面回升，外商投资额快速增长，电子设备制造业对外投资活跃，投资地区以欧美为主。这说明，装备制造业运行进入中高速增长期，行业转型升级程度提高，创新驱动成为发展新引擎。同时，通过本文研究发现，我国装备制造业还面临不少问题，主要包括：经济下行压力较大，产能过剩问题依然突出；核心技术亟须突破，基础研究投入仍显不足，新产品开发周期过长；装备制造业国有企业改革尚未完成，中小企业可持续发展面临问题，兼并重组面临体制机制和政策障碍；进出口产品结构仍需调整、外商直接投资制度尚待完善，对外投资存在不小阻力等。

关键词：装备制造业　发展现状　新常态　存在问题

* 聂秀东，研究员，博士，机械工业经济管理研究院院长助理，产业经济研究所所长。

一　2014年我国装备制造业发展现状

（一）我国装备制造业发展历程

30多年来，我国重大技术装备的研制取得了突飞猛进的发展，从填补空白到赶超世界先进水平，实现了跨越式发展。为我国重大工程项目的建设提供了技术先进、实用可靠的成套设备，为技术创新奠定了基础，拉动了行业、产业的发展，在国民经济建设和国防工业建设及增强综合国力方面，发挥了积极的引领和推动作用。

我国装备制造业的发展，历经了重大技术装备国产化（1983～2005）、振兴装备制造业（2006～2009）到高端装备制造自主创新（2010年至今）三个阶段，国家先后发布一系列里程碑式的政策性文件，引导着我国装备制造业的发展。

1. 重大技术装备国产化阶段（1983～2005）

1983年7月12日，国务院做出《关于抓紧研制重大技术装备的决定》（国发〔1983〕110号）（以下简称《决定》），成为领导我国研制重大技术装备的纲领性文件，开辟了我国重大技术装备研制工作的新纪元。

《决定》提出，一方面要对现有企业有计划地进行技术改造；另一方面要加快重点建设，要采取有力措施，在依靠自己技术力量的同时，积极引进国外先进技术，合作设计、合作制作若干套重点建设项目的技术装备，力争前10年把最核心的关键技术真正掌握在自己手里，为后10年的经济振兴打下基础。这一时期横跨了"七五""八五"和"九五"这15年。

这一阶段我国重点发展的装备制造行业包括电工电器、石化通用、重型矿山、工程机械、轨道交通、航空航天和物流运输设备行业。在这一时期，涉及电工电器行业的重大技术装备14个；石化通用设备7个，其中大型乙烯成套设备、大型化肥成套设备和大型煤化工成套设备均提及2次；重型矿山相关设备3个。由此可见，这一阶段我国重点发展的装备制造行业包括电工电器、石化通用和重型矿山（见表1）。

表1 重大技术装备国产化阶段重点发展行业

所属行业	重大技术
电工电器	大型火力发电成套设备
	大型水电站成套设备
	超高压输变电成套设备
	大型核电成套设备
	三峡水利枢纽工程成套设备
	大型压水堆核电站成套设备
	600兆瓦超临界和空冷火电机组成套设备
	三峡工程配套装备研制
	高压直流输变电成套设备研制
	超超临界火电机组成套设备研制
	大型空冷火电机组成套设备研制
	大型抽水蓄能机组成套设备研制
	重燃气轮机联合循环发电相关技术及成套设备研制
	1000兆瓦级核电站成套设备研制
工程机械	宝钢二期工程成套设备
轨道交通	铁路现代化成套设备研制
航空航天	空中交通管制成套设备(2次)
石化通用	大型乙烯成套设备(2次)
	大型化肥成套设备(2次)
	大型煤化工成套设备(2次)
	印刷技术和装备
	沙漠及海上石油钻采成套设备
	浅海石油钻采
	三次采油成套设备
物流运输	大型船运及港口装卸成套设备
重型矿山	大型露天矿成套设备
	薄板坯连铸连轧成套设备
	600万吨/年综采成套设备研制

资料来源：课题组整理。

2. 振兴装备制造业阶段（2006 ~2009）

2006 年 2 月，根据党的十六大提出的“大力振兴装备制造业”的要求，国务院颁布《关于加快振兴装备制造业的若干意见》（国发〔2006〕8 号）（以下简称《若干意见》）。《若干意见》提出：到 2010 年，发展一批有较强竞争力的大型装备制造企业集团，增强具有自主知识产权重大技术装备的制造能力，基本满足能源、交通、原材料等领域及国防建设的需要。逐渐形成重大技术装备、高新技术产业装备、基础装备、一般机械装备等专业化合理分工、相互促进、协调发展的产业格局。选择一批对国家经济安全和国防建设有重要影响，对促进国民经济可持续发展有显著效果，对结构调整、产业升级有积极带动作用，以能够尽快扩大自主装备市场占有率的重大技术装备和产品作为重点，加大政策支持和引导力度，实现关键领域的重大突破。

在这一阶段我国重点发展的装备制造行业涵盖了电工电器、石化通用、重型矿山、工程机械、轨道交通、航空航天、物流运输设备、船舶、高性能医疗器械、机床工具、农业机械和基础件等多个行业。涉及的行业从上一阶段的 7 个增加到 12 个。其中，船舶、高性能医疗器械、机床工具、农业机械和通用基础件行业为首次出现。

在这一时期，涉及电工电器行业的重大技术装备 4 项，比上一阶段减少 10 项；涉及石化通用重大技术装备 6 项，比上一阶段减少 1 项，；涉及重型矿山的重大技术装备 4 项，比上一阶段增加 1 项。在这一阶段，涉及了 16 个装备制造行业中的 12 个，可见我国执行的是全面振兴装备制造业政策，但从涉及的技术装备数量来看，石化通用和重型矿山仍为发展重点（见表 2）。

3. 高端装备制造自主创新阶段（2010年至今）

2010 年，国务院发布《关于加快培育和发展战略性新兴产业的决定》（国发〔2010〕32 号）将高端装备作为建设创新型国家的战略性新兴产业，纳入国家发展规划一以贯之。战略性新兴产业是以重大技术突破和重大发展需求为基础，对经济社会全局和长远发展具有重大引领带动作用，知识技术密集、物质资源消耗少、成长潜力大、综合效益好的产业。立足我国国情和

表2 重大技术装备振兴阶段重点发展行业

所属行业	重大技术装备
船舶行业	新型船舶和海洋石油工程设备
	高技术船舶及海洋工程装备
电工电器	大容量高水头水电机组
	百万千瓦核电关键设备
	清洁高效发电设备
	超、特高压输变电成套设备
高性能医疗器械	电子、生物和医药等高技术装备
工程机械	大型施工机械
轨道交通	轨道交通装备
航空航天	民用飞机
机床工具	高档数控机床
基础件	关键基础零部件及大型铸锻件
农业机械	新型、大马力农业装备
石化通用	大型石油天然气长输管线成套装备
	百万吨级大型乙烯成套设备
	大型煤化工成套设备
	大型石油及石化装备
	大型煤化工成套设备
	大型环保及资源综合利用设备
	高档印刷机械
物流运输	机场专用装备及港口机械
重型矿山	大型煤矿综合采掘及洗选成套设备
	大型宽带薄板及宽厚钢板生产关键装备
	大型高精度冶金成套设备
	大型煤炭及大型露天矿设备

资料来源：课题组整理。

科技、产业基础，现阶段重点培育和发展节能环保、新一代信息技术、生物、高端装备制造、新能源、新材料和新能源汽车等产业。

这一阶段我国重点发展的装备制造行业涵盖了电工电器、石化通用、重型矿山、工程机械、轨道交通、航空航天、物流运输设备、船舶、高性能医疗器械、仪器仪表、机床工具、农业机械和基础件13个行业。涉及的行业从上一阶段的12个增加到13个，几乎涵盖了所有装备制造行业。其中，仪器仪表行业为首次出现。

在这一时期，涉及电工电器行业的重大技术装备2项，比上一阶段减少了2项；涉及石化通用重大技术装备4项，比上一阶段减少2项；涉及重型矿山的重大技术装备2项，比上一阶段减少2项。这一阶段，我国发展的重点为高端装备制造业，尽管涉及的重大技术装备数量上有所减少，但技术难度均有所提高。从涉及的技术装备数量看，石化通用和重型矿山仍然是发展重点（见表3）。

表3　高端技术装备自助创新阶段重点发展行业

所属行业	重大技术装备
电工电器	清洁高效发电设备
	超、特高压输变电成套设备
石化通用	高档印刷机械
	大型环保及资源综合利用设备
	大型石油及石化装备
	大型煤化工成套设备
重型矿山	大型高精度冶金成套设备
	大型煤炭及大型露天矿设备
轨道交通	轨道交通装备
工程机械	大型施工机械
农业机械	新型、大马力农业装备
电工电器	电子及光伏制造装备
船舶	高技术船舶及海洋工程装备
机床工具	成形加工装备
航空航天	民用飞机
基础件	关键基础件
物流运输	机场专用装备及港口机械
仪器仪表	智能控制系统及精密测量仪器

资料来源：课题组整理。

（二）我国装备制造业经济运行现状

1. 整体产业规模趋稳

（1）工业增加值增速降低

2014年我国装备制造业增加值增长10.5%，机械工业增加值增长

10%，增速分别比规模以上工业快1.7个百分点和2.2个百分点。按月份看，机械工业增加值自2014年7月起增速呈现放缓趋势（见表4）。

表4　2014年工业和机械工业增加值增速

单位：%

月份	工业		机械工业	
	本月	累计	本月	累计
1~2	0	8.6	0	12.7
3	8.8	8.7	10.4	11.8
4	8.7	8.7	10.4	11.5
5	8.8	8.7	10.4	11.3
6	9.2	8.8	10.7	11.2
7	9.0	8.8	11.4	11.3
8	6.9	8.5	9.0	11.0
9	8.0	8.5	9.3	10.8
10	7.7	8.4	9.1	10.6
11	7.2	8.3	7.5	10.3
12	7.9	8.3	7.9	10.0

数据来源：国家统计局网站和机经网。

汽车整车等中类行业增加值增速同比回落。2014年，在统计的49个中类行业中，有18个行业增加值增速比上年同期提高；占中类行业的36.73%，其中提高3个百分点以上的有6个行业（见表5）。有30个行业增加值增速比2013年同期回落；占中类行业的61.22%，其中，降幅在5个百分点以上的是改装汽车制造业、仪器仪表制造业、通用设备制造业、电子电工机械专用设备制造、汽车整车制造和印刷、制药、日化生产专用设备制造等行业。

（2）资产规模趋于稳定

2014年，我国装备制造业资产规模达到192350.03亿元，同比增长5.97%，增幅明显低于2013年，下降幅度达到7.1个百分点。按月来看，2014年全年装备制造业资产规模增速呈逐月下降趋势（见图1）。

表5　2014年装备制造业工业增加值增速较快行业对比

行业分类	2014年增速(%)	2013年增速(%)	2014年比2013年增减(百分点)
汽车车身、挂车制造业	17.3	8.0	9.3
铁路运输设备制造业	17.3	9.5	7.8
低速载货汽车制造	17.3	11.7	5.6
钟表与计时仪器制造业	4.9	0.2	4.7
摩托车制造业	9.3	5.5	3.8
通用零部件制造业	12.3	8.5	3.8

数据来源：中国机经网（简称机经网）。
以下数据，如没有特殊说明均来自中国机经网。

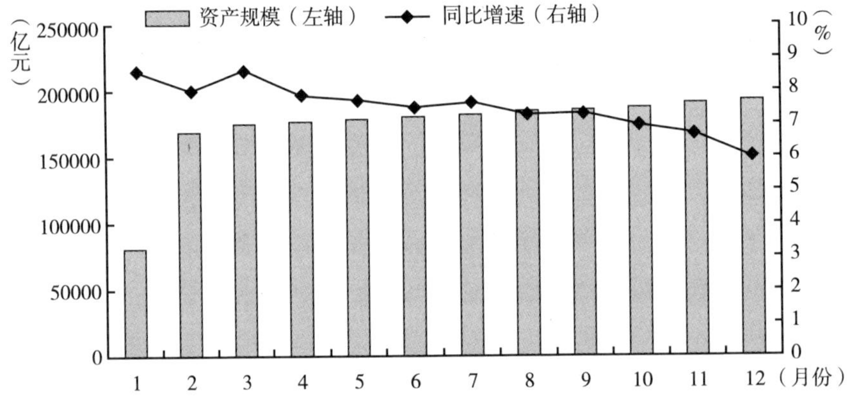

图1　2014年装备制造业资产规模及同比增速

（3）固定资产投资规模趋稳

2014年，装备制造业累计完成固定资产投资48080.34亿元，同比增长12.96%，增速较2013年约放缓1.8个百分点。按月份来看，2014年6月的固定资产投资完成额最高，增速也达到峰值，此后增速逐月下降，10月固定资产投资额增速最慢，之后又逐步攀升（见图2）。

分行业来看，汽车行业固定资产投资完成额连续三年高居装备制造业榜首，排名第二、第三的分别是电工电器和石油化工通用行业；值得注意的是，2014年石油化工通用行业固定资产投资完成额的增速达到23.56%，排名第一位（见图3）。

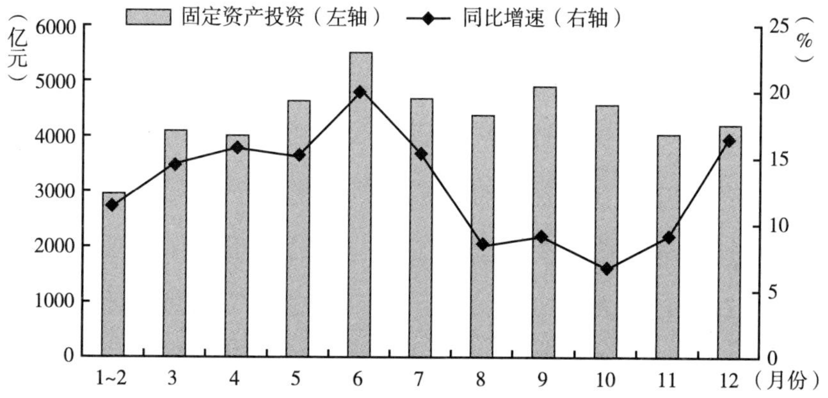

图2　2014年固定资产投资完成额及同比增速

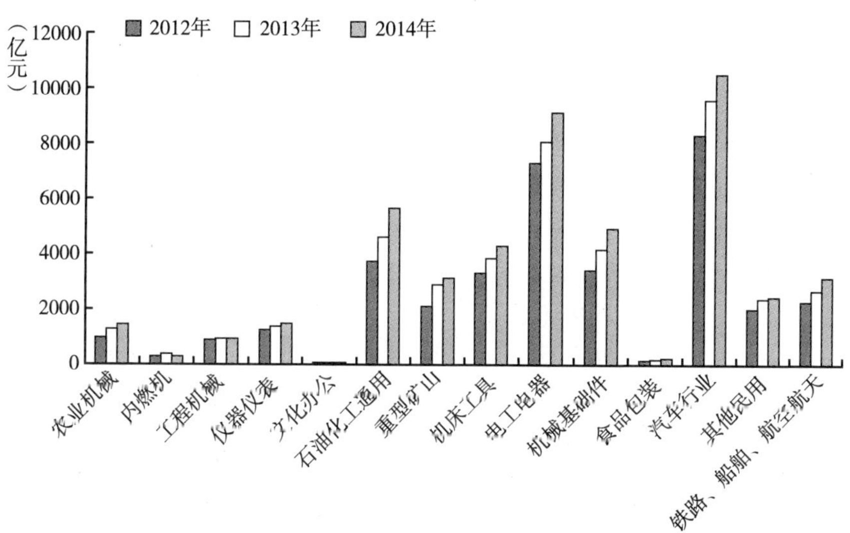

图3　2012~2014年装备制造业分行业固定资产投资完成情况

（4）产量规模

2014年，在119种主要产品中，产量同比增长的有82种，占69%；产量同比下降的有37种，占31%。具有代表性的产品包括：

发电设备：2014年累计产量已完成1.33亿千瓦。汽车：产销分别为2372万辆和2349万辆，分别同比增长7.26%和6.86%，创全球历史新高，

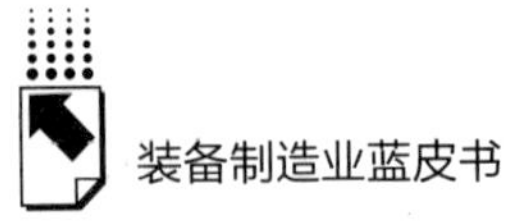

连续六年蝉联全球第一；值得注意的是2014年下半年汽车产销增幅呈明显的逐月下行之势。金切机床：2014年累计产量85.93万台，同比增长3.06%（2011年最高为88.68万台）、其中数控机床产量26.09万台，同比增长14.78%，增速远高于金切机床11.72个百分点。大中型拖拉机：2014年累计生产64.37万台。

2. 整体经营效益放缓

（1）总体运行情况

①主营业务收入增速放缓

2014年，我国装备制造业主营业务收入237696.33亿元，同比增长7.64%，增速同比下降5.04个百分点，但高于规模以上工业主营业务收入增速（5.31%）2.33个百分点。按月份来看，装备制造业主营业务收入单月增速从7月份开始呈现下滑趋势，12月份增速为全年最低（见图4）。

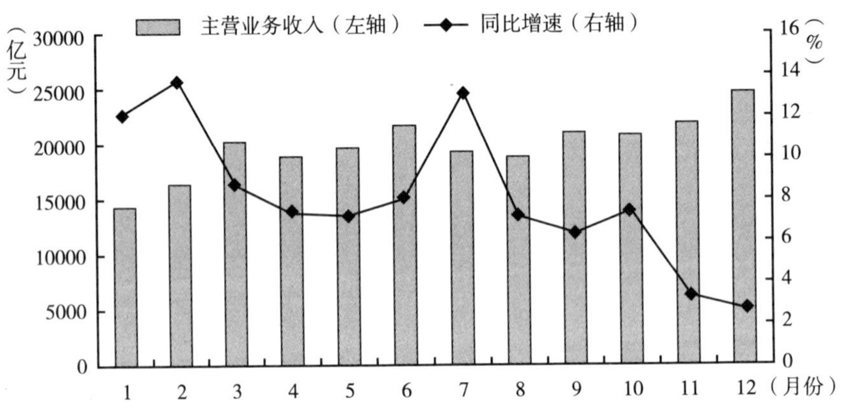

图4　2014年装备制造业主营业务收入及同比增速

分行业来看，2014年铁路、船舶、航空航天和其他运输设备制造业全年实现主营业务收入，高达15568.40亿元，同比增速也位列装备制造业榜首，达到14%；汽车行业紧随其后实现66677亿元收入，同比增长12.3%；排名第三位的是电工电器行业，全年实现主营业务收入53263.58亿元，同比增长8.43%（见图5）。

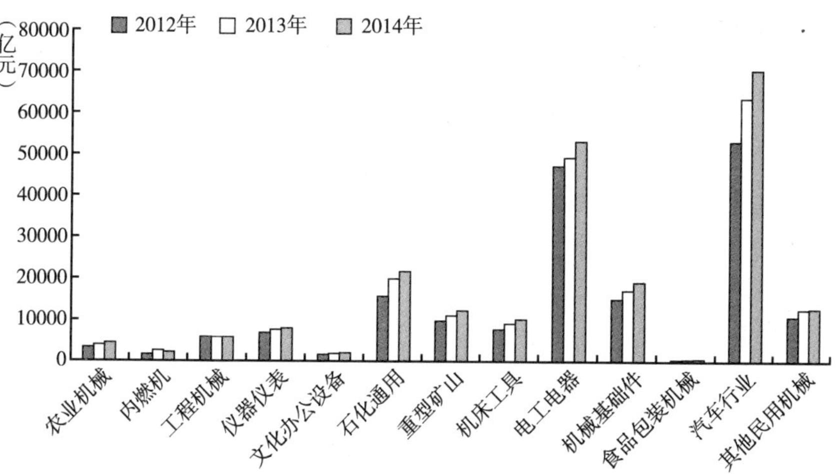

图5　装备制造业分行业主营业务收入

②主营业务成本增速放缓

2014 年，我国装备制造业主营业务成本 201163.13 亿元，同比增长 7.81%，增速同比下降 5.42 个百分点，但主营业务成本增速快于收入。按月份看，装备制造业主营业务收入单月增速从 7 月份开始呈现下滑趋势，11、12 月份增速基本持平，为全年最低（见图 6）。

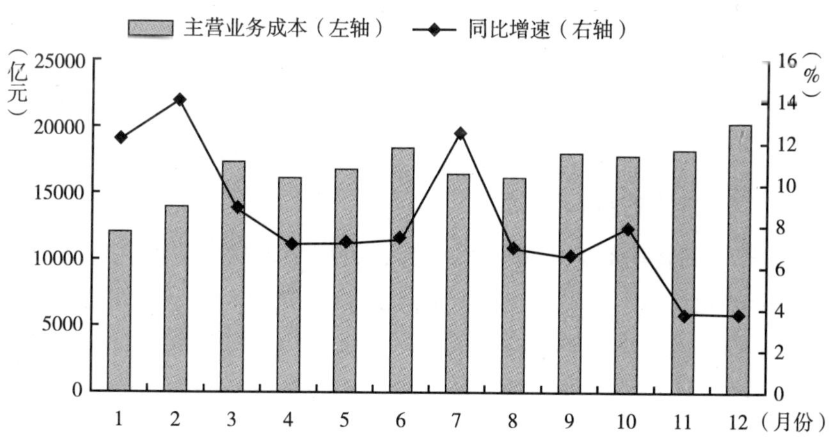

图6　2014 年装备制造业主营业务成本及同比增速

③利润总额增速放缓

2014 年，我国装备制造业实现利润 16541.17 亿元，同比增长 9.74%，比 2013 年增速下降 5.11 个百分点。按月份看，装备制造业总利润单月增速从 7 月份开始呈现下滑趋势，11 月份增速为全年最低（见图 7）。

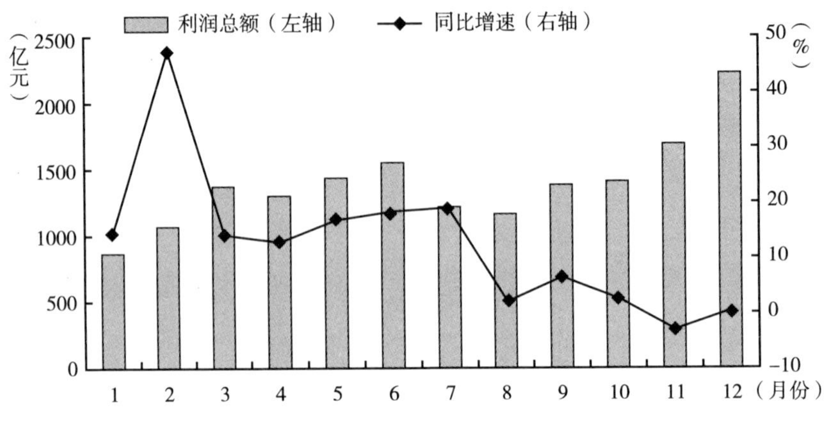

图 7　2014 年装备制造业利润总额及同比增速

按行业来看，2014 年汽车行业全年实现利润总额高达 6188.23 亿元，同比增长 17.25%；电工电器行业紧随其后，实现总利润 3112.49 亿元，同比增长 10.38%；排名第三位的是石化通用行业，全年实现主营业务收入 1479.14 亿元，同比增长 7.64%。值得注意的是，铁路、船舶、航空航天和其他运输设备制造业利润总额增速位居装备制造业各行业榜首（见图 8）。

（2）营运能力有待提高

应收账款周转率略有下降。2014 年，我国装备制造业应收账款周转率 0.58，同比下降 0.01，变动趋势与 2013 年大体一致。按月份看，除 1 月外，装备制造业应收账款周转率在 3 月、6 月分别出现小幅度下降，在 12 月达到全年最高，为 0.69。

总资产周转率较低。2014 年，我国装备制造业总资产周转率为 0.11，和 2013 年持平，与工业总资产周转率 0.68 相比较低。按月份看，除 1 月份

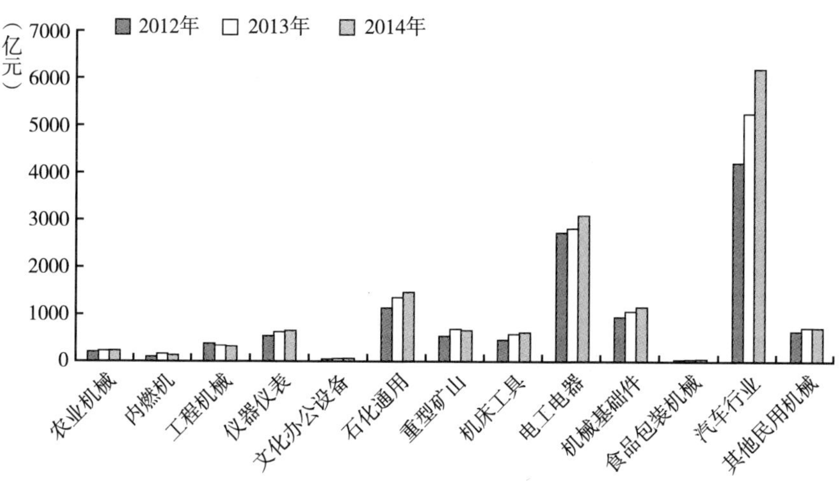

图8　2012～2014 年我国装备制造业分行业利润总额

外，装备制造业应收账款周转率于12 月份达到较大值0.13。

流动资产周转率较低。2014 年，我国装备制造业流动资产周转率为0.18，比2013 年基本持平。与工业流动资产周转率1.43 相比，装备制造行业应收账款周转率较低，资金利用效率较差。按月份来看，除1 月份外，装备制造业应收账款周转率4 月、7 月分别出现小幅度下降，在12 月份达到全年最高的0.69（见图9）。

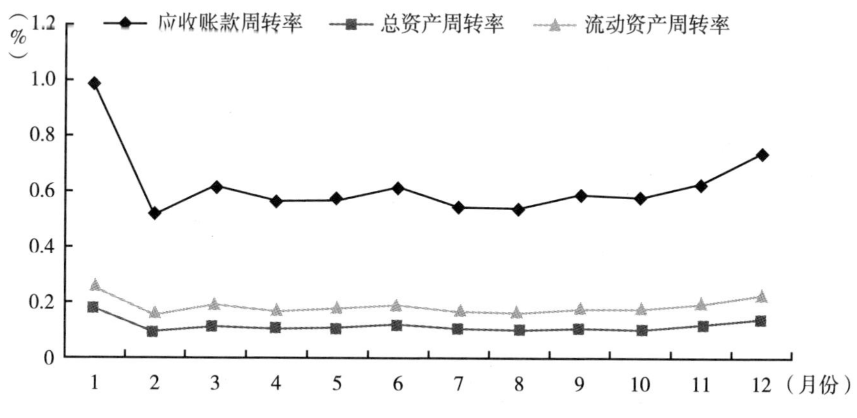

图9　2014 年我国装备制造业营运能力分析

（3）盈利能力基本持平

①总资产利润率止跌回升

2014 年，我国装备制造业总资产利润率为 0.78%，与 2013 年持平。与工业总资产利润率 0.67% 相比，装备制造业资产利润率较高，盈利能力较强。按月份看，装备制造业总资产利润率从 8 月起逐月递增，至 12 月达到年度最高值，为 1.15%。

②主营业务成本率持续下降

2014 年，我国装备制造业主营业务成本率为 84.67%，略高于 2013 年，同比增长 0.11%。与工业主营业务成本率（85.82%）基本持平。按月份看，装备制造业主营业务成本率 1～7 月份呈现上升趋势，7 月份达到全年最高的 85.56%，7 月份以后开始持续下降，12 月份主营业务成本率为全年最低，为 82.07%。

③三项费用占比略有升高

2014 年，我国装备制造业三项费用占比为 7.91%，比 2013 年下降 0.11%，与同期工业三项费用占比（7.23%）相比略高。按月份看，装备制造业三项费用比重各月基本相同，12 月份略有升高，为 9.23%。

（4）偿债能力增强

资产负债率有所下降，2014 年我国年装备制造业资产负债率为 0.56，比 2013 年下降 0.01，与工业资产负债率 0.58 基本持平。

产权比率呈下滑趋势。2014 年我国装备制造业产权比率为 1.29，比 2013 年下降 0.06，略低于工业产权比率 1.37。按月份看，装备制造业产权比率 1～4 月增速较快，4～6 月基本持平，从 6 月份开始呈现下滑趋势，12 月份产权比率为全年最低。

权益乘数呈下滑趋势。2014 年，我国装备制造业权益乘数为 2.29，比 2013 年降低 0.06，略低于工业资产负债率的 2.37。按月来看，装备制造业权益乘数 1～4 月增速较快，4～6 月基本持平，从 6 月份开始呈现下滑趋势，12 月份权益乘数为全年最低（见表6）。

表 6　2014 年装备制造业偿债能力

月份	资产负债率	产权比率	权益乘数
1	0. 15	0. 18	1. 18
2	0. 56	1. 26	2. 26
3	0. 56	1. 29	2. 29
4	0. 57	1. 31	2. 31
5	0. 57	1. 32	2. 32
6	0. 57	1. 32	2. 32
7	0. 57	1. 30	2. 30
8	0. 56	1. 29	2. 29
9	0. 56	1. 29	2. 29
10	0. 56	1. 28	2. 28
11	0. 56	1. 28	2. 28
12	0. 55	1. 23	2. 23

3. 行业和企业之间分化加剧

我国装备制造业的主要分行业已经由过去的同步增长转向分化加剧。工程机械、机床、重型矿山机械等投资类产品行业增速普遍下行，而乘用车、制冷空调、环保机械等准消费类产品行业较为景气。

投资类产品行业虽然总体比较低迷，但其中不同行业之间的态势也有所不同：总体而言，主机行业普遍更为疲软，而基础零部件、仪表和控制系统等与全行业素质提升紧密相关的行业，景气度要明显好于主机行业。从企业层面看，分化也明显加剧：即使在景气较好的汽车行业，生产集中度继续提高，表明在少数企业加速壮大的同时，多数企业在下降；而在多数国有企业深感困难的机床行业，一些民营企业却仍能逆势而上。

（三）我国装备制造业技术创新现状

1. 企业自主创新能力不断增强

2014 年，我国装备制造企业中有研究与试验发展（R&D）的规模以上企业数共 20444 家，占规模以上工业企业的 37. 28%，R&D 经费内部支出 3077. 2 亿元，R&D 经费投入强度为 1. 48，远高于工业企业平均经费投入强度的0.8。按行业看，铁路、船舶、航空航天和其他运输设备制造业的研究与试验（R&D）经费投入强度最高，达到2.41，在整个工业中也排名第一位，紧随其后的是仪器仪表制造业（1.99）。

从R&D经费内部支出用途来看[①]，日常性支出占89.07%，资产性支出仅占10.93%，而日常性支出中占比最高的是人员劳务费用（约占29.61%），资产性支出中96.63%用在仪器和设备方面的支出。从R&D经费内部支出的资金来源来看，企业资金是R&D经费内部支出的主要来源，占91.04%，政府资金仅占7.66%。

2014年，我国装备制造企业共申请专利238937件，占规模以上工业企业申请专利数的42.60%。其中，发明专利72286件，占申请专利书单数的30.25%。截至2014年底，我国共建设国家工程研究中心132个，国家工程实验室154个，国家认定企业技术中心1098家，国家新兴产业创投计划累计支持设立213家创业投资企业，资金总规模为574亿元，投资创业企业总数为739家。

（1）新产品表现不俗

2014年，规模以上内资装备制造企业新产品开发项目数125005个，占内资工业企业新产品开发项目数的45.55%；新产品开发经费支出2.7亿元；新产品销售收入31.23亿元，占内资工业企业新产品销售收入的37.3%；新产品出口销售收入3.52亿元，占内资工业企业新产品出口销售收入的36.72%。

（2）共性及关键核心技术取得重大突破

载人航天、探月工程、载人深潜、超级计算机、高速铁路装备、北斗卫星导航等实现重大技术突破。

首艘航母辽宁号交付使用，煤炭直接液化等现代煤化工技术实现产业化发展。2011年实现天宫一号目标飞行器和神舟八号飞船成功发射并实现空中交会对接；2012年神舟九号载人飞船与天宫一号目标飞行器顺利实现首

① 根据数据的可得性，这里主要分析内资企业R&D经费支出的构成情况。

次空间交会对接，北斗二号卫星导航系统完成区域组网并正式提供运行服务；2013 年执行我国第五次载人航天任务的神舟十号飞船实现了我国首次载人航天应用性飞行，实施了我国首次航天器绕飞交会试验，这标志着神舟飞船与天宫一号的对接技术已经成熟，我国将就此进入空间站建设阶段。2013 年 12 月 2 日嫦娥三号由长征三号乙运载火箭从西昌卫星发射中心发射，并携带我国的第一艘月球车，实现了我国首次月面软着陆。2011 年和 2012 年分别实现载人深潜器蛟龙号 5000 米和 7000 米海试，2013 年蛟龙号载人潜水器实现从深潜海试到科学应用的跨越。

（3）知识产权战略取得积极进展

我国完善了“产业知识产权风险评估与预警工程”和“工业企业知识产权创造运用能力培育工程”，加快了工业和信息化行业知识产权数据平台建设。PCT（国际专利合约）专利申请量已位居全球第 4 位。国际标准化工作获重大突破，我国主导的“物联网概述”成为 ITU 发布的第一个物联网国际标准，主导制定的 TD－LTE 成为第四代移动通信国际标准。

2. 企业技术改造取得积极成效

（1）企业技术改造投资快速增长

2014 年，内资装备制造企业技术改造经费支出 801.84 亿元，购买、引进和消化技术共支出经费 123.84 亿元。其中，购买国内技术经费支出 39.60 亿元，占 31.98%，引进技术经费支出 55.19 亿元，占 44.57%，消化吸收技术经费支出 29.05 亿元，占 23.46%。

（2）重点行业工艺技术装备水平明显提高

2012 年，新型干法水泥熟料生产能力占比达 92%，焦化行业炭化室高度 5.5 米及以上大型先进焦炉产能占比 40%，分别比 2010 年提高 11 个和 10 个百分点；大规模动物细胞培养系统、无菌隔离装置、注射剂“吹灌封”三合一设备得到推广应用，制药装备行业技术水平显著提高；汽车覆盖件模具取得明显突破。工业投资结构和经济社会效益不断优化，每百亿元技改项目投资实现新增销售收入 324 亿元，新增利润 45 亿元，新增就业 2 万人。东部地区战略性新兴产业投资增速明显加快，普遍高于工业平均增速 4～5 个百分点。

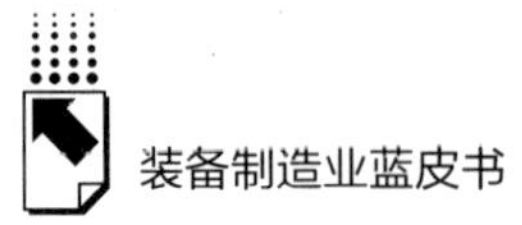

（3）通过技术改造提升了企业竞争力

近年来，企业技术改造已经成为工业内涵式发展的关键。通过技术改造，一批大型骨干工业企业的规模、技术水平和国际竞争力等都得到显著提升。在支持骨干企业技术改造的同时，各级政府也加大了对中小企业技术改造的支持力度，先后支持了一大批工业中小企业技术改造项目，有力推进了中小企业向“专精特新”方向发展。

（四）我国装备制造业组织结构现状

1. 民营及中小型企业表现突出

（1）民营装备制造企业是主力军

①私营企业数量最多

2014 年，我国装备制造业企业 62.1 万家，其中规模以上装备制造企业 85275 家，仅占全部装备制造企业的 13.73%；从业人员约 3177.3 万人，占制造业从业人数的 25.54%；国有及控股企业 3605 家、私营企业 46924 家、外商投资企业 15262 家，其他所有制类型企业 19484 家。其中，私营企业数量最多，占规模以上装备制造企业的 55.03%（见图 10）。

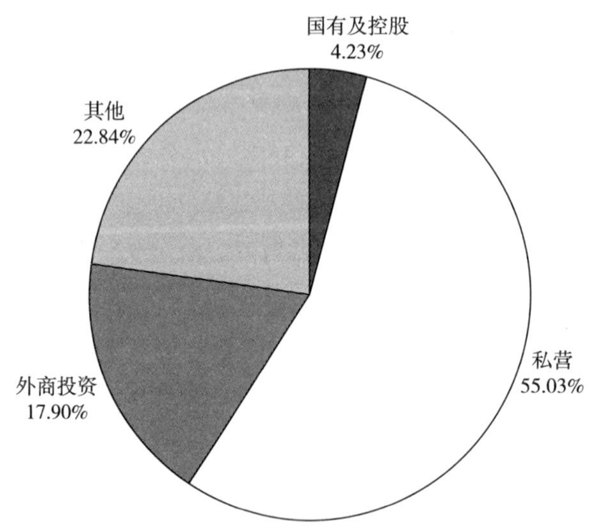

图 10　2014 年按所有制分装备制造企业占比

②国有及控股企业资产规模最高

2014 年，国有及控股企业、私营企业、外商投资企业的资产规模分别为 60985. 86 亿元、43149. 09 亿元、55933. 50 亿元；其中，国有及控股企业的资产规模占比最高，达到 32%（见图 11）。

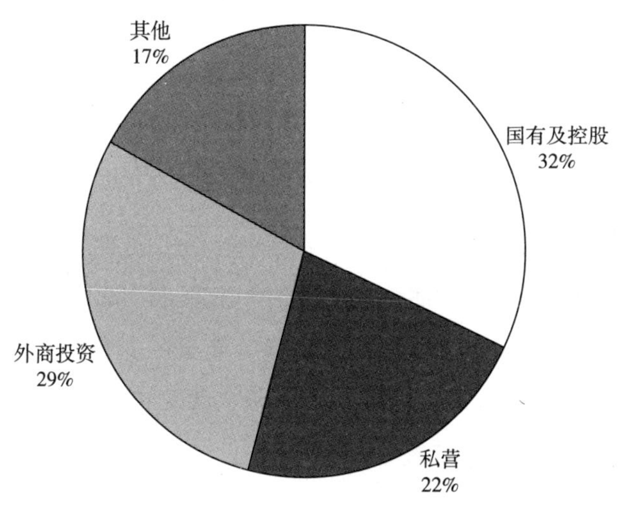

图 11　2014 年按所有制分装备制造企业资产规模占比

③私营企业是装备制造业创收的主要贡献者

通用基础件、机床工具、电工电器行业的私营企业收入分别占行业收入的 80. 48%、77. 34%、68. 21%，远超国有企业和三资企业，具有绝对优势。由此可见，私营企业 2014 年在装备制造业的各个行业中保持较高的增速，极具发展潜力，而国有企业在很多行业却呈下降趋势（见表 7）。

表 7　2014 年不同所有制装备制造业主营业务收入情况

行业分类	私营企业		国有企业		三资企业	
	收入（亿元）	同比（%）	收入（亿元）	同比（%）	收入（亿元）	同比（%）
电工电器	36332. 35	9. 51	4390. 53	5. 04	9875. 72	6. 12
重型矿山	7282. 28	15. 84	2348. 19	-4. 70	2289. 53	12. 44
石化通用	13754. 33	7. 86	3338. 92	3. 52	3534. 68	7. 33

续表

行业分类	私营企业		国有企业		三资企业	
	收入(亿元)	同比(%)	收入(亿元)	同比(%)	收入(亿元)	同比(%)
汽车制造	22886.53	8.00	29477.45	10.91	13406.25	9.75
工程机械	3213.00	5.82	1342.00	-18.43	996.16	0
机床工具	7861.69	12.79	835.08	0.80	1132.05	10.57
农业机械	3147.00	12.08	316.00	-1.05	357.00	-0.66
仪器仪表	5023.82	11.52	655.19	-24.93	2025.29	10.61
通用基础件	14939.38	12.31	738.08	4.08	2406.14	10.29

资料来源：机经网。

利润方面，民营企业在装备制造业代表行业中创造了8700亿元的总利润，国有企业和三资企业利润总额仅为3400亿元和3800亿元。民营企业的利润增速最快，国有企业却呈现同比下降，甚至在重型矿山行业亏损达20亿元。可见，民营企业在最近几年实现了极大的发展，已经成为我国装备制造业利润的主要贡献者（见表8）。

表8　2014年不同所有制装备制造业利润总额情况

行业分类	民营企业		国有企业		三资企业	
	利润总额(亿元)	同比(%)	利润总额(亿元)	同比(%)	利润总额(亿元)	同比(%)
电工电器	2244.3	9.33	47.53	-37.79	664.43	19.17
重型矿山	464.62	10.21	-20.01	-126.57	200.64	23.31
石化通用	973.41	4.50	125.00	10.74	324.90	12.00
汽车制造	2634.88	101.15	3136.03	116.50	2056.90	98.55
工程机械	219.97	-3.60	38.29	-47.04	65.63	7.21
机床工具	519.25	84.57	10.16	-20.93	84.59	15.84
农业机械	314.68	12.00	31.67	-1.00	53.27	-5.50
仪器仪表	409.05	61.95	70.62	16.52	180.67	7.49
通用基础件	926.14	6.94	15.40	4.98	204.89	13.77

资料来源：机经网。

（2）中小型装备制造企业成为主要创收者

根据第三次经济普查结果，我国共有大中型装备制造企业14946家，仅占规模以上装备制造企业的17.53%，这说明在企业数量上，小型企业占比最高（见表9）。

表9　2014年不同类型各行业装备制造业主营业务收入情况

行业分类	大型企业		中型企业		小型企业	
	收入(亿元)	同比(%)	收入(亿元)	同比(%)	收入(亿元)	同比(%)
电工电器	14606.17	7.17	15633.22	11.19	23024.18	7.42
重型矿山	4561.28	9.19	3065.77	7.93	4888.3	13.40
石化通用	4791.36	1.78	6236.68	6.71	10493.2	9.97
汽车制造	42678.75	10.41	12645.06	12.13	32495.54	17.20
工程机械	2649.00	-11.07	1323.33	-2.57	1765.00	10.37
机床工具	1404.55	10.10	2448.10	9.06	6311.86	12.64
农业机械	919.00	19.83	859.21	16.09	2402.00	5.69
仪器仪表	1765.27	5.16	2691.02	6.17	3641.25	7.11
通用基础件	1926.17	5.21	5112.53	19.23	12054.29	15.55

数据来源：机经网。

从主营业务收入看，相对于大型企业，中小企业占据了装备制造业总收入的2/3。特别是在规模方面不占优势的小企业，创造了行业21万亿元收入中的9万亿元，成为行业创收的主要贡献者，中小型企业收入的同比增速也最快。

利润总额方面，大型企业除在汽车制造业占据主体地位外，在其他几大行业中均呈现颓势，远远落后于中小企业。由此我们认识到，促进企业结构优化调整迫在眉睫，国家应给予中小企业更多的资金、技术、人才等方面的支持，促进其做大做强（见表10）。

2. 兼并重组规模再创新高

根据"投资中国"统计，2014年我国装备制造业并购市场宣布交易案例达978起，同比增长1.98%。其中，披露案例数量969起，宣布交易规模2026.02亿元，同比增长0.13%。

表 10　2014 年不同类型各行业装备制造业利润情况

行业分类	大型企业		中型企业		小型企业	
	利润总额(亿元)	同比(%)	利润总额(亿元)	同比(%)	利润总额(亿元)	同比(%)
电工电器	858.72	7.17	960.04	13.16	1293.73	10.54
重型矿山	206.90	-17.60	212.04	7.92	270.97	5.35
石化通用	324.77	6.88	463.88	3.15	690.49	8.57
汽车制造	4428.38	425.71	3621.54	359.00	2906.06	322.71
工程机械	143.13	-28.69	83.80	1.56	118.36	25.49
机床工具	80.13	34.13	159.16	9.81	400.92	5.71
农业机械	108.44	6.53	127.42	10.15	321.79	-3.27
仪器仪表	156.22	10.12	260.05	13.52	267.04	4.78
通用基础件	121.00	4.74	330.90	13.40	726.51	8.90

数据来源：机经网。

按月度来看，2014 年装备制造行业各月并购数量较为稳定，并购数量最多的 5 月份有 93 起并购案例发生，排在之后的 7 月份有 90 起并购发生，3 月份有 88 起并购发生，数量最少的 9 月份也有 52 起并购发生。从并购金额来看，1 月份并购交易总额为 253.00 亿元，单笔平均交易额 3.37 亿元；排在之后的 12 月份交易额为 234.00 亿元，平均单笔交易额为 3.21 亿元；交易额最少的 4 月份也达到 68.00 亿元，平均交易额 1.01 亿元（见图 12）。

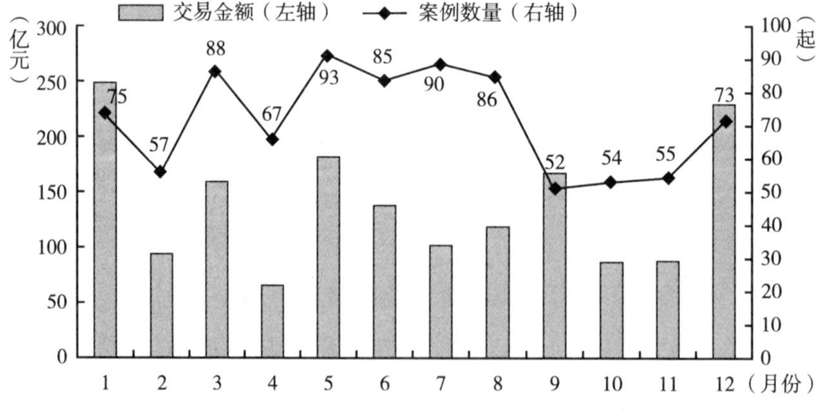

图 12　2014 年装备制造业并购市场交易规模

(1) 电子设备制造业的交易规模超700亿元

从行业分布来看，2014年装备制造业并购交易的规模达到百亿元以上的有5个行业，通信设备、计算机及其他电子设备制造业的交易规模高达741.46亿元，案例数量288起，平均交易金额达到2.57亿元，交易规模占全行业的38.14%，交易数量占比也达到了34.62%；其后是电气机械及器材制造业，交易规模为294.97亿元，案例数量167起；医疗仪器设备及器械制造业，交易规模为202.75亿元，案例数量34起；汽车制造业，交易规模为198.54亿元，案例数量73起；矿山、冶金、建筑专用设备制造业，交易规模为111.25亿元，案例数量28起（见表11）。

表11 2014年装备制造业并购市场交易规模排名按行业分布

行业分类	交易金额(亿元)	案例数量(起)
通信设备、计算机及其他电子设备制造业	741.46	288
电气机械及器材制造业	294.97	167
医疗仪器设备及器械制造业	202.75	34
汽车制造业	198.54	73
矿山、冶金、建筑专用设备制造业	111.25	28
船舶及浮动装置制造业	48.94	10
环保、社会公共安全及其他专用设备制造业	46.56	64
铁路运输设备制造业	41.75	18
化工、木材、非金属加工专用设备制造业	41.45	19
金属铸、锻加工业	40.64	8
电子和电工机械专用设备制造业	36.37	9
航空航天器制造业	31.62	23
风机、衡器、包装设备等通用设备制造业	30.73	8
泵、阀门、压缩机及类似机械的制造业	15.51	21
起重运输设备制造业	13.02	4
轴承、齿轮、传动和驱动部件的制造业	10.18	9
金属加工机械制造业	9.59	9
农、林、牧、渔专用机械制造业	7.87	9
纺织、服装和皮革工业专用设备制造业	6.91	6
印刷、制药、日化生产专用设备制造业	6.74	4

续表

行业分类	交易金额(亿元)	案例数量(起)
锅炉及原动机制造业	3.79	7
摩托车制造业	1.08	2
通用零部件制造及机械修理业	1.01	6
自行车制造业	0.57	3
食品、饮料、烟草及饲料生产专用设备制造业	0.34	1
烘炉、熔炉及电炉制造业	0.20	2

数据来源：投资中国。

(2) 过半兼并重组尚未完成

2014 年完成交易案例 363 起，仅占宣布交易案例的 40.18%，完成交易规模为 1054.24 亿元，同比增长 0.62%；进行中交易案例 615 起，占宣布交易案例的 62.88%，这表明有过半的装备制造企业兼并重组工作尚未完成。

①电子设备制造业交易数量位列首位

按行业看，通信设备、计算机及其他电子设备制造业，电气机械及器材制造业，仪器仪表及文化、办公用机械制造业交易数量居多，分别以 129 起、56 起、32 起，分别占比为 30.61%、16.33%、8.77%，位列前三位；完成交易规模上，通信设备、计算机及其他电子设备制造业，医疗仪器设备及器械制造业，电气机械及器材制造业交易规模居前，分别为 431.66 亿元、162.69 亿元、114.81 亿元，分别占比 40.83%、15.41%、10.81%（见表 12）。

表 12　2014 年装备制造业并购市场完成交易规模排名按行业分布

行业分类	融资金额(亿元)	案例数量(起)
通信设备、计算机及其他电子设备制造业	431.66	129
医疗仪器设备及器械制造业	162.69	12
电气机械及器材制造业	114.81	56
矿山、冶金、建筑专用设备制造业	86.64	16
汽车制造业	74.59	26
仪器仪表及文化、办公用机械制造业	37.33	32

续表

行业分类	融资金额(亿元)	案例数量(起)
金属铸、锻加工业	36.29	7
化工、木材、非金属加工专用设备制造业	32.39	7
铁路运输设备制造业	28.72	5
环保、社会公共安全及其他专用设备制造业	19.70	32
泵、阀门、压缩机及类似机械的制造业	5.43	6
金属加工机械制造业	4.63	2
风机、衡器、包装设备等通用设备制造业	3.21	4
农、林、牧、渔专用机械制造业	3.13	4
纺织、服装和皮革工业专用设备制造业	3.11	3
航空航天器制造业	2.72	7
印刷、制药、日化生产专用设备制造业	1.27	1
摩托车制造业	1.08	2
通用零部件制造及机械修理业	0.70	1
起重运输设备制造业	0.52	1
自行车制造业	0.42	2
食品、饮料、烟草及饲料生产专用设备制造业	0.34	1
锅炉及原动机制造业	0.23	4
电子和电工机械专用设备制造业	0.18	3
合计	1051.79	363

数据来源：投资中国。

⑵电子设备制造业的交易规模最大

从并购市场正在进行交易的行业分布来看，并购交易规模上百亿元的3个行业中，首先是通信设备、计算机及其他电子设备制造业的交易规模最大，达到了309.71亿元，占比32.29%，其次是电气机械及器材制造业，并购交易规模为173.75亿元，占比18.12%，再次是汽车制造业，并购交易规模为123.95亿元，占比12.92%，其他行业的交易规模均不足50亿元。

从并购交易案例数量看，并购发生较多的行业主要是通信设备、计算机及其他电子设备制造业，电气机械及器材制造业，汽车制造业以及仪器仪表及文化、办公用机械制造业，排名与交易规模大体相符，分别为182起、101起、47起和43起（见图13）。

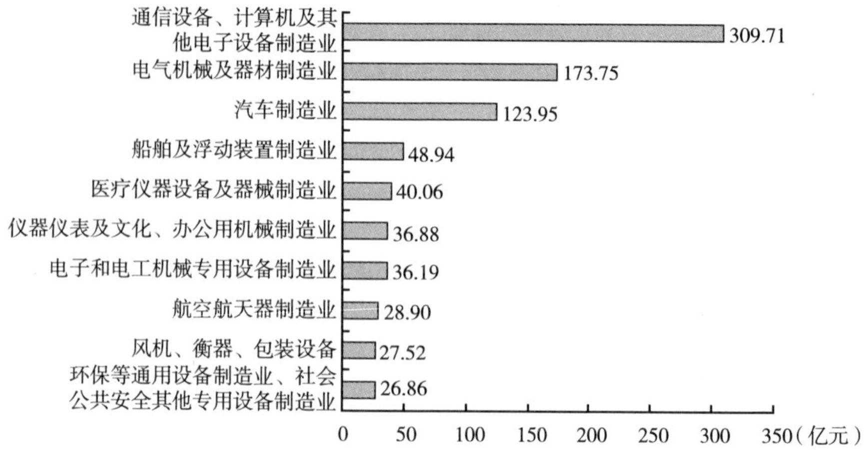

图 13　2014 年装备制造行业并购中的排名

（3）兼并重组仍以境内为主

根据“投资中国”统计，2014 年装备制造行业并购市场交易 969 起，披露交易金额 2026.02 亿元，其中境内并购 875 起，占比 90.30%，披露交易金额 1516.90 亿元，占比 74.87%；出境并购 81 起，占比 8.36%，披露交易金额 503.47 亿元，占比 24.85%；入境并购 13 起，占比 1.34%，披露交易金额 5.65 亿元，占比 0.28%（见图 14）。

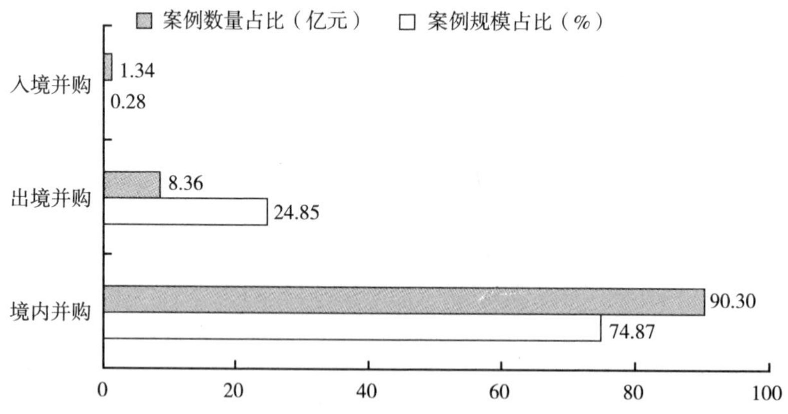

图 14　2014 年装备制造行业并购市场交易占比

（五）我国装备制造业对外经济贸易现状

1. 装备制造业进出口增速全面回升

2014 年，我国装备制造业进出口总额 7955.91 亿美元，同比增长 8.34%，增速较 2013 年提高 5.68 个百分点，约占全国货物进出口总额的 18.48%；实现进出口贸易顺差 899.82 亿美元，比 2013 年增加 3.75 亿美元。

2014 年，我国装备制造业出口 4427.97 亿美元，同比增长 7.48%，增速较 2013 年提高 4.55 个百分点。按月份来看，1～6 月份出口增速波动较大，7 月份以来出口额较为平稳，增速略有下降，12 月份出口增速稳步回升（见图 15）。

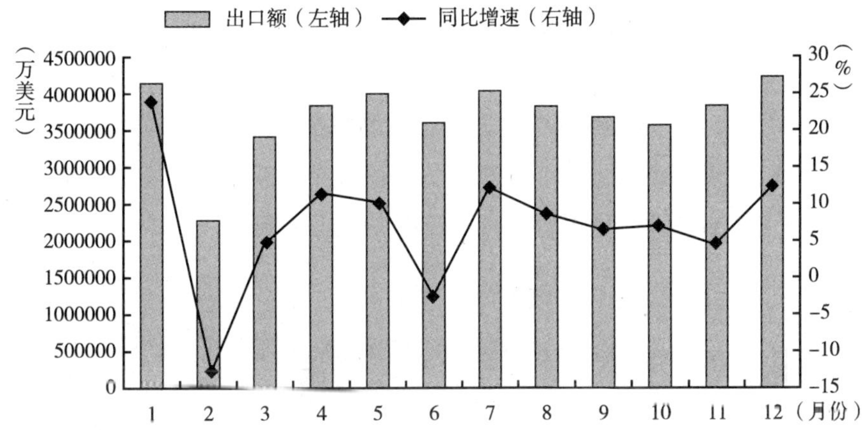

图 15　2014 年装备制造业出口额及同比增速

2014 年，我国装备制造业进口额为 3528.04 亿美元，同比增长 9.45%，增速较 2013 年提高 7.12 个百分点。按月份来看，装备制造业进口额增速呈波浪形下降趋势，11 月份同比增速最低，12 月份又有所回升（见图 16）。

（1）汽车行业是增速最快的行业

按行业来看，进出口总额最高的三个行业分别是：电工电器、汽车和石化通用行业，分别是 1649 亿美元、1420 亿美元、983 亿美元。其中，进口总额最高的三个行业分别是汽车、电工电器和仪器仪表；出口总额最高的三

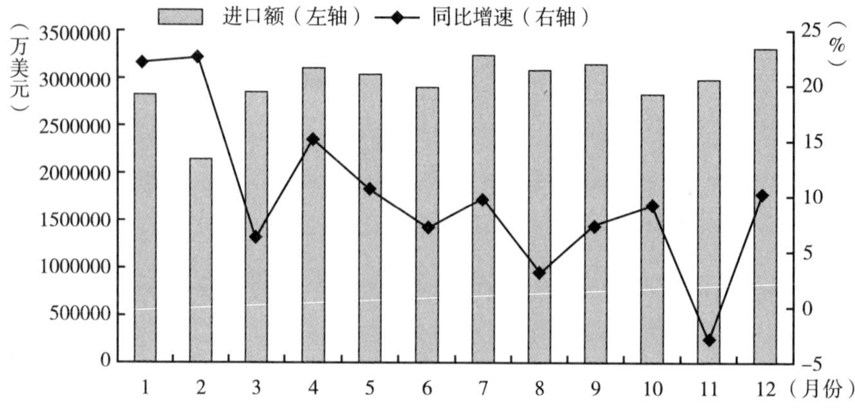

图 16　2014 年装备制造业进口额及同比增速

个行业分别为电工电器、石化通用和汽车；实现贸易顺差前三位的是：电工电器、石化通用和工程机械。从增速来看，汽车行业在进出口总额、进口额方面增速最快，分别达到 16%、21%；内燃机械行业在出口方面的增速最快，为 15%。由此可以看出，汽车行业无论是在总额方面还是在增速方面，仍是我国装备制造业的领军行业，发展势头强劲（见图 17）。

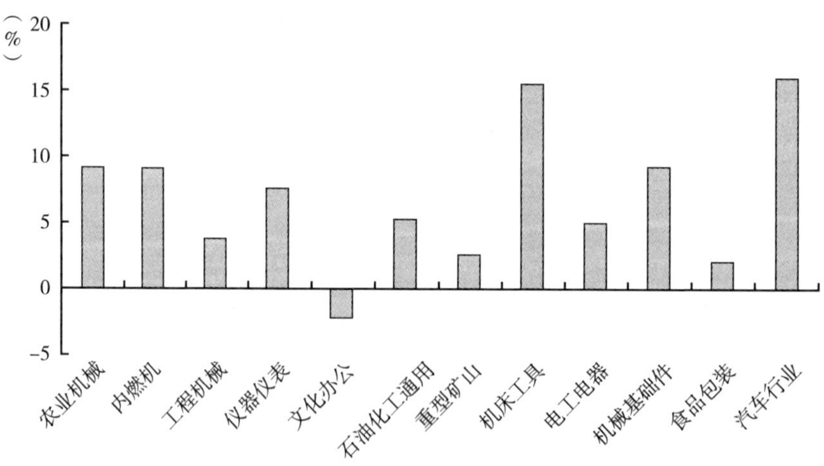

图 17　2014 年主要装备制造行业进出口增速对比

（2）东部地区进出口贸易仍占绝对优势

按省市来看，相对于中部和西部，东部在进出口总额、进口额、出口额和贸易差额方面都占据绝对优势；西部增速最快；中部相对于东西部，在总量和增速方面都处于弱势。东部各省市中，广东、江苏、上海在进出口总额方面位居前三，分别为1568亿美元、1092亿美元、1046亿美元，增速最快的是北京、山东、辽宁，分别达到14%、13%、13%。北京的贸易逆差最大，为-384亿美元，海南省相对其他省区市，发展稍显弱势。中部和西部地区相比，中部的进口额较多，西部的出口额较多，中部地区中由于吉林、湖北和山西出现贸易逆差，促使中部地区呈现贸易逆差，湖南省无论在进口还是出口方面，增速都比较快，分别达到7%、27%。西部地区中的重庆、四川和广西出口额居列三甲，宁夏、云南、贵州出口额增速最快达到51%。

（3）欧亚贸易往来最为密切

从进出口总额看，与我国贸易往来最密切的地区依次是：亚洲、欧洲、北美洲、拉丁美洲、非洲和大洋洲。我国的主要进口、出口地区从高到低依次是：亚洲、欧洲和北美洲。由此可见，我国与亚洲、欧洲贸易往来最密切。

在亚洲地区中，进出口总额居前三位的是：日本、中国香港和韩国；进口排前三位的是日本、韩国、中国台湾，并且这三个国家或地区与中国大陆均呈现贸易逆差。我国对伊朗、越南的进出口额同比增速最快，其中，对阿拉伯联合酋长国的进口额同比增速达到了147%，对伊朗的出口额同比增加65%。

欧洲各国中，德国是我国最大的贸易伙伴。我国对俄罗斯的进口额同比增速最快，对白俄罗斯的进口同比增速为负，对其出口同比增速达到96%。美洲国家中，美国、加拿大表现稳定，拉丁美洲各国进出口总额同比增速均为负值。在与非洲国家的贸易往来中，以埃及、南非为主，并且以我国出口为主。

2. 外商直接投资

（1）我国先后建立四个自由贸易区

2013年9月，我国上海自由贸易试验区（简称上海自贸区）正式成立，成为我国境内第一个自由贸易区，位于浦东境内。上海自贸区致力于实现资本项目可兑换，推动上海国际金融中心的建立。随后，2015年3月，国家通过广东、天津、福建自由贸易试验区总体方案，借此进一步深化上海自贸区改革开放方案。广东自贸区包括三大片区，广州南沙自贸区、深圳蛇口自贸区、珠海横琴自贸区，以打通广东、港澳以及境外资金支持的服务自由化和贸易自由化。福建自贸区包括了福州片区、厦门和平潭片区，侧重于推动两岸金融先行发展。

自贸区的建立，尤其是天津自贸区的建立，将尝试以融资租赁带动我国装备制造业结构优化和升级。其中，天津机场片区重点发展航空航天、新一代信息技术等高端装备制造业和研发设计、航空物流等制造业，将有利于通过创新和开放来提升我国装备制造业的核心竞争力。自贸区以公平、宽松、便利的市场环境为主要特色，鼓励政府简政放权，着力发展优势产业，全面扩大装备制造领域的对外开放程度，提升装备制造业的科技水平和研发水平。

（2）装备制造业外商投资快速增长

2013 年装备制造行业实际使用外资 172.2 亿美元，同比增加 8.2%，尽管外商对装备制造行业的投资在 2007～2008 年出现过较大幅度的缩减，但 2008 年之后外商对装备制造业的投资金额呈现出平稳上涨的态势。

①电气机械行业投资数量大幅下降

投资项目数量方面，外商投资装备制造业项目合计 2737 起，同比下降 16.4%，主要原因是目标行业中的电气机械及器材制造业、交通运输设备制造业的外商投资项目均出现了明显下降，同比跌幅分别达到 26% 和 17.19%。

②外资企业仍然是外商投资的主要企业形式

以实际使用外资金额衡量，外资企业使用外资金额 125.18 亿美元，占比 72.69%；中外合资企业使用外资金额 44.19 亿美元，占比 25.66%；中外合作企业与外商投资股份制企业的占比较小，合计不足 2%。以外商投资项目数衡量，外资企业项目数为 2041 起，占全年外商投资项目数的 74.57%；中外合资企业项目数为 690 起，占比 25.21%；此外，中外合作企业和外商投资股份制企业投资项目数合计占比为 2.3%。

③外资来源国主要为我国周边地区

从外商投资的来源分布看，装备制造行业吸引的外资主要来自我国周边地区，其中来自中国香港、中国台湾、日本和新加坡的投资占了装备制造行业外商投资的大部分，可见地缘优势是吸引外商投资的重要因素。从具体数据来看，不管是外商投资项目数量还是外商投资金额，来自香港的投资都占据绝对优势，投资项目数占比为49.65%，投资金额占比为45.29%。此外，日本的投资项目数占比6.8%，投资金额占比10.69%；中国台湾的投资项目数占比13.29%，投资金额占比8.54%；新加坡的投资项目数占比5.92%，投资金额占比3.83%。

④东部地区吸引外资金额最多

从外商投资的地区分布来看，我国东部沿海地区吸引了大部分的外商投资，可见东部沿海地区在市场规模、基础设施、产业聚集和制度环境等方面较中西部地区仍然具有明显的优势。从数据上看，江苏、广东、浙江、山东仍然是外商投资装备制造行业的主要省份，四个省份合计吸引外商投资120.4亿美元，占装备制造业全部外商投资的69.92%，外商投资项目数1877起，占装备制造业全部外商投资项目的68.57%。

3. 对外投资并购

（1）电子设备制造业对外投资并购活跃

根据“投资中国”的数据显示，2014年装备制造企业实施境外并购61起，披露交易金额的案例45起。分行业来看，通信设备、计算机及其他电子设备制造业交易金额最大，为253.73亿元，占53.28%，案例数量20起，占比44.44%，平均单笔交易金额12.69亿元。交易金额排名第二的行业是医疗仪器设备及器械制造业，交易金额为128.5亿元，占比为26.98%，案例数量为1，占比为2.22%（见表13）。

表13 2014年装备制造业并购市场出境并购交易规模行业分布

行业分类	金额金额(亿元)	案例数量(起)
通信设备、计算机及其他电子设备制造业	253.73	20
医疗仪器设备及器械制造业	128.50	1
电气机械及器材制造业	76.24	9
环保、社会公共安全及其他专用设备制造业	12.10	6

续表

行业分类	金额金额(亿元)	案例数量(起)
纺织、服装和皮革工业专用设备制造业	2.20	2
仪器仪表及文化、办公用机械制造业	1.65	2
印刷、制药、日化生产专用设备制造业	1.27	1
矿山、冶金、建筑专用设备制造业	0.25	1
金属加工机械制造业	0.22	1
泵、阀门、压缩机及类似机械的制造业	0.03	2
合计	476.19	45

数据来源：投资中国。

（2）对外投资地区以欧美为主

从洲际和国家分布来看，2014 年装备制造企业出境并购的标的企业主要集中在欧洲和北美，欧洲的交易规模高达 249.15 亿元，占比 49.81%，北美的交易规模为 242.07 亿元，占比 48.39%，合计占全部交易规模的 98.20%。从案例数量看，发生在欧洲的并购交易有 34 起，占比 56.67%；北美的并购交易有 14 起，占比 23.32%；亚洲的并购交易有 10 起，占比 16.67%（见图 18、图 19）。

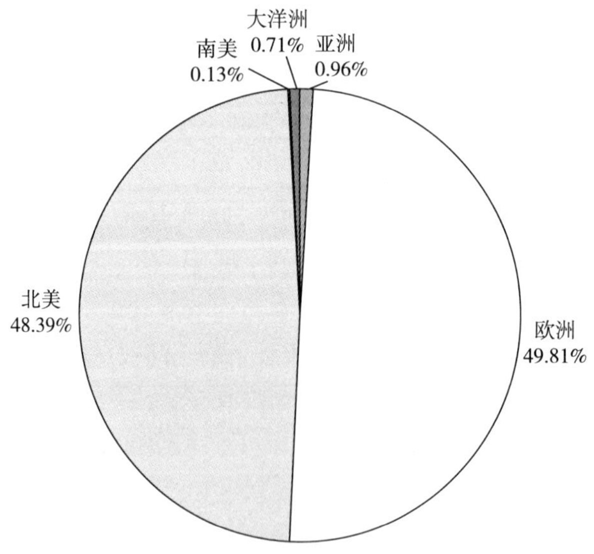

图 18　2014 年装备制造业出境并购交易规模占比

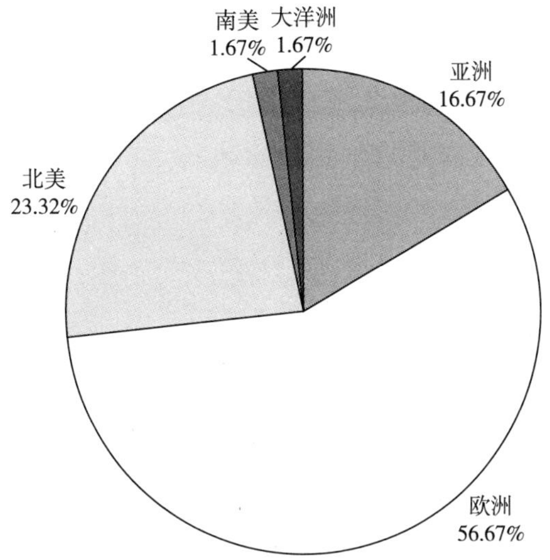

图 19　2014 年装备制造业出境并购交易案例数量占比

从境外并购的标的企业所属国家来看，美国的并购交易金额最大，为 242.07 亿元，占全部并购交易金额的 49.82%，其次为西班牙，交易金额为 128.53 亿元，占比为 26.45%。从并购交易数量来看，美国的标的企业数量最多，为 13 家，占全部标的企业数量的 28.26%，其次为德国，有 11 家，占全部标的企业数量的 23.91%，德国 11 家标的企业的并购交易规模为 16.06 亿元（见图 20、图 21）。

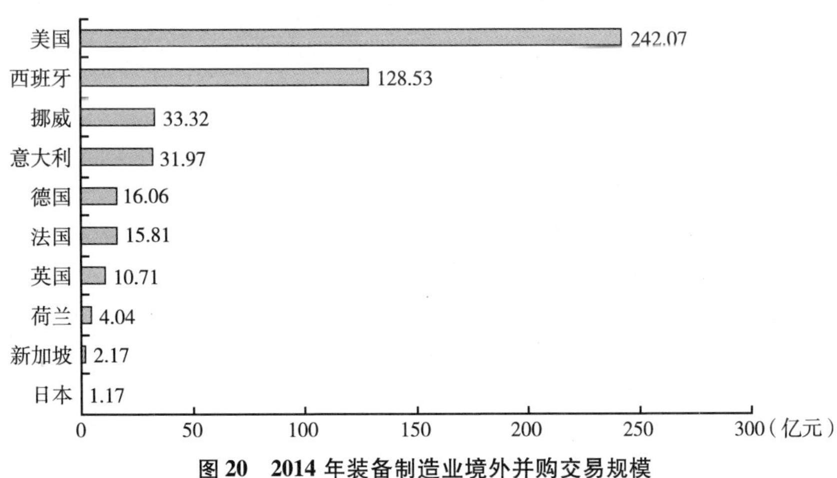

图 20　2014 年装备制造业境外并购交易规模

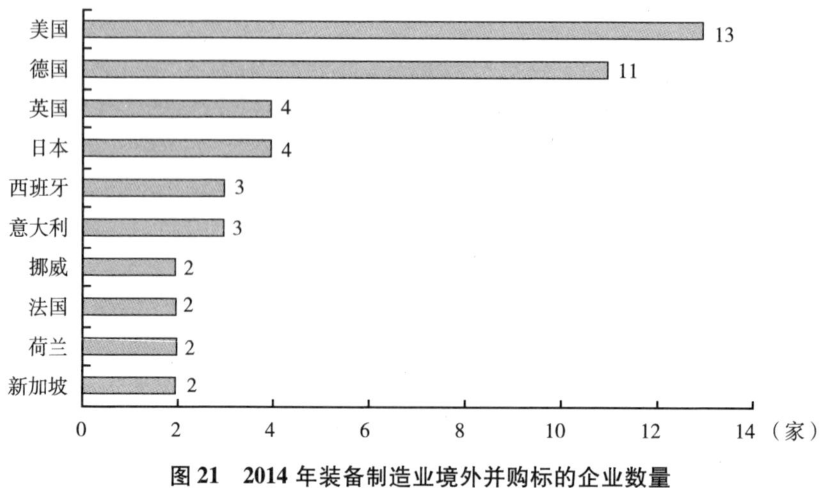

图 21　2014 年装备制造业境外并购标的企业数量

二　新常态下我国装备制造业特点分析

（一）行业运行进入中高速增长期

装备制造业主营业务收入已由“十五”“十一五”连续年平均增长20%以上，降至2014年的9.41%的个位数增长；实现利润总额由“十五”“十一五”年平均增长连续30%以上，回落到2014年的10.61%；完成进出口贸易总额由“十五”“十一五”的年平均增长19%左右，回落到2014年的8.07%。中高速增长将成为我国机械工业经济运行的新常态。

（二）行业转型升级程度提高

1. 市场需求结构出现新变化

全社会固定资产投资中设备工具购置投资已由过去年平均增长20%左右，回落到2014年的12%左右，对机械装备的需求总量，由持续火爆转变为持续趋缓。同时，投资类、传统产品与增量需求比重下降，一系列有助于民生和全行业素质提高的子行业增速明显快于全行业的平均水平。

2. 重点行业集中度持续提高

2014年汽车行业前10家企业集团销量在汽车总销量中的占比已达到

89.7%，在前几年已经持续提高的基础上继续上升，集中度比2013年又提高了1.7个百分点。

3. 现代制造服务业发展加速

我国越来越多的企业由产品生产者升级为“解决方案”的提供者，因此弥补了传统需求增长趋势的部分缺口，为销售额和利润的较快增长给予了保障；例如中信重工成套业务已占公司全部主营收入的60%。

4. 产品结构升级有新进展

2014年，汽车行业利润增幅高于主营收入增幅，而主营业务收入增幅又高于产量增幅。2014年1～11月累计汽车产量增长7.21%；1～11月主营收入增长12.14%，利润总额增长16.58%；尤其是新能源汽车出现爆发式增长，据中汽协会统计，新能源汽车生产与销售的数值分别比2013年增长了3.5倍和3.2倍，生产为78499辆，销售为74763辆，由此可见汽车行业的产品升级和产业链的延展正在发展提高。

低端机床产品市场需求量大幅下降，中高端产品需求量显著提升。2014年金切机床产量数控化率达到30.36%，提高了1.53个百分点。

拖拉机大型化发展趋势明显。2013年大中小型拖拉机产量为252万台，其中大中型拖拉机为58.46万台，占比23.2%，2014年大中型拖拉机产量为232万台，其中大中型拖拉机64.37万台，占比27.75万台，占比上升0.55个百分点。

5. 地区结构继续向预期方向调整

装备制造业区域结构继续向政策预期方向调整。2014年东、中、西部分别实现主营业务收入13.6万亿元、4.7万亿元和2.0万亿元，比上年分别增长8.3%、11.4%和12.3%，东部增速依旧落后于中、西部地区。中、西部地区在机械工业中所占比重持续增加。

6. 对外贸易出口附加值提高

2014年，装备制造业对外进出口贸易总量显著提升，贸易结构得到优化。2014年一般贸易出口附加值2383亿美元，同比增长11.2%，加工贸易出口的附加值1266亿美元，同比增长1.99%，由此可见我国装备制造产品外贸出口的附加值实现了平稳增长。

7. 国际化经营渐成大趋势

一批企业引资引技引智，进行消化吸收再创新取得成效。一批企业在国外境外并购、建厂、建立研发基地和销售网点，形成竞争新优势。装备制造业进出口贸易总额不断增加，出口贸易结构也从单机向成套装备和生产性服务等转变。发展外向型经济、实现国际化经营正在成为行业发展新趋势。

（三）创新驱动成为发展新引擎

1. 高端装备自主创新取得新成果

行业科技发明和科技进步奖成果获高等级奖项数量明显上升，2014 年共获得特等奖 4 项、一等奖 30 项。“十二五”前四年申报与获奖奖项，与“十一五”同期相比分别增长 46.1% 和 42.3%。科技成果与新产品数量，“十二五”前四年与“十一五”同期相比增长 36.5%，对行业的贡献率不断上升。创新已成为装备制造业发展新引擎。

2. 自主创新继续向关键零部件领域深化推进

更多的高端主机装备在实现国产化的突破，此前明显薄弱的关键零部件自主创新势头也有所加快，许多零部件均可以代替进口的材料。例如，2013 年的北京电子控股有限责任公司下属企业北方微电子公司自主研发的 12 英寸 28 纳米等离子硅刻蚀机，已全面通过工艺验证。这标志着我国集成电路高端装备获得了进一步的突破，加快了追赶国际先进水平的步伐，技术水平已经从 2003 年的“20 年差距”缩短到“只差 3 年”。

三　我国装备制造业存在的问题

（一）我国装备制造业经济运行中存在的问题

1. 经济运行仍存下行压力

（1）融资环境仍较严峻

财务费用尤其是利息支出同比增幅仍比较高。2014 年，装备制造业财务费用1905.97亿元，同比增长6.56%，增速较2013年增加了1.29个百分点，其中利息支出额1895.73亿元，同比增长4.16%，增速较2013年下降1.23个百分点，并占装备制造业财务费用的99%以上，这说明装备制造业的财务费用主要用于利息支出。不断攀升的财务费用和利息支出，预示2015年装备制造业的融资环境仍然严峻。

（2）应收账款同比增速仍处于高位

2014年装备制造业应收账款净额达到397281.67亿元，同比增长10.27%，增速较2013年下降4.41个百分点，但增速高于主营业务收入增速（7.64%）。值得注意的是，应收账款额是主营业务收入的1.67倍，这说明装备制造业应收账款同比增速仍处于高位，2015年装备制造企业账款回收仍然困难。

（3）固定资产投资增幅大幅下滑

2014年装备制造业固定资产投资额达到48607.61亿元，同比增长12.93%，增速较2013年下降近4个百分点，固定资产投资增速下滑，说明投资需求并不乐观。2014年，装备制造业固定资产投资占制造业固定资产投资额的29.12%。增速低于制造业0.6个百分点。

2. 劳动力投入略显不足

（1）青年劳动力人口比重减少

近年来，工业企业青年人口的比重呈现下降趋势。制造业就业的青年从业人员从2002年的69.2%下降到2011年的63.8%，降幅达到5.4个百分点。

在总体下降的趋势中，专业技术人员和生产运输设备操作人员的青年从业人员比重的下降尤为突出。16~39岁的专业技术人员占全部专业技术人员的比重从2002年的68.1%下降到2011年的62.6%，降幅为5.5个百分点；16~39岁的生产运输设备操作人员占全部生产运输设备操作人员的比重从2002年的70.1%下降到2011年的58.8%，降幅高达11.3个百分点。而不论是生产运输设备操作人员还是专业技术人员，40岁以上从业人员的比重都有所上升。而生产运输设备操作人员的青年从业人员比重的降幅相对较大，远远超出平均水平，说明青年劳动年龄人口的减少对生产运输设备操作人员工种带来了较大影响。

（2）农村剩余劳动力的规模缩小

长期以来，农村剩余劳动力是我国低成本劳动力的重要来源。近年来农民工的行业和地域均发生了改变，也预示着农村剩余劳动力规模的缩小。

首先，跨省务工的农民工数量持续减少，省内务工的农民工数量增加。从地域分布上看，2011～2013 年跨省务工农民工占比均呈现下降趋势。从行业分布上看，农民工在东部地区以从事制造业为主，在中部地区以主要从事制造业与建筑业为主，在西部地区就业以从事建筑业为主（见表 14、表 15）。

表 14　2011～2013 年外出农民工人数及构成

单位：%

地区	2011 年		2012 年		2013 年	
	省内	省外	省内	省外	省内	省外
全国	52.90	47.10	53.20	46.80	53.40	46.60
东部地区	83.40	16.60	83.70	16.30	82.10	17.90
中部地区	32.80	67.20	33.80	66.20	37.50	62.50
西部地区	43.00	57.00	43.40	56.60	45.90	54.10

资料来源：国家统计局。

表 15　2013 年分地区分行业农民工构成

单位：%

行业分类	东部地区	中部地区	西部地区
制造业	43.10	20.10	13.20
建筑业	17.50	28.50	30.00
批发和零售业	10.20	12.90	13.20
交通运输、仓储和邮政业	5.30	7.30	8.20
住宿和餐饮业	5.00	6.20	8.10
居民服务、修理和其他服务业	9.90	11.10	12.20
其他行业	9.00	13.90	15.10

资料来源：国家统计局。

其次，从事制造业的农民工数量呈下降趋势。2008～2013 年从事制造业的农民工比重持续下降，从事第三产业和建筑业的农民工均呈上升趋势（见表 16）。从事工业的青年劳动年龄人口和农村剩余劳动力的规模缩小，造成劳动力供求关系趋于紧张，技能、技术人才的相对缺乏导致制造业工资水平大幅度上涨。

表 16　2008～2013 农民工从事的主要行业分布

单位：%

行业分类	2008 年	2009 年	2010 年	2011 年	2012 年	2013 年
制造业	37.20	36.10	36.70	36.00	35.70	31.40
建筑业	13.80	15.20	16.10	17.70	18.40	22.20
交通运输、仓储和邮政业	6.40	6.80	6.90	6.60	6.60	6.30
批发零售业	9.00	10.00	10.00	10.10	9.80	11.30
住宿餐饮业	5.50	6.00	6.00	5.30	5.20	5.90

数据来源：国家统计局。

3. 工人工资增长缓慢

（1）最低工资标准涨幅收窄

2010 年起，我国多数地区开始每年调整一次最低工资标准。2010 年有 30 个地区调整了最低工资标准，平均增幅为 22.8%；2014 年仅有 19 个地区调整了最低工资标准，平均增幅为 14.1%，比 2013 年下降 2.9 个百分点，比增幅最高的 2010 年下降了 8.7 个百分点，涨幅正逐渐收窄。2014 年在 19 个调整最低工资标准的地区中。其中，增幅最低的山东为 8.7%，增幅 10%～15%（含 15%）的有 14 个地区，增幅 15%～20%（含 20%）的有 3 个地区，仅一个地区增幅 20% 以上。

（2）制造业平均工资增长放缓

2013 年，制造业城镇单位就业人员平均工资为 46431 元，同比增长 11.48%，同比增速较 2012 年、2011 年的 13.60%、18.60% 有所下降；与其他行业相比，低于国有单位就业人员平均工资 51483 元，仅为金融业城镇单位就业人员平均工资 99653 元的一半，略低于公共管理和社会组织城镇单位就业人员的平均工资 49259 元。

2013 年制造业城镇私营单位就业人员的平均工资为 32035 元，同比增长 13.54%，同比增速较 2012 年、2011 年的 16.89%、20.15% 持续下降；与其他行业相比，和城镇私营单位就业人员的平均工资 32706 元持平，行业间工资水平差距很小，接近于采矿业城镇私营单位就业人员的平均工资 33081 元，交通运输、仓储和邮政业城镇私营单位就业人员的平均工资 33141 元，卫生、社会保障和社会福利业城镇私营单位就业人员的平均工资 33862 元，公共管理和社会组织城镇私营单位就业人员的平均工资 33953 元。

4. 产能过剩问题仍然突出

（1）产品价格指数仍在低位徘徊

受需求不足的影响，装备制造业产品市场价格竞争加剧，价格总体水平延续了 2013 年的萎靡状态。装备制造业产品价格指数总体呈逐月小幅回升态势，价格指数持续下降的趋势有所改善，整体水平高于 2013 年；但就总体而言增长缓慢，回升动力不足，各月仍在 100% 以下低位运行，到 2014 年的 12 月装备制造产品累计价格指数已连续 35 个月低于 100%，这表明未来装备制造业仍面临通缩压力。

分产品看，2014 年在统计的 142 种装备制造产品的品种中，有达 79 种之多的产品是累计价格指数低于 100% 的产品数量的，并且还有近半的产品价格指数还在降低。按月份来看，2014 年各月产品价格指数低于 100% 的产品数均在 80 种左右，而价格指数高于 100% 的产品数量各月均在 60 种左右。

由此可见，装备制造业市场环境尚未出现明显好转，产品价格指数下行压力仍然较大，能否回升还需持续观察。

（2）产成品同比增幅逐月攀升

2014 年，装备制造业产成品额为 103072.28 亿元，同比增长 14.08%，增速较 2013 年上升了 9.74%，这说明装备制造产品积压问题日趋严峻。值得注意的是，装备制造业产成品同比呈逐月攀升态势，2014 年 11 月份达到最高峰，同比增长高达 17.21%。这预示未来装备制造业整体仍存在产能过剩，库存压力仍将继续上升，持续的市场疲软已经对机械产品的销售形成了一定的压力（见图 22）。

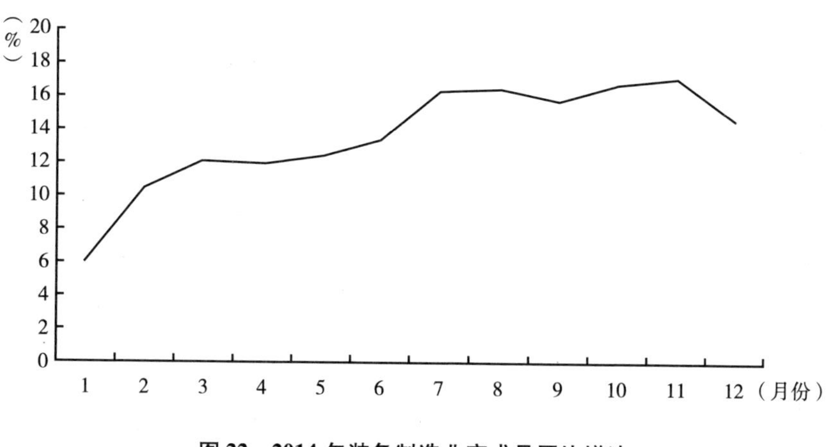

图 22　2014 年装备制造业产成品同比增速

而从物流采购联合会公布的制造业产成品库存指数来看，自 2013 年 3 月份起，制造业产成品库存指数连续 21 个月一直低于 50 临界点。这进一步表明整个制造业的库存压力仍没有得到有效缓解（见图 23）。

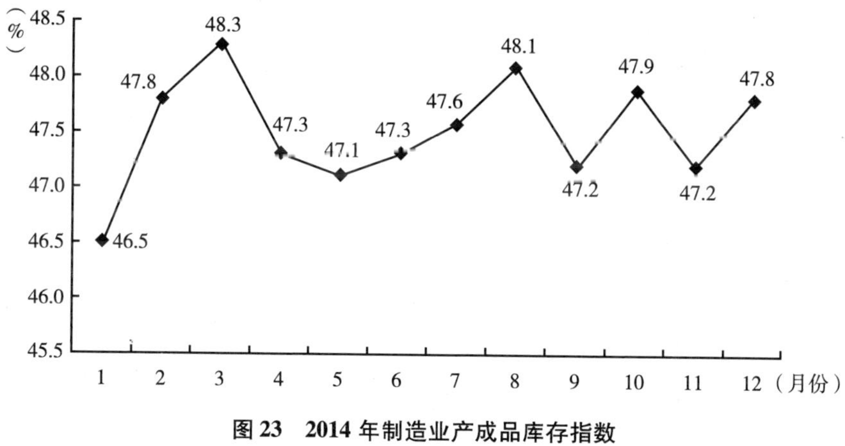

图 23　2014 年制造业产成品库存指数

（3）订单额增速大幅下降

2014 年装备制造业重点企业工业总产值同比增长 6.89%，增速较

2013 年下降 7.2 个百分点；按月份来看，工业总产值增速呈逐月下降趋势。工业销售产值同比增长 6.86%，增速较 2013 年下降 6.3 个百分点；同时，工业销售产值增速也呈逐月下降趋势，2014 年实现产销率 98.22%（见图 24）。

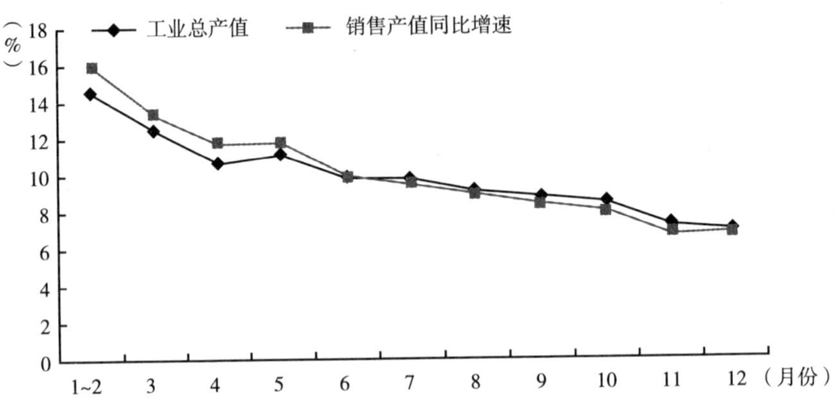

图 24　2014 年装备制造重点企业工业总产值和销售产值同比增速

2014 年装备制造业重点企业的订单额同比增长 3.55%，增速较 2013 年下降 6.64 个百分点。按月份来看，订单额增速呈逐月下降趋势，这预示未来装备制造业的销售情况堪忧（见图 25）。

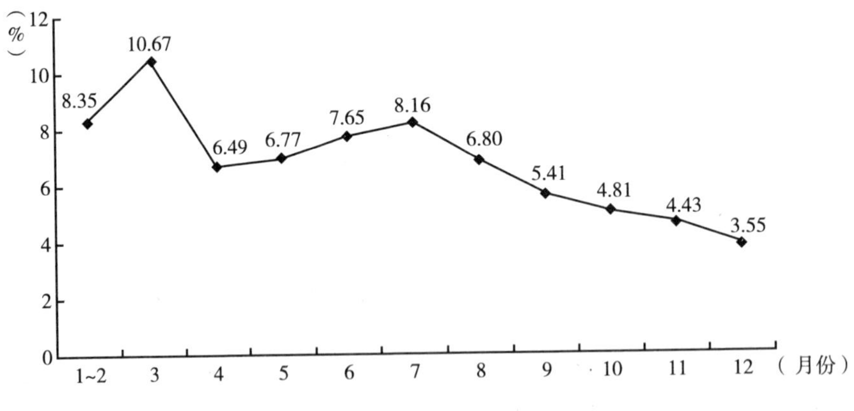

图 25　2014 年装备制造企业订货额同比增速

（二）我国装备制造业技术创新方面存在的问题

1. 核心技术亟须突破

近年来，我国装备制造业改造提升取得长足进展，但在以核心技术、关键设备为代表的技术创新能力方面与发达国家相比差距仍然较大，产业技术水平偏低，基础和前沿研究较为薄弱，大量企业依然以引进技术为主，劳动力专业素质低，企业研发创新动力不足。总而言之，我国装备制造业技术创新能力较为薄弱，整体处于产业价值链中低端的局面亟待改变。

根据国家外汇管理局的统计表明，2014 年我国从海外获得专有权使用费和特许费仅为7 亿美元，仅为支出的3. 10%，而2014 年我国向海外支付专利权使用费和特许费达到226 亿美元。根据全球五大知识产权局公布的2013 年度的 IP5 统计：我国国家知识产权局在 2013 年收到的专利申请为825136 份，被授予的仅为207688 份。2012 年，我国对欧洲、日本、美国的国际和地区性的专业合约需求分别为：23137 份、20486 份以及 17832 份，远远大于其他国家对我国的需求。我国申请国际专利合约（PCT）为 18620份，美国为51854 份，数量仅相当于美国的35%，且同族专利、交叉许可专利少，专利质量有待提高。尤其是在集成电路、面板灯等行业，产业核心基础薄弱、关键技术和元器件受制于人的现象非常突出，产业应对外部冲击能力差的问题日趋明显。整体上看，我国工业仍处于全球产业价值链的中低端，出口产品的国内附加值偏低，具有国际影响力的知名品牌缺乏。

值得强调的是，我国虽然在某些装备制造产业的核心技术上获得了某些点的突破，但在产业链条上尚未形成合力，距离全面突破还有距离。如何将核心技术突破和商业模式创新有机结合起来，真正形成核心技术，培养持续创新的能力，也是需要认真思考的问题。

2. 基础研究投入仍须加强

基础研究、应用研究和试验发展是研发活动的三种主要类型，要提高研发活动的整体效率，必须将三者有机协调配合。从我国现阶段的情况来看，基础研究经费占 R&D 经费支出比重偏低，基本维持在4% ~5%之间，2013

年只有4.78%，而且近十几年来基础研究经费的增速波动较大，且呈现逐渐下降趋势。从三种研发活动类型来看，基础研究经费所占比重最低（见图26、图27、图28）。

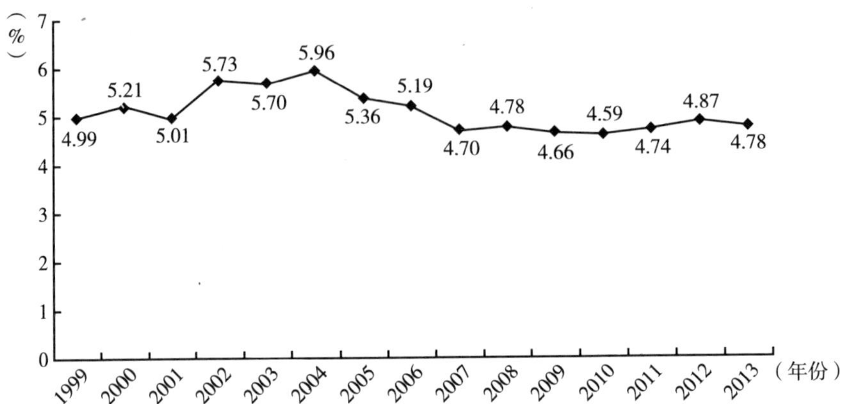

图26　1999～2013年我国基础研究经费占R&D经费支出比重

数据来源：1999～2011年《全国科技经费投入统计公报》和2012年、2013年《国民经济和社会发展统计公报》。

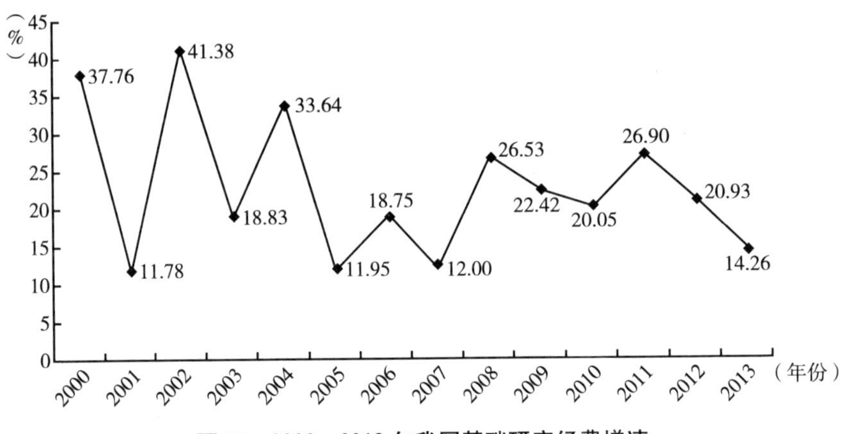

图27　2000～2013年我国基础研究经费增速

数据来源：1999～2011年《全国科技经费投入统计公报》和2012年、2013年《国民经济和社会发展统计公报》。

从国际上来看，美国、法国、意大利、日本、英国、韩国在2008年的基础研究占研发经费的比重达到17.4%、25.4%、27%、8.8%、13.4%、

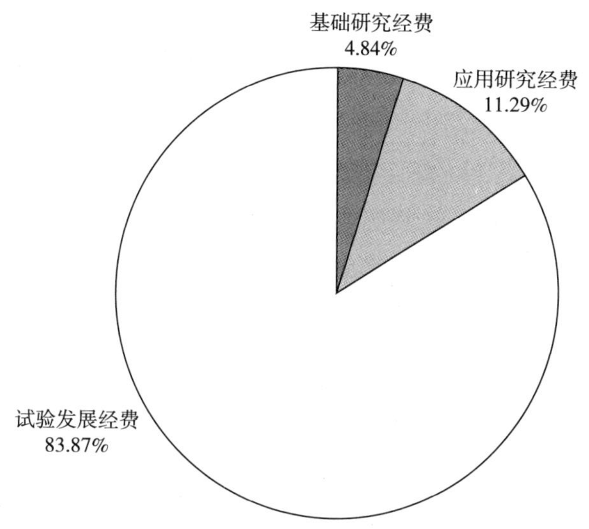

图 28　2012 年我国各活动类型经费占比

16.1%。由此可见，与发达国家相比，我国对基础研究的重视程度严重不足。

通过数据对比，我们可以进一步认识到政府应该在基础研究研发经费投入上发挥作用。一方面，政府投入的重点应该转向基础研究；另一方面，应该注重基础研究与应用研究相结合，进一步带动企业在基础研究上的投入。具体而言，政府应该更多地发挥其在体制机制创新、共性技术研究、基础研究、战略性新兴产业以及农业、环保等公益性领域研究的作用，带动企业的原始创新能力。

3. 新产品开发周期长

国产装备新产品的交货期过长，成为与国际竞争中屡次失利的重要原因。我国新产品的开发周期一般长达 18 个月，而美国早在 1990 年就实现了新产品设计周期 3 个星期、试制周期 3 个月。我国大中型企业生产的 2000 多种主导产品，平均生命周期只有 10.5 年，而美国同类产品生命周期是中国的 3.5 倍。

4. 高技术企业研发带动作用不足

与发达国家相比，我国高技术企业的研发带动作用不突出。2012 年，

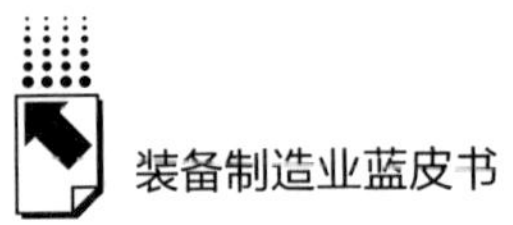

中国 R&D 经费支出 10240 亿元，同比增长 17.9%，占国内生产总值的 1.97%。其中，基础研究经费 498 亿元。在我国企业 R&D 经费支出总额中，大中型技术产业经费支出只占 19.02%。英、美、法等国都超过 40%，韩国达到 53.8%，而中国台湾甚至达到 72.3%，由此可见我国的研发经费支出水平远低于发达国家及新兴工业化国家，以及中国台湾省。

5. 产学研合作研发仍待加强

2010 年至今，我国已选择 100 多个联盟开展企业技术创新战略联盟试点工作，产业技术创新战略联盟发展十分迅速，对于构建产业技术创新平台、推动创新资源整合、加强不同主体的合作创新起到了非常重要的作用。

然而，与发达国家相比，我国产学研合作研发力度还不够，仍需加强。目前，我国的科技成果转化率仅为 10% 左右，远低于发达国家 40% 的水平。[①] 2013 年，我国技术市场交易额达到 7460 亿元，但其中 80% 的成果提供方是企业，高校和院所技术转移和交易的比重较小，应采取措施加以推动。[②] 因此，技术创新的市场化导向问题值得关注。

（三）我国装备制造业组织结构方面存在的问题

1. 国有企业改革存在的问题

（1）对民间资本引入的激励不足

党的十八届三中全会报告指出，要鼓励和规范投资项目引入非国有资本参股。然而，国有装备制造企业在进行所有制改革的过程中，往往不会把效益好、利润高的业务拿出来参与混合所有制的改造，而是把效益一般甚至亏损的业务拿出来引入民间资本，这对激励民间资本的投资者进入混合所有制环境是非常不利的，违反了公平交易的原则。民营资本在意识到无利可图时，便不愿进入国有企业的混合所有制改革，或者一些行业非国有资本愿意进入，但这些行业并没有真正放开。

---

① 张晓强：《实施创新驱动需要破除体制机制障碍》，《经济参考报》2013 年 12 月 30 日。

② 万钢：《科技体制改革需解决深层次问题》，《科技日报》2014 年 3 月 7 日。

（2）国有企业的行政化色彩依然浓厚

目前，很多装备制造业的国有企业仍然存在不同的行政级别，企业的高层管理人员一方面可以享受同级别党政官员或公务员的政治待遇、荣誉待遇，与党政机关间往返通道畅通，另一方面又享受着远高于同级别党政官员和公务员的各种物质待遇。企业内部各职能管理部门及下属企业也设立了比照公务员的级别，企业内部官僚思想严重，在混合所有制改造的过程中，推动国有企业的去行政化是亟待解决的重要问题之一。

（3）国有企业功能分类界定不清晰

由于国有企业所处行业不同、所承担的功能不同，国有企业进行混合所有制改革的一个前提条件是对其进行功能分类，即将符合条件的竞争性国有企业进行混合所有制的改造。然而，就目前而言，政府对哪些国有企业应该实行混合所有制、哪些国有企业可以实行一般性参股改革的界定尚不清晰。尽管多年来混合所有制改革取得了一定的成效，然而现存的国有企业、国有独资公司如何推进混合所有制改革仍是一个有待解决的问题。一些国有独资公司存在不宜直接上市或不宜马上并入所控股上市公司的存续企业，一些处于国计民生的关键行业不宜直接实行股权多样化或让非国有资本入股，混合所有制改革的推进工作可谓步履维艰。

（4）尚未形成行之有效的公司治理机制

在推行国有企业混合所有制改造的过程中，一些国有资本绝对或相对控股的混合所有制企业的非公有资本通常实力较弱，受多种因素的制约，非国有资本面临着在市场主体权益、机会、规则、生产要素等关键资源获得与使用、市场准入、贷款融资、财产安全保障等方面的不平等。法律与监管等保障的缺乏致使非国有资本在混合所有制企业中缺乏话语权，合法利益难以得到保障，出现一切由大股东说了算的情况。随着国有企业混合所有制改造的不断实施，建立一套行之有效的公司治理机制对于保障中小股东的利益至关重要，也会影响下一步民间资本的追加投入。

2. 中小企业可持续发展面临的问题

近年来，虽然出台了不少支持和促进中小企业发展的政策措施，但实际执行中仍存在不少隐性障碍，导致中小企业创新创业活力尚未有效激发。同时，受国内外复杂经济形势影响，小微企业发展面临的困难明显增多，既有生产综合成本上涨压力大、税费负担重等老问题，也有订单少、用工难、转型难等新问题。截至 2014 年 12 月，我国小型企业制造业采购经理指数已经连续 31 个月运行在 50% 的临界值之下。根据 2013 年 6 月对近 2 万户中小企业的调查，有 24.4% 的企业国内市场订单减少，27% 的企业出口订单减少。中小型企业普遍对如何转型缺乏方向感，对发展环境谨慎乐观。

（1）中小企业发展环境亟待改善

我国企业生存周期短的问题与不完善的投资环境密切相关。2014 年 10 月，世界银行公布了《全球营商环境报告》，该报告对 189 个国家及地区内所选城市的营商环境做出了度量。新加坡、新西兰、中国香港分别占据前三名。中国大陆全球排名第 90 位，虽然相对 2013 年拉升了 3 位，但仍然落后于大多数国家。我国在开办企业、办理施工许可、获得信贷、保护少数投资者、执行合同和解决破产等方面的便利度仍然较低。

此外，小型微型企业在发展过程中仍旧面临来自大企业的挤出效应，尤其在宏观经济环境不景气的状况下，各种公共资源和市场资源向大型企业倾斜更加明显，挤压了小微企业的生存空间。

（2）中小微企业的投融资渠道仍不畅通

虽然自 20 世纪 90 年代，国家一直把完善非公有制经济的服务体系、改进中小微企业投融资支持服务作为一项关乎国民经济发展的重要任务，但是，中小微企业融资困境没有得到根本解决。究其原因，中小微企业自身管理水平低、财务制度不完善、抗风险能力弱，而且，其资金需求具有额度小、周期短、频度高的特点。由于缺乏有效的信用评价和担保机制，不具规模经济效益。决定了商业银行对中小微企业不可能投入与大型企业相同的人力物力去进行贷前调查、审批和贷后管理。在缺乏抵押品的情况下，为了规避风险，商业银行往往不愿意向中小企业，特别是小微企业进行放贷款。而且，近年来各大银行强化了贷款的风险约束机制，贷款审批程序复杂，耗时较长，加大了中小微企业贷款的难度。在直接融资方面，虽然建立了中小企业板、创业板和场外交易市场，但是由于门槛较高，绝大部分中小微企业被拒之门外。银行支持力度不够，资本市场难以进入，使中小微企业难以通过正规的金融渠道融通资金。

就投资方面来看，由于政府在技术、信息、法律等方面的服务不够完善，投资的信息渠道也不够畅通，投资政策透明度不高，使得中小投资者难以正确选择投资项目。

（3）政策思路与企业成长需求错配

目前，我国针对民营经济和中小企业的政策仍然主要是扶持性和援助性的，即主要是通过结构性的资金扶持或总量性的扩展政策来降低企业运营成本、刺激民间投资。这样的政策思路对于帮助企业渡过难关、刺激投资起到了一定作用，但应该认识到，当前国家对中小企业政策存在的弊端和问题难以满足新时期中小企业转型和升级的要求。

首先，政策缺乏长期性、可操作性和协调性。目前针对中小企业的政策主要是为了解决中小企业在短期经营中所出现的问题，由于事前的准备不足，致使中小型企业很难形成长期、稳定的预期；政策之间相互缺乏协调性；为形成长远效果的政策体系，降低了政策的可操作性，进而影响了政策实施的效果。并且，由于一些深化细致的政策还未出台，导致落实政策困难的问题仍旧突出。

其次，政策缺乏有效的运作机制。由于许多中小企业缺乏具体的项目为政策载体，或者缺乏明确的实施主体、责任主体，导致部分政策仅停留在文本层面，许多扶持政策难以落实。同时，由于缺乏政策效果的评估主体，政策实施过程中出现的问题未能及时被发现，导致政策的实际效果难以得到客观评估，从而不利于优化政策措施和完善政策体系。

最后，政策扰乱了市场机制的正常运转。当前我国中小企业的扶持政策仍具有浓烈的行政干预色彩，忽视了市场手段的重要作用。这些政策进一步加强了中小企业的投机化和短期化行为，且伴随着政策效应的增强，这种导向作用就更明显，甚至存在企业从扶持性政策中“寻租”的现象。政策的不确定性不利于企业制定和实施长期战略，降低了市场机制的有效性。

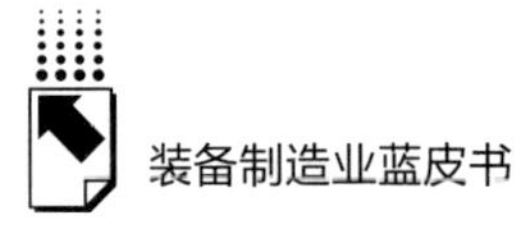

（4）中小企业服务体系建设严重滞后

首先，中小企业服务的体系不健全。对中小企业所需服务的信息资源渠道不畅，辐射带动力不强，服务机构之间信息联通协同机制不完善，服务供需对接机制没有形成。其次，服务机构能力有待提升。中小企业服务机构服务能力不强，不能满足中小企业日益增长的服务需求，致使服务业拓展和带动社会服务资源的能力都不强。再次，服务功能不强。服务缺乏基本的规范和准则，服务的领域和所涉及的内容都很狭窄，个性化、特色化、专业化服务匮乏，针对性也不明确。最后，公共资金投入不足。公共服务基础设施建设、服务业务的发展延伸、服务能力的提升缺乏资金来源，针对具有服务功能的社会投资财政资金的引导作用不强。

（5）广大中小企业税费负担沉重

根据《2014·中国企业经营者问卷跟踪调查报告》的调查结果显示，当前企业经营遇到的最主要的困难中，社保、税费负担过重以高达54.4%名列第二，其比重呈逐年上升趋势。同时，报告显示，民营企业2014年以来税收负担增加较多。高额的税费负担，减弱了企业尤其是中小企业的自我积累能力，不利于企业快速、健康发展。更为严重的是由于企业设立和运营的成本太高，抑制了民营企业家，特别是高技术人才的创业热情。

3. 兼并重组仍面临体制机制和政策障碍

（1）税收负担较重

我国企业在兼并重组的过程中，涉及的税收负担较重，主要体现在：企业所得税政策有待完善，兼并重组中享受的特殊性税务处理要求比较严格，土地增值税缺乏统一规范，增值税、营业税等优惠政策具体执行过程中存在偏差。

（2）面临融资难题

融资难、融资成本高、融资手段相对单一是装备制造企业在兼并重组融资过程中面临的主要问题：一是金融机构对并购贷款的使用期限较短、条件较严，贷款支持力度有待加强；二是兼并重组企业的支付方式和融资渠道单一，直接融资比重较低，资本市场在兼并重组中的作用没有得到充分发挥。

（3）跨地区、跨所有制兼并重组难

针对跨地区兼并重组，主要难题在于利益分享机制不够完善，部分地方政府需要考虑经济、财政收入、就业等因素，不愿本地企业被外地企业兼并。在跨所有制兼并重组方面，由于国有企业改革不深入、考核评价体系不科学、跨所有制的产权流动存在障碍，后期整合将面临职工身份变更、资产整合以及债务处置等多项复杂问题，致使跨所有制兼并重组缺乏动力。

（4）兼并重组涉及的审批环节多、时间长

装备制造行业的兼并重组存在审批环节长的问题，影响了其兼并重组的步伐。就提交证监会并购重组委的审核流程而言，上市公司兼并重组需要经历“受理→初审→反馈专题会→落实反馈意见→审核专题会→并购重组委会议→落实重组委审核意见→审结归档”等环节，整个审批环节较长，仅一般审核的时间就得20个工作日左右。对于装备制造行业的兼并重组而言，烦琐的审批环节导致审批时间较长，降低了兼并重组的效率，有时甚至错过了兼并重组的最佳时机。

（四）我国装备制造业对外经济贸易方面存在的问题

1. 进出口产品结构仍需调整

（1）出口产品尚未形成品牌合力

我国装备制造企业间大多各自为政，主要出口产品重合度较高，尚未形成品牌合力。这一方面造成重复研发等资源浪费，减缓了高端装备的技术突破速度；另一方面导致企业间恶性竞争，在国际招标中互相压价，致使中标价格严重低于市场价格的情况时有发生，既损害了企业自身利益，更不利于我国装备国际品牌的树立。

（2）核心技术存在差距

我国装备制造企业在核心技术领域与国际一流水平尚存差距，导致很多装备制造出口产品尚无法达到国际一流水平的要求，降低了企业的竞争优势，对高端进口装备产品的依赖将增加我国产业安全风险。同时，我国高端产品制造面临国外的技术封锁，欧美等发达国家正在加大对我国的技术封锁，从这些国家引进技术尤其是核心技术已经越来越难。

(3) 贸易摩擦时有发生

我国装备制造业连续多年的出口高速增长已开始引发日益剧烈的贸易摩擦，贸易环境日趋恶化，外贸出口形势仍不容乐观。以三一重工为代表的我国企业海外并购遭到了美国以各种名义的阻挠；外国政府频繁提高工程机械产品的进口关税，我国部分企业的出口涉税产品在某些国家几乎停滞销售。2014 年共有 10 个国家和地区对我国装备制造业出口产品进行反倾销调查，案件总数达 59 起。2014 年经过初裁和终裁的案件为 21 起，涉及阿根廷、澳大利亚、巴西、美国、印度等 10 个国家，其中印度对我国装备制造产品的反倾销制裁最多，达到 12 起。

(4) 国际标准成为制约门槛

标准是国际技术合作与国际贸易顺利进行的重要技术保障，近年来我国装备产品“走出去”屡遭各种国际标准的阻挠。以轨道交通和核电装备为例，我国无论是技术还是实际应用经验都已走在世界前列，但标准的制定与推广工作却较为滞后，大部分装备制造产品甚至没有完整的外文说明书。中国标准和国际标准对标不足，国家之间缺少行业标准互认，导致在产品出口中遭遇各种国际主流标准的限制，而中国标准却得不到世界认可，若重新进行国际标准认证，将严重增加产品出口成本，国际标准已成为制约装备制造业产品出口的重要门槛。

2. 外商直接投资制度尚待完善

(1) 外商投资企业仍受到资本管制

根据《外商投资产业指导目录（2011 年修订版)》，对外商投资产业的限制类条目总共有 79 条，其中针对装备制造业的限制类条目就有 29 条，占比 36.7%，其中“限于合资、合作”的条目 19 条，要求“中方控股”或“中方相对控股”的项目 10 条，限制类条目有 19 条集中在交通运输设备制造业。

以汽车制造行业为例，国外整车制造商唯一被允许的经营是和中方合作成立合资企业国外投资者最多持有 50% 的股份。此外，国外投资者最多只能以中外合资的方式成立两家乘用车厂和两家商用车厂（2+2政策）。这种限制方式不利于生产效率的提高，也给深化汽车产业整合、并购设置了很多障碍。

（2）外汇管制严格

目前，我国外商投资企业的外汇资本金结汇仍然实行“支付结汇制度”，这种结汇方式与国际上通行的“意愿结汇制度”相比较为落后，给外商投资企业的资本运作带来很大不便。

（3）外商研发机构多为独资

目前跨国装备制造业公司在我国设立的研发机构多为独资，这种体制不仅为了方便总部管控，而且将有效防止技术外溢。也有部分外企通过与当地企业合作，以获取更多政策支持，但合作形式多为外资企业投入技术和资金，本地企业投入硬件设备和人员，但管理模式多沿用外企模式。

（4）外商企业存在价格垄断

目前，部分装备制造外资企业存在价格垄断，2014年这种现象在汽车制造业中表现尤为突出，由于外企在汽车行业占据技术、品牌和服务等优势，加之汽车行业产业链长，牵涉利益面广，因此，外企在汽车行业的各类垄断行为呈现普遍性和系统性的特征。

据统计，2014年发改委开出的反垄断罚单中，超过八成来自外国车企。2014年8月，发改委公布克莱斯勒、奥迪汽车在销售及售后服务存在价格垄断行为，同时对日本住友等八家零部件企业价格垄断行为依法处罚8.3亿元。9月，上海市和湖北省物价局剑指汽车经销领域的垄断；发改委对浙江省保险行业协会以及23家省级财产保险公司违法协商车险保费的行为进行处罚。2015年4月，江苏省物价局认定梅赛德斯-奔驰与经销商合谋操纵整车及汽车配件的价格，并对梅赛德斯-奔驰的价格垄断行为处以人民币3.5亿元的罚款。

3. 对外投资存在不小阻力

（1）对企业境外投资的金融支持不足

首先，境外的融资担保审批门槛较高。在现行外汇管理政策中对于被担保人的资格条件要求高，政策门槛高、外汇审批时间长，特别是补充境外企业流动资金时遇到了很多困难，有的企业甚至丧失了宝贵的发展机会，间接限制了部分企业境外业务的开展。

其次，商业银行境外分支机构缺乏竞争力。从规模上看，我国银行在境外的分支机构规模小、网点少、增长缓慢，尚不具备承担支撑我国境外企业融资的能力；从网点布局来看，我国银行的境外分行机构主要集中在发达国家和地区，与我国企业在新兴市场国家投资增长迅速存在错位；从行业结构来看，我国的企业跨国投资主要集中在服务贸易、矿产资源开发、工业生产加工等行业，而境外机构贷款主要分布在消费信贷、房地产等行业，相比之下，存在明显的资金分布不合理的问题。

最后，境外投资的政策性金融支持服务尚待完善。我国政策性金融服务主要由我国进出口银行承担。从投资总量看，近年来我国进出口银行对企业境外投资的融资服务发展迅速，但提供的境外投融资规模仍然较小，在其业务总量中所占比例不高，无法满足各类企业境外投资对资金长期稳定的需求。从资金投向看，我国进出口银行主要侧重于国家确定的一些境外投资重点行业及项目，对国有企业、大中型企业的支持相对较多，而对中小型、民营企业海外投资活动提供的金融支持较少，且支持条件和程序较为严格，很多有志于“走出去”的企业很难真正享受到政策性金融服务的支持。

（2）企业自身缺乏市场竞争力

首先，基本竞争力较弱。我国的装备制造业经过几十年的发展，生产能力取得了长足的进步，但是由于长久形成的粗放发展模式，缺乏技术创新能力和核心竞争力，一直处于全球价值链的低端，与发达国家仍存在较大的差距，造成对外投资的基础条件不足。

其次，投资决策盲目。在装备制造业企业进行境外投资的过程中，存在较多由于决策失误而造成惨重损失的案例，究其原因，往往是缺乏对东道国政治、经济、文化、法律、社会环境的深入了解，缺乏对国外企业信息的收集、行业市场状况的调查以及对外投资项目可行性的分析。此外，装备制造业企业投资区位过于集中，基本分布在亚洲，发达国家所占比例较少，这种格局不利于装备制造业的产业优化和升级。

再次，国际营销能力差。我国企业走出去的时间较短，国际营销起步晚，没有充分掌握国际市场营销知识，尚未完全了解国际市场的特点，没有建立起自己的全球营销网络，加之我国跨国投资人才储备不足，尤其缺乏投资和经营管理的高端人才，以至于对外投资经营业务很难顺利展开，严重影响了对外投资的投资效率和经济效益。

最后，产品售后服务。产品的售后服务对于大型机械设备销售尤为重要，一旦产品出现故障，必须及时修复，否则将影响工程进展。但是由于我国企业在产品出口过程中，维修服务网点不完善、零配件供应保障不足、对用户的技术操作培训不到位等问题，导致我国多个大型机械设备的出口项目均由于售后服务不到位，使努力开拓的市场毁于一旦。

（3）企业仍面临不少贸易壁垒

首先，东道国政治壁垒森严。世界经济发展不平衡的加剧以及我国作为新兴经济体的崛起，使得各种针对我国的威胁论层出不穷，加深了其他国家对我国的疑虑，促使发达国家通过经济政治化来打压我国的发展。装备制造业作为我国实现工业化、提高综合国力的根本保证，它的发展更受到攻击和限制。

其次，贸易摩擦形势依然严峻。2008 年金融危机以及之后欧债危机的爆发，全球经济陷入低迷，发达国家提出通过提升出口水平来重振制造业，同发展中国家展开国际市场的争夺，这使得我国的装备制造业在对外投资的过程中将与发达国家展开直面竞争，从而导致发达国家对我国高端装备制造业出口设限的势头没有根本缓解，新兴经济体对我国劳动密集型产品出口的摩擦时有发生。

B.3

我国装备制造业发展展望

黄必烈　李河新*

摘　要：本文分别对我国装备制造业的发展前景、投资形势、投资风险进行预测和展望。通过对国内外经济形势的分析，本文认为，未来我国装备制造业增长速度将继续缓慢下行，但轨道交通、电工电器等行业仍将保持较快增长；通过对2014年我国装备制造业投资特点的分析，本文认为，我国的工业机器人、海洋工程装备及高技术船舶等六个领域有更多投资机会和更高投资价值；最后，本文还进一步分析了我国装备制造业面临的宏观调控风险、市场风险、技术风险和经营管理风险。

关键词：发展前景　投资机会　投资风险

一　我国装备制造业发展前景展望

（一）国内外经济形势分析

1. 我国装备制造业面临的国际经济形势分析①

（1）经济增长缓慢

2014年末，针对世界及主要经济体经济增长率的预测值，各主要国际组织纷纷采用下调方式。按汇率法GDP加权汇总，经联合国和世界银行测

---

* 黄必烈，总会计师，中国外运长航集团有限公司副总裁。李河新，博士，机械工业经济管理研究院发展战略研究所所长。

① 国家统计局，网址：http://www.stats.gov.cn/tjsj/zxfb/201502/t20150227_686531.html。

算，2014 年世界经济增长 2.6%，增长速度比 2013 年小幅加快 0.1 个百分点。

（2）经济运行分化加剧

2014 年，美国 GDP 增长 2.4%，同比加快 0.2 个百分点；欧元区 GDP 增长 0.9%，同比下降 0.5%；日本因消费税上调引发提前消费潮，全年 GDP 没有增长。

多数发展中经济体经济增长放缓。2014 年，韩国 GDP 增长率只达到 3.3%；印度尼西亚 GDP 增长率为 5.02%，处于 5 年来的最低水平；新加坡第四季度 GDP 同比增长 1.5%，环比增长 1.6%；中国香港 GDP 全年同比增长 2.3%；印度经济增长逐步加快，2014 年第四季度增长 7.5%，增速同比加快 1.1 个百分点。

（3）主要发达经济体消费低迷

零售额方面。2014 年，欧盟的平均零售额同比增长 1.9%。2014 年 1～11 月，美国零售额同比增长 4%，比 2013 年同期回落 0.2 个百分点，剔除价格因素，放缓 1.2 个百分点；2014 年 12 月美国商品零售总额 4429 亿美元，较前一个月下降 0.9%，比 2013 年同期增长 3.2%。2014 年 1～11 月日本零售额同比增长 1.8%，同比加快 1 个百分点，除去价格因素，放缓 0.3 个百分点。

个人消费方面。2014 年 1～11 月，美国个人消费同比增长 2.3%，比 2013 年同期加快 0.3 个百分点；欧元区零售量同比增长 1.2%，2013 年同期为下降 0.9%。从全年看，美国个人消费各月同比增速均保持在 2%～3% 的平稳增长范围内；日本家庭消费支出同比仅增长 0.1%，比 2013 年同期回落了 1.4 个百分点，全年扣除物价变化因素后比上年减少 3.2%，由此可见，日本家庭消费支出形势不容乐观。

（4）世界贸易增长速度放缓

2014 年，世界贸易预计增长 3.4%，虽然稍高于 2013 年的 3%，但仍明显低于国际金融危机前 7% 的平均水平。2014 年，波罗的海干散货运指数基本在海运平衡点（2000 点）以下波动回落，从 2014 年 1 月的 2113 点降至 12 月的 782 点，累计下降了 62.9%。

（5）全球通胀水平回落

2014 年，全球通货膨胀水平较 2013 年有所下降。2014 年前 11 个月，世界、发达国家和发展中经济体居民消费价格指数（简称 CPI）分别同比上涨 3.7%、1.7% 和 7.4%。其中，美国 2014 年 12 月份 CPI 环比下降 0.4%，为 2008 年 12 月份以来最大降幅；欧元区 CPI 通胀率自 2011 年末升至 3% 的巅峰后一路下滑，2014 年欧盟整体通胀率仅 0.4%；德国 CPI 同比上升 0.9%，为 2009 年以来最低增幅；2014 年日本 CPI 同比上升 2.6%，并创下了泡沫经济濒临崩溃的 1991 年（2.9%）来的最大涨幅；2014 年韩国 CPI 同比上涨 1.3%，涨幅自 1999 年（0.8%）以来连续 2 年创新低。

（6）就业状况总体稳定

2014 年美国就业形势有所好转，失业率 6.2%，同比降低 1.2 个百分点；欧元区的失业率为 11.5%，日本的失业率为 3.6%；但部分国家的失业率仍然偏高，扩大就业仍是主要政策导向，意大利（从 12.6% 增至 12.9%）和法国（从 10.2% 增至 10.3%），失业率最高的国家是希腊（2014 年失业率为 25.8%）。

2. 我国装备制造业面临的经济新常态分析

（1）国民经济稳定增长

2014 年，国内生产总值（GDP）同比增长 7.4%，增速较 2013 年下降 0.3 个百分点。与过去我国经济的高速增长相比，尽管增速略有放缓，但从世界范围看，7.4% 的增速在全球主要经济体中仍然是高的。

（2）工业增长呈现减速趋稳态势

2011 年以来，各年工业增加值分别为 188572 亿元、199860 亿元、210689 亿元和 227991 亿元，分别同比增长 10.4%、7.7%、7.6% 和 7.0%，增速持续回落，且 2014 年工业增加值增速低于 GDP7.4% 的增速。规模以上工业增加值同样呈现增速回落趋势，过去四年分别增长 13.9%、10.0%、9.7% 和 8.3%[①]（见图 1）。

---

① 数据来源：2011 ~2014 年《国民经济和社会发展统计公报》。

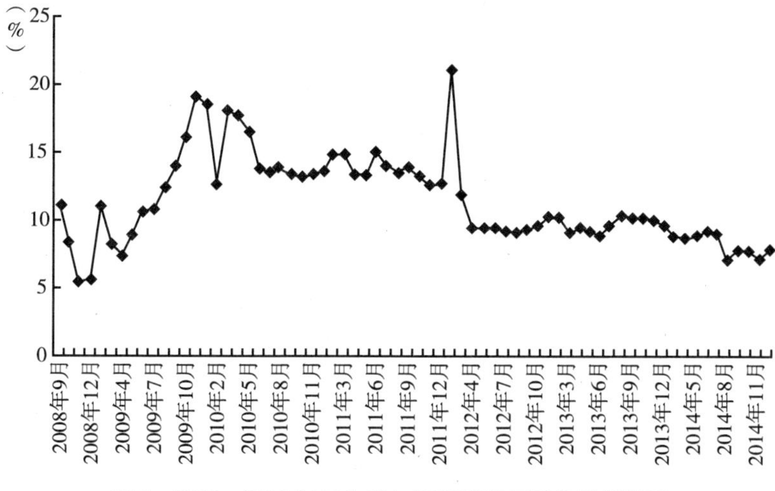

图 1　2008～2014 年工业增加值增速当月同比增长情况

按行业看，专用设备制造业增加值增速从 2011 年的 19.8% 下降到 6.9%，是“十二五”期间增加值增速降幅最大的行业，多个高能耗行业（比如有色金属冶炼及压延加工业、化学原料及化学制品制造业）的增加值增速仍然维持在高位，同时，高技术制造业仍保持较快增速。

同时，我们还注意到，工业对国内生产总值的贡献度和拉动效应同样呈现下降趋势，而且 2013 年工业对 GDP 贡献度降到 1990 年以来的最低点 39.3%，2013 年工业对 GDP 的拉动也仅为 3.06 个百分点（见表 1）。

表 1　三次产业对经济增长的作用

单位：%

年份	GDP 增速	对 GDP 增长的贡献率				对 GDP 增长的拉动			
		一产	二产	三产	#工业	一产	二产	#工业	三产
2008	9.6	5.30	48.40	43.40	46.30	0.55	4.75	4.18	4.34
2009	9.2	4.10	51.90	40.01	44.00	0.41	4.79	3.69	4.02
2010	10.4	3.60	57.20	48.54	39.20	0.40	5.94	5.07	4.11
2011	9.3	4.20	51.50	44.67	44.30	0.43	4.80	4.15	4.07
2012	7.7	5.30	49.30	40.59	45.40	0.44	3.73	3.11	3.49
2013	7.7	4.40	48.00	39.30	47.60	0.37	3.70	3.06	3.59

资料来源：中国统计局网站。

(3) 经济结构和增长动力发生变化

①产业结构优化，转型升级态势明显

高技术产业和装备制造业的增加值分别与2013年同比增长了12.3%和10.5%，增速比规模以上工业企业高2.2和4.0个百分点。在信息化、居民消费升级的多重因素推动下，服务业的增长势头强劲。第三产业增速比第二产业高0.8个百分点，增加值同比增长8.1%，占国内生产总值的比重比第二产业高了5.6个百分点。我国经济正处在向中高端演化的过程中，并将持续这一过程，充分表明了我国高端制造业和现代化服务业正在蓬勃地发展。

②增长动力从投资出口驱动向消费驱动转变

中国经济进入新常态以来，投资和出口的拉动作用明显不足，消费在经济发展中的作用逐步增强。2014年，最终消费对经济增长的贡献率达到50.2%，比资本形成总额对经济增长的贡献率高出1.7个百分点，成为经济增长的重要驱动力。消费驱动型经济模式初步呈现，说明我国经济增长需求结构趋于优化。

③价格水平涨幅较低

2014年，固定资产投资价格上涨0.5%，工业生产者出厂价格下降1.9%；其中生产资料工业生产者出厂价格自2012年2月份以来已经同比连续下降35个月，生活资料工业生产者出厂价格没有下降。工业生产者购进价格下降2.2%，自2012年4月份以来，同比连续下降33个月（见图2和图3）。

④对外经济低速增长

服务贸易增速高于货物贸易增速。2014年，我国货物进出口总额264334.39亿元，同比增长2.39%，服务进出口总额6043亿美元，同比增长12.6%。

制造业外商投资增速放缓。2014年，实际利用外商直接投资额1195.62亿元，同比增长1.68%。其中，制造业实际使用外商直接投资金额399.4亿元，同比下降12.3%。

制造业对外投资增速放缓。2014年，我国对外直接投资额1029亿美

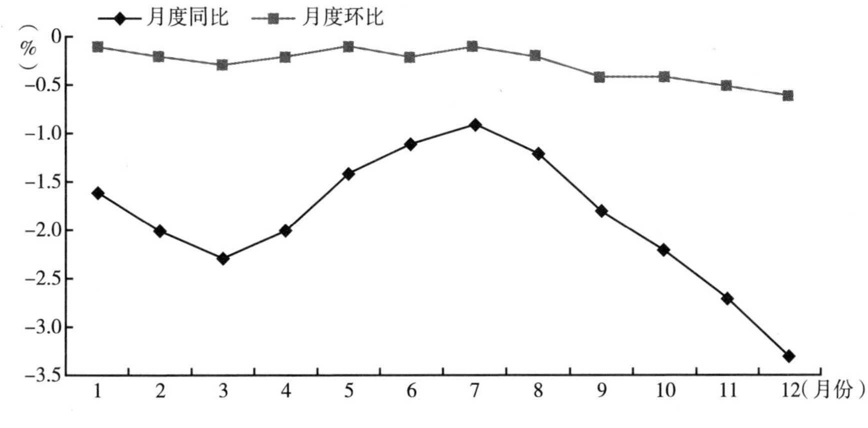

图 2　2014 年工业生产者出厂价格指数

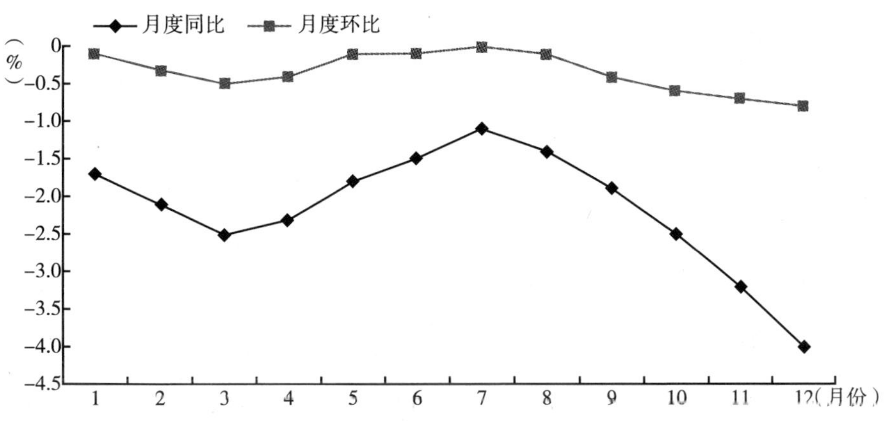

图 3　2014 年工业生产者购进价格指数

元，同比增长 14. 1%；其中，制造业对外直接投资额 69. 6 亿美元，同比下降 19. 8%。

⑤固定资产投资增速放缓

2014 年，全社会固定资产投资 512760. 7 亿元，同比增长 15. 3%。分行业看，房地产行业仍占主体，2014 年固定资产投资 123690 亿元，同比增长 11. 1%，占全社会固定资产投资的 24. 63%；信息传输、软件和信息技术服务业固定资产投资额增速最快，同比增速高达 38. 6%。

3. 国内外经济形势对装备制造业的影响

（1）有利影响

首先，政策环境的稳定有利于行业结构的调整。2014 年底的中央经济工作会议明确了“稳中求进”的经济政策基调，阐述了有关保持现行政策稳定性和连续性的信息，为装备制造行业发展提供了稳定的政策环境。

其次，国家已出台了一些稳增长的措施。自 2014 年 10 月以来，国家发改委已连续 8 次集中批复了公路、机场、铁路、水利、输电工程等基础设施建设项目，随着“一带一路”战略的实施、亚洲基础设施投资银行的建立以及《我国制造 2025》的即将出台，2015 年的投资类装备制造产品市场需求有所回暖。

最后，大宗商品价格下降有利于装备制造业降本增效。2015 年，天然气、铁矿石、石油、有色金属等大宗商品价格继续保持低迷状态，进而有利于装备制造业的降本增效。

（2）不利影响

一是宏观经济仍有下行压力。总体看，国内经济走势虽总体平稳，但下行压力依然存在，市场需求疲软的态势短期内恐难以明显改善。

二是对外贸易的风险和不确定性仍然存在。由于国际经济刚刚经历了金融危机，现处于深度调整期，虽然美国的经济在近期释放出积极信号，但是欧元区、日本和一些新兴经济体经济局势仍不明朗，因此，国际市场需求很难恢复。

三是人力、环境、资源等要素成本上升。以往的低成本优势在减弱，人力、环境、资源等要素价格持续上涨，致使国内装备制造企业传统的比较优势在弱化。

（二）我国装备制造业发展前景预测

1. 增长速度将继续下行

尽管 2014 年装备制造业增加值增长速度仍保持在两位数，而且明显快于全部工业增加值增速，但装备制造业运行中困难很多，行业运行环境偏紧，继续下行的压力很大。2015 年上半年，装备制造业经济运行状况的严峻程度超出预期，工业增加值、主营业务收入、利润总额等主要经济指标的增速创国际金融危机以来的新低，装备制造业经济运行面临较大困难，机械工业“稳增长”正经受着严峻考验；值得注意的是，下行压力倒逼企业转型升级，行业结构调整仍不乏亮点，新能源汽车等符合国家产业政策方向的产品加速发展，装备制造企业更加重视质量和效益，自主创新取得新的突破，智能化制造与应用积极推进，管理模式向精细化、智能化发展，并积极探索新型营销模式。

根据机械工业经济管理研究院发布的“装备制造业景气指数”（以下简称景气指数）来看，不论是先行指标、一致指标还是滞后指标均低于 100，这表明 2015 年装备制造行业发展前景不理想。从先行指标来看，2014 年 12 月“景气指数”中的先行指标值为 94.68，尽管好于 11 月份，但从全年走势来看仍呈现下降趋势。

从一致指标来看，2014 年 12 月“景气指数”中的一致指标值为 90.68，从全年来看，2014 年 1 ~ 9 月份，一致指标呈下降趋势，9 月份达到最低，仅为 89.57，尽管一致指标在 10 月份之后有所回升，但全年均在 100 以下运行（见图 4）。

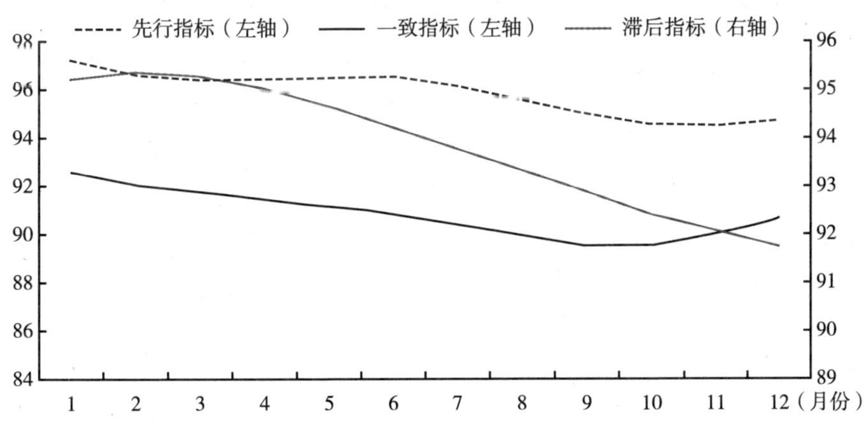

图 4　2014 年装备制造业景气指数

2015 年装备制造业有利因素分析：随着国家出台一系列稳增长、调结构、促改革等政策措施，宏观经济形势有望进一步回暖；能源、原材料供应比较宽松，有利于机械工业的成本控制和效益提高；国家出台了很多鼓励创新的政策，特别是《中国制造 2025》的出台，必将加快机械工业发展的步伐；同时，民营企业保持增长的态势，2015 年 1 ~6 月，装备制造业民营企业主营业务收入、利润、实现税金增长速度均高于同期行业增长水平。

不利因素分析：一是从装备制造业看，下行压力仍然较大。2015 年以来，企业经济运行回落幅度之大超出了预期，市场需求不足、订单减少、价格持续下跌、效益大幅下滑成为企业普遍担忧的问题，市场需求疲软的态势短期内恐难以明显改善。二是我国宏观环境中，不确定因素仍然较多。当前国际经济形势错综复杂，市场需求低迷不振，我国经济发展进入新常态，正处于爬坡过坎、攻坚克难的关键时期，经济下行压力依然较大，面临的困难很多，加之装备制造业是以投资类产品为主的行业，在投资需求不振，施工和新开工项目投资仅小幅增长的前提下，装备制造业市场需求回升力度仍显偏弱，回升的基础仍不稳固。

综合分析，鉴于 2015 年一季度增幅急剧下滑形势严峻超出预计；二季度下行速度趋缓，已有回升迹象；预计下半年增幅有望趋稳回升，预计 2015 年增速将低于 2014 年，2015 年装备制造业增加值增速在 6% ~7% 。

2. 主要分行业发展态势展望

尽管 2015 年我国装备制造业增长速度仍将缓慢下行，但各分行业的发展态势仍将延续分化的发展态势，结合机械工业经济管理研究院研制的“装备制造业分行业景气指数”，我们认为 2015 年发展前景较好的行业包括：轨道交通、汽车、船舶和电工电器行业。

（1）轨道交通

①“新中车”开启我国轨道交通装备制造新时代

2014 年 12 月 30 日，中国南车与北车宣布合并，拉开了我国轨道交通产业 2015 年的发展大幕。中国南北车的合并，对我国乃至全球的轨道交通产业，特别是装备制造业将出现重大市场格局的变化，合并后的“中车公司”不仅将成为全球高铁技术的最大供应商，更将巩固合并后的“中车公司”作为全球最大轨道运输设备制造商的地位。合并后的“中车公司”将受益于更大规模、更高运营效率、更高研发效率、更低采购成本和统一的全球战略，将实现更高国际竞争力，将开启一个全球轨道交通装备产业的新时代。

②2015 年我国铁路建设投资规模维持高水平状态

2015 年我国铁路的投资预算在 8500 亿元。更有专家预计，未来七八年时间内，我国铁路的投资规模将一直保持高水平态势，由此对轨道交通装备制造产品的需求同样值得期待。做出这样的判断，基于以下几点因素。

首先，大量铁路投资计划得到批复。据不完全统计，2014 年发改委审批通过的铁路项目已经超过 9000 亿元。在这样的大规模批复下，2015 年的铁路建设投资必然加快。

其次，资金有保证。铁路发展基金已经于 2014 年 9 月正式成立，首期募资规模达到 2000 亿 ~3000 亿元。在资金杠杆的作用下，所撬动的铁路固定资产投资年均有望达到 4000 亿元以上。

最后，社会资本积极参与铁路建设。根据多方汇总的资料显示，以地方政府主导的城际铁路建设将成为 2015 年及以后数年内我国铁路建设的重点，这也就意味着，相对灵活的地方政府在吸收社会资本方面将有更多的作为，而这正是社会资本所乐见的。

③2015 年我国高铁“走出去”有望取得实质性突破

2014 年，随着墨西哥政府单面取消其高铁招标结果，给了我国高铁“走出去”一次深刻的教训。2015 年我国高铁有望实现真正意义上的“走出去”，这主要基于以下几个项目能否顺利实现。

首先，泰国政府铁路建设项目。2014 年泰国总理巴育乘坐我国京津城际高铁时表示，希望与中方继续讨论给泰国建设铁路，并建议中方主要负责移动设备和通信信号系统，轨道建设部分主要由泰方出资完成。

其次，墨西哥高铁项目。墨西哥政府已经于 2015 年 1 月 14 日重新启动了其高铁项目的招标，而我国企业仍被认为是此次招标中的最有力竞争者。

墨西哥高铁的再次招标将继续采用此前的“一站式方案”，中标企业将负责项目的整体设计、施工等，确保项目可以顺利运行并保证其安全性。此外，中标企业还将负责 5 年的高铁试运营期间的运营和维护工作。

④有轨电车将密集开工

自从沈阳浑南有轨电车开通运营以来，我国有轨电车的发展踏上了新的里程。截至目前为止，沈阳、上海、广州、苏州、南京等城市已经开通了有轨电车线路，这些城市的有轨电车系统为缓解当地的交通压力带来一种新的选择。

根据不完全统计，我国目前正在修建有轨电车的城市数量达到近 40 个，一大批三线城市正成为现代有轨电车建设的主力。除此之外，在珠海、深圳、合肥、淮安、苏州、郑州、青岛、北京、佛山、宁波、台州等地，其现代有轨电车项目均在紧张地进行中，绝大部分地区的有轨电车项目均已开工或在 2015 年完成开工。

2015 年我国将出现一次有轨电车开工的热潮，到 2020 年，我国有轨电车通车里程将达到 2500 公里，而有轨电车的相关产业均将因此而受益。

⑤中低速磁浮交通实现商业运营

根据北京市轨道交通 2015 年的通车计划，北京地铁门头沟线将于 2015 年底与北京地铁 6 号线西段工程同期开通运营，而这也将成为中低速磁浮交通首次实现在我国的正式商业运营，具有十分重要的里程碑意义。[①]

除此之外，湖南省长沙市也有一条中低速磁浮交通项目正在建设中。据了解，长沙市中低速磁浮工程总投资 42 亿元，线路全长 18.54 公里，设计时速为 100 公里，将于 2016 年上半年正式通车运营，届时将成为我国第二条正式商业运营的中低速磁浮交通项目。

2015 年底，随着北京地铁门头沟线的正式开通运营，相信更多的人对

---

① 该线路争议的焦点是，中低速磁浮交通是否对人体本身造成伤害，而这也是这条原本定于 2011 年开工的线路拖延至 2013 年才获批复的主要原因。

中低速磁浮交通将有更深的了解。这种新型的交通制式有望在全国全面推广。

（2）电工电器行业

①发电设备：火电下降、看好新能源和可再生能源装备

2015 全国“两会”政府工作报告中明确提出要提高非化石能源发电比重，鼓励发展太阳能、风能、生物质能，开工一批核电、水电项目。我国发电设备增速回落，从 2006 年开始，每年新增装机容量逐渐减少，火电设备的比例逐年下降，核电产业等景气周期已来临，但燃煤发电仍占有最大的比重。我国电源结构将发生重大变化，火电下降是必然趋势，发电设备类别也将多元化，新能源装备和可再生能源长期看好，未来较长时期内，新能源和可再生能源将逐渐替代传统能源。

②输配电设备将迎来发展机遇

电源与电网协调发展是关键，因此，电网建设是下一步发展的重点。上自国务院，下至两网和各地都在加大对输配电的建设，再加上内在需求牵引更大投资规模，输配电设备市场需求总体呈上升趋势。近几年电网投资不断增加，已呈现出逐步扭转落后于电力投资的局面，根据电力行业“十二五”规划的数据，“十二五”期间我国电力电网投资将达 2.55 万亿元，占整个电力投资的 48%。随着西电东送、南北互供、跨区域联网、南水北调、智能电网、农网改造、特高压、超高压直流输电等工程的建设，以及输配电设备将进入更新换代周期，产品升级换代的需求旺盛，并会逐步增长，输配电设备产业在发展中迎来发展机遇。

二　我国装备制造业投资形势展望

（一）我国装备制造业投资特点分析

1. 我国资本市场情况分析

2014 年，我国资本市场进行了诸多尝试和探索。5 月 9 日，国务院发布

《关于进一步促进资本市场健康发展的若干意见》，被称为新“国九条”，有望开启我国资本市场改革发展的黄金时代。

（1）证券市场牛市开启

从证券市场看，2014 年 1 月，新股 IPO 在时隔一年后重新启动，企业可以上市融资。但是，新股发行带来的三高现象：高发行价、高市盈率和超高的募集资金，造成了财富集中在机构投资者和大户手中，股票发行制度从核准制向注册制的改革呼声越来越强烈。3 月，证监会发布《优先股试点管理办法》，优先股开始试点。11 月 10 日，上海证券交易所、香港联合交易所以及双方的结算机构正式启动沪港通股票交易互联互通机制试点，我国资本市场开始与世界联通，与此同时，人民币清算业务在多地展开，国际化进程加快。11 月 16 日，证监会颁布的《关于改革完善并严格实施上市公司退市制度的若干意见》被认为是史上最严格的退市制度，特别是对重大违法公司实施的强制退市制度，被认为是退市改革的一大进步。2014 年末，上证综合指数收于 3234.68 点，较 2013 年末上涨 1118.70 点，涨幅高达 52.9%。沪市全年累计成交 37.7 万亿元，日均成交 1539.4 亿元，同比增加 59.1%，我国证券市场新一轮牛市就此开启。

（2）银行市场改革进一步深化

从银行市场来看，2014 年中央银行着力降低企业融资成本，共有两次定向降低存款准备金率和一次降息，此次降低贷款基准利率 0.4 个百分点，是自 2008 年 11 月以来最大的一次降幅。在调整存贷款基本利率的同时，中国人民银行将人民币存款利率浮动区间上限由基准利率的 1.1 倍扩大至 1.2 倍，利率市场化改革更进一步，与此相适应的存款保险制度得到推进。3 月，银监会批准首批 5 家民营银行试点，银行业对民营资本的开放迈出实质性一步。2014 年，银行业整体盈利水平进入下降通道，开始拓展互联网金融业务，寻求发展的新模式。从基金、期货市场来看，2014 年私募产品猛增、收益普遍增长。随着“一带一路”战略的出台，将筹集 400 亿美元建成丝路基金，为其提供融资支持。期货市场随着新业务的出现，逐渐与国际市场接轨。商品期货 ETF 的推出以及上海国际能源交易中心原油期货交易的开展，为期货国际化添加新基石。

2. 2014年装备制造业投资特点分析

（1）创业投资①市场表现

根据“投资中国”统计②，2014 年装备制造业在创业投资市场（简称创投）中共披露投资案例 79 起，披露总投资规模高达 36. 36 亿元，平均投资金额 4602. 81 万元。按月度来看，2014 年 12 月单月投资规模为 9. 36 亿元排名第一，9 月单月投资金额为 8. 35 亿元排名第二。从案例数量来看，8 月份和 12 月份案例数量最多，达到 21 起，7 月份案例数量紧随其后，达到了 20 起（见图 5）。

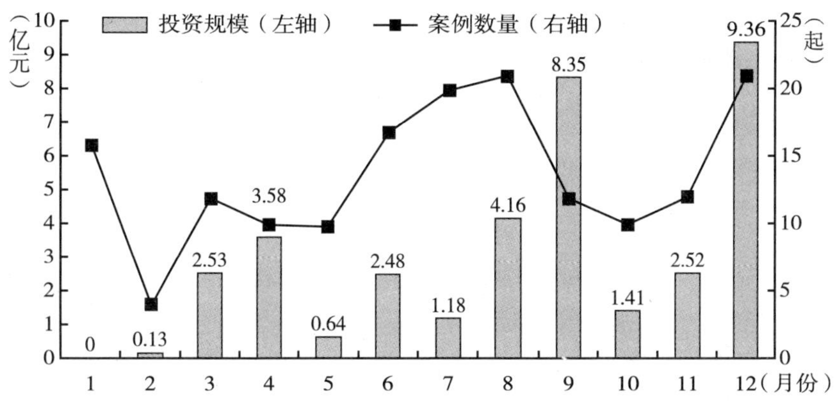

图 5 2014 年装备制造业创业投资市场投资规模*

＊CN￥B：本文中除特别说明外，所有投资金额均采用人民币计值，单位为亿元；为便于统计，实际投资案例中以其他货币形式发生的，均按 2014 年 12 月 30 日汇率折算为人民币计值。

①电子设备制造业在投资规模和活跃度方面均居首位

从行业分布来看，不论在投资案例的数量和规模方面，通信设备、计

① VC：Venture Capital，国内一般翻译为创业投资、风险投资，本文中简称创投。

② 如果没有特殊说明，本部分数据均来自投资中国，http：//www. chinaventure. com. cn/。

算机及其他电子设备制造业是投资者看好、大力追捧的行业，2014 年全年披露的通信设备、计算机及其他电子设备制造业投资案例 39 起，投资规模更是高达 24.7 亿元。分别占比整个制造行业的 49% 和 68%（见表2）。紧随其后的是医疗仪器设备及器械制造业和仪器仪表及文化、办公用机械制造业，投资案例数都是 11 起，投资金额规模分别是 5.48 亿元和 2.29 亿元。

表 2　2014 年度装备制造行业创投市场不同行业的投资规模

行业分类	融资金额(亿元)	案例数量(起)
通信设备、计算机及其他电子设备制造业	24.70	39
医疗仪器设备及器械制造业	5.48	11
仪器仪表及文化、办公用机械制造业	2.29	11
环保、社会公共安全及其他专用设备制造业	1.23	4
电气机械及器材制造业	0.94	4
矿山、冶金、建筑专用设备制造业	0.30	1
电子和电工机械专用设备制造业	0.29	1
交通器材及其他交通运输设备制造业	0.25	1
航空航天器制造业	0.23	2
汽车制造业	0.21	2
金属加工机械制造业	0.20	1
锅炉及原动机制造业	0.15	1

数据来源：投资中国。

②北上广投资依旧最活跃

从投资地域分布来看，2014 年全年投资最活跃的地区依旧是北京、广东、江苏和上海，投资案例数目分别是 24 起、20 起、6 起和 5 起；投资规模分别为 8.04 亿元、8.99 亿元、3.56 亿元和 1.1 亿元，表 7 中列出了 2014 年装备制造行业创投市场投资规模地域分布的前 10 名。

表 3　2014 年度装备制造行业创投市场不同地域投资规模前 10 名

地区	案例数量(起)	融资金额(亿元)	地区	案例数量(起)	融资金额(亿元)
广东	20	8.99	天津	2	1.84
北京	24	8.04	四川	4	1.42
美国	7	6.8	上海	5	1.1
江苏	6	3.56	英国	2	1.01
安徽	2	2.18	欧洲	1	0.76

数据来源：投资中国。

③A 轮投资占主导①

从投资轮次和投资的企业阶段来看，A 轮融资 53 起，投资规模为 20.49 亿元，B 轮融资 19 起，投资规模为 12.33 亿元（见表 4、表 5）。从案例数量和规模来看是首轮融资占主导，每个轮次的融资数目相差还是比较大的。从另一个角度也反映出，国内装备制造业的融资企业在创投市场上还处在早期和发展期。2014 年的 VC-Series D 轮融资虽然只有 2 起，但投资金额规模却达到了 2.54 亿元，这主要是因为 2014 年一起金额较大的 D 轮融资。2014 年发展期阶段投资占主流，但从披露的创投案例数目来看，早期企业投资的态势也不容小觑。早期投资的案例数目超过发展期数量的一半，投资者对早期阶段企业的热衷程度由此可见。

表 4　2014 年度装备制造业创业投资类型分布

VC 类型	案例数量(起)	融资金额(亿元)	VC 类型	案例数量(起)	融资金额(亿元)
VC－Series A	53	20.49	VC－Series D	2	2.54
VC－Series B	19	12.33	VC－Series E	1	0.09
VC－Series C	4	0.90	总　计	79	36.35

数据来源：投资中国。

① VC-Series A：创业投资的 A 轮融资，主要是种子期；VC-Series B：创业投资的 B 轮融资，主要是种子期融资后，进行二轮融资，可能发生在种子期，也可能发生在成长期；VC-Series C：创业投资的 C 轮融资，一般发生在成熟期，上市前最后一轮融资；也有个别企业需要进行 D、E 轮融资。

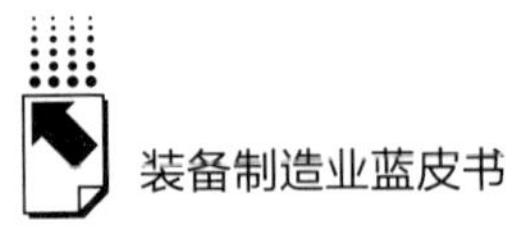

表 5 2014 年度装备制造业创投市场不同企业阶段投资规模

企业发展阶段	案例数量(起)	融资金额(亿元)
早期	28	11.62
发展期	44	24.35
扩张期	5	0.17
总　计	77	36.14

数据来源：投资中国。

(2) 私募股权市场表现

2014 年装备制造业在私募股权市场（简称 PE）共披露的投资案例 76 起，披露的投资金额为 413.95 亿元。按月度来看，2014 年 8 月单月披露案例 12 起，投资规模达 157.03 亿元，案例数量和投资规模均为全年之首（见图 6）。

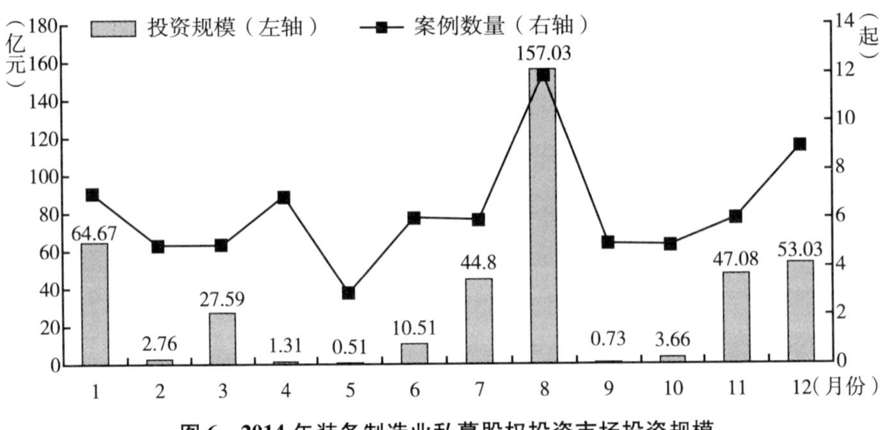

图 6 2014 年装备制造业私募股权投资市场投资规模

①电子设备制造业投资活跃度居首，投资规模最大

从 2014 年全年 PE 投资装备制造业的行业分布来看，PE 投资涉及全部子行业，其中通信设备、计算机及其他电子设备制造业最为活跃。从投资案例的数目和投资规模来看，该行业的投资案例达 17 起，投资规模高达 207.04 亿元，在装备制造业分别占比 27.87% 和 49.19% 。从投资

案例来看，紧随其后的是电气机械及器材制造业，共有融资案例 12 起，占比为 20%。从投资规模看，紧随其后的也是电气机械及器材制造业和汽车制造业，两者分别占全行业的投资金额比重的 22% 和 7.42%（见表 6）。

表 6　2014 年度装备制造行业私募股权投资市场投资规模

单位：亿元

行业分类	融资金额	平均单笔融资金额
通信设备、计算机及其他电子设备制造业	207.04	12.18
电气机械及器材制造业	88.95	7.41
汽车制造业	30.70	7.68
起重运输设备制造业	27.54	27.54
医疗仪器设备及器械制造业	15.48	3.87
船舶及浮动装置制造业	13.03	4.34
矿山、冶金、建筑专用设备制造业	6.96	6.96
风机、衡器、包装设备等通用设备制造业	6.20	3.10
电子和电工机械专用设备制造业	4.80	4.80
金属铸、锻加工业	3.05	3.05
化工、木材、非金属加工专用设备制造业	2.87	0.96
航空航天器制造业	2.61	1.31
仪器仪表及文化、办公用机械制造业	1.65	0.41
摩托车制造业	1.00	1.00
交通器材及其他交通运输设备制造业	1.00	1.00
锅炉及原动机制造业	0.46	0.46
铁路运输设备制造业	0.35	0.35
环保、社会公共安全及其他专用设备制造业	0.24	0.24

数据来源：投资中国。

②北上广投资最活跃

从投资地区分布来看，2014 装备制造业私募股权投资案例分布最多的三个地区分别为北京、广东和江苏，案例数分别为 12 起、12 起和 11

起，上海排在江苏之后，依然是投资热门地区，案例数为6起（见表7）。

表7 2014年度装备制造行业私募股权投资地区分布前10名

地区	案例数量(起)	融资金额(亿元)	地区	案例数量(起)	融资金额(亿元)
北京	12	134.84	广东	12	21.93
美国	1	102.19	上海	6	15.32
江苏	11	47.8	安徽	1	6.96
福建	3	37.87	江西	2	4.29
山东	4	36.12	辽宁	3	3.31

数据来源：投资中国。

从金额规模来看，投资金额最多的三个地区分别是北京、江苏和福建，其中福建获得注资金额较大是因为2014年福建南平南孚电池有限公司获得注资36.714亿元，投资方是鼎晖投资。另外，2014年8月15日，北京清芯华创投资管理有限公司和上海浦东科技投资有限公司等组成财团以16.7亿美元收购美国摄像头制造商Omni Vision Technologies，成为装备制造行业私募股权市场中最大收购案。[①]

③成长型[②]投资占主流

从投资类型来看，成长型（PE-Growth）投资依然是私募投资的主流类型，2014年，装备制造业成长型投资披露的投资案例共31起，投资规模84.96亿元，分别占比约51.67%和20.53%。已上市的企业（PE-PIPE）投资也有突出的表现，投资案例有26起，投资规模最高，为287.95亿元，分别占比为43.33%和69.56%。从投资类型可看出，发展期和获利期的装备制造企业更受投资者追捧（见表8和表9）。

① Omni Vision公司总部位于美国硅谷，是全球最具影响力的CMOS影像芯片制造商，也是iPhone摄像头的供应商。

② PE-Growth：投资扩张期及成熟期企业；PE-PIPE（private investment in public equity）：投资已上市企业；PE-Buyout：企业并购，欧美许多著名私募股权基金公司主要业务，属于控股型投资。

表 8　2014 年度装备制造行业私募股权市场不同融资类型的投资案例规模

PE 类型	案例数量(起)	融资金额(亿元)
Growth	31	84.96
Buyout	3	41.02
PIPE	26	287.95
总　计	60	413.93

数据来源：投资中国。

表 9　2014 年度装备制造业私募股权市场不同企业阶段的投资规模

企业发展阶段	案例数量(起)	融资金额(亿元)
早期	2	1.39
发展期	19	63.92
扩张期	9	18.05
获利期	1	1.6
总　计	31	84.96

数据来源：投资中国。

（3）新股发行情况分析

①2014 年装备制造行业 IPO 发行呈爆发式增长

根据投资中国统计，随着 2014 年 A 股 IPO 重启，装备制造业企业 IPO 在数量和金额上均较 2013 年有大幅度的增长。2014 年共 63 家装备制造企业上市，同比增长 270.59%；占全年上市企业的 23.95%，而 2013 年仅占比 15.45%。募集金额 485.42 亿元，同比增长 334.07%。

从月度数据来看，1 月份装备制造行业共有 19 家企业上市，成为 2014 年 IPO 企业数最多的月份。从融资金额来看，12 月融资金额达 153.43 亿元，高居全年之首，1 月份融资金额以 104.06 亿元紧随其后，5 月份的融资金额达到 94.16 亿元，位列第三（见图 7）。

电子设备制造业 IPO 数量最多，交通运输设备制造业融资规模最大。从分行业 IPO 数量来看，2014 年在 64 家 IPO 的装备制造企业中，属于通信设备、计算机及其他电子设备制造业企业 15 家，为 IPO 数量最多的行业；从

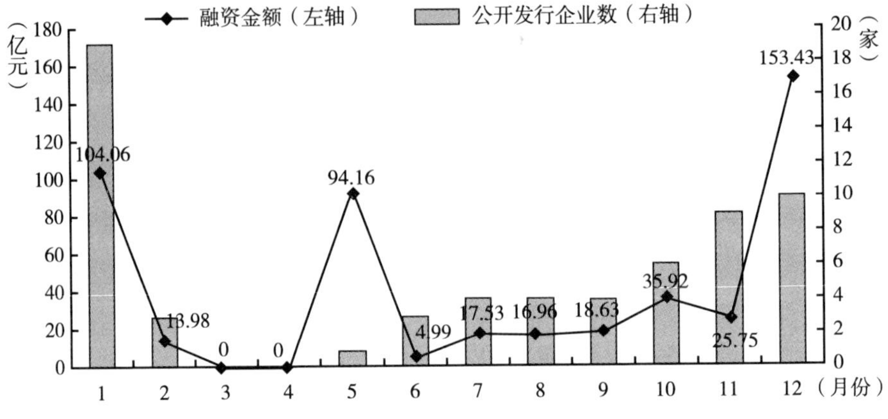

图7　2014年装备制造业全球资本市场融资规模

分行业融资规模上看，2014年融资金额最高为交通运输设备制造业[①]，该行业2014年共有9家企业进行IPO，融资总额高达222.09亿元，占据2014年装备制造业IPO融资金额的45.74%，其中7家汽车制造业融资规模122.95亿元；2家铁路运输设备制造业的融资规模，达到了99.14亿元（见表10）。

表10　2014年装备制造业IPO融资规模统计

行业分类	IPO案例数量(起)	融资金额(亿元)
汽车制造业	7	122.95
铁路运输设备制造业	2	99.14
通信设备、计算机及其他电子设备制造业	15	99.12
电气机械及器材制造业	12	49.29
仪器仪表及文化办公用机械制造业	9	39.15
泵、阀门、压缩机及类似机械的制造业	3	22.77
医疗仪器设备及器械制造业	2	8.43
风机、衡器、包装设备等通用设备制造业	2	7.24
金属铸、锻加工业	1	6.62

① 包括汽车制造业与铁路运输设备制造业。

续表

行业分类	IPO 案例数量(起)	融资金额(亿元)
化工、木材、非金属加工专用设备制造业	2	4.76
印刷、制药、日化生产专用设备制造业	2	9.12
轴承、齿轮、传动和驱动部件的制造业	1	3.94
环保、社会公共安全及其他专用设备制造业	1	2.95
纺织、服装和皮革工业专用设备制造业	1	2.41
金属加工机械制造业	3	6.10
电子电工机械专用设备制造业	1	1.52

数据来源：投资中国。

50 家装备制造企业实现国内 A 股上市。2013 年 12 月 30 日，纽威阀门等 5 家已过会企业率先获得 IPO 的发行批文，至此，A 股告别史上最长 IPO 暂停。纽威阀门也成为装备制造行业中，IPO 重启后第一家上市的企业，融资金额达 14.57 亿元。2014 年装备制造企业 A 股市场共 50 家企业上市，募集金额 234.39 亿元。

从月度数据来看，1 月份受年初 IPO 重启的影响，企业上市出现井喷，装备制造业 IPO 企业 19 家，占全年所有行业的 15.20%，融资金额 104.06 亿元，均为全年最高。2 月份以后，A 股 IPO 进入 3 个月的空档期，进入 6 月份后，A 股 IPO 出现不同程度的增长（见图 8）。

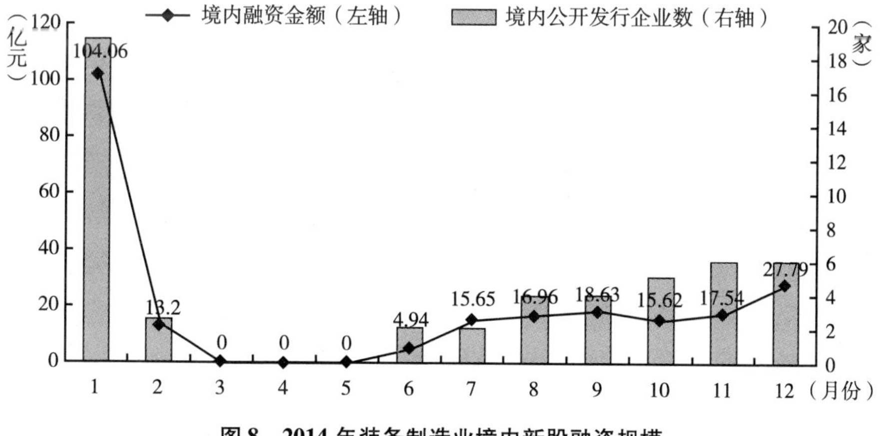

图 8　2014 年装备制造业境内新股融资规模

在上市板块上，装备制造企业在创业板 IPO 融资规模领先，IPO 企业数量也最多。2014 年，创业板上市 24 家，募集金额 113.73 亿元，平均募集金额 4.74 亿元；上交所共 15 家企业上市，募集金额 79.07 亿元，平均募集金额 5.27 亿元；深交所共 11 家企业上市，募集金额 41.59 亿元，平均融资金额 3.78 亿元。

未来，一旦注册制开启，A 股将进入以信息披露为核心的时代，发行速度也将大大提高，A 股 IPO 将在企业 IPO 中扮演越来越重要的角色。2015 年约有 220 家企业选择在 A 股市场实现 IPO 上市，融资额将达 1350 亿元人民币。

2014 年 A 股开闸，12 家装备制造企业选择港交所上市，对港交所 IPO 造成一定冲击。但是装备制造企业依旧热衷于选择港交所上市，在 2014 年全年共有 12 家企业在香港上市，募集金额 250.98 亿元，平均募集金额 20.92 亿元。

从月度数据看，2014 年 12 月共有 4 家装备制造企业在港股市场进行 IPO，融资金额共计 125.65 亿元，平均融资金额 31.41 亿元，融资金额和 IPO 企业数量均为全年最高，其中 2014 年 12 月 9 日，北京汽车在港交所进行 IPO，融资金额高达 110.25 亿元，成为装备制造企业中融资规模最大的 IPO 事件；5 月份，我国北车在港股市场进行 IPO，融资金额高达 94.16 亿元，使 5 月份融资金额排名第二（见图 9）。

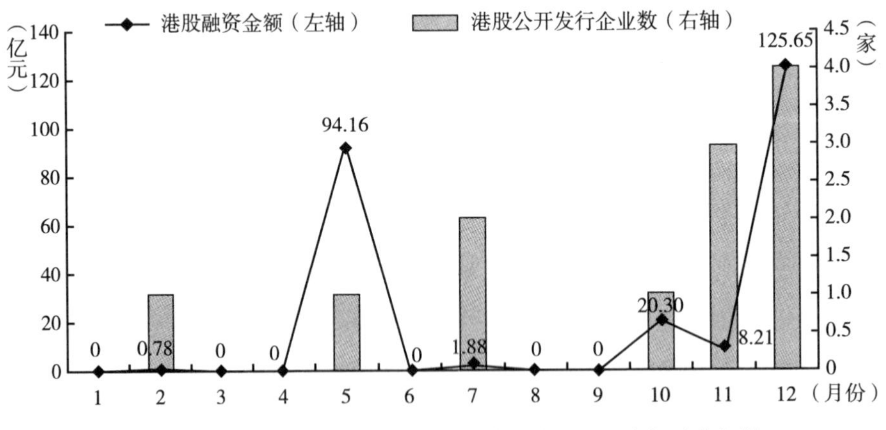

图 9　2014 年装备制造企业在香港资本市场公开发行融资规模

从上市板块来看，装备制造企业香港上市仍以港交所主板为主。2014年，选择港交所主板 IPO 企业达 10 家，融资规模 249.87 亿元，占装备制造企业在港股市场 IPO 上市规模的 99.56%。2014 年香港市场 IPO 超 10 亿元的有 3 例，分别为北京汽车融资 110.25 亿元、中国北车融资 94.6 亿元、华虹半导体融资 20.30 亿元，而同期 A 股市场最大单纽威股份 IPO 规模仅 14.57 亿元。港交所 IPO 平均募集金额 20.91 亿元，A 股 IPO 平均募集金额仅 4.69 亿元，相差近 5 倍。

②非公开发行募资情况分析

2014 年，有 70 家装备制造业企业进行了非公开发行，同比增长 12.9%；募集金额 1121.79 亿元，同比增长 163%；平均融资金额 16.03 亿元，同比增长将近 3 倍，可见 2014 年装备制造业的非公开融资非常活跃。

从月度数据来看，2014 年 3 月份有 8 家装备制造企业进行非公开发行，融资金额高达 500.23 亿元，相比其他各月份遥遥领先。从案例数量上看，9 月份和 12 月份案例数量最多，分别为 10 例和 9 例，这两个月平均融资金额分别为 9.5 亿元和 10.60 亿元（见图 10）。

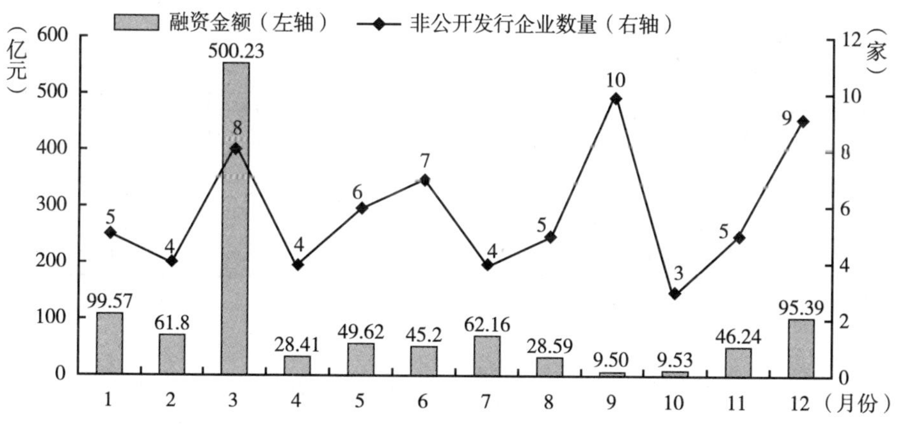

图 10　2014 年我国装备制造业在世界非公开发行融资规模

按行业融资数量来看，2014 年，共有 26 家电子设备制造业企业进行非公开发行，为数量最多的行业；电气机械及器材制造业排名第二，有 9 家企业进行非公开发行；汽车制造业排名第三，有 8 家企业进行了非公开发行。从融资规模看，电子设备制造企业融资高达 657.33 亿元，占全行业的 58.60%，远远高出其他行业，在扣除京东方定增融资的 457.13 亿元后，电子设备制造业的融资规模为 200.20 亿元，仍为全行业最高。电气机械及器材制造业非公开发行融资金额达 94.6 亿元，排名第二；船舶及浮动装置制造业融资 85.35 亿元，排名第三（见表 11）。

表 11　2014 年装备制造业分行业非公开发行融资规模

行业	案例数量(起)	融资金额(亿元)
通信设备、计算机及其他电子设备制造业	26	657.33
电气机械及器材制造业	9	94.60
船舶及浮动装置制造业	2	85.35
化工、木材、非金属加工专用设备制造业	4	71.20
汽车制造业	8	53.64
风机、衡器、包装设备等通用设备制造业	4	38.93
矿山、冶金、建筑专用设备制造业	2	32.36
锅炉及原动机制造业	3	31.70
起重运输设备制造业	2	17.00
摩托车制造业	2	8.84
纺织、服装和皮革工业专用设备制造业	1	6.71
泵、阀门、压缩机及类似机械的制造业	1	6.52
金属加工机械制造业	1	5.98
仪器仪表及文化、办公用机械制造业	2	5.80
印刷、制药、日化生产专用设备制造业	1	3.13
环保、社会公共安全及其他专用设备制造业	1	1.40
电子电工机械专用设备制造业	1	1.30

资料来源：投资中国。

2014 年 A 股定增募资金额大幅增加。2014 年有 67 家装备制造企业在 A 股市场通过非公开发行募资达 1113.87 亿元，平均募资 16.62 亿元。与 2013 年相比，企业数量增加了 19.64%，募资总额增加了 167.5%。

从月度数据来看，3 月份为融资规模最大的月份；从案例数量上来看，9 月份共有 10 家装备制造企业进行非公开发行，融资金额 95.04 亿元，平均融资9.5亿元，3月份和12月份案例数量排名第二，分别有8家企业选择在这两个月进行非公开发行（见图11）。

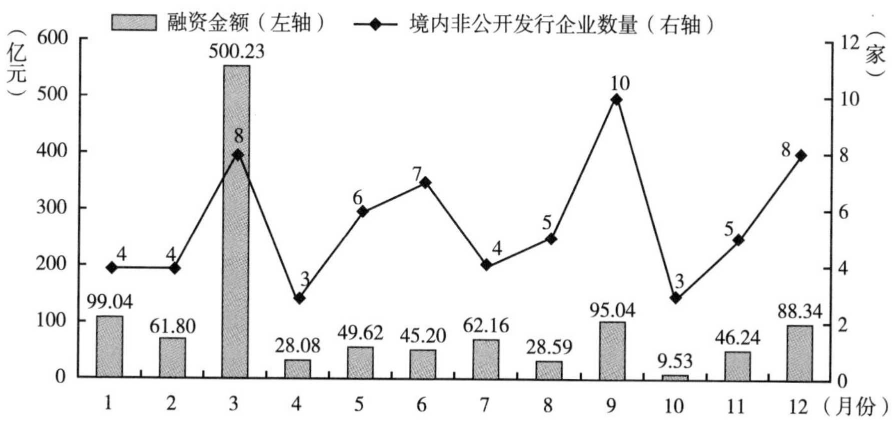

图11　2014年装备制造业在境内非公开发行融资规模

在非公开发行市场的板块分布上，装备制造企业在深交所进行非公开发行的企业数量最多，融资金额也最大，进行非公开发行的企业有41家，占全部板块的61.19%，融资金额833.06亿元，占全部板块的74.79%。上交所有16家企业进行非公开发行，融资金额263.69亿元，平均融资金额16.48亿元；创业板有10家企业进行非公开发行，融资金额17.12亿元，平均融资金额1.71亿元。

2014年港股市场上，共有3家装备制造企业进行了非公开发行融资，分别是汽车制造业的浙江世宝融资7.05亿元；通信设备、计算机及其他电子设备制造业的安捷利和隽泰控股，分别融资5347.95万元和3305.49万元。

（二）我国装备制造业投资机会分析

1. 工业机器人

（1）国家政策支持自动化行业发展

2014年，工信部发布了《关于推进工业机器人产业发展的指导意见》（以下简称《指导意见》），《指导意见》中提出到2020年形成较为完善的工业机器人产业体系，培育3～5家具有国际竞争力的龙头企业和8～10个配套产业集群；高端产品市场占有率提高到45%以上，机器人密度（每万名员工使用机器人台数）达到100以上，这一政策的出台将大大促进国产工业机器人的生产和发展。

同时，《中国制造2025》也将机器人作为重点发展领域，围绕工业机器人、特种机器人和服务机器人应用需求，促进机器人标准化、模块化发展，扩大市场应用。突破机器人关键零部件及系统集成设计制造等技术瓶颈。

（2）汽车等下游产业发展迅速

随着我国汽车行业新线不断投产，电子行业固定资产投资增速持续处于高位，工业机器人在我国应用数量得以迅速提升。2013年，国内机器人产量已达3.7万台，约占全球销量的1/5，总销量超过日本。2014年中国市场的工业机器人销量增长54%，达到5.6万台左右。中国已经成为全球工业机器人的最大市场。

（3）双拐点和人口老龄化将使劳动力成本上升

随着我国人口红利逐渐减弱和人口老龄化的加剧，促使制造业将增加对机器人的需求。一方面，劳动力价格上升使企业成本上升，导致传统依赖廉价劳动力的发展模式受到挑战，促使企业使用机器替代工人；另一方面，中国进入老龄化社会，将导致劳动力严重不足，这对装备制造业会造成明显影响，对工业机器人的需求将更加迫切。

2. 海洋工程装备及高技术船舶

（1）海洋工程装备和高技术船舶成为国家政策支持的重点对象

2014年，全球船舶市场新船订单量冲高回落，海洋工程装备市场一路下滑，但我国船舶企业和海洋工程骨干企业凭借自身优势，努力承接订单，全年新承接订单占全球的市场份额上升到50.5%，继续保持世界第一。我国承接各类海洋工程装备接单金额占全球市场份额的35.2%，比2013年提高了5.7个百分点，位居世界第一。

近期正式印发的我国制造业发展中长期规划《中国制造2025》中提出了9大任务、10大重点领域和5项重大工程，其中，海洋工程装备和高技术船舶位列 10 大重点领域之一。随着我国由制造大国逐渐向制造强国迈进，海洋工程装备和高技术船舶也将会成为投资领域的热点。

（2）“一带一路”战略将促进海洋设备厂商拓展海外市场

“一带一路”战略成为我国企业“走出去”的重要推动力，尤其是海洋工程和船舶建造等行业将迎来更多的投资机会。根据高盛和亚洲开发银行相关研究报告，东南亚国家的港口、海洋工程、机场等基础设施建设需求旺盛。在海洋合作领域，我国成功举办了亚太经合组织海洋部长会议，与哈萨克斯坦共同启动连云港物流中转基地，与印尼、柬埔寨、缅甸、斯里兰卡、巴基斯坦、希腊等国就港口建设和运营深化合作等都稳步推进。随着“21 世纪海上丝绸之路”战略的推进，将促进海洋设备厂商拓展海外市场。

（3）海洋钻井平台的新老交替带来新的投资良机

深海是未来海洋石油开发的“主战场”。我国南海拥有丰富的油气资源，然而 70% 的油气资源蕴藏在深海区域。在国内陆上石油生产增长受到限制的条件下，海洋油气资源的开发利用更显得刻不容缓，国内海洋工程装备也迎来其黄金发展期。

目前，全球现服役的自升式钻井平台约有 469 座，半潜式钻井平台约有 225 座，在建升式钻井平台约 145 座。钻井平台的设计寿命为 20 ~ 30 年，目前自升式钻井平台的平均服役期已超过 21 年，2015 年，船龄超过 30 年的将有 215 座。65% 的钻井平台的服役期已超过 25 年，需要新的钻井平台来替代旧的钻井平台或对旧平台实施升级改造。在 2009 年市场疲软之时，新平台的使用率继续保持在 85% 至 90% 的高位，并未被搁置。反观同期的老旧平台（1986 年前建造），使用率下降到 65% 至 75%。为削减成本，老旧平台将被全部取代或废弃。2015 年底至 2016 年为经济平稳期，2017 年起将开始新一轮升级改造。因此，海洋钻井平台的新老交替会带来新的投资良机。

3. 先进轨道交通设备

近几年，高投入使轨道交通建设进入高速增长期。客运专线和高速铁路的建设提速，“十二五”期间投入约 4 万亿元；城市轨道交通“十一五”期间开始爆发式增长，到2015年规划投资近1万亿元。2015年，我国轨道交通运营里程将达3000多公里，到2020年达到6000公里，所需投资额在3万亿元至4万亿元之间。巨额投入将使整个轨道交通产业链收益。

（1）地铁迎来高增长的10年

近年来，为改善交通拥堵状况，我国很多大中城市都在积极发展以城市轨道交通为主的城市公共交通体系，南京、武汉、青岛、大连等城市均已批准启动地铁与轻轨工程项目。

根据国内各城市已有地铁发展规划，2016年到2020年已规划新增里程为3749公里，预计到2050年我国地铁运营里程将达到8704公里。城市轨道交通建设在蓬勃发展，地铁建设将迎来高增长的10年。

（2）城际铁路成为建设重点

铁路作为最基本的基础设施，在规划建设的高铁干线即将基本完工、全国高铁干线网基本建成后，未来城际铁路将成为建设重点之一。按照铁路发展“十二五”规划，全国城际铁路总线长将达4502公里，总投资高达5817亿元。“十三五”期间全国铁路投资或超3万亿元，其中主要是建设城际铁路网的投资。

（3）直线电机轨道交通系统发展空间大

直线电机轮轨交通系统与传统地铁相比，尽管具有轨道结构复杂、能耗大的缺点，但是有技术先进、线路选择灵活、爬坡能力强、转弯半径小、隧道断面小、拉坡自由度高、降低工程造价、改善机电性能、噪声低振动小等优点，在城郊、多山等地域将得到进一步推广。目前世界上多个国家已开始采用直线电机轮轨交通系统，随着我国逐步引进消化吸收这一技术，未来10年内将在我国其他城市进一步推广与使用，具有较大的发展空间和较好的投资前景。

4. 节能与新能源汽车

（1）新能源汽车已成大势所趋

当今中国发展迅速，汽车普及，节能减排正成为我国汽车产业发展面临的首要问题。新能源汽车可降低我国对石油的依赖，提高国家能源安全，实现节能减排。我国在传统汽车领域上的投资较少，并不掌握汽车核心技术，发展纯电动汽车是实现弯道超车、跨越式发展的最好途径。

近年来，新能源汽车在生产中呈现出以下几个特点：一是混合动力汽车实现大规模产业化；二是插电式混合动力汽车备受各国重视；三是纯电动汽车逐步进入市场，并呈现快速增长趋势。其中，纯电动车更是未来新能源汽车的一个主要发展方向，技术上将以客户需求为重，思路上将开发的重点转向标准化快速拆装上，使电池的充电与智能化电网相结合，实现低碳经济的环保理念。

（2）电池产业成为最有投资价值的产业

电池是新能源汽车产业链中最重要也最有投资价值的环节。新能源汽车的电池性能基本决定了整车的驾驶性能，因此，电池技术是技术含量最高的一个环节，新能源汽车行业的发展前景寄托在电池领域。目前，最受热议的当属锂电池与燃料电池，锂电池成本较低，但能量密度不高；燃料电池能源转换率高，但成本高昂。大多数机构都认为未来电池的发展方向将是以锂离子电池为主，辅以铅酸/碳电池。

投资发展电动汽车用电池具有重大的经济意义。首先，电池仍是目前制约新能源汽车产业发展面临的最大瓶颈，同时也是新能源汽车产业链中利润最丰厚的一个环节，而且丰厚的利润将长期维持。其次，动力电池行业从无到有，市场容量从目前的十几亿元到2018年将达325亿元，未来几年就可实现十几倍的增长，巨大的增长空间将使整个汽车产业链受益。

（3）充电桩建设与运营产业链有望盘活

我国新能源汽车产业正加速发展，而下游充电桩数量的不足，成为制约其发展的主要瓶颈。相关统计显示，截至2014年底，我国新能源汽车保有量已超过12万辆，而充电桩数量只有约3万个，两者之比约为4∶1，远远没有达到1∶1的标配。因此，在新能源汽车保有量和新增量背景下，充电设备建设严重不足，充电桩缺口或将达百万级，需求将在短时期内爆发。

一方面，新能源汽车保有量迅速增加，对充电桩的需求刻不容缓；另一方面，充电桩建设的不利因素逐渐消除。充电桩面临着巨大的投资机会，充电设施市场规模或将达到千亿元级，而伴随着国家级发展规划的出台，充电桩的大量投资即将显现。

随着电动汽车不断推广，充电设施建设与运营产业链也逐步盘活。据悉，《电动汽车充电基础设施建设规划》已完成初稿，《充电基础设施建设指导意见》也将在2015年与《规划》同时出台。这两项新规被视为充电基础设施建设的顶层设计和纲领性文件，在未来较长时间内推动充电桩建设进程。

5. 电力装备

（1）光伏产业迎来新发展机遇

在政策大力扶持、融资困难改善和社会资本涌入等多重因素推动下，2014年我国光伏产业峰回路转。国家能源局数据显示，2014年我国光伏新增装机容量为10.6GW，约占全球新增装机的1/5，主要上市公司实现扭亏为盈。

国家政策层面，光伏产业被国务院列入2015年落实《政府工作报告》重点目录。资本环境方面，国开行、工行、建行等银行信贷松绑大力扶持，光伏电站资产证券化的发展促进多元化的民营资本密集追捧。

同时，2014年我国的光伏蔬菜大棚、“渔光互补”水产养殖等已达到400多个，如果在全国大范围地推广光伏农业产品，短期市场可达千亿元规模，光伏农业有望撬动光伏产业成为新的增长点。

（2）海上风能前景广阔

我国风力资源极为丰富，已探明的我国风能理论储量为32.3亿千瓦，可利用开发2.5亿千瓦，如果全部利用，将满足当前能源需求的近1/4。2014年我国新增风电装机容量2335万千瓦，同比增长45.1%。全国新能源工作会议明确提出“大力发展风电”战略，随着可再生能源配额制出台及风电上网电价下调等多项政策落地，风电新增装机有望出现抢装潮，风能将成为新能源板块投资的亮点。

目前，我国海上风能尚处于起步阶段，我国近海20米水深的风能资源约3亿千瓦，近海30米水深的风能资源约4.9亿千瓦，海上风能有望在未来大放异彩。

（3）核电建设迎来第一轮高峰期

2015 年，随着辽宁红沿河核电站 5 号、6 号机组等相继获批，我国“核电重启”大幕正式拉开。目前，我国核电在能源结构中的占比在 2% 左右，一些核电大国的核电占比达 15% 左右。专家推算，至 2030 年，我国核电占能源消费总量的比重将达到 5% 至 8%。随着政策面的大力扶持和“一带一路”的加速推进，我国同沿线国家的核电合作正全面展开。2015 年将成为已开工核电项目投入商业运营以及新开工项目数量的第一高峰期，“十三五”内陆核电的放开将迎来第二高峰。核电行业具有投资价值的标的集中在中游设备环节，主要是核岛设备、常规岛设备和辅助系统设备等核电设备，如蒸汽发生器、反应堆压力容器、压缩空气站等，核电设备投资占整个项目投资的 55%。

（4）互联网革新智能电网行业

作为能源与互联网有机结合的一部分，智能电网站将成为能源互联网革命的第一站。据国家电网公司 2015 年投资目标显示，2015 年其电网投资将达 4202 亿元，同比增幅达 24%。随着新一轮电力体制改革的逐步深入，能源互联互通网络也将随之建设并完善。智能电网的投资机会应该重点关注智能输变电站的新建或改造升级、特高压输变电系统的搭建和发电端与用电端的互联网系统的建设三个方面。

6. 农业机械装备

（1）丘陵小型机械将成为发展重点

丘陵山区农业机械化发展水平与平原地区、北方地区之间存在巨大差异。受多种因素的制约，平原中大型机械很难应用于丘陵山地，而对于适宜丘陵山区作业的农机具市场供给严重不足，产品没有覆盖丘陵山区特色产业的全过程，一些在用的产品也存在诸多问题。随着中部地区逐渐实现机械化，山区丘陵地带作为我国农机化薄弱的环节应成为我国政府关注的焦点和热点，在相关惠农政策的扶持下，适合这些区域需求的小型机械将进入快速发展阶段，逐步追赶上东部地区。

（2）经济类作物机械化将成为未来农机市场的蓝海

在我国传统的 3 大作物中，小麦基本上实现了全程机械化，机收率达到 82%，条件好的地区甚至达到 100%，水稻全程机械化在国家惠农政策的拉动下，也实现了快速发展，机收率达到了 50%，玉米收获机在政府补贴项目的强力拉动下达到 20%。未来几年，我国农机市场的重点将开始由三大作物向经济作物转移。经济作物具有地域性强、技术要求高、对自然条件要求较严格的特点，其多样性和特异性的生产组织方式与要求统一性和规范化的机械化生产作业之间存在一定的矛盾。经济作物的机械化必将成为农机市场关注的焦点，尤其是甘蔗、棉花、马铃薯、油菜籽、甜菜等经济作物的收获机械化。

（3）农业航空作业将逐步推广应用

农业航空技术具有作业效率高、作业质量好、作业适应性广、作业成本低等特点，已被发达国家广泛应用。随着农业现代化的发展需要，农林牧业在许多作业项目上对农业航空技术的要求越来越迫切，农用飞机在农业发展中的重要作用越来越凸显。农用飞机用于防治农林作物病虫害，具有省药、效率高、成本低、防治效果好等优势，可有效实现统防统治的目的。还可以使农民和农药的接触降到最低，既解放了农民劳动力，又保证了农民的身心健康。加快发展农用航空技术，加快推动农业航空技术的应用，不仅使“三农”收益，也将使投资方获得更大的经济价值，对发展我国农业经济、加快实现我国农业现代化都具有非常重要的现实意义。

三　我国装备制造业投资风险分析

（一）宏观调控风险

1. 国际宏观经济形势判断

预计 2015 年世界经济形势将好于 2014 年。预计 2015 年全球经济增速将有望加快。世界银行和联合国均预测，2015 年世界经济将增长 3.0% ~

3.1%，预计增速比2014年加快0.4到0.5个百分点。全球贸易增长将继续加快。世界银行和联合国均预测，2015年全球贸易量将增长4.5%，增速比2014年加快0.5个百分点。全球通胀将继续走低，通缩风险将加大。英国共识公司预测，2015年全球CPI将上涨2.9%，同比回落0.3个百分点。而据经合组织预测，2015年欧元区CPI将上涨0.6%，涨幅同比扩大0.1个百分点；美国CPI将上涨1.4%，涨幅同比回落0.3个百分点；日本CPI将上涨1.8%，涨幅同比回落1.1个百分点。失业率方面，主要三大经济体失业率将进一步下降。据英国共识公司预测，2015年欧元区为11.4%，同比下降0.3个百分点；美国失业率为5.7%，同比下降0.5个百分点；日本为3.5%，同比下降0.1个百分点。

2. 国内宏观调控风险

（1）固定资产投资增长乏力

固定资产投资增长乏力可能拖累中国经济复苏的脚步。短期内房地产市场仍处于低迷的状态，因此，束缚了房地产投资和相关行业的增长。受产能过剩和去杠杆令等因素的影响，制造业固定资产投资仍将延续2013年的低迷态势。未来如果中央和地方政府没有强有力的政策安排，预计2015年固定资产投资增速将难以企稳。

（2）企业经营困难

中国经济尚未完全企稳，受资产负债表收缩影响，加之生产价格指数（PPI）持续的负增长提高了企业实际融资利率，导致企业整体负债率偏高。受主要工业品价格下降影响，工业企业产成品存货增加，库存周转率下降，企业去库存压力加大。企业的资金、用工、土地、运输成本上升，在环保、技改和节能减排等方面投入增加；同时，一些地方财政增收压力较大，存在加重企业负担的现象。

（3）环保指标约束经济增长

“十二五”规划中期评估显示，环保指标完成进度滞后，规划中四个节能环保的约束性指标都未能达标。为了确保节能环保指标顺利达标，国家将“实施最严格的资源节约和生态环境保护制度”。2015年作为“十二五”规划的收官之年，有些地方为完成环保指标，不排除采取强制措施的可能性。

（4）地方债务危机有爆发风险

2015～2016 年是地方政府债务到期的高峰期，预计 2015 年到期的地方政府负有偿还责任的债务将至少有 2.8 万亿元。同时，由于经济下行，特别是房地产的持续低迷，地方政府在土地出让金收入增长以及与房地产相关的税费收入都将继续缩小。中央政府规范地方债务行为，也将对地方融资平台的融资行为、债券品种、债券规模产生负面影响。

（5）通货紧缩压力增大

多机构预测 2015 年我国 PPI、PPIRM（工业企业原料、燃料、动力购进价格指数）将继续呈缓慢下跌走势，预测下跌幅度在 1%～3%。国际大宗商品尚有较大下行空间、国内中上游企业还在缓慢去产能阶段，是 PPI 将继续全年负增长的主要原因。通货紧缩持续下去将导致债务负担加重，企业投资收益下降，消费者消极消费，国家经济可能陷入价格下降与经济衰退相互影响、恶性循环的严峻局面。

（二）市场风险

2015 年我国将继续实施区域发展总体战略，重点实施京津冀协同发展、“一带一路”、长江经济带三大战略。我国政府在 2014 年提出多项对经济社会发展具有全局性、基础性、战略性意义的系统工程，一批铁路、机场等交通基建项目被集中批复，总投资达到万亿元以上。大量投资者纷纷进入该领域，装备制造业的市场竞争日趋激烈。我国装备制造业面临的市场风险主要表现在行业竞争和供需波动两个方面。

首先，是行业竞争方面。虽然近年来高端装备制造业发展势头迅猛，但是转型期中的装备制造企业仍多数处于中低端市场，技术水平与国外存在一定差距，随着外资本土化进程的持续和中资企业不断“走出去”，与国外先进企业的竞争将更加激烈，一些生产技术、管理方式落后的企业将会被淘汰，未来我国装备制造业面临着一定的行业竞争风险。

其次，是供需波动方面。现阶段我国部分装备制造业企业存在严重的产能过剩，这些企业不注重市场调查，盲目扩大生产，供需不平衡加大了市场竞争，企业之间恶性价格竞争，严重影响了企业的盈利和资金周转，给企业发展带来很大风险。

此外，利率变化会影响企业的投融资成本，汇率变化会影响产品的进出口。由于2015年宏观经济形势并不乐观，总体上处于惯性较强的下行趋势之中，因此，货币政策将继续保持宽松的基调，甚至有可能会出现“全面降准或降息”的情况，届时将降低企业的融资成本。汇率方面，美国经济复苏显著，全球经济回暖预期持续增强，美元的走强一方面将有利于国内产品出口，另一方面也会增加企业的海外负债风险和海外融资成本。因此，利率和汇率的变化也会给企业经营带来一定的风险。

（三）技术风险

近年来，我国装备制造业得到了快速发展，装备制造大国的地位已经确立。我国装备出口在数量和质量上也登上一个新台阶，但其中很重要的原因是我国工人成本低，产品平均价格低于国外同等产品价格，在国际上价格优势明显。但我国装备制成品的技术含量和产品附加值跟国外还存在一定差距，随着节能减排和环保要求的不断提高，我国装备制造业的成本不断上升，价格优势已岌岌可危。产品的质量和服务正变得日益重要，装备制造业如果不能及时提高技术水平，增加科技研发投入，必将导致产品技术落后、同质化程度高，行业的进一步发展会有很大风险。

随着我国装备制造企业加大技术创新投入，产品技术含量随之增加、技术链增长、技术带动作用增强，技术开发活动也随之复杂、技术放大越来越困难，企业在技术研发过程中将面临技术开发难度大、关键技术预料不足、技术知识无法获得、关键技术难以突破、存在技术障碍和技术壁垒，实验基地、设备和工具缺乏等。同时，在装备制造企业技术创新过程中，除了要面临技术研发本身的风险，还要面临政策风险、市场风险、财务风险、生产风险、管理风险等多方面风险。

（四）经营管理风险

目前我国装备制造企业较多的存在管理体制不健全，不能深入了解市场，提高管理效率和优化生产工艺的问题。传统的集权化管理程序难以快速响应市场需求和客户订单的调整，金字塔式的管理模式也不利于员工自主性和创造性的发挥，很大程度上束缚了经营管理模式的转型升级。同时，原有以生产标准化和通用化产品为主的生产管理模式适用于大规模、大批量生产，在带来规模效应的同时，也导致生产系统灵活性差和难以实现范围经济的弊端，也越来越难以适应市场日益增加的不确定性和客户订单的个性化需求。这一系列问题将给企业带来一定的经营管理风险。

B.4

我国装备制造业发展政策建议

冯蕾 徐宇辰*

摘 要： 本文主要针对我国装备制造业的经济运行、技术创新、组织结构、对外经济等方面向我国政府及相关决策机构提出相应政策建议。在经济运行方面，我国装备制造业要积极转换增长动力机制，加快转型升级步伐，积极化解产能过剩。在技术创新方面，装备制造业应树立以市场为导向的创新生态观，加大对技术创新的财政扶持力度，加强基础研究和共性技术研发，提升企业研发能力，努力营造良好商业环境。在组织结构方面，要继续深化装备制造业国有企业改革，促进中小型企业健康发展，加快装备制造企业兼并重组步伐。在对外经济方面，要努力营造良好的对外投资贸易环境，优化出口产品结构，积极推动进口市场多元化，鼓励外资企业技术投资，探索多种招商引资政策，加强多双边贸易和税收协定，加快推进负面清单管理模式建设；同时运用多种政策鼓励装备制造业企业对外直接投资。

关键词： 政策建议 经济转型 技术创新 组织结构改革 对外经济

* 冯蕾，中国标准化研究院；徐宇辰，中国铁建房地产集团有限公司。

一 我国装备制造业经济运行方面政策建议

（一）转换装备制造业增长动力机制

1. 建立与新要素禀赋相适应的产业体系

（1）嫁接改造劳动密集型产业

我国发展高端装备制造业的主要优势是具有大量的劳动力，而且十分廉价。但一直以来，绝大部分劳动密集型产业往往被等同于低附加值产业，事实上，若通过与工业文明、人文因素的对接，劳动密集型产业同样可以变身高附加值产业。我国有着悠久的历史文化，如果能够与现代工业文明结合起来，利用人文因素改造传统装备制造业，将能够大大提升劳动密集型产业的附加价值。

（2）优化升级资本密集型产业

资本密集型装备制造业应优化升级发展的方向，防止因资本密集型产业的盲从扩张加剧产能过剩，引导资本的流入可以同时提升装备制造业的经济效益和社会效益。同时，完善升级资本的利用方式，推进信息技术及绿色技术与企业生产方式的整体融合，改变装备制造业现有组织方式，强化装备制造业发展中的薄弱环节，提高企业经营水平，促进其向先进制造业转变。

（3）加快培育知识密集型产业

增强培育知识密集型装备制造业并不表示必须要寻求发展技术最高端的产业，而是应该从要素禀赋结构升级的实际出发，积极承揽发达国家知识密集型产业的转移，发展自身最具有竞争力的终端，甚至低端的知识密集型的装备制造业。如今，相对于东南亚国家，我国劳动密集型装备制造业已不再具备成本优势，但相对于西方发达国家，我国在中端和低端的知识密集型产业上的成本优势却非常明显，因此，装备制造业会是重点支持的领域。

2. 实现“立体式”装备制造产业

（1）推进装备制造业与现代服务业的发展融合

当工业发展到一定阶段，很难通过规模经济继续提高，工业效率的提高将会更加依靠售后服务、金融、物流、信息化等现代服务业的发展来实现。在传统制造业企业中很多服务性业务更多是在企业内部，采取非专业化的方式完成，而在服务业高度发达的条件下，越来越多的服务性业务都将被分离出来，然后再通过社会化的方式，组织形成专业的生产性服务企业，极大地提升了资源的利用效率，提高了工业的效率。在这种机制的推动下，提高第三产业的比重，实现产业结构的调整。

（2）增加装备制造业的制造精度

一直以来，我国装备制造业所呈现的都是“强整机、弱部件”的格局，国内企业在整机方面已经在世界上处于领先的地位，但在关键的零部件，依旧需要大量进口。导致基础零部件环节薄弱的原因，一般不是技术本身，而是因为企业缺乏需要长期累积的工艺经验，所以，造成制造的精度达不到要求。下阶段，我国装备制造企业应加大对制造精度的追求，向精致化方向发展。

（3）推动企业技术创新和商业模式创新

一个国家的制造业在国际分工中的地位，决定了装备制造技术水平和商业模式的水平。技术的创新通常表现在某一环节的突破，但商业模式的创新却是先进技术与经营方法的有机结合，这可以直接提高我国装备制造产品的国际竞争力。

3. 从投资驱动转向三大需求协同拉动

（1）摒弃投资驱动的增长模式

由于我国经济发展存在产业不平衡和区域不平衡的问题，产业结构调整和区域协调发展均需要通过投资增长来实现，因此，我国未来的固定资产投资增长还有很大的空间。但是，相较于过去被动的投资驱动模式，新常态下的投资拉动增长将是市场需求的必然选择，将实现投资质量的稳步提升。

（2）将扩大消费需求作为长期平稳增长的根本立足点

造成我国消费率较低的原因有收入层面因素，例如，居民收入水平整体较低、城乡收入差距大、居民可支配性收入低等，但更重要的是产业层面因素，尤其是产业结构与消费结构的不适应导致了居民消费的有效供给不足。目前，用于满足人民基本生活需求的工业品已经明显过剩，甚至汽车等高级产品都出现了严重的产能过剩问题，然而对于一些将工业品与服务业相互结合的环节，反而存在严重的产能不足，比如交通、物流、医疗等，制约了广大城乡居民消费水平的提高。因此，为推进扩张我国的消费需求，一定要实施“立体式”的发展战略，促进装备制造业及服务业的有机融合。

（3）实施进出口平衡的对外贸易战略

为促进发展方式和自身结构调整的转变，合理的贸易政策应该是追求贸易的平衡，而不是盲从追求顺差。进出口对装备制造业经济发展的作用将逐渐由为生产带来需求转向促进提高生产效率，进出口战略应该是以更好地满足内需为基石。就我国装备制造业来说，鼓励进出口平衡发展策略，摒弃过去一味追求顺差的策略，通过进口装备制造业所需资源、技术促进我国装备制造业的发展。从消费需求的角度来看，很多消费品之间更多的是互补关系，因此，扩大进口并不会减少消费者对国内消费品的需求，反倒会提高对国内产品的消费需求，从而扩大内需，达到进出口贸易平衡。

4. 从传统制造业转向高端装备制造业

（1）加强区域规划，做好国家层面的战略布局

从东、中、西部比较来看，东部地区在人才集聚、地理位置、产业配套、国际化经营等方面相比较中、西部地区有着明显的优势。所以，长三角、珠三角、环渤海等经济发达区域是战略性新兴产业发展的优势区域，国家应考虑在现有基础上，重点培育几个技术先进、具有国际竞争力的装备制造基地。

（2）调整产业政策重点，由投资补贴转向需求拉动

高端装备制造业培育政策思路应当为：投资补贴和需求拉动相结合，但以需求拉动为主；在投资补贴方面，建议提高补贴的普惠性，尽量避免政府

代替企业制定研发方向或直接将任务指派给某个企业，而是应当将创新的想象空间留给企业；在需求补贴方面，建议以退税、以旧换新或者购物返现等形式，直接补贴消费者。

（3）推动高端装备制造业与传统产业融合发展

大力支持能够促进传统产业改造的高端装备制造技术的研发和利用，大力支持利用高端装备制造业技术改造传统产业的商业化项目。增加传统产业技术改造投资力度，对于能够促进高端装备制造技术应用的传统产业改造项目，国家应给予重点支持。考虑通过贴息贷款、税收优惠或是以财政直接补贴的方式鼓励新能源技术、节能环保技术等在传统装备制造企业的推广和应用。

（4）突出企业在创新活动中的主体地位

政府应制定科研总体规划，但这种规划是方向性和指导性的，要将更大的创新想象空间留给企业。规划可以提出（或建议）要达到的总体性目标、调控方向和基本原则，甚至能够提供一些技术项目，但不能具体指定由哪个企业，或者采用哪类具体的解决方案来强制企业达到规划目标，更不能由政府指定本应由竞争来决定的市场赢家，同时引导企业将技术进步转化为价值产出。

（二）加快装备制造业转型升级步伐

1. 深化体制改革，优化结构调整

（1）转变政府管理职能，激发市场经济活力

转变政府职能是当前形势下保证经济持续健康发展的迫切需要，装备制造业中也存在政府过多的行政性干预。政府应该着力转变自身职能，努力向服务型政府转变，大力削减行政审批项目，简化或合并审批手续，从顶层设计上完善装备制造业相关产业政策，将政府变为市场的服务者，给市场营造良好的发展环境。

（2）协调产业政策和地方政策之间的相互关系

鼓励地方政府探索适合自身工业化水平与装备制造产业特点的政策，使

各类产业政策产生协同效应，建设能够相互促进的金融政策、财税政策、投资政策和产业政策。在市场充分竞争的投资领域，应充分发挥民间投资的积极性，避免政府对市场主体竞争的过度干预，加强事前科学评审和事后问责制度，杜绝或减少体现政绩的面子工程投资、杜绝一味追求规模的过度投资以及不考虑自身资源禀赋的同质化投资等政府投资行为。

（3）改革行业协会体制机制，强化协会服务功能

行业协会不能成为“二政府”，其主要职能不是规制，应是服务。行业协会要发挥在企业与政府主管部门之间的纽带作用，一方面，协助各级政府行政机构发放相关生产许可证，参与工商等相关部门的打假工作和商检部门行业商标的评审认定；另一方面，要帮助各企业在市场准入、生产许可、商标认定、税收评议等方面取得政府相关部门的许可。在某些行业协会与政府的职能重合处，不但要进行职能的详细划分，还要注意职能之间的相互制衡，依靠行业协会和政府部门之间的优势互补，实现政府管理规制和协会服务功能的协调。

2. 完善相关的产业政策，促进制造业结构优化

（1）健全准入法规体系，扼制低水平重复建设

随着装备制造业发展环境的改变、结构调整的需要以及市场供需情况的变化，制定并不断完善各行业的界定标准和准入条件。及时修订《政府核准的投资项目目录》，加强政策分类指导扼制低水平重复建设，尤其是不考虑地方自身产业特点的同质性投资。

（2）重点发展循环经济，实现产业集群绿色升级

第一，应做好产业园规划，明确新常态下园区发展定位。各产业园区要深入挖掘自身定位优势，实现差异化发展，紧紧围绕创新驱动发展战略，科学编制园区规划，通过顶层设计科学引导产业园健康发展。

第二，推广清洁生产，完善工业废水、废渣和废气的回收处理设施，积极实施清洁生产技术改造工程，企业要从源头治理污染物排放，并在装备制造业聚集区建设污水处理设施，并实现工业垃圾的回收再利用，尽可能降低生产过程中产生的各种工业垃圾。

(3) 鼓励中小企业发展，构建良好产业生态

首先，政府可设立中小企业孵化平台，给予更多优惠政策，协助中小企业制定技术创新战略，鼓励有实力的企业申报省级和国家级重点项目。其次，扩大中小企业融资渠道，在新常态背景下，银行贷款这种传统融资渠道对中小装备制造企业来说仍较为困难，中小企业更多地可借助网络借款平台融资、风险投资、天使投资、私募基金、众筹投资等多种新兴融资手段。再次，帮助企业培养技术人才、管理人才和技能工人，防止人才流失。最后，除对中小企业进行物质扶持之外，还要重视精神上的激励，如在中小企业密集的地区开展评比“工业百强企业”“十大企业家”等，通过多层次、多形式的活动，激励企业加速发展，鼓励企业家发扬创业创新精神。

（三）积极化解产能过剩

1. 化解和治理产能过剩的理论对策

应该怎样化解和治理产能过剩，理论上的方法有两种：一是强行“消肿”；二是拓宽行业的市场需求。双管齐下必然有效，但“治标不治本”，应从产能过剩企业的退出机制、兼并重组、市场需求和保障措施等多方面综合考量。

(1) 建立过程产能退出机制

完善鼓励和约束政策，建立过剩产能退出的法律法规制度，引导企业主动退出过剩行业。修订分行业制并严格实行强制性能耗限额标准，对超过限额标准和环保不达标的企业，实行差别、惩罚性电价和水价等差别价格政策。涉及产能严重过剩的行业项目建设，应制定等量或者减量置换的产能置换方案，形成发展先进与淘汰落后的良性互动机制。在京津冀、珠三角、长三角等经济环境敏感区域，应实行减量置换，与此同时把置换过剩产能的企业产业列入淘汰名单。

(2) 推进企业关停和兼并重组

企业关停作为一种行政手段，历来是我国政府消除产能过剩的通行办法。考虑到国有企业在竞争性行业的不利地位，行政关停的重点应是那些技

术水平已经相对落后、产品失去竞争能力、亏损严重的国有企业，同时引导国有资产从竞争性领域适度退出，以保护国有资产的价值；对于民营企业，除了在生产安全、环境污染方面严重不达标、无法整改的之外，原则上应通过市场的方法迫其淘汰落后产能。为此，应尽可能减少“运动式”行政关停的简单做法，通过改善市场条件、发挥市场在资源配置方面的决定性作用，加大对过剩产能企业的兼并重组。可通过建立国家级重组交易平台和信息库，推动企业实施减量或等量兼并重组，促进竞争性行业民营企业对国有资产的各种并购行为。优化重组环境，鼓励金融、咨询等各类企业参与，为重组提供优化服务。

（3）开拓市场需求

在吸取过去盲目扩大需求，以化解产能过剩教训的基础上，鼓励具有较高技术水平的装备制造产品的需求升级。同时，主动开拓对外的发展空间，实现国内装备制造与国际产能的紧密结合，积极推动国内有竞争优势的装备制造产品出口，培育中国装备制造的国际品牌；扩大对外投资合作方式，鼓励装备制造企业以多种形式“走出去”，改善产地分布，实现产能合作双方的互利共赢。

2. 构建防范产能过剩的长效机制

（1）着力调整被扭曲的结构需求

严格控制过度投资活动。政府要严格控制“软预算约束”机制作用下的国有企业在竞争性领域的过度投资活动，提高国有企业的利润上缴比例以充实社会保障账户，这样也间接有利于中小企业发展扩大社会就业和提高消费率。不难设想，完成总需求结构调整的任务是十分困难的。但是，如果不提高消费在 GDP 总额中所占比例，那么经济将频繁陷入增长的陷阱，政府将被迫阶段性刹车，实施令人痛苦且无序的再平衡。从外部市场看，我国希望通过投资品出口进行回旋的余地是有限的，不具有长期性和可持续性。

（2）大力推进完善市场体系

放宽市场准入。基础产业改革的重点是放宽准入，只有形成竞争性市场才能获得市场驱动，实现健康快速增长，并且对于缓解部分行业的产能过剩和过度竞争有所帮助。

加快土地市场改革。土地市场改革的关键在于建立国有土地和农村集体土地两种所有制的权利平等、市场统一、增值收益公平共享的土地制度，这将有助于促进土地利用方式和经济发展方式的转变，改变地方政府对土地不受约束的追逐及其利益机制。

推进金融市场改革。金融市场改革应致力于放宽银行准入、利率市场化和建立多层次资本市场，改变社会融资主要向地方政府、国有企业倾斜的局面，促进金融市场对于非金融中小企业和产权重组的支持，提高实体经济的竞争力和效率。

（3）放松市场管制

充分发挥企业微观机制和企业家精神的作用。在市场环境中，只要某个行业产能过剩、产品滞销、劳动生产率低于其他行业，资本、技术及劳动等生产要素为实现利润最大化，会自动实现产能从过剩向出清的改变，将使生产要素得到合理配置。我国屡次发生产能过剩的事实证明，健康的经济增长不能仅仅依靠政府主导的投资活动，而必须建立在微观企业健康成长的基础上。因此，各部门可通过制定负面清单的方式，逐步放松对微观经济主体的管制，落实企业的投资自主权。

深化国有企业改革。要推进国有企业的进一步改革，特别是国有资本所有权和企业经营权的彻底分离，撤销企业行政级别，由企业家控制和经营企业，让国有与民营企业展开公平竞争和市场淘汰，杜绝政府对企业经营的各种不合理干预。企业要健康生存，经济结构必须调整，由政府拉动改为企业创新推动，经济才会有活力。

（4）优化政府考核体系

推动地方财政透明化，促使地方政府由建设性政府向公共服务型政府转变。财税改革是以优先调整事权、带动财力重新配置为重点，推进房产税及消费税为主的地方主体税改革，开征环境税。消费税从消费地征收而不从产地征收，有利于转变地方工业过度集聚的格局和不合理的招商引资方式。改革以 GDP 增长为考核重点的政府官员政治晋升体制，消除地方政府不当干预企业投资的强烈动机。健全政府会计制度，编制政府资产负债表。明确地方政府债务主体，提高地方融资透明度，使地方由直接参与建设活动转向主要提供维护公平市场竞争秩序、城乡土地规划、环境保护和治理、生产安全、社会保障等公共服务上来。

二　我国装备制造业技术创新方面政策建议

（一）加大对技术创新的财政扶持力度

1. 加大对技术创新的财政补贴力度

在技术创新领域应重点支持产业急需的重大技术研发和产业关键共性技术研究，鼓励技术创新成果的产业化，指引地方的财政加强对企业研发的投入。鼓励和支持企业增加对国内外引进技术的消化吸收和再创新的投入，扩张技术创新成果产业化的力度，推进产业技术的进步，以及增加对节能减排重大成果的应用和产业化给予的财政补贴。

转变财政补贴方式，从生产补贴向研发补贴、消费补贴转变，通过消费者反馈的市场信息引导企业的研发活动，积极培育成熟的市场环境，通过市场竞争倒逼企业形成通过加大研发投入打造企业核心竞争力的长效机制，同时吸引国外高级生产要素向国内集聚，进一步提高本国新兴产业的自主创新能力。

2. 加大对重大科技基础设施的财政资金支持

加大对重大科技基础设施的预研、建设、升级改造、运行和科研的投入力度，鼓励企业及其他资金的投入，构成多元化投入的格局。规范投入管理，加强绩效审评，确切提高资金的使用效率及效益。

（二）加强基础研究和共性技术研发

制定强化基础研究和共性技术研发计划，对造成“瓶颈”的知识和技术进行重点突破和研究；增加资金投入，建设共性技术研发平台，吸取科研院所、大学和研究型企业共同参与；同时注重建立共性技术的扩散机制，通过政府资助等方式扩散技术，使政府资助的科研机构成为企业研发的扶助力量，另外，要通过专利保护、知识产权市场交易，加大共性技术与企业之间的利益结合度。

（三）提升企业研发能力

1. 培育企业自主创新能力

支持企业建立技术研发中心，培养并逐步提高企业自主创新能力。大型装备制造企业，可充分发挥其科研优势，鼓励培养核心技术竞争能力，加强产业内部与产业间的技术渗透，部分企业可面向前沿，开展对高精尖技术的研发。对于中小型企业，作为自主创新的重要主体之一，要鼓励它们形成技术创新的网络体系，鼓励进行应用性技术自主创新。强化企业与科研院所之间的合作，构建产学研交流互动机制，开拓企业技术创新视野。

2. 做好知识产权保护工作

强化企业申请专利以及对创新成果的保护意识，形成相对应的奖励机制。扩大知识产权保护的深度和广度，严肃处理违法事件。构建和完善知识产权交易市场，鼓励企业参与国际专利的交换工作，促进技术成果流通。

3. 突破核心关键技术

利用市场机制和经济杠杆倒逼企业增强技术创新的内在动力，推进企业转型以及产业升级，突破核心关键技术，提高以产品质量、标准以及技术为核心要素的市场竞争力。以企业为重点建设主体、以市场为导向、坚持产学研相结合的技术创新体系，集中突破、掌控一批关键、共性技术。鼓励企业技术改造，扩展应用更加节能、环保、安全、高效的工艺技术，提高海洋工程装备以及高技术船舶的设计制造能力。

4. 跟踪全球技术前沿

通过系统地对全球领先国家的技术跟踪，国家定期发布前沿技术报告，调整高新技术企业的研发方向和研发重点，使研发活动一方面有明确的追赶目标，另一方面也防止出现与国际技术发展趋势严重脱离的情况，防止浪费研发资金和人力，浪费宝贵的技术赶超时间。

（四）营造良好的商业化环境

1. 加强对商业模式创新和对知识产权的保护

商业化是工业技术创新全过程中一个不可或缺的环节。因此，亟须鼓励创新商业模式，强化针对商业模式创新的知识产权保护意识，在工业发达的部分地区和行业中，探索开拓商业模式的专利审查和授权工作试点，完备商业模式专利的审查标准及工作规则。

2. 制定保护企业技术标准的政策

就技术标准政策而言，“用户基础”和“互补性”应该成为政策制定的关键词。从目前我国的国情出发，以提高技术水平、扩大产品市场和加强产业安全为基本目的，企业制定自主技术标准的基本思路中，应包括培育和保护用户基础、提高制造能力、提高帮助互补性、提高和利用专利开放度、关注产品成熟度低的行业、设置“转化器”和提高国内市场独立性等方面。

3. 完备知识产权战略的体制环境

加强对知识产权的运用，首先需要完备知识产权战略的体制环境，建立知识产权创造、应用及保护体系。其次，探索、建立知识产权法院，强化对涉及专利权、著作权、商标权、不正当竞争等知识产权类刑事、民事以及行政案件的审理。最后，协作整顿现有的各级法院知识产权庭的职能，深化完备知识产权运用及保护的法治环境。①

三　我国装备制造业组织结构调整方面政策建议

（一）深化装备制造业国有企业改革

目前，我国装备制造业中的民营企业在数量和利润总额占比最高，但国有企业的资产规模和从业人数的占比仍不可忽视。

① 王志刚：《健全技术创新市场导向机制》，《求是》2013年第23期。

1. 建立明确的进入和退出机制

明确非国有资本可以进入装备制造业的范围、领域和进入程度，主要包括：要积极推进竞争性环节的公平准入；在国有资本相对集中的装备制造领域，选择可以竞争的环节向非国有资本开放；对于难以进行混合所有制改革的装备制造国有企业，可以通过业务拆分和环节拆分的方式进入；在准公共产品的公用事业领域，可以通过特许经营的方式，允许非国有资本的进入；在保证国家安全的前提下，放宽外资准入条件，积极推进负面清单制度。

与建立明确的进入机制一样，实质是要建立混合所有制企业产权流动的市场机制，使公有资本投资者和非公有资本投资者的产权都可以按照投资获益的预期或投资者的经营战略安排进行流动，可以在规则之下自由地进入与退出，而不是进得来、出不去。

2. 明确混合所有制改革的程序与方式

无论何种形式的混合所有制改革，国有资产监管部门或其他相关部门都应该制定明确的程序，规定符合市场规则的可供选择的方式。从上海、广东、重庆等多个地方国有资产管理体制改革和国有企业改革的做法看，各地都对实行混合所有制的对象选择、国有与非国有资本的比例、混合所有制改革的程序与方式、各种所有制资本的权益保障等多个方面做了规定，正尝试进行多种形式的探索。①

3. 充分尊重市场规则

在装备制造业国企混合所有制改革过程中，不仅在完善相关法律、法规、规范性文件方面，还要在对公有资本与非公有资本实施平等保护方面，实现公有资本与非公有资本都能够平等地参与市场竞争，平等地运用生产要素等各类资源；改革的程序、政策、方法等都需要公开；在执法或者执行相关规范性文件规定时要公正对待所有投资者，不可以只是单方面保护公有投资者。在公有股权或公有资产定价方面，要遵循公开、公允和市场化的原则，存量公有产权或资产的出让要通过公开市场操作，由市场决定产权或资

① 刘奇洪：《对实行混合所有制的顾虑》，人民网。

产的价格。无论是非公有资本参股公有企业，还是公有资本参股非公有企业，都要遵循上述原则。

4. 建立合理的公司治理制度

对于已经上市的装备制造业国企，首先，要建立健全法人治理结构、规范法人治理结构建设；其次，要完善组织结构，构建产权明晰、责权明确的组织架构；最后，要建立健全运营机制，改革资源配置方式、加强业务整体协调、深化不同业务板块改革。

对于未上市的装备制造业国企，要对照上市公司，构建与完备可以保障中小股东合法权益的公司治理制度。这种治理制度可以保障在国有控股的混合所有制企业中非国有小股东以及在非国有资本控股的混合所有制企业中小股东的合法权益。

5. 去“行政化”

装备制造业国企的去“行政化”主要指两个方面：一是要取消装备制造业国企的行政级别，确立国有企业作为企业的身份。在国有企业、国有独资公司或大型、特大型国有控股企业，非市场化聘任的主要高层管理人员可以有相应的行政级别，但对他们的考核、激励、约束、报酬等却要按公务员管理办法实行，并根据企业经营的特殊性做出特别安排。在国有企业高层管理人员的安排上，不要形成对一些官员的照顾性红利。要完善并运用好职业经理人市场，尽可能增加市场化聘任管理人员的比例，减少非市场化聘任的管理人员。对于市场化聘任的企业管理人员与员工，要做到能进能出，职务要能上能下，收入要能高能低。二是要改变国有企业经营管理中的“行政化”作风，要“在商言商”，不要“在商言官”，这也是政企分开的一项重要内容。

6. 继续实行国有企业的配套改革

要对国有企业进行混合所有制改革需要实行相关的配套改革，尤其是劳动、人事、分配制度的改革。要在装备制造业国企中实行市场化的用工机制与收入分配机制。要防止和制止国有企业在“减员增效、下岗分流”后或经营状况好转后，在用工机制与收入分配机制向传统经济体制回溯。

（二）促进中小企业健康发展

1. 中小企业管理体制改革

建立相对独立的中小企业管理机构，对中小企业进行统一的管理和服务。在我国，中小企业管理机构的独立性和专业性问题长期没有解决，成为制约我国中小企业政策有效落实和中小企业发展的根本性制度障碍。

1998 年以前，我国的中小企业管理职能分散在乡镇企业局、中小企业对外合作协调办公室、工商行政管理局、企业管理协会及一些地方的生产力促进委员会等机构。1998 年国务院机构改革以后，国家经贸委设立了中小企业司，之后又伴随机构改革先后被划归到商务部、发改委，2008 年以后划归到新成立的工信部管理。然而，中小企业管理是一项综合性的工作，大量的中小企业政策在具体实施过程中由于部门权力的垂直分割而大打折扣。

建议针对中小企业管理综合性、长期性、战略性的要求，从我国政府管理体制的现实特点出发，成立国务院直属的中小企业管理局。中小企业管理局负责执行与落实中小企业发展的各项政策与法规，运用国家中小企业发展基金等政策性资金，统一协调社会各类支持中小企业的力量，统一监管各类中小企业公共服务机构，支持中小企业发展。

2. 改善实体经济发展环境

当前，房地产等投资品行业投资收益的过快增长，导致劳动密集型行业相对投资收益率的快速下降，已经成为制约传统民间资本进入实体经济的根本性障碍。我们调研的珠三角及中部地区的传统纺织服装企业多数毛利率低于3%，甚至不足1%，这不仅导致大型商业银行的“惜贷”、小贷公司等中小金融机构的激励扭曲和投机行为（如通过组合典当等业务变现投资房地产），更造成传统产业企业自身投融资行为的扭曲和短期化，如企业将产业融资变相投资到房地产等资金回收周期短、投资风险高的领域。

因此，促进民间投资和中小企业发展，必须首先从完善和优化实体经济发展环境，从协调发展实体经济和虚拟经济的大战略上寻求突破，其重点是优化当前宏观经济总量调控措施，以及房地产等重点行业的结构性产业政策，恢复和坚定企业家转型升级的信心和决心，为各项改革和政策实施打好基础。

3. 加快推进“负面清单”管理

“玻璃门”“弹簧门”的存在导致民间资本缺乏有效投资途径，不利于整体资源配置效率的提高。中共十八大提出“支持非公有制经济健康发展……废除对非公有制经济各种形式的不合理规定”，为解决当前中小企业遇到的困境提供了方向。然而“玻璃门”的打破，最终还是取决于经济体制改革，要改变目前的投资体制与投资环境，改革现存的项目审批制度，以形成更加市场化的投资体制。

建议进一步加快“负面清单”行业进入政府管理系统，推动中小企业在投资审批、土地、财税扶持方面的待遇公平化。积极指引民间资本投入新能源、电子信息、环保产业等新兴高技术产业。鼓励采取政府与社会资本合作、政府购买服务等方式，吸引民资进入公共服务领域。逐渐消除行政壁垒，通过多元化资本的引入、可竞争性环节的分离、监督体制和监管方式改革，推动垄断性行业开放。

4. 多管齐下缓解企业融资困难

（1）拓宽企业融资渠道

积极鼓励发展产业链金融和互联网金融，拓宽企业融资的渠道。发展产业链金融，鼓励搭建以装备制造企业为核心的产业链金融平台，按装备制造产业链上各企业特点设计个性化的金融产品服务，提供综合的和一体化解决方案。同时，充分利用互联网金融中的众筹模式、P2P 网络贷款多种信贷模式，结合装备制造业中小企业的行业特点缓解其融资困难。

（2）促进金融产品创新

鼓励大型银行促进金融产品创新，督促大型银行完善小微企业贷款的审批流程，提升大型银行的服务效率。同时，放低民营资本进入银行业的门槛，大力发展中小金融机构。针对中小金融机构，一方面，进一步降低区域性银行、村镇银行和小贷公司的进入门槛和注册门槛，鼓励各类资本进入中小微企业金融服务市场；另一方面，针对已经发展起来的小贷公司和村镇银行在实际运行中存留的不规范问题，加强规范和引导，做到真正意义上的指引资金流向实体经济和小微企业，确实降低小微企业的融资成本。

（3）推动优质中小企业上市融资

首先，要帮助中小企业及时、全面地了解国内资本市场新政策、新变化。尤其是通过服务创新型、创业型、成长型中小微企业的“全国中小企业股份转让系统”（简称“新三板”）的建立，帮助更多优质装备制造类中小企业实现上市融资。其次，对成功实现挂牌上市的装备制造类中小企业，地方政府给予适当的奖励、财政支持或税收优惠政策。

四 我国装备制造业对外经济发展方面政策建议

（一）对外贸易方面的政策建议

1. 营造良好的外部贸易环境

（1）推进亚洲自贸区建设

我国应以中日韩自由贸易协定（Free Trade Agreement，FTA）为重点，以亚洲基础设施投资银行为契机，结合“一带一路”战略，积极推动亚洲自由贸易区建设，构建亚洲装备制造业共同体，优化各国装备制造产业结构，逐步提高亚洲地区内装备制造产业分工水平和资源配置效率，推动亚洲区域投资自由化和便利化，提升亚洲装备制造业价值链和供应链的层次水平，加快亚洲经济贸易一体化进程。

（2）紧密跟踪 TPP 和 TTIP 谈判

紧密跟踪跨太平洋战略经济伙伴关系协议（Trans-Pacific Partnership Agreement，TPP）与跨大西洋贸易与投资伙伴关系（Transatlantic Trade and Investment Partnership，TTIP）的谈判进展，全面掌握新一轮国际贸易投资的标准与技术要求，及时研究评估 TPP 和 TTIP 两个协议对全球和区域的影响，从双边、多边方面坚定不移地加快推进中国版的自贸区战略，使中国在对外贸易和投资发展中占据主动位置。

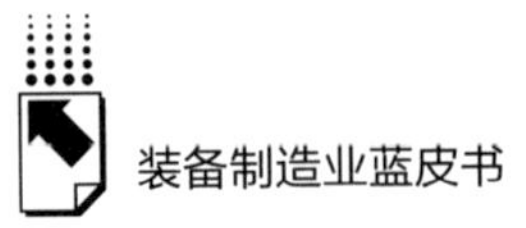

2. 优化出口产品结构

加快装备制造出口产品结构的调整，将出口产品从劳动密集型向技术含量高、附加值高的产品转变，形成装备制造业的出口支柱性产业、主导性产业和战略性产业三大出口产业群。在《中国制造 2025》战略指导下，加快推进国际产能与装备制造合作，加快推动铁路、电力汽车、工程机械等高端装备制造产品出口规模，提高我国在国际装备制造业分工中的地位，最终实现由装备制造业贸易大国向贸易强国转变。

3. 推动进口市场多元化

首先，积极鼓励关键技术装备和零部件的进口市场多元化，降低对单一进口市场依赖度，分散进口风险。其次，推动高新技术产品进口市场多元化，通过进口产品尽快掌握、了解发达国家相关高端装备技术进步情况，促进提高我国装备制造业科技水平，提升综合国力。最后，加快完善与主要装备制造进口国的协商对话机制，规范国内知识产权保护制度，严格遵守国际知识产权规定，努力推动发达国家逐步解除对我国高新技术产品出口的限制，促进中国与发达国家贸易协调发展。

4. 调整关税政策

完善现有关税政策，为我国高端制造业发展提供适当的保护。在遵守 WTO 及相关国际贸易规则的基础上，对国内自主研制、生产的同类型进口装备，停止进口免税政策。在 WTO 约束税率范围内，确定适当的进口装备制造产品关税税率，降低国内暂时无法生产的关键零部件、装备制造软件的进口关税税率，为中高端装备制造的转型升级营造良好的政策环境。给予采用国内原料生产的制造业外包企业与来料加工的外包企业相同的税收优惠待遇；进一步完善制造业服务外包发展过程中所涉及的关税，增加对附加值高的服务外包环节税收优惠，提高外包企业出口退税效率，增强资金周转效率。对制造业外包的生产投入品及其货物运输给予相应的税收优惠，满足制造业外包的投入供给，降低其生产成本，增强制造业外包转型升级的动力。

（二）外商直接投资方面的政策建议

1. 鼓励外资企业技术投资

充分发挥、利用已有政策、设施继续引资，通过多元化战略，多渠道、多方式吸引外国直接投资，引导外资投向，实现引资战略的重点转移。结合目前装备制造业发展的瓶颈，引导其向装备制造业优化升级的领域投资，及时修订和细化外商投资产业指导目录，鼓励外商重点投向高技术产业和先进制造业。鼓励引进高附加值、低能耗和处于产业链终端的外商投资项目，严格限制高能耗、高污染的外资项目进入。鼓励外资企业用技术入股，加强与装备制造业企业的技术交流，提升装备制造业的服务能力。

2. 探索不同的招商引资政策模式

东部地区装备制造业产业政策重点在于优化外资利用结构，中、西部地区装备制造业的产业政策重点在于加大招商引资力度，通过引导外资在国内各地区间的合理流向，适时合理引导我国东部装备制造业向中西部地区的转移。合理控制和调节高集聚行业中的外资结构与规模，促进产业结构的优化。

3. 加强多双边贸易和税收协定谈判

加快与外资主要来源国进行双边贸易投资和税收协定谈判，双方同时签署外国投资促进与保障协定，在一定程度上解决 WTO 框架下暂时不能解决的分歧，使多边的投资活动能够顺利进行，提升贸易协定的质量与效益，注重利益的一致性，建立良好的争议解决机制，加强双边对话，形成共识共同遵守。

4. 加快推进负面清单管理模式建设

积极转变外资管理模式，推动负面清单制度成为市场准入管理的主要方式，转变以行政审批为主的外商投资管理模式，简化外商投资的审理管理制度，以清单方式明确列出禁止和限制外商投资经营的行业、领域和业务等，对清单以外的，各类主体均可依法平等进入。

（三）对外投资方面的政策建议

1. 制定中长期对外直接投资战略布局

我国政府应对装备制造业对外直接投资加强指导，做好中长期战略布局。要结合各装备制造行业优势和东道国特点，明确提出支持铁路、核电、汽车、船舶等优势装备制造行业开展国际产能合作的指导意见。

2. 实行优惠的金融政策

对具有一定规模、实力雄厚、有意愿“走出去”的装备制造企业，给予优惠的金融政策，使其顺利开展对外直接投资。同时，利用我国金融机构设立在海外的分支机构，建立起完善的对外投资信息咨询服务体系，帮助有条件的国内装备制造企业获得东道国的金融支持，以拓展国际市场，提升自身国际化经营水平。

3. 放宽境外投资用汇限制

我国对外投资的用汇管制较为严格，外汇使用范围受到很大限制，导致很多有实力、有意愿的装备制造企业虽然有对外投资需求，却苦于资本管制和外汇资金不足难以实现对外扩张。鉴于这种情况，建议我国政府逐步放宽对外投资用汇限制，在控制外汇总量的前提下，对投资地区及投资主体进行分类管理，对鼓励“走出去”的装备制造业适度放宽境外投资的用汇限制。

4. 保障我国企业在国际竞争中的合法地位

中国装备制造企业进入国际市场后，其行为必然受到国际同类市场机制的约束，一旦背离了国际市场的游戏规则，便会遭遇普遍的市场地位危机。为此，一方面，中国装备制造企业要结合自身利益需求利用合法合规的制度规则和“行动中的制度”为自己创造有利地位；另一方面，中国装备制造企业要积极融入当地本土文化中，尽快克服对国际市场体制和市场文化的恐惧心理，积极了解当地商业文化，真正实现企业经营模式的国际化和规范化。

5. 与各国建立良好的投资关系

首先，应加快我国与世界各国多边投资协议谈判和签署进程，设立我国企业海外投资风险基金，为企业投资提供担保，努力降低投资成本、减少投资风险。其次，通过设立专门机构保障对外直接投资的顺利进行，以积极应对对外投资过程中产生的政治阻力、外交阻力，保证贸易上的畅通无阻。例如，日本国际协力机构（Japan International Cooperation Agency，JICA）、美国国际开发总署（U. S. Agency for International Development，USAID）、中国欧盟商会（The European Union Chamber of Commerce in China），都是随着这些国家或经济体对外投资步伐加快而设立的机构，我国也应该考虑有计划地推动国际化经济发展战略，组织、沟通、协调对外投资合作事宜。

行 业 篇

Industry Reports

B.5

电工电器行业

聂喜荣 李 鹏*

摘 要： 本文通过梳理2014年电工电器行业发展现状及趋势，分析2014年我国电工电器行业的总体运行概况及需求，分析其子行业的盈利能力、偿债能力、营运能力和成长性等指标，探析当前我国电工电器行业现状及未来发展趋势。分析表明，2014年我国电工电器稳步发展，在“一带一路”战略的带动下，国内国际市场需求将稳步增加。近年来，电工电器设备普遍向大容量、高参数、高效率、低排放、经济性、安全性和智能化方向发展；我国部分重要技术已经具有世界领先水平，但行业整体技术水平仍有待提高。未来，我国能源利用面临能源

* 聂喜荣，机械工业经济管理研究院助理研究员，劳动标准研究室主任；李鹏，国资委副研究员，工业工程所所长。

危机和气候变化的双重考验，节能环保和新能源的研发成为热点，能源结构转型、促进大型能源基地集约化开发和清洁能源的高效利用是有效途径，也是行业企业产品结构调整的方向。

关键词：电工电器行业　清洁高效　智能化　一带一路

一　电工电器行业发展概况

（一）电工电器行业定义和分类

电工电器行业汇聚了发电、输电、变电、配电和用电设备以及电工器材和各种特殊用途电器制造等，是国民经济装备制造业的主要支柱产业。电工电器的产品涉及能源的开发利用，电能的生产、输送、转换和电能的使用等整个电能流程系统。①

按照目前机械工业信息中心统计系统的分类，电工电器行业分为25个子行业，电工电器子行业与国民经济行业分类（GB/T 4754－2011）中对应的行业代码及大类名称如表1所示。结合各子行业在电工电器行业中的资产、主营业务收入和利润所占比重，以及相关子行业的重要性和代表性，本章选取锅炉及辅助设备制造、发电机及发电机组制造、配电开关控制设备制造和电线、电缆制造四个子行业进行详细分行业分析。

（二）国际电工电器行业发展概况

1. 国际电工电器行业发展现状

（1）市场现状

①电工电器行业市场稳步发展

新兴国家的城市化、工业化进程带来了电力需求、电网基础建设需求的

① 赵霞：《电工电器工业行业现状分析》，《机械工业标准化与质量》2011年第12期。

表 1　电工电器行业分类代码及名称

大类代码	大类名称	小类代码	子行业名称
307	陶瓷制品制造	3072	特种陶瓷制品制造
309	石墨及其他非金属矿物制品制造	3091	石墨及碳素制品制造
341	锅炉及原动设备制造	3411	锅炉及辅助设备制造
		3413	汽轮机及辅机制造
		3414	水轮机及辅机制造
		3415	风能原动设备制造
		3419	其他原动设备制造
342	金属加工机械制造	3424	金属切割及焊接设备制造
346	烘炉、风机、衡器、包装等设备制造	3461	烘炉、熔炉及电炉制造
		3465	风动和电动工具制造
356	电子和电工机械专用设备制造	3561	电工机械专用设备制造
381	电机制造	3811	发电机及发电机组制造
		3812	电动机制造
		3819	微电机及其他电机制造
382	输配电及控制设备制造	3821	变压器、整流器和电感器制造
		3822	电容器及其配套设备制造
		3823	配电开关控制设备制造
		3824	电力电子元器件制造
		3825	光伏设备及元器件制造
		3829	其他输配电及控制设备制造
383	电线、电缆、光缆及电工器材制造	3831	电线、电缆制造
		3832	光纤、光缆制造
		3833	绝缘制品制造
		3839	其他电工器材制造
384	电池制造	3849	其他电池制造

资料来源：国民经济行业分类（GB/T 4754－2011）。

增长，也促进了全球电工电器行业的快速发展。电工电器行业需求持续增长，从地区上看，在亚洲、中东、非洲和拉美的市场一直保持较快增长；西欧、北美、远东及东南亚市场总体规模较大，增速相对较缓；印度半岛、东欧以及非洲地区市场起步较晚，增长较快。2014 年，中国、美国和德国电工电器行业销售收入共 11851 亿美元，同比增长 7.7%。

②可再生能源装机容量在中国、美国、德国等国较多

近年来，可再生能源越来越受到关注，可再生能源的装机容量稳步提高，其中中国、美国和德国等国家的可再生能源装机容量稳步增加，2012年中国、美国、巴西、加拿大和德国的可再生能源发电装机容量居世界前五位，而“金砖五国”的可再生能源装机容量占世界可再生能源装机容量的36%。中国、美国、德国、西班牙、意大利和印度在非水电可再生能源领域排名靠前，装机容量占世界非水电可再生能源发电装机容量的69%。

③跨国公司占据输配电行业市场

输配电行业市场的竞争格局主要是由ABB、西门子、阿海珐3家跨国公司主导，在欧美市场如此，在中南亚、非洲、远东等地区也是如此，ABB、西门子、阿海珐3家跨国公司合计占有全球近50%的市场份额，再加上三菱、日立等这些跨国公司瓜分了世界输配电装备行业市场的大部分份额。

（2）技术现状

①火电设备

超超临界燃煤发电技术作为火力发电的先进技术，在各个国家，尤其是欧美、日本获得了快速发展。单机容量60万千瓦及以上的大容量超临界及超超临界火电机组已成为主力机组，在工业发达国家中已广泛应用。美国是发展超临界发电技术最早的国家，最大的单机容量为1300万千瓦。日本发展超临界机组是引进欧美的技术，目前已跃居世界发展超临界技术的先进国家，超临界机组占常规火电机组装机容量的60%以上。在俄罗斯共有超临界机组200多台，占总装机容量的50%以上，其30万千瓦以上容量机组全部采用超临界参数。

中国投运的100万千瓦超超临界机组已占世界2/3左右。目前世界上投运参数最高的燃煤电站锅炉是华能长兴电厂1号机组，由哈电集团自主研发，采用参数66万千瓦高效超超临界锅炉，其主汽压力达29.3MPa，再热汽温高达623℃，标志着在高参数、大容量电站锅炉设计制造能力上，中国已达到国际领先水平。

②水电设备

目前，水电设备中混流式水电机组，尤其是70万千瓦以上机组，是容

量超大的发电机组，具备性能好、稳定性高的特点；目前世界上最大单机容量机组是我国向家坝电站，其 80 万千瓦单机容量、直径 19.99 米的定子、直径 18.97 米的转子、23 千伏定子额定电压，均为目前世界机电安装最高等级的技术指标；混流式水电机组的最高水头达到 744 米（奥地利 Hausling），目前世界最大轮转直径是 10.4 米（中国三峡）。在轴流式水电机组方面，最大单机容量达 20 万千瓦（中国水口）、最高水头 88.0 米（意大利 Nembia），水轮机转轮直径最大 11.3 米（中国葛洲坝）。贯流式机组的发展在水电中的比重日益提高，灯炮贯流式机组最大单机容量为 7.5 万千瓦（中国为巴西 Jirau 电站研制），最高水头为 31.5 米（美国 Lawence）灯泡贯流式机组。冲击式机组最大单机容量为 42 万千瓦；抽水蓄能发电机组（30 万千瓦以上，采用交流励磁进行调速）的容量仅次于混流式发电机组，目前最大单机容量达 45 万千瓦（日本神流川），最高水头达 728.0 米（日本葛野川）。

③核电设备

核电作为一种清洁安全的能源，与火电、水电一起构成了当今世界电力的三大支柱。经过 60 年的发展，核电技术的应用和发展经历了四代，目前，第二代核电技术仍然是主力军，第三代核电技术正在被越来越多的国家应用。第三代核电站的主力堆型包括先进沸水堆（ABWR：GE + 日立）、先进非能动式压水堆 1000（AP1000 美国西屋）、欧洲压水堆（EPR 法国）、先进压水堆（APWR、APWR +：日本三菱 + 美国西屋）、经济简化型沸水堆（ESBWR）和先进压水堆 1400（APR1400）等。目前世界最大单机容量的核电设备是采用 EPR 三代核电技术，最大单机容量为 1750 兆瓦。第四代核电站强化了防止核扩散等方面的要求，目前处在原型堆技术研发阶段。

④新能源及可再生能源发电设备

新能源包括风能、太阳能、生物质能、海洋能等，新能源中以风力发电发展最为迅速，排在全球前三名的是德国、美国和丹麦。在全球各地，多个国家的新增风电装机都创下新高，包括中国、德国、巴西、加拿大等。风电机组的单机容量也持续增大，已经从千瓦发展到兆瓦，如今单机容量达 6.5 兆瓦的风电机组已面世，兆瓦级风机成为当前世界风力发电的主力机型。可变桨翼和双馈异步发电技术等广泛的采用，使机组更能适应风速的变化，大大提高了效率。无齿风机、全功率变流技术的广泛发展和应用，进一步提高了安全性和效率。由于风电技术已相当成熟，近年来，发达国家风电的年装机容量以35%以上的速度增长。根据全球风能理事会的报告《2014全球风电装机统计数据》，2014年全球风电新增装机容量创历史新高，首次超越50兆瓦门槛，达到51477千瓦，风电装机容量同比增加44%。

太阳能光热发电作为相对更安全更环保的可再生能源，已是全球多个国家重点支持的战略性新兴产业，光热发电技术成果的商业化运作在西班牙、美国、印度、南非等国已全面展开，装机容量稳步增长。据光热发电网（CSPPLAZA）研究中心统计，2014年，全球光热发电新增装机容量110万千瓦，同比增长32%，总量达到453万千瓦，其中美国新增装机容量80万千瓦，领跑世界，印度的新增装机容量位于第二。

⑤输配电设备

各国都非常重视输配电技术的发展，从输配电领域各国专利申请态势看，近几十年专利申请数量和质量都有较快速增长，各年度的技术专利申请在高位运行，是输配电技术领域研发高峰时期。① 专利申请主要来自日本、美国、欧洲和中国，这些国家和地区已经研发和积累了大量的优势技术，专利申请数量占输配电领域专利总数量的91%，尤其是日本，其专利申请总量居于首位。近来随着科学技术的进步，输配电行业不断有新技术投入实际运用，尤其在特高压输电领域，目前世界上最先进的输电技术是特高压电网，中国的特高压输电技术在世界上已经取得领先水平。

2. 国际电工电器行业的发展趋势

（1）市场趋势

①新兴国家市场前景广阔

新兴国家经济刚开始发展，这些国家电力基础建设相对落后，有很强的电力基础设施建设需求，随着国家经济发展和用电量上升，缺电现象越来越

① 廖永光：《输配电技术发展趋势及应用前景》，《中国高新技术企业》2014年第26期。

严重，亟须电站扩容和加快电网建设，而这些国家电工电器行业并没有很强的本土企业，这为各国电力设备企业提供了广阔的市场。“一带一路”贯穿欧亚大陆，东边连接亚太经济圈，西边进入欧洲经济圈，涵盖26个国家和地区，沿线大多是新兴经济体和发展中国家，总人口约44亿，约占全球的63%，经济总量约21万亿美元，约占全球的29%①，打造“一带一路”，需要加强经济带的能源基础设施建设，跨境电力与输电通道建设将是重中之重，这将会为电工电器行业的发展带来新的强劲增长点。

②输配电在亚洲、美洲有潜力

国际市场重构给输配电设备制造行业带来新机遇，亚太区域中，几乎所有国家都在积极寻求智能电网应用的整合，以提高配电系统的整体效率。另外，受新兴国家电站扩容等多个因素影响，全球输配电设备市场需求总体呈上升趋势。中国、印度以及中东电力需求的增长，成为输配电市场增长预期的主要增长动力。另外，输配电设备都有一定的使用寿命，一般为10～15年，很多国家输配电设备进入更新换代时期，如北美和欧洲的德国、英国，全球输配电设备的产品升级换代的需求旺盛，未来输配电行业将以亚洲、北美、拉美市场最具吸引力。

（2）技术趋势

发电设备的总发展趋势是向大容量、高参数、高效率（低能耗）、低排放（零排放）、经济性、安全性和智能化方向发展。近年来，发电设备的环保、安全性和经济性更是受到各界重视，发电设备已经不是简单的提高容量和提高参数，受材料限制，在现有基础上，如果改造达到排放标准以及经济性，即实现低碳高效，是下一步发展的重中之重，因此，对发电设备的性能要求越来越高。

①能源向清洁高效方向发展

在全球气候变化和环境恶化的压力下，各国面临能源危机和气候危机的双重考验，都把目光瞄准清洁能源，全球基本达成以清洁能源替代化石能

① 王思童：《“一带一路”为电工行业带来新机遇》，《电器工业》2014年第12期。

源，从根本上解决化石能源污染和温室气体排放问题的共识。但是由于现有能源构成，以及可再生能源的开发利用需要一定过程，因此，化石能源在一段时间内仍占主导地位，火电仍是主要组成部分，且燃煤发电仍占主导地位，燃煤的高效清洁技术是发展趋势；风电、太阳能等非水可再生能源的发电装机比例将明显增加，清洁能源的高效利用成为关注焦点。

②电网更加智能化

随着经济的发展，经济社会对电网的依存度持续提高，对电网的跨国、跨地区长距离输电以及应对突发故障能力等要求越来越高，使得输变电设备向可靠性和系统配合发展，电网设备不仅仅向大容量、超高压、大电流、组合化方向发展，更向智能化、少（免）维护方向发展，超高压、直流输电是发展主流，其中智能化电网是全球未来电网建设的重点，电网智能化将作为世界电网发展的基本方向。

（三）我国电工电器行业发展概况

1. 我国电工电器行业总体分析

（1）工业增加值增速放缓

从表 2 可以看出，2014 年电工电器行业工业增加值同比 2013 年增加的子行业仅有输配电及控制设备制造、陶瓷制品制造、石墨及其他非金属矿物制品制造，增幅最大的是石墨及其他非金属矿物制品制造，同比增长 10.9%，比 2013 年增速提高 1 个百分点。而陶瓷制品制造、输配电及控制设备制造的增加值同比增长分别为 9.5%、11.3%，比 2013 年增速分别提高 0.1、0.2 个百分点。

同比下降的子行业中，电子和电工机械专用设备制造增速同比下降最多，比 2013 年下降 5.6 个百分点，同比增长 11.4%。其次是锅炉及原动设备制造和电机制造，增加值同比增长分别是 5.3%、9.6%，比 2013 年增速分别下降 4.7 和 3.0 个百分点。电线电缆、光缆及电工器材制造和电池制造的增加值同比分别增长 9%、9.6%，比 2013 年增速分别下降 0.8 和 0.7 个百分点。

表 2　2014 年电工电器行业增加值同比增速

单位：%，个百分点

行业分类	2014 年	2013 年	增速差
陶瓷制品制造	9.5	9.4	0.1
石墨及其他非金属矿物制品制造	10.9	9.9	1.0
锅炉及原动设备制造	5.3	10.0	-4.7
电子和电工机械专用设备制造	11.4	17.0	-5.6
电机制造	9.6	12.6	-3.0
输配电及控制设备制造	11.3	11.1	0.2
电线电缆、光缆及电工器材制造	9.0	9.8	-0.8
电池制造	9.6	10.3	-0.7

（2）资产规模保持平稳增长

2014 年，电工电器行业资产规模达到 43370.73 亿元，总体保持平稳增长。从图 1 可以看出，各月的资产规模同比增速保持在 8% 至 11% 之间，2014 年前三个季度的资产规模增速逐步递增，第四季度有所放缓。

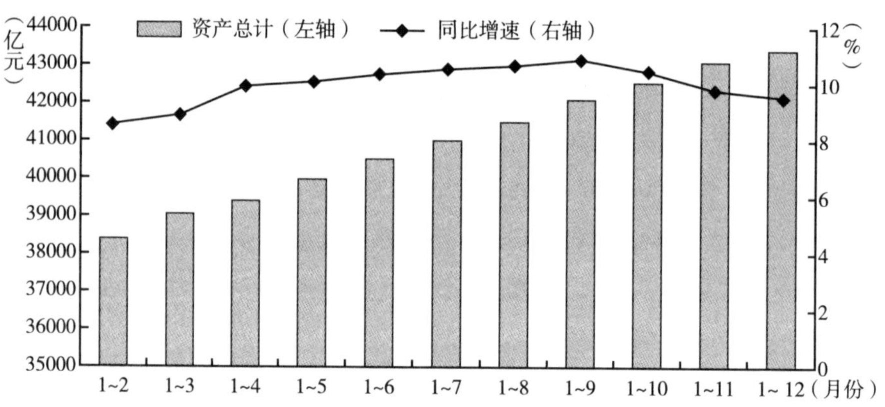

图 1　2014 年电工电器行业资产规模总计及同比增速

（3）固定资产投资全年逐渐增长

2014 年，电工电器行业固定资产投资完成额，比 2013 年增加 1101.47 亿元，达到 9114.69 亿元，同比增加 13.75%，从图 2 可以看出，固定资产投资增长率前 2 个季度同比从 4.51% 递增到 17.24%，之后增速呈逐月回落之势，但依然保持在 13% 以上。

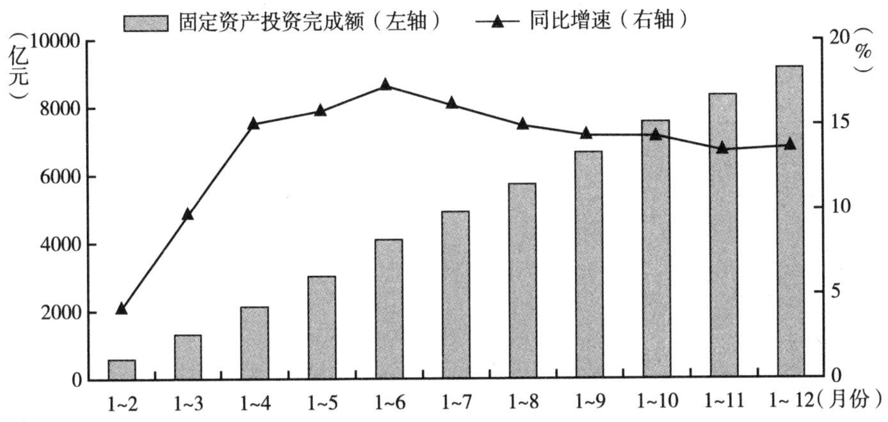

图 2　2014 年电工电器行业固定资产投资完成额及同比增速

（4）进出口规模显著提升、对外贸易结构进一步优化

2014 年，电工电器行业进口和出口双双延续 2013 年的增长趋势，但增速较 2013 年缓慢。2014 年，电工电器行业累计进出口总额 1648.54 亿美元，同比增长 5.06%，增速下降 2.93 个百分点。2014 年第一季度电工电器行业各月进出口总额同比增速为负，但是从 3 月开始增速呈递增趋势（见图 3）。

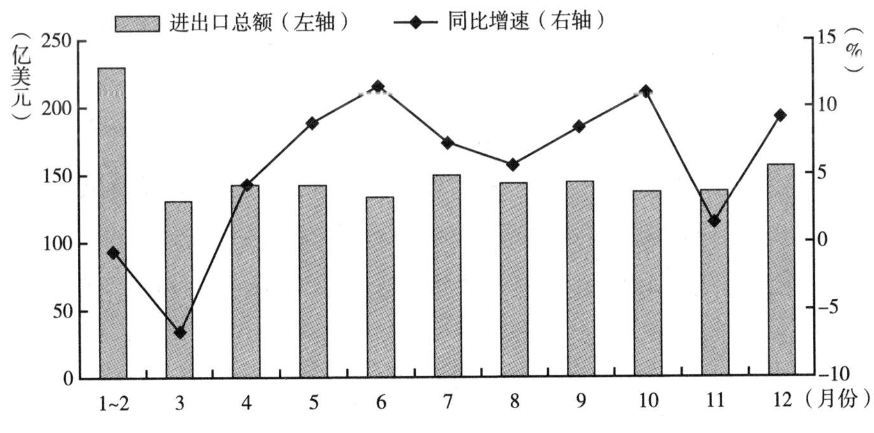

图 3　2014 年电工电器行业进出口总额及同比增速

2014 年，电工电器行业进口总额 573.52 亿美元，同比增长 1.69%，增速较 2013 年下降 4.12 个百分点，且前 8 个月同比增速均为负值；出口总额 1075.02 亿美元，同比增长 6.95%，较 2013 年同比增长下降 2.28 个百分点，全年贸易顺差达到 501.5 亿美元，占全国机械工业外贸顺差的 63.6%（见图 4）。

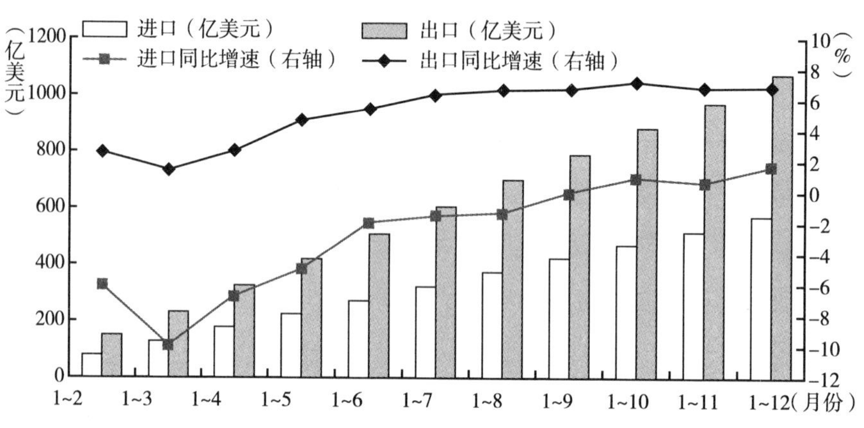

图 4　2014 年电工电器行业累计进口、出口总额及其同比增速

①对外贸易结构优化

2014 年，电工电器行业一般贸易进出口累计总值 797.01 亿美元，同比增长 10.90%，一般贸易累计实现顺差 306.49 亿美元（见图 5）。2014 年电工电器行业加工贸易累计完成进出口总额 64.34 亿美元，同比下降 8.78%，加工贸易累计顺差 21.46 亿美元（见图 6）。其中，全年附加值较高的一般贸易出口总额 551.75 亿美元，同比增长 12.70%；而加工贸易出口总额 42.90 亿美元，同比下降 8.04%。一般贸易出口金额占比和增幅均大大超过加工贸易，表明我国电工电器行业产品外贸出口的附加值在稳步提升，贸易结构在优化。

②广东、上海和江苏保持进出口的龙头地位

2014 年，广东、上海和江苏继续保持电工电器行业进出口的龙头地位，广东、天津和浙江进口同比下降。累计进口排名前 10 位的省市分别是：广

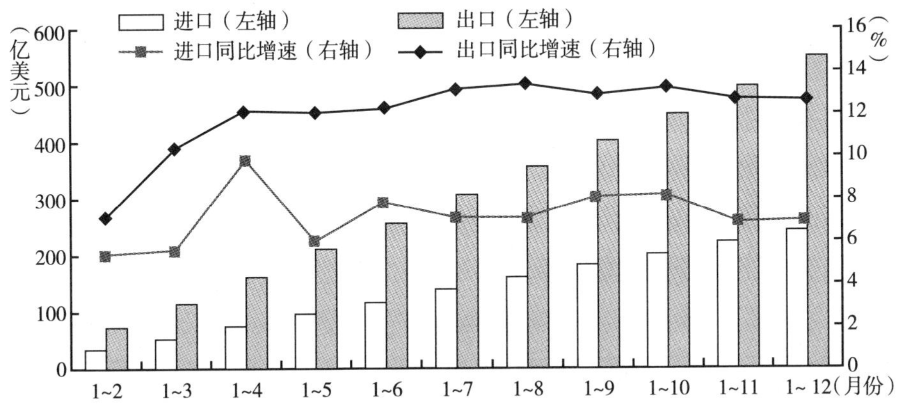

图5　2014年电工电器行业一般贸易累计进口、出口总额及其同比增速

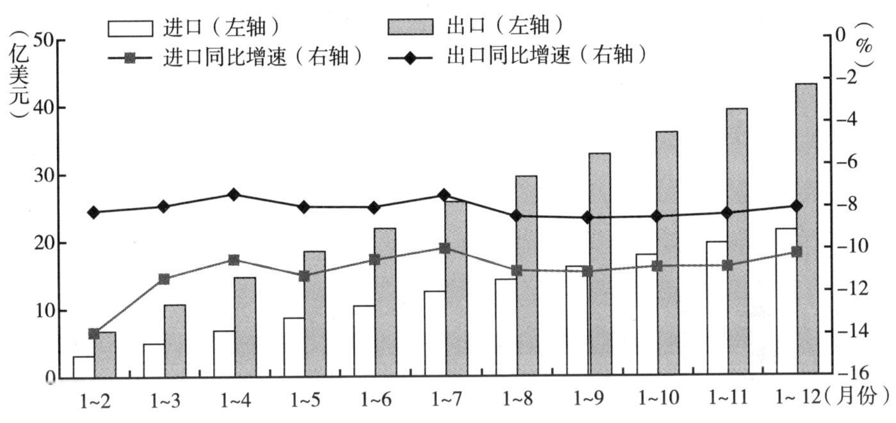

图6　2014年电工电器行业加工贸易累计进口、出口总额及其同比增速

东省、上海市、江苏省、北京市、山东省、辽宁省、天津市、浙江省、福建省、吉林省（见图7）。其中，广东、天津和浙江的进口增速下降，其他省份均有所增长，尤其是上海和山东，增速均超过10%，分别达到12.89%和10.78%。

电工电器行业累计出口排名前10位的省市分别是：广东省、江苏省、浙江省、上海市、山东省、北京市、福建省、天津市、辽宁省、四川省

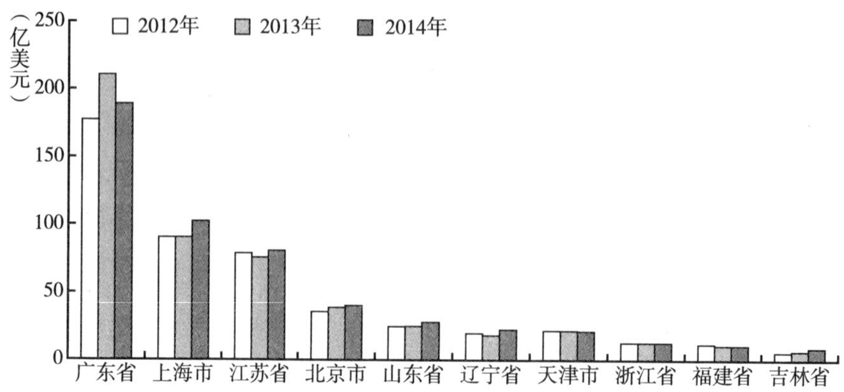

图7　2012～2014年电工电器行业进口排名前10位的省市

（见图8）。除四川省外，排名前10位的省份出口均有所增长，江苏省和浙江省的增速最快，增速超过10%，分别达到10.11%和10.45%。

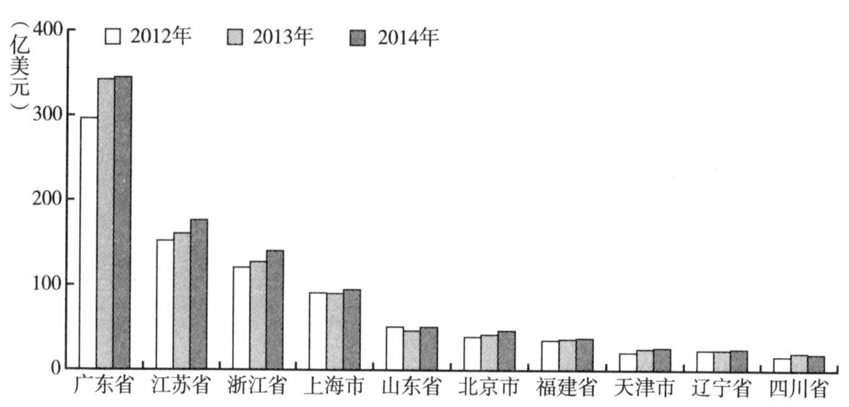

图8　2012～2014年电工电器行业出口排名前10位的省市

③贸易格局保持不变

2014年，我国电工电器行业进口来源国家和地区共174个，比2013年减少1个。排名前9位的进口来源地分别是：日本、德国、韩国、美国、中国台湾、法国、越南、马来西亚、泰国。其中日本是我国电工电器行业最大的进口来源地，累计进口金额达到110.97亿美元，同比下降0.90%。德国是第二大进口来源地，累计进口 79.28 亿美元，同比增长 17.98%。

2014 年，我国电工电器行业出口目的国家和地区共 226 个，比 2013 年多 1 个。全年排名前 10 位的出口目的国家（或者地区）分别是：中国香港、美国、日本、韩国、德国、越南、印度、印度尼西亚、泰国、马来西亚。其中香港是我国电工电器行业最大的出口目的地区，累计出口金额达到 187.73 亿美元，同比下降 2.95%。美国排名第二，累计出口金额 161.77 亿美元，同比增长 8.80%。累计向日本出口 79.47 亿美元，同比增长 3.18%。

2. 我国电工电器行业的运行情况

（1）主营业务收入增速同比放缓

2014 年，电工电器行业主营业务收入 53263.58 亿元，比 2013 年增加 4141.71 亿元，同比增长 8.43%，主营业务收入同比增速呈曲线下降趋势，从年初的 10.89%，降到不足 10%，6 月、7 月及 9 月又突破 10%，到年末降到 8.55%（见图 9）。

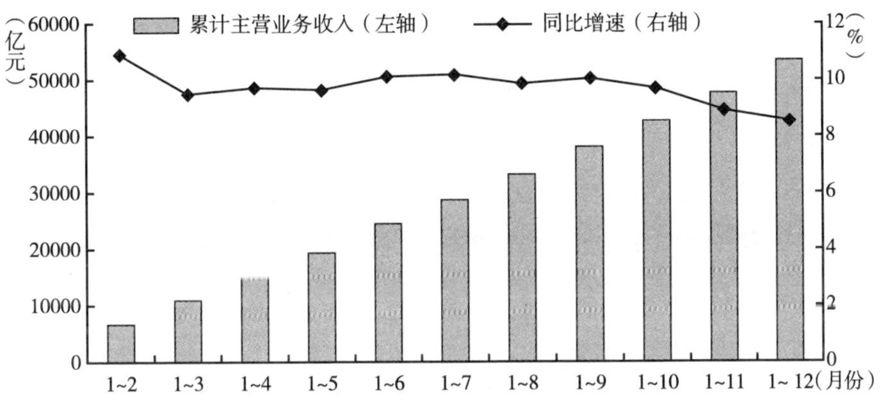

图 9　2014 年电工电器行业累计主营业务收入及同比增速

各细分子行业中，输配电及控制设备制造和电线、电缆、光缆及电工器材制造仍然是电工电器行业主营业务收入的主要来源，输配电及控制设备制造占电工电器行业主营业收入的 36.6%，电线、电缆、光缆及电工器材制造和电机制造分别占 28.3%、14.9%（见图 10）。

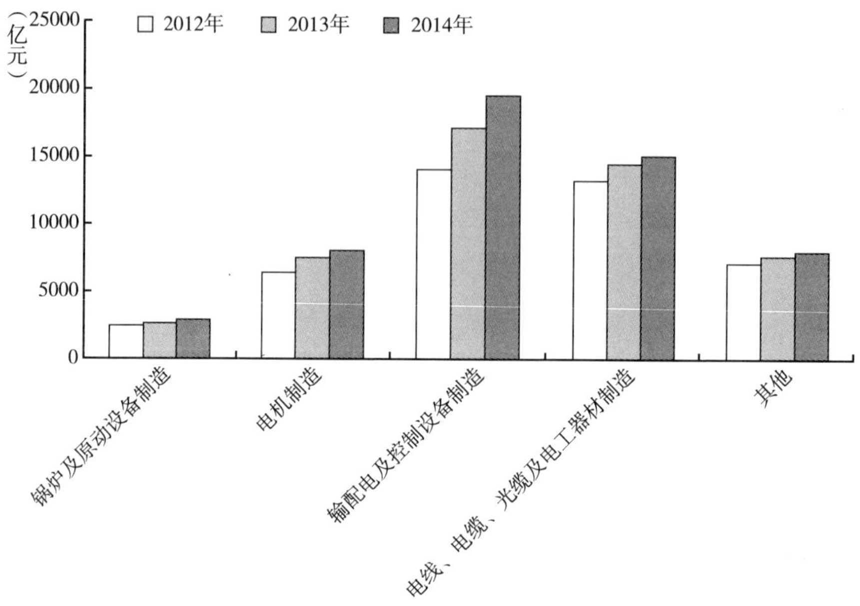

图 10　2012～2014 年电工电器行业子行业主营业务收入

①民营企业主营业务收入增长持续强劲

2014 年，实现主营业务收入 36332. 35 亿元，同比增长 9. 51%，占电工电器行业主营业务收入的比重从 2013 年的 67. 82% 提高到 68. 21%。国有企业和三资企业分别实现利润总额 4390. 53 亿元和 9875. 723 亿元，分别同比增长 5. 04% 和 6. 12%（见图 11）。

②小型企业主营业务收入占比最高

2014 年，小型规模的电工电器企业实现主营业务收入 23024. 18 亿元，同比增加 7. 42%，小型企业是市场的主要构成，占比达 43. 23%。大型企业和中型企业分别实现收入 14606. 17 亿元和 15633. 22 亿元，同比分别增长 7. 17% 和 11. 19%（见图 12）。

（2）主营业务成本递增

2014 年，电工电器行业主营业务成本逐渐增加，到 2014 年底累计达到 45895. 04 亿元，同比增长 8. 55%；从图 13 可以看出，各月的主营业务成本

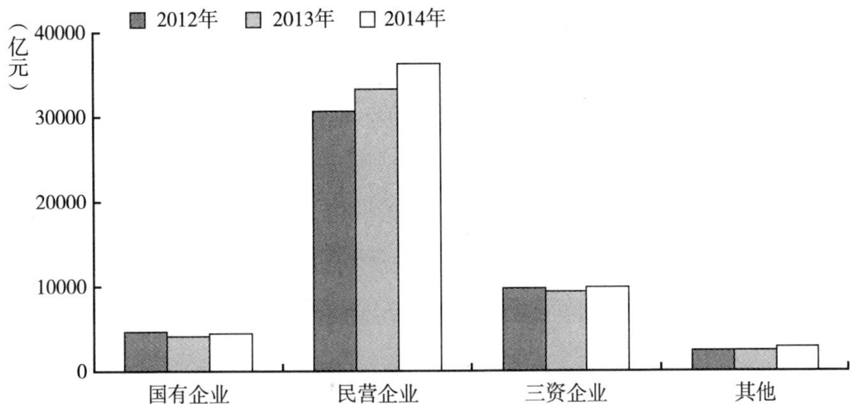

图 11　2012～2014 年电工电器行业按控股类型分主营业务收入

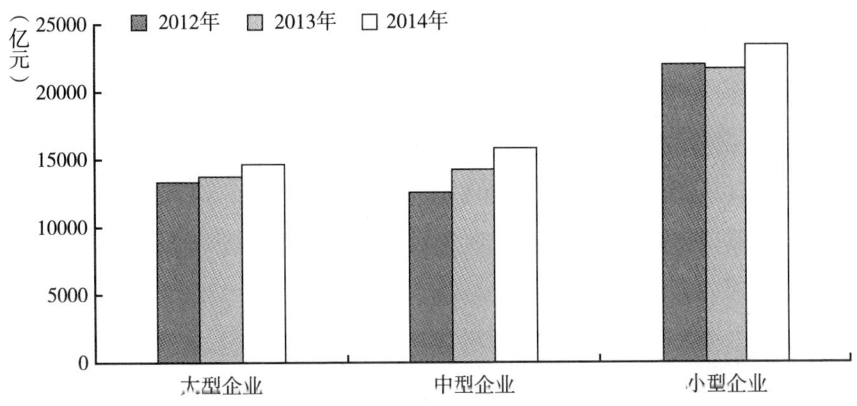

图 12　2012～2014 年电工电器行业按企业规模分主营业务收入

同比增速稳中有降。

①民营企业成本上升最多

按控股类型分，随着民营企业主营业务收入的递增，其成本上升也是最多的，2014 年达到 31391.68 亿元，同比增长 10%，民营企业的主营业务成本占电工电器行业的 68%（见图 14）。

②小型企业成本快速增加

按企业规模分，小型企业的主营业务成本占所有企业的主营业务成本的

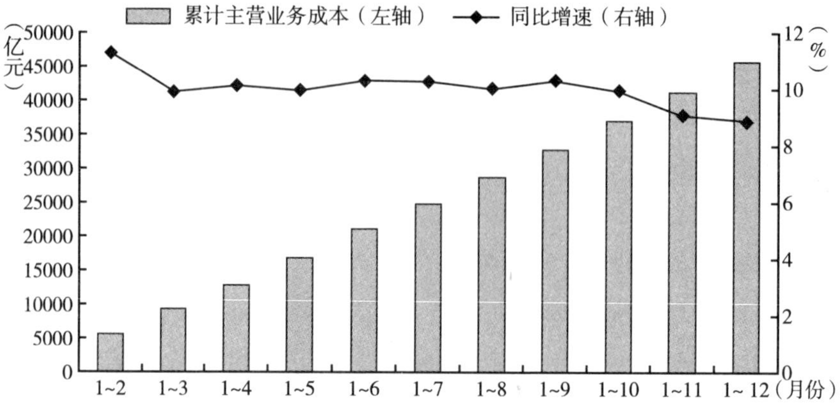

图 13　2014 年电工电器行业累计主营业务成本及同比增速

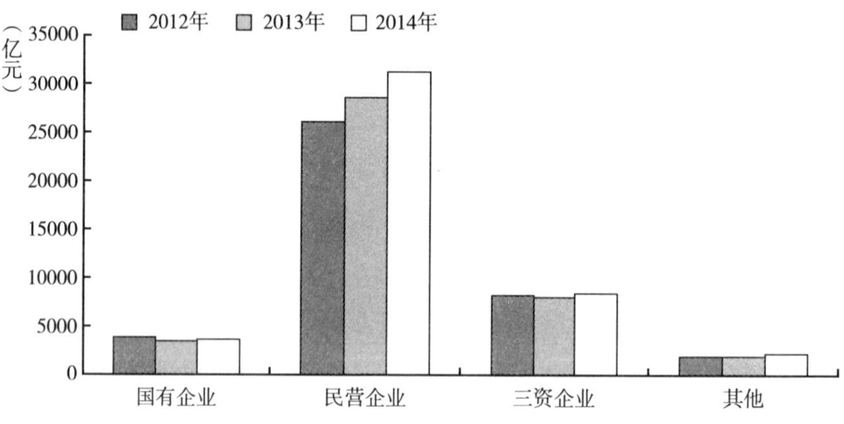

图 14　2012～2014 年电工电器行业按控股类型分主营业务成本

43.66%，其总量和同比增幅是最大的，总量达到 20036.11 亿元，同比增长 10.49%，大型企业和中型企业的主营业务成本分别为 12447.37 亿元、13411.57 亿元，同比分别增长 7.55%、8.09%（见图 15）。

（3）利润增速较快

2014 年，电工电器行业实现利润总额 3112.49 亿元，年初利润迅猛增长，同比增速达到 30.34%，之后同比增速有所放缓，全年利润增速逐月下

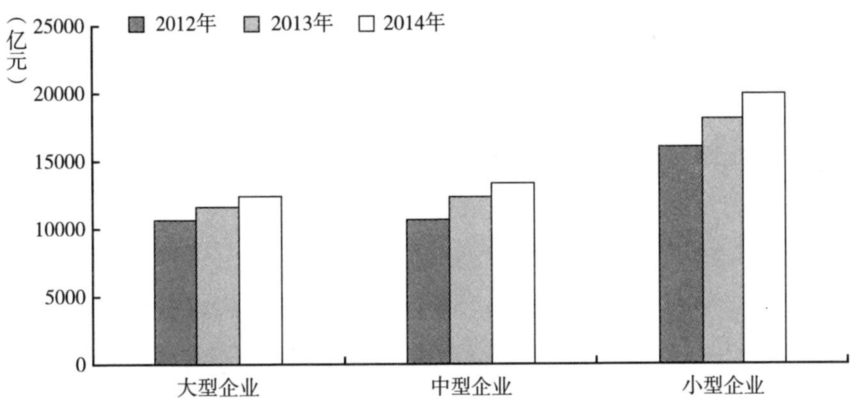

图 15　2012～2014 年电工电器行业按企业规模分主营业务成本

降，12 月份达到全年最低，全年同比增长 10.37%，电工电器行业实现利润总额增速较 2013 年增加 0.57 个百分点（见图 16）。

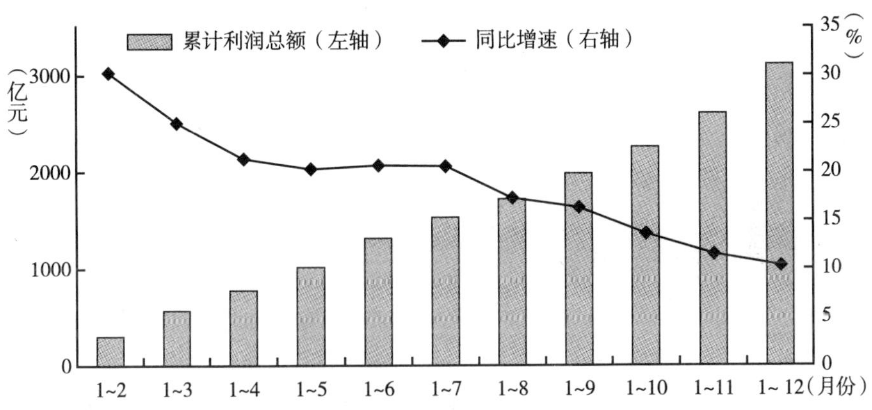

图 16　2014 年电工电器行业累计利润总额及同比增速

①输配电及控制设备利润最高

2014 年，电工电器行业重点小行业中，对电工电器行业利润贡献最大的是输配电及控制设备制造，累计完成利润总额 1177.17 亿元，同比增长 23.74%，占电工电器行业的 37.82%。电线、电缆、光缆及电工器材制造行业累计完成利润总额801.87亿元，同比增长4.54%。电机制造行业累计完成利润总额467.95亿元，同比增长7.66%。锅炉及原动设备制造行业累计完成利润总额148.47亿元，同比下降9.01%（见图17）。

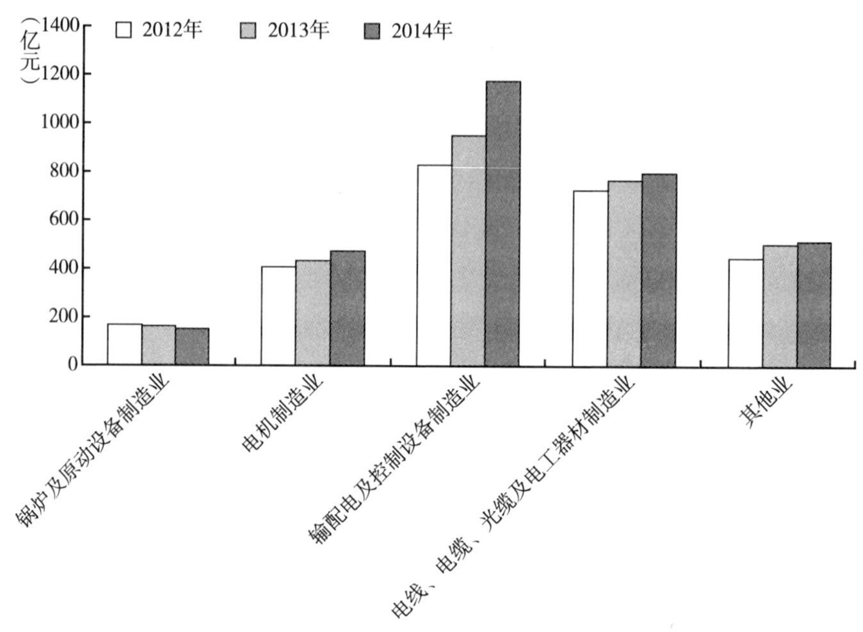

图17　2012～2014年电工电器行业各细分行业利润总额

②国有企业利润大幅下降

2014年，国有企业、民营企业和三资企业分别实现利润总额47.53亿元、2244.30亿元和664.43亿元，同比分别增长－37.79%、9.33%和19.17%；和2012年以及2013年相比，除国有企业利润总额下降外，民营企业和三资企业都实现了快速增长（见图18）。

③中小型企业利润快速增长

2014年，电工电器行业中中小型企业的利润增速较快，在10%以上，分别为13.16%和10.54%，大型企业的同比增速仅为7.17%。大型企业、中型企业和小型企业分别实现利润858.72亿元、960.04亿元和1293.73亿元（见图19）。

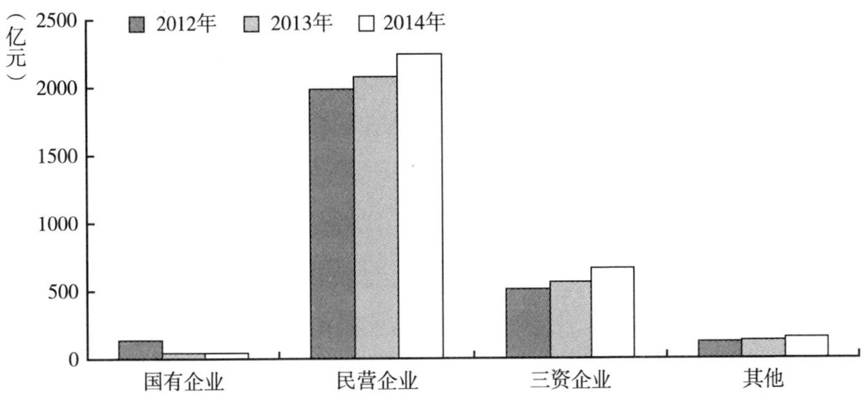

图 18　2012～2014 年电工电器行业不同控股类型利润总额

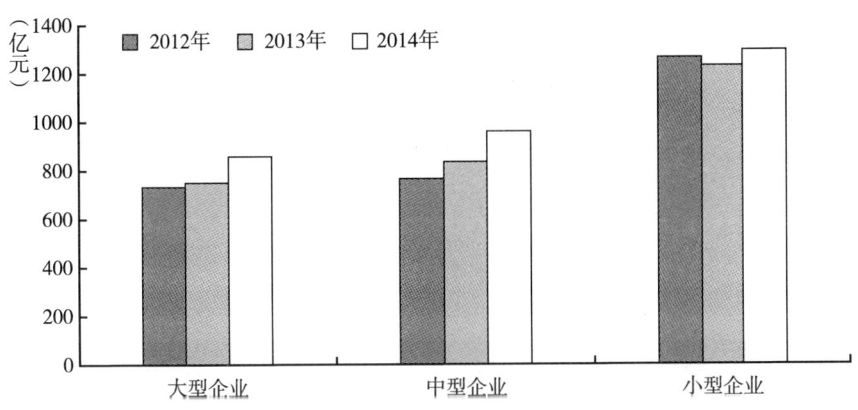

图 19　2012～2014 年电工电器行业不同规模企业利润总额

3. 我国电工电器行业市场需求分析

（1）国内需求

①配电设备市场规模将稳步提高

从经济持续发展，工业化、城镇化和消费结构升级的角度，我国能源需求延续涨势，但随着技术进步，能源效率的提高，在经过电工电器行业的高速增长后，我国电力供应能力大大增强，国内电力市场空间将进一步缩小，行业市场容量接近饱和，甚至出现产能过剩，在国内电力增长空间有限的经济“新常态”下，以及社会、企业对资源节约与环境保护的响应，节能环保新技术将被广泛应用，传统火电水电被清洁能源替代，其市场需求越来越萎缩。而居民消费观念的提升，特别是随着移动互联网时代的到来与信息化步伐的加快，从细分产品结构分析，配电设备市场增长将高于行业平均增速，未来市场规模占比将稳步提高。

②西部地区将迎来更广阔的市场

从地域上说，根据电力行业“十二五”规划，我国电力投资中，电源投资越来越多地向西部地区倾斜，经济发达的东中部地区投资份额明显下降。另外，我国倡导构建的“一带一路”，丝绸之路经济带沿途经过我国西部数个省区，而西部地区作为我国重要的传统能源基地近年来取得了快速发展。电力投资的倾斜和“一带一路”战略为我国电工电器行业在西部带来更广阔的市场。

③农村电力建设是重点

按城乡来划分，城市的快速发展凸显农村的相对落后，近年来国家对农村电力建设越来越重视，国家发改委提出要加大城乡配电网投入力度，着力解决好变压器和线路超负荷、设备老旧等问题，国家能源局也提出要重视农村供电的新建或改扩建电网，这些政策都为电工电器行业在农村迎来了广阔的市场。

（2）国际需求

①国际需求稳步增加

随着工业化进程的加快以及各国经济的发展，将带动用电量的增加，部分发展中国家缺电现象越来越严重，尤其是新兴国家有很强的电力基础设施建设需求，电工电器产品的国际需求将稳步增加。新兴经济体的快速发展，使世界电工产品需求结构发生了很大的变化，“电力输出”将成为发展的最大载体，而这些新兴经济体的电工电器行业大多没有很强的本土企业，这为各国电力设备企业出口留了广大的空间提供了广阔的市场，而从电源设备到电网设备，我国电工电器行业已经具备一整条完整的产业链，电工电器产品在国际竞争中具有相当的优势，尤其是对于还处在电力建设初期阶段的发展中国家来说，我国电工产品很有吸引力，因此，我国电工电器行业在国际上的需求也将随之稳步增加。

②“一带一路”建设提供了千载难逢的契机

“一带一路”战略的提出将拉动国内电工电器装备的出口，“丝路基金”的成立有效地解决了沿线国家的资金缺口，将有力推动沿线国家的电力基础设施和电网的建设，为我国电力设备出口开拓了广阔市场，也有利于我国电网企业进一步提升在发展中国家的市场份额。“一带一路”覆盖的国家和地区较多，产生的经济效益显著，目前我国正在落实与中亚五国实现输电联网，为我国电工电器行业企业走出国门提供了千载难逢的契机。我国电工电器行业企业当下更要紧跟国家能源外交战略，好好把握“一带一路”带来的契机，在国际“价值洼地”中寻找机会开拓市场并牢牢把握。

4. 我国电工电器行业存在的问题

近年来，我国经济快速发展，国家不断加大对电力工业的投资以改善基础设施建设，电工电器制造业受益匪浅，在发电设备、输变电设备、配电设备、用电设备以及电工器材制造领域都取得了令人瞩目的成就，但是快速发展的同时也存在着一些隐忧。

（1）发展机制不健全

我国能源分布与需求分布呈逆向状态，而电力建设一直存在重发电、轻送电的现象，发电端发展速度远快于输配电的发展速度，没有充分发挥优化资源配置。尤其是风电、水电、光伏发电等新能源和可再生能源“重发轻送不管用”，有电送不出去，造成利用面临困难，目前的“弃风”“弃水”现象频频出现，新能源和可再生能源没有形成研发、生产、消费相互促进的良性循环，生产和消费发展不协调，其并网问题没有得到有效解决。

（2）电力结构不尽合理

在世界能源消费大国中，大部分国家以油气为主，只有我国和印度以煤炭消费为主。目前，我国火力发电仍占绝对主导地位，虽然21世纪以来一直在下降，但2014年火电装机占全国装机总量的比重仍然达到67.32%，且大部分是用煤作燃料。水力发电位居第二，2014 年水电装机占全国装机总量的 22.19% 与我国丰富的水电资源相比，仍明显偏低。核电装机所占比例只有 1.46%，也明显偏低。受全球气候变暖的影响，为了减少对大气环境的污染，持续优化电力结构将成为今后我国能源生产和消费方式变革的主题。

（3）法律法规建设速度缓慢

电工电器行业的立法修法工作相对滞后，制约电力市场化和健康发展。近 10 年，电力行业发生了巨大变化，但目前仍然执行的是 1996 年实施的《电力法》，已经不能适应现在电工电器行业发展的现实需要。另外，国家支持新能源发展的利好政策，在刺激新能源井喷式发展的同时，也带来了新的问题，相关改革配套措施没有到位，例如《可再生能源法》因缺少实施细则等原因没有得到很好执行。电工电器行业法律法规建设缓慢，其配套改革政策迟迟没有出台，行业亟须修订有关法律、法规。

（4）低端产品产能过剩而高端产品产能不足

电工电器行业中，以民营企业、小型企业为主力军，这些企业大部分是从小作坊发展起来的，由于缺乏自主知识产权和自主品牌，大都从事简单的加工贸易和贴牌生产。因此，在电工电器行业内，低水平重复制造现象严重，产品质量参差不齐，中低端产品占大多数，有的还出现产能过剩。而对于技术含量较高的产品，例如高压、超高压等高端线缆产品，由于研发基础薄弱，研发投入不足，除少数大型企业外，基本都不能生产，因此，高端产品主要依靠进口，造成对外依存度过高，产能不足。

二　我国电工电器分行业分析

（一）锅炉及辅助设备制造业

1. 锅炉及辅助设备制造行业概况

21 世纪以来，电力设备行业飞速发展，在发电设备需求的强劲拉动下，电站锅炉行业迎来了前所未有的发展机遇，取得了长足的进步。2014 年，锅炉及辅助设备制造行业实现销售收入 1968.90 亿元，同比增长 9.58%。目前，我国已经形成上海锅炉厂有限公司、哈尔滨锅炉厂有限责任公司和东方电气（集团）东方锅炉股份有限公司三大电站锅炉设备制造基地，三大家形成了寡头垄断竞争格局，三大电站锅炉企业各自独立形成大规模成套电站，不论在设备研发能力、制造能力和总产量上都处于国内的第一梯队。武汉锅炉厂、济南锅炉厂、无锡华光锅炉等老牌锅炉厂处于第二梯队。近年来，锅炉行业的整合与发展还催生诸如北京巴布科克威尔科克斯、华西能源股份等国内锅炉制造新兴力量，并借助前些年大规模电源建设，迅速跻身第二阵营，并形成鲜明自身特色。我国电站锅炉企业经过引进技术、合作开发、合资经营和消化、吸收、科研攻关、自主开发，取得了突破性飞跃，电站设备设计技术、制造工艺具有了世界先进水平的自主知识产权。

2. 锅炉及辅助设备制造行业分析

（1）盈利能力下降

2014 年，锅炉及辅助设备制造业总资产利润率仅为 5.98%，同比下降 0.55%。从图 20 可以看出，2014 年各月资产利润率全年均值仅为 0.56%，除 10 月和 12 月外均比 2013 年低。

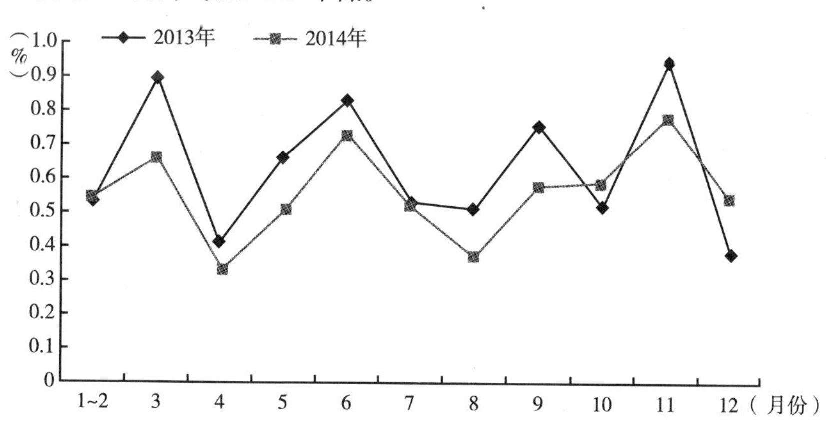

图 20　2014 年锅炉及辅助设备制造业总资产同比利润率

2014 年，锅炉及辅助设备制造主营业务成本率 84.30%，同比提高 1.21%。从图 21 可以看出，各月主营业务成本率呈下降趋势，均值达 84.49%，略高于 2013 年，表明锅炉及辅助设备制造业成本 2014 年比 2013 年增加。

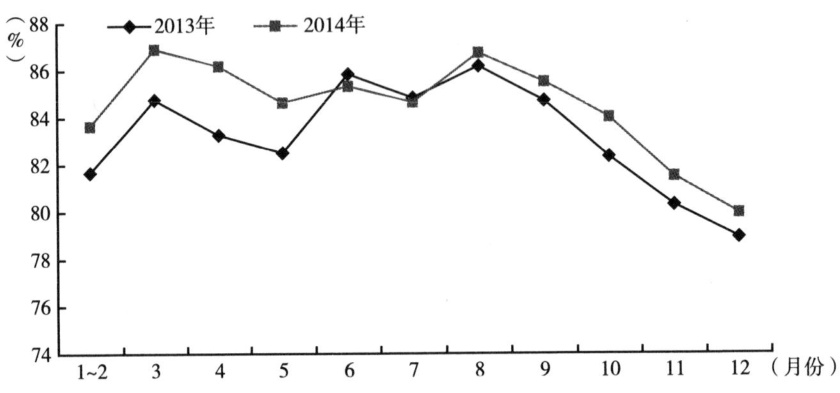

图 21　2014 年锅炉及辅助设备制造业主营业务同比成本率

2014 年，锅炉及辅助设备制造累计三项费用比重为 8.53%，同比下降 0.15%。从图 22 可以看出，2014 年各月三项费用比重变动趋势和 2013 年保持一致，波动幅度小于 2013 年，全年均值 8.54%。

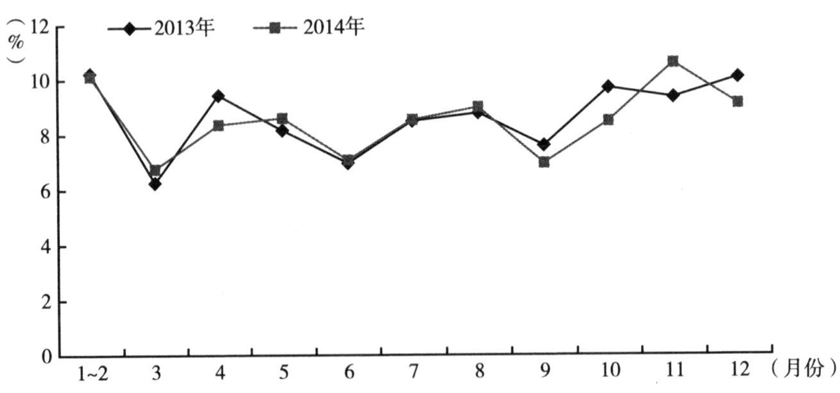

图 22　2014 年锅炉及辅助设备制造业三项费用同比比重

（2）偿债能力增强

2014 年，锅炉及辅助设备制造资产负债率 64.98%，比 2013 年下降 1.19%。全年呈下降趋势，到 12 月降到最低值 64.98%。产权比率呈下降趋势，从年初的 200.09%，到 12 月降到最低值 185.56%，表明其偿还长期债务的能力增强。权益乘数呈下降趋势，到年末为 2.85，全年均值为 2.99，低于 2013 年（见图 23）。

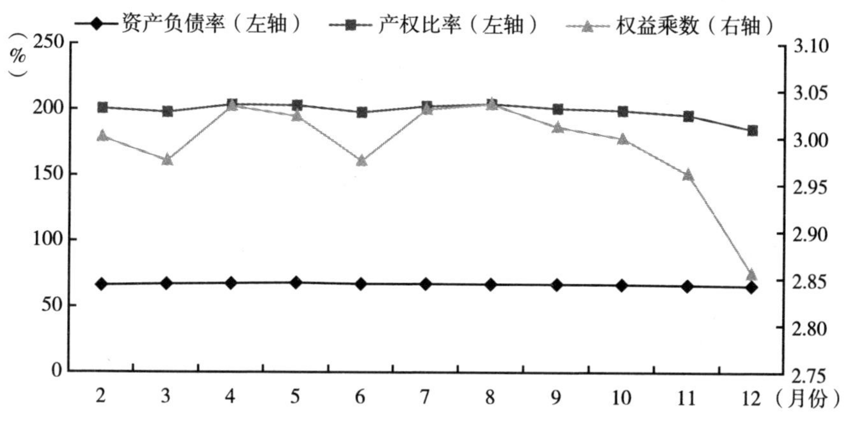

图 23　2014 年 2～12 月锅炉及辅助设备制造业偿债能力

（3）营运能力略有增强

2014 年，锅炉及辅助设备制造应收账款周转率为 4.5 次，同比增加 0.37 次，各月的应收账款周转率略高于 2013 年，全年平均周转 0.4 次。总资产周转率为 1.02 次，与 2013 年持平，每月总资产周转率与 2013 年基本持平，全年平均周转 0.1 次。流动资产周转率为 1.44 次，比 2013 年高 0.04 次，每月流动资产周转率与 2013 年基本持平，全年平均周转 0.1 次（见图 24）。

（4）成长性下降

2014 年，锅炉及辅助设备制造主营业务收入增长率保持匀速增长，同比 2013 年降低。从图 25 可以看出，锅炉及辅助设备制造主营业务收入增长率全年围绕 10% 上下波动，其中 11 月触底，仅为 2.26%。

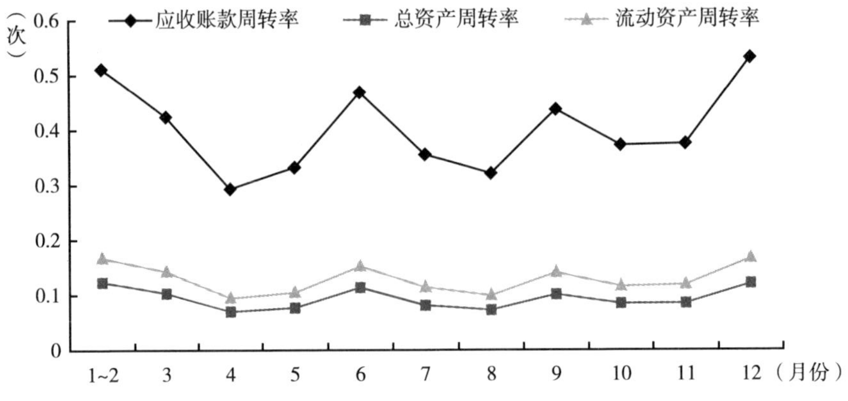

图 24　2014 年锅炉及辅助设备制造业营运能力

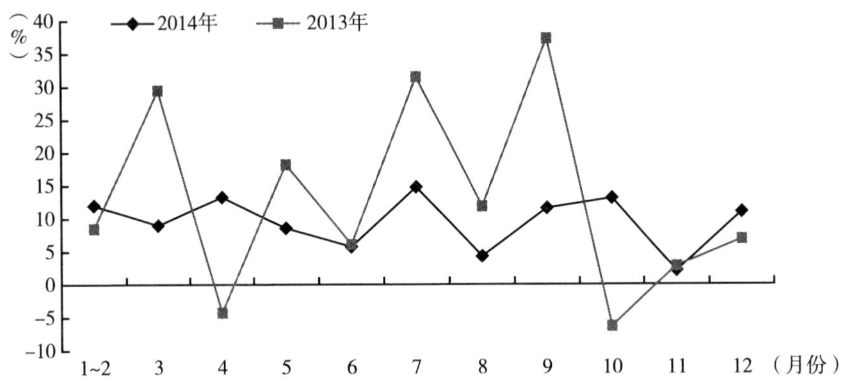

图 25　2014 年锅炉及辅助设备制造业主营业务收入同比增长率

2014 年，锅炉及辅助设备制造资本增长率为 8.88%，同比下降 2.91%。从图 26 可以看出，锅炉及辅助设备制造资本增长率前三季度稳中有升，第四季度下降。

2014 年，锅炉及辅助设备制造全年累计利润增长率为 -0.34%，同比增长 5.07%，呈迂回式增长，到 12 月增至最大值 56.21%（见图 27）。

3. 我国锅炉及辅助设备制造行业技术水平

我国发电设备制造业取得了辉煌的业绩，使我国已成为世界上为数不多的发电设备制造大国之一。我国锅炉及辅助设备制造的原始技术创新能力、

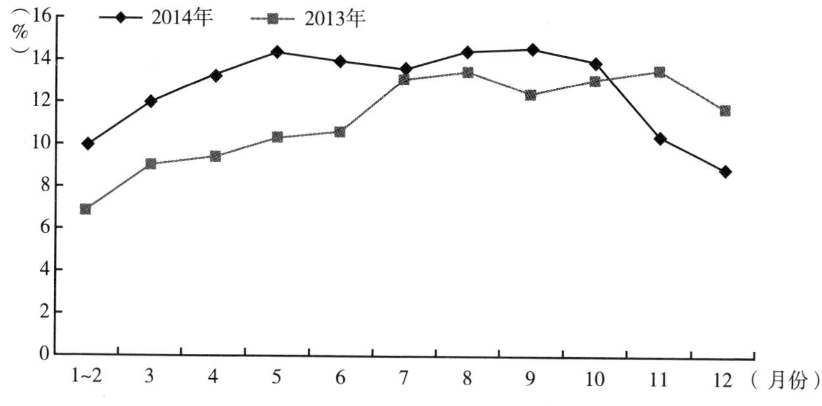

图 26　2014 年锅炉及辅助设备制造业资本同比增长率

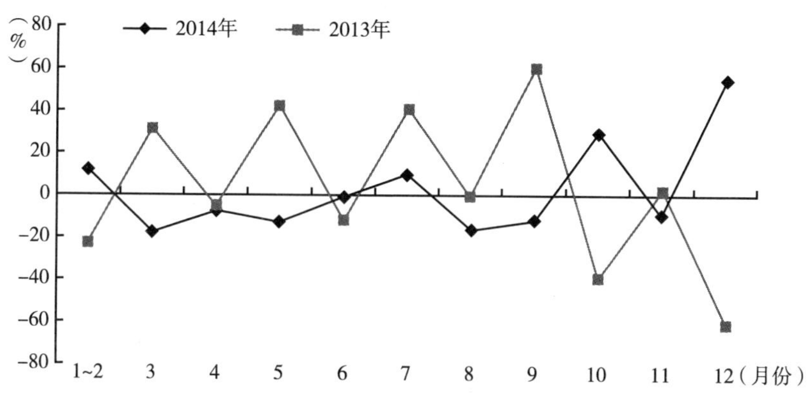

图 27　2014 年锅炉及辅助设备制造业利润同比增长率

新产品开发能力与国外比仍有差距，目前我国锅炉及辅助设备制造主要通过引进先进技术，二次开发、集成创新获得自主知识产权、形成比较完整的产品系列，并且不断有新成果，包括锅炉改进、锅炉燃烧、锅炉控制和锅炉检测等方面技术不断进步。30 万千瓦至 60 万千瓦等级循环流化床锅炉、亚临界（超临界）、30 万千瓦至 100 万千瓦等级超（超）临界锅炉等已经作为成熟产品出口到印度、俄罗斯等国家，已经具备批量生产能力，产品的技术质量也已达到国际先进水平。东方锅炉股份有限公司自主研发、设计、制造的世界最大容量的 60 万千瓦循环流化床锅炉，哈尔滨锅炉厂有限责任公司自主研发设计目前世界上投运参数最高的燃煤电站锅炉（最高参数66万千瓦高效超超临界锅炉华能长兴电厂1号机组），这些都标志着我国设计制造能力达到国际最先进水平，树立了我国电力装备发展史上新的里程碑。

（二）发电机及发电机组制造业

1. 发电机及发电机组制造业概况

2014年底，我国发电装机容量13.6亿千瓦，同比增长8.7%，超过美国成为世界装机容量第一的国家。近年来，我国火电装机容量逐渐降低，到2014年，为67.32%，核电比例逐步增加到1.46%。发电设备需求跟随装机容量的变动而变动。2014年，我国发电机组完成产量1.53亿千瓦，同比增长9.16%。目前我国汽轮发电机组、水轮发电机组和风力发电机组的产量占发电机组（发电设备）产量的90%（见图28），其中汽轮发电机组完成9031万千瓦，占59%，同比增长10.57%，水轮发电机组完成2410万千瓦的产量，占16%，同比下降7.04%；风力发电机组占15%，完成2312万千瓦，同比增幅最大，达13.81%。

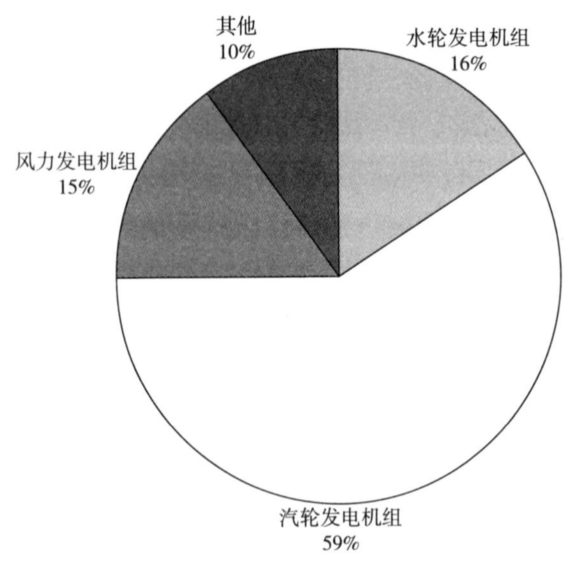

图28　2014年不同发电机组产量占比

我国发电设备制造业由上海电气集团、中国东方电气集团和哈电集团这三大动力集团寡头垄断，三大动力集团是我国发电设备制造业的核心和中坚力量，其设计制造能力已达世界先进水平，使发电设备行业具有越来越强的国际竞争力，产品已远销美国、加拿大、越南、印度、巴西等国家和地区。

2. 发电机及发电机组制造行业分析

(1) 赢利能力略有下降

2014 年，发电机及发电机组制造业总资产利润率 4.45%，同比降低 0.11 个百分点。从图 29 可以看出，各月的资产利润率前半年波动比较大，4 月份仅为 0.25%，6 月份达全年最大值 0.67%，下半年缓慢回升。

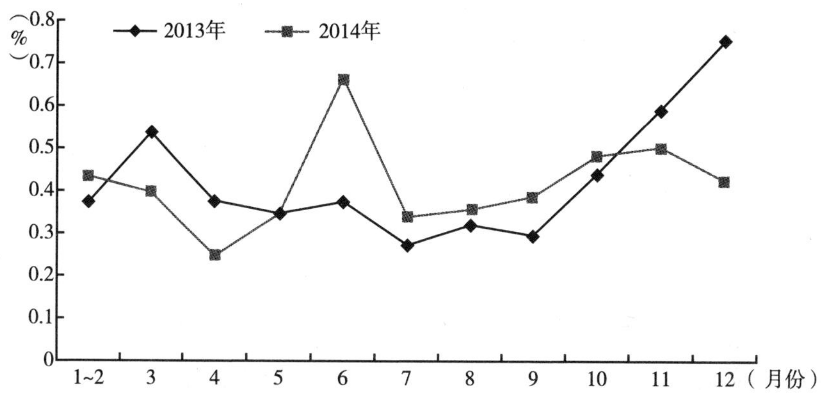

图 29　2014 年发电机及发电机组制造业总资产同比利润率

2014 年，发电机及发电机组制造主营业务成本率为 86.22%，与 2013 年基本持平。从图 30 可以看出各月主营业务成本率，呈逐月下降趋势，其中前三个季度比较平稳，第四季度下降速度最快，年底达最低值 82.81%，全年均值为 86.28%。

2014 年，发电机及发电机组制造三项费用比重为 8.09%，同比下降 0.05%。从图 31 可以看出各月三项费用比重围绕 8% 上下波动，且波动幅度较小，其中第四季度三项费用比重增势明显，12 月份突破 10%。

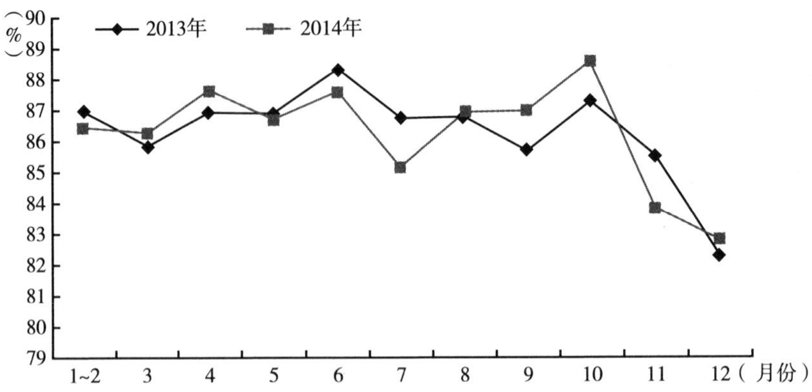

图30　2014年发电机及发电机组制造业主营业务同比成本率

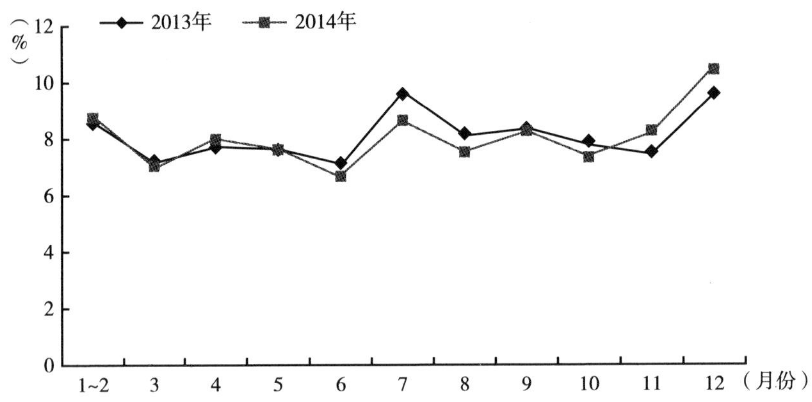

图31　2014年发电机及发电机组制造业三项费用同比比重

（2）偿债能力降低

2014年，发电机及发电机组制造资产负债率为62.95%，同比增长1.23%，各月资产负债率除第一季度外，均比2013年高，呈稳步上升趋势。产权比率为169.94%，上升趋势明显，表明其偿还长期债务的能力逐渐降低，除第一季度外，均比2013年高。权益乘数为2.70，逐月稳步上升，全年均值为2.67，高于2013年（见图32）。

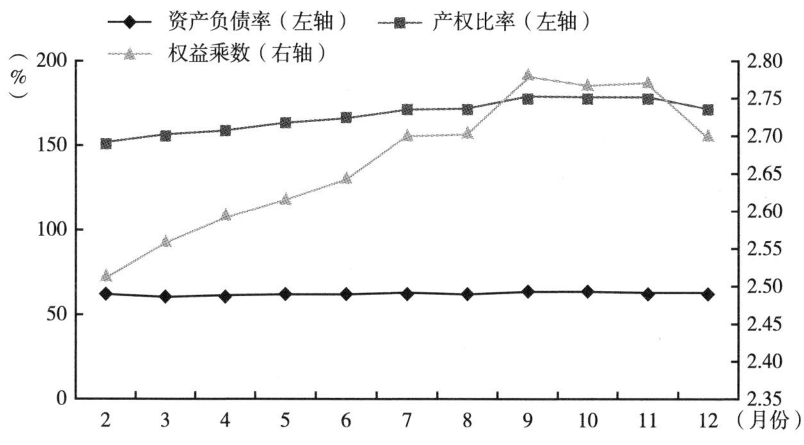

图 32　2014 年 2～12 月发电机及发电机组制造业偿债能力

（3）营运能力略有增强

2014 年，发电机及发电机组制造应收账款周转率为 3. 37 次，同比增加 0. 13 次，其中前半年波动较大，下半年相对平稳。总资产周转率为 0. 89 次，与 2013 年持平，每月总资产周转率变动趋势与 2013 年一致。流动资产周转率为 1. 3 次，比 2013 年高 0. 04 次，每月流动资产周转率与 2013 年基本持平，全年平均周转 0. 67 次（见图 33）。

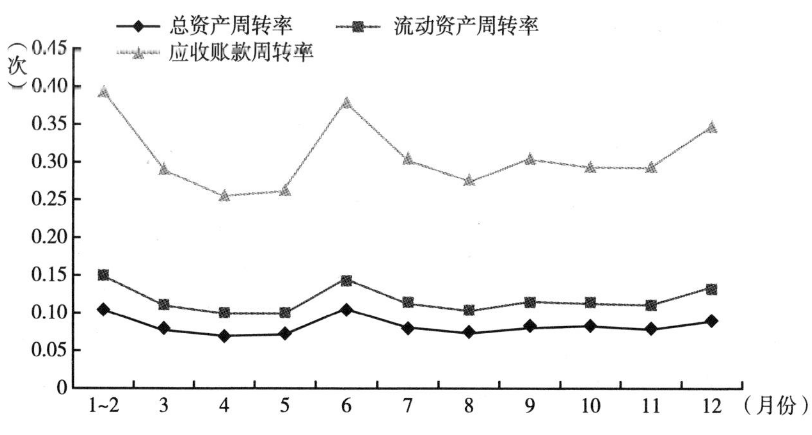

图 33　2014 年发电机及发电机组制造业营运能力

（4）成长性下降

2014 年，发电机及发电机组制造累计主营业务收入增长率 7.45%，同比下降近 10 个百分点，从图 34 可以看出，2014 年发电机及发电机组各月主营业务收入增长率的波动幅度比 2013 年小，其中上半年保持匀速增长。

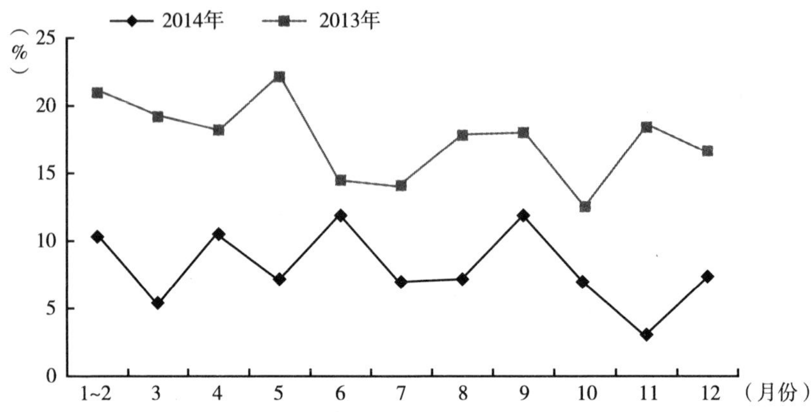

图 34　2014 年发电机及发电机组制造业主营业务收入同比增长率

2014 年，发电机及发电机组制造资本增长率为 7.5%，同比降低 5.15%。从图 35 可以看出，各月累计资本增长率呈逐月下降趋势，但均比 2013 年低。

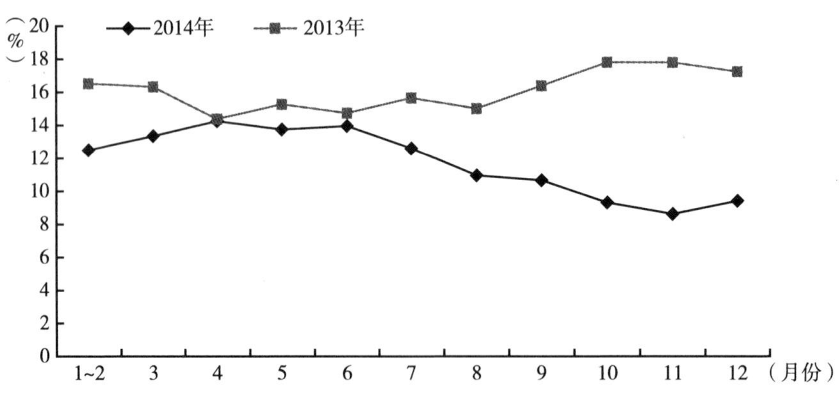

图 35　2014 年发电机及发电机组制造业资本同比增长率

从图 36 可以看出，2014 年，发电机及发电机组制造利润增长率波动较大，上半年最高达 36.09%，下半年急速下降，12 月仅为 2.5%。

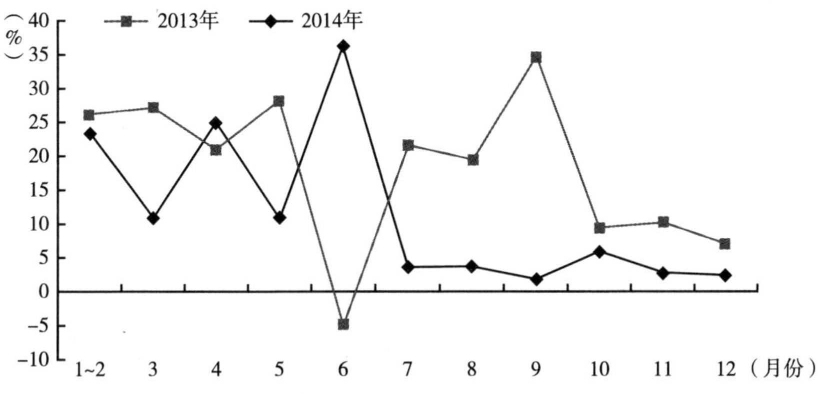

图 36　2014 年发电机及发电机组制造业利润同比增长率

3. 我国发电机及发电机组制造行业技术水平

近年来，我国发电设备行业不仅在生产规模和产量上领跑全球，技术创新方面也取得了较大进步，已经成功研制一大批国际先进水平的高参数、大容量发电机组，我国大型核电、水电、火电和风电设备等自主化水平明显提高。在核电机组方面，目前我国核电在建规模在世界上是最大的，在全面掌握第二代核电机组制造技术的基础上，开发了第三代核电机组制造技术，已能生产 110 万千瓦级核电机组，成功制造世界上单机容量最大的台山 175 万千瓦核电汽轮发电机。[①] 在火电设备方面，超临界、超超临界火电机组技术取得突破，成为我国火电的主力机组，大型空冷技术领先全球，60 万千瓦及 100 万千瓦空冷机组均已投入使用。水电设备制造技术更是独树一帜，混流式水电机组和灯泡贯流式机组均创造了世界纪录，向家坝电站 80 万千瓦机组和溪洛渡电站 77 万千瓦机组是目前世界上装机容量最大和第二的混流式水电机组，东方电机有限公司为巴西杰瑞（Jirau）电站研制了世界上单机容量最大的贯流式水轮发电机组（75 兆瓦灯泡式机组，最大转

① 戴庆忠：《中国发电设备出口漫议》，《东方电机》2014 年第 2 期。

轮直径 7.95 米）。我国发电机组的制造技术不断进步，研发能力持续增强，已成为世界上为数不多的发电设备制造大国之一，并且正在向发电设备制造强国迈进。

（三）配电开关控制设备制造业

1. 配电开关控制设备制造业概况

配电开关控制设备是输配电行业中的主要产品，2003 年以来，我国配电开关控制设备制造行业销售收入年复合增长率达到 25% 以上，2014 年配电开关设备制造全年实现销售收入 5942.57 亿元，占输配电及控制设备制造行业的 30.48%，占整个电工电器行业的 11.16%。利润总额 464.33 亿元，占输配电及控制设备制造行业的 39.44%，占电工电器行业的 14.72%。

2014 年，我国配电开关控制设备制造行业企业有 2663 个，占整个输配电及控制设备制造业的 36.62%，绝大多数是中小规模企业，大型企业占 1.95%，而中型和小型企业数分别占 11.15% 和 86.9%。随着行业竞争更加激烈，企业两极分化趋势更明显，2663 个企业中，239 个亏损，亏损面为 8.97%，同比增加 1.23%，亏损额为 12.66 亿元，同比增长 13.65%。配电开关控制设备企业呈现国有、民营和外资三大主体的格局，2014 年，电线电缆行业企业中国有企业的销售收入占比仅 8.57%，而民营企业的销售收入占 3/4，说明民营企业已在行业中占据了主导地位。而这些企业大部分集中在沿海地区，企业数量超过 100 家的有浙江省、江苏省、山东省、广东省、辽宁省、上海市和安徽省，这七个省市的企业占我国配电开关控制设备企业的 2/3 以上，其中浙江和江苏的企业最为集中，分别为 519 家和 446 家。

2. 配电开关控制设备制造行业分析

（1）盈利能力增强

2014 年，配电开关控制设备制造业的总资产利润率为 9.28%，同比增加 0.11 个百分点。从图 37 可以看出，各月资产利润率在上半年比较平稳，下半年稳步增长。

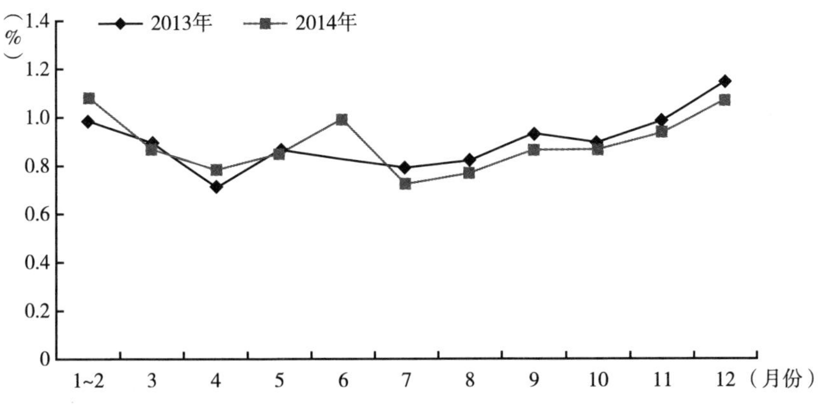

图 37　2014 年配电开关控制设备制造业总资产同比利润率

2014 年，配电开关控制设备制造主营业务成本率为 82. 59%，同比呈下降趋势，降低 0. 38%。从图 38 可以看出，2014 年配电开关控制设备制造各月主营业务成本率先上升，后下降，其中 12 月下降速度最快，年底达到最低值 80. 64%。

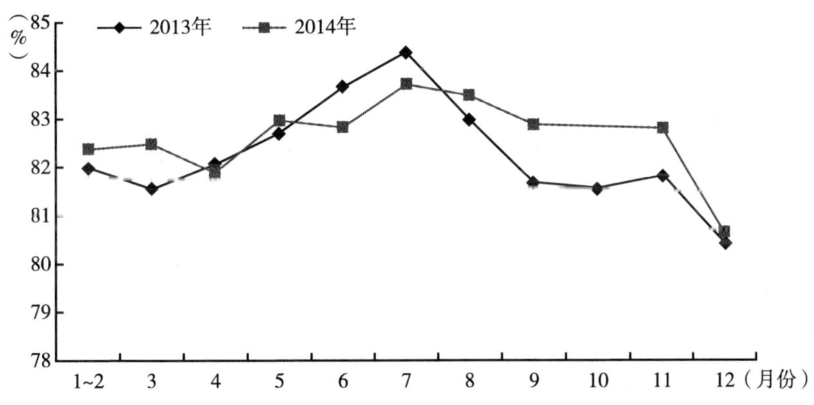

图 38　2014 年配电开关控制设备制造业主营业务同比成本率

2014 年，配电开关控制设备制造全年累计三项费用比重为 9. 58%，同比下降 0. 35%。从图 39 可以看出，各月三项费用比重呈下降趋势，除年初和年末外均在 10% 以内，低于 2013 年。

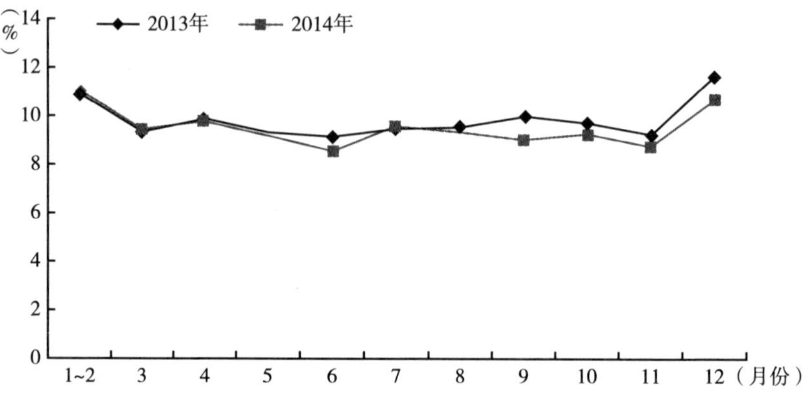

图 39　2014 年配电开关控制设备制造业三项费用同比比重

（2）偿债能力提高

2014 年，配电开关控制设备制造资产负债率为 50.43%，同比下降 1.57%，各月资产负债率上半年稳步上升，6 月份达最大值 51.67%，下半年有所下降。产权比率同比下降 6.59 个百分点，仅为 101.74%，表明其偿还长期债务的能力提高，上半年从 101.55% 稳步上升到 106.92%，下半年又有所下降。权益乘数为 2.02，同比 2013 年下降 6.59%，各月权益乘数在上半年稳步上升，下半年有所下降，全年均值为 2.04，低于 2013 年（见图 40）。

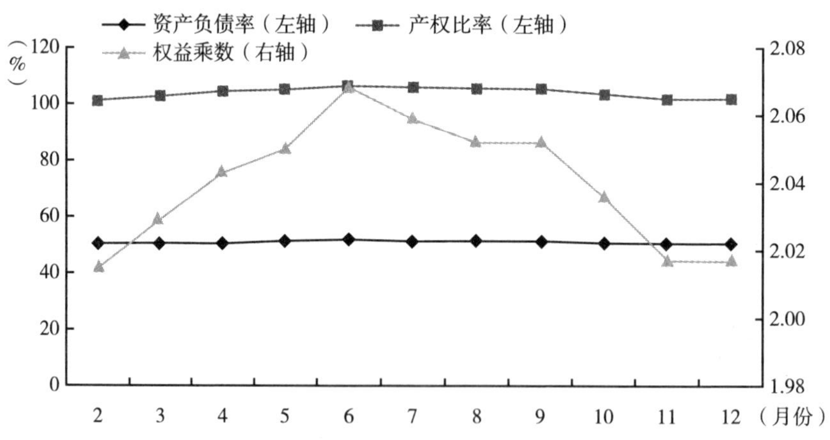

图 40　2014 年 2～12 月配电开关控制设备制造业偿债能力

（3）营运能力与2013年持平

2014年，配电开关控制设备制造应收账款周转率为4.43次，同比降低0.08次。各月应收账款周转率如图41所示，相对平稳。总资产周转率为1.19次，与2013年持平。各月总资产周转率如图所示，稳定在0.11次左右。流动资产周转率为1.78次，比2013年提高0.03次。如图41所示，每月流动资产周转率与2013年基本持平，全年平均周转0.17次（见图41）。

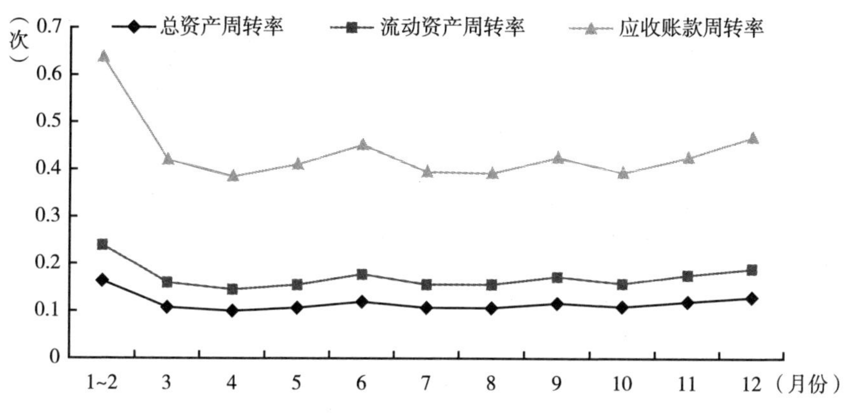

图41　2014年配电开关控制设备制造业营运能力

（4）成长性下降

2014年，配电开关控制设备制造累计主营业务收入增长率为8.08%，同比下降9.54%，从图42可以看出，各月的主营业务收入增长率围绕8%波动，其中最大值达11.96%，最小值仅为3.08%。

2014年，配电开关控制设备制造资本增长率为9.44%，同比下降7.85%。从图43可以看出，2014年配电开关控制设备制造各月累计资本增长率如图所示，上半年略有上升，下半年大幅下降。

2014年，配电开关控制设备制造累计利润增长率为10.69%，同比下降6.04%。从图44可以看出，各月利润增长率波动较大，上半年最高达36.09%，7月急剧下降，下半年保持下降趋势。

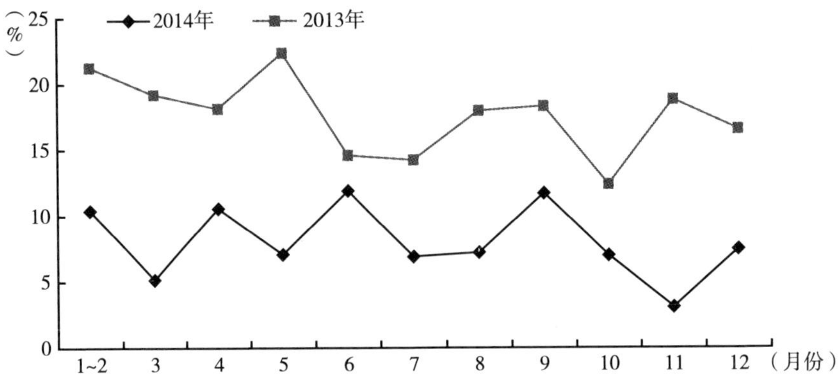

图 42　2014 年配电开关控制设备制造业累计主营业务收入同比增长率

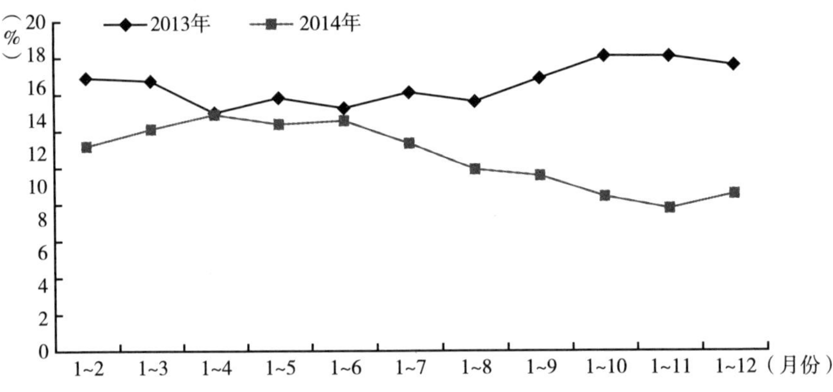

图 43　2014 年配电开关控制设备制造业资本同比增长率

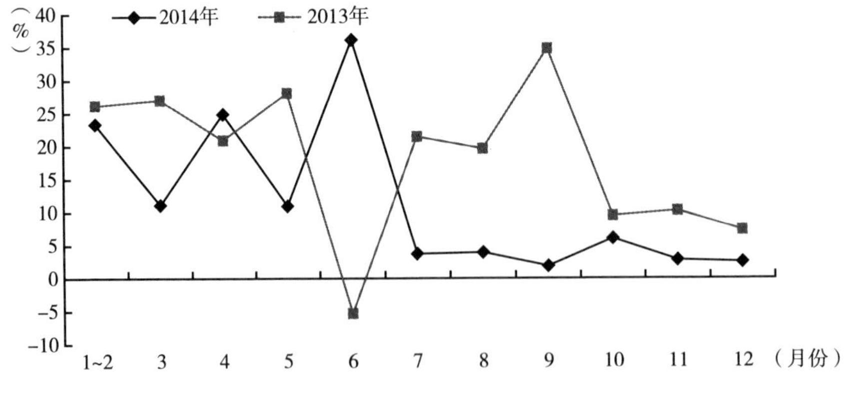

图 44　2014 年配电开关控制设备制造业利润同比增长率

3. 我国配电开关控制设备制造行业技术水平

我国配电开关控制设备制造行业的发展落后于国外，随着外资企业的入驻，如 ABB、西门子等在国内建立合资企业，国内企业引入和吸收国外的先进技术，我国配电开关控制设备的制造水平、产品品种、质量和产量都有了较大的提高，生产效率和经济效益也日益提升。近年来，为了应对日趋白热化的市场竞争，不断增加对电力建设的投资，我国配电开关控制设备制造的自主创新能力也日益增强，不再仅仅是制造企业，目前很多设计和产品研发基本摆脱了以模仿为主的旧时代，进入了自主创新研发设计的新局面。

近年来，通过对第三代产品、第四代产品的开发、完善，在仿真设计技术、低压电器相关技术研究与应用方面数字化、现代测试技术、过电压保护技术、过电流保护新技术、低压电器可通信技术、电源故障保护技术、低压电器可靠性技术又取得了新的突破与发展。[①] 我国高压开关制造业的研发能力、制造能力等也取得了一定的进步，在已投运的 ±800 千伏特高压直流输电工程中，GIS 高压开关等特高压设备已经实现国产化。高电压等级开关设备陆续进驻俄罗斯、新加坡、印度、土耳其等重要海外市场，我国开关制造业在国际上的地位也逐步提升。

（四）电线电缆制造业

1. 电线电缆制造业概况

我国电线电缆的产值占电工电器行业近 1/4，目前已超过美国居世界首位，是装备制造业中仅次于汽车行业的第二大行业。我国电线电缆行业的总体规模、总体产能及其增长速度已经跃居全球第一，对世界电线电缆的行业发展有着重要的影响。[②]

2014 年，电线电缆制造全年实现销售收入 12502. 71 亿元，占电线、电缆、光缆及电工器材制造的 82. 81%，占整个电工电器行业的 23. 47%。利

---

① 何瑞华、尹天文：《我国低压电器现状与发展趋势》，《低压电器》2014 年第 1 期。

② 何亮、王献民、王跃、卢占宇：《中国电线电缆行业经济现状》，《中国外资》2013 年 7 月。

润总额占电工电器行业的20.03%。电线电缆制造企业有3777个，占整个电工电器行业的20%，绝大多数是中小规模企业，大型企业仅75家，占1.99%，中型企业和小型企业分别占13.24%和84.78%。3777个企业中，419个亏损，亏损面为11.09%，同比增加0.37%，亏损额为21.86亿元，同比降低3.24%。在电线电缆行业中，2014年，电线电缆行业企业中国有企业的销售收入占比不足5%，而民营企业的销售收入占76.84%，可以看出国有企业在行业中早已不占主导地位，民营企业已在行业中占据了主导地位。电线电缆企业在我国东部地区比较集中，最为典型的是广东、江苏、浙江三个省份，仅这三个省份就基本上占全国电线电缆生产企业总数的50%。

2. 电线电缆制造行业分析

（1）盈利能力略降

2014年，电线电缆制造业的累计总资产利润率为8.04%，同比降低0.43个百分点。从图45可以看出，2014年电线电缆制造业各月资产利润率在上半年比较平稳，下半年增势明显。

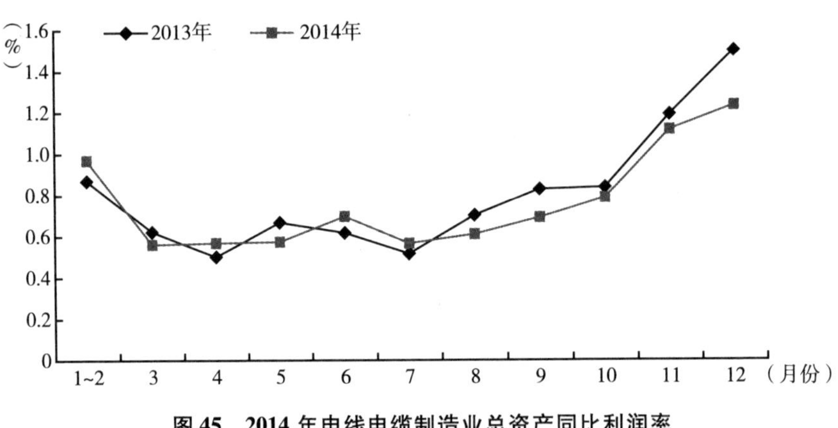

图45　2014年电线电缆制造业总资产同比利润率

2014年，电线电缆制造全年累计主营业务成本率为88.53%，同比增加0.31%，从图46可以看出，各月主营业务成本率呈下降趋势，前三个季度基本稳定，都在89%以上，第四季度急速下降，年底达最低值82.55%。

2014年，全年电线电缆制造累计三项费用比重为5.99%，同比增加

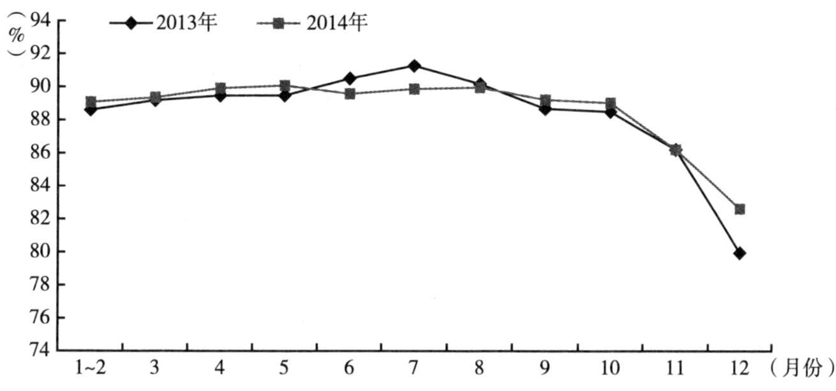

图 46　2014 年电线电缆制造业主营业务同比成本率

0.08%。从图 47 可以看出，各月三项费用比重除 12 月外基本稳定在 5.7% 左右，12 月略有上升，到 8.11%。

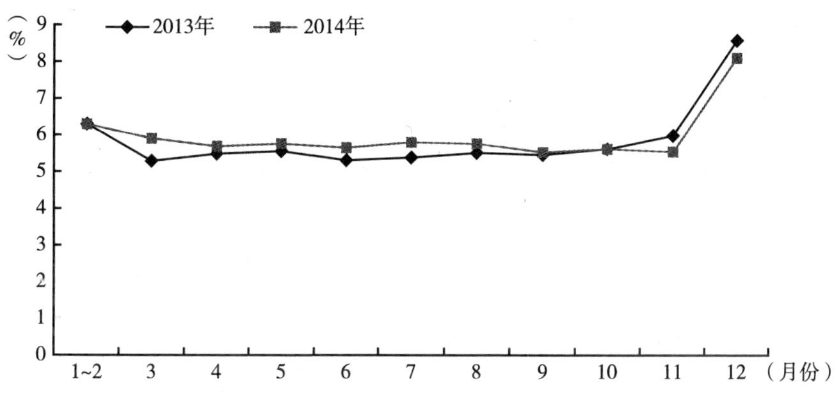

图 47　2014 年电线电缆制造业三项费用同比比重

（2）偿债能力增强

2014 年，电线电缆制造资产负债率为 54.21%，同比下降 1.73 个百分点，上半年资产负债率小幅上升，相比较下半年大幅下降。产权比率为 118.40%，同比下降 8.58 个百分点，上半年资产负债率小幅上升，相比较下半年大幅下降，表明其偿还长期债务的能力逐渐提升。权益乘数为 2.18，同比下降8.58个百分点，上半年资产负债率小幅上升，相比下半年呈下降趋势，全年均值为2.27，高于2013年（见图48）。

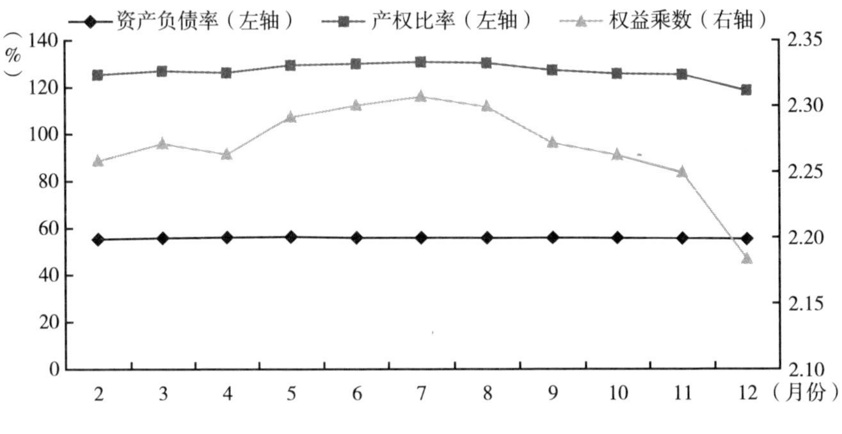

图48　2014年2～12月电线电缆制造业偿债能力

（3）营运能力略有下降

2014年，电线电缆制造应收账款周转率为6.27次，略低于2013年，各月的应收账款周转率基本稳定在0.56次。总资产周转率为1.61次，比2013年低0.08次，每月总资产周转率稳定在0.15左右。流动资产周转率为2.44次，略低于2013年，如图49所示，每月流动资产周转率与2013年基本持平，全年平均周转率为0.67次（见图49）。

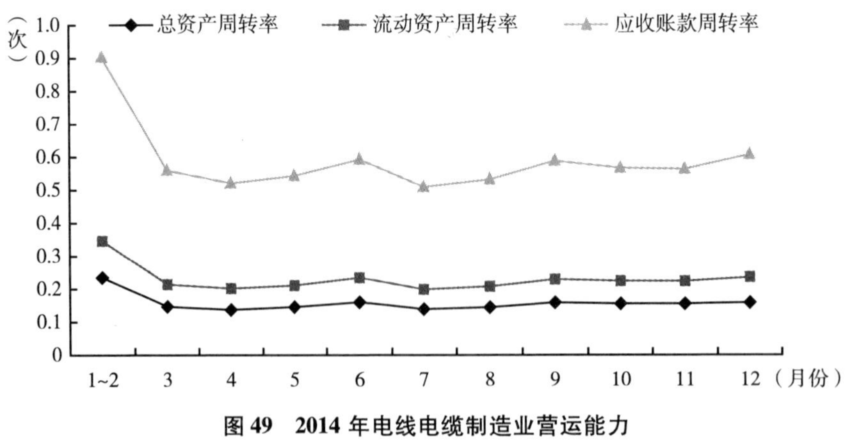

图49　2014年电线电缆制造业营运能力

（4）成长性优于2013年

2014年电线电缆制造累计主营业务收入增长率为5.23%，高于2013年1.54个百分点。从图50可以看出，各月主营业务收入增长率呈螺旋式下降，12月降到最低值2.3%。

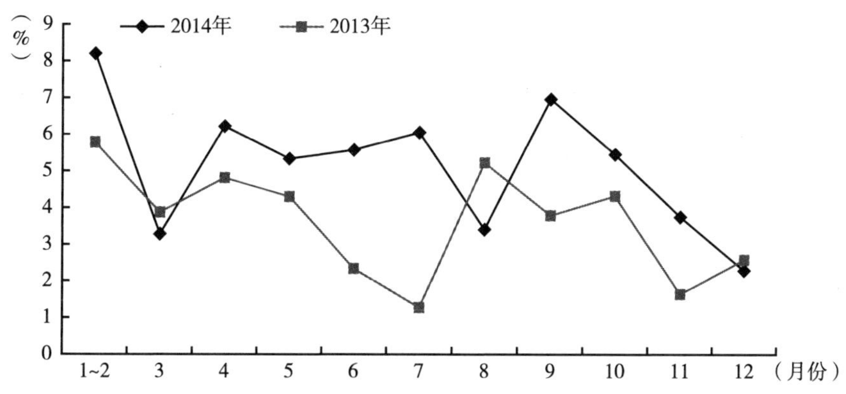

图50　2014年电线电缆制造业主营业务收入同比增长率

2014年，电线电缆制造资本增长率为10.34%，同比增加6.4个百分点。从图51可以看出，各月资本增长率上半年增速迅猛，下半年略有下降。

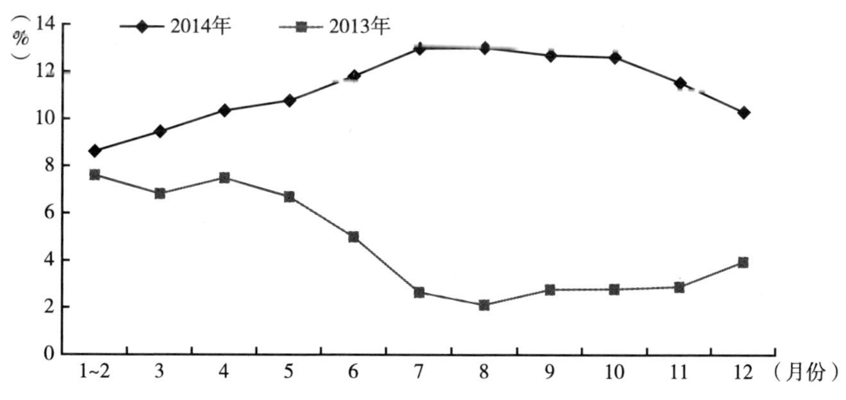

图51　2014年电线电缆制造业资本同比增长率

2014 年，电线电缆制造利润增长率为 4.78%，比 2013 年下降 0.4%，从图 52 可以看出，各月利润增长率波动较大，上半年最高达 26.13%，下半年急速下降，12 月为 -9.18%，总体来说利润增长率比 2013 年高。

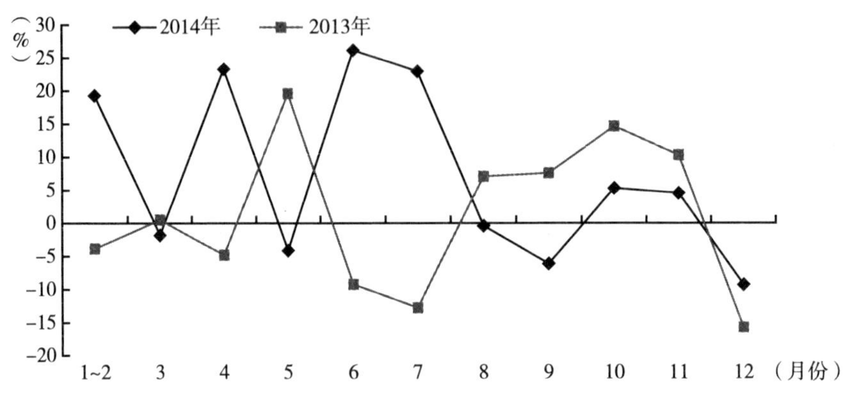

图 52　2014 年电线电缆制造业利润同比增长率

3. 我国电线电缆制造行业技术水平

我国电线电缆行业技术水平总体的特点表现为：重设备引进、轻技术研发，产业技术的一些关键领域对外技术依赖较大，大量高技术含量、高附加值产品主要依靠进口。但随着国内企业对研发的大量投入和技术的不断提升，以及在政府的有利政策支持下，情况已大为改观，国内形成了一群优势企业正逐步缩短与外资企业的差距，逐渐打破国外企业在高附加值市场的垄断地位。

裸线产品与裸线导体制造中，目前我国开发成功的铜合金系列接触线，技术指标达到国际上同类产品先进水平。依靠加强芯材料及导电材料的技术进步，国内已经开发出了多种新型导线。国产各种结构 OPGW、OPPC、ADSS 产品的设计、设备以及工艺已基本成熟，配套能力完善，产品达到国际先进水平。OPGW 光电复合输电线生产及工程应用已具备国际领先水平，积累了大量宝贵经验和技术成果。

电力电缆制造技术中的中压电力电缆至今已全部实现国产化，并有部分出口，此外原材料国产化比重也日益加大。光缆与通信电缆产品中，国内预制棒制造已掌握了批量生产的核心技术，形成我国自己的知识产权。在PCVD + ORIC 预制棒制造技术方面取得了长足发展，已制造出可拉丝 2000 千米以上的预制棒，并在该种预制棒的拉丝方面积累了大量的经验。拉制光纤能力扩大了一倍，质量达到国际水平。

我国电线电缆制造企业的研发能力远远落后于国外的线缆巨头，当前，在转变经济增长方式的大环境下，电线电缆行业中不少企业面临较为严重的发展瓶颈，因此，加大研发创新投入，并转变过去以经营产品为中心的模式，向经营技术、经营服务为中心的模式转换，实现自身产业升级和技术跨越。使得我国线缆行业真正的从“制造大国”发展为“制造强国”。

三　我国电工电器行业发展前景与建议

（一）我国电工电器行业发展前景预测和投资机会

1. 我国电工电器行业未来发展前景预测

（1）发电设备：火电下降、看好新能源和可再生能源装备

面临能源危机和气候变化的双重考验，节能环保和新能源成为热点。我国相继出台产业政策，强调为保护生态环境、应对气候变化、实现可持续发展，要大力发展新能源和可再生能源。我国发电设备生产增速回落，从 2006 年开始，每年新增装机容量逐渐减少，火电设备的比例逐年下降，核电产业等景气周期已来临，但燃煤发电仍占有最大的比重。我国电源结构将发生重大变化，火电下降、发电设备类别向多样化发展，新能源装备和可再生能源的发展已经成为必然趋势，在未来较长时期内，新能源和可再生能源将逐渐替代传统能源。

（2）输配电设备将迎来发展机遇

电源与电网更加协调发展是关键，因此，电网建设是下一步发展的重点。上至国务院，下至两网和全国各地都在加大对输配电的建设，再加上内在需求牵引更大投资规模，输配电设备市场需求总体呈上升趋势。近几年随

着电网投资的不断增加，电网投资逐渐赶上甚至超越电力投资。同时随着智能电网、西电东送、农网改造、超高压直流输电、特高压等一系列工程的建设，以及输配电设备将进入更新换代周期，产品升级换代的需求旺盛，并会逐步增长，输配电设备产业将迎来新的发展机遇。

2. 我国电工电器行业投资机会

（1）按行业和产品看好新能源设备和输配电设备的发展

在全球气候变化和环境恶化的压力下，我国电工电器行业的发展方式正从规模速度型的粗放增长转向质量效率型的集约增长。目前我国已经放慢了传统发电建设，着手对电源结构进行调整，由能源禀赋决定，未来几年火电设备产销将趋于平稳，政策利好于清洁能源、可再生能源等设备，因此，未来发展重点在可再生能源设备，这将是投资的热点之一。电网投资的稳步增长及国家加快城市、农村电网建设等政策和措施，将使输配电行业景气期持续。

（2）地域上看好“一带一路”沿线国家和地区

“一带一路”的核心是打造能源通道，电厂和电网设备是基建的重要内容，沿线新兴国家有很强的电力基础设施建设需求，“电力输出”将成为最大载体，“一带一路”将是未来3至5年的投资主题，目前已有50个国家参与探讨，涵盖26个国家和地区。[①] 在这样的背景下，“一带一路”会给电工电器行业带来巨大的投资机会。

（3）看好龙头企业

中国提出实施“一带一路”战略，将有利于电力设备企业的出口战略，电力建设是打造“一带一路”经济带的基础，而且电力基础设施建设是先行的，中国的电力设备企业在国际上的竞争力不断增强，目前已占据重要地位，前期准备较为充分的公司将受益更大，大型的电力设备龙头企业基本上都具备这样的能力，再加上大型企业的国际化战略已有成功实施多年的经验，因此龙头企业将充分受益。

---

① 王思童：《“一带一路”为电工行业带来新机遇》，《电器工业》2014年第12期。

（二）我国电工电器行业发展建议

1. 推进电力体制改革

目前，我国电力体制存在行政垄断、政企不分和厂网不分等问题，市场竞争不充分。推进电力体制改革意味着颠覆延续数十年的生产模式、市场格局、管理体制，从政府职能上，一是要加强能源发展一系列机制体制的制定和实施；二是要加快简政放权，扩大行政审批事项的下放范围；三是要强化电力监管，创新监管方式，健全监管组织体系和法规体系，提高监管效能。在价格管理上，建立统一开放、竞争有序的现代电力市场体系，形成合理的新能源上网电价体系是重中之重。目前电力价格管制形成了以政府定价为主，市场竞争机制不完善的现状，由于市场在资源配置中没有充分发生作用，导致价格发生扭曲。

2. 推进信息化和工业化深度融合

逐步推进制造业的数字化、网络化和智能化建设，推广智能制造，是推进数字化和网络化融合的切入点，是制造业未来发展的重要战略任务。推动互联网与制造业融合创新，开展企业与互联网企业战略合作，推动企业与互联网企业的融合，形成兼具互联网与工业特征的开放型产业生态体系；开发智能化技术和产品，推进智能化技术研发、智能化技术装备和控制系统集成创新和产业化应用。

3. 完善标准建设

充分发挥标准化在电力设备制造中的作用，提高企业标准、行业标准和国家标准水平，完善我国电力设备制造标准体系，为我国电力设备技术产品参与国际竞争创造条件。标准的制定和实施，对电工电器行业避免低水平的重复生产、提升产品质量、推动行业实现跨越式发展，以及进一步提高产品竞争优势等都有很重要的作用。目前，我国电工标准总量有3000多项，但仍有部分重要标准是空白，尤其是新能源和可再生能源方面的标准数量很少，没有跟上国家倡导的大力发展新能源和可再生能源的步伐。

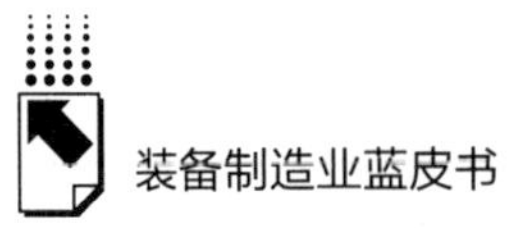

4. 顺应并购潮流加强竞争力

全球输配电设备制造行业已进入并购高峰期，为了应对激烈的市场竞争，鼓励企业顺应并购潮流加入兼并重组行列，加强行业竞争力，形成“大而强”的龙头企业和“专精特”的中小型企业，完善部分产能过剩企业的市场退出机制；企业应该顺应行业并购整合的潮流，通过并购或者投资，进一步整合产品线，并积极培养成套设备供应能力和一、二次设备融合，增强全线产品竞争力。

B.6
石化通用设备行业

姚丽媛 *

摘　要：首先，本文从市场和技术两个方面分别分析了国际石化通用设备行业的发展现状和发展趋势，接着对我国石化通用设备行业的总体运行情况、市场需求和存在问题展开论述。其次，本文深入分析了我国石化通用设备行业的四个子行业的发展情况，其中重点从财务指标和技术水平的角度对四个子行业做了分析。最后，本文对我国在该领域的发展前景、投资机会和建议进行了详细的论述。总体上看，2014 年，在市场方面，全球石化通用设备行业的收入同比增长，但增速下降，美国、德国、中国仍是世界主要进出口国；在技术方面，美国一直保持领先水平，欧盟也有多项技术达到世界先进水平。我国石化通用设备行业的利润总额持续增长，进出口规模低速增长，部分行业技术达到国际水平，但同时面临创新不足、技术含量低和管理模式落后等问题。要实现行业快速平稳发展，仍需要政府和企业的积极探索。

关键词：石化通用设备　投资前景　国际化战略

* 姚丽媛，助理研究员，机械工业经济管理研究院产业经济研究所。

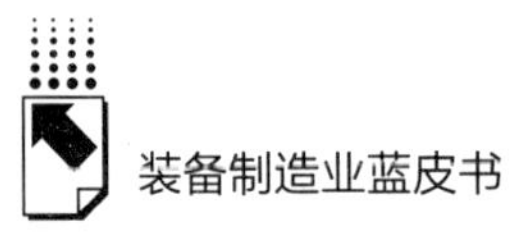

一 石化通用设备行业发展概况

（一）石化通用设备行业的定义和分类

1. 石化通用设备定义

我国石化通用设备行业主要包括：石油钻采专用设备制造业，海洋工程专用设备制造业，塑料加工专用设备制造业，炼油化工生产专用设备制造业，印刷专用设备制造业，橡胶加工专用设备制造业，金属压力容器制造业，制冷空调设备制造业，阀门和旋塞制造业，环境保护专用设备制造业，泵及真空设备制造业，气体压缩机械制造业，其他通用设备制造业，风机、风扇制造业，气体、液体分离及纯净设备制造业，喷枪及类似器具制造业 16 个行业，并分别属于三个不同的大类行业（33、34、35），行业范围相对特殊和复杂。

2. 石化通用设备行业分类

（1）国家统计局分类

根据国家统计局的行业划分标准，石化通用设备行业主要分布在通用设备制造业、专用设备制造业、金属制品业中，具体可分为 16 个子行业（见表 1）。

（2）中国机械工业联合会分类

根据中国机械工业联合会的机械工业标准分类，石化通用设备分行业可以分为 16 个子行业，其具体分类与国家统计局分类一致。

表 1　石化通用设备行业分类

<table>
<tr><td rowspan="8">通用设备制造业(34)</td><td rowspan="3">泵、阀门、压缩机及类似机械制造业(344)</td><td>泵及真空设备制造业(3441)</td></tr>
<tr><td>气体压缩机械制造业(3442)</td></tr>
<tr><td>阀门和旋塞制造业(3443)</td></tr>
<tr><td rowspan="4">烘炉、风机、衡器、包装等设备制造业(346)</td><td>风机、风扇制造业(3462)</td></tr>
<tr><td>气体、液体分离及纯净设备制造业(3463)</td></tr>
<tr><td>制冷空调设备制造业(3464)</td></tr>
<tr><td>喷枪及类似器具制造业(3466)</td></tr>
<tr><td>其他通用设备制造业(349)</td><td>其他通用设备制造业(3490)</td></tr>
</table>

续表

专用设备制造业(35)	采矿、冶金、建筑专用设备制造业(351)	石油钻采专用设备制造业(3512)
		海洋工程专用设备制造业(3514)
	化工、木材、非金属加工专用设备制造业(352)	炼油化工生产专用设备制造业(3521)
		橡胶加工专用设备制造业(3522)
		塑料加工专用设备制造业(3523)
	印刷、制药、日化及日用品生产专用设备制造业(354)	印刷专用设备制造业(3542)
	环保、社会公共服务及其他专用设备制造业(359)	环境保护专用设备制造业(3591)
金属制品业(33)	集装箱及金属包装容器制造业(333)	金属压力容器制造业(3332)

资料来源：国家统计局。

(3) 中国石油和石油化工设备工业协会分类

根据中国石油和石油化工设备工业协会关于石油和石油石化通用设备制造行业的分类，石油和石油石化通用设备制造行业主要有四个子行业，分别为：石油钻采设备制造、炼油、化工生产专用设备制造、海洋工程专用设备制造、金属压力容器制造。

(4) 小结

鉴于以上三种分类和数据的可获得性，结合各子行业在石化通用设备行业中资产、主营业务收入和利润所占比重，以及相关子行业在石化通用设备行业的重要性和代表性，本章主要选取四个子行业加以分析，它们分别为：海洋工程专用设备制造业，塑料加工专用设备制造业，炼油、化工生产专用设备制造业和金属压力容器制造业。

（二）国际石化通用设备行业发展概况

1. 国际石化通用设备行业发展现状

(1) 市场现状

2014 年，世界石化通用设备行业仍处于周期低谷，但有企稳迹象，需求明显改善，供给增长加快，主要来自中东和亚洲；美国以乙烷为原料的乙烯产能继续增长；我国的乙烯、合成树脂和合成橡胶新增产能仍较多，除合成橡胶外，其他产品消费增速有所放缓。2014 年，世界经济呈现缓慢复苏迹象，全年油价一直处于下行区间，全球石化通用设备销售情况不容乐观。

①美德中销售收入实现增长

截至 2014 年 11 月，美国、德国和中国在石化通用设备行业销售收入共 4389 亿美元，与 2013 年同期相比增长 8.42%，其增速下降 10.32 个百分点。

②美德中进口、出口额位居前三位

截至 2014 年 12 月，国际石化通用设备产品出口额为 673.97 亿美元，主要出口国有美国、德国、中国、巴西、日本、新加坡、南非、韩国、西班牙、波兰和法国等，这些国家的石化通用产品出口额占世界石油装备产品出口总额的 44.9%。其中，美国、德国、中国的石油装备产品出口额居前三位；国际石化通用设备产品进口额为 308.83 亿美元，远小于出口额。主要进口国有美国、德国、中国、新加坡、俄罗斯、波兰、英国、加拿大，这些国家石油装备产品进口额占世界石油装备产品进口总额的 21.9%。其中，美国、德国、中国石油装备产品进口额居前三位。

（2）技术现状

①美国在技术方面保持领先水平

自 20 世纪 90 年代以来，美国在高端钻机、自动化钻机及钻机配套等技术方面发展很快，一些技术已进入实用阶段，特别是在重型钻井技术方面走在国际前列；在乙烯装置裂解技术方面，主要围绕提高裂解选择性以降低原料消耗、降低能耗、降低污染物排放，向大型化、低投资方向发展；在橡塑加工专业设备方面，美国的挤出机技术一直保持领先的水平。

②欧盟拥有多项先进技术

欧盟各国在石化通用设备里的 Foraslim 小井眼钻机、全液压小井眼钻机、重型石油钻机技术、乙烯裂解设备和橡塑加工专用设备里的 Star Stretch 2000 三层共挤流延薄膜生产线技术、Filmex 流延薄膜生产线技术均达到世界先进水平。

2. 国际石化通用设备行业的发展趋势

(1) 市场趋势

根据全球能源结构的变化趋势，预测未来全球油气发展主要呈现出三大发展趋势：一是石油的地位和作用不可撼动。到 2035 年，石油在全球能源结构中将占到 31%，相比 2010 年减少 3%；二是天然气时代正在到来。未来 10 年，全世界天然气需求年均增长率将达到 3.9%，至 2030 年，年均需求量增长率为 2.4%，到 2035 年，天然气在全球能源结构中所占比重将会增加到 29%，将比 2010 年增加 5%；三是非常规油气战略地位日益突出。页岩气、超重油等非常规油气资源的开发更多地依靠开采技术的突破，深海资源和极地资源的开发就更需要新技术和新装备来支撑，技术进步已经成为非常规油气资源开发的引擎。根据全球油气的发展趋势，未来对石化通用设备的需求仍会保持在较高水平。全球能源结构的变化趋势见图 1。

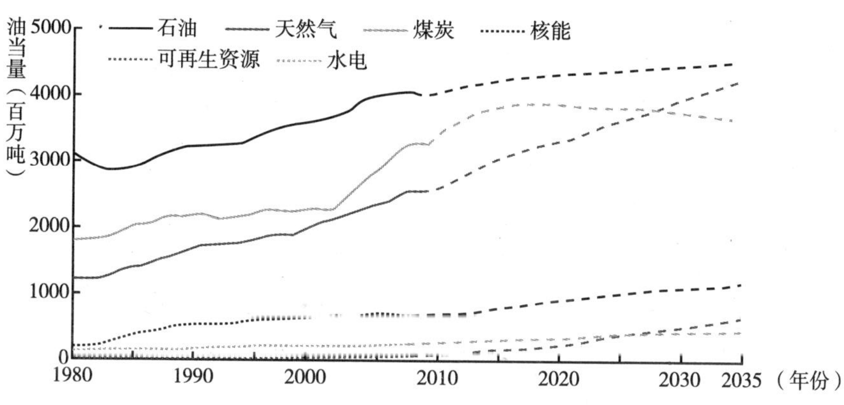

图 1　1980～2035 年全球能源结构变化趋势

注：图中数据来自国际能源署。

(2) 技术趋势

随着能源开采力度的不断增强，易开采的能源逐渐减少，对于可开采的深层能源、海洋能源与特殊环境下能源开采设备的需求不断增强，对石化通用设备的技术要求也越来越高。国际石化通用设备行业的技术发展趋势主要有六个方面。

①大型化

随着外国石油钻机能力的不断增强，为适应恶劣气候等不利条件，石油钻机设备逐渐大型化，高性能的机、电、液一体化技术将促进高性能一体化技术的改进。

②智能化

广泛采用嵌入式处理技术和数字化控制技术，实现系统级的智能控制，简化用户操作，增强运行可靠性。20 世纪 90 年代中期出现了交流变频驱动、液压传动的大功率绞车，并成为发展趋势。挪威 MH 公司为海上开发了 Ram - rig（油缸）钻机，德国 Bentec 和美国 TPC 等公司先后开发了用于电驱动钻机的智能化产品，减轻了工作人员的劳动强度，提高了工作效率。如软扭矩系统、自动送钻装置、钻井泵同步装置等。顶部驱动装置应用越来越广泛，正成为深井钻机的标准配置。

③一体化

因为石油采集涉及的机械类型比较多，无论是陆地采集还是海上采集，地面设备还是地下设备都需要极高的精度和良好的设备性能。此外，石油采集过程还涉及精密的仪器和大型的设备，有的设备是固定的，有的设备是车装或船载的，这些设备都是仅凭人力难以使其高效、协调运转的。

④高可靠性

无论未来的技术改进还是功能增加，均应以最大限度提高可靠性为目标。与几年前的随钻测井相比，如今的随钻测井仪器更靠近钻头，近钻头传感器离钻头只有 1 ~2 米的距离。可靠性高、稳定性强，可更好地评价油、气、水层，有助于避免特殊情况的发生，引导井眼沿着最佳轨迹穿过油气层。

⑤模块化

由于石油设备大型化，拆卸安装十分耗时耗力，钻机模块化设计将大大提高钻井效率，降低钻井成本。美国 NOV 公司生产的 5000 米理想钻机，主机分 6 个模块，可以加轮胎拖座，搬迁时可用牵引车拖走，也可直接用平板车运输，实现了大钻机的模块化运输，灵活方便。中东地区的 4000 米、7000 米钻机采用半拖挂等模块化搬运方式已较普遍，即使 9000 米钻机也有采取拖挂式的趋势。

（三）我国石化通用设备行业发展概况

1. 我国石化通用设备行业总体分析

（1）工业增加值增速放缓

2014 年，在我国石化通用设备行业的主要子行业中，通用零部件制造业的同比增加值最高，为 12.3%。在九个子行业中，六个子行业比 2013 年同期增速降低，其中印刷、制药、日化及日用品生产专用设备制造业和其他通用设备制造业的增速降低最多，分别降低了 10 个百分点和 12.4 个百分点；只有烘炉、风机、衡器、包装等设备制造业，环保、社会公共服务及其他专用设备制造业，通用零部件制造业的增速提高，分别达到 1.1 个百分点、0.5 个百分点、3.8 个百分点（见表 2）。

表 2　2014 年石化通用设备行业主要子行业工业增加值同比增速

单位：%

月份	泵、阀门、压缩机及类似机械制造业	采矿、冶金、建筑专用设备制造业	烘炉、风机、衡器、包装等设备制造业	化工、木材、非金属加工专用设备制造业	环保、社会公共服务及其他专用设备制造业	集装箱及金属包装容器制造业	其他通用设备制造业	通用零部件制造业	印刷、制药、日化及日用品生产专用设备制造业
1～2	0	0	0	0	0	0	0	0	0
3	10.5	11.1	11.7	10.7	9.4	9.1	5.7	11.1	7.7
4	9.4	2.9	8.3	12.7	12.3	9.0	5.0	10.7	3.6
5	9.6	-2.5	10.7	12.1	11.5	9.7	0	15.8	2.3
6	9.8	2.6	9.7	10.0	9.7	5.1	3.0	10.3	0.6
7	11.0	6.3	13.5	11.2	10.7	8.2	1.8	15.1	5.4
8	8.9	4.5	11.5	9.0	7.1	9.5	-0.4	12.4	3.8
9	7.9	1.0	15.0	7.9	7.3	13.3	1.3	12.5	0.7
10	6.3	2.3	11.3	-0.4	5.9	8.3	-5.8	14.0	3.6
11	4.7	5.9	10.0	-2.1	6.8	3.7	-6.4	10.1	0.1
12	8.1	1.9	11.9	-2.0	5.5	13.7	-6.5	9.8	5.5

注：数据来自机经网。

* 以下如果没有特殊说明，数据均来自机经网。

（2）资产规模呈下降趋势

2014 年，石化通用设备行业累计实现资产总计 18597.96 亿元，同比增长 9.91%，资产总额呈上升趋势。按月份看，资产总额同比增长速度整体呈现下降趋势，在 6 月份达到高峰 14.83%（见图 2）。

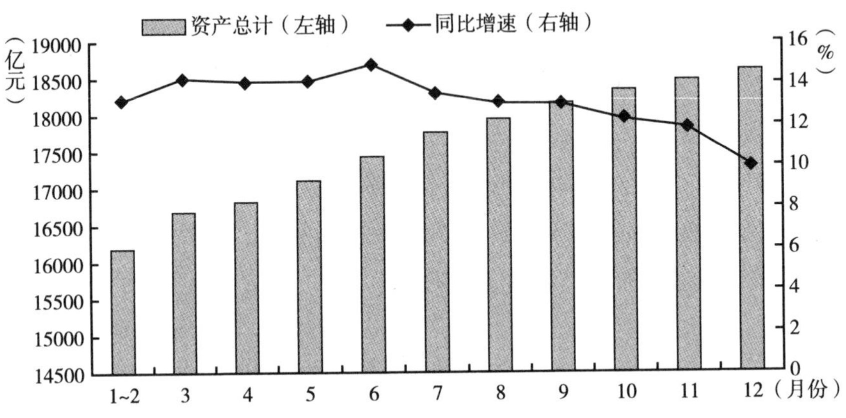

图 2　2014 年石化通用设备行业累计资产总计及同比增速

子行业资产规模持续增长。从占比看，石油钻采专用设备制造业资产总额最大，为 2916.81 亿元，占行业比重为 15.68%；其次是环境保护专用设备制造业与海洋工程专用设备制造业，分别占行业的比重为 11.72% 与 6.03%。

从增速来看，环境保护专用设备制造业增长速度最快，同比增长 13.95%；其次是石油钻采专用设备制造业，同比增长 12.81%；炼油化工专用设备制造业同比增长 11.79%；金属压力容器制造业同比增长 6.66%；增幅最小的是橡胶加工专用设备制造业，同比增长 4.77%（见图 3）。

（3）进出口规模同比增速波动较大

2014 年，我国石化通用设备行业进出口总额 982.8 亿美元，同比增长 5.3%。其中，进口总额 308.83 亿美元，同比增长 1.06%；出口总额 673.97 亿美元，同比增长 7.36%；实现贸易顺差 365.14 亿美元（见图 4）。

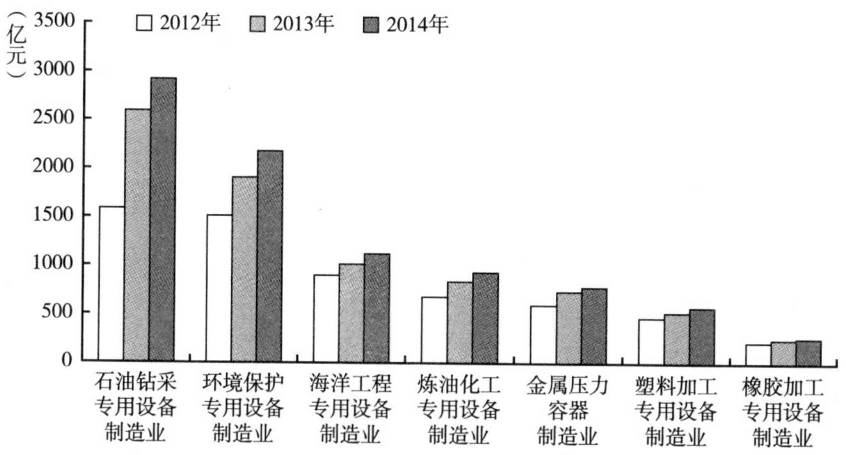

图 3　2012～2014 年石化通用设备行业主要子行业资产比较

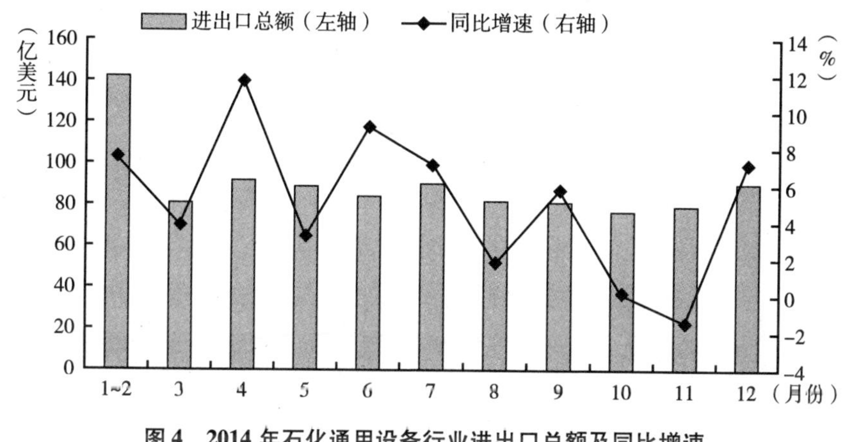

图 4　2014 年石化通用设备行业进出口总额及同比增速

①加工贸易方式占比进一步下降

2014 年，石化通用设备行业一般贸易进出口总值 647.44 亿美元，同比增长 6.65%。其中，进口总额 213.71 亿美元，同比增长 0.46%；出口总额 433.73 亿美元，同比增长 9.99%；一般贸易累计实现顺差 220.02 亿美元（见图 5）。

2014 年，石化通用设备行业加工贸易进出口总值 7.27 亿美元，同比下降 4.34%。其中，进口总额 2.44 亿美元，同比下降 14.69%；出口总额 4.83 亿美元，同比增长 1.90%；贸易顺差 2.39 亿美元（见图 6）。

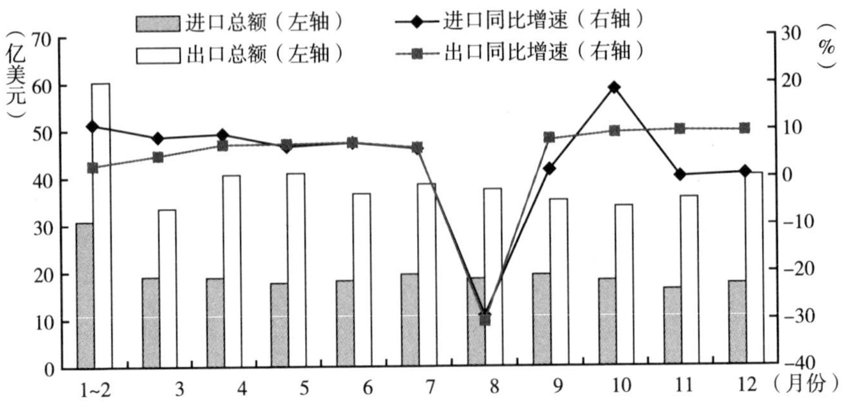

图5　2014年石化通用设备行业一般贸易进出口总额及同比增速

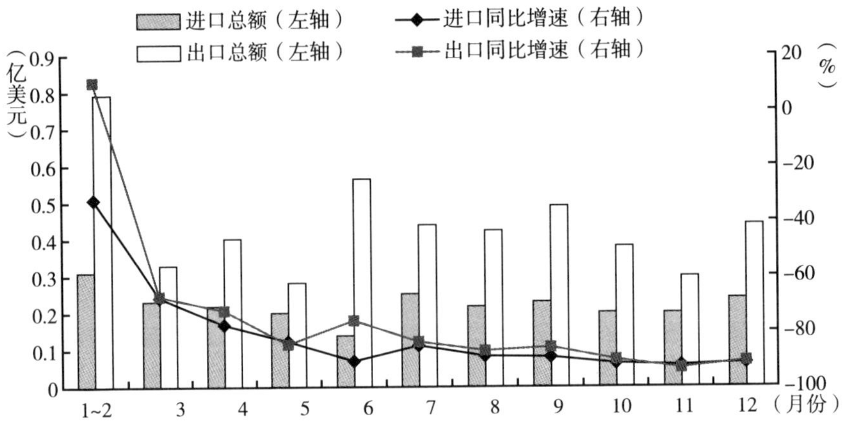

图6　2014年石化通用设备行业加工贸易进出口总额及同比增速

②各地区进出口规模均保持快速增长

2014年，我国石化通用设备行业进口排名前10位的省市分别是：上海市、江苏省、广东省、北京市、山东省、辽宁省、天津市、浙江省、福建省、吉林省。其中，上海市进口额68.89亿美元，同比增长13.94%；江苏省进口额52.78亿美元，同比增长8.53%；广东省进口额39.42亿美元，同比下降9.65%；北京市进口额38.49亿美元，同比下降0.93%；山东省进口额24.91亿美元，同比增长22.47%（见图7）。

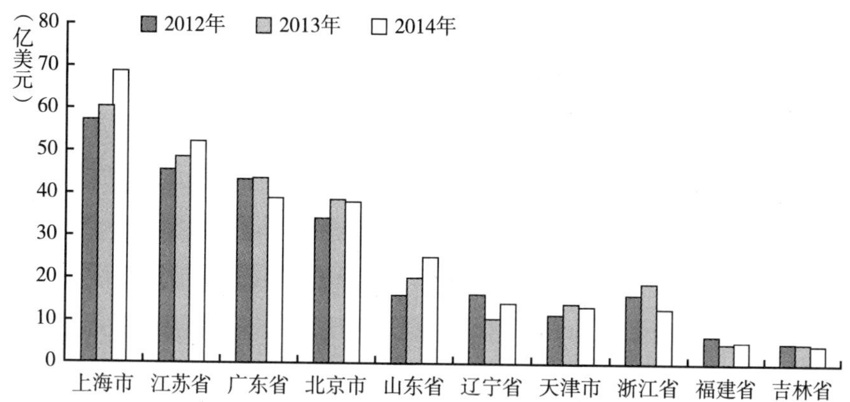

图7　2012～2014年石化通用设备行业进口排名前10位的省市

2014年，石化通用设备行业出口排名前10位的省市分别是：广东省、浙江省、江苏省、上海市、山东省、北京市、辽宁省、福建省、天津市、安徽省。其中，广东省出口额165.95亿美元，同比增长3.18%；浙江省出口额122.51亿美元，同比增长10.45%；江苏省出口额93.73亿美元，同比增长4.66%；上海市出口额67.20亿美元，同比增长9.61%；山东省进口额42.08亿美元，同比增长17.81%（见图8）。

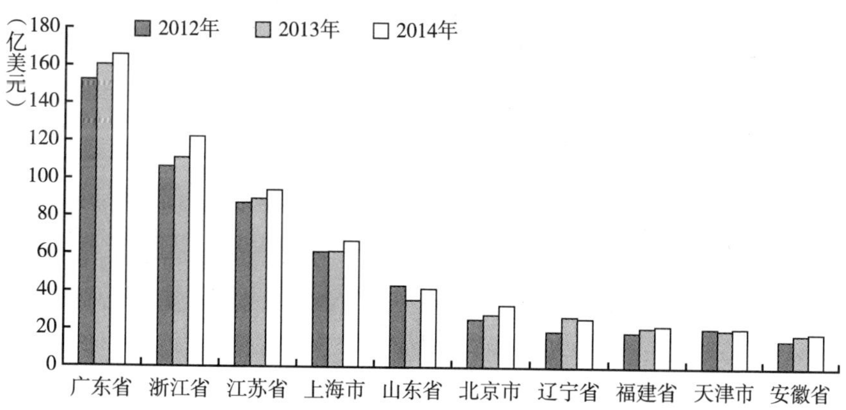

图8　2012～2014年石化通用设备行业出口排名前10位的省市

③德国美国为最大进出口来源国

2014 年，我国石化通用设备行业进口来源国家和地区共 140 个。排名前 9 位的进口来源地分别是：德国、日本、美国、韩国、意大利、中国台湾省、新加坡、法国、瑞士。其中，德国是我国石化通用设备行业最大的进口来源国，2014 年我国从德国进口累计达到 74.43 亿美元，同比增长 6.48%；日本是第二大进口国，累计进口金额 48.19 亿美元，同比下降 5.49%；从美国累计进口额 40.31 亿美元，同比下降 2.21%（见图 9）。

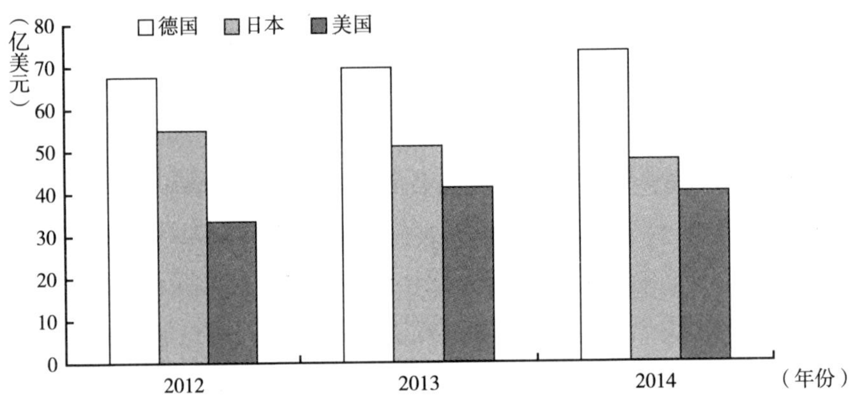

图 9　2012～2014 年我国石化通用设备行业自主要进口国家进口同比增速

2014 年，我国石化通用行业产品共销往 225 个国家和地区，排名前 10 位的分别是：美国、日本、中国香港、德国、俄罗斯、巴西、印度、印度尼西亚、泰国、韩国。其中，美国是我国石化通用行业最大的出口国，2014 年我国向美国出口金额达到 113.79 亿美元，同比增长 14.02%；日本是第二大出口国，累计出口金额 47.78 亿美元，同比增长 0.42%；累计向中国香港出口 21.34 亿美元，同比增长 2.01%（见图 10）。

2. 我国石化通用设备行业的运行情况

（1）主营业务收入稳步增长

2014 年，石化通用设备行业累计实现主营业务收入 21521.23 亿元，同比增长 7.76%。按月来看，1～6 月增速逐渐下降，7 月份同比增速最高，为 20.67%，8 月份之后增速呈下降趋势（见图 11）。

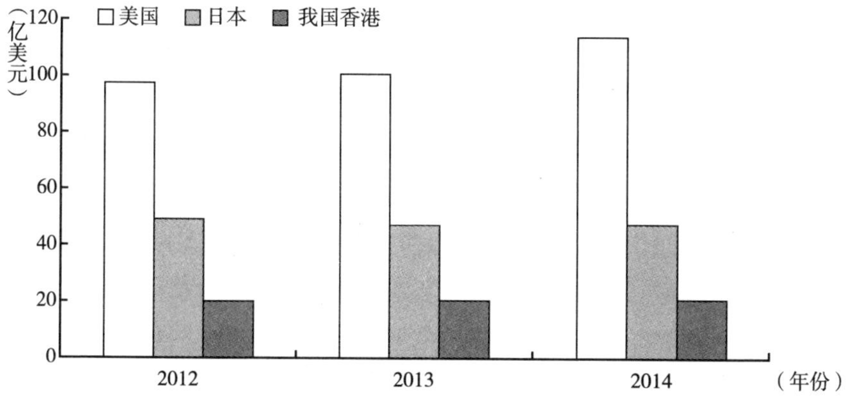

图 10　2012～2014 年我国石化通用设备行业主要出口国家及地区出口同比增速

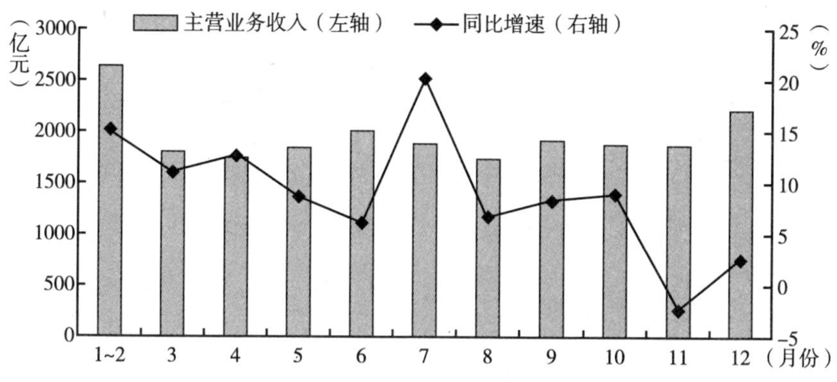

图 11　2014 年石化通用设备行业主营业务收入及同比增速

①大多数子行业主营业务收入增幅趋缓

从占比来看，石油钻采专用设备制造业主营业务收入最高，为 3100.08 亿元，占全行业收入的 33.06%；其次是环境保护专用设备制造业，占全行业收入的 27.4%；橡胶加工专用设备制造业收入最低，仅占全行业收入的 2.97%。

从增速来看，除橡胶加工专用设备制造业前增后降外，环境保护专用设备制造业增长速度最快，同比增长 12.07%；其次分别是炼油化工专用设备制造业同比增长 10.71%；石油钻采专用设备制造业同比增长 7.29%；金属压力容器制造业同比增长 2.18%（见图 12）。

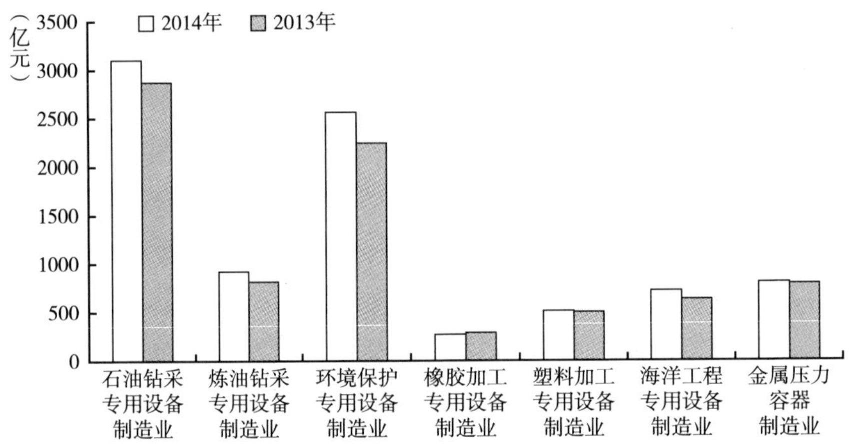

图 12　2014 年石化通用设备行业分行业主营业务收入及同比增速

②民营企业主营业务收入最高

2014 年，民营企业的主营业务收入远远超过国有企业和三资企业，达到 13754.33 亿元。国有企业和三资企业的主营业务收入相当，分别为 3338.92 亿元、3534.68 亿元。民营企业和三资企业的增速明显高于国有企业的 3.52%，同比增速分别为 7.86%、7.33%（见图 13）。

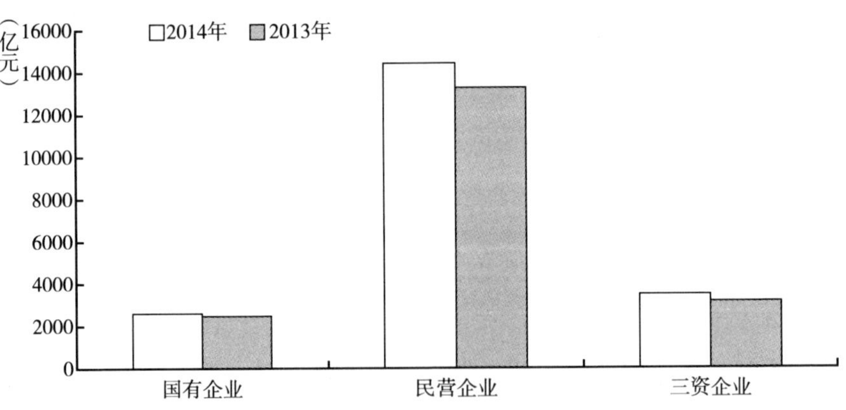

图 13　2014 年石化通用设备行业不同控股类型企业主营业务收入及同比增速

③小型企业收入增速最快

2014 年，小型企业实现的主营业务收入最高，为 10493.20 亿元，远远大于大型企业和中型企业。其次为中型企业的6236.68亿元，大型企业的主营业务收入最低，为4791.36亿元。与2013年相比，小型企业在2014年的增速同样高于大型企业和中型企业，为9.97%，中型企业的增速为6.71%，大型企业的增速远远低于前两者，仅为1.78%（见图14）。

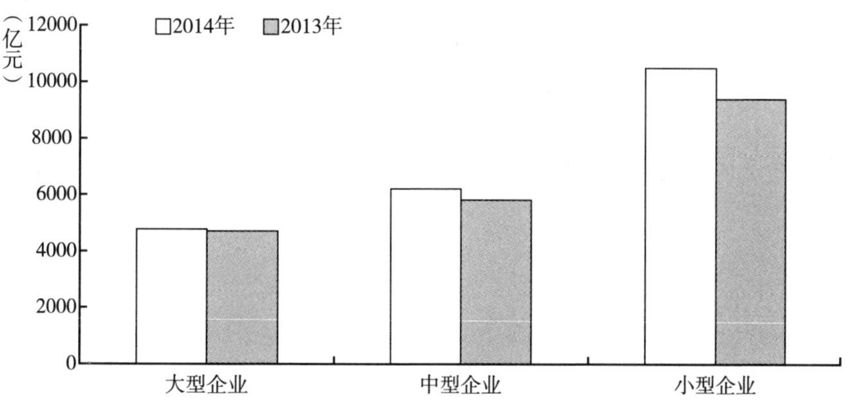

图14　2014年石化通用设备行业不同规模企业主营业务收入及同比增速

（2）主营业务成本分析

2014年，石化通用行业累计主营业务成本18033.41亿元，同比增长8.11%。按月来看，1～6月增速呈逐渐下降趋势；7月份同比增速最高为20.71%，之后同比增速继续呈下降趋势（见图15）。

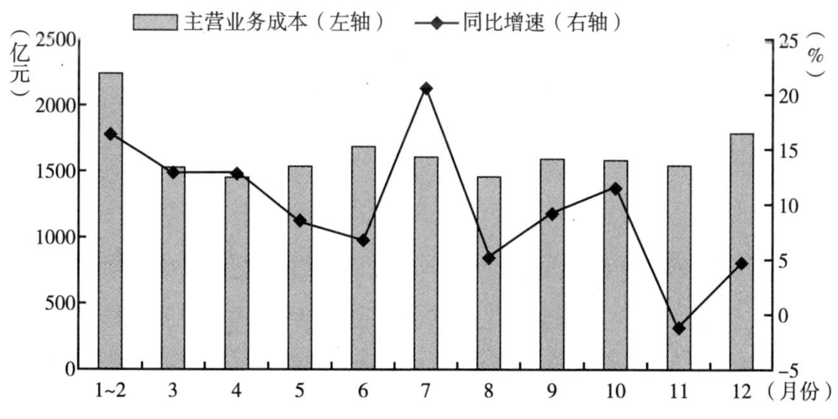

图15　2014年石化通用设备行业主营业务成本及同比增速

①环境保护专用设备成本增长最快

从分行业来看，石油钻采专用设备制造业主营成本最高，为2652.70亿元，占行业比重为33.52%；其次是环境保护专用设备制造业，占行业成本的27.29%；橡胶加工专用设备制造业主营成本最低，占全行业成本的3.04%。

从增速来看，除橡胶加工专用设备制造业前增后降外，环境保护专用设备制造业增长速度最快，同比增长13.70%；其次是炼油化工专用设备制造业和石油钻采专用设备制造业，均实现同比增长12.04%（见图16）。

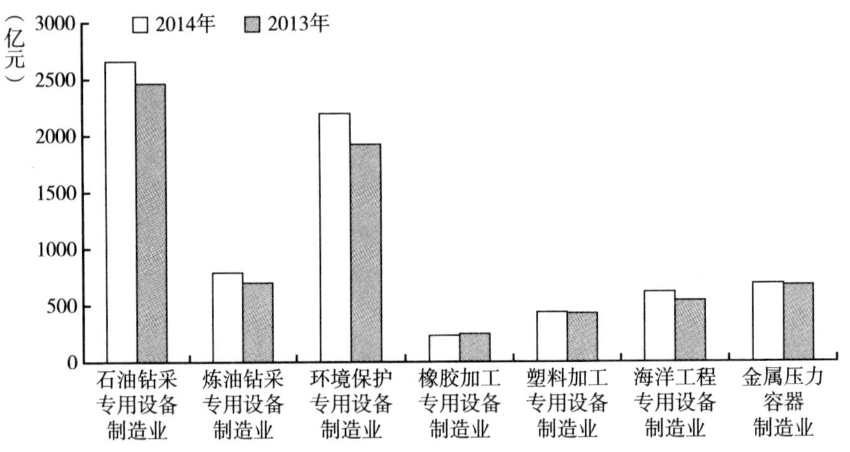

图16 2014年石化通用设备行业分行业主营业务成本及同比增速

②民营企业成本增速最快

2014年，民营企业主营业务成本达到12195.84亿元，远高于国有企业和三资企业的主营业务成本。同时，民营企业主营业务成本同比增速也最快，达到8.95%，国有企业和三资企业分别同比增长4.04%、7.53%（见图17）。

③小型企业成本占比和增速均为最高

2014年，小型企业主营业务成本达到8872.59亿元，远大于大型企业和中型企业。同时，小型企业主营业务成本同比增速也高于大型企业和中型企业，达到11.24%（见图18）。

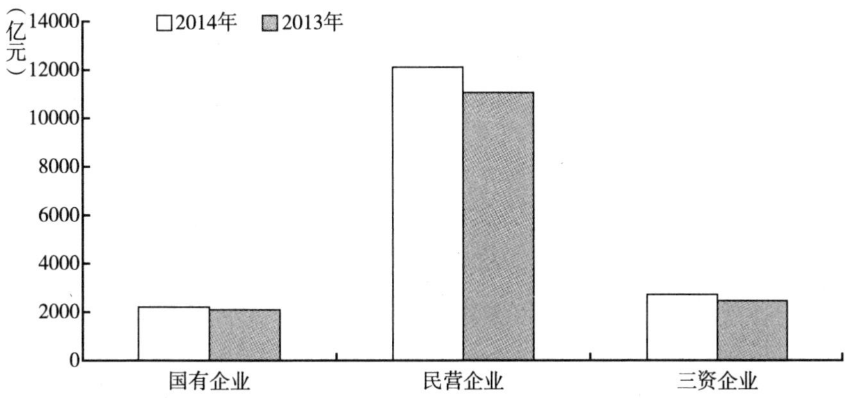

图 17　2014 年石化通用设备行业不同控股类型企业主营业务成本及同比增速

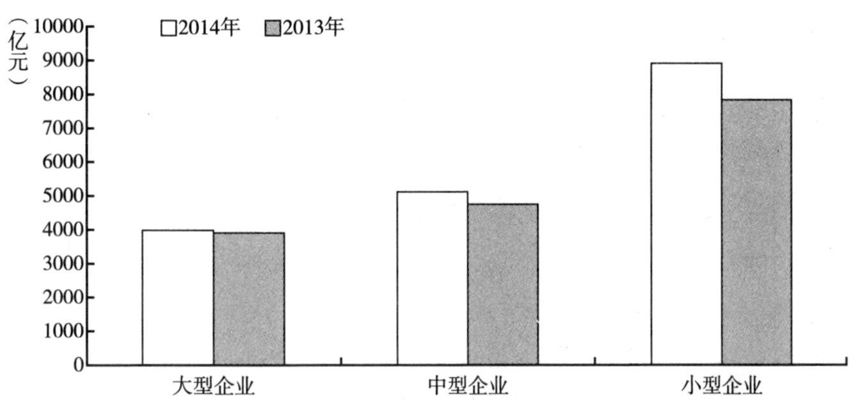

图 18　2014 年石化通用设备行业不同类型企业主营业务成本及同比增速

（3）利润总额稳步增长

2014 年，我国石化通用设备行业实现利润总额 1479.14 亿元，同比增长 6.45%。按月来看，全年增速呈现逐渐下降趋势（见图 19）。

①子行业利润总额增速有增有减

石油钻采专用设备制造业利润最高，为 229.62 亿元，占行业比重为 47.17%。从增速来看，石油钻采专用设备制造业利润同比增长 11.45%，环境保护专用设备制造业和印刷专用设备制造业利润均增长同比近 5.00%；炼油化工专用设备制造业利润仅增长 0.85%（见图 20）。

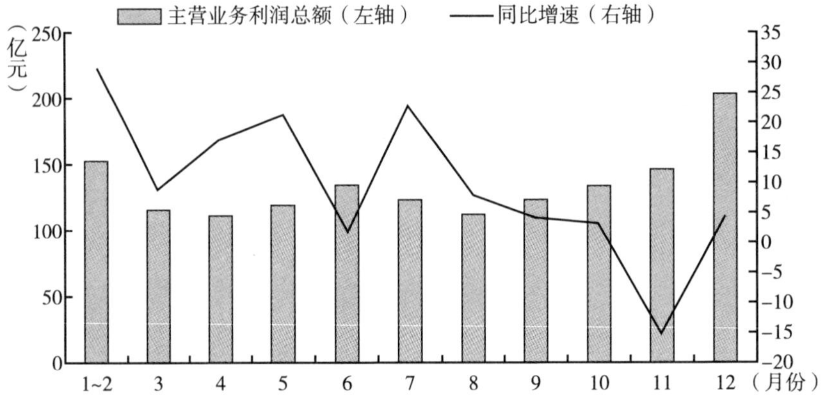

图 19　2014 年石化通用设备行业利润总额及同比增速

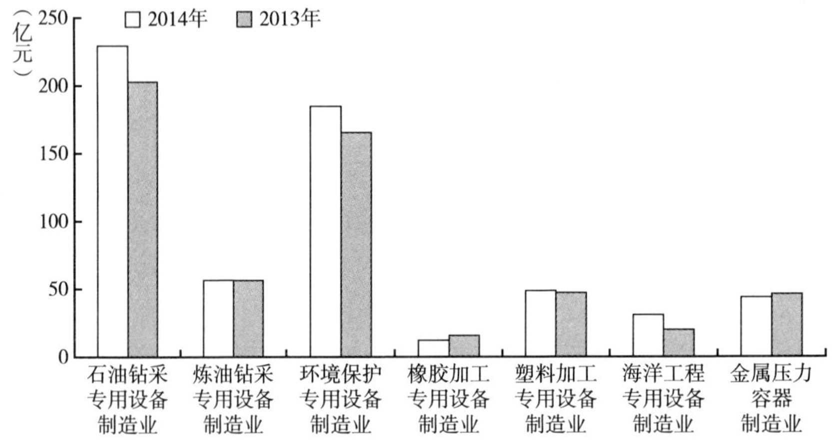

图 20　2014 年石化通用设备行业分行业利润总额及同比增速

②三资企业利润增长最快

2014 年，民营企业利润高达 973.41 亿元，三资企业和国有企业的利润分别为 324.90 亿元和 125.00 亿元。但从增速来看，三资企业的增速最快，达到 12.00%，国有企业和民营企业利润同比分别增长 10.74%、4.50%（见图 21）。

③小型企业实现利润最高

2014 年，小型企业实现主营业务收入高达 690.49 亿元，其次为中型企

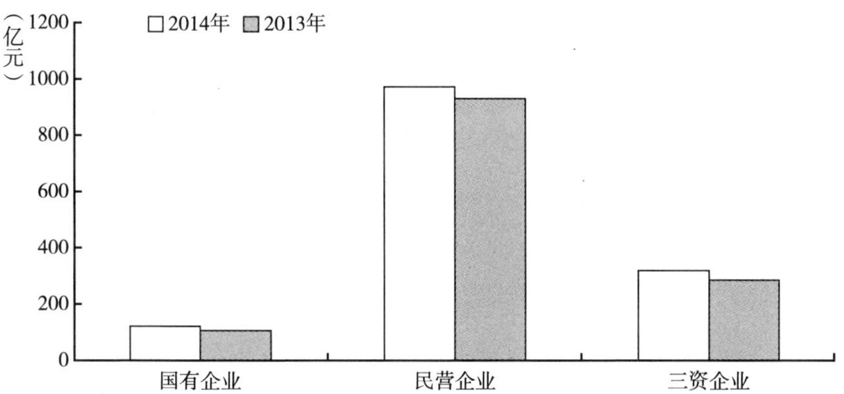

图 21　2014 年石化通用设备行业不同控股类型企业利润总额及同比增速

业主营业务收入 463.88 亿元，大型企业主营业务收入最低，仅为 324.77 亿元。同比增速方面，小型企业同样高于大中型企业，达到 8.57%（见图 22）。

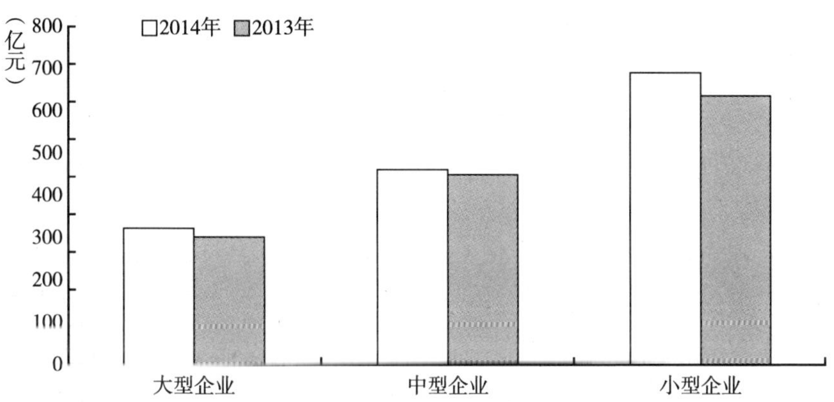

图 22　2014 年石化通用设备行业不同类型企业利润总额及同比增速

3. 我国石化通用设备行业市场需求分析

（1）国内需求

①海工装备市场份额将持续提升

海洋工程装备处在石油和化工装备产业链的上游，技术含量高、附加值高、关联性与带动性强。随着装备国产化的提升，未来这些装备和设施将支

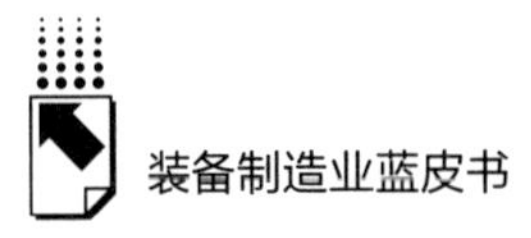

撑我国海洋能源工业走向世界，并催生一批具有较强国际竞争力的中国装备制造公司。

②石油钻采专用设备行业需求稳定快速增长

虽然中国已成为世界主要石油消费国，但石油人均用量却远低于全球平均水平。随着中国经济结构的调整、产业结构及消费方式的升级、环保需求的增强，中国的能源结构将进一步优化，人均用油量将进一步增加。中国原油和天然气的市场非常广阔，对我国石油的需求和石油钻采设备的需求将进一步增加。

（2）国际需求

①国际石化工业需求明显改善

2014 年，世界石化产品需求明显改善，装置负荷继续提升。2014 年，世界乙烯开采率略高于 2013 年，为 84% 左右，因市场供应总体偏紧，世界各地的乙烯开采率都有小幅度的回升。

预计未来，俄罗斯和中亚地区将计划新建大型乙烯联合装置，中东将继续推进大型石化项目以增加乙烯产能，这些区域将为中国石化通用设备走出去，提供更加广阔的国际市场空间。

②国际石化工业发展格局将发生改变

未来，北美将承担国际石化工业的需求，同时下游需求也会有所改变，乙烯裂变装备竞争力将不断提升。目前，美国计划于 2016～2017 年扩能改造 7 套现有裂解装置，建成投产 8 套新的乙烷裂解装置。美国乙烯装置产能将在扩能改造完成后提高 50% 以上。加拿大也开始利用美国产的乙烷来生产乙烯，作为世界第三大乙烯联合装置的诺瓦化学公司，其位于艾伯塔省的若夫尔乙烯装置已利用乙烷作原料生产乙烯。

印度尼西亚、越南和马来西亚拟联合建设石脑油裂解项目，预计2016～2020 年投产。韩国湖南石化公司和印度尼西亚在万丹合作建设的大型石化项目预计在 2016 年完工，该项目包括一套年产 100 万吨乙烯的装置。泰国 PTT 公司将与印度尼西亚国家石油公司联合建设年产超过 100 万吨乙烯的大型石化项目。

③乙烯下游产品需求不会增加

国际乙烯下游产品需求不断增长，但产能增长更快，装置负荷略有下降。2014 年，五大合成树脂生产装置的平均开工率只有 77.9%，相比 2013 年提高 0.3 个百分点。在东南亚地区的开工率为 70.5%，下降了 1.1 个百分点。中东地区的开工率为 83.6%，提高了 1.1 个百分点，北美地区开工率提升 1.6 个百分点至 88.5%。2014 年，全球合成纤维产能装置平均开工率略升，至 69.6%。预计未来，国际对生产乙烯下游产品的装置需求不会出现大幅增加。

4. 我国石化通用设备行业存在的问题

（1）自主创新能力不强

一是制造能力强，自主创新能力弱。我国大多数石化通用设备的主导产品，尤其是大型成套设备都要从国外进口。由于缺乏自主创新能力，导致缺少石油通用装备的关键技术和产品。这些产品的核心、关键技术大多数只有跨国公司才掌握。

二是总体规模大，竞争力低。我国石化通用设备制造企业很多，但是地理位置分散，资金和技术力量也分散，无法使企业形成规模效益。在主要自主创新项目上，规模小会极大抑制产业规模效益、整体创新能力以及国际竞争力的提高。

三是装备引进多，消化吸收再创新能力不足。我国石化通用设备行业只是生搬硬套从国外引进的技术，没有进行认真的学习消化和吸收，创新能力不足。这一状况导致引进的技术没有最大限度地发挥其作用。

（2）企业管理模式落后

我国石化通用设备制造企业普遍存在管理模式僵硬、管理制度落后等问题。虽然石化通用设备制造企业较多，但多是改制后的股份制企业，其管理仍保留着原有的僵硬模式，虽然改制曾让这些企业焕发生机，但因为还没来得及做好国营到民营的衔接工作，就遇上国际性石油危机的爆发，这些企业沉溺于盲目占领市场，而忽视了自身建设和管理模式的改变。

（3）行业间无序竞争

我国石化通用设备制造业以中小企业为主，由于目前国内石化通用设备

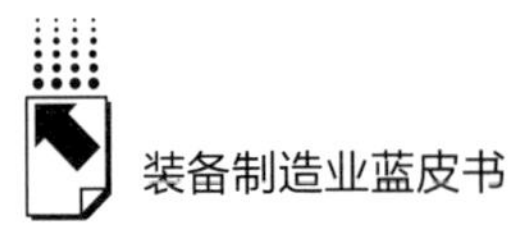

的生产能力大大超过市场的实际需求，许多企业产品需要出口，但经济危机带来世界经济的衰退以及各国新贸易保护主义的出台，严重影响了我国装备行业的出口量。为了生存，国内企业间互相压价竞争，市场管理的混乱越来越严重。

（4）产品质量有待提高

石化通用设备产品的质量和运行的稳定性是项目建设者重点关注的问题之一，而国产设备的连续稳定性普遍低于进口设备，这主要表现在配套产品、机械加工手段和产品质量控制相对落后。

配套产品技术水平低下。以大功率固井压裂设备为例，该设备采用液力机械传动，传动效率高、柔和，能充分发挥发动机功率。目前国内普遍采用的是美国阿里逊700、800、900型液力机械传动器。由于国内制造技术水平低下，目前我国还没有厂家能生产出该类型传动器。

机械加工手段尚未成熟。当前，国外已广泛采用电脑软件进行产品模拟设计和加工，但国内部分石化通用设备企业还没有建立专业的加工中心，使产品加工精度无法保证，并存在高成本、低效率的状况。

产品质量管控仍需加强。我国生产的石化机械产品的稳定性和使用寿命都不如国外产品。部分常用普通产品存在用料不过关和加工粗糙的问题，例如：关键阀门、大型机组和一些部件可靠性差；易损件、通用基础件专业化生产率低，达不到精、高、尖的水平。这一情况导致组装的机组存在质量不稳定、寿命短的问题，交货期与销售服务等均未达标，从而影响工艺装置的安全运转和使用周期。

（5）保障机制有待加强

缺乏购买国产装备的动力。大多数石化通用设备的下游企业只是盲目引进国外先进技术装备，导致国产石化通用设备的市场份额达不到预期要求，而且减少了工程实践的机会，使国内企业自主创新的积极性不断减弱。

缺乏配套的财税和知识产权保护制度。石化通用设备的实验、开发、试用资金投入大、风险高，需要国家在财政税收上给予支持，但我国在这方面制度尚不完善。另外，知识产权保护制度能够有效地保障企业自主创新成果，能极大地推动石化通用设备行业积极进行自主创新。虽然现在我国的知识产权保护水平已经有了较大的提高，但在其立法和执法方面仍与发达国家有较大差距。

（6）关键岗位人员不足

我国石化通用设备行业关键岗位人员不足，专业技术人才数量较少和部分专业技术人才的流失，导致了技术人才严重不足。石化通用设备行业是技术和资本密集型产业，而我国的专业技术工人为初级工人数最多，中级工次之，高级工最少。相比于美国的高级工，我国的高素质技术人才欠缺严重，这是我国石化通用设备行业发展的主要问题。

二　对我国石化通用设备分行业的分析

（一）石油钻采专用设备制造业

1. 我国石油钻采专用设备制造业概况

我国是唯一能生产成套石油钻机的发展中国家，目前已达到年产1000～9000 米系列成套钻机 200 套左右的水平。2014 年，我国石油钻采专用设备制造行业企业有 868 个，资产总计达 2916. 8 亿元，占石化通用设备行业总资产的 15. 68%。

我国石油钻机的技术水平和质量水平距离国际水平越来越近，而且石油钻机依靠价格上的优势在国际市场中的竞争力。虽然受金融危机影响，我国石油设备的出口暂时出现一定程度的收缩，但石油钻采业仍处于上升趋势，2014 年我国石油钻采行业实现主营业务收入 3100 亿元，占石化通用设备行业总营业收入的 34. 6%，为石化通用行业中的最高水平，同比增长 7. 86%；利润总额约为 229 亿元，占石化通用设备行业的 37. 87%，同比增长 12. 9%。

2. 我国石油钻采专用设备制造业分析

(1) 盈利能力分析

①总资产利润率同比降低

2014 年，石油钻采专用设备制造业总资产利润率为 7.86%，低于 2013 年同期水平。全年呈先降后增趋势，其中 11 月最高，为 1.32%；8 月最低，为 0.59%（见图 23）。

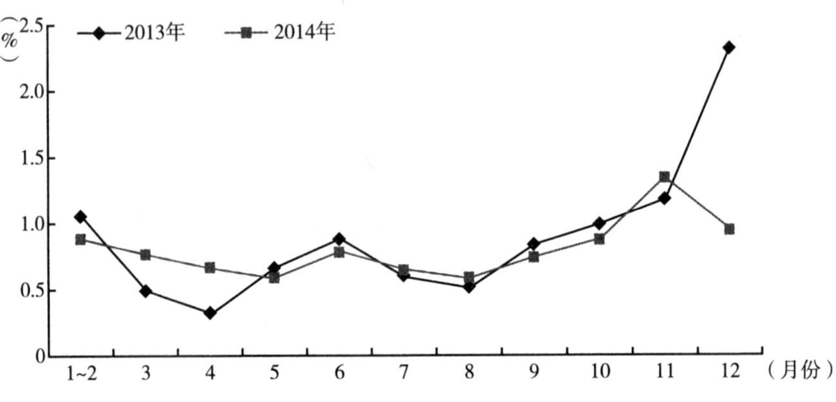

图 23　2014 年石油钻采专用设备制造业总资产利润率及同比增速

②主营业务成本率同比上升

2014 年，石油钻采专用设备制造业主营业务成本率为 84.95%，略高于 2013 年。全年呈逐渐下降趋势，12 月最低，为 78.27%；5 月最高，达到 88.79%（见图 24）。

③三项费用占比同比变动幅度不大

2014 年，石油钻采专用设备制造业三费比重为 7.15%，与 2013 年基本持平。全年呈先降后升的趋势，其中 12 月最高，为 9.32%；5 月最低，为 6.00%（见图 25）。

(2) 偿债能力分析

资产负债同比上升。2014 年，石油钻采专用设备制造业资产负债率为 54.04%，略高于 2013 年同期水平。全年呈先升后降趋势，9 月份最高，为 54.89%。

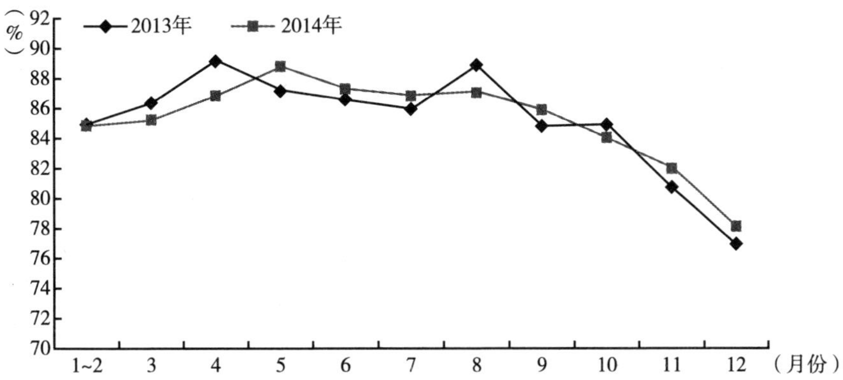

图 24　2014 年石油钻采专用设备制造业主营业务成本率及同比增速

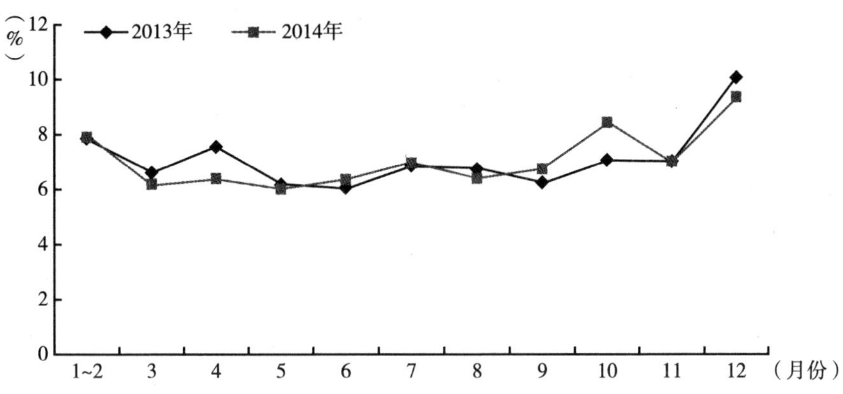

图 25　2014 年石油钻采专用设备制造业三项费用占比及同比增速

产权比率同比上升。2014 年，石油钻采专用设备制造业产权比率为 1.18，略高于 2013 年同期水平。全年呈先升后降的趋势，其中 9 月份最高，为 1.22。

权益乘数同比上升。2014 年，石油钻采专用设备制造业的权益乘数为 2.18，略高于 2013 年同期水平。全年呈先升后降趋势，9 月最高，为 2.22。

（3）营运能力分析

应收账款周转率同比略有下降。2014 年，石油钻采专用设备制造业应

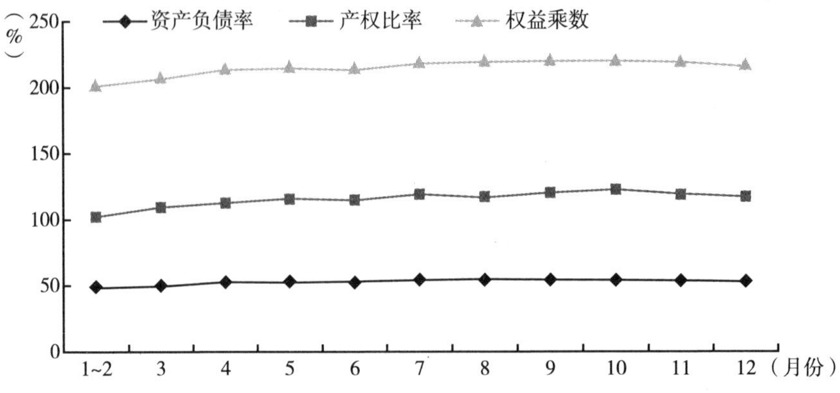

图 26　2014 年石油钻采专用设备制造业偿债能力分析

收账款周转率为 4.24 次，与 2013 年同期相比略有下降。全年呈先降后增趋势，7 月最低，仅为 0.37 次。

总资产周转率同比 2013 年略有下降。2014 年，石油钻采专用设备制造业总资产周转率为 1.11 次，与 2013 年同期相比略有下降。全年呈先减后增趋势，8 月最低，为 0.09 次。

流动资产周转率同比下降。2014 年，石油钻采专用设备制造业的流动资产周转率为 1.70 次，比 2013 年同期略有下降。全年呈先降后增趋势，7 月最低，为 0.14 次（见图 27）。

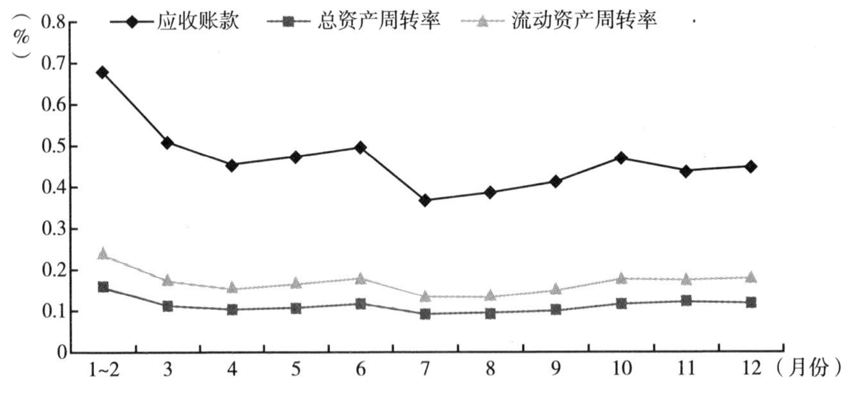

图 27　2014 年石油钻采专用设备制造业营运能力分析

（4）成长性分析

①主营业务收入增长率同比下降

2014 年，石油钻采专用设备制造业的主营业务收入增长率为 18.42%，比 2013 年同期大幅下降。全年呈先降后升趋势，12 月最低，为 6.57%（见图 28）。

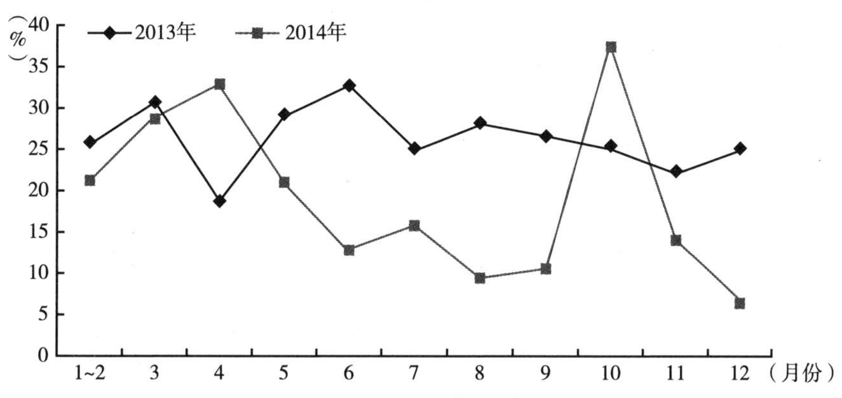

图 28　2014 年石油钻采专用设备制造业主营业务收入增长率及同比增速

②资本增长率同比下降

2014 年，石油钻采专用设备制造业资本增长率为 24.34%，比 2013 年呈大幅下降趋势。全年整体变动不大，8 月最高，为 28.26%；10 月最低，为 20.46%（见图 29）。

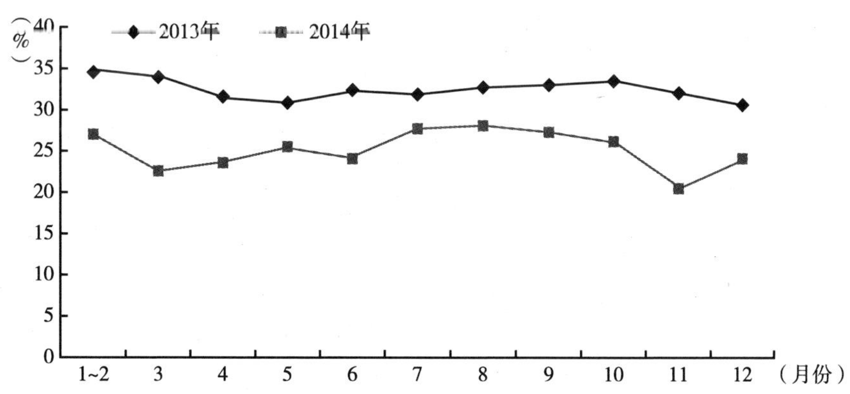

图 29　2014 年石油钻采专用设备制造业资本增长率及同比增速

③利润增长率同比下降

2014 年，石油钻采专用设备制造业利润增长率为 10.50%，同比 2013 年下降，全年呈先增后降趋势，4 月最高，为 155.22%，12 月最低，为 -49.05%（见图 30）。

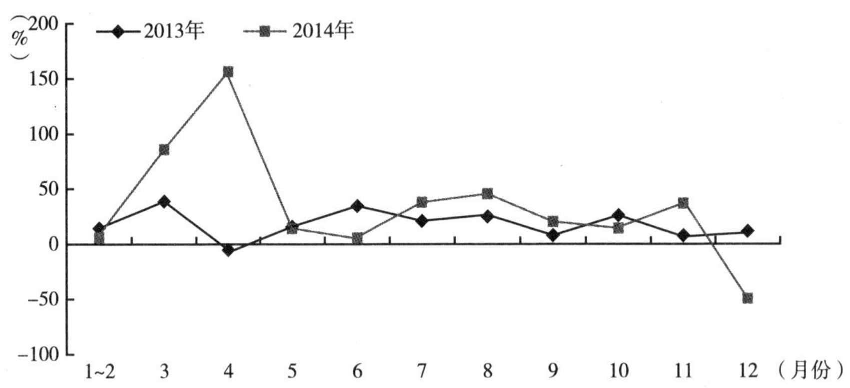

图 30　2014 年石油钻采专用设备制造业利润增长率及同比增速

3. 我国石油钻采专用设备制造业的技术水平

石油钻采专用设备制造业已经形成一批具有市场核心竞争力的拳头产品。下面主要从勘探装备、钻井装备、录井测井装备、完井装备四个方面介绍我国石油钻采专用设备制造业取得的成就。

（1）勘探设备具备国际先进水平

我国的勘探装备通过加大资金和人员投入，突出核心装备研发，以激发设备、物探采集为主，取得了一批重大科技新成果。可控震源、地震仪器、物探钻机、特种运载设备、检波器、辅助仪器设备六个系列产品的研发能力和部分产品的制造能力已得到了很大的提高。

（2）钻井设备自主研发水平提高

我国石油钻机已由过去的仿制、引进、消化、吸收，发展到了以自主开发为主的阶段，适用于陆地、沙漠和海洋环境，钻深能力由 1000 ~ 7000 米发展到 9000 米甚至 12000 米，传动技术也已经形成了多种形式。我国石油钻机基本满足了国内油气勘探开发的需要，主要石油钻机生产厂商有 20 多家，其中骨干企业有10家，钻机年生产能力近1000台。

（3）录井测井装备进入国外高端市场

我国已经研制成功的CGDS-I近钻头地质导向钻井系统，其中包含国外研制了近20年时间才成熟并垄断的重大关键技术，这一成功标志着我国成为世界上第三个掌握地质导向钻井技术的国家。该系统能够保证实际井眼穿过储层并取得最佳位置，还能控制和实时调控井眼轨道，具有导向功能强等特点。此外，已经研发成功的GW-LWD随钻测井系统、LEAP800测井系统、GW-MLE综合录井仪等科技成果已经进入国内外高端市场，实现了“研发、制造、服务”一体化的重大目标。

（4）完井装备自主研发水平进一步提高

固井装备产能超过300台（套），打破了国外技术垄断，整体已达到国际先进水平；射孔装备达到国际一流产品水平，已开发出常温、高温、超高温的深穿透系列、大孔径系列和高孔密系列聚能射孔器，形成了超深穿透射孔器、大孔径射孔器、无枪身射孔器、聚能切割器等系列射孔器产品，还研发出一系列导爆索产品；自主研发成功了世界首台3000型压裂成套设备，包括24台压裂泵车、2台混砂车，以及压裂仪器装置、高低压管汇装置、供液和输砂装置、地面配套管汇以及安全配套设备等40多台设备；已经研制成功的自主化连续管作业机，其主要性能指标和综合性能已达到国际先进水平。

（二）炼油化工专用设备制造业

1. 我国炼油化工专用设备制造业概况

炼油化工专用设备用以装备炼油、化工产品。随着我国炼油、化工产业的迅猛发展，我国炼油化工专用设备产业发展迅速。2014年，我国炼油化工专用设备制造行业企业有480个，资产总计达到934.15亿元，占石化通用设备行业总资产的5.02%。

我国炼油化工专用设备制造业的制造体系已经比较完善，有些领域已经接近甚至达到世界先进水平。2014年我国炼油化工专用设备制造行业的主营业务收入约为932亿元，占石化通用设备行业的10.4%，比2013年增长

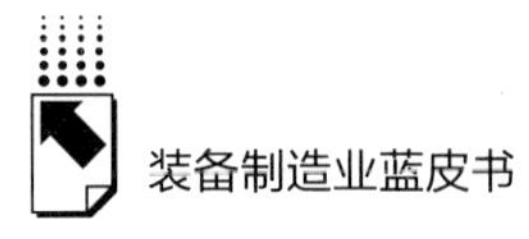

了约12%；总利润达到56.49亿元，占石化通用设备行业的9.32%。

2. 我国炼油化工专用设备制造业分析

（1）盈利能力分析

①总资产利润率同比略有下降

2014年，炼油化工专用设备制造业总资产利润率为6.70%，同比略有下降。全年呈先降后增趋势，其中12月最高，为1.07%；7月最低，为0.16%（见图31）。

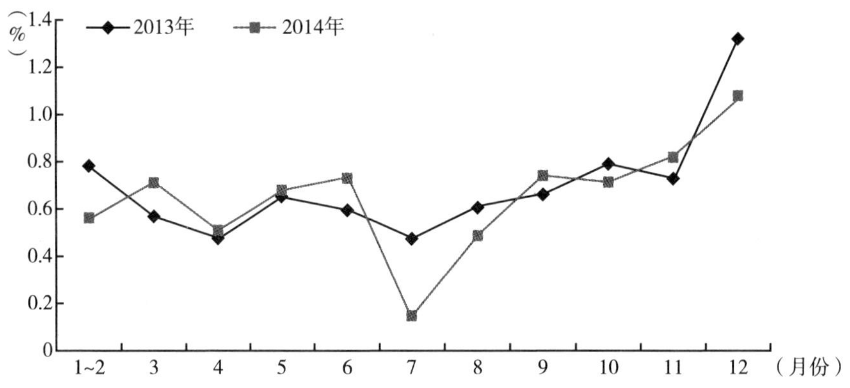

图31　2014年炼油化工专用设备制造业总资产利润率及同比增速

②主营业务成本率同比下降

2014年，炼油化工专用设备制造业主营业务成本率为82.93%，与2013年相比略有下降。全年呈逐渐下降趋势，其中12月最低，为79.14%；8月最高，为86.58%（见图32）。

③三项费用占比同比上升

2014年，炼油化工专用设备制造业三项费用占比9.31%，比2013年略有上升，全年呈先增后降趋势，其中7月最高，为13.04%；5月最低，为8.24%（见图33）。

（2）偿债能力分析

资产负债率同比上升。2014年，炼油化工专用设备制造业资产负债率为58.86%，比2013年呈上升趋势。按月看，8月份最高，为62.09%，7

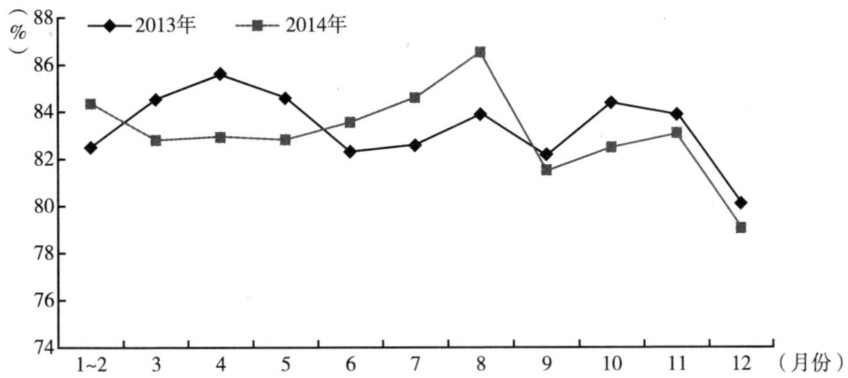

图 32　2014 年炼油化工专用设备制造业主营业务成本率及同比增速

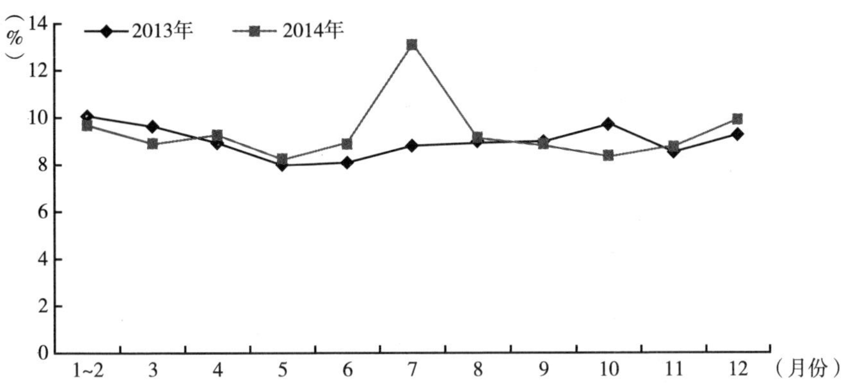

图 33　2014 年炼油化工专用设备制造业三项费用比重及同比增速

月份最低，为 58.16%。

产权比率同比上升。2014 年，炼油化工专用设备制造业产权比率为 1.43，同比略有上升。按月看，8 月份最高，为 1.64；7 月份最低，为 1.39。

权益乘数同比上升。2014 年，炼油化工专用设备制造业权益乘数为 2.43，比 2013 年有所上升。全年呈先升后降趋势，8 月最高，为 2.64，7 月最低，为 2.39（见图 34）。

（3）营运能力分析

应收账款周转率同比下降。2014 年，炼油化工专用设备制造业应收账

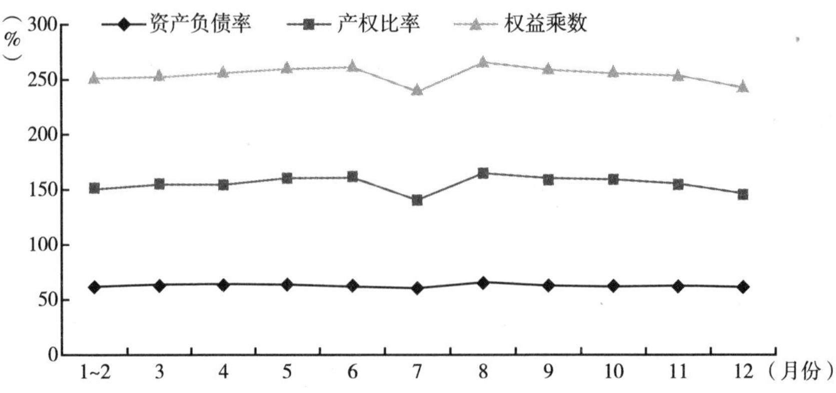

图 34　2014 年炼油化工专用设备制造业偿债能力

款周转率为 4.71 次，同比下降。全年呈先降后增趋势，在1～2月最高，为 0.77 次，7 月最低，为 0.33 次。

总资产周转率同比下降。2014 年，炼油化工专用设备制造业总资产周转率为 1.00 次，比 2013 年略有下降。全年呈先减后增趋势，1～2 月达到最高，为 0.15 次，7 月最低，为 0.06 次。

流动资产周转率同比下降。2014 年，炼油化工专用设备制造业流动资产周转率为 1.52 次，比 2013 年略有下降。全年呈先降后增趋势，1～2 月最高，为 0.22 次，7 月最低，为 0.10 次（见图 35）。

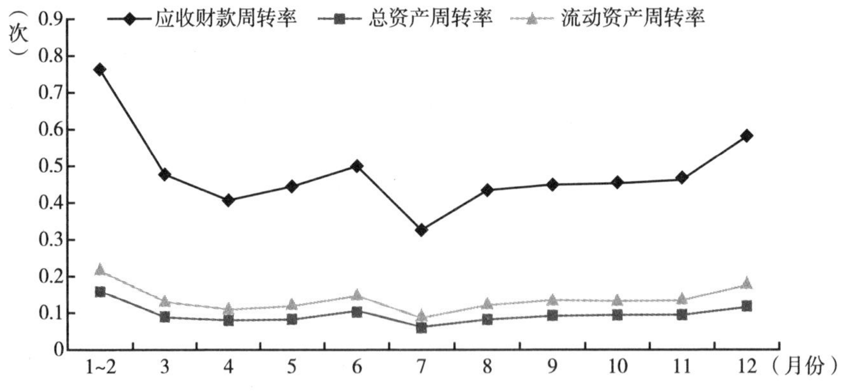

图 35　2014 年炼油化工专用设备制造业营运能力

(4) 成长性分析

①主营业务收入增长率同比上升

2014 年，炼油化工专用设备制造业主营业务收入增长率为 8.70%，比 2013 年略有上升。其中，6 月最高，为 21.81%，7 月最低，为 -10.20%（见图 36）。

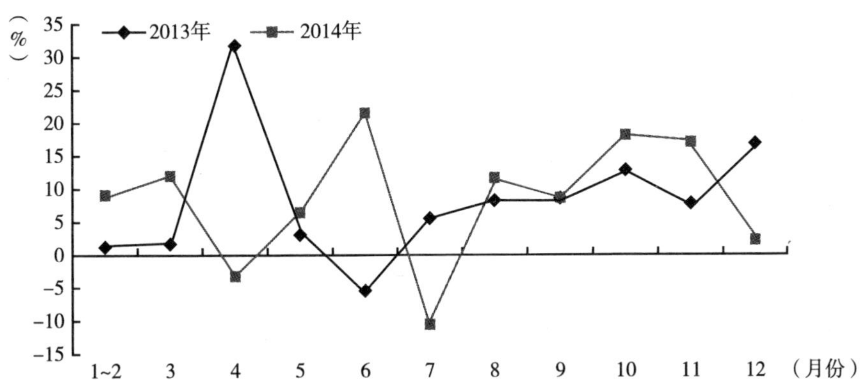

图 36 2014 年炼油化工专用设备制造业主营业务收入增长率及同比增速

②资本增长率同比上升

2014 年，炼油化工专用设备制造业资本增长率为 12.62%，比 2013 年略有提高。全年呈先增后降趋势，7 月最高，为 26.95%，1~2 月最低，为 11.45%（见图 37）。

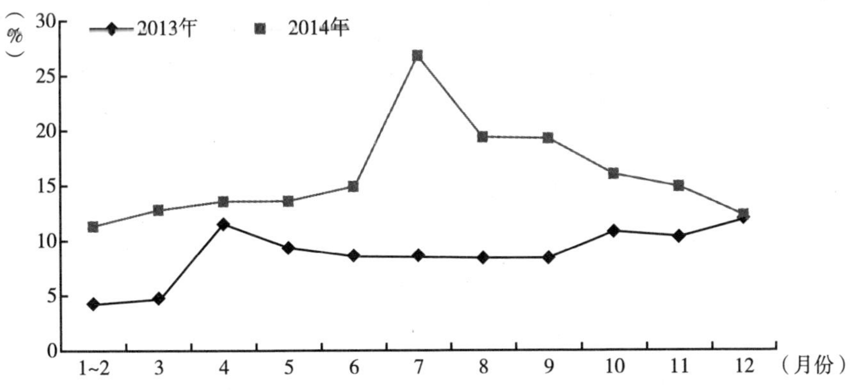

图 37 2014 年炼油化工专用设备制造业资本增长率及同比增速

③利润增长率同比下降

2014 年，炼油化工专用设备制造业利润增长率为 7.79%，比 2013 年下降。按月看，3 月最高，为 41.09%，7 月最低，为 -57.79%（见图 38）。

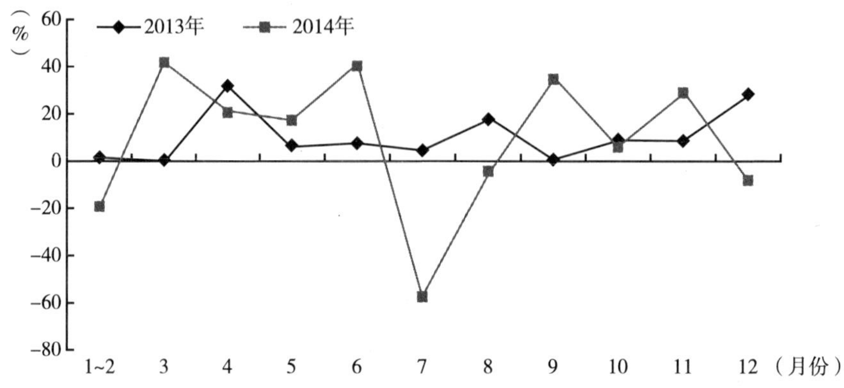

图 38　2014 年炼油化工专用设备制造业利润增长率及同比增速

3. 我国炼油化工专用设备制造业技术水平

依托我国炼油化工、煤化工等领域的重点工程项目，通过产学研用相结合，自主开发与技贸合作相结合，我国在炼油石化通用设备国产化方面取得了很大成就，以按投资为例，炼油装备国产化率超过 90%，百万吨级乙烯及下游装置的国产化率在 70% 以上；以煤为原料的大型合成氨、尿素装置的国产化率达 85% 以上。形成了一支实力较强、专业配套的攻关研发人才队伍和一批专业制造骨干企业；掌握了一批有自主知识产权的石化装备设计制造核心技术；部分研制成果达到或接近国际先进水平。

（1）石化流程泵节能减排水平提高

我国目前开发的连体热机热泵机组，将高效离心压缩机和离心膨胀机加以组合，利用生产装置中的低压蒸汽驱动膨胀机，利用膨胀机驱动压缩机完成压缩过程，从而实现节约能源；此外，自主开发的能量吸收透平，流量 $60m^3/h$，进出口压力 9/2MPa，功率 266kW，回收效率为 80%，已经应用到加氢裂化装置中。

（2）石化专用机械国产化水平提高

大型挤压造粒机组结束了依赖进口的局面，自主研发的20万t/a聚丙烯/研制的同向双螺杆挤压造粒机组，结束了我国大型挤压造粒机组长期依赖进口的历史，25万t/a聚乙烯装置挤压造粒机正在研制当中。

其他大型石化专用机械（例如离心机、烟气轮机、干燥机）都结束依赖进口的局面，并通过引进国外先进的设计与技术，取长补短，形成了一整套加工、组对、焊接工艺诀窍，目前，正朝着大规格、高速率、高精度、全自动方向发展。

（3）共用工程和单元设备实现重大技术突破

石化仪器仪表方面，开发的DCS（集散控制系统）成功应用于500万t/a常减压装置、190万t/a加氢精制装置、120万t/a延迟焦化装置及6万t/a硫黄回收装置等，实现了国内石化生产DCS系统研制的重大突破。

低温乙烯球罐方面，现阶段研制成功的国产化10万m^3和15万m^3大型原油储罐，为我国油气商业储备库建设创造了条件；独立开发了使用-50℃低温钢制造压力容器的成套应用技术，成功研发我国首台2000m^3低温乙烯球罐，改变了我国大型低温乙烯球罐依赖进口的局面。

石化单元设备方面，由我国企业开发的合成橡胶后处理成套工艺设备，包括挤压脱水机、合料破碎机、干燥箱、电子定量秤、压块机、检测机等生产线，价格是进口的1/3；自主开发的14万t/a聚丙烯装置催化剂储存与计量预处理系统，是集设备/管道/阀门、仪表及控制为一体的成套设备，包括催化剂分散罐、预接触罐、搅拌器、计量泵等。这些单元设备不只是硬件设备的开发，还包括化工流程工艺技术的开发或系统工程的开发，代表着未来发展的方向。

（4）大型尿素装置关键设备实现国产化

我国尿素装置关键设备（合成塔、高压冷凝器、CO_2汽提塔、高压洗涤器、大型煤制气压缩机组等）实现了国产化，产品达到国际先进水平，如30万t/a合成氨、52万t/a尿素装置的国产化率达到80%以上，45万t/a合成氨、80万t/a尿素装置的国产化率达到了85%以上，百万吨级尿素系列关键

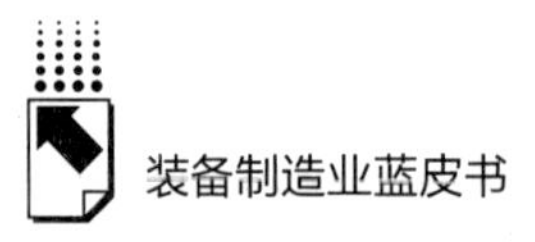

设备成功填补了国内空白，达到了国际先进水平，国内市场占有率超过 90%。

（5）煤化工核心装备实现自主化设计

煤气化技术装备是煤化工的核心技术。长期以来，我国都依靠进口核心设备来建设大型合成氨、尿素、煤制甲醇装置。近年来，我国不断加大煤气化技术方面的攻关力度，先后成功自主研发出一系列煤气化技术装备，使我国煤气化技术装备位于世界前列，标志着我国煤化工产业基本形成独立自主研发的技术装备体系。

（6）乙烯冷箱装置设计与制造能力达到国际先进水平

国内一些乙烯冷箱制造企业在引进国外大型真空钎焊炉等关键技术和加工设备的基础上，具备了制造 80 万～100 万 t/a 大型乙烯冷箱条件，其制造能力和设计水平与国际先进水平已无甚差距。为适应百万吨乙烯工程研发的世界最大的采用三元制冷流程生产乙烯的冷箱，最高压力为 3.96MPa；新开发出的大型乙烯冷箱，在大流量、多组分、有相变的情况下，进出冷箱换热总物流达 30 股流，单元体最多换热流道数达 20 股流，最高设计压力为 6MPa，设计温度 -200/200℃，最大单元尺寸 7000mm×1300mm×1300mm；新建的 80 万 t/a 乙烯装置冷箱，最高压力为 5.4MPa，外型尺寸 6250mm×4000mm×3000mm，总质量约 280 吨，可满足 14 股流体同时换热。

（7）气体压缩机能耗水平进一步降低

石化生产中各种气体压缩机是耗能最高的设备，“乙烯三机”即裂解气压缩机、丙烯压缩机、乙烯压缩机，是乙烯装置的心脏设备。大庆 64 万 t/a 乙烯裂解气压缩机组的研制成功，是我国自主开发的功率最大的同类压缩机，与引进同类设备相比节约投资 30% 以上；已研制成功的裂解气压缩机（入口流量达 341000Nm^3/h，总功率为 60000KW）、丙烯制冷压缩机（入口流量 287000Nm^3/h，总功率为 30000KW）和乙烯压缩机（入口流量 21400Nm^3/h，功率为 7000kW），采用了先进的高效三元流叶轮技术，使压缩机效率达 86% 以上，机组主要技术指标达到国际同类机组的先进水平。

（8）大型塔器工程技术达到国际领先水平

我国独立开发的大型汽油分馏塔工程技术，已实现每年生产 100 万吨乙烯工业装置四年多满负荷连续运行。该塔塔径 12600mm，塔体切线高度 45200mm，采用穿流/折流复合型汽油分馏塔，实现了易堵塞塔的最简洁化结构设计，还开发了增强型金属矩鞍环填料，确保填料床层不变形、不下陷；采用化工填料塔的穿流式支撑装置，使填料床层底部气体分布均匀，不产生涡流，生产技术指标全部达到甚至超过设计要求，其中标志性指标全塔压降仅有 3～4MPa，与目前国际相关设备全塔压相比降低了 60%～70%，并提高了乙烯回收率 0.1%。这标志着我国高难度大型塔器工程技术已达到世界领先水平。

（三）海洋工程专用设备制造业

1. 我国海洋工程专用设备制造业概况

随着我国海洋油气资源开发的快速发展，国内市场对于海洋工程装备的需求变得尤为急切。2014 年，我国海洋专用设备制造行业企业仅有 54 家，远不能满足国内市场的需求，未来我国将开发多个海洋油田项目，海洋装备市场的投资金额将会快速增加。目前在全国范围内，规划和在建的海洋工程装备基地已有 20 多个，其中规模较大的投资项目主要由中石油、中海油两大石油巨头发起，联合当地政府兴建。

2014 年我国海洋石油专用设备制造业资产总计达 725.69 亿元，占石化通用设备行业总资产的 6.03%。但是，我国海洋工程专用设备制造行业在营收和利润方面表现不足，2014 年，主营业务收入约为 725.69 亿元，占石化通用设备行业的 8.1%，同比增长 13.49%；实现利润 30.13 亿元，占石化通用设备行业的 4.97%，同比增长 46.09%，增长幅度较大。

2. 我国海洋工程专用设备制造业分析

（1）盈利能力分析

①总资产利润率同比上升

2014 年，海洋工程专用设备制造业总资产利润率为 2.69%，比 2013 年略有上升。全年波动较大，7 月最高，为 0.73%，11 月最低，为 -0.92%（见图 39）。

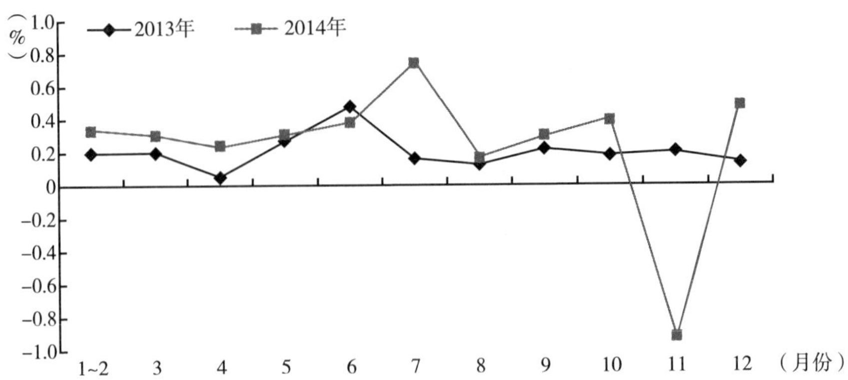

图39　2014年海洋工程专用设备制造业总资产利润率及同比增速

②主营业务成本率同比下降

2014年，海洋工程专用设备制造业主营业务成本率为84.43%，与2013年相比变动不大。全年逐渐上升，但在11月陡降，11月最高为106.24%，12月最低，为75.37%（见图40）。

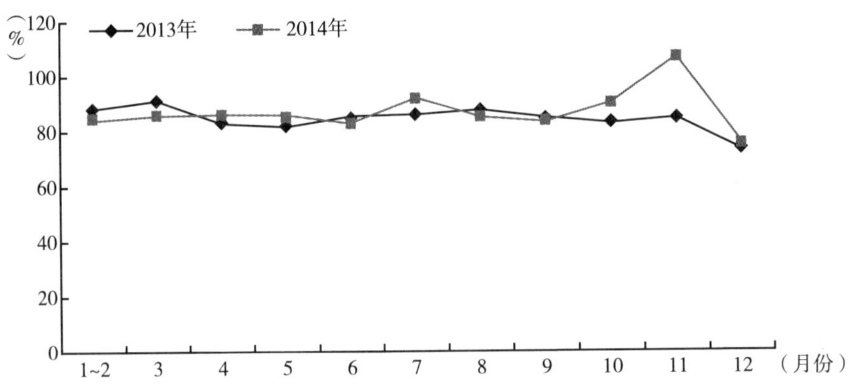

图40　2014年海洋工程专用设备制造业主营业务成本率及同比增速

③三项费用占比呈下降趋势

2014年，海洋工程专用设备制造业的三项费用比重为8.48%，比2013年略有下降。全年逐渐下降，在12月陡升，其中6月最高，为10.13%，11月最低，为-7.02%（见图41）。

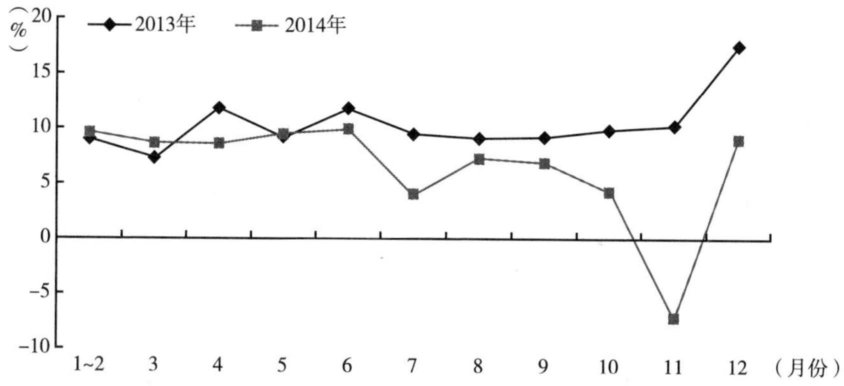

图41　2014年海洋工程专用设备制造业三项费用占比及同比增速

（2）偿债能力分析

资产负债率同比下降。2014年，海洋工程专用设备制造业资产负债率为73.23%，比2013年略有下降。按月来看，6月份最高，为74.02%，7月份最低，为70.89%。

产权比率同比上升。2014年，海洋工程专用设备制造业产权比率为2.74，比2013年略有上升。按月来看，6月份最高，为2.85，7月份最低，为2.44。

权益乘数同比上升。2014年，海洋工程专用设备制造业权益乘数为3.74，比2013年略有上升。按月来看，6月份最高，为3.85，7月份最低，为3.44（见图42）。

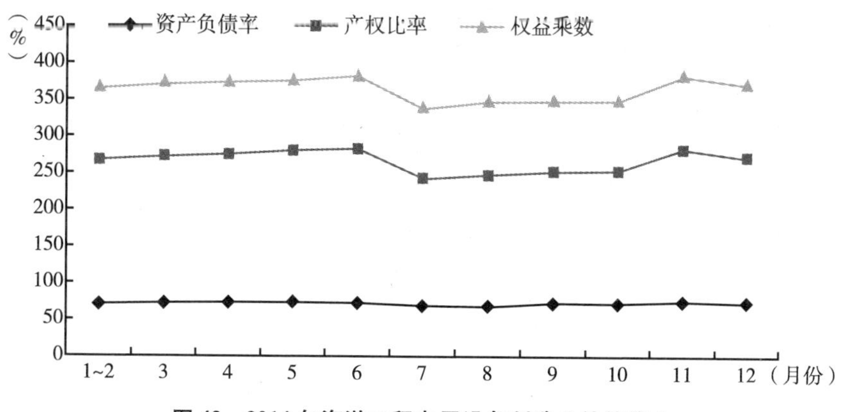

图42　2014年海洋工程专用设备制造业偿债能力

(3) 营运能力分析

应收账款周转率同比下降。2014 年，海洋工程专用设备制造业应收账款周转率为 2.02 次，与 2013 年同期相比略有下降。总体走势平稳，7 月份与 11 月份出现较大波动，在 7 月份达到最高，为 0.47 次，11 月份最低，为 -0.16 次。

总资产周转率同比上升。2014 年，海洋工程专用设备制造业总资产周转率为 0.65 次，与 2013 年同期相比略有上升。总体呈现平稳态势，7 月份和 11 月份出现较大波动，在 7 月份达到最高，为 0.14 次；11 月份最低，为 -0.05 次。

流动资产周转率同比上升。2014 年，海洋工程专用设备制造业流动资产周转率为 0.95 次，与 2013 年同期相比略有上升。总体呈现平稳态势，7 月份和 11 月份出现较大波动，7 月份达到最高，为 0.20 次；11 月份最低，为 -0.08 次（见图 43）。

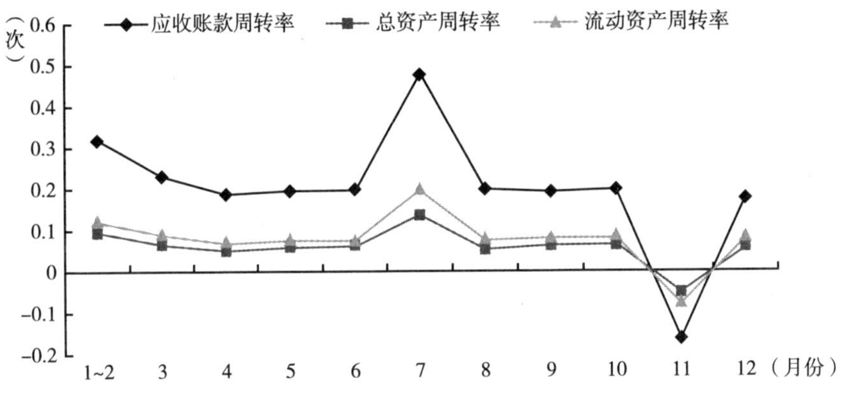

图 43　2014 年海洋工程专用设备制造业营运能力

(4) 成长性分析

①主营业务收入增长率同比上升

2014 年，海洋工程专用设备制造业主营业务收入增长率为 13.49%，比 2013 年上升较大。全年呈先降后升的趋势，7 月份达到最高，为 230.16%，11 月份最低，为 -223.12%（见图 44）。

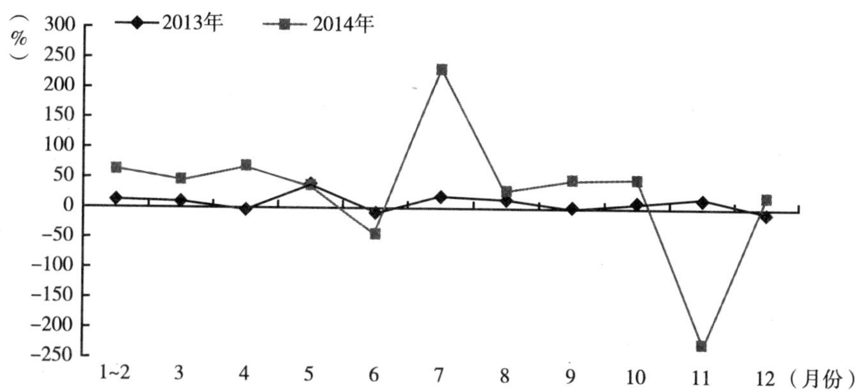

图 44　2014 年海洋工程专用设备制造业主营业务收入增长率及同比增速

②资本增长率同比下降

2014 年，海洋工程专用设备制造业资本增长率为 11.25%，比 2013 年略有下降。全年呈逐渐增长的趋势，5 月份达到最高，为 86.81%，12 月份最低，为 11.25%（见图 45）。

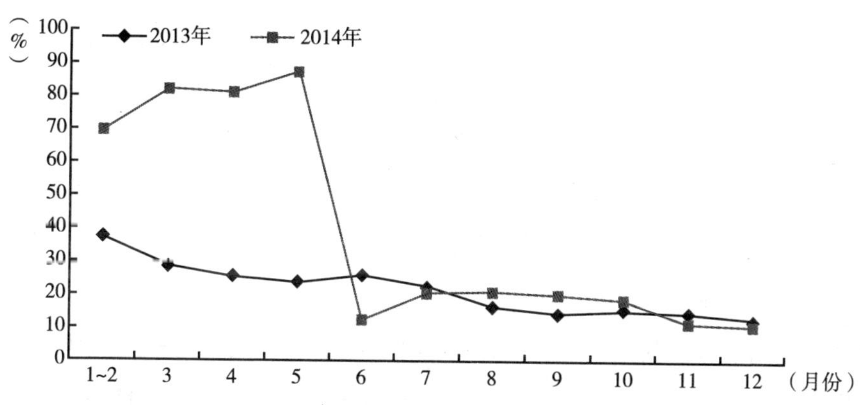

图 45　2014 年海洋工程专用设备制造业资本增长率及同比增速

③利润增长率波动性增长

2014 年，海洋工程专用设备制造业利润增长率为 325.19%，比 2013 年大幅上升。全年呈波动性增长趋势（见图 46）。

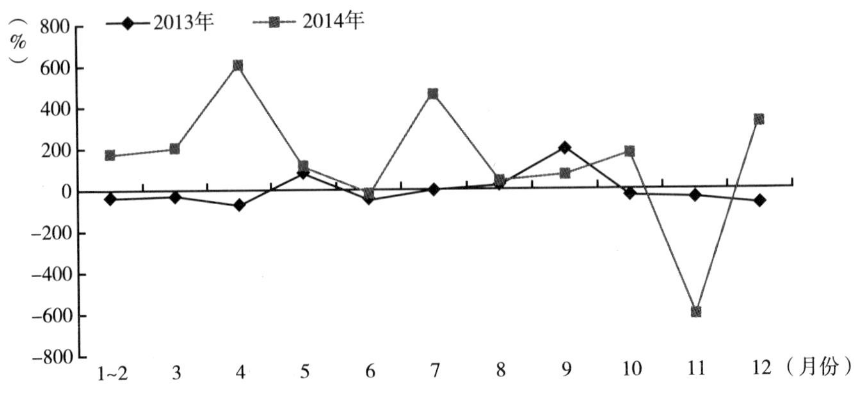

图46　2014年海洋工程专用设备制造业利润增长率及同比增速

3.我国海洋工程专用设备制造业技术水平

我国海洋油气开发装备的研制经历了从无到有、从小到大、从近海到远海，从海况良好到海况恶劣的发展过程。在海洋油气资源勘探开发技术领域实现了重大突破，实现了从500米浅海到3000米深海的重大跨越，海工装备实现了跨越式发展，除总包和设计能力较弱外，制造能力和水平与世界先进水平差距不大；但海洋油气钻采装备和海工配套设备仍是我国的弱项，深海水下装备几乎是空白，与世界先进水平相比有着巨大的差距。下面重点介绍我国海洋工程装备和海洋油气钻采装备技术状况。

（1）海洋工程装备

近年来，我国海洋工程装备制造能力迅猛发展，形成了环渤海、长三角、珠三角等海洋工程装备制造基地，海洋工程装备制造企业20余家，部分技术达到了国际领先水平，自升式钻井平台实现了批量生产，多项海洋工程作业船和辅助船成功批量建造，且占据50%以上国际市场份额，总体技术水平和综合作业能力在国际同类船舶中处于领先地位，跻身世界3000米深水油气开发俱乐部。

（2）海洋油气钻采装备

目前，以宝石机械、兰石国民油井、四川宏华、南阳二机、江汉四机、渤海石油装备、华北荣盛、上海神开、亚星锚链等为代表的国内主要石油装备企业，为国内用户成套提供1000~9000米系列钻机模块及泥浆泵等配件、2000~6500米修井机、平台采油树和最高等级的69MPa防喷器等海洋油气钻采装备；固定式平台钻机和海洋修井机已完全摆脱进口局面，实现国产；船舶锚链世界领先，全球市场占有率接近一半。但我国海洋油气钻采装备的整体水平依然较低，落后国际先进水平10年左右。

（四）金属压力容器制造业

1. 我国金属压力容器制造业概况

随着我国石油、化工、航天航空等行业的不断发展壮大，压力容器的用途越来越广，市场需求越来越大。从市场供给方面看，我国已经成为压力容器生产大国，最重要的是钢铁业的生产能力为全球最大。

2014年，我国金属压力容器制造行业企业有483个，资产总计达781.95亿元，占石化通用设备行业总资产的4.2%。2014年，我国金属压力容器制造业主营业务收入为820.82亿元，占石化通用设备行业的9.16%，比2013年增长了2.23%，增长幅度较小；利润总额44.07亿元，占石化通用设备行业的7.27%，同比下降5.48%。

2. 我国金属压力容器制造业分析

（1）盈利能力分析

①总资产利润率同比下降

2014年，金属压力容器制造业总资产利润率为6.36%，比2013年略有下降。全年增速相对稳定（见图47）。

②主营业务成本率同比上升

2014年，金属压力容器制造业主营业务成本率为85.02%，与2013年相比略有上升。全年呈逐渐下降的趋势，7月份最高，为89.83%，12月份最低，为81.23%（见图48）。

③三项费用占比同比变化不大

2014年，金属压力容器制造业三项费用占比8.91%，同比2013年略有提高。全年呈先降后升趋势，12月份达到最高，为11.05%，10月份最低，

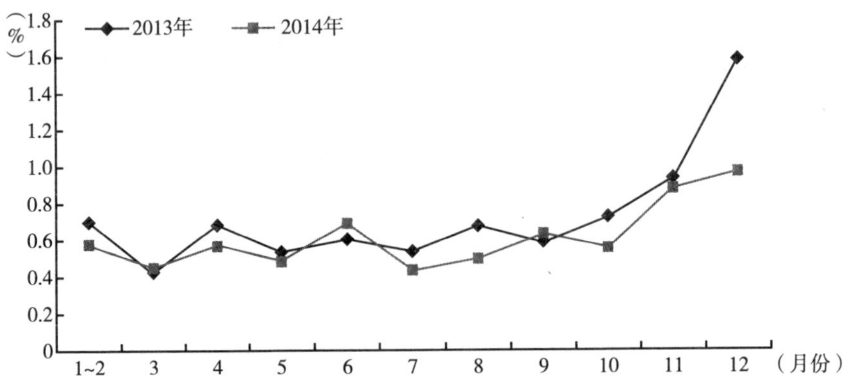

图 47 2014 年金属压力容器制造业总资产利润率及同比增速

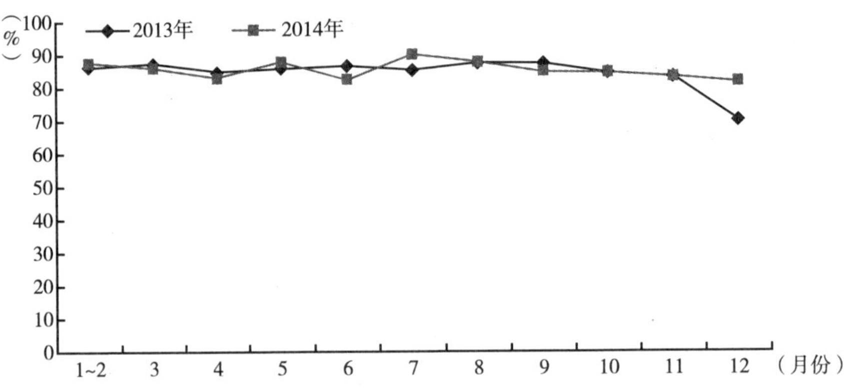

图 48 2014 年金属压力容器制造业主营业务成本率及同比增速

为 7.93%（见图 49）。

（2）偿债能力分析

资产负债率同比下降。2014 年，金属压力容器制造业资产负债率为 57.05%，比 2013 年略有下降。全年呈先增后降趋势，在 7 月份最高，为 62.39%；12 月份最低，为 57.05%。

产权比率同比下降。2014 年，金属压力容器制造业产权比率为 1.33，比 2013 年略有下降。全年呈逐渐下降趋势，7 月最高，为 1.66，12 月最低，为 1.33。

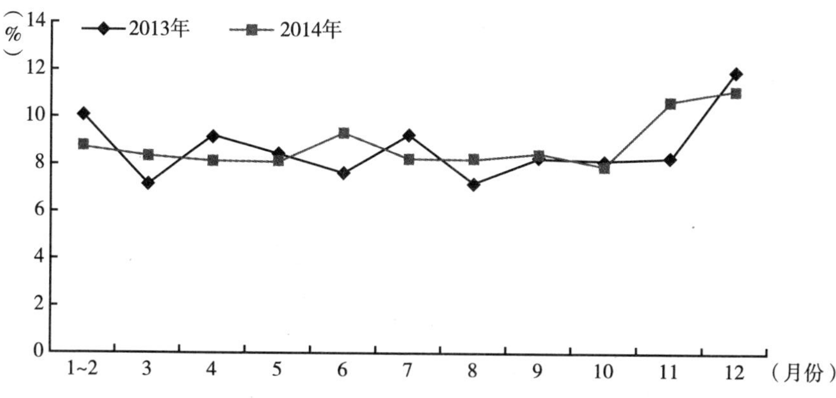

图 49　2014 年金属压力容器制造业三项费用占比及同比增速

权益乘数同比下降。2014 年，金属压力容器制造业权益乘数为 2.33，同比 2013 年略有下降。全年呈逐渐下降的趋势，7 月最高，为 2.66，12 月最低，为 2.33（见图 50）。

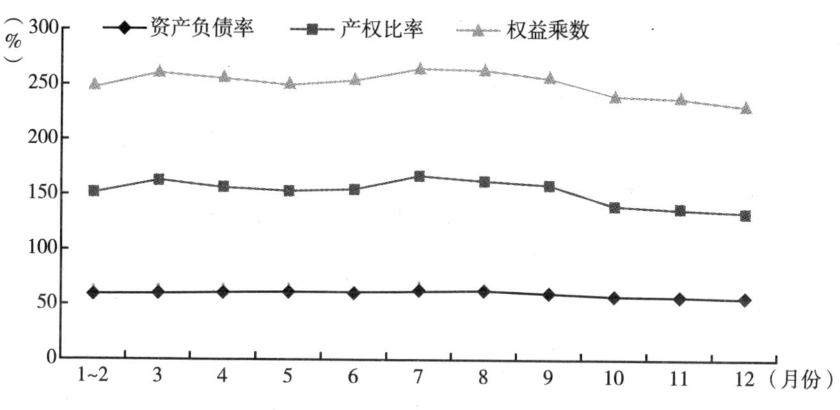

图 50　2014 年金属压力容器制造业偿债能力及同比增速

（3）营运能力分析

应收账款周转率同比略有下降。2014 年，金属压力容器制造业应收账款周转率为 6.21 次，与 2013 年同期相比略有下降。全年呈逐渐下降趋势，1 ~2 月最高，为 0.94 次；7 月最低，为 0.53 次。

总资产周转率同比下降。2014 年，金属压力容器制造业总资产周转率为1.09次，比2013年同期略有下降。全年呈逐渐下降趋势，1~2月最高，为0.16次；4月最低，为0.09次。

流动资产周转率同比下降。2014年，金属压力容器制造业的流动资产周转率为1.76次，比2013年同期略有下降。全年呈逐渐下降的趋势，1~2月最高，为0.25次；4月最低，为0.14次（见图51）。

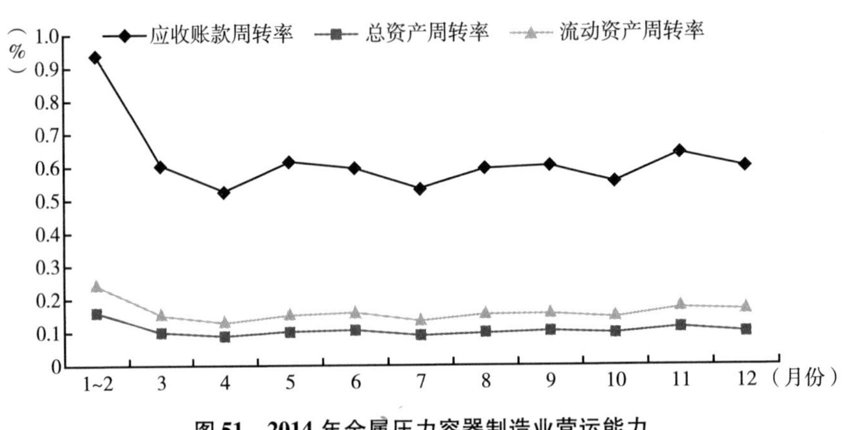

图51　2014年金属压力容器制造业营运能力

（4）成长性分析

①主营业务收入增长率同比上升

2014年，金属压力容器制造业主营业务收入增长率为12.63%，同比增幅较大。其中，1~2月最高，为23.13%，6月最低，为-4.25%（见图52）。

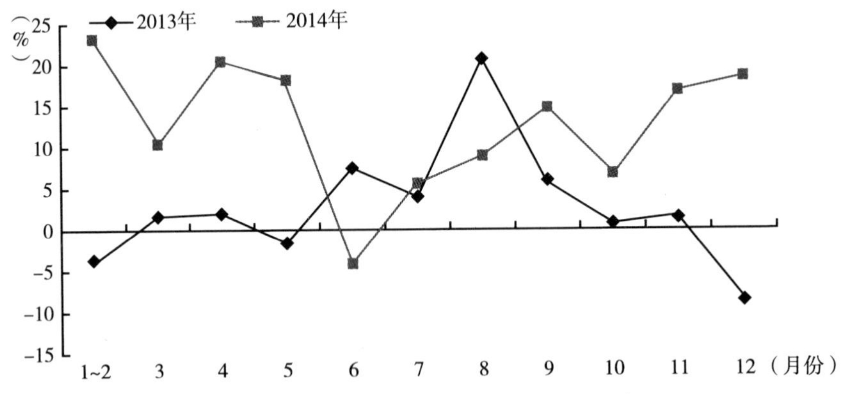

图52　2014年金属压力容器制造业主营业务收入增长率及同比增速

②资本增长率同比大幅增长

2014 年，金属压力容器制造业资本增长率为 21.01%，同比大幅增长。全年呈逐渐下降趋势，3 月最高为 36.12%，12 月最低为 21.01%（见图 53）。

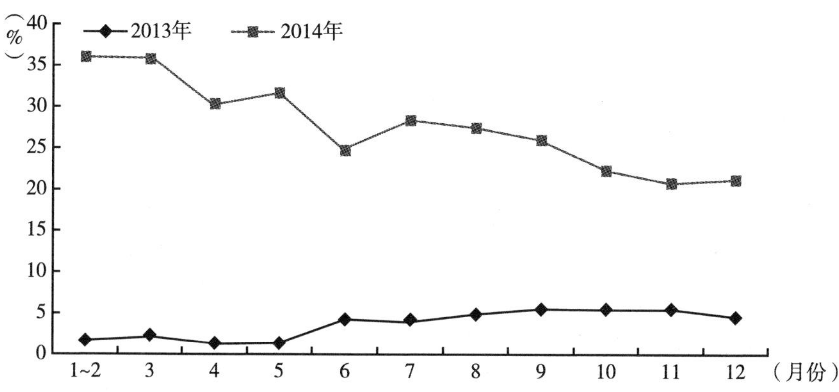

图 53　2014 年金属压力容器制造业资本增长率及同比增速

③利润增长率同比大幅提高

2014 年，金属压力容器制造业利润增长率为 5.84%，与 2013 年相比大幅提高。全年总体呈现下降趋势，6 月最高，为 42.15%，12 月最低，为 -26.03%（见图 54）。

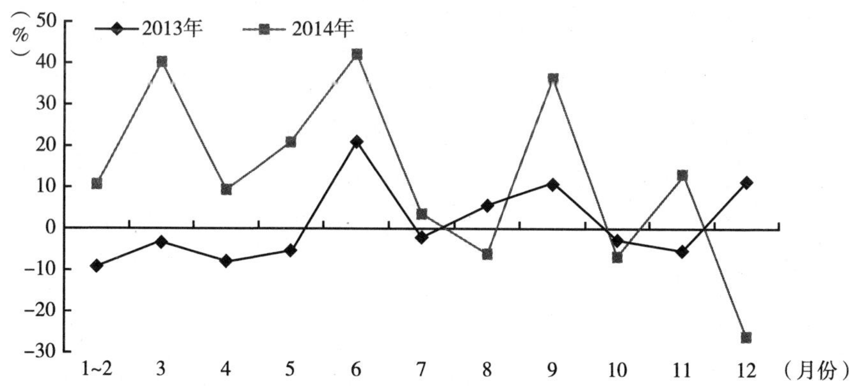

图 54　2014 年金属压力容器制造业利润增长率及同比增速

3. 我国金属压力容器制造业技术水平

金属压力容器的制造技术涉及无损检测、冶金、腐蚀与防腐、机械加工、安全防护等多学科交叉。随着机械加工、冶金、无损检测和焊接等技术的不断提高，尤其是以计算机辅助设计技术为代表的信息技术的快速发展，压力容器生产技术也获得了巨大进步。为了生产和使用更安全、更经济的压力容器产品，传统的设计、制造、焊接和检验方法正在不断被新技术、新产品代替，目前，我国压力容器行业的设计、制造能力得到了飞速发展，而跻身于世界压力容器生产强国之列。

（1）主要反应器装置基本实现国产化

反应器是石化生产装置的心脏，目前，石化装置中的主要反应器生产已经可以立足国内。加氢反应器的材质从 2.25Cr－1Mo 发展到 3Cr－1Mo 和 2.25Cr－1Mo－0.25V，已研制成功首台千吨级加氢反应器和世界上最重的加氢反应器（质量 2040t）；在聚丙烯反应器方面已经先后开发了 7 万 t/a、20 万 t/a、30 万 t/a 规模的环管反应器，45 万 t/a 聚丙烯装置的复合式环管反应器已经成功应用于天津 100 万 t 乙烯；在环氧乙烷/乙二醇装置的列管式环氧乙烷反应器生产方面，已成功为 30 万 t/a 环氧乙烷/乙二醇装置设计制造了环氧乙烷反应器，实现了历史性突破；在连续重整反应器方面已研制成功 220 万 t/a 连续重整反应器，这是国内该反应器中直径最大、重量最重、总体高度最高、板料最厚的产品；已开发成功 20 万 t/a 高压聚乙烯超高压管式反应器，设计压力 345MPa，设计温度 315℃，并投入运行；研制成功了 100 万 t 级 PTA 项目研制了氧化反应器，其性能领先于进口同类产品，价格却只有同类产品一半；10 万 t/a 聚酯装置反应器和 PTA 氧化反应器、20 万 t/a 苯乙烯装置苯乙烯脱氢反应器、4.5 万 t 丁基橡胶聚合釜等的研制成功都填补了国内空白，结束了进口历史。

（2）换热设备技术水平实现突破

近几年，我国换热设备在消化吸收国外技术的基础上，有了重大突破。大型板壳式换热器主要尺寸达 Φ3500mm×19300mm，换热面积 9000m²，板片规格为 10000mm×2000mm×1.2mm，热端/冷端设计温度为 555/2888℃，板程/壳程设计压力为 0.95/0.6MPa，设计压差为 0.57MPa，现已应用到炼油厂大型连续重整和 PX 装置中；大型螺旋板换热器换热面积达 336m^2，螺旋板宽度为 2000mm，螺旋体直径为 2200mm，设计流量为 460m^3/h，介质/冷却水设计压力为 1.3/0.7MPa，已经应用到 45 万 t/aPTA 装置中；乙烯裂解炉线性急冷锅炉（急冷换热器），外管、内管（进/出）操作温度达 328.4、838～889/406℃，外管/内管操作压力为 12.5MPa、80/96MPa；百万吨乙烯有 11 台乙烯裂解炉，共配 66 台急冷锅炉，在天津和镇海百万吨乙烯工程建设中，其开发的线形性急冷锅炉的应用已经占 50%。新开发的隔膜密封式高压换热器、内表面烧结型高通量换热器、乙二醇装置大型换热器等都已经应用到大型石化生产装置中。

三　我国石化通用设备行业发展前景与建议

（一）我国石化通用设备行业发展前景

1. 我国石化通用设备行业未来发展前景预测

（1）行业平稳快速增长

现阶段我国石化通用设备行业正处于产业结构调整和转型升级阶段，由于全球经济复苏缓慢、国际油价持续下跌，结合过去 10 年我国石化通用设备行业发展情况，未来我国石化通用设备行业的工业增加值增长速度在 6%～8% 区间，主营业务收入平均增长速度为 15.37% 左右。

（2）结构调整和转型升级将取得实质性成效

未来，我国石化通用设备行业应实行“四加”结构调整：加强科技创新，加大自主核心技术的研究和对新产品研发的力度，加强突破制约企业转型升级的关键核心技术，加快研制高效、节能、环保的石化通用产品，以此满足石化通用设备行业转型升级发展的新需求。

首先，以国家战略性新兴产业为导向，在海洋油气工程、非常规油气资源开发和智能制造等领域取得突破性进展，2020 年实现 30% 以上的主要产

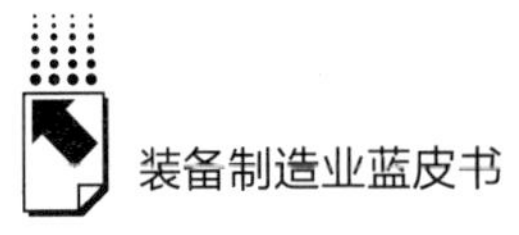

品基本与国际先进水平同步；其次，以调整行业产业和企业产品结构为手段，实现企业转型和产品升级，提高高端产品的比重，减少对进口产品的依赖程度；最后，积极开展节能减排、绿色制造和两化融合，满足石油化学工业节能减排任务的要求和资源的有效利用。

（3）技术创新、管理创新和机制创新将取得重大突破

我国石化通用设备行业要充分利用国家的各项政策支持，积极收购、引进、消化吸收国际先进技术，加大技术创新力度，研发投入占销售产值的比重，到2020年实现行业重点企业和一般企业分别超过4%和3%，重大技术装备自主化研制将取得一批成果；重视管理创新，加快在科研、设计、生产、销售、物流、管理等方面的信息化建设，学习和探索进一步提高企业效率和效益的管理手段和方法；加强行业企业先进经验的交流和推广，创新企业运作机制，积极探索企业的并购、联合、做强做大、专精特新等运行新模式，并在2020年前实现行业50%以上的企业迈入现代化制造服务型企业行列。

2. 我国石化通用设备行业投资机会

（1）节能环保产品

国家政策导向是鼓励生产节能环保产品，重点推广高效加热炉、高效换热器等技术和装备，从而达到节能环保效果。同时，全面推广大型乙烯裂解炉等技术，可给石化通用设备行业带来巨大的投资机会。例如：推广裂解炉空气预热、优化换热流程、优化中段回流取热比，推广高效换热器等技术和装备，示范推广透平压缩机组优化控制技术、燃气轮机和裂解炉集成技术等，研发推广乙烯裂解炉温度与负荷先进控制技术、C2加氢反应过程优化运行技术等。

（2）海洋工程装备

我国大陆架比较广阔，海上石油储量比较丰富。但随着石油需求量的不断加大，海上石油的开采力度也会不断增加，因此，海上油气勘探、开采设备将会有良好的发展前景。目前，国家已经将海洋工程装备列为高端装备制造业之一，提出要大力发展以海洋油气为代表的海洋矿产资源开发装备，重点发展半潜式钻井/生产平台、钻井船、海洋钻采设备及其关键系统和设备、

水下生产系统及水下立管等装备，以突破600～3000米深水资源开发装备关键技术为目标，深海浮式结构物水动力性能、结构设计和强度分析等关键共性技术将重点突破，建设液化天然气浮式生产储卸装置等新型装备总装制造平台，完善设计建造标准体系。国家将鼓励海洋油气钻采设备、海洋钻井隔水管系统及隔水管张紧系统等的自主创新和研究。同时，将油气钻探设备、半潜式钻井平台、液化天然气运输船、深水物探船等装备纳入重大技术装备进口税收政策支持范围。

（二）我国石化通用设备行业发展建议

1. 我国石化通用设备行业发展建议

（1）充分发挥政府的引导作用

①制定财税政策体系

增加财政科技支出。一是对重点支持的企业和项目给予一定的财政补贴；二是鼓励科研院所、大学对石化通用设备的共性技术进行科研，为各企业提供有力的基础知识和技术研发平台。

加大公共采购扶持力度。首先，在公共采购（包括国企采购）的条款中对国产石化通用设备的采购应给予硬性规定，必须优先选择和采购国内的自主品牌产品，并通过列出石化通用技术的国产装备目录，将其纳入公共采购的优先目录；其次，针对首台（套）国产石油技术装备，政府在进行优先采购的同时，以贷款贴息等方式对率先采用国产设备的业主或用户单位给予优惠，鼓励用户使用国产的石油装备。

②加强知识产权保护

努力保护企业自主创新的科技成果。首先，政府应建立完备的法律体系为企业保驾护航，惩治市场上的作假行为，保障企业通过自主创新获得更多收益，维护企业创新积极性，达到增加企业效益的目的。其次，加强企业知识产权保护意识，引导其通过专利、版权、商业秘密或商标注册等多种方式寻求法律保护。

保障国内企业在国际竞争中的合法地位。政府要引导石化通用设备制造企业有意识地提高应对国际知识产权纠纷的能力。首先，政府要利用世界贸易组织关于允许政府保护幼稚产业的规定，如果国外窃取我国知识产权，使我国石化通用设备制造企业陷入了产权纠纷，政府要通过政策以及法律的手段采取有效措施，为受害企业提供法律援助，使我国石化通用设备企业可以在国际竞争中取得优势。

③引导产学研合作

政府在经济的整体规划、科技发展计划中，应注重企业的产学研合作与联盟、制订发展建设的宏观性意见，有针对性地制定相应政策；还要制订联盟资源管理的有关制度，对利益分配、产权归属等问题进行协调。政府也可以出台相关政策，例如：在职大学教师与科研人员评职称时，将参评人员必须有直接参与企业创新活动的经历作为硬性条件，激励专家学者参与企业的自主创新活动，加快产学研各主体的合作。

（2）建立产业联盟

石化通用设备企业要增强合作意识，创造集团优势。石化通用设备由成千上万个零部件构成，每个零部件的制造要求和加工工艺截然不同，在最终组装为设备时需要很高的同步性与质量的一致性；在提高石油装备整体技术水平与性能方面，还要注重提高各个生产环节的技术水平，从而提高整体装备的质量。这些特点决定了很多企业不能独立完成整个设备的技术改进与创新，需要不同企业共同研发，建立有较强竞争力和经济实力的大型石化通用设备产业联盟或集团，利用规模优势赢得更大的市场。

（3）提高自主创新能力

①加大研发投入力度

首先，加强石化通用设备行业的研发机构建设。按照“一个整体，两个层次”的构架，建立装备制造技术中心，跟踪前沿技术及共性技术，开展前瞻性、基础性技术研究，对具有战略意义的关键共性技术共同攻关，最终实现高端装备的研发和大型成套装备的技术集成。

其次，侧重对重大共性、核心技术的人才和资本投入。通过技术创新促进石化通用装备发展，优先研发重点领域关键装备，逐步将先进技术应用到重大技术装备中，以提高我国石化通用设备技术含量。

②加快科技成果转化

加快推广石化通用技术科技成果的实践应用，通过技术创新推动产业发展，建立专门机构负责新技术的应用。实现我国的产品和技术从模仿走向创新，同时加速成果转化，提高科研成果的应用率，令更多的科研成果成为生产力。

2. 我国石化通用设备企业发展建议

（1）战略发展规划

①做好自身定位

一是做好市场定位。我国石化通用设备企业要结合自身的技术实力和产品结构，对产业结构、技术优势及市场供求进行综合考察，根据企业的市场分布和石化通用发展趋势，制订符合企业实际的近期和中长期市场发展策略，做到层次推进，逐步深入，稳定发展。

二是做好产品定位。根据所在区域经济发展程度和自身优势，定位产品的价格和档次。在掌握市场需求的基础上，针对不同对象采取不同的营销策略，有目标、有针对性地实现差别化营销。

②实施国际化战略

石化通用设备企业要大力开拓国际市场，树立敢于同世界一流石化通用设备制造企业同台竞技的信心和决心，在国际市场上抢占一席之地。一是密切关注海外市场变化，加强与海外公司的交流，及时获取市场信息。二是选派产品工程师到国外，根据当地客户需求，从事市场开发工作，进一步扩大海外市场。三是加快推进主要化工设备海外建厂进度，通过实施海外建厂、设立售后服务网点，以多种营销形式扩大国际市场。

（2）产品发展策略

①调整产品结构

目前，我国石化通用设备企业以生产常规产品为主，低端、传统产品居多，高附加值、高科技含量、拥有自主知识产权的大型成套装备比重偏低，重复建设现象较为严重，存在产能过剩。虽然在陆地钻采装备和油气运输管制造方面部分产品已达到国际先进水平，但在物探测井装备、海洋钻采装备制造等方面技术水平仍然较低，有的领域还处于起步阶段。许多中心企业仍然在投入少、技术门槛低、科技含量低的行业领域集聚，产品结构雷同，存在市场无序竞争。所以，企业应以市场为导向，积极调整产品结构，生产技术含量高、经济附加值多的产品。

②自主研发与引进吸收相结合

石化通用设备企业要坚持走自主研发与引进消化吸收相结合的道路，既要支持企业开展自主创新，鼓励发挥自身技术优势，又要吸纳国内外先进技术成果，争取技术集成创新。要健全技术研究和开发体系建设，完善激励创新的政策体系，用市场换技术，用项目引技术、带设备，加大新型钻井装备、高效节能采油装备的研发力度。

③开拓国外市场

在国际市场方面，石化通用设备企业要积极实施“走出去”战略，通过对外贸易、技术服务、工程承包、合资建厂等方式建立全球生产营销体系。中小企业可以利用现有大企业的境外营销网络，积极加盟，参加国内外行业展会，大中小协力开拓国际市场。企业在发展过程中要注重实行市场多元化战略，可以借助东盟与发达国家的自贸协定，以东盟国家作为进军国际市场的“桥头堡”，积极开发非洲、南亚、中亚、南美等新兴市场。

（3）加强市场服务

①积极发展制造服务业

首先，石化通用设备制造业要重视提高产品的集成和配套水平，承接“交钥匙”项目；其次，建立全过程服务链，实现对设备集成配套、工程承包设计、在线监测、专家诊断、维修、保养和再制造等项业务的周到服务；最后，根据顾客需求提供定制服务，同时通过服务外包，让自己集中优势办好主营业务，最终实现从“制造＋销售”向“技术＋管理＋服务”的复合业态的转变。

②优化供应链管理

原有体制下的石化通用设备企业以供应单机为主，而现在用户更多要求制造商提供成线、成套的设备供应。我国石化通用设备制造企业要根据供应链管理优化的概念，使企业内部物流与上、下游及社会物流链无缝对接，做到精益、准时化生产。实施供应链管理优化是我国装备制造业加快发展现代制造服务业的重要内容，不同的企业要根据自身情况重点推进。

（4）重视人才培养

①重点引进优秀科技人才

石化通用装备企业要完善企业人才保障机制，制定一系列吸引人才、利用人才、培养人才的有效制度，为企业的人才储备奠定基础。

石化通用装备企业一方面要引进高端人才，通过政府的力量采取适当的优惠政策和措施，重点引进国内外优秀的科技人才；另一方面企业要完善对高级技术人才的管理机制，形成良好的工作环境，提高对人才的吸引力，让更多的优秀科技人才愿意留在企业中工作。

②激发技术人才的创新热情

首先，建立健全用人制度，为科技人才搭建平台并进行合理安排，让每一位企业员工都能充分发挥自己的能力，不断激发和释放自己的工作热情，使其主动参与到企业的生产经营中来。

其次，将科技人才的收入与成就结合起来，实行技术入股、物质奖励等有效的激励和奖励机制，让企业内部的科技人才能够感受到创新成功后带来的成就感，充分激发他们的创新热情。

③提升技术人才的创新能力

注重对已有的技术人才进行技术培训。石化通用装备企业以科技项目为主，鼓励技术人才参与到项目中去，通过科研实践提高个人的技术创新能力，并在实践中培养研发的带头人；建立与国内外著名高校和科研院所合作培养青年技术人才的制度，确保企业的人才储备；以学术交流、挂职培训等形式，推选优秀科技人才到石化通用技术先进国家进行培训，特别是对研制及系统设计的顶尖人才的培养，积极推动培训机构对企业的科技人员进行创新能力的辅导，通过多渠道打造研发队伍，为生产和技术创新提供人才保障。

B.7

船舶工业

陈刘平　陈 枫*

摘　要：本文依次分析了2014年国内外船舶工业的市场发展现状与趋势、技术发展现状与趋势，我国船舶工业的总体状况、运行情况、市场需求以及存在的问题，我国船舶及相关装置制造业、船舶修理业、海工装备等子行业的盈利、偿债、营运、成长性、技术等方面情况。由分析可知，我国船舶工业生产规模较大、中低端产能过剩、创新能力不强、部分企业转型升级困难、市场需求下降、行业利润偏低。结合分析外部环境和行业实际情况可知，生产性服务增多、生产方式智能化、市场细分程度更高等将成为我国船舶行业主要发展趋势，高科技型船舶、节能环保型配套产品、标准型内河船舶将成为行业重要投资领域。因此，建议政府、行业组织和船舶企业应协力推进我国船舶工业加快转型升级步伐、加大自主创新力度、加快配套产业发展、加快生产方式转变等方面的工作。

关键词：船舶工业　行业分析　发展趋势　投资机会　发展建议

* 陈刘平，博士，副研究员，机械工业经济管理研究院金融服务研究所副所长；陈枫，硕士，研究实习员，机械工业经济管理研究院金融服务研究所。

一　船舶工业发展概况

（一）船舶工业定义和分类

1. 定义

船舶工业，亦称“造船工业”或“造船业”，是承担各种军民用舰船及其他浮动工具的设计、建造、维修和试验及其配套设备生产的重工业。①

2. 分类

（1）国家统计局分类

根据国家统计局《国民经济行业分类（GB/T4754－2011）》，船舶工业主要包括船舶及相关装置制造业和海洋工程专用设备制造。具体如表1所示。

表1　船舶工业分类1

类别(代码)	细分类别(代码)
船舶及相关装置制造(373)	金属船舶制造(3731) 非金属船舶制造(3732) 娱乐船和运动船制造(3733) 船用配套设备制造(3734) 船舶改装与拆除(3735) 航标器材及其他相关装置制造(3739) 海洋工程专用设备制造(3514)

（2）中国船舶工业协会分类

中国船舶工业协会将船舶工业分为船舶制造业、船舶配套业、船舶修理业和海工装备制造业，其中又将船舶制造业细分为散货船制造业、液货船制造业、集装箱船制造业和其他船舶制造业（见表2）。

① 见工信部船舶处和船舶工业协会相关定义。

表 2　船舶工业分类 2

行业类别	子行业类别
船舶制造业	散货船制造业 液货船制造业 集装箱船制造业 其他船舶制造业
船舶配套业 船舶修理业 海工装备制造业	

（3）国际分类惯例

在国际船舶工业统计中，一般主要统计散货船制造业、油船制造业、集装箱船制造业和海工装备制造业等，且目前这些子行业的统计数据比较统一。

（4）小结

根据上述船舶工业分类标准，结合子行业的重要性和数据可得性，本报告主要研究民用类船舶工业的“船舶及相关装置制造业”“船舶修理业”“海工装备制造业”等几个分行业，并对“船舶及相关装置制造业”中“散货船制造业”“液货船制造业”“集装箱船制造业”等几个子行业进行深入分析。

（二）国际船舶工业发展概况

1. 国际船舶工业发展现状

（1）市场现状

①中、日、韩雄霸全球造船市场

近几十年，世界各主要造船国之间竞争力发生了重大变化，造船中心已经由欧美转移到亚洲的中国、日本、韩国，世界造船新格局已然形成。根据全球船舶业整体分布情况，船舶业总体上可划分为三大阵营：韩国、日本和中国三大造船国为第一阵营；德国、意大利等若干个重要造船国和地区为第二阵营；数量众多的较小造船国为第三阵营。如表 3、表 4 所示，中、日、韩三国占据全球造船市场份额的90%以上，三足鼎立局面已经形成，且在今后较长一段时间内，韩国、中国、日本在全球船舶市场上的“三足鼎立”格局仍会持续。

表3 2014年世界三大造船指标比较

指标/国家		世界	中国	韩国	日本
造船完工量	万载重吨(吨)	15215	6460	4844	2930
	占比(%)	100	42.5	31.8	19.3
新接订单量	万载重吨(吨)	10975	5102	3078	2255
	占比(%)	100	46.5	28.0	20.5
手持订单量	万载重吨(吨)	31688	14972	8274	5957
	占比(%)	100	47.2	26.1	18.8

数据来源：船舶工业协会。

表4 2012～2014年新接订单分类统计

指标/国家		世界	中国	韩国	日本
2012年新接订单	万载重吨(吨)	4548	1903	1479	921
	占比(%)	100	41.8	32.5	20.3
2013年新接订单	万载重吨(吨)	14477	6884	4419	2260
	占比(%)	100	47.6	30.5	15.6
2014年新接订单	万载重吨(吨)	10975	5102	3078	2255
	占比(%)	100	46.5	28.0	20.5

数据来源：船舶工业协会。

②中、新、韩分享海工前三

2014年，全球海洋工程装备产业格局也出现了较大的变化。中国以139亿美元的订单总额位居榜首，市场份额由2013年的24%，上升到2014年的41%，首次超过韩国拔得头筹；新加坡的市场份额基本保持稳定，市场份额13%，位居第二；而韩国的表现有些差强人意，位居第三位。中国、新加坡、韩国正逐渐形成三足鼎立之势。

③新造船价格重回低位

受世界经济疲软和航运市场运能过剩等因素影响，全球新造船价格在经历上半年一波上涨行情后，在下半年又开始走下坡路。最新造船价格指数显示，2014 年 12 月 30 日 CNPI 指数下降到了 939，与年初的 925 基本持平。如图 1 所示。

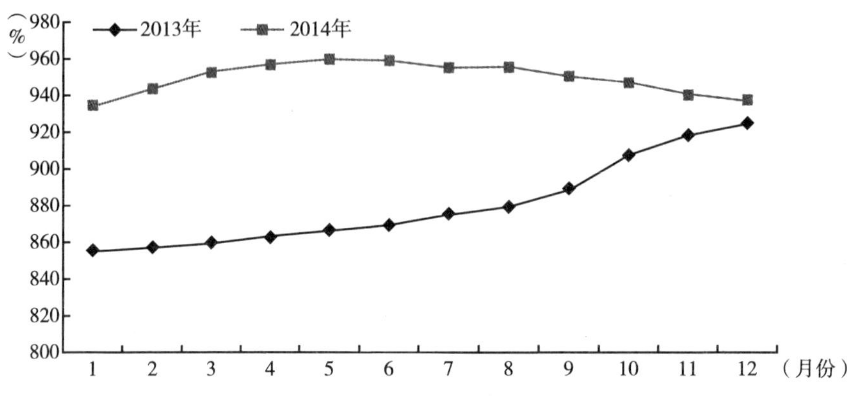

图 1　2014 年新造船价格指数走势及同比增速

④交船难度明显加大

一方面，多数航运企业亏损经营，船东接船意愿不强，相当一部分船东订单余款支付也出现困难，有些船东还提出更改设计、变更合同期、严格检修、调整船价等要求；另一方面，大部分造船企业管理粗放，对陆续实施的国际新规范、新标准理解不充分，对船东新要求不适应，以及在船东预付金不多而自行垫资较多的情况下碰上银行对船舶业信贷收紧。在这两方面因素叠加的情况下，交船难度明显加大。

⑤船舶市场竞争激烈

从近几年船舶业的发展情况看，多数船厂生产的船型同质化严重，几乎无产品竞争与服务竞争可言，竞争方式也很有限①。同时，在船舶业持续低迷导致船舶市场竞争更加激烈的情况下，有实力的大船厂进一步严控成本且降低价格争取新订单。总体看，价格战已成为众多船厂赖以生存的主要竞争

① 船舶工业协会：《2014 年船舶工业行业发展情况报告》，《中国船舶报》2015 年 1 月 23 日，第 3 版。

手段甚至是唯一竞争方法，市场竞争异常激烈。

⑥行业利润整体下降

由于目前造修船企业交付的订单多为低价承接的订单，加上钢板价格上涨、成本上升、船东缓交订单、滞留货款难以收回、新船预付款比例大幅下降等因素，船舶业利润和运营利润率均呈现明显下降趋势。

（2）技术现状

①韩国加快研制高技术高附加值船型

经过几年的发展，高技术高附加值领域已成为韩国船企转型的主要目标市场，以韩国近几年新接订单为例，液化天然气（LNG）船、液货船、海工船、大型集装箱船和汽车运输船的订单总量占比超过了90%。同时，无论是韩国政府支持船舶业发展类政策，还是韩国船舶业科技创新与开发设计，其重点都是高技术高附加值船型，并力促韩国船舶业全面进入全球船舶业高技术高附加值领域且雄踞首席。

②日本大力设计制造节能减排船舶

日本拥有日本邮船、商船三井等全球知名航运公司，也拥有三菱重工业、三井造船等世界著名造船企业，这些公司发布了众多搭载新开发技术、拥有节能理念的船舶，展示了极高的节能性能。比如日本邮船的“Super Eco Ship 2030”集装箱船减少 CO_2 排放量69%，商船三井的“Ishin”汽车滚装船减少 CO_2 排放量50%，三井造船的“Neo Surpmax 66BC”散货船减少 CO_2 排放量30%，万国造船的“G209BC”散货船减少 CO_2 排放量25%。

此外，日本各造船、配套企业及有关研究单位针对IMO相关规定研发的革新性节能与环保技术有：减少空载时装载的压舱物船型、提高双反螺旋桨效率船型、新节能船头形状的汽车滚装船船型、浅吃水2轴船空气润滑法减小船体摩擦阻力技术、利用螺旋桨前后水流提高螺旋桨效率节能装置、小型柴油装置高效回收排热系统、利用海洋气象和海流预测数据低耗油量最佳航路搜索系统、新一代帆船商船等，这些项目均已于不久前完成。

③欧洲积极推进船舶工业振兴

为了振兴船舶业，欧洲造船协会共同体（CESA）于2002年出台了《船舶领袖2015规划（Leader SHIP 2015）》，该规划旨在提升欧盟船舶业的竞争力，特别是提高船舶高技术含量，以期在高端市场占据有利地位。

为了应对新局面，特别是气候变化、高油价、船舶市场低迷等诸方面的挑战，CESA于2013年初推出了《船舶领袖2020规划（Leader SHIP 2020）》，以规划欧盟船舶工业长久发展。新规划将船舶业特别是高技术船舶业及其设备制造业视为欧盟重要战略产业。

④差分北斗系统船载终端样机研制成功

中国北海航海保障中心组织开发的差分北斗系统船载终端样机于2014年11月13日宣布研制成功并完成测试。该中心新闻发言人柴进柱表示，从初步测试结果看，在卫星覆盖的300公里范围内，系统信号稳定，船载终端能正常解析岸基台站播发的差分北斗和差分GPS信息，定位精度较原有单模DGPS接收机有较大提高。[①]

⑤全球首艘LPG动力LPG船成功开发

韩国大宇造船海洋与综合工程领域子公司DSEC、比利时船东EXMAR、船舶发动机制造商MAN D&T以及挪威船级社4家公司，从2014年3月开始进行"全球首艘LPG动力船舶"联合研究项目（Joint Research Project；JRP），该项目将LPG作为亲环境低燃耗LPG船的燃料。大宇造船海洋表示，从2014年3月开始开发的"LPG动力船舶"从挪威船级社（DNV－GL）获得了基本认证。[②]

⑥3D技术打印船舶备件

马士基旗下部分集装箱船安装了3D打印机，该公司正在调查激光烧结打印的可能性及未来利用率。据马士基预计，随着成本下降和技术进步，

① 刘家宇、白耀正：《中国差分北斗系统船载终端样机研制成功》，《中国新闻网》2014年11月13日。

② 兰格钢铁：《大宇造船开发全球首艘LPG动力船》，《生意社》2014年11月12日。

3D 打印机将会发挥不可替代的作用。[①] 目前，一些先进造船企业已经在应用 3D 打印技术[②]。

2. 国际船舶工业发展趋势

（1）市场趋势

①船市前景不容乐观

从 2014 年 11 月下旬开始，波罗的海综合运价指数（下称“BDI 指数”）从年内相对的高位 1300 点上方急转直下，至年底跌幅超过 50%；结合国际经济整体疲软且将持续一段时期等因素，BDI 指数在短期内很难有大的起色。再加上航运业运力严重过剩，船东购买新船的意愿不强，甚至还会发生因支付能力下降而出现缓单或撤单的情况。总体看，船舶市场前景不容乐观。

②海工装备市场下行压力较大

油价下跌也会为一些船型市场带来下行影响，比如近几年如火如荼的近海海工市场。油价下跌使石油公司承担不少压力，特别是边际油田的开发。不久前，北海石油产业已出现崩溃危机和失业浪潮，同时美国 Excelerate 能源公司也计划搁置得克萨斯州拉瓦卡湾的浮式 LNG 出口计划。[③④]

③并购整合成为大势所趋

2008 年金融危机爆发后，全球船舶业并购整合已成为了不可避免的趋势，在两极分化严重的局势下，大部分缺乏技术实力和规模经济的中小型船企，陆续被一些有实力的企业兼并重组，且这些企业低成本获得中小型船企的生产设施、设备和技术力量以发展自身业务，如韩国三星重工收购了多家机械企业；韩国大宇造船海洋株式会社并购了大景机械；其他一些有实力的船企正在加速兼并重组或收购的步伐。

---

① 王敏杰：《马士基看向 3D 打印采用新技术制造船舶备件》，《每经网》2014 年 7 月 18 日。

② 居猛：《船舶建造革命——3D 打印技术》，《科学中国人》2014 年第 10 期。

③ 黄志敏：《原油价格下跌冲击造船市场》，《中商情报网》2015 年 3 月 10 日。

④ 徐晓丽：《海工装备市场的 2014》，《中国船检》2015 年第 2 期。

（2）技术趋势

①船型和造船模式创新提速

目前，世界三大主流船型因船东偏好而加速实现大型化、标准化、系列化、高技术化、高附加值化与节能环保化，LNG 船、豪华船艇、FPSO、深海半潜式平台等高端产品不断创新，下一代液化 CO_2 运输船、13000TEU 级环保集装箱船等新船型将陆续量产。除船型创新外，各造船企业为应对小批量、多品种、个性化的船舶订单越来越多的情况，而在造船模式上不断寻求创新以缩短造船周期，如在日本、韩国的先进船企中，造船模式正在由集成制造模式向敏捷制造模式迅速转变，形成“空间分道、时间有序”的顺畅工艺流程。

②造船企业技术升级加快

半个多世纪以来，随着科技飞速发展，许多先进制造技术在造船领域得到应用，例如：CAD/CAM 技术得到了广泛应用；目前世界上许多先进造船企业都在加快 CIMS 技术的开发和应用；自动焊接技术、成组制造技术、柔性制造技术、敏捷制造技术等在船舶业得到普及推广。

根据国际海事组织规定，新造船舶的能效（节能环保效率）2015～2019 年间将提高 10%，2020～2024 年间提高 20%，2025 年以后提高 30%。为了应对诸如此类的国际新规范和新标准，也是为了有效应对船舶市场的激烈竞争，大部分造船企业将会与先进造船企业一样，加快技术升级，将信息技术、自动化技术、互联网技术在生产管理和平台设备中予以更广泛的应用，并朝着高度机械化、自动化、集成化、模块化、计算机化、网络化方向加快发展。

③国际合作与交流增强

随着经济全球化不断深入，船舶业的全球采购与全球生产将会不断深化，各国船舶业也会更多地选择国际合作与交流以优势互补。在此情况下，船舶业人才的国际交流将会不断增多，相关企业机构间设计和研发的国际交流将会更加密切，各国际组织间或主要造船国家间的国际合作将会继续增强，且更广泛、更深入，相关国际行业规则与国际造船规范标准的修订与完善将会在更广的范围内达成更多共识。

（三）我国船舶工业发展概况

1. 我国船舶工业总体分析

（1）资产规模

①资产规模同比减少

2014 年，船舶工业资产规模比 2013 年有明显减少，同比减少 32.86%。具体如图 2 所示。

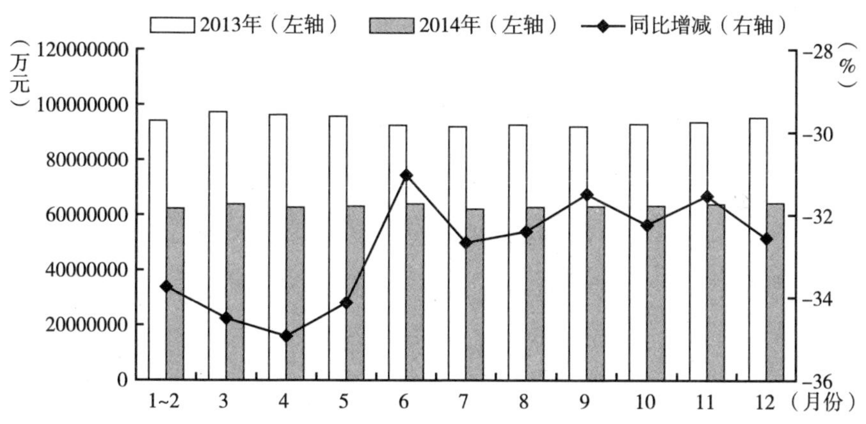

图 2　2014 年船舶工业资产规模及同比增速

数据来源：中经网产业数据库。

如果没有特殊说明，以下数据均来自中经网产业数据库。

②船舶及相关装置制造业占比较大

从船舶工业近三年的船舶及相关装置制造业、船舶修理业等分行业的资产规模看，船舶及相关装置制造业占比超过 90%，但该行业总体规模连年递减。具体如图 3 所示。

（2）进出口规模同比下降

从船舶工业进出口情况看，国内船舶基本以出口为主；2014 年船舶出口额为 2302431 万美元，同比下降 12.33%，船舶进口额为 77051 万美元，同比下降 10.40%。具体如图 4 所示。

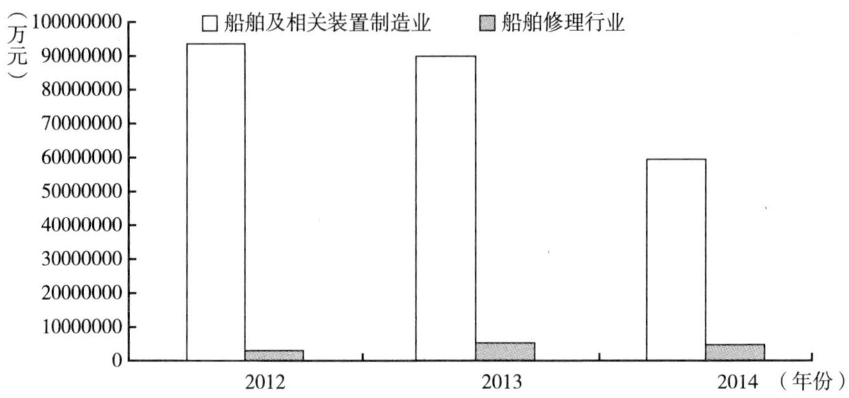

图 3　2012～2014 年船舶工业分行业资产规模统计

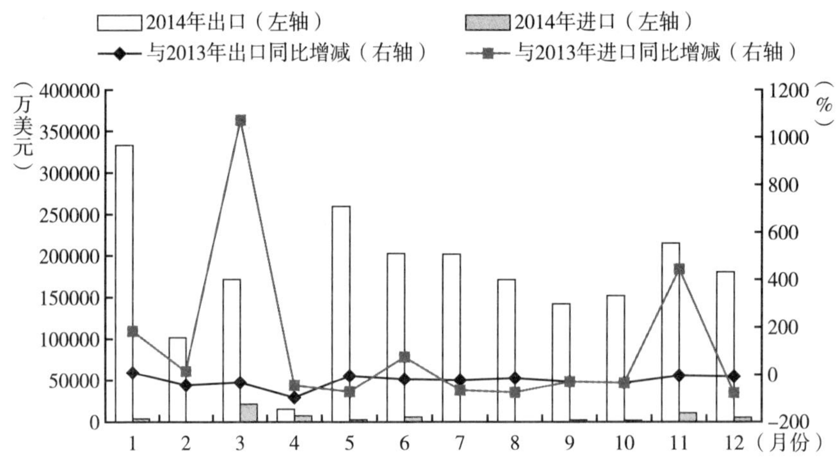

图 4　2014 年船舶工业进出口规模及同比增速

（3）政策支持力度加大

《船舶工业加快结构调整促进转型升级实施方案（2013～2015）》中各项政策加快落实；国务院及其有关部门发布《关于海运业健康发展若干意见》《高技术船舶科研项目指南（2014）》《老旧运输船舶和单壳油轮报废更新实施方案》《海洋工程装备工程实施方案》《海洋工程装备科研项目指南

(2014)》等配套文件。[①] 这些政策不仅明确指出了我国船舶工业下一阶段的发展方向和发展重点，而且分别从财政、税收、金融、人才等角度提出了具体措施。

(4) 造船大国地位进一步巩固

2014 年，我国船企和海工骨干企业新承接订单 5995 万载重吨，为全球市场份额的 50.5%，同比上升 2.6 个百分点，继续保持世界首位；全年造船完工量和手持订单量分别占全球市场份额的 41.7% 和 47.1%，均保持世界领先地位。此外，承接各类海工装备订单 31 座以及海洋工程船 149 艘，接单金额共为 147.6 亿美元，占全球 35.2% 的市场份额，比 2013 年提高了 5.7 个百分点，名列世界第一。[②]

(5) 综合实力进一步提升

2014 年，环渤海湾、珠三角、长三角三大造船基地总造船完工量在全国占比超过 90%，全国造船完工前 30 家企业、前 20 家企业、前 10 家企业的集中度分别比 2013 年提高了 7.4%、5.9% 和 3.2%；一批海工装备骨干企业已逐步形成。综合实力进一步提升。[③]

(6) 市场细分定位准

2014 年，我国船舶企业在细分市场上找准定位取得了优异成绩。极地重载甲板运输船、大型豪华客滚船、17.4 万立方米液化天然气（LNG）船、"海豚型" 散货船、2.5 万吨不锈钢化学品船以及海底支援船、锚拖供应船、平台供应船等高端海洋工程船等细分领域成为中国船企活跃的舞台。[④]

(7) 产能过剩得到遏制

各地、各集团认真贯彻落实国发〔2013〕41 号文件（《关于化解产能严重过剩矛盾的指导意见》）的精神，积极清理和淘汰造船产能；支持有关

① 资讯部:《2014 年船舶工业行业发展情况报告》,《钢之家》2015 年 1 月 26 日。
② 资讯部:《2014 年船舶工业行业发展情况报告》,《钢之家》2015 年 1 月 26 日。
③ 资讯部:《2014 年船舶工业行业发展情况报告》,《钢之家》2015 年 1 月 26 日。
④ 资讯部:《2014 年船舶工业行业发展情况报告》,《钢之家》2015 年 1 月 26 日。

船企转移产能生产海洋工程装备；果断停建一批规划内大型项目；加强海工装备制造管理，引导产业持续健康发展。①

（8）科技创新步伐加快

2014 年，国内骨干船企主动适应国际船舶技术产品发展新趋势，除大力发展高技术船舶、绿色节能环保船舶、专用特种船舶等高技术船舶外，船舶企业在技术创新、人才队伍培养、研发经费投入及实施新工艺新流程等方面取得了显著成效。②

2. 我国船舶工业的运行情况

（1）主营业务收入同比减少

船舶工业 2014 年除 11 月份外（同比增加 26.28%），其他月份的主营业务收入均同比减少，总体看，2014 年全年收入同比减少 9.77%；在 2014 年，除 5 月份（环比增加 0.28%）、10 月份（环比减少 0.70%）和 12 月份（环比增加 0.54%）主营业务收入环比波动较小外，其他月份收入环比波动均较大。具体如图 5 所示。

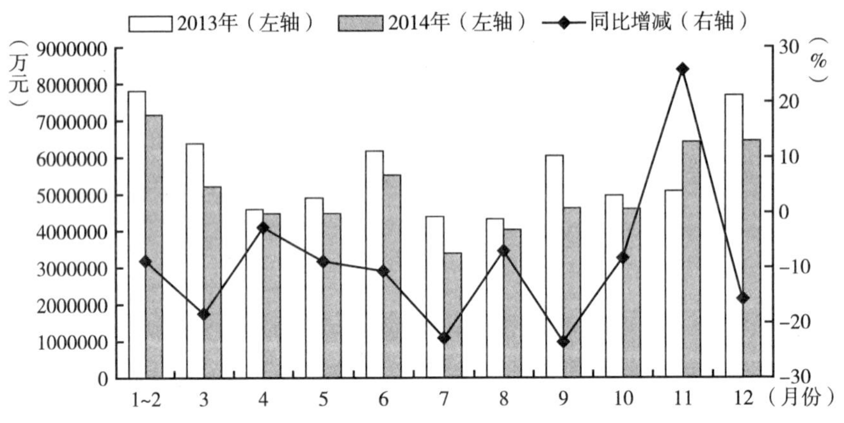

图 5　2014 年船舶工业主营业务收入及同比增速

① 资讯部：《2014 年船舶工业行业发展情况报告》，《钢之家》2015 年 1 月 26 日。

② 资讯部：《2014 年船舶工业行业发展情况报告》，《钢之家》2015 年 1 月 26 日。

近几年，船舶及相关装置制造业年收入呈同比下降趋势，平均下降幅度约为10%，但船舶修理业年收入同比呈先升（67.9%）后降（1.97%）趋势；船舶及相关装置制造业年收入一直高于船舶修理业收入。具体如图6所示。

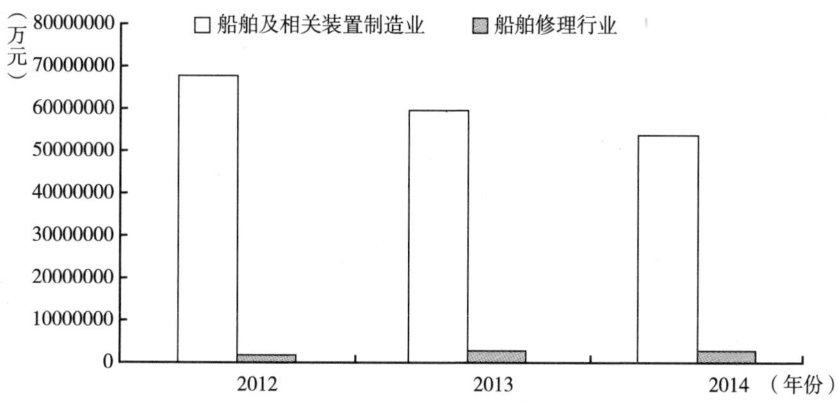

图6　2012～2014年分行业主营业务收入

（2）主营业务成本继续下降

船舶工业2014年除11月份（同比增加29.64%）外，其他月份的主营业务成本均同比减少，总体看，2014年全年主营业务成本同比减少8.46%；在2014年，除5月份（环比增加0.62%）、10月主营业务成本环比（环比减少0.63%）波动较小外，其他月份成本环比波动均较大。具体如图7所示。

近几年，船舶及相关装置制造业年主营业务成本呈同比下降趋势，平均下降幅度约为10%，但船舶修理业年收入同比呈先大幅（60.4%）上升再小幅（3%）上升趋势。具体如图8所示。

（3）利润总额持续下降

船舶工业2014年1～2月份、7月份和11月份的利润总额同比增加（分别增加29.77%、65.10%、66.17%），其他月份的利润总额同比均不同程度地下降，总体看，2014年全年利润总额同比下降18.23%；在2014年，除5月份利润总额环比波动较小（环比增加0.12%）外，其他月份利润总

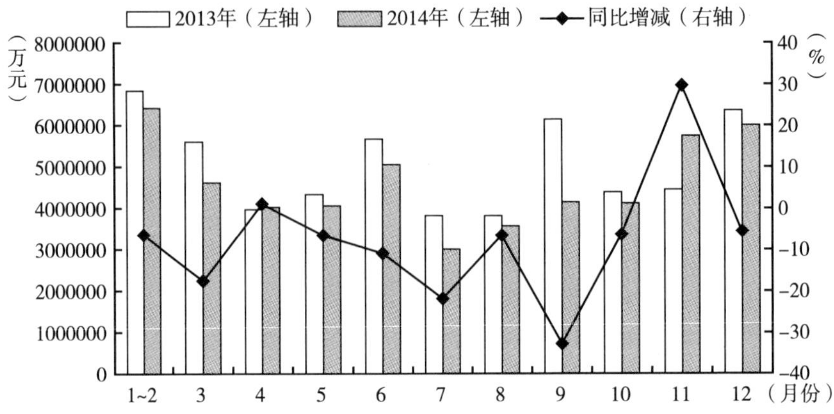

图7　2014年船舶工业主营业务成本及同比增速

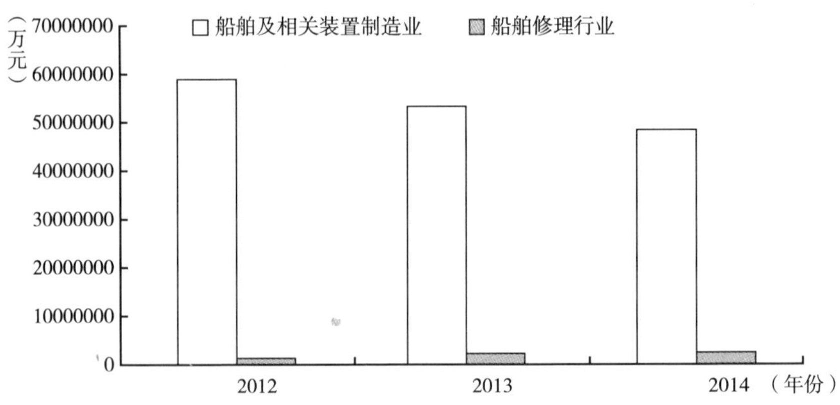

图8　2012～2014年船舶工业分行业主营业务成本

额环比波动均不小。具体如图9所示。

近几年，船舶及相关装置制造业年利润总额呈同比下降趋势，平均下降幅度约为17%，但船舶修理业年利润总额同比呈先增后降趋势。具体如图10所示。

3. 我国船舶工业市场需求分析

（1）市场需求持续下滑

目前，在全球经济复苏依然艰难的背景下，航运运力需求不振的局面很

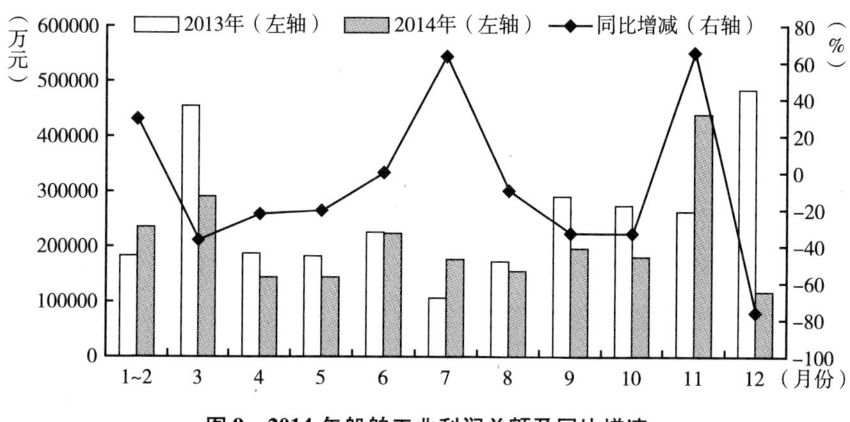

图9　2014 年船舶工业利润总额及同比增速

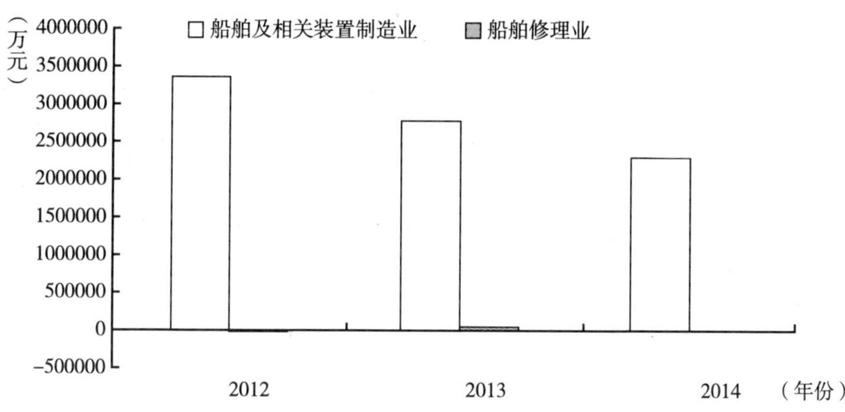

图10　2012～2014 年船舶工业分行业利润总额

难好转，运价仍将在低位徘徊。经济形势若无大的变化，新船成交量将会持续下降；且新船价格走势偏弱，有较小幅度下滑。

（2）海工市场风险不断增大

受油价不断下跌影响，海洋工程装备市场下行压力不断增大，各类海工装备利用率持续下降①。另外，各类海洋工程船订单大多存在价格低、首付比例低等问题，海洋工程船市场风险也逐步增大。②

① 王诚志：《全球海工市场风云变幻》，《中国设备工程》2014 年第 7 期。

② 资讯部：《2014 年船舶工业行业发展情况报告》，《钢之家》2015 年 1 月 26 日。

（3）老旧船舶拆解需求有望保持相对高位

2014年，全球共拆解了老旧船舶0.34亿DWT，虽然仍处于相对高位，但较2013年0.47亿DWT有了明显下降，在政策支持、运力过剩、技术革新及节能环保要求提高等方面因素影响下，老旧船舶拆解需求仍将有望保持相对高位并对船东控制过剩运力形成重要支撑，但经历了2011～2013年大量拆解，船舶拆解量回到2011～2013年高位的可能性较小。

4. 我国船舶工业存在的问题

（1）科技创新能力不强

在船型开发和船舶设计研究方面，真正属于中国自行设计、自行建造的船型大多数都是15万吨以下的散货船、原油船、中小型集装箱船等，在设计技术、设计手段上与世界先进水平相比，不但水平偏低，还存在设计周期长、自主创新能力低等不足。同时，在高技术、高附加值船舶的性能和结构的开发设计方面，中国船舶业尚未系统开展，个别新船型产品的设计仅是刚开始研究，而大多数高技术船型不得不从国外引进设计图纸或与国外联合设计。

（2）部分企业转型升级困难

目前，各骨干船企都加大了对主流船型的优化与升级换代和对高端船型与海工装备的研发力度，但部分船企面对新产品设计要求高、新产品设计难度大、生产技术准备周期不足等情况，不能跟上船舶业结构调整优化的步伐，逐渐暴露出技术力量缺乏、研发能力薄弱、生产管理松散、设计工艺修改频繁等问题，使新船舶建造风险加大，转型升级困难重重。①

（3）产能过剩没有得到有效解决

近几年，国内造船产能经过整合、消化、转移、淘汰等方式有效解决了近2000万吨，但整个行业产能利用率仍处于低位，远没有达到行业产能利用率合理水平。②

---

① 马淑萍、项安波：《发展船舶工业：技术创新与产业转型升级亟须提高》，《中国发展观察》2014年第5期。

② 资讯部：《2014年船舶工业行业发展情况报告》，《钢之家》2015年1月26日。

(4) 国际新规使我国船企面临更多挑战

2014 年，国际海事组织通过多项决议并批准数十份决议及通函，其中《国际散装运输液化气体船舶构造和设备规则》修正案、客船提升分舱指数相关研究、适用于“SOLAS 船舶”极地规则三项新规则将在未来 2 ~ 3 年内得到强制性实施；而未来几年，国际船舶市场竞争将会更加激烈，产品设计和研发的重要性也会更加突出，国内船企面临的挑战亦会更加严峻。①

二　对我国船舶工业分行业的分析

（一）船舶及相关装置制造行业

1. 我国船舶及相关装置制造业概况

(1) 散装船制造业概况

①新船价格指数期末期初持平

2014 年 12 月，新造散装船年初的价格指数是 939，在经过连续 3 个月小幅上涨后逐渐下降，直至回到年末的 946。在 2014 年，新船价格指数期末期初相当。具体情况如图 11 所示。

②出口金额同比增速下降

2014 年，新造散货船出口额为 811477.67 万美元，同比下降 34.3%。除 12 月份外，其他月份出口额增速均不同程度地下降且最高下降幅度超过 50%。具体情况如图 12 所示。

③船舶业中占比最高

散货船是我国主要生产的船型，占全国船舶产量的一半以上。从各项经济指标看，散货船在我国船舶业中占比也较大，且其近几年的造船完工量、新接订单量、手持订单量和出口量均高于其他船型。

① 资讯部：《2014 年船舶工业行业发展情况报告》，《钢之家》2015 年 1 月 26 日。

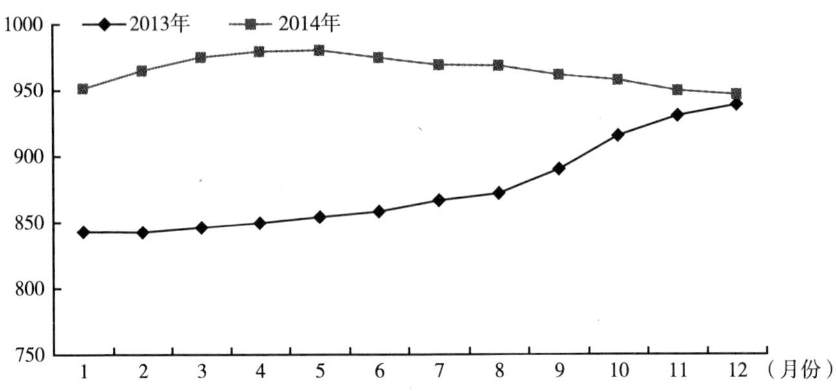

图 11　2014 年中国新造散装船价格指数及同比增速

数据来源：船舶工业协会。

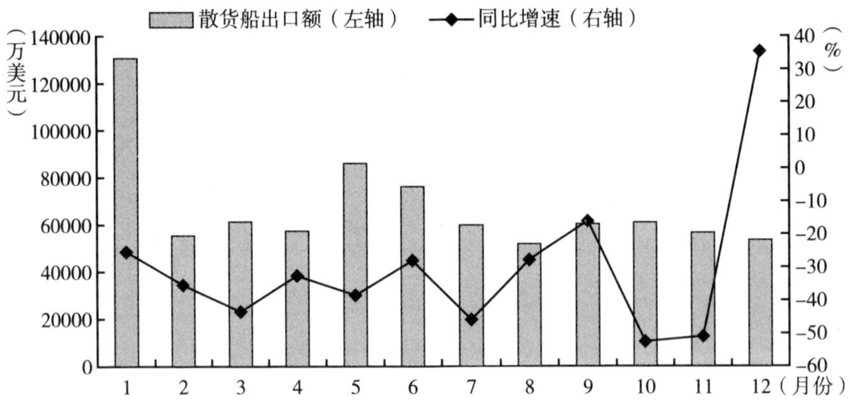

图 12　2014 年中国新造散装船出口额及同比增速

（2）液货船制造业概况

①新船价格指数小幅增长

新造液货船年初的价格指数是 967，在经过连续 3 个月小幅上涨后开始震荡前行，该指数年末值为 967。在 2014 年，新船价格指数在波动中小幅增长。具体情况如图 13 所示。

②出口金额同比增速下降

2014 年，液货船出口额为 269561. 54 万美元，同比下降 13. 5%。其中，

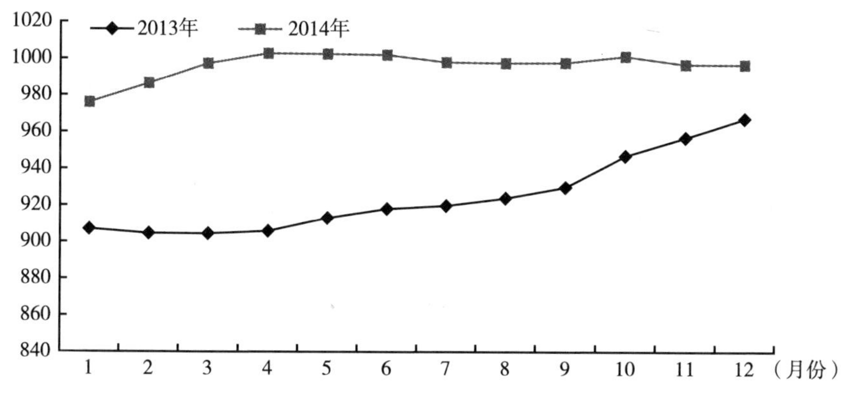

图 13　2014 年中国新造液货船价格指数及同比增速

数据来源：船舶工业协会。

6 月、11 月和 12 月的同比增速均较大（同比分别增长 93.7%、107.4% 和 296.7%），但其余月份的同比增速均为负值。具体情况见图 14。

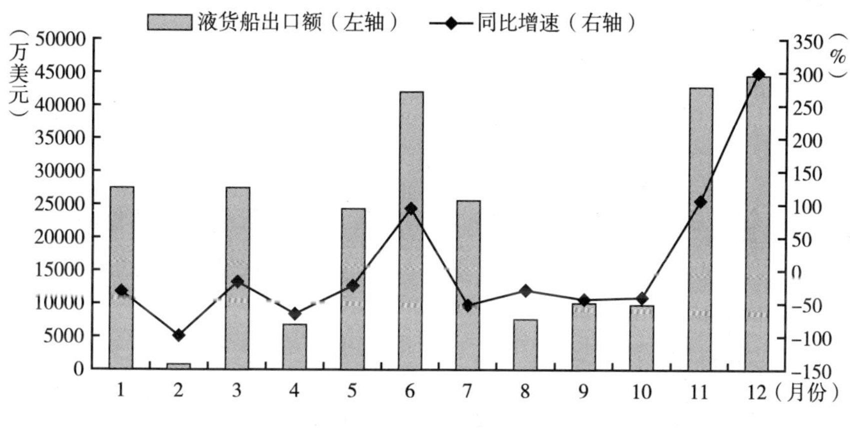

图 14　2014 年中国新造液货船出口额及同比增速

③大型企业主导行业发展

上海外高桥造船有限公司、沪东中华造船（集团）有限公司、大连船舶重工集团有限公司等骨干造船企业凭借技术、管理的相对优势，造船完工量、新接订单量和手持订单量都领先于中小船企，在液货船制造业中居主导地位。

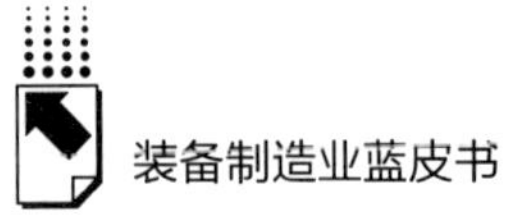

（3）集装箱船制造业概况

①新船价格指数小幅增长

新造集装箱船年初的价格指数是 872，在经过连续 7 个月小幅上涨后开始下行，该指数年末值为 896。在 2014 年，新船价格指数在波动中小幅增长。具体情况如图 15 所示。

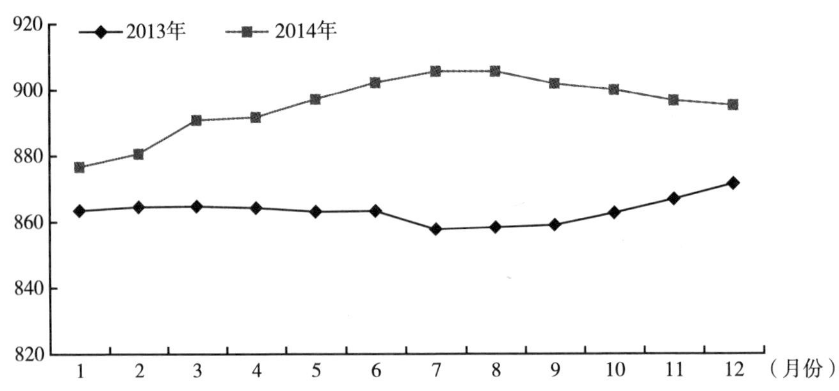

图 15　2014 年中国新造集装箱船价格指数及同比增速

数据来源：船舶工业协会。

②出口金额同比增速上升

2014 年，新造集装箱船出口额为 510962.63 万美元，同比增长 35.9%。全年除 3 月、9 月出口同比增速下降外，其他月份出口额增速均不同程度上升。具体情况如图 16 所示。

③行业利润较低

中国很多集装箱船制造企业处于产业链低端，缺乏高端产品的设计能力与制造能力，彼此之间竞争又很激烈，再加上生产的各类集装箱船大多附加值较低，中国整个集装箱船行业因此至今难以摆脱利润总体较低的窘境。

2. 我国船舶及相关装置制造业分析

（1）盈利能力分析

①总资产利润率整体高于去年

在图 17 中，我国船舶及相关装置制造业 2014 年总资产利润率（3.86%）

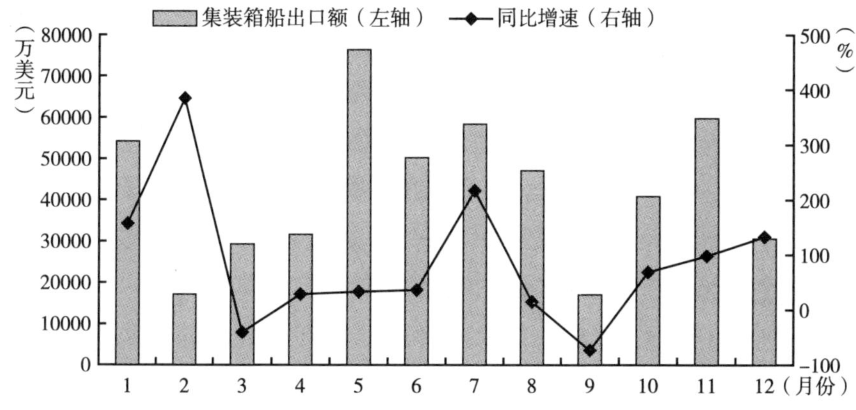

图 16　2014 年中国新造集装箱船出口额及同比增速

高于 2013 年总资产利润率（3.06%）。2014 年四季度月资产利润率同比和环比均波动显著，其中 11 月资产利润率同比增长 0.44 个百分点；12 月资产利润率同比减少 0.27 个百分点，环比下降 0.48 个百分点。具体如图 17 所示。

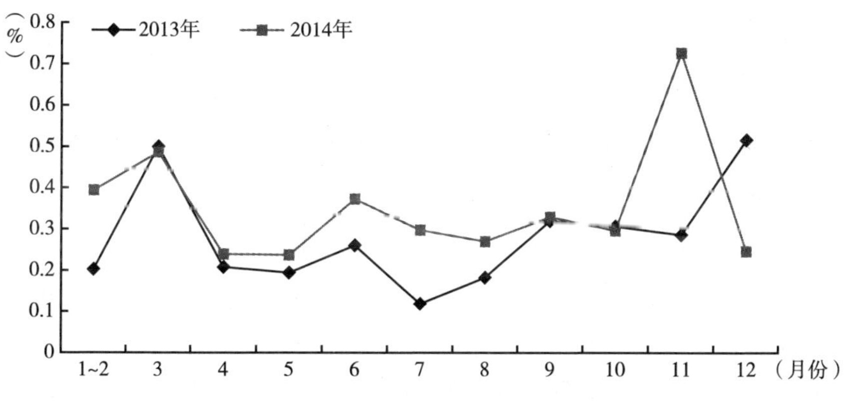

图 17　2014 年船舶及相关装置制造业总资产利润率及同比增速

②主营业务成本率整体高于去年

在图 18 中，我国船舶及相关装置制造业 2014 年主营业务成本率（90.32%）高于 2013 年主营业务成本率（89.14%）。2014 年月主营业务成本率同比有所波动，其中 9 月份同比减少 12.34 个百分点，12 月同比增加 10.05 个百分点。具体如图 18 所示。

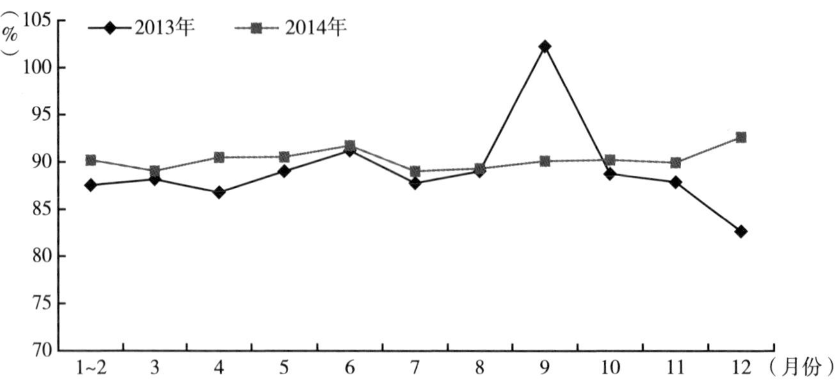

图 18　2014 年船舶及相关装置制造业主营业务成本率及同比增速

（2）偿债能力分析

资产负债率同比略有提高。2014 年，我国船舶及相关装置制造业全年资产负债率（69.40%）整体略高于 2013 年同期（69.28%），同比提高 0.12 个百分点。其中 1～2 月资产负债率为 67.84%，同比减少 3.47 个百分点；3 月资产负债率达 68.63%，同比减少 3.39 个百分点。如图 19 所示，2014 年 1～9 月资产负债率整体呈稳步上升趋势，进入四季度资产负债率环比逐月递减。

产权比率同比降低。2014 年，我国船舶及相关装置制造业产权比率为 225.56%，与 2013 年同比减少 1.24 个百分点。其中，2014 年一季度同比降幅较为显著，1～2 月产权比率达到 210.93%，同比减少 37.67 个百分点；3 月产权比率为 218.74%，同比减少 38.63 个百分点。具体如图 19 所示。

权益乘数同比降低。与 2013 年高开低走之势不同，2014 年，我国船舶及相关装置制造业权益乘数呈现低开高走趋势，全年权益乘数为 3.27，同比降低 0.01。见图 19，2014 年 1～9 月，权益乘数环比逐月增长，9 月达到最高值 3.45，环比增长 0.04；进入四季度后逐月递减，12 月降至 3.27，环比减少 0.04。

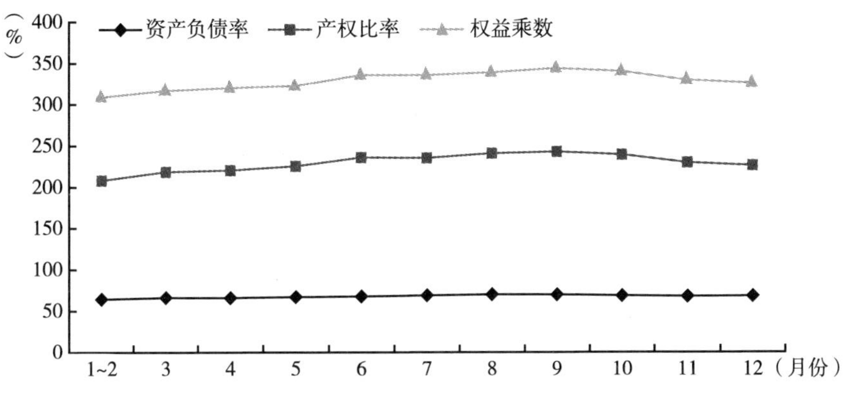

图 19　2014 年船舶及相关装置制造业偿债能力

（3）营运能力分析

应收账款周转率同比降低。2014 年，我国船舶修理行业全年应收账款周转率低于 2013 年同期，其中 6 月（1.17 次）同比大幅提高，增长 1.57 次；9～12 月同比略有降低。2014 年应收账款周转率环比波动下降，具体如图 20 所示。

总资产周转率稳步下降。2014 年，我国船舶修理行业全年总资产周转率略高于 2013 年同期；其中 6 月资产周转率（0.05 次）显著提高，同比增长 0.10 次。2014 年全年总资产周转率呈稳步下降趋势，逐月递减。具体如图 20 所示。

流动资产周转率同比提高。2014 年，我国船舶修理行业全年流动资产周转率略高于 2013 年同期；其中 6 月流动资产周转率大幅提高，同比增长 0.30 次。2014 年全年流动资产周转率呈稳步下降趋势，其中 3 月出现波动，环比下降 0.06 次。具体如图 20 所示。

（4）成长性分析

①主营业务收入呈负增长

2014 年，我国船舶及相关装置制造业全年主营业务收入增长率为 -10.11%，平均每月增长 -9.24%。其中 11 月主营业务收入增长率大幅提高，达到 29.67%，环比增长 36.83 个百分点；但 12 月主营业务收入增长率

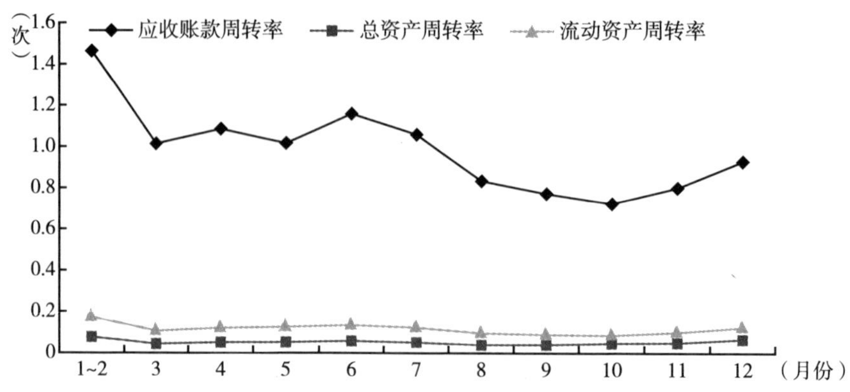

图 20　2014 年船舶修理行业营运能力

大幅回落，下降至 -15.76%，环比降低 45.43 个百分点。具体如图 21 所示。

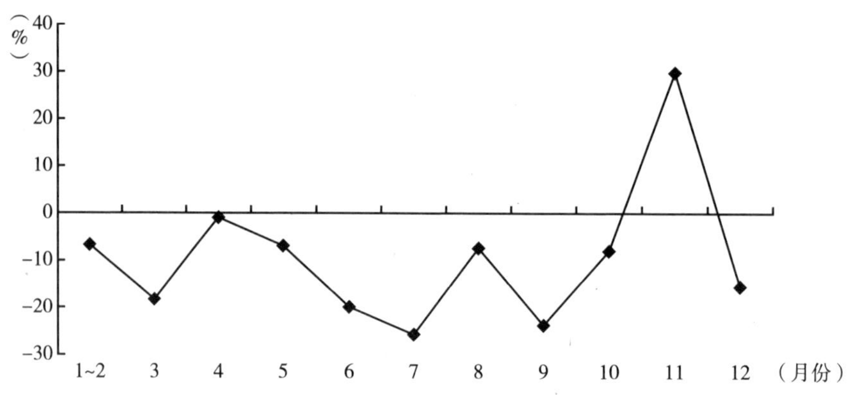

图 21　2014 年船舶及相关装置制造业主营业务收入增长率

②资本呈较大负向增长

2014 年，我国船舶及相关装置制造业资本增长率呈波动负增长，全年资本增长率为 -33.81%。其中 5 月、9 月资本增长率大幅提高，环比分别增长 1.11 个百分点和 0.91 个百分点；7 月、12 月资本增长率明显回落，环比分别降低 1.33 个百分点和 1.04 个百分点。具体如图 22 所示。

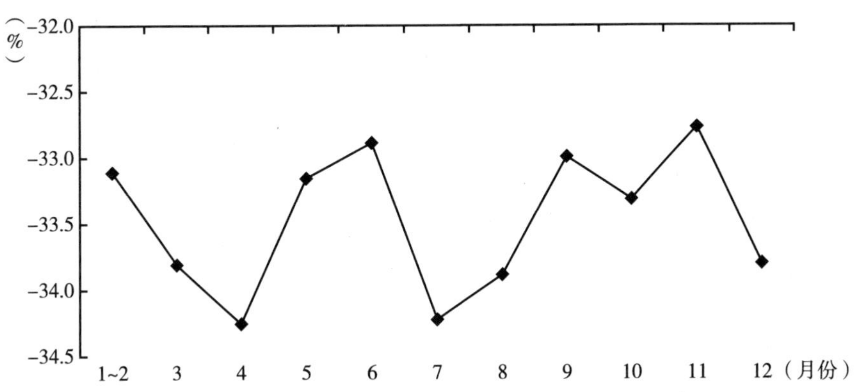

图 22　2014 年船舶及相关装置制造业资本增长率

③利润增长率变化起伏较大

2014 年，我国船舶及相关装置制造业全年利润增长率为 -17.24%，平均每月增长 -6.02%，环比波动起伏较大。其中 7 月、11 月出现大幅增长，环比分别提高 68.58 个百分点和 105.43 个百分点；3 月、8 月和 12 月利润增长率出现大幅下降，环比分别降低 65.93 个百分点、68.62 个百分点和 137.54 个百分点。具体如图 23 所示。

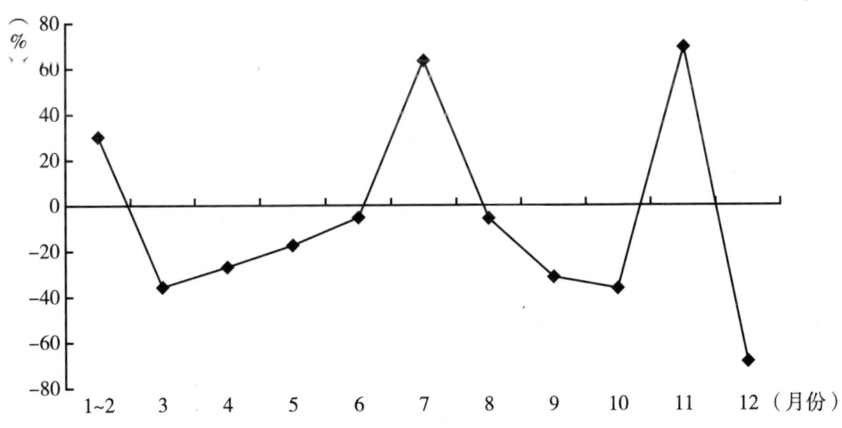

图 23　2014 年船舶及相关装备制造业利润增长率

3. 我国船舶及相关装置制造业技术水平

（1）散货船基本实现自主设计制造

我国船舶业目前已有能力设计建造 40 万吨超大型矿砂船且实现了 90% 以上散货船的自主设计与建造，产品范围覆盖了全部散货船的产品领域（从灵便型散货船到超大型矿砂船），拥有了以外高桥造船厂、大连船舶重工等为代表的且在行业领域具有国际竞争力的一大批现代化造船企业。

（2）油轮船型种类齐全

我国已经突破一批重大关键技术，快速地提升了自主创新能力，液货船船型制造逐步实现了标准化、品牌化、系列化，我国船舶业目前已能制造包括 VLCC 型、苏伊士型、阿芙拉型、巴拿马型、灵便型等在内的主要型号油轮。

（3）高端船型设计制造水平不高

与日、韩先进造船企业相比，我国造船企业在高附加值高技术的散装船、液货船和集装箱船等船型的设计、制造等环节的技术水平上普遍存在不小差距；在应对国际新标准、新规范方面也存在技术装备难以匹配的情况；更有很多造船企业处于整个造船产业链低端。

（二）船舶修理行业

1. 我国船舶修理行业概况

（1）船舶改装成规模

近几年，中国修船企业不断开拓船舶改装市场，并形成了一定规模。比如，舟山中远船务将韩国船东超大型油船（VLCC）改装成超大型矿砂船（VLOC），并获得船东好评；友联船厂（蛇口）有限公司、广船国际、黄埔船舶重工、南通中远船务等也进行了一些船舶改装，较好地满足了船东的特殊需要。

（2）具备一定竞争力

修船企业不断积累生产、管理、工艺等方面的经验，积极保障配件供应渠道畅通，持续提高服务水平，并尽量缩短修理周期（主要企业平均坞修期 5.2～6.0 天，达到世界先进水平），从而在行业内赢得了一定的信誉并具备一定竞争力。

（3）船坞设施重复建设较多

近十年来，全国修船坞及其他修船设施的建设较快，沿海开放地区和沿海港口地区这方面建设更快。但由于没有统筹规划、严格论证与合理布局，修船坞建设出现产能过剩的被动局面（仅长江三角洲就有6万吨以上的修船坞10座，其中浮船坞8座，干船坞2座），一些修船厂很难获得饱满修船任务，有些修船厂甚至无单可接。

2. 我国船舶修理行业分析

（1）盈利能力分析

①总资产利润率同比略有下降

2014年，我国船舶修理行业全年总资产利润率（0.46%）与2013年（1.11%）同比略有下降，减少0.65个百分点。其中，12月利润率为-0.62%，同比降幅较大，减少0.95个百分点。2014年一至三季度总资产利润率总体呈下降趋势，8月以后有小幅回升，12月利润率出现大幅下滑，环比减少0.79个百分点（见图24）。

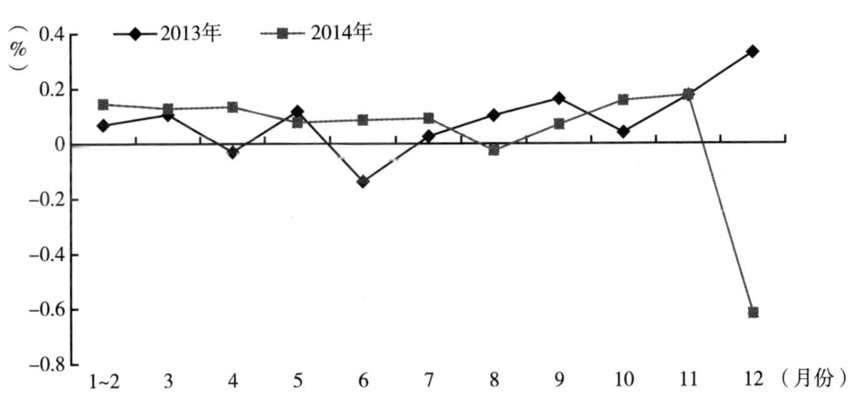

图24　2014年船舶修理行业总资产利润率及同比增速

②主营业务成本率同比提高

2014年，我国船舶修理行业全年主营业务成本率（88.22%）高于2013年同期（83.97%），其中12月主营业务成本率达到102.80%，同比增长 17.87 个百分点。2014 年 1~11 月主营业务成本率基本徘徊在 86% 上下，12 月成本率显著上升，环比增长 17.14 个百分点。具体如图 25 所示。

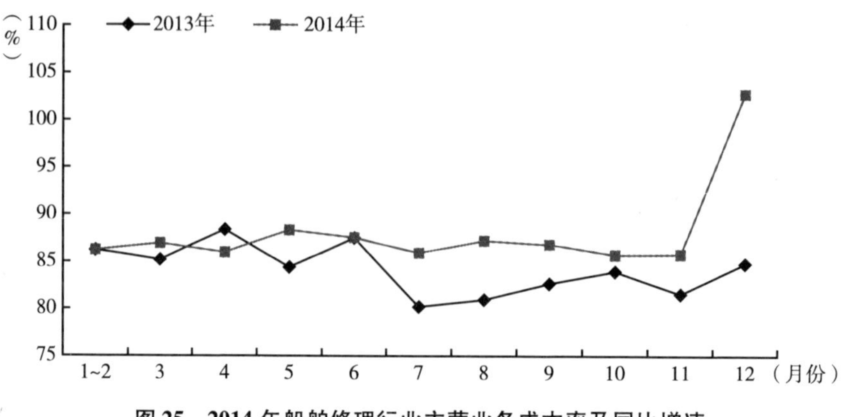

图 25　2014 年船舶修理行业主营业务成本率及同比增速

（2）偿债能力分析

资产负债率同比显著下降。2014 年，我国船舶修理行业资产负债率（60.91%）整体低于 2013 年同期（62.83%），同比下降 1.92 个百分点。其中，6 月资产负债率为 63.63%，同比降幅较小，减少 1.24 个百分点。2014 年的资产负债率总体呈下降趋势，年中环比略有波动，7 月负债率为 61.22%，环比减少 2.41 个百分点。具体如图 26 所示。

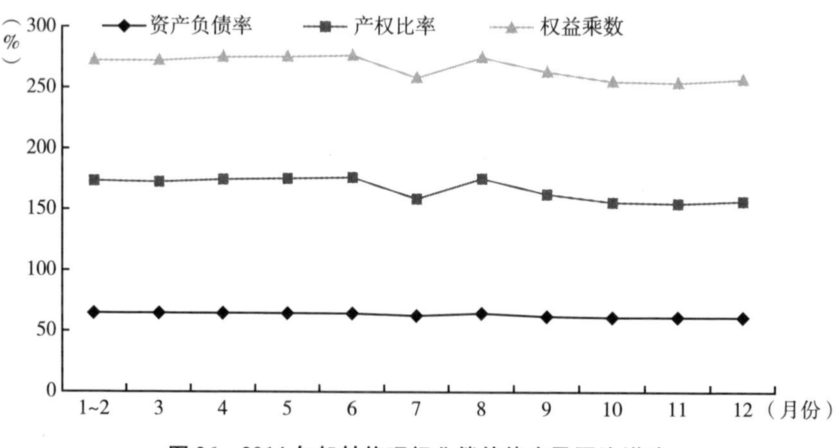

图 26　2014 年船舶修理行业偿债能力及同比增速

产权比率同比降低。2014 年，我国船舶修理行业产权比率（155.79%）整体低于 2013 年同期（169.02%），每月产权比率环比浮动降低，具体如图 26 所示。2014 年 1～5 月产权比率同比降幅较大，平均每月同比减少 61.65 个百分点，但 6 月同比基本持平。

权益乘数同比下降。2014 年，我国船舶修理行业权益乘数（2.56）整体低于 2013 年（2.69），且权益乘数逐月降低。2014 年 1～5 月同比降幅明显，权益乘数平均值为 2.73，同比降低 0.62；6 月权益乘数为 2.75，同比降幅缩小，仅降低 0.10。

（3）营运能力分析

应收账款周转率同比提高。2014 年，我国船舶修理行业应收账款周转率整体高于 2013 年同期，其中 6 月同比大幅提高，增长 2.28 次；9～12 月同比略有降低，平均减少 0.15 次。2014 年应收账款周转率呈稳步下降趋势，其中 3 月环比波动较大，环比上月减少 0.60 次。具体如图 27 所示。

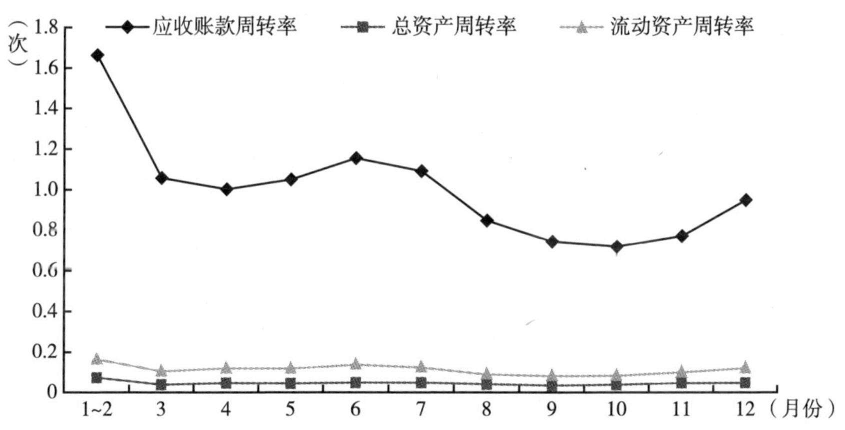

图 27　2014 年船舶修理行业营运能力

总资产周转率稳步下降。2014 年，我国船舶修理行业总资产周转率整体高于 2013 年同期，平均每月同比增长 0.02 次；其中 6 月资产周转率显著提高，同比增长 0.12 次。2014 年全年总资产周转率呈稳步下降趋势，逐月递减。具体如图 27 所示。

流动资产周转率同比提高。2014 年，我国船舶修理行业流动资产周转率整体高于 2013 年同期，平均每月同比增长 0.05 次；其中 6 月流动资产周转率大幅提高，同比增长 0.30 次。但 2014 年全年流动资产周转率呈稳步下降趋势，其中 3 月出现波动，环比下降 0.06 次。具体如图 27 所示。

（4）成长性分析

①主营业务收入增长率保持负增长

2014 年，我国船舶修理行业全年主营业务收入增长率为 -1.97%，且月度增长率持续负增长。6 月、7 月环比波动明显，其中 6 月主营业务收入增长率为 -171.70%，环比减少 138.72 个百分点；7 月主营业务收入增长率大幅回升，达到 55.45%，环比增加 227.15 个百分点，但此后增长率再次回落至负值。具体如图 28 所示。

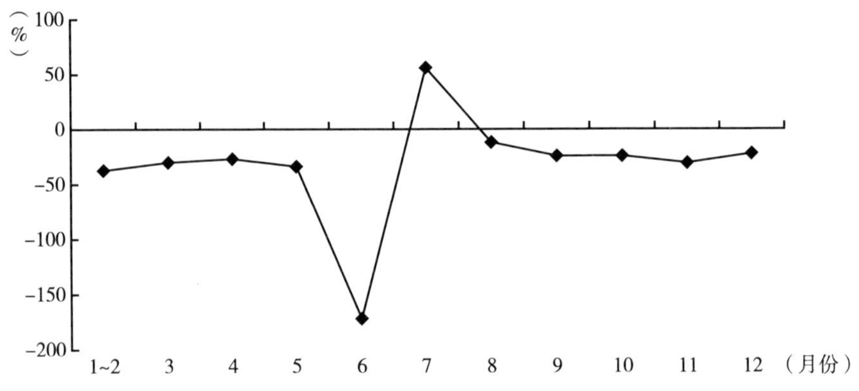

图 28　2014 年船舶修理行业主营业务收入增长率

②资本增长率持续负增长

2014 年，我国船舶修理行业全年资本增长率为 -12.35%，且月度增长率持续负增长。其中 6 月资本增长率为 -0.62%，环比大幅增长 42.43 个百分点；前 4 个月资本增长率显著较低，均在 -40% 以下；10 月份环比降低较大，为 7.51 个百分点。具体如图 29 所示。

③利润增长率环比起伏较大

2014 年，我国船舶修理行业全年利润增长率为 -63.83%，且月度增长率

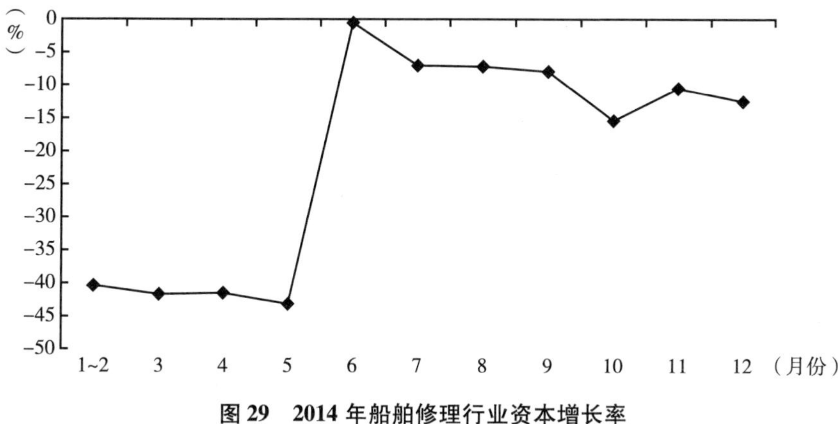

图 29　2014 年船舶修理行业资本增长率

环比波动起伏较大，其中 4 月利润增长率为 -363.91%，环比大幅下降，降低 335.53 个百分点；7 月、10 月利润增长率分别为 230.66%、259.71%，环比大幅提高，分别增长 391.32 个百分点、320.55 个百分点。具体如图 30 所示。

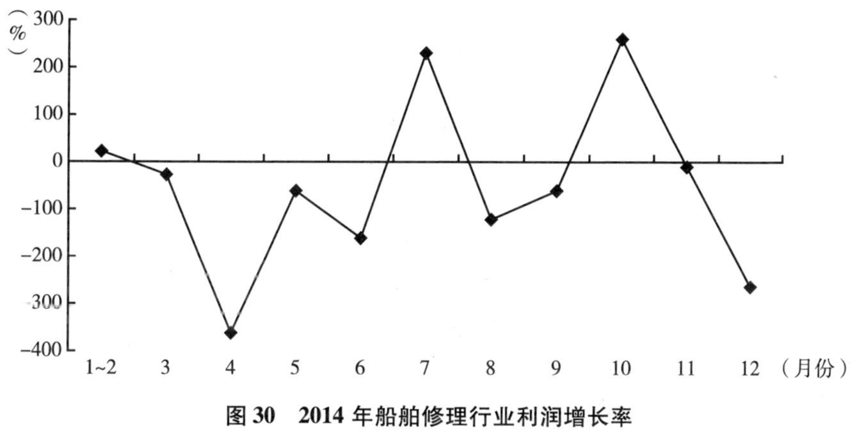

图 30　2014 年船舶修理行业利润增长率

3. 我国船舶修理行业技术水平

（1）修船工艺技术规范差距不小

各修船企业缺少修船专业技术规范①，一些船舶修船技术及工艺规范亟待修订，这些船舶包括 B -69 型大型远洋渔业加工母船修理、工程船修理、

① 林隆：《修船企业建造大型坞门的工艺探讨》，《中国修船》2014 年第 5 期。

单壳油轮改成双壳油轮等；国内也无专门机构统筹修船技术规范。这些都与国际修船规范有一定差距。

（2）“双高一大”发展基础薄弱

“双高一大”发展基础的具体现状有：大多数修船企业没有船舶改装专业设计机构，其设计能力也较差；现有码头不但水深不够、配套设备不齐全，而且二三十万吨级大型修船坞明显不足；修船技术能力不高，且修船技术革新投入少。

（三）海洋工程装备制造业

1. 我国海洋工程装备制造业概况

（1）具备发展海工装备的基础

我国油气业发展规划以及油气企业对海工装备的需求逐渐复苏，为我国海工装备业提供了发展动力，《船舶工业“十二五”发展规划》等政策提供了发展导向与保障，再加上船舶业已有的基础设施、技术装备与人才，中国已具备发展海工装备的基础。

（2）多家船企争相涌入

近年来，随着油价不断攀升，海洋工程装备市场持续火热；再加上不明朗的经济形势导致航运市场依然维持在低迷状态，大部分船厂处于难以接单的困境；同时，近年来国家大力支持战略性新兴装备研发的有关政策，为海工装备建造提供了良好发展条件。① 因此，中国多家船企将造船过剩产能转移到海工装备的建造。

（3）重点企业发展各有侧重

我国海洋工程装备建造市场手持订单前三名的企业分别是中集来福士、招商局重工、大连船舶重工，大连中远和上海船厂紧随其后。这五家企业在各个领域上都拥有国内领先的设计及建造实力，但是又各有侧重。中集来福士在半潜式钻井平台领域拥有较强的实力，手持订单达 41 亿美元；招商局

① 王颖：《海洋工程装备制造业形势分析》，《金属加工（热加工）》2014 年第 4 期。

重工和大连船舶重工在自升式钻井平台领域具有非常强的技术实力，手持订单分别达到了 40 亿美元和 26 亿美元，且大船重工拥有自主知识产权的“DSJ 系列”，利润空间进一步上升；大连中远则是在 FPSO 改装建造上手持订单达到 17 亿美元；上海船厂的“Tiger 系列”钻井船也是接连获得订单，手持 4 艘钻井船订单，总金额为 24 亿美元。

2. 我国海洋工程装备制造业分析

（1）新接订单规模大幅回落

2014 年，中国新接订单规模大幅回落。新接订单数量为 167 艘/座，同比减少 52%，占全球总新接订单数量的 40.1%；新接订单总金额为 139 亿美元，同比减少 45.5%，占全球总新接订单金额的 40.9%。

（2）国际市场份额逐年提升

2012 年，我国企业共接获海洋工程装备订单 146 亿美元，占全球市场份额的 20%；2013 年，我国企业加大了接单力度，共接获 255 亿美元订单，占世界份额的 38%；2014 年，我国在海洋工程装备市场大幅下滑的前提下，仍然接获了 139 亿美元订单，占世界份额提高到 41%，国际市场份额逐年提升。

（3）单价总体偏低

虽然我国在海洋工程装备的订单量以及订单金额上有了大幅提升，但在单价上却并不占优势。以自升式钻井平台为例，韩国手持自升式钻井平台订单的平均单价为 6.10 亿美元，全球的平均单价为 2.29 亿美元，而我国只有 2 亿美元上下，低于世界平均水平，更远低于韩国。

（4）行业利润整体偏低

在海工装备单价整体偏低的情况下，我国海洋工程装备企业的订单首付低至 5% 以下、融资成本居高不下、海洋工程产品附加值较低，再加上人民币升值、企业技术层和管理层的薪资上升等因素，使我国海工企业的利润整体偏低。

3. 我国海工装备制造业技术水平

（1）自主设计能力不强

国内相当多船企基本上是参照或直接使用欧美技术来承接完成海工订单；一些船企虽然具备了一定的海洋工程装备自主设计与制造能力，但在海

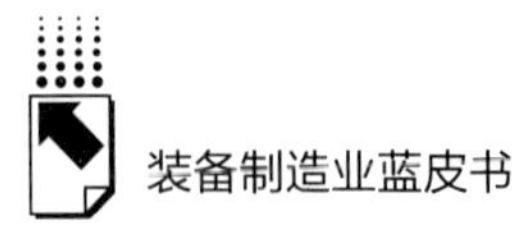

工装备关键技术上对国外企业与科研机构还是有较强的依赖性；国内船舶业具有自主知识产权的海工装备创新技术与产品较少，且大多数船舶企业以前并没有涉足海工装备。

（2）总包能力不足

相比较具备超强总包实力的主要是欧美大型企业（如美国的McDermott、法国的Technip等），国内海工装备企业除在中海油项目中承揽总包业务的中海油海油工程公司外，其他企业所获订单基本都是装备的建造订单，甚至不具备自主选择配套设备的能力。总体看，国内海工装备企业基本不具备承担总包项目的能力。

（3）总体处于产业价值链低端

我国在高端装备建造上属于空白，所接获的订单基本都属于价值量不高、建造条件成熟的自升式钻井平台以及浮式生活装置，目前基本未涉足冰区作业的钻井平台，以及TLP、Spar、LNG－FPSO等高端装备的设计制造。国外巨头公司完全控制海工装备的高端配套领域，这造成我国海工装备产业链不成熟且未形成专业化分工。

（4）技术研发水平相对落后

我国海工装备行业在关键核心技术、高端海工装备、协同创新等方面与国外先进水平有着较大的差距，海工关键配套设备基本依靠进口，一些在建海工产品成为国外设备供应商的“试验品”，整个海工装备技术研发实力整体落后日、韩等国。

三　对我国船舶工业发展前景的展望与建议

（一）我国船舶工业发展前景

1. 我国船舶工业发展趋势

（1）生产性服务将是船企竞争的主战场

从目前情况看，船舶产品全寿命周期各个环节都存在发展生产性服务业的要求，只有乘势加快发展生产性服务业，国内船舶工业才能更好更快实现转型升级和结构调整[①]；而提供更多更好的有利于海运业健康发展的产品和服务，是实现造船强国和海洋强国这个目标的内在必然要求。[②] 因此，生产性服务将是未来船舶企业竞争的主战场。

（2）智能化生产方式构成船企核心竞争力

船舶制造业正朝着设计智能化、管理精细化、信息集成化和产品智能化方向发展[③]。当前市场个体性差异带来市场定制化需求越来越高，同时也要求快速形成规模，这个过程中需要实现数据间很好的交换分析和挖掘。这就把市场需求、运营需求、设计要求形成一个协作总体。[④] 在此情况下，船舶企业必须通过智能化生产方式，实现定制与规模化相结合，在创造新需求的过程中实现新价值，以此提高企业核心竞争力。

（3）细分领域将是船企重要利润增长点

船舶企业在细分市场的准确定位有利于其提升自身竞争力，促进利润增长。极地重载甲板运输船、大型豪华客滚船、17.4 万立方米液化天然气（LNG）船、“海豚型”散货船、2.5 万吨不锈钢化学品船以及海底支援船、锚拖供应船、平台供应船等高端船舶等细分领域未来将成为中国船企活跃的舞台。

2. 我国船舶工业投资机会

（1）节能环保型船舶配套产品市场前景看好

当前船舶市场正经历结构性变化，船东更青睐符合国际新标准新规范的节能环保型船舶。交通运输部根据《关于加快长江等内河水运发展的意见》（国发〔2011〕2 号）特别提出要加快新型、节能环保型船舶装备[⑤]。因此，节能环保型船舶市场存在巨大发展空间。

---

① 姚战琪：《发展生产性服务业与提升中国产业国际竞争力》，《学习与探索》2014 年第 4 期。

② 石玉平：《补齐短板加快发展生产性服务业》，《中国船舶新闻网》2014 年 9 月 23 日。

③ 牛序谋：《韩国大力发展船舶与海工装备研发试验设施》，《机电设备》2014 年第 5 期。

④ 李予阳：《船舶智能化已经成为发展的必然趋势》，《中国经济网》2014 年 10 月 20 日。

⑤ 张洁：《节能环保型船舶有望加速航行》，《中国证券报》2013 年 5 月 17 日。

（2）标准型内河船舶市场潜力较大

按照交通运输部计划，在“十二五”期间，国内船舶行业重点推进“两横一纵两网”内河水运主通道标准化船型，淘汰落后船型、我国内河所有非标准危险品船和客船，基本实现重点船型系列化与标准化，并使其他船型达到50%以上的标准化率；在“十三五”期间，淘汰国内内河所有非标准船舶。由此可知，今后一段时期国内船舶市场对内河标准化船舶需求将大幅增加，市场潜力巨大。

（3）高科技高附加值船型国际市场增大

当前全球面临着航运和造船产能过剩、船舶行业金融紧缩、经济衰退等问题，但海洋工程产品、特种船等高科技高附加值船舶需求增多，因此，国内外船企更加关注高技术高附加值船舶以及特种船等船舶[①]。鉴于中国船企在高技术高附加值船舶产业上尚处于初级阶段，而拓展高技术高附加值船舶国际市场将成为必然要求，中国船舶工业在这个细分领域的市场潜力很大[②]。

（二）对我国船舶工业发展的建议

1. 对政府部门的建议

（1）加大自主创新的支持力度

有关部门应从税收优惠、专项资金支持、基础研究与研发设计结合的创新平台建设、关键装备技术支撑平台建设、深海技术装备公共试验与检测平台、知识产权保护、人才培养等方面加强已有政策的落实力度，继续出台相关政策，以支持船舶企业和海工装备企业自主创新，尤其是支持船舶企业和海工装备企业在高端技术装备的自主创新。

（2）加大对化解产能过剩的支持力度

政府有关部门应发挥“有形之手”的作用，进一步加大整合、消化、

---

① 欧洲船舶及海事设备协会：《欧洲关注高附加值船舶市场》，《中国远洋航务》2013年第4期。

② 刘潇：《高附加值船域的较量》，《中国船检》2011年第2期。

转移、淘汰的力度，积极出台有助于船企加快企业转型升级的步伐、优化产业结构和产品结构、提高核心竞争力以及修订行业准入条件、金融财税支持企业重组、加快过剩产能退出等方面具有更强针对性和可操作性的政策，并加大政策宣传力度，建立健全化解过剩产能考核评价制度。

（3）继续加大新公约新规范新标准的培训力度

有关部门应在理解新出台规则的基础上，有针对性地开展准备工作，并协调和指导有关行业组织继续加强全国范围内的培训工作，以备国内船舶企业和海洋工程装备企业在新公约要求实施之时能从容应对。

2. 对行业发展的建议

（1）高度重视海工装备风险

近几年，我国不少船舶企业为化解造船产能，积极转型海工生产，但海工装备因油价下跌、国内外经济增速放缓、产能瞬间扩大等因素，也面临着较高的市场风险与产能过剩风险。因此，全行业应认真贯彻落实工业和信息化部2014年第87号公告《海洋工程装备（平台类）行业规范条件》，各海洋工程装备制造企业也应加强产品、质量、融资等方面的风险管理和风险防范。

（2）积极促进船舶配套业发展

积极贯彻落实政府有关部门鼓励支持船配企业开展技术创新等方面政策，充分利用当前船配企业良好的发展机遇，加大研发力度，加快更新换代步伐，加强产业链上下游联合，深化“产学研用”合作，不断提升本土化装船率，增强船配企业全球服务能力，突破国内船配企业国际化市场竞争的瓶颈；国内船企和船东应加大支持力度，尽可能选用产品参数满足要求的本土船配产品。

（3）大力加强智能化制造技术研究

近年来，“工业4.0”正在全球蓬勃发展，智能化制造得到飞速发展，船舶业和海工装备业应从产业发展战略高度出发，按照智能化、信息化、网络化的要求，积极推进机器人和智能装备的应用，不断加强智能化制造技术研究，不断加快推进船舶和海洋工程装备制造智能化进程。

3. 企业发展建议

（1）加大政策理解力度

2014 年，政府出台了《高技术船舶科研项目指南（2014）》等若干船舶工业发展政策，我国船企应加大政策解读力度，努力发掘企业发展机会。同时，船企还应紧紧抓住“一带一路”、《中国制造 2025》、京津冀协同、长江经济带、“互联网 +”、亚太互联互通等带来的发展机遇，积极探索实践新模式、新道路，不断寻求发展驱动力和经济增长点。

（2）加快生产方式转变

船舶企业应积极向日韩先进造船企业学习，结合德国工业 4.0、美国先进制造业、日韩制造业升级等先进经验，按照智能化制造总要求，以提质增效为中心，以创新发展为驱动力，以加快新一代信息技术与制造业融合为主线，严格遵守节能环保标准；切实按照《中国制造 2025》有关要求与标准，迅速投入技术、资金等资源，加大生产方式转变的力度。

（3）加快发展生产性服务业

我国船舶企业应加快结构调整，大力发展生产性服务业。充分利用云计算、大数据等现代技术，建立信息化、智能化的成套供应链式物流服务系统，为船企提供高效、精准的物流服务；加强与金融机构合作，丰富资本化手段，多渠道拓展融资空间；积极推进企业向“制造服务型”转变，建立健全全球化市场营销服务网络体系。

（4）增强企业竞争力

根据自身优势、客户需求、作业区域特点等实际情况，选择合适的主攻方向，不断加强关键技术攻关，不断加强研发、设计、生产等环节攻关，提高设计、制造能力，提高产品质量，形成有竞争力和市场影响力的拳头产品。

B.8

轨道交通装备行业

郭　君*

摘　要：在国家政策和基础设施投资的驱动下，我国轨道交通装备发展迅猛，已形成较为完整的研发、制造和服务体系，车辆制造的整体研发能力和产品质量水平大幅提升。本文对国内外轨道交通装备行业发展现状和趋势进行了简要梳理，并选取了高速铁路运输设备和城市轨道交通设备两个分行业加以重点概括。2014年，我国轨道交通装备行业呈稳步增长态势，市场需求旺盛，出口市场已由发展中国家向发达国家跃进，高速铁路技术也已成长为世界一流水平。随着国家部署实施《中国制造2025》，轨道交通装备制造业作为创新驱动、智能转型、绿色发展的代表性产业，应加强创新引领能力，充分发挥产业带动效应，在统筹产业协调发展的同时，积极参与国际市场竞争。

关键词：轨道交通　高速铁路　城市轨道交通

一　轨道交通装备行业发展概况

（一）轨道交通装备行业的定义和分类

1. 定义

轨道交通装备是铁路和城市轨道交通运输所需各类装备的总称，主要涵

* 郭君，硕士，机械工业经济管理研究院研实员。

盖了机车车辆、工程及养路机械、通信信号、牵引供电、安全保障、运营管理等各种机电装备。① 在国际上，轨道交通没有统一定义。在我国的《城市公共交通常用名词术语（GB/T 5655－1985）》中，将其称为快速轨道交通，并定义为“通常以电能为动力，采取轮轨运转方式的快速大运量公共交通的总称”。随着区域经济和城市群的发展，人们又把连接这些地区的城际铁路和铁路客运专线统称为轨道交通。因此，从应用角度讲，轨道交通又包括城际铁路和铁路客运专线。②

2. 分类

按照国家统计局国民经济行业分类的标准，轨道交通装备行业属于铁路、船舶、航空航天和其他运输设备制造业（37）中的铁路运输设备制造（371）和城市轨道交通设备制造（372）（见表1）。

表1　轨道交通装备行业分类表

行业分类	代码
铁路运输设备制造	371
铁路机车车辆及动车组制造	3711
窄轨机车车辆制造	3712
铁路机车车辆配件制造	3713
铁路专用设备及器材、配件制造	3714
其他铁路运输设备制造	3719
城市轨道交通设备制造	372(3720)

资料来源：《国民经济行业分类》（GB/T 4754－2011）。

轨道交通有多种形式，按技术特征划分，可分为地铁、轻轨、有轨电车、磁悬浮列车、高速铁路等形式。按地理范围划分，则分为城市轨道交通和城际轨道交通。其中，应用在城市内的轨道交通称为城市轨道交通；应用在城际间的轨道交通称为城际轨道交通或客运专线。③

① 《轨道交通装备产业“十二五”发展规划》。

② 汪鸣主编《中国战略性新兴产业研究与发展——轨道交通》，机械工业出版社，2013。

③ 汪鸣主编《中国战略性新兴产业研究与发展——轨道交通》，机械工业出版社，2013。

（二）国际轨道交通装备行业发展概况

1. 国际轨道交通行业装备发展现状

（1）市场现状

①欧美三巨头发展势头放缓

在轨道交通装备制造方面，世界上最强的国家有德国、法国、加拿大和日本等。其中三大跨国公司占有全球市场50%以上的份额，加拿大庞巴迪公司占23%；法国阿尔斯通公司占18%；德国西门子公司占14%。这三家公司很早就挺进全球市场，一度占据半壁江山，不过最近三巨头的发展势头有所放缓。据德国轨道交通咨询公司SCI Verhehr发布的全球铁路市场调查报告显示，近几年三巨头行业排名均有所下降。

②中国走向世界市场前列

近年来，我国轨道交通行业发展成果喜人。目前，我国轨道交通企业已经在境外一些国家和地区占有了一定的市场份额，并且有了较好的市场信誉，行业排名位居世界前列。根据SCI Verhehr公司发布的报告，中国轨道交通装备制造企业在过去5年增长迅速，增长幅度达到108%，以绝对优势占据世界轨道交通装备行业前两位。

③日本加快进入世界市场

随着全球轨道交通市场格局的不断变化，中国和日本等亚洲企业影响力不断提升。日本内阁已将铁道及其相关设备出口列为“经济成长战略”的重要支柱，期待通过出口铁道建设工程项目及其相关设备，促进经济增长。为此，日本积极开展“首脑推销”，还成立了官民一体的“海外交通与城市开发支援机构”，向海外宣传新干线，协调有关企业搜集和分析各种相关信息。2014年4月，日本四大铁路公司联合组建了“国际高速铁路协会”，决定联手促进日本高铁技术和设备的出口。日立公司则宣布收购意大利防卫和航空大型企业芬梅卡尼卡公司旗下的铁路车辆和信号业务部门，决心大力进军世界铁道市场。

（2）技术现状

目前，世界高速铁路技术最为成熟的主要有日本新干线技术、法国

TGV 技术和德国 ICE 技术。经过近几年的发展，我国轨道交通技术也在高速铁路领域实现了多项突破，技术水平达到世界领先。

①日本

日本的新干线高速铁路客运系统以“子弹列车”闻名。1964 年，连接东京和大阪的东海道新干线成为全世界第一条客运高速铁路系统。其行驶过程平稳，多年来从未因人为因素发生过死亡事故，因此，也被称为全世界最安全的高速列车之一。日本运行的高速列车共有 11 种，全部为动力分散型，包括 0 系 ~ 700 系等。其中 500 系列车是目前日本运行速度最高的高速列车，速度可达 300km/h。700 系列车是日本目前最先进的高速列车，也是世界上第一种采用 IGBT 变流器的高速列车。我国台湾高速铁路所用的高速列车就是以 700 系为蓝本而引进的技术。

②法国

法国的 TGV 轨道交通系统享誉全球，由阿尔斯通和 SNCF 开发。法国铁路运营的高速列车都是采用动力集中方式，第一条 TGV 是 1981 年开通的巴黎至里昂线。其最大优势在于保持传统轮轨领域的技术领先。1972 年 TGV 创造了当时 318km 的高速轮轨时速，并一直牢牢占据高速轮轨的速度桂冠，1989 年又创下 515. 3km/h 的世界铁路速度纪录，是世界上最早实现 300km/h 运营速度的高速列车。此后，经欧盟各国联合协商后，将法国 TGV 技术确定为全欧高速列车的技术标准。该技术出口西班牙、澳大利亚和韩国等国，是被运用最广泛的高速轮轨技术。2007 年 4 月，TGV 的最高试验时速达到了 574. 3km/h。在国际市场上，法国的高速列车是最成功的。

③德国

与法国高速列车都是 TGV 系列一样，德国的高速列车都是 ICE 系列，由德国联邦铁路公司 Deutsche Bahn 营运，始于 1979 年。ICE 的制造原理和制式与法国 TGV 相似，ICE 系列列车一开始采用交流异步传动技术，第一代 ICE1 和第二代 ICE2 都采用动力集中方式，最高速度为 280km/h，第三代 ICE3 则改为动力分散型，最高运营速度提高到 330km/h。1988 年其 406. 9km/h 的试验性列车成为世界上首次突破 400km/h 速度的高速列车，

1989 年又以 480km/h 的速度打破了法国 TGV 高速列车当时创造的世界列车最高速度纪录。ICE 的特点是通过简单的牵引系统得到了低动力作用轮对，将更多的重量从转向架移到车体，使列车在高速下运行稳定，减少了对轨道的损伤。除德国本国外，ICE 还跨越邻国多个地区，如荷兰、比利时、奥地利、瑞士等。

④中国

近年来，经过引进、消化、吸收和自主创新，中国轨道交通技术在高速铁路领域实现了多项突破，技术研发水平不断提升、生产制造和施工安装的装备与手段已成长为世界一流水平，具备了一站式服务能力。目前，中国的高铁速度代表了目前世界的高铁速度。在运行速度上，中国 CRH 系列动车组设计时速已达 350km/h，最高可达 380km/h；其中 CRH380A 型车在 2012 年创造了 605km/h 的实验室最高试验速度，刷新了世界高速列车纪录。在列控系统方面，国产的 C2 和 C3 系统已可以满足时速高达 200 ~ 350km 的不同线路模式的列车运行需要。其中，以 C3 技术为代表的中国高铁列控技术领先世界。

2. 国际轨道交通装备行业的发展趋势

（1）市场趋势

①发展中国家需求扩大

发展中国家对轨道交通装备的需求增长较快，首先是中国和印度，其次是东欧、中南美洲、东南亚和非洲。欧洲、北美洲和亚太地区则主要是对高铁网络的扩充。全球现有 26 万多台在用轨道车辆，其中柴油机车有 8.8 万台，电气机车 2.5 万台。这些车辆中，超过 10 万辆是用于地铁、城轨、有轨电车等轻型轨道交通，3 万辆为普通或高速轨道车辆。预计未来几年，随着人口流动和物流需求的增加，全球轨道交通车辆市场的年增长率将达到 3% ~7% 。其中，普通和高速轨道车辆的增长率会超过 5% 。

②投资主体多元化

随着轨道交通的建设规模越来越大，政府或社会资本已无法单独承担其建设资金。目前，投资主体多元化已成为世界轨道交通的发展趋势。很多城市都已实行政府和社会资本共同出资，以解决资金问题、提高建设效率。在欧洲，除政府财政支持外，轨道交通投资来源越来越趋于吸收私营企业的资金。在东京，市政府会按照不同区域的建设投入和回收情况，尽可能地引导私营企业投资。我国城市轨道交通投资主体也逐步趋于多元化。

③经营市场化

在轨道交通运营上引入市场机制已成为一种发展趋势。随着市场经济的发展，垄断经营方式使得轨道交通建设成本较高，其运营效率却很低。为提高运营效率，许多城市都采用招投标等竞争机制促使轨道交通经营主体相互竞争。日本东京在可经营的市郊铁路上推进私有化，鼓励私人资本投入轨道交通的建设和运营，日本铁道公司（JR）也引入了许多私人股本。伦敦采取了收支两条线的经营治理方式。香港则更是全球轨道交通商业化运作的典范，在市场的影响力下，从建设成本控制、资金治理、运营治理等全方位提高效率。

（2）技术趋势

轨道交通装备制造业并非简单的装备制造产业，其设计、施工和线路运行都离不开高技术的支持。从全球轨道交通的发展和技术演进方向来看，随着现代自动控制技术、计算机和网络技术、数字通信技术的进步，发展数字化、智能化、多样化的机车车辆制造体系是未来轨道交通发展的趋势。

①数字化

发展先进轨道交通的新一代信息技术正是顺应“互联网+”的发展趋势，实现信息化和工业化的深度融合。轨道交通装备中的虚拟制造技术，信号处理技术，列车牵引、制动技术，综合监控系统和通信控制系统，都是数字信息技术在轨道交通装备中的应用。数字化轨道交通将实现轨道交通系统的信息化，规范其基础信息和动态信息的共享交换方式作为目标之一；目标之二是以地理信息平台为核心，建立服务与共享体系，实现各系统间充分共享，最终提高轨道交通服务水平和资源综合利用效率。

②智能化

随着轨道交通安防和监控系统等相关技术的发展和融合，实现轨道交通全自动智能化是未来轨道交通的发展趋势。在物联网全面互联、透彻感知和深入智能的特点基础上，智慧轨道交通的网络化使整个铁路系统、企业及其合作伙伴之间实现信息互联与共享，提高了铁路系统的安全性和可靠性并降低了成本。智慧轨道交通中智能化的四个关键步骤是：数据智慧采集，即利用多种智慧手段有效采集相关数据；数据智慧融合，将通过各种传感器收集来的数据整合在一起；数据智慧挖掘，即针对不同问题，智能选择数据挖掘方法和工具进行分析和挖掘知识；智慧决策，即根据分析和挖掘结果对轨道交通规划建设和管理调控进行智能决策。

③多样化

由于市场需求的多样性导向，轨道交通装备技术形成了在主流性前提下多样化发展的趋势。其中，轮轨式交通运输装备仍保持着主流地位，其技术的主要发展方向包括：全寿命周期的可靠性研究，摩擦学应用研究，降噪技术应用研究，提高能源利用率研究，轻轨交通装备的提升研究等。轨道交通装备制造业在坚持主流性的同时，还应多样性地适应城市环境的特殊性要求进行经济性的选择。在适应城市特殊性而采取特别方式时，需要统筹兼顾、扬长避短。要以实现经济效益和社会效益最大化为目标，强调轨道交通装备在技术多样化发展的同时不应放弃其主流方向，而主流方向也不应斥多样化发展。

（三）我国轨道交通装备行业发展概况

1. 我国轨道交通装备行业总体情况

经过多年的发展，我国轨道交通装备产业规模不断扩大，研发和技术创新能力有了显著提升，已形成较为完整的生产体系。近年来，我国轨道交通产业规模已达数千亿元，并保持持续快速增长。

（1）资产规模稳步增长

2014 年，我国轨道交通行业规模以上企业共 789 家，资产总计达到

4599.25 亿元，同比增长 19.81%，比 2013 年增速增加了 5.12 个百分点。其中，铁路运输设备制造行业资产总计 4436.26 亿元，城市轨道交通设备制造资产总计 162.99 亿元，分别占轨道交通行业的 96.46% 和 3.54%。2014 年上半年，我国轨道交通行业资产规模整体呈稳步增长态势，同比增速在 8 月达到峰值 26.6%，三四季度增速有所下滑，年底企稳回升（见图 1）。

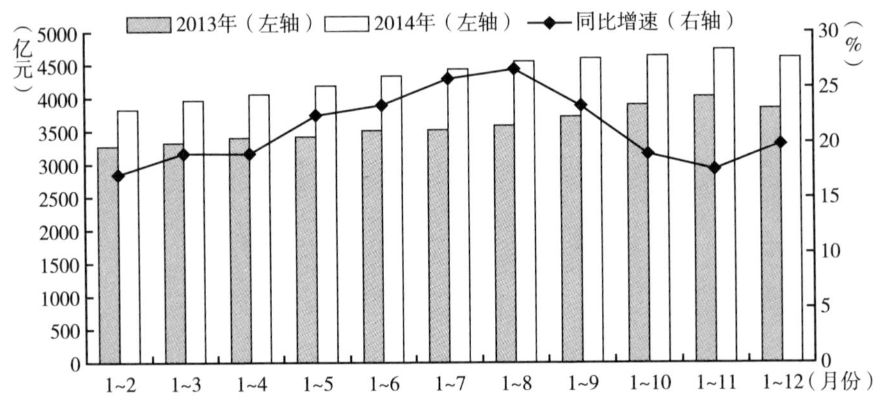

图 1　2014 年轨道交通行业资产总计及同比增速

数据来源：中经网产业数据库，如无特殊说明，下同。

（2）进出口规模

2014 年，我国轨道交通行业实现出口交货值 158.72 亿元，同比增长 5.09%。从进出口规模看，全年累计完成进出口总额 143.83 亿美元，同比增长 19.7%。其中，进口总额为 16.46 亿美元，同比增长 64.7%，比 2013 年增速增加 79.7 个百分点；出口总额达到 127.37 亿美元，同比增长 15.8%，比 2013 年同期水平增长 30.3 个百分点（见图 2）。全年共实现贸易顺差 110.91 亿美元，比 2013 年增加 10.8 亿美元。近两年，我国制造的铁路机车、货车及地铁车辆已进入新西兰、爱沙尼亚、白俄罗斯、法国等发达国家，出口市场由发展中国家向发达国家跃进，出口产品也由比拼价格向比拼技术和性价比转变。

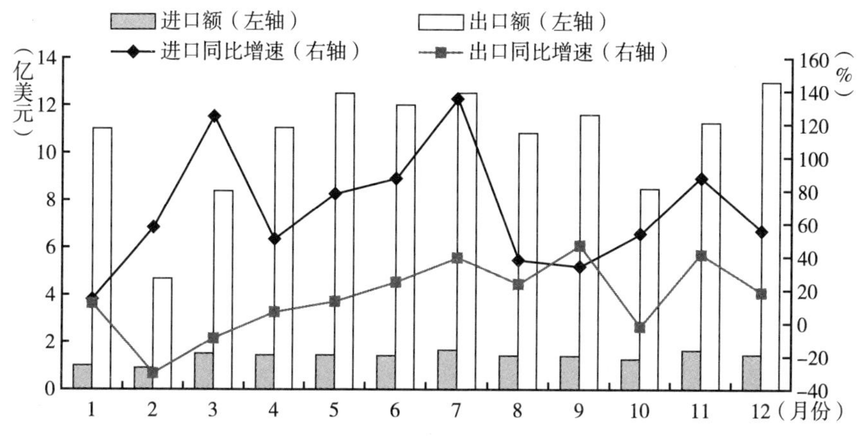

图 2 2014 年轨道交通行业进出口额及同比增速

（3）主营业务收入增速高位回落

2014 年，我国轨道交通行业累计实现主营业务收入 4147.96 亿元，同比增长 22.47%，比 2013 年同期增速增加了 13.26 个百分点。其中，铁路运输设备制造行业实现主营业务收入 4010.85 亿元，同比增长 20.77%；城市轨道交通设备制造实现主营业务收入 137.1 亿元，同比增长 19.45%。按月看，2014 年上半年，我国轨道交通行业主营业务收入呈高速增长态势，自 7 月起增速开始显著下滑，年底触底出现负增长（见图 3）。

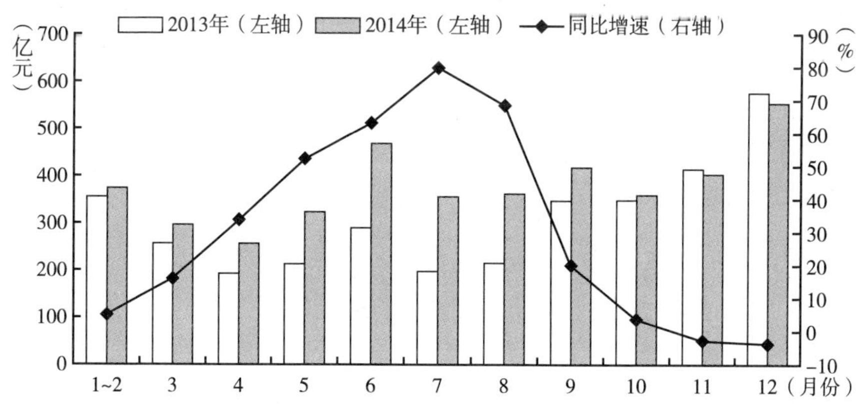

图 3 2014 年我国轨道交通行业主营业务收入及同比增速

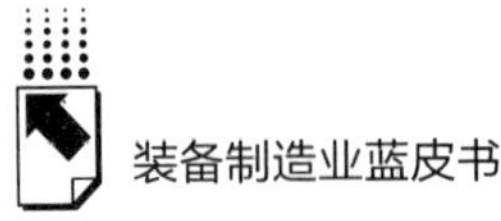

（4）利润增速波动下滑

2014 年，我国轨道交通行业共实现利润总额 345.47 亿元，同比增长 37.22%，较 2013 年同期增速增加了 24.04 个百分点。其中，我国铁路运输设备制造行业实现利润总额 337.89 亿元，同比增长 37.01%；城市轨道交通设备制造行业实现利润总额 7.59 亿元，同比增长 47.34%。按月看，我国轨道交通行业利润增速波动明显，其中 5 月、7 月、8 月增幅达到峰值，三四季度增速开始显著下滑（见图 4）。

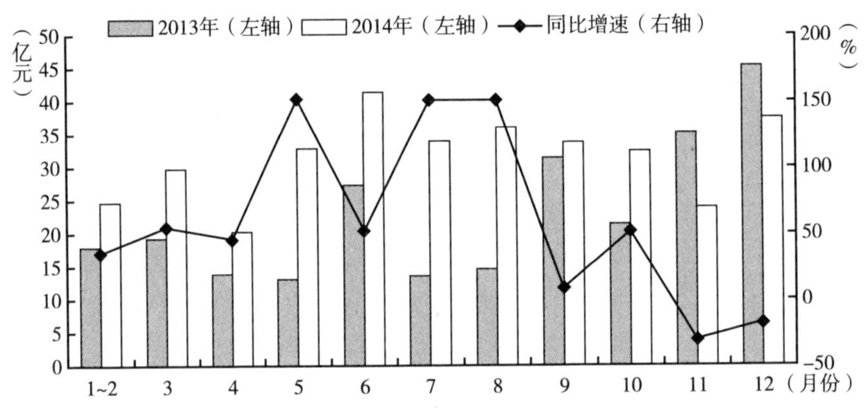

图 4　2014 年我国轨道交通行业利润总额对比及同比增速

2. 我国轨道交通装备行业市场需求分析

（1）国内需求

随着我国城镇化战略的实施，新型城镇化必将掀起轨道交通建设的新高潮。目前，京津冀、长三角、珠三角等国家级城市群的城际交通网络正在建设，多个省市积极打造区域中心城市，城市群将成为未来城市的主要特征。同时，受益于有轨电车经济高效、绿色环保的特点，现代有轨电车规划建设蓬勃兴起。城镇化的推进和城市的发展，将带动轨道交通产业发展，蕴藏着巨大的市场空间。

①铁路动车组

至 2020 年我国铁路营业里程将达 12 万公里以上，我国高铁路网布局分布主要分为“四纵”“四横”和六大城际客运系统。按现有20个城市群城际铁路和温州等4个地级市的线网规划，至2030年城际铁路项目建设总里程将达2.09万公里，采用200km/h以下动车组的线路里程近1.5万公里，到2030年我国所需城际动车组（200km/h以下）总量为1万~2.5万辆，年均需求量达700~1750辆。2016~2020年新建的城际线路（200km/h及以下）约3500公里，结合已开工建设的城际铁路项目，估算到2020年有车辆需求的城际线路将超过4000公里。因此，2016~2020年将迎来城际动车组需求高峰，城际动车组采购金额超350亿元，年均需求70亿元。

②机车

经过近10年大功率交流传动电力机车的运用，目前，我国机车市场的机车需求日趋稳定，8轴重载货运电力机车和既有线路的快速客运逐渐成为主力需求车型。预计到2020年，国内市场电力机车需求量将保持在750台/年。在内燃机车方面，今后的5~10年内会形成每年150台的需求，共计1500台左右的市场规模。随着国家西部开发战略的逐步实施，西部铁路建设也将全面展开，尤其是以西藏地区为中心的高海拔地区，其中拉萨——日喀则已经建成，新疆——格尔木的线路也已开工，近期和未来对高原型内燃机车的需求会更加迫切。

③城市轨道交通

2014年，我国内地共有36个城市约3300公里的轨道交通在建项目，其中已经开通运行轨道交通的城市达到22个，建成并正式运营的线路有101条。土木工程学会城轨委员会的《中国城市轨道交通年度报告》显示，我国已规划50多个城市的地铁线路，其中总线路400多条，总里程超过1.4万公里。2014年末，已有37个城市总里程达5790公里的线网规划和建设获得批准，已开通的城市达18个，已招标的内陆城市达28个。预计到2020年将达到7000公里。2014~2020年，我国规划的现代有轨电车通车里程将达2500多公里，工程投资将达到3000亿元，市场规模600亿元，年均需求75亿元。目前，磁悬浮列车的市场需求也十分可观，德国、日本等发达国家都开始筹划进行磁悬浮运输系统的开发，我国上海、北京等城市也都相继规划运营磁悬浮列车，随着未来磁悬浮市场化的成熟和技术的改进，其前景不可估量。

（2）国际需求

根据预测，以未来高速铁路为中心的轨道交通将飞跃增长，给具备轨道交通建设的国家和企业带来巨大商机。世界高铁大会上，美国、巴西、土耳其、西班牙、韩国等国家都提出兴建高速铁路的计划，到2020年，全球预计将建成运营2万~3万公里的高铁线路。面对海外市场提供的重要机遇，我国"一带一路"国家战略将亚洲、东欧、北非诸国紧密联系在一起，这些区域对轨道交通有着迫切需要，市场需求巨大。

①东南亚及澳洲市场

目前，东南亚及澳洲地区铁路发展现状已不适用经济发展需要，在铁路相互连通性方面较差。许多国家政府已意识到发展铁路对国内及跨国运输的重要性，交通基础设施和交通服务的需求正在上升。其中，需求较大的国家和地区有澳大利亚、新加坡、印度、泰国、马来西亚、中国香港等。

②南北美洲及欧洲市场

南美地区轨道交通装备市场发展较落后，随着经济发展、交通压力增大、重大事件影响，现已展现出较大需求，代表国家有巴西、阿根廷。北美及欧洲区域作为全球轨道交通最发达的地区，则保持着稳定的铁路车辆需求，但该地区限制较多，如美国不同类别项目有不同的本土化要求，欧盟国家设立了互操作性技术规范（TSI）等。

③非洲、中东和中亚市场

非洲及中东、中亚区域几乎没有轨道交通制造能力。其中，中东地区是新兴的铁路市场，且多数国家为富裕的产油国，铁路基建投资意愿强烈，代表国家有沙特、卡塔尔、阿联酋等。中亚及非洲地区铁路发展比较落后，面临铁路装备较大规模的更新换代，但由于经济落后，较多项目需要资金支持，代表国家有哈萨克斯坦、乌兹别克斯坦、土库曼斯坦、南非、安哥拉、赞比亚等。

3. 我国轨道交通装备行业存在的问题

我国轨道交通装备行业近年来已达世界先进水平，但是由于行业管理机制不合理，技术标准体系和产业研发能力还有待完善，重复建设和无序竞争等问题日益显现，影响行业的进一步发展。

①行业管理机制不合理

在我国城市轨道交通快速发展的同时，轨道交通装备重复建设的问题，严重影响着我国轨道交通装备的信誉和日后的发展。行业市场无序竞争的问题日益显现，缺乏一套完善的轨道交通市场准入制度以保证企业自主产品的公平竞争。

②技术标准体系有待完善

目前，世界各发达国家均建立了完善的技术标准体系，如北美国家的AAR 标准体系和欧洲国家的 UIC 标准体系，对行业的技术要求和未来发展都做了整体规划。我国的轨道交通经过几十年的发展虽建立了一些标准，但标准体系尚不完善，没有进行统一规划，在设计、制造和标准认证等方面缺乏适合我国交通运输特点的统一体系，技术标准的配套性和适用性还有待提高。

③创新研发能力不足

我国轨道交通车辆主机产品的研发已获得较大成效，但关键零部件和核心系统还缺乏深入的理论研究，尚未完全摆脱对国外的依赖，产品的可靠性和安全性与国外相比还存在差距。

④“走出去”经验不足

近年来，我国高铁发展迅猛，在满足国内市场需求的同时，正在迅速走向海外市场。然而，我国高铁“走出去”并非一帆风顺，虽然与众多国家达成合作意向，但开展实质性建设的并不多。目前，我国轨道交通装备产品主要面向国内市场，与国外市场开展合作与交流也是近年来才开始，参与国际竞争还缺少经验。

二　我国轨道交通装备分行业分析

（一）高速铁路运输设备

1. 我国高速铁路运输设备发展概况[①]

2014 年，我国铁路运输设备企业共 751 家，资产规模达 4436.26 亿元，完成主营业务收入 4010.85 亿元，同比增长 20.77%，增速比 2013 年增加 12.45 个百分点；实现利润总额 337.89 亿元，同比增长 37.01%，增速较 2013 年增加 21.98 个百分点。其中，我国铁路运输设备企业中有 82 家出现亏损，亏损总额达 20.71 亿元。全年完成出口交货值 156.77 亿元，同比增长 4.94%。

2. 我国高速铁路运输设备技术水平

目前，我国是世界上高速铁路发展最快的国家。[②] 在工艺技术和装备制造方面，我国在高速铁路无砟轨道、桥梁、隧道的建造以及轨道制造等方面的工艺技术已达到世界先进水平。从引进技术到领先全球，10 年间，我国高铁发展获得了可喜的成绩。

①世界铁路运营时速最高

我国轨道交通装备企业在引进、消化吸收先进技术的过程中，突破了制约速度提升的关键技术，将动车组的运营速度提升到 350km/h，于 2007 年 12 月成功研制 CRH2C 型 300 ~ 350km/h 动车组。2008 年 8 月，CRH3 型动车组在京津城际铁路正式投入运营，最高运营速度 350km/h，为当时世界之最。此后，我国以 350km/h 动车组技术平台为基础，研制了代表世界领先水平的 CRH380A 型动车组，于 2010 年 12 月在京沪线上创造了 486.1km/h 的世界铁路运营试验最高速度，不久 CRH380BL 型动车组就以时速 487.3 公里的最高速再次创下世界之最的纪录。

---

① 《高速列车科技发展“十二五”专项规划》。

② 黄秋乐、王朝阳、陈敏：《高速铁路对相关运输方式的影响》，《中国铁路》2013 年第 4 期。

②轮轨试验时速最高

2011 年 12 月，我国更高速度试验列车，又称 500 公里试验列车，在高速列车国家工程实验室中创造了 605 公里的最高轮轨试验速度。该列车的技术水平已达到全球领先，这一突破标志着我国高速轮轨列车取得重大成果，对推动世界高速列车技术的发展有着重要意义。

③世界首条新建高寒高铁

2012 年 12 月，作为我国第一条高寒地区高速铁路的哈尔滨——大连高铁投入运营。哈大高铁设计时速 350 公里，营业里程 921 公里，全线设 23 个车站，纵贯辽、吉、黑东北三省。东北三省是我国最为寒冷、温差最大的地区，全年温差达到 80℃。中国高铁在这样冷的地方运营成功，又一次打破世界纪录。

④世界单条运营里程最长高铁

2012 年 12 月，京广高铁全线开通运营，刷新了全球运营里程最长的高速铁路的纪录。京广高铁全长 2298 公里，是我国中长期铁路网规划中“四纵四横”的重要“一纵”，北起北京，南至广州，途经石家庄、郑州、长沙等地。该条线路是目前世界单条运营里程最长的高铁，对地方经济拉动意义非凡，其中仅京郑段预计 2030 年前就将创造 2758. 44 亿元的收入。

⑤高铁永磁技术打破国外垄断

经历了三大阶段，永磁同步牵引系统因其优势，逐步成为下一代列车牵引系统的主流。2014 年，我国研制的永磁同步牵引系统成功完成首次轨道运行，即将开始整车型试验与运行考核，其成功研制使我国跻身世界上少数几个掌握高铁永磁牵引技术的国家之列。虽然我国轨道交通永磁技术的研发起步较晚，但如今已达到国际先进水平，这将使中国高铁在世界舞台上更具核心竞争力。

（二）城市轨道交通设备

1. 我国城市轨道交通设备概况

作为城市公共交通系统的一个重要组成部分，目前城市轨道交通设备有

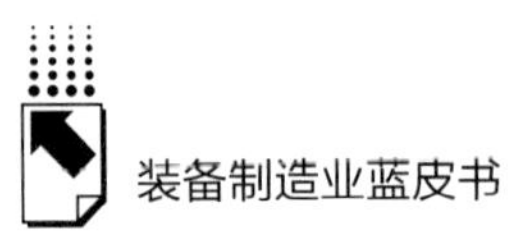

地铁、市郊铁路、轻轨、单轨、导轨、线性电机牵引的轨道交通、有轨电车及悬浮列车等多种类型，号称“城市交通的主动脉”。由于技术水平和经济实力的限制，我国城市轨道交通设备建设较晚。2000 年前，我国仅有北京、广州、上海三个发展较快的城市建有轨道交通线路。近年来，我国城市轨道交通设备保持了高速发展的势头。

2014 年，我国城市轨道交通设备行业共计 38 家企业，完成主营业务收入 137.11 亿元，同比增长 19.45%，较 2013 年增速增加了 24.92 个百分点；行业资产规模达 162.99 亿元，同比增长 12.41%；全年实现利润总额 7.59 亿元，同比增长 47.34%，增幅比 2013 年增长 83.42 个百分点。其中，行业有 5 家企业出现亏损，亏损总额达 0.77 亿元。2014 年，我国城市轨道交通设备行业完成出口交货值 1.95 亿元，同比增速 227.65%。

2. 我国城市轨道交通设备技术水平

目前，我国轨道交通装备企业生产的地铁车辆已广泛应用于北京、上海、南京、广州和深圳等大中城市，并出口到 10 多个国家和地区。在引进国外先进设计、制造技术的同时，我国坚持走消化吸收和再创新的发展道路，取得了不菲的成绩。

①全自动地铁车辆抵港

2014 年 3 月，中国全自动地铁列车抵港，未来将运营在香港南港岛线东段上。该列车为 A 型不涂漆不锈钢地铁车辆，最高运行速度为 80km/h，采用 3 辆全动车编组。列车最大的亮点是首次实现了真正意义上的全自动控制，即在无人操控情况下，也可完成完整的全系列操作，完全无须地铁司机和乘务人员的介入。全自动列车可有效缩短行车间隔，提高运营效率，也不会因司机疲劳、突发疾病等人为因素而对列车运营带来影响。在节能方面，该列车将以最优的模式运行，降低列车能耗。

②中国首列市域快轨车辆下线

2014 年 4 月，我国首列市域快轨车辆下线，其最高时速达 160 公里，能满足市域快轨交通的所有速度需求。该车采用双供电受电弓，能够进行动态自动切换，该技术使列车受电弓能在 1500 伏（直流）地铁列车接触网和

25000 伏（交流）高速动车组中自由切换，列车既可与地铁线共轨运营或实现零距离换乘，亦可在已有高速动车轨道上运营。车体材质选择了高速动车组使用的铝合金，具有高强度、轻量化程度高的特点。并且，该列车首次采用了碳纤维、铝镁合金等新材料，在轻量化和节能环保上有了新的探索。

③中国首列储能式现代有轨电车下线

2015 年 2 月，我国首列储能式现代有轨电车成功下线，这是我国最新的绿色、智能轨道交通装备。该车能将 85% 的动能转化为电能存储起来再利用。利用乘客上下车时间完成快速充电，每小时载客量约 1 万人，有效地填补了公车与地铁的运行空白。

三　我国轨道交通装备行业发展趋势与建议

（一）我国轨道交通装备行业发展趋势

1. 国家战略助推行业发展

随着“一带一路”国家战略的持续推进，以及中国南车及中国北车两大龙头公司的合并，我国综合竞争力提升，未来我国轨道交通装备行业仍将维持在高位。据统计，“一带一路”建设重点涉及 18 个省，此外，我国拟建亚洲基础设施投资银行以解决亚洲地区基础设施发展和融资供应方面存在的巨大缺口，促进地区内的互联互通和合作共赢，目前共有来自五大洲的意向创始成员国 57 个，基础设施建设将成为带动全球经济复苏的主要驱动力之一。

2. 市场需求旺盛

未来，我国铁路建设仍将保持较快发展，铁路装备市场需求较大，新建线路，高速动车、重载货车、大功率机车等已有线路改造和在役车辆的更新换代都提出了更大的市场需求。到 2015 年底，预计动车组需求可达 1000 列以上，内燃机车和大功率交流传动电力货车的需求达 5000 台以上，通信信号系统和大型养路机械也有很大的市场需求。如今，美国、俄罗斯、巴西、印度、伊朗、沙特、越南等国家相继提出轨道交通装备更新计划，预计未来全球轨道交通车辆市场年均增长率在3%左右。

3. 竞争更趋激烈化

“十二五”期间，轨道交通装备行业市场竞争压力逐年增大，铁路总公司成为经营主体后，南、北车不再享受政策保护，过去的准入壁垒和寡头优势在减弱。客户更加偏好性价比高的产品，更多民企的加入将促使市场竞争愈加白热化。随着铁路机制改革逐步深化，铁路总公司逐步加快统一动车组制造技术标准，车辆生产企业按照统一后的技术标准生产并通过中铁总公司的认证即可进入市场，这将打破部分关键部件目前市场的垄断局面，新标准有可能引入更多的市场竞争者，今后市场竞争将更为激烈。同时动车组统型也有利于进一步降低制造、维修和运营成本，进一步提高动车组的国产化率，有效提升了动车组参与国际市场竞争的能力。

（二）我国轨道交通装备行业发展建议

1. 加强政策引导和支持力度

我国轨道交通相关部门需进一步完善规划实施机制，加强政策引导和宏观调控，在现有的政策资源和资金渠道基础上，建立稳定的财政投入增长机制，健全财税金融政策支持体系，运用财政优惠政策促进金融机构加大支持力度。政府加强对新兴产业创业投资的引导，充分利用市场机制，鼓励社会资本投入，积极探索公共交通 PPP 模式，鼓励私营企业参与公共基础设施建设。鼓励企业与院校、用户建立产学研联盟，形成产业合力技术研发，提高行业创新能力。

2. 统筹产业协调发展

在我国轨道交通产业现有分布情况下，在对轨道交通进行规划建设的同时，必须要统筹规划好产业布局，优化调整产业组织结构，形成布局合理、优势互补的区域协调发展机制。通过产业转移与调整升级，形成一系列统筹集聚发展格局，避免盲目跟风发展。另外，统筹好城市各种交通方式的协调发展，注意传统交通方式和城市轨道管理协调机制的统一。

3. 完善标准体系建设

通过产学研用标准化技术力量的结合，加强轨道交通装备标准体系的研究和建设，进一步完善产品技术标准体系。规范交通系统中的各名称概念，规范具体施工中的设计和勘察标准，统一轨道交通信号制式标准。结合国际标准探索适合我国的标准体系，并考虑该体系的国家通用性和包容性，促进标准国际化，建立一个持续健全的标准服务体系。

4. 加强企业技术创新

以市场为导向，加快我国轨道交通企业的转型升级和产品结构调整，推动企业对关键核心技术的创新突破，加大研发投入，研制出拥有自主知识产权的轨道交通装备，提升企业技术水平，实现产业的可持续发展。积极引进国外先进技术和高端人才，与国外轨道交通研究机构开展合作。促进轨道交通装备的智能化、标准化、轻量化和模块化发展，提升其安全性、舒适性和节能环保性，满足市场不同需求，加强自主创新技术的推广应用。

5. 大力拓展海外市场

有实力的企业要充分利用国家“一带一路”战略规划机遇，大力开拓海外市场，在与国际跨国企业竞争中，树立具有国际竞争力的自主品牌。加强国际交流，与国外研发机构和企业通过合资重组、合作研发、引进人才等方式进行合作。支持企业出口具有自主知识产权的技术和产品，在海外申请专利、注册商标，实现装备的全球化，加强在国际的影响力。

B.9

汽车制造行业

李 鹏 聂喜荣*

摘 要： 本文梳理了2014年国际汽车制造行业发展现状及趋势，重点分析了我国制造行业的运行状态，从其两大重要子行业——汽车整车制造业、汽车零部件和配件制造业的盈利、偿债、营运和成长性等指标分析入手，探析当前我国汽车制造行业发展现状及未来趋势。分析表明，由于国家全球汽车产业融合度的提升，以及国内汽车产品需求的快速发展，2014年我国汽车制造行业仍处于快速增长阶段，产品销量、利润等指标不断提升，但自主品牌与合资品牌之间的发展差异日渐明显。未来，随着智能化汽车和新能源汽车两大领域的发展，我国汽车制造业面临难得的发展机遇，行业应加强自主创新能力，不断满足快速发展的市场需求。

关键词： 汽车制造行业 自主品牌 新能源汽车 智能化

一 汽车制造行业发展概况

（一）汽车制造行业的定义和分类

汽车是主要的现代交通工具之一，是人们从事生产、方便生活，客货流

---

* 李鹏，国资委副研究员，工业工程所所长；聂喜荣，机械工业经济管理研究院助理研究员，劳动标准研究室主任。

通必不可少的生产资料和生活资料。[①] 按照目前机械工业信息中心统计系统的分类，汽车制造行业分为8个子行业，汽车制造子行业与国民经济行业分类（GB/T 4754－2011）中对应的行业代码及大类名称如表1所示。根据国家统计局的国民经济行业划分标准，从编码3610到3660，完整地列出了狭义的汽车制造业分类，依据目前机械工业信息中心统计系统，汽车制造行业还包括编码为375的摩托车制造。汽车整车制造和汽车零部件及配件制造的总资产、主营业务收入和利润总额两个子行业之和的占比均在整个汽车制造行业的90%以上，结合各子行业在汽车制造行业中的重要性和代表性，本章选取汽车整车制造和汽车零部件及配件制造两个子行业进行详细分行业分析。

表1　国家统计局行业分类及代码

代码		行业分类
36		汽车制造业
361	3610	汽车整车制造
362	3620	改装汽车制造
363	3630	低速载货汽车制造
364	3640	电车制造
365	3650	汽车车身、挂车制造
366	3660	汽车零部件及配件制造
375		摩托车制造
	3751	摩托车整车制造
	3752	摩托车零部件及配件制造

资料来源：国家统计局。

（二）国际汽车制造行业发展概况

1. 国际汽车制造行业发展现状

（1）市场现状

汽车产品市场和汽车制造产业是全球经济一体化的标志性产业，汽车产业

① 当代中国丛书编辑部：《当代中国的机械工业》，中国社会科学出版社，1990。

链的全球性配置和汽车产品的全球化制造，成为世界汽车制造行业的典型特征。从产业分布来看，大型跨国公司能够适应不同地区的独特环境和市场偏好，归其原因是其可以利用全球资源，实现投资、开发、生产、采购和销售的优化配置，这其中的主力包括丰田汽车、大众汽车、通用汽车、福特汽车、奔驰汽车等汽车业巨头，此外，汽车制造产业链中重要的生产和研发环节，已经从以前的局限于汽车厂商所在国，转变为立足于全球供应链和全球技术平台进行布局。

2014 年，全球汽车产量按照国别排序，排在前列的是中国、美国、日本和德国，2014 年，美国、中国、日本和德国汽车行业销售收入累计 24924 亿美元，同比增长 6.0%，增速较上年回落 2.5 个百分点。中国蝉联产量全球第一位；从汽车制造行业的集中程度发展趋势来看，四个传统的汽车强国美国、日本、德国和法国所占份额持续下降，但绝对数量仍然处于领先地位，“金砖四国”汽车产量占比逐步提升。

当前，汽车格局仍然是以西方工业强国为主导，全球主要的汽车企业结成了跨国企业集团，其中主要有：丰田汽车、大众汽车、通用汽车、福特汽车、现代/起亚、本田、PSA、戴姆勒奔驰等，不过，我们也看到，中国的诸多民族车企、印度塔塔汽车等企业发展迅速，世界汽车工业有逐步向亚太地区转移的趋势。

（2）技术现状

①汽车设计应用计算机工具

消费者对个性化汽车产品有着更多的偏好，为了能迎合购买者的消费习惯，在更短的时间开发出更多的款式、车型，汽车企业不断将数学模型引入产品设计中，通过构建数学模型来验证模拟设计，从而缩短开发时间。这种虚拟概念汽车在进行组装、观察、模拟汽车的性能及制造工艺时无须制作物理模型，进而实现缩短开发时间、提高产品开发效率等目的。

②汽车动力多样化

在汽车制造行业，虽然政府、行业组织和消费者对纯电动汽车呼吁了很多年，但由于关键技术难以突破，汽车最普遍的动力来源依旧是汽油内燃机和柴油内燃机。当前，内燃机的汽车动力系统大都采用柴油、稀燃汽发动机技术，燃料电池汽车、燃油和电动混合动力技术汽车等多种汽车动力技术也被广泛使用。

③汽车材料轻质化

车身重量是影响汽车动力性能的重要因素，汽车制造企业在产品设计中不断探索应用轻质材料来减轻车身重量。这其中包括轻质化学聚合物、超轻质钢材、复合材料等。这些新材料的应用以及适用于这些新材料的生产技术的发展，使得汽车产品材料费用逐步降低，燃油燃烧效率和动力性逐步提高，新材料也赋予了新车设计更大的灵活性。

④汽车乘坐舒适化

汽车购买者对车辆舒适性的期望越来越高，在有限的购买预算条件下，空间大、视野好、乘坐舒适的汽车更能得到青睐，为了迎合这种购买趋势，汽车制造企业大都在进行增加汽车内部空间而不增加外部尺寸的技术研究。同时，汽车应用的电子系统功能越来越复杂，从智能驾驶技术到车联网技术等，信息技术的发展大大提高了汽车产品的驾驶性能。

⑤汽车安全功能逐步增强

安全性是汽车产品首要的技术性能。为了满足购买者日益提升的对汽车产品安全性的需求，汽车制造厂家越来越多地开发和引入安全功能模块，例如，新一代安全带技术、车身能量吸收结构、智能延时安全气囊、紧急求救信号模块、距离侦测避撞技术等，主动性避免碰撞模块、并线辅助模块、疲劳侦测模块等也逐步在高档汽车中引入。

2. 国际汽车制造行业的发展趋势

（1）市场趋势

①从兼并重组到跨国战略联盟

随着汽车制造行业竞争日益严酷，越来越多的汽车企业意识到，企业自身的资源是有限的，仅凭单个企业的力量难以在激烈的市场环境中取得生存和发展，企业在设计、生产、销售、售后等方面的竞争优势需要在联合中才能发挥最大效用。因此，汽车企业开始逐步强调“在竞争中合作，在合作中竞争”，并据此理念开展了多种形式的合资合作和战略结盟。总结起来，

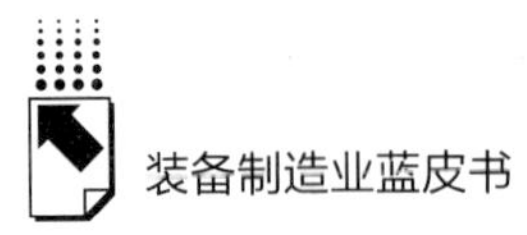

发达国家汽车产业的战略联盟呈现三种典型模式。

一是跨国兼并重组，某一企业收购其他企业的股权，并利用其技术、市场、渠道、品牌等资源优势来促进本企业的发展，例如，通用收购萨博、莲花、悍马，大众收购斯柯达、布加迪，吉利收购沃尔沃等；

二是合资合作经营，两个企业通过建立合资合作企业来实现各自的目标，如丰田汽车、通用汽车在中国的合资公司，大众汽车在巴西的合资公司，马自达在中国海南的合作工厂等；

三是战略结盟，两个公司为了共同发展，在研发、供应链、生产、销售、售后服务等方面开展合作，取得双方利益的最大化，如标致—雪铁龙和宝马汽车在新能源汽车领域的战略联盟。

②发展中国家汽车制造业发展模式多样化

随着经济全球化进程，汽车后发达国家为了发展本国经济，创立了多种不同的汽车产业发展模式，均取得了很好的效果，这些模式总结起来可概括为自由竞争模式、完全开放模式和自主发展模式。

完全开放模式以巴西模式为典型，巴西等国将其汽车产业定位于全球产业链中的地区制造商，成立跨国公司控制的独资公司，把国家总体经济增长作为发展汽车制造业的出发点，而不是把追求建立本民族的汽车工业体系和品牌作为主要的出发点，所以，这种模式也被称之为依附型发展模式。

自由竞争模式以政府不干预汽车产业为基本特征。政府对汽车产业的态度是扶持国内企业，允许外资进入，建立对本土企业和外国企业都比较公平的竞争制度。

自主发展模式的基本特征是政府引导促进国家自主品牌发展。政府在一定程度上鼓励引进国外先进技术和管理经验，更注重建立本国独立自主的汽车工业体系和自主品牌开发能力，严格市场准入，在一定程度上限制外国汽车产业资本进入本国，培育优势的竞争环境来促进本国汽车工业的发展。

（2）技术趋势

①智能汽车概念的产生与发展

近年来，随着微电脑和电控技术的发展，汽车产业技术发展形成了

“电控化、智能化、网络化”的三大趋势。尤其是谷歌提出了“智能汽车”发展目标以来，“智能汽车”成了汽车企业和 IT 企业争相追捧的概念，自动驾驶技术、智能控制技术和车载互联系统成为汽车制造企业和有志于发展汽车产业的 IT 企业研发的重点。

智能汽车是一个继承了多门类学科的创新技术的综合体，作为智能汽车关键环节的智能决策控制系统和外界信息采集都依赖于一系列人工智能方面的创新和技术突破。近年来，信息技术的进步为汽车智能系统的发展奠定了基石，但智能汽车的普及化发展尚有一些关键技术需要解决。

未来，智能汽车技术将由非汽车产业的 IT 厂商和汽车厂商分别开发或协作开发，IT 企业凭借强大的网络技术、后台数据、智能软件的支持，能够很好地联系汽车与云端；而汽车企业则更多从汽车产品的实用性和安全性出发，发挥汽车这一传统概念的优势。这两条技术路线的选择，不仅是由于对未来汽车产品运行状态的理解的差异，也是由于各自不同的技术积累所造成的，对于哪一状态能够成为现实，本报告认为，未来会是两种状态在某种状态下的融合，并在不同发展时期表现出不同的特征。

②新能源动力技术的发展

随着石油能源对环境的负面影响不断为人类所认知，以及各类自然资源的不断枯竭，人们越来越多地认识到新能源动力对未来汽车产业的重要。未来，汽车产品将更加强调向安全、节能、环保方向发展，新能源汽车将成为各汽车制造大国竞相发展的产业。当前，美国、日本、德国等汽车产业发达国家对新能源动力技术高度关注，颁布制定了相关的技术扶植政策和优惠的购买规定，促进本国新能源汽车产业发展，以提升本国新能源汽车产业国际竞争力，在全球汽车工业新一轮竞争中占据领先位置。

③主动性安全技术的发展

主动性安全技术是指在事前就能够预见危险的存在，并通过技术手段加以规避的技术。随着新技术的发展，以保障乘车人安全和道路安全为目标的主动性安全功能越来越多地应用于高端汽车中，这其中包括智能车距控制系统、智能车道偏离监控系统等，相信随着新技术的不断发展以及成本的降低，越来越多的经济型汽车也将具有类似功能。

（三）我国汽车制造行业发展概况

1. 我国汽车制造行业总体分析

“十二五”期间，中国汽车工业实现了产销量的同步稳定增长，汽车产品出口额不断增加，中资企业海外投资布局加快，中国汽车制造大国地位稳固。

综观 2014 年国内汽车整车销售市场，无论从数量上看，还是从金额上看，合资品牌占据绝对领先的市场份额，民族品牌产品面临外资品牌的挤压式竞争，市场占有率持续回落，过去几年中保持良好势头的整车出口也面临诸多挑战。

当前，新一轮技术革命和产业变革正改变着汽车产业的发展，车联网技术、智能汽车技术、无人驾驶技术、智能制造技术等层出不穷，对民族汽车企业而言，新的技术手段、新的市场需求孕育着新的竞争机会。

（1）工业增加值增速放缓

2014 年，汽车整车制造和汽车零部件及配件制造的增加值稳中有降，低速载货汽车制造的增加值逐月呈上升趋势，改装汽车制造的增加值增速下降比较明显，11 月和 12 月降为负值。2014 年汽车整车制造增加值同比增长 11.5%，增速下降 5.2 个百分点。改装汽车制造增加值同比下降 2.1%，增速下降 16.5 个百分点。低速载货汽车制造增加值同比增长 17.3%，增速提高 5.6 个百分点。汽车零部件及配件制造增加值同比增长 13%，其增速下降 0.5 个百分点（见图 1）。

（2）资产规模增长缓慢

汽车制造行业资产规模持续增长，截至 2014 年末，汽车制造行业资产规模总量超过 54321.31 亿元，同比增长 11.65%。按月来看，资产规模在第一季度和第四季度增加迅速，第二和第三个季度资产规模比较稳定，资产规模的同比增速全年呈下降趋势（见图 2）。

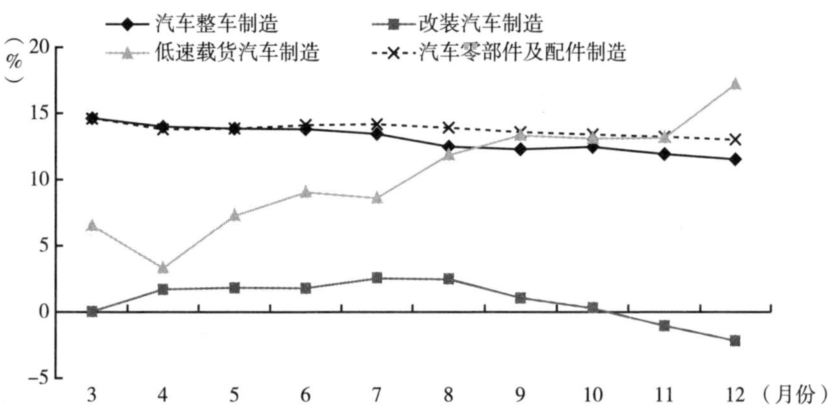

图1　2014年3～12月汽车制造行业工业增加值及同比增速

数据来源：机经网。

如果没有特殊说明，以下数据均来自机经网。

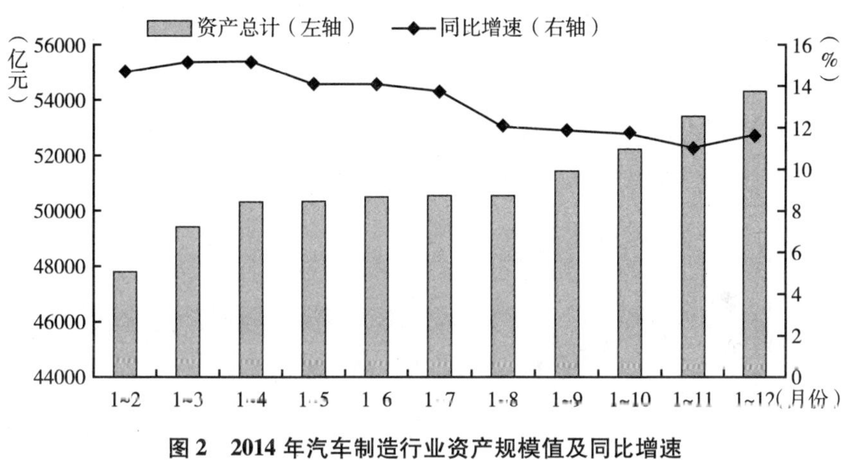

图2　2014年汽车制造行业资产规模值及同比增速

（3）固定资产投资持续增长

2014年，汽车制造行业实现固定资产投资10476.85亿元，同比增长9%。按月来看，固定资产投资总量保持持续稳定增长，同比增长速度呈下降趋势，同比增长率趋缓（见图3）。

（4）进出口增速双双回落

2014年，汽车制造行业进出口额达到1420.89亿美元，同比增长16.01%，

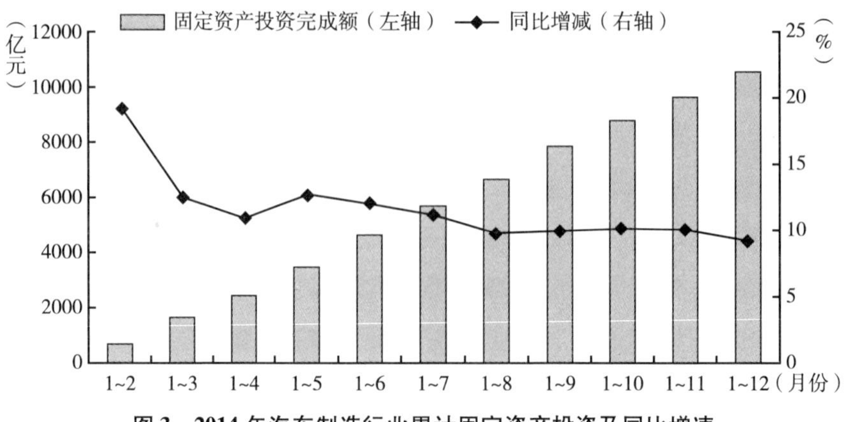

图3　2014 年汽车制造行业累计固定资产投资及同比增速

数据来源：中国机械工业联合会《机械工业经济运行与市场分析》。

进出口总额的同比增速上半年下降迅速，下半年缓慢下降（见图4）。其中，进口总额885.41 亿美元，同比增长 20.81%，进口额的同比增速全年平稳下降；出口总额535.48 亿美元，同比增长8.86%（见图5），出口额的同比增速5 月到6 月下降迅速，其余月份均比较平稳，全年汽车工业行业进出口贸易逆差349.93 亿美元。

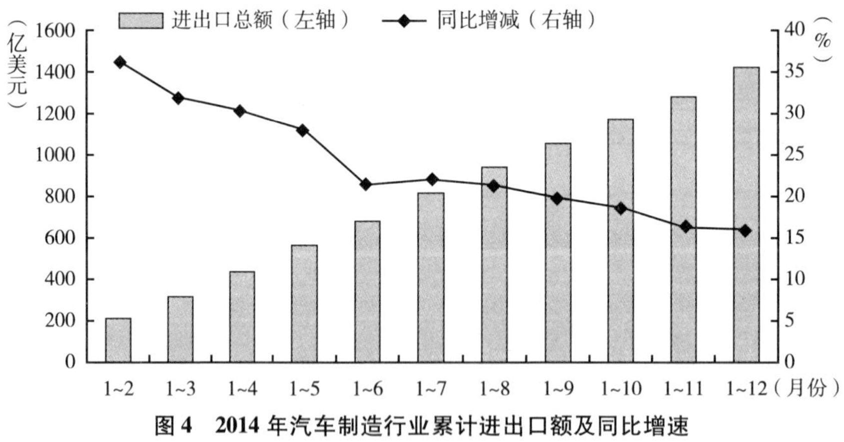

图4　2014 年汽车制造行业累计进出口额及同比增速

①不同贸易方式的进口增速下降，出口增速增加

2014 年，汽车制造行业一般性贸易进出口总值1248.21 亿美元，同比

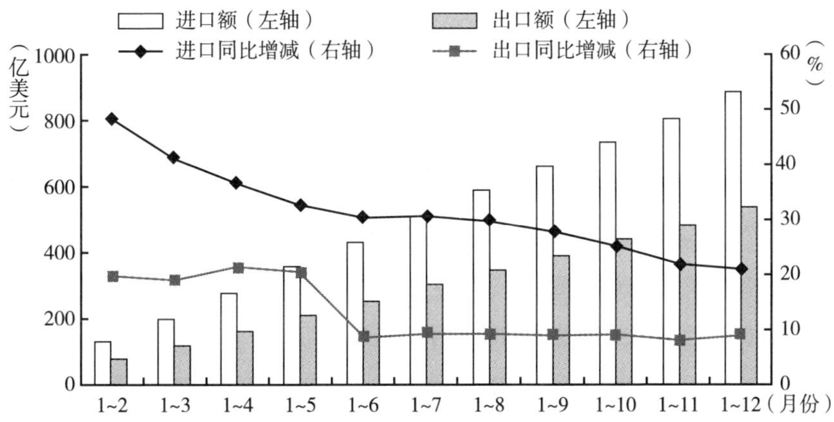

图 5　2014 年汽车制造行业一般性贸易进出口额及同比增速

增长 15. 11%。其中，进口总额 826. 11 亿美元，同比增长 19. 40%，同比增速持续下降。出口总额 422. 10 亿美元，同比增长 7. 54%，同比增速除 5 月到 6 月下降外，其余月份均增加。一般贸易逆差 404. 01 亿美元（见图 6）。

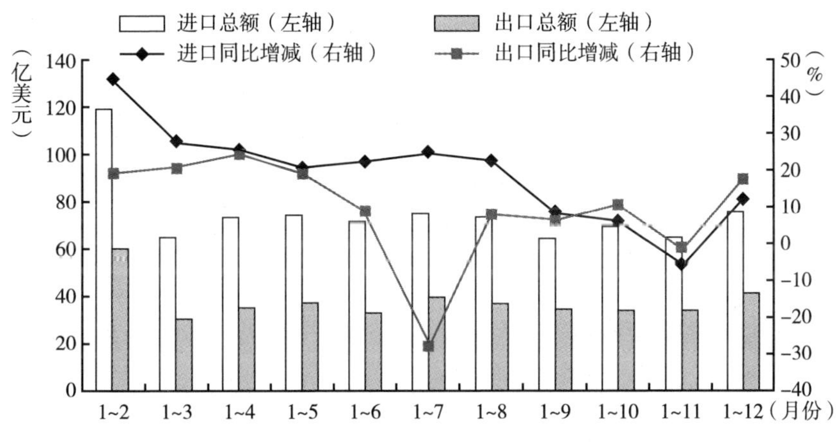

图 6　2014 年汽车制造行业一般性贸易进出口额及同比增速

加工贸易完成进出口总额 4. 10 亿美元，同比增长 11. 11%。其中，累计加工贸易进口总额 1. 27 亿美元，同比下降 5. 22%，进口增速 2 月到 5 月波动较大，下半年呈增加趋势；加工贸易的出口总额 2. 83 亿美元，同比增长20.43%，出口增速呈下降趋势，2014年加工贸易累计顺差1.56亿美元（见图7）。

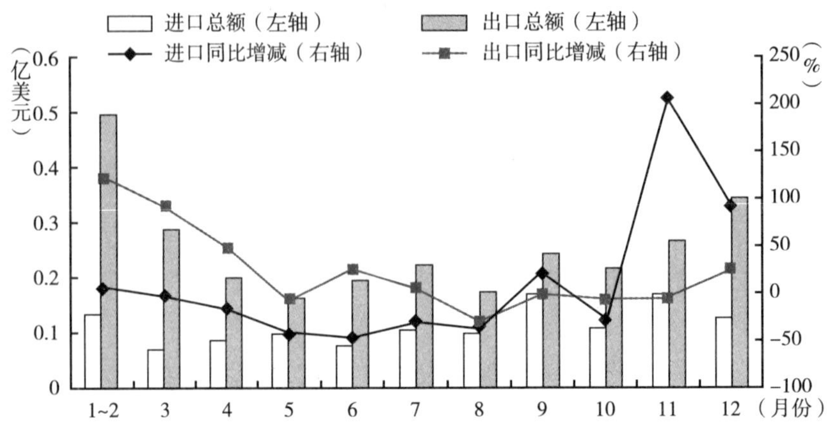

图7 2014年汽车制造行业加工贸易进出口额及同比增速

②进口以沪和粤、京等地为主，出口以浙、苏和粤等地为主

从地区上看，上海市、广东省、北京市、江苏省、天津市、吉林省、山东省、辽宁省、浙江省、重庆市是2014年全年汽车进口排名前10位的省市，进口额最高的上海市达到了633亿美元以上（见图8）；广东省、江苏省、浙江省、上海市、山东省、北京市、福建省、天津市、辽宁省、重庆市

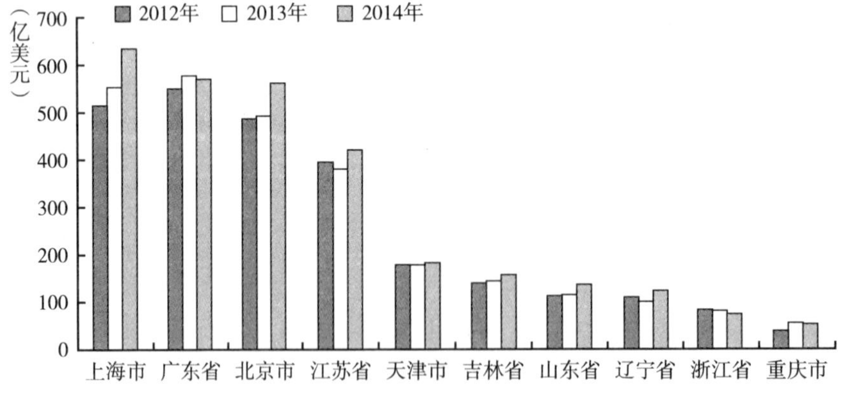

图8 2012~2014年排名前10位的汽车制造行业进口省份数据分析

是 2014 年全年汽车产品出口排名前 10 位的省市，出口额最高的广东省达到了 996 亿美元以上（见图 9）。

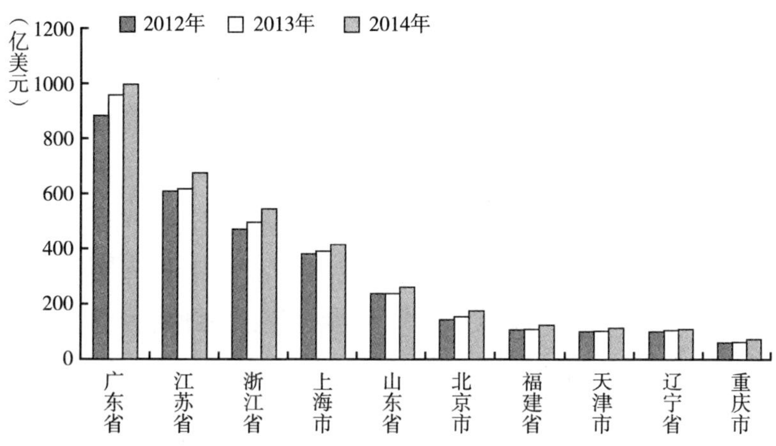

图 9　2012～2014 年排名前 10 位的汽车工业出口省份数据分析

③日本、美国和德国是主要贸易伙伴

2014 年，我国汽车工业行业进口来源地区和国家共 131 个，同比增加 10 个。2014 年我国排名前 10 位的进口来源国分别是：德国、日本、美国、英国、韩国、斯洛伐克、墨西哥、比利时、意大利、法国。其中德国是我国汽车工业行业最大的进口来源国，2014 年我国从德国进口汽车金额达到 273.12 亿美元，同比增长 21.42%。日本是第二大国，累计进口金额 158.91 亿美元，同比增长 9.98%。累计从美国进口 140.77 亿美元，同比增长 31.52%。我国对德国、日本和美国从 2012 年至 2014 年的汽车工业进口如图所示（见图 10）。

2014 年，我国汽车工业行业出口目的地区和国家共 227 个。排名前 10 位的出口目的国分别是：美国、日本、俄罗斯联邦、伊朗、越南、墨西哥、德国、韩国、尼日利亚、印度。美国作为我国汽车工业行业最大的出口目的国，2014 年我国向美国出口累计金额 103.02 亿美元，同比增长 19.04%。日本作为第二大出口目的国，累计出口金额 34.03 亿美元，同比增长

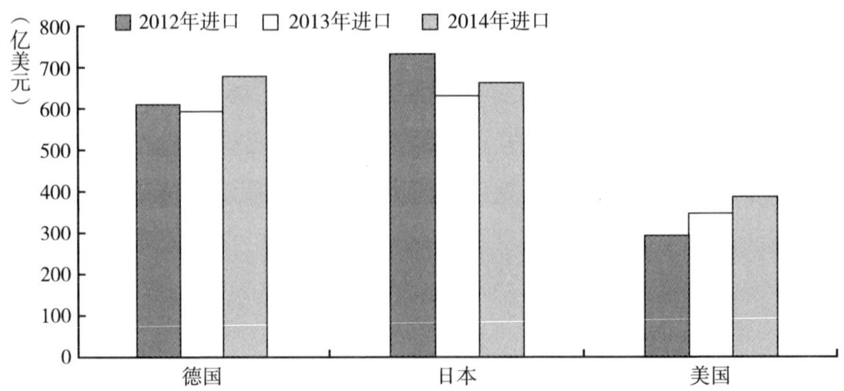

图 10　2012～2014 年主要国别汽车工业进口数据分析

8.93%。排名第三的俄罗斯联邦出口金额为 19.18 亿美元，同比下降 14.34%。我国对美国、日本和德国从 2012 年至 2014 年的汽车工业出口如图所示（见图 11）。

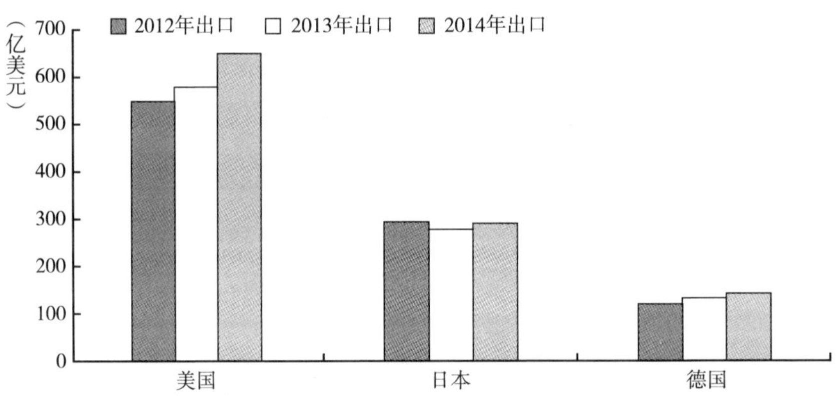

图 11　2012～2014 年主要国别汽车工业出口数据分析

2. 我国汽车制造行业的运行情况

（1）主营业务收入增长较快

2014 年，汽车工业行业累计实现主营业务收入 69853.93 亿元，同比增加 12.07%，全年增速呈放缓趋势（见图 12）。从子行业情况来看，汽车整车制造行业和汽车零部件及配件制造的销售收入之和超过整个汽车制造行业主营业收入的90%，分别占比为48.86%和41.62%，同比增速也都在10%以上，总体看，2014年比2013年略有增长（见图13）。

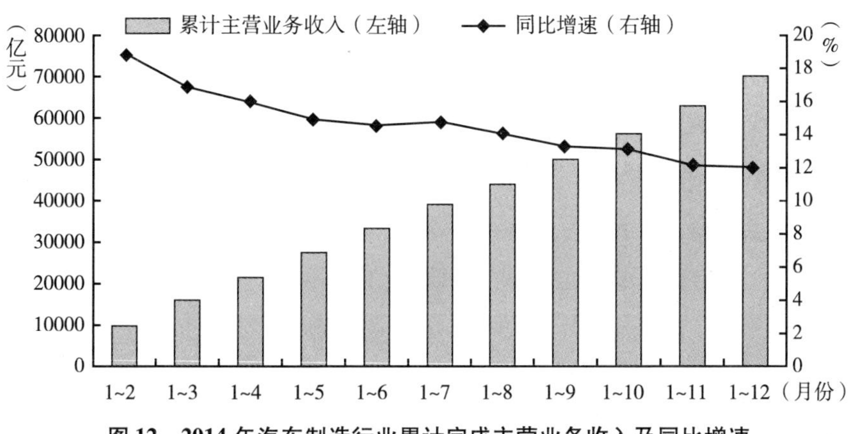

图12　2014年汽车制造行业累计完成主营业务收入及同比增速

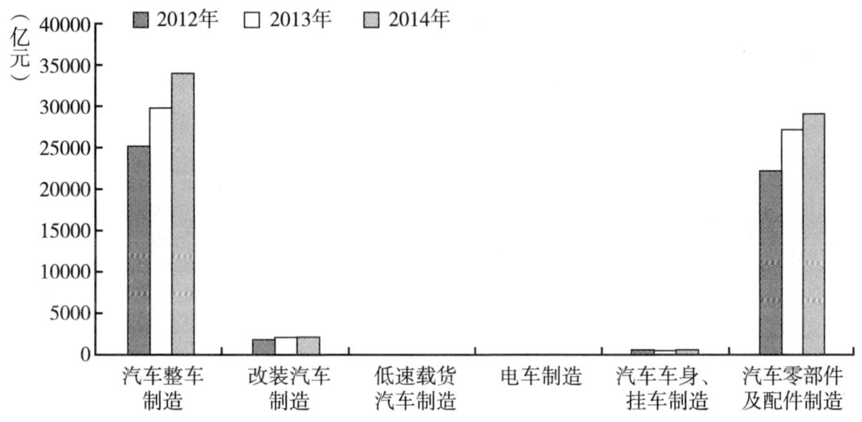

图13　2012～2014年汽车制造行业分行业完成主营业务收入

①国有企业主营业务收入占比最高

2014年，国有企业在主营业务收入方面成为主角，占主营业务收入的42.20%，为29477.45亿元，同比增长10.91%。民营企业的主营业务收入增速最快，同比增加14.85%，主营业务收入达到22886.53亿元，占整个汽车制造业的32.76%；三资企业的主营业务收入为13406.25亿元，同比增加10.65%，各类型企业的主营业务收入整体呈稳步增长趋势（图14）。

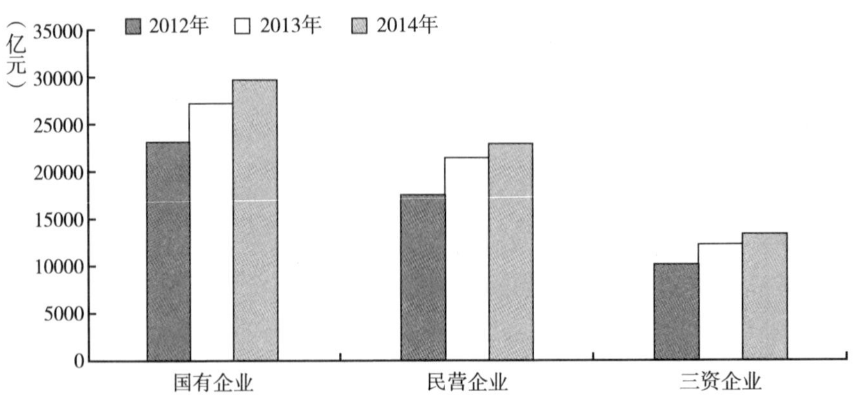

图14　2012～2014年汽车制造行业不同控股类型企业主营业务收入

②大型企业主营业务收入占比最高

2014年，大型企业的主营业务收入占61%，主营业务达到42678.75亿元，同比增加10.41%，中型企业占主营业务收入18%，收入为12645.06亿元，同比增加12.13%，小型企业的主营业务收入同比增速最快，为17.2%（见图15）。

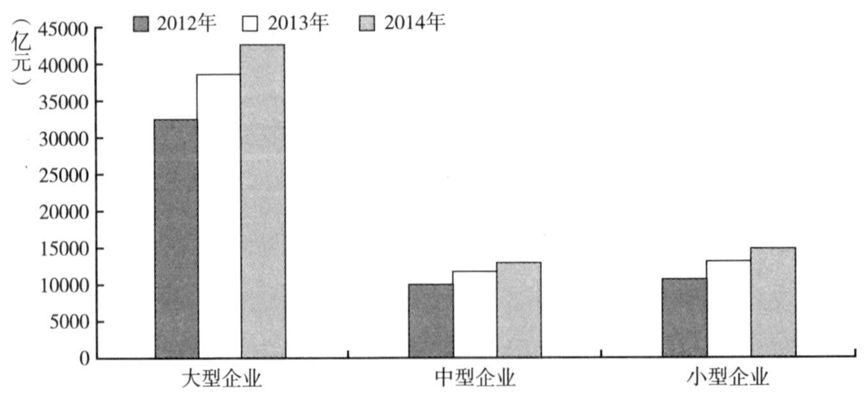

图15　2012～2014年汽车制造行业不同规模企业主营业务收入

（2）主营业务成本上升

汽车制造行业 2014 年主营业务成本 57793.74 亿元，同比增长 11.81%，按月份看，增长速度呈下降趋势，前 5 个月，呈直线下降，后半年下降速度放缓（见图 16）。

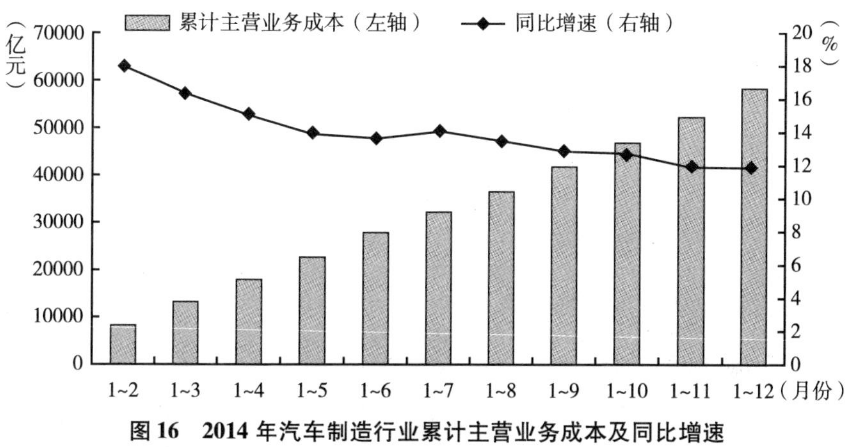

图 16　2014 年汽车制造行业累计主营业务成本及同比增速

从子行业情况来看，汽车整车制造行业和汽车零部件及配件制造行业是累计主营业务成本最高的两个子行业，汽车整车制造行业和汽车零部件及配件制造的主营业务成本分别占整个汽车制造行业的 47.15% 和 42.77%，分别同比增长 11.27% 和 13.28%。总体上看，主营业务成本 2014 年比 2013 年略有增长（见图 17）。

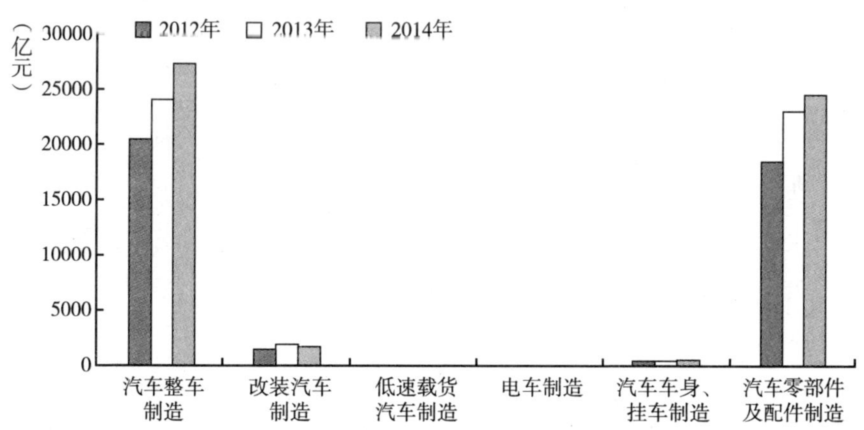

图 17　2012～2014 年汽车制造行业分行业主营业务成本

①民营企业主营业务成本增速最快

国有企业在主营业务成本额方面也是最高的，而且最近三年持续增高。2014 年，民营企业的主营业务成本占整个汽车行业主营业务成本的 40.78%，总额达到23566.40 亿元，同比增加9.64%。民营企业的主营业务收入增速最快，同比增加 15.51%，总额达到 19837.96 亿元，占整个汽车制造业主营业务成本的34.33%，三资企业的主营业务成本占整个汽车行业的19.16%，同比增加10.72%（见图18）。

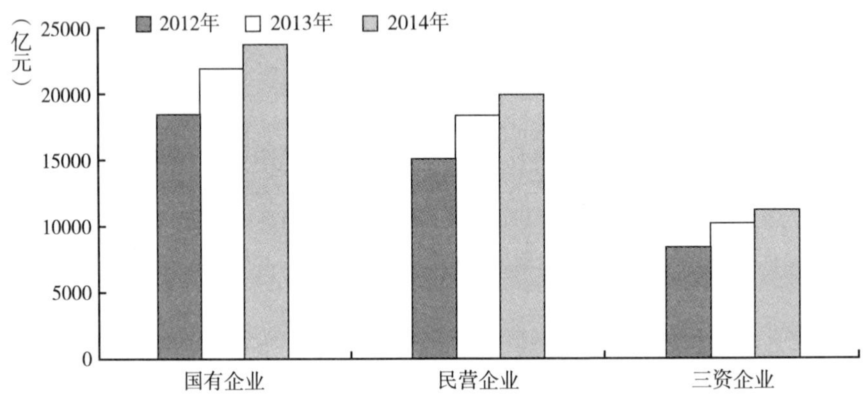

图 18　2012～2014 年汽车制造行业不同控股类型企业主营业务成本

②小型企业主营业务成本迅速上升

2014 年，大型汽车企业成为行业主营成本的主要构成，但小型企业的成本增加最快。2014 年大型企业的主营业务成本为 34401.03 亿元，占整个行业 59.52%，同比增加 9.54%，小型企业的主营业务成本迅速上升，增速最快，同比增加 17.90%，成本总额达到 12540.97 亿元，占整个汽车制造业的比重由 2013 年的 20.58% 上升到 21.70%；中型企业的主营业务成本为 10851.75 亿元，同比增加 12.51%（见图 19）。

（3）利润总额增速加快

2014 年，汽车制造行业实现利润 6188.23 亿元，同比上升 17.94%，利润总额同比增速全年呈持续下降趋势，其中，3 月到 6 月比

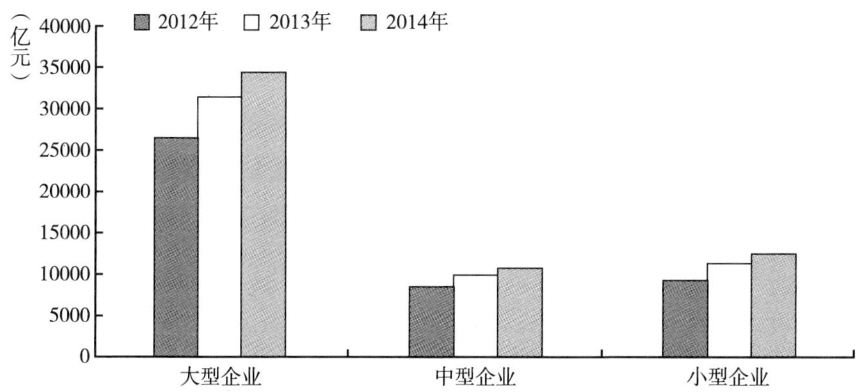

图 19 2012～2014 年汽车制造行业不同规模企业主营业务成本

较平稳，其余月份下降明显（见图 20）。从子行业情况来看，汽车整车制造行业和汽车零部件及配件制造行业是利润最高的两个子行业，2014年汽车整车制造业实现利润总额 3671.73 亿元，同比增长 19.44%，占整个汽车行业利润的 59.33%；汽车零部件及配件制造的利润总额占整个汽车行业的 34.74%，实现利润总额 2149.72 亿元，同比增加 16.12%（见图 21）。

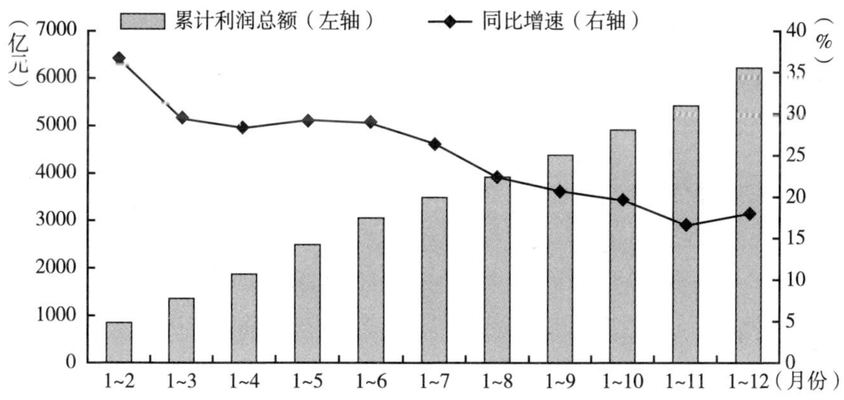

图 20 2014 年汽车制造行业累计利润总额及同比增速

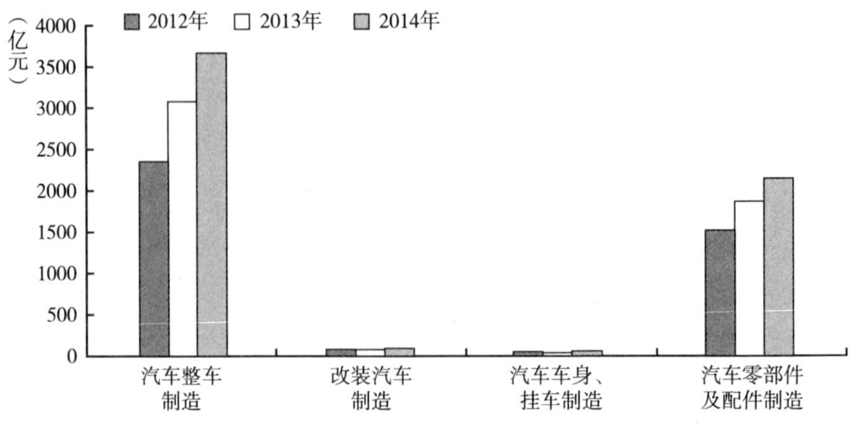

图 21　2012～2014 年汽车制造行业主要子行业利润总额

①国有企业利润增速最快

2014 年，国有企业的利润总额占比最大，增速也最快，国有企业利润总额占整个汽车制造业利润总额的 50. 68%，总额达到 3136. 03 亿元，同比增加 22. 22%，三资企业的利润总额增速次之，实现利润总额 1242. 52 亿元，同比增加 16. 51%，民营企业的利润总额占 23. 41%，利润总额为 1448. 56 亿元，同比增加 12. 19%（见图 22）。

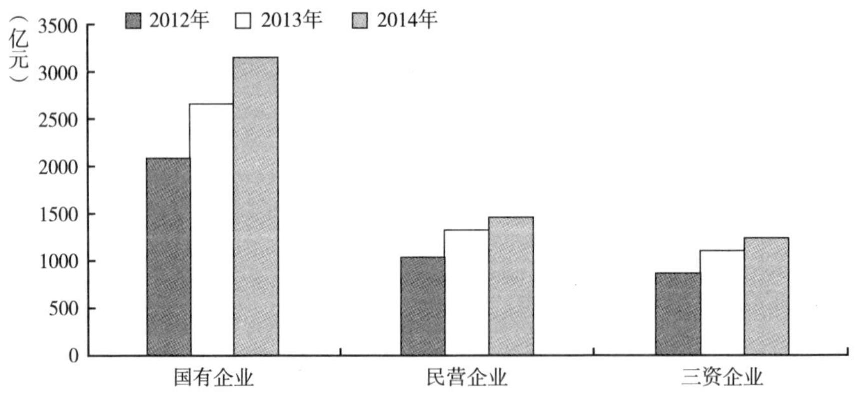

图 22　2012～2014 年汽车制造行业不同控股类型企业利润总额

②大型企业利润总额持续高速增长

2014 年，大型企业是行业利润总额的主要构成部分，占整个汽车制造业的71.56%，金额为4428.38亿元，同比增加20.58%。中型企业和小型企业的利润总额分别占13.61%和14.83%，在增速方面小型企业的利润总额快于大型企业，小型企业的利润总额为917.50亿元，同比增加12.62%，而中型企业的利润总额同比仅增加10.87%（见图23）。

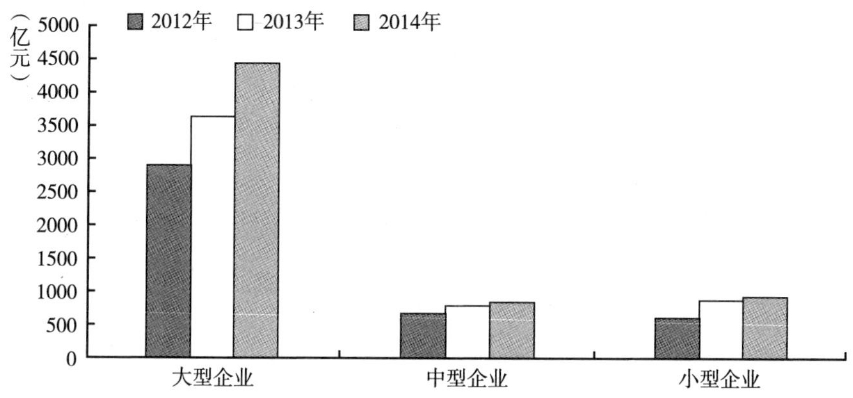

图23　2012～2014年汽车制造行业不同规模企业利润总额

3. 我国汽车制造行业市场需求分析

（1）国内需求

汽车制造行业是与人们日常生活高度相关的产业，我国汽车市场的发展状况基本与国民经济的增长保持协调，当前，在经济结构调整的大背景下，汽车制造产业同样面临着产品结构优化升级、技术创新和品牌建设等多重挑战。

①汽车市场从高速增长进入平稳增长

我国汽车市场从2011年开始结束了高增长，从那时起，汽车行业已经进入了微增长期。从2014年数据来看，汽车行业微增长势头持续，这种微增长市场状态的结构化特征明显，部分车型市场需求踊跃，例如，市场需求比较旺盛的中高端运动型多功能车（SUV），而部分车型，尤其多年来一直存在于市场的部分老车型销量持续下滑。

②乘用车换购周期的需求多样化

改革开放以来，国内宏观经济总体平稳增长，这样的增长状态使得购买者的消费信心持续提高，导致购车需求更大程度的释放。当前，一线城市的很多家庭已经开始步入用两辆车的时代，同时，小城镇建设和农村的发展使得中小城市及农村地区购车需求开始释放，随着各级政府的公车改革方案落实，也将带动一部分公务人员购买乘用车，虽然在主要一线城市开始限制私家车购买，但这种限制只是制约了一线城市的购买，对于非限购城市，反而因为担心限购而加速了购买，预计未来2～3年，适用于换购周期的中高端车型将会热销，而经济型车销售将受到抑制。

③商用汽车平稳发展

商用车领域不断增长的公共交通和物流运输需求，对于商用汽车的需求稳步释放，但由于国家对基础建设的投资增速趋缓，而社会商品流动持续火热，预计未来重型载货汽车和客用车辆将平稳增长，而轻型卡车将逐步热销。各类工程车辆、市政环卫车辆需求具有多样化的特征，随着城市化进程的推进，需求也将逐渐释放。

④创新驱动促进技术发展

随着国内市场消费升级，低端汽车消费受到影响，这就要求汽车制造业企业把发展动力转换到科技创新驱动上来。要提升产品的技术附加值，当前明确的发展方向是汽车产品的智能化和网络化。今天，互联网思维已经成为年轻一代的习惯思维方式，人们的交通习惯发生了很多变化，很多汽车企业开始与通信企业、互联网企业融合发展，共同构建车联网和智能驾驶系统。

（2）国际需求

21世纪以来，随着新兴国家的崛起，汽车产业竞争的主战场不仅存在于传统上的发达国家，也向一些经济快速发展的新兴国家扩展。传统的汽车强国所占市场份额逐步萎缩，特别是在国际金融危机的影响下，美系、日系汽车企业市场份额有所衰退，而欧系、韩系汽车企业进一步壮大。

2014年，全球汽车消费习惯向经济化和智能环保方向发展，各类低能耗车辆受到购买者的青睐，插电混合动力技术、纯电动车电池管理技术、生物能源发动机技术等在产品中得到广泛应用，经济环保的理念得到了市场认同，尤其是特斯拉汽车（Tesla Motors）的推出和热销，为消费时尚指明了方向。

4. 我国汽车制造行业存在的问题

在当今动荡不定的全球经济格局下，我国汽车业从步履蹒跚到大踏步迈进，当前已发展为全球最大的汽车生产国家，在这一过程中，我国汽车工业走出了独特的“以市场换技术”的发展道路，虽然这一路线受到某些诟病，但实事求是讲，这一政策对推动中国汽车工业从小到大的发展过程，确实发挥了积极作用。

当前，我国的汽车工业在蓬勃发展的表象下，还隐藏着一些的问题。

（1）核心技术空心化

我国汽车制造行业在新中国成立之后才正式开启，起步较晚，很多汽车制造专业的核心技术都是靠引进国外的成熟技术发展起来的，我国汽车制造企业在核心技术的掌握和开发方面与世界先进水平有着明显的代差。目前，我国的汽车市场70%以上被合资品牌占领，全球主要的跨国汽车企业都在我国进行合资生产。在合资企业中，外资方掌握和控制核心技术，我方只是外资方的生产基地，按照他们的生产方式组织生产，在这个过程中，我们的汽车企业逐步学到了现代化的汽车生产制造模式，但我们很难从这一过程中学习并掌握汽车设计生产的核心技术，跨国公司自己控制和垄断核心技术，形成了我们的汽车企业对跨国公司的技术依赖，从而难以实现技术积累和技术创新。无论是零部件生产，还是合资的整车企业，核心技术和工艺均掌握在跨国公司的外资方手中，由于跨国汽车企业控制核心技术，掌控了合资品牌汽车的市场和销售，使得我国汽车制造“技术空心化”现象日益严重。

（2）自主品牌境况堪忧

随着汽车工业的蓬勃发展，我国自主品牌的汽车企业也受到了整个产业的带动，得到了长足发展。如包括奇瑞、长城、吉利、长安、比亚迪、福田等一大批民族品牌汽车企业快速成长，民族品牌中部分性价比较高的车型已经在国际市场上取得了不错的业绩。但客观而言，民族汽车品牌的发展对外来技术的依存度较大，缺少对核心技术的掌握，生产工艺也达不到发达国家的水平，民族汽车品牌的市场影响力和美誉度，与国际上先进汽车企业的水平相比还存在比较明显的差距，自主品牌自身的发展仍困难重重。另外合资品牌、进口品牌汽车企业凭借技术、资金、品牌等优势不仅占据了我国高端汽车的市场，连原本自主品牌占优势的中低端市场也在被外资品牌逐渐渗透，民族品牌汽车企业的生存空间被挤压。

二　我国汽车制造分行业分析

（一）汽车整车制造业

1. 我国汽车整车制造业概况

中国汽车工业协会发布的数据显示，2014 年我国汽车销量达到 2349.19 万辆，同比增长 6.9%，总体呈现平稳增长态势，增速同比下降 7 个百分点。

（1）乘用车领域两极分化

2014 年，我国乘用车市场继续保持稳定增势，共销售 1970.06 万辆，同比增长 9.9%。但在整体保持稳定增长的大背景下，2014 年上市整车企业的业绩两极分化趋势愈加明显，背后凸显的是自主品牌面临的生存困境。长安汽车、上汽集团 2014 年的业绩表现十分抢眼，与此形成鲜明对比的是一汽轿车、比亚迪汽车、长城汽车等自主品牌车企的业绩下滑。销量实现近两成增长的一汽轿车未能实现利润增长，一直领军自主车企的长城汽车，也在 2014 年遭遇拐点。

（2）商用车行业持续低迷

2014 年我国商用车产销分别完成 380.31 万辆和 379.13 万辆，同比分别下降 5.7% 和 6.5%。多数主营商用车业务的上市车企利润也出现同比下滑。近年来，商用车市场已持续低迷。几大商用车企业中，金杯汽车 2014 年货车行业景气度降低，公司全年整车销售收入、销售毛利率均有所降低，另外，为提高公司的整体技术水平，提高核心竞争力，公司投入了较多的研发费用，从而导致公司收入利润有所下滑。亚星客车因公司面临市场、成本与价格、节能排放等多方面的压力，公司搬入新厂区后刚性费用增加，人工成本上升，导致主营业务利润亏损较大。中通客车因出售子公司新疆中通房地产开发有限公司而利润有所增长，但是如果减去投资收益，中通客车的主营业务利润也基本是负增长，或者是微增。不过，江铃汽车在2014年则保持了业绩稳增。依据其2014年业绩快报显示，公司2014年净利润约为21.08亿元，同比上升24.40%。

（3）新能源车行业亮点频现

2014年，在国家密集利好政策的扶持和促进下，新能源汽车厚积薄发，展现出良好的发展势头。据中国汽车工业协会统计，2014年新能源汽车共生产78499辆，销售74763辆，比上年分别增长3.5倍和3.2倍。在此环境下，各大车企在新能源车领域进展加速，尤其是在传统能源车领域发展受阻的自主车企，在新能源汽车领域开始抢占先机。布局新能源板块已久的比亚迪，2014年公司累计销售新能源汽车2.1万辆，其中秦牌销售1.5万辆，稳居中国新能源汽车销量冠军。江淮旗下iEV系列纯电动汽车累计已经销售7000多辆，在新能源汽车市场上名列前茅。

2. 我国汽车整车制造业分析

（1）盈利能力略有提升

2014年，汽车整车制造业总资产利润率为13.28%，同比提高1.07%，各月的总资产利润率如图24所示，围绕1%上下波动，上半年均高于2013年同期，下半年除7月和12月外，均低于2013年同期。

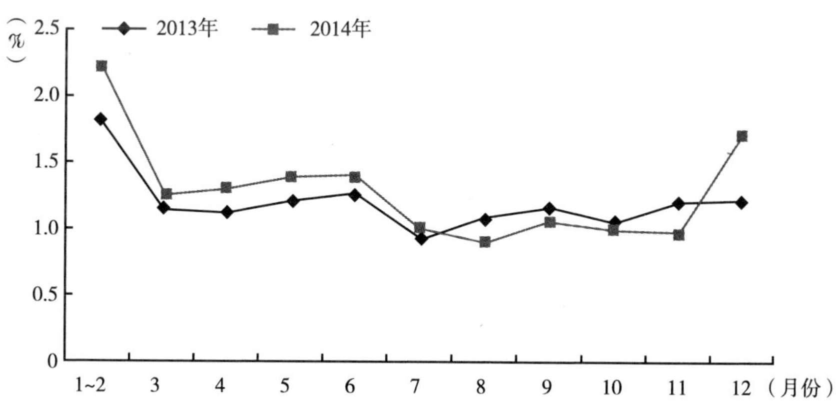

图24　2014年汽车整车制造业总资产利润率及同比增速

2014 年，汽车整车制造业的主营业务成本率为 79.84%，同比下降 0.56%。各月的主营业务成本率如图 25 所示，保持在 80% 左右，比 2013 年略有下降。

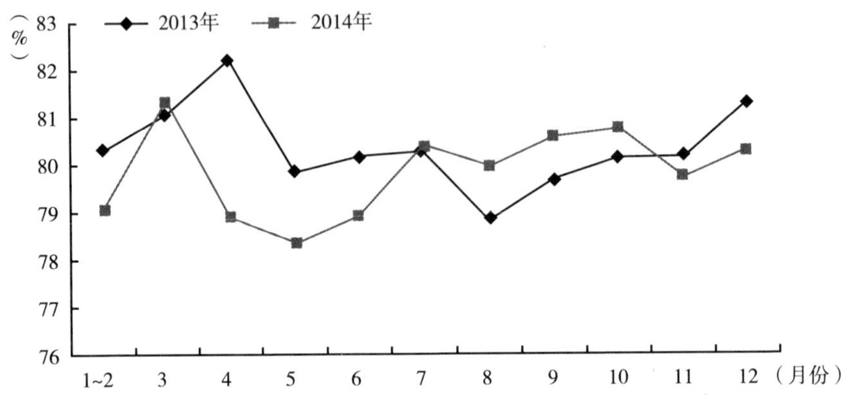

图 25　2014 年汽车整车制造业主营业务成本率及同比增速

2014 年，汽车整车制造业全年累计三项费用比重 8.50%，同比下降 0.08%。如图 26 所示，2014 年各月的三项费用比重保持在 8% 左右，与 2013 年差别不大。

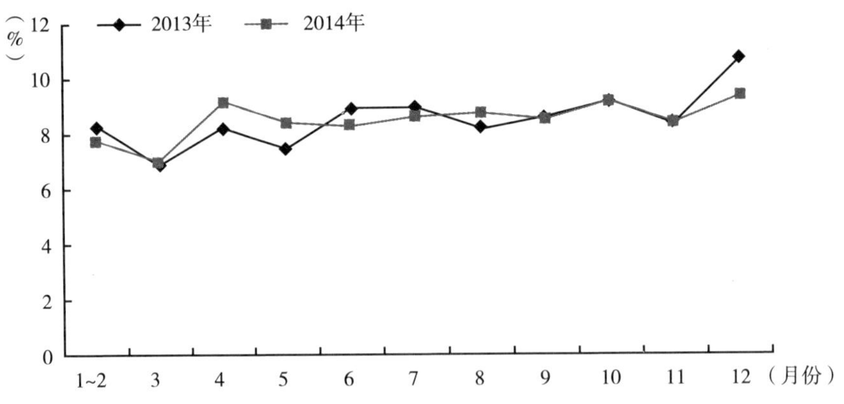

图 26　2014 年汽车整车制造业三项费用比重及同比增速

数据来源：机经网。

（2）偿债能力略有提升

2014 年，汽车整车制造业资产负债率为 58.27%，同比下降 0.09%。

各月资产负债率如图 27 所示，围绕 60% 上下波动。2014 年，汽车整车制造业的产权比率为 139.63%，同比下降 0.53%，表示其偿还长期债务的能力有所提升，各月产权比率变动平均处于 140% ~160% 之间。2014 年汽车整车制造业的权益乘数为 2.4，与 2013 年相比基本持平，各月的权益乘数保持在 2.40 ~2.6 之间，与 2013 年基本持平。

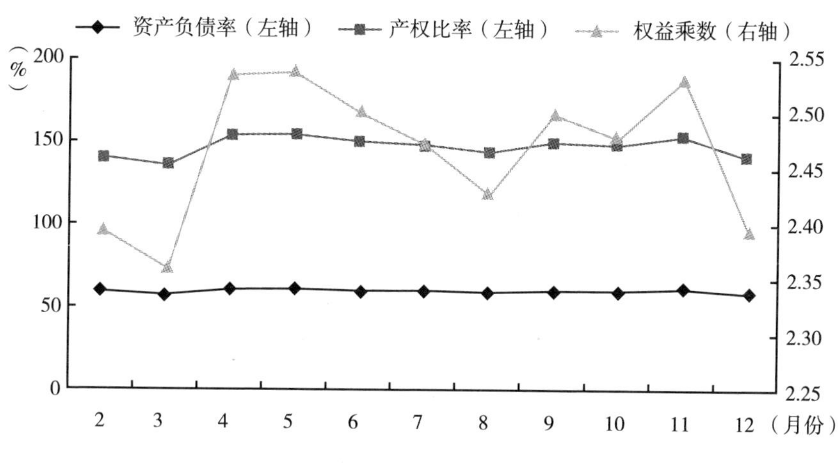

图 27　2014 年 2 ~12 月汽车整车制造业偿债能力

（3）营运能力略有上升

2014 年，汽车整车制造业应收账款周转率为 13.93 次，同比增加了 1.77 次，各月的应收账款周转率全年稳中有升，其中上半年略低于 2013 年同期，全年平均周转 1.17 次。2014 年，汽车整车制造业的累计总资产周转率为 1.23 次，同比提高 0.02 次。各月资产周转率基本与 2013 年同期持平，围绕 0.11 次上下波动。2014 年，汽车整车制造业全年累计流动资产周转率达到 2.22 次左右，同比增加 0.09 次，各月流动资产周转率基本与 2013 年同期持平，稳中有升（见图 28）。

（4）成长性下降

2014 年，汽车整车制造业主营业务收入增长率为 12.05%，同比下降 8.02%，各月主营业务增长率如图 29 所示，全年整体呈下降趋势，从年初的 20% 下降到 11 月的 1.55%，12 月又上升为 17.13%（见图 29）。

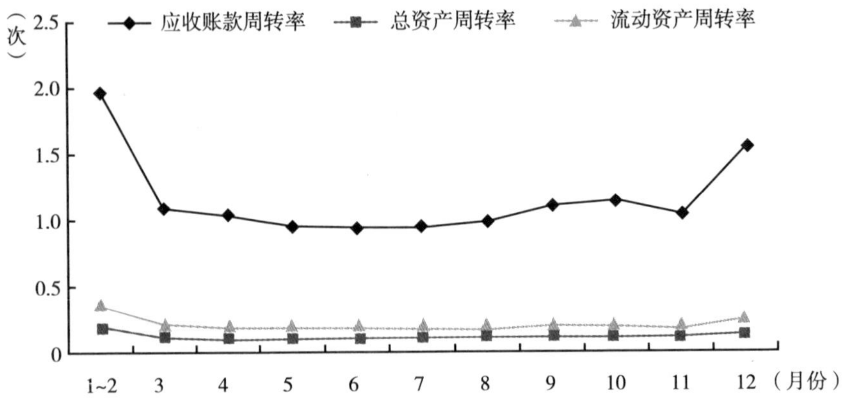

图 28　2014 年汽车整车制造业营运能力

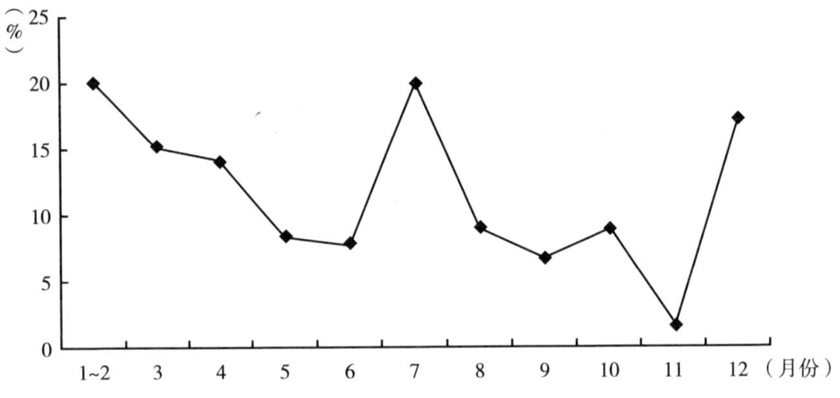

图 29　2014 年汽车整车制造业主营业务收入增长率

2014 年，汽车整车制造业的资本增长率 9.81%，同比下降 7.00%，按月来看，各月资本增长率全年整体呈下降趋势（见图 30）。

2014 年，汽车整车制造业利润增长率为 19.44%，同比下降 8.64%。各月利润增长率如图 31 所示，全年波动比较大，除 12 月外整体呈下降趋势，12 月迅速回升 54.64%。

3. 我国汽车整车制造业技术创新

在汽车整车制造中，我国的民族品牌在国际中处于低端地位，技术舶来的居多，自主创新的少，这种情况在近年稍有改变，尤其是随着新能源动力技术

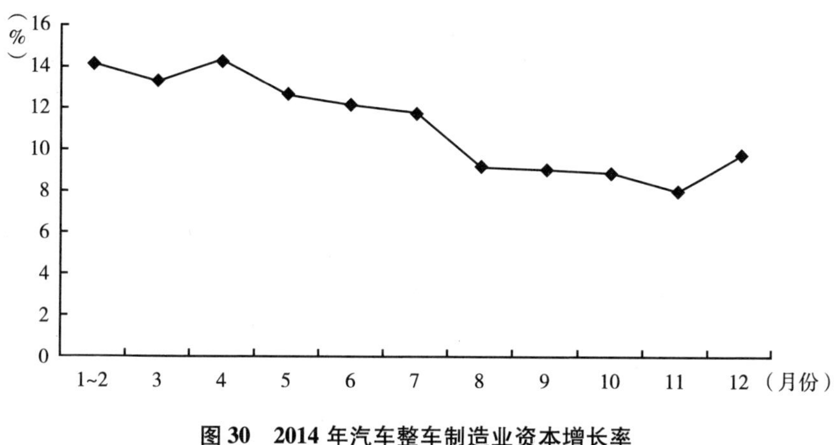

图 30　2014 年汽车整车制造业资本增长率

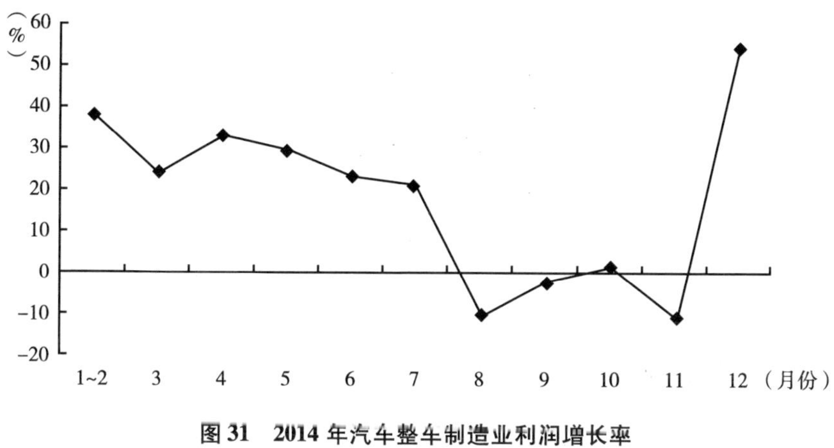

图 31　2014 年汽车整车制造业利润增长率

的发展，给了民族汽车品牌“弯道超车”的机会，2014 年，我国在新能源应用方面取得了一些良好的技术创新，传统汽车技术创新也在局部取得了进展。

（1）新能源技术应用创新亮点不断

我国新能源技术应用进入快速发展阶段，目前，新能源客车技术产业化规模居世界第一位，新能源轿车技术产业化水平居世界第二位。2014 年，我国各类插电式、纯电动乘用车年销量超过 5.5 万辆。其中比亚迪品牌下插电式混合动力轿车“秦”成为世界第四畅销的插电式车型，在动力电池产能限制情况下，实现了年销售 1.5 万辆。

（2）增程式纯电动轿车研发与产业化技术攻关

广汽集团作为牵头单位，基于“传祺”自主创新平台，成功研发和量产了广汽传祺 GAC7100 增程式纯电动轿车，该产品的动力性、能耗、纯电/增程续驶里程等主要性能指标均达到当前国际先进水平。

（3）首创纯电轿车底盘换电技术

中科力帆开发的 LF7002CEV 纯电动轿车底盘换电技术，已取得了国家知识产权局实用新型发明专利。该项底盘换电技术是国内首创，改善了新能源汽车单次充电续航里程的问题。

（4）国产燃料电池车技术获突破

上汽集团荣威轿车已取得了作为新能源车“三驾马车”之一的国产燃料电池汽车的关键技术的突破，新的国产燃料电池汽车续航里程、加速时间等主要性能指标已可以与国际水平媲美，可以预见，在未来三到五年内，关键部件可靠性验证以及整车成本控制等有望进一步提高，国产燃料电池汽车有望量产。

（二）汽车零部件及配件制造业

1. 我国汽车零部件及配件制造业概况

2014 年，我国汽车零部件及配件制造实现产品销售收入 29073.93 亿元，同比增长 13.06%，虽然在量上迅速增长，但生产核心零部件及零部件总成的核心技术当前大多掌握在跨国企业的外资方手中，我们缺少自主知识产权，特别是当前汽车制造行业的迅猛发展，更要求有一个强大的零部件技术体系和生产体系作为支撑。

（1）汽车零部件工业迅猛发展

随着我国汽车产业的对外开放，国外整车制造企业纷纷开展与本土汽车企业的合资合作生产，同时，与他们配套的国外零部件企业也纷纷来华建立生产基地，从总量上看，我国国内零部件产品得到快速发展，2014 年汽车零部件及配件制造的产成品为 1172.94 亿元，同比增长 18.05%，生产能力及装备水平借助于外资企业的涌入，有了很大提高，一些国外著名零部件厂商入驻，如德国博世、美国德尔福、日本富士通、法国法雷奥等，都在我国建立了合资或独资企业，他们带动了我国汽车零部件及配件的制造能力，提升了我国汽车工业的零部件配套能力。

（2）出口额逐年增长

合资品牌刚刚进入我国时，我国汽车零部件及配件产业尚不能满足配套需求，因此，通过引进外资为合资品牌的车型提供配套的模式逐渐发展，当前这一模式已经稳步发展了数十年，这也促进了自主品牌汽车零部件及配件企业的发展，促使我国形成了具有一定竞争力的零部件及配件制造体系。我国汽车零部件及配件制造企业在不断满足国内市场需求的同时，提升企业的经营规模和技术水平，也开始逐步进入国际零部件及配件市场，如福建福耀玻璃、浙江万向集团、浙江敏实集团、中信戴卡轮毂、万丰奥特轮毂等，这些企业普遍具备了较强的产品竞争力，并已稳定地进入了国际汽车产业的主流配套市场，在全球汽车制造产业链上的位置逐渐稳固。

（3）零部件产业集群已具雏形

目前，全国大部分省市均投入到汽车零部件及配件制造中，很多地方政府把汽车零部件及配件产业作为本地区经济发展的重点产业，在地方政府和整车企业的支持下，在多个区域形成了零部件产业集群建设的热潮。为了吸引有较强实力的零部件及配件制造企业，许多地方政府建立了汽车零部件及配件产业园区并推出了相关倾斜政策。2014 年，我国汽车零部件及配件制造企业有 11110 家，主要分布在江浙地区，生产的零部件产品具有鲜明的地域特色。其中浙江省和江苏省分别有 1526 家和 1280 家汽车零部件及配件制造企业，另外，加上湖北省的 1202 家和山东省 1000 家，这 4 个省占了全国汽车零部件及配件制造企业数的 45%。

（4）核心技术发展水平亟须提升

从企业数量看，随着我国汽车工业的发展，汽车零部件及配件制造业同样取得良好的发展成果，但客观来看，目前汽车零部件及配件制造行业存在的问题也很明显，主要是缺乏掌握核心技术，由于自主品牌零部件企业技术力量不足，研发投入低，导致产品只能处于制造供应链的低端，尤其是关键零部件等高技术附加值产品主要依赖进口，需要加大投入以取得突破。

2. 我国汽车零部件及配件制造行业分析

（1）盈利能力与2013年持平

2014年，汽车零部件及配件制造总资产利润率为9.84%，同比增加0.17%。各月的总资产利润率如图所示，上半年波动较大，下半年稳步上升（见图32）。

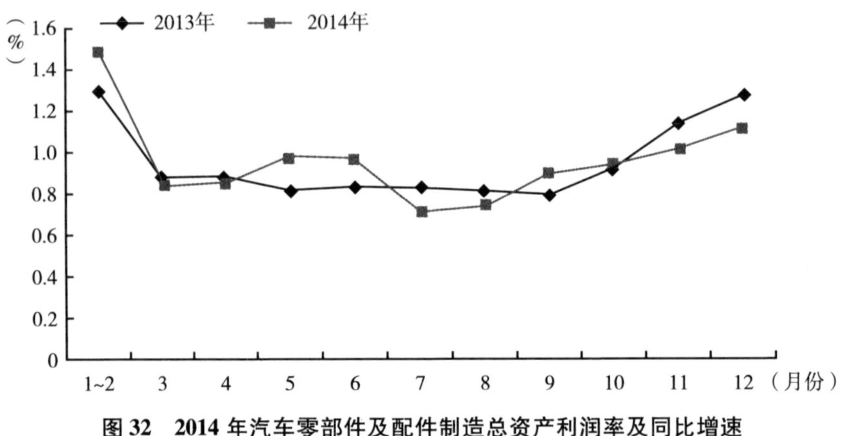

图32　2014年汽车零部件及配件制造总资产利润率及同比增速

2014年，汽车零部件及配件制造主营业务成本率为85.02%，同比提高0.17%。各月的主营业务成本率如图33所示，呈下降趋势，上半年比较平稳，下半年下降迅速。

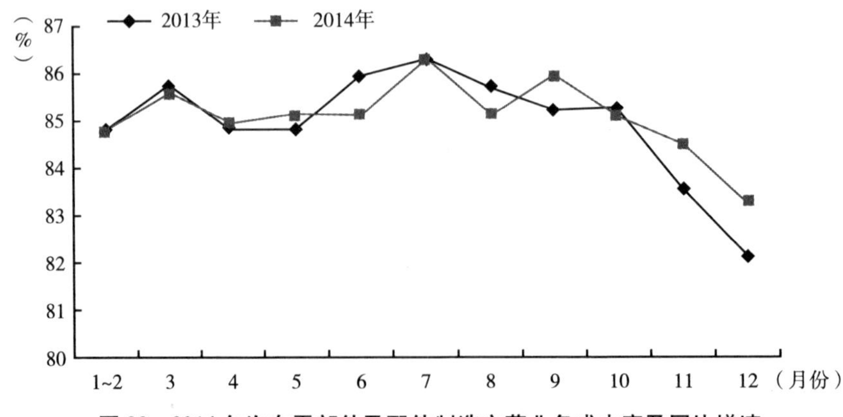

图33　2014年汽车零部件及配件制造主营业务成本率及同比增速

2014 年，汽车零部件及配件制造全年累计三项费用比重为 7.76%，同比下降 0.10%。2014 年各月的三项费用比重如图所示，保持在 7% ~9%之间，变动趋势和 2013 年基本一致（见图 34）。

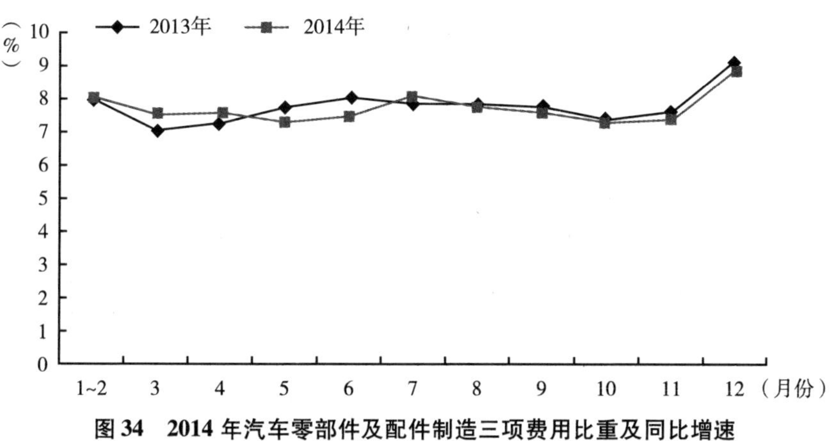

图 34　2014 年汽车零部件及配件制造三项费用比重及同比增速

（2）偿债能力上升

2014 年，汽车零部件及配件制造业资产负债率为 53.99%，同比下降 1.21%。各月资产负债率均值为 54.82%，呈两头高、中间低的态势。2014 年汽车零部件及配件制造业的产权比率 117.36%，同比下降 5.89%。按月份来看，各月产权比率变动上半年呈上升趋势，7 月迅速下降，之后维持平稳下降的趋势。2014 年，汽车零部件及配件制造的权益乘数为 2.17，同比下降 0.06。各月的权益乘数均值为 2.21，上半年呈上升趋势，下半年呈下降的趋势（见图 35）。

（3）营运能力基本与 2013 年持平

2014 年，汽车零部件及配件制造行业应收账款周转率为 6.41 次，比上年同期增加了 0.16 次。各月的应收账款周转率变动趋势和 2013 年基本一致，全年比较平稳。2014 年，汽车零部件及配件制造业总资产周转率为 1.33 次，同比下降 0.01 次。各月资产周转率变动趋势与 2013 年一致，且与 2013 年同期持平，围绕 0.12 次上下波动。2014 年，汽车零部件及配件制造业流动资产周转率达到 2.28 次，同比增加 0.01 次，各月流动资产周转率基本与 2013 年同期持平，稳定在 0.21 次左右（见图 36）。

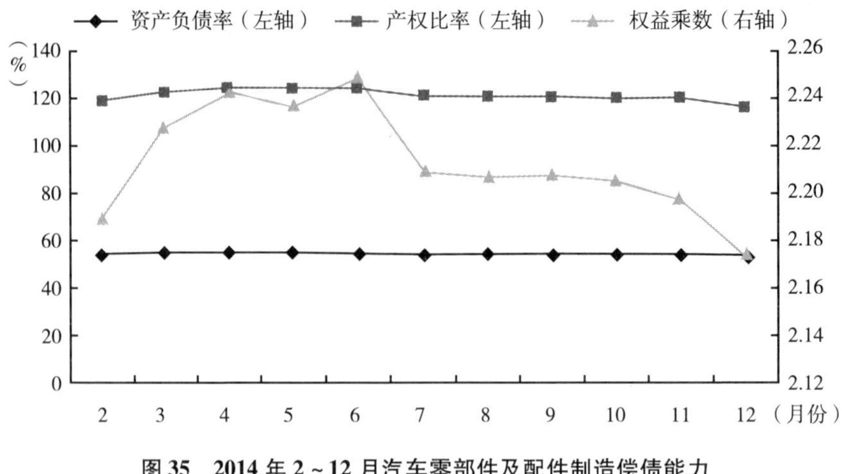

图 35　2014 年 2～12 月汽车零部件及配件制造偿债能力

图 36　2014 年汽车零部件及配件制造业营运能力

（4）成长性下降

2014 年，汽车零部件及配件制造主营业务收入增长率为 13.06%，同比下降 5.09%，各月主营业务增长率如图 37 所示，全年整体呈下降趋势，从年初的 19.83% 下降到年末的 5.79%。

2014 年，汽车零部件及配件制造的资本增长率为 14.12%，同比下降 3.46%，资本增长率全年比较平稳，呈缓慢下降趋势（见图 38）。

2014 年，汽车零部件及配件制造业全年累计利润增长率为 16.12%，同

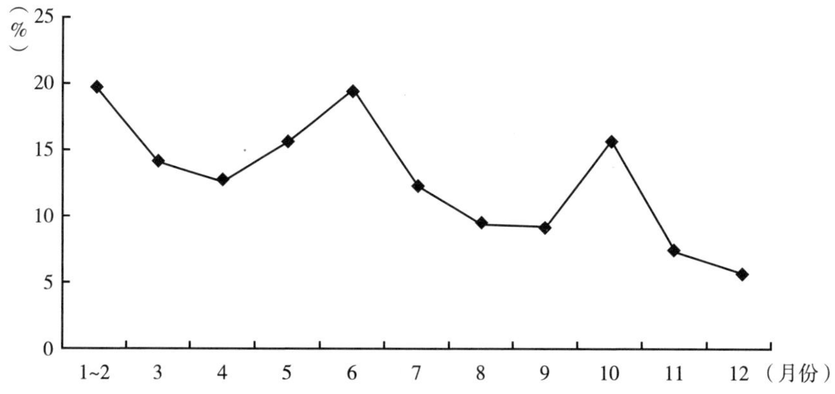

图 37　2014 年汽车零部件及配件制造主营业务收入增长率

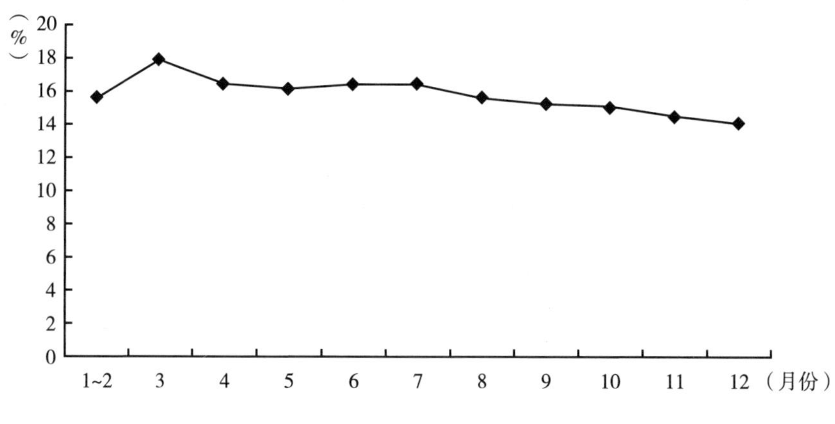

图 38　2014 年汽车零部件及配件制造资本增长率

比下降 5.47%。各月利润增长率如图 39 所示，全年波动比较大，呈下降趋势。

3. 我国汽车零部件及配件制造业技术创新

随着汽车整车制造业的快速发展，我国汽车零部件产业也得以高速发展，国外汽车制造业巨头纷纷在我国建立研发中心，从事整车和关键零部件技术的研发，本土企业也加大了对关键零部件的研发投入，最近，3 ~5 年来技术创新不断，成果丰硕。在 2014 年，同样取得了技术上的突破。

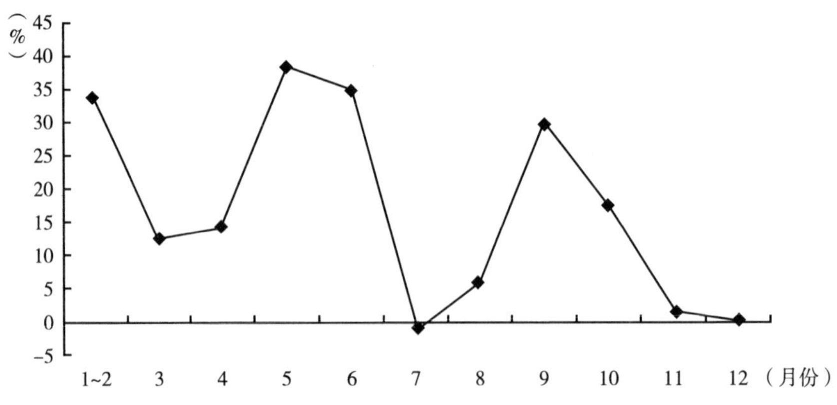

图 39　2014 年汽车零部件及配件制造利润增长率

（1）成功研发了高效率、低油耗重型柴油机

我国已经成功研发了具有完全自主知识产权的、满足欧 VI 排放标准的高效率、低油耗重型柴油机——TJU－WP12 柴油机。

（2）突破巨型轮胎关键技术瓶颈

青岛软控股份有限公司与美国维柯轮胎技术公司经过四年多的合作研发，突破了巨型轮胎的成型鼓和正反包装置等关键技术瓶颈，完成了胎圈直径 57～63 英寸巨型全钢工程子午胎成型重大装备的研制和生产。此项技术打破了国外企业的技术封锁和市场垄断，填补了国内空白。

三　对我国汽车制造行业发展前景的展望与建议

（一）我国汽车制造行业发展前景

1. 我国汽车制造行业未来发展前景预测

从当前世界主要国家的经济表现看，美国经济缓慢复苏，欧盟经济依然看不到企稳迹象，因此，2015 年全球经济发展前景无法乐观。国家确定 2015 年经济（GDP）增速 7% 的目标，相比 2014 年有所降低，这是给行业进行产业结构调整和产品结构优化的良好机遇，企业在未来的两三年内要抓住时机，尽快进行结构性调整，以适应“新常态”的经济模式，在2015年，我们对汽车制造产业前景预期如下。

（1）汽车产销平稳，年增速低于2014年，部分车型销量回落

2015年我国经济将在7%的中速区间运行，保就业和保增长是产业经济发展的两个重要约束条件，职工收入同步增加，居民收入将与国家经济同步增长，在居民就业和收入较快增长的条件下，城市家庭对升级换代车型将更加关注，这是汽车市场继续向好的积极因素。但由于过去两年SUV车型形成了明确的消费热点，市场需求快速释放，2015年，在尚未形成明确的消费热点前，SUV仍将热销，但消费层次逐渐提升，以奔驰、宝马和奥迪为代表的高端SUV销量持续增加，中级品牌各车型随着产能的扩大，面临较大的销售压力，预计会出现结构性的价格调整，低端经济型车市场将受到更大的挤压。预计2015年汽车制造业工业增加值增长基本持平，增速同比2014年有所降低。

（2）二、三线城市外资品牌乘用车市场销售份额将趋于提高

我国一、二线城市和三、四线城市之间对于汽车消费有着结构性的区别，当前，三、四线城市自主品牌车辆和外资品牌车辆都有稳固的市场，自主品牌汽车也以三、四线城市为主要销售区域，而在一、二线城市，乘用车消费的主力产品为15～20万元以上的中高级车。不过，这种情势将稍有变动，随着合资品牌在国内扩大产能，并不断推出符合二、三线城市居民需求的车型，合资品牌10万元以内的小排量车型层出不穷，将会影响民族品牌在二、三线城市的销售，2015年自主品牌的市场会受到愈加严重的挤压，市场份额将不断收缩，外资品牌的市场占有率趋于上升。

值得一提的是，2014～2015年，诸多民族品牌汽车也纷纷布局高端车型，最为典型的是吉利汽车博瑞品牌成功推出，这标志着民族品牌开始大举进军B级车市场，与合资品牌直接在市场上对决，可以预见，随着合资品牌的战略调整，民族品牌也会有越来越多的战略措施与之相对应。

（3）节能和新能源汽车产销仍将快速增长

市场对汽车产品的需求持续升温，为了缓解社会需求与节能环保之间的

矛盾，国家出台相关产业政策，扶持各类新能源汽车的发展，尤其是一些一线城市，在陆续限牌限购的同时，对于新能源汽车给与了充分的扶植，陆续出台的利好政策预计将形成叠加释放效应，新能源汽车销售将明显扩大，纯电动汽车有可能迎来小幅度的快速增长。但由于一些关键技术的突破尚有难度，新能源车大规模替代传统汽、柴油动力汽车的条件还不成熟。

2. 我国汽车制造行业投资机会

（1）节能和新能源汽车给行业发展注入巨大动力

近两年国家出台了一系列鼓励节能与新能源汽车产业发展的政策，作为战略性新兴产业，越来越多的汽车厂家加大新能源汽车的生产和研发力度，节能和新能源汽车快速发展，销量再现井喷式增长。从国家战略高度来看，发展节能与新能源汽车是我国从汽车大国迈向汽车强国的必由之路，是汽车产业赶超国际水平，实现跨越式发展的重要机遇，也是减少环境污染、降低原油对外依存度的重要途径。为了进一步推广应用新能源汽车，中央七部委联合印发了《京津冀公交等公共服务领域新能源汽车推广工作方案》，要求2014～2015年，在京津冀地区公共交通服务领域共推广20222辆新能源汽车。其中北京市8507辆，天津市6000辆，河北省5715辆，到2015年底，京津冀地区公交车中新能源汽车比例不低于16%，京、津出租车中新能源汽车比例不低于5%。配合新能源汽车的推广使用，2014～2015年，京津冀地区共新建充/换电站94座，充电桩新增1.62万个。许多城市为鼓励新能源汽车在产销方面出台了新政策，节能和新能源汽车的迅速发展将给汽车制造业提供持久动力和巨大市场。

（2）商用车将从国家规范物流业的发展中获得新商机

在经济调整减速阶段，商用车发展受到拖累，2014年产销增速创新低。近期国务院正式发布《物流业发展中长期规划（2014～2020年）》，有助于未来商用车的加快发展。该规划聚焦我国物流业转型升级中的主要问题，比如，打破地区封锁，解决乱罚款、乱收费问题，降低过路过桥费等，并确定了多式联运、物流标准化等12项重点工程，提出到2020年基本建立现代物流服务体系。物流领域是拉动商用车市场销量增长的主要力量，国家力治物流业发展顽疾，将惠及商用车企业，增加包括物流车辆在内的物流运输装备的需求，生产公路物流及城市配送物流货车的商用车企业将面临新的商机。一份针对物流企业2014年物流技术装备市场需求的调查显示，未来5年计划采购物流运输设备的企业占61%，企业越来越注重增加自有物流运输设备和物流运输设备配套产品的比重，这将利好商用车的产销走势。

（二）对我国汽车制造行业发展的建议

1. 加快制定有利于发展自主品牌汽车产业的政策及行业标准

当前，我国汽车产业所采用的以市场换技术的合资政策虽然使汽车产业发展取得了一定的成绩，但对于自主品牌汽车的发展仅有一定的带动作用，而促进力度不足。为了给自主品牌汽车提供生存空间和发展空间，未来需要制定有利于发展我国自主品牌汽车的产业政策，并建立健全监管机制保障政策的实施，并调控行业准入制度及相关技术标准，鼓励民族车企与科研机构进行核心技术的联合开发，将各项财政资金和国债资金资助重点放在进行“自主研发”的项目中，及时公示世界尖端技术产品及技术，对国外并不先进的技术或产品限制引进。

2. 调控我国商用车行业技术引进与品牌合资机制

相对于乘用车，商用车行业更是关系到国家的基建设施建设、国防现代化建设、社会物流与战备运输等重要领域。由于商用车在国民经济建设中的特定价值，以及各级行业管理部门的高度重视，使我国商用车行业自主品牌的发展状况相对于轿车工业较为乐观。重型卡车中的解放、东风、斯太尔等，轻型卡车的福田汽车，商用客车中的宇通客车、金龙客车等，无论产品品牌价值，还是产销量都具有坚实的市场地位，但质量和技术性能比国外先进产品相对滞后，因此，引进国外先进技术是必需的。为了扶植自主品牌，吸取乘用车“以市场换技术”的经验教训，坚持“引进消化技术、强化自主品牌”的双重发展战略，防止因引进而丧失了自主品牌或弱化自主品牌。

3. 加快培育和发展我国自主品牌汽车

综观我国的汽车工业发展历程，可以看到，增强企业自主研发实力，发展民族汽车品牌是一条艰难的道路。仅仅依靠自主品牌汽车企业进行“自主开发”具有较大的风险，由于基础薄弱，企业需要投入大量资金才可能取得相应的成果，这对利润率较低的民族品牌车企是巨大的压力，国家需要在资金、政策、政府采购、消费舆论导向等多方面给予民族品牌更多的扶持，自主品牌车企的自主创新积极性才会提高。“自主开发”需要经历由差到好、由简单到复杂、由低端到高端的渐进过程，这个过程要给民族车企足够的时间，自主品牌车企借用国外先进设计技术、制造技术、管理技术，坚定“技术引进”与“自主研发”相结合的发展路线，走出中国汽车工业发展的捷径。

4. 鼓励经济型小排量汽车的发展

一般来说，排量越小的汽车，单位里程所消耗的能源越少，也就更有利于环保，并且能够低成本使用。小排量车在很多地方还是受到发展的障碍，这其中有人们消费观念的问题，也有相关政策不到位的问题。目前，各大汽车生产厂商均很少涉及小排量车的生产销售。从日本的成功经验来看，小排量汽车同样可以做到经济、适用，同时环保指标优异，他们的成功经验值得我们借鉴，国家应在产业政策和财税政策方面予以扶植。

B.10
工程机械行业

陈枫　陈刘平*

摘　要：本文通过梳理2014年国际工程机械行业发展现状及趋势，结合分析我国工程机械行业当前运行状况，由对其两大重要子行业——建筑工程用机械制造业和建筑材料生产专用机械制造业的盈利、偿债、营运和成长性等指标分析入手，探析当前我国工程机械行业现状及未来发展趋势。分析表明，2014年我国工程机械行业仍处于低速增长阶段，国内市场表现较为低迷，海外市场需求增多；部分核心技术已达国际一流水平，但行业整体技术水平仍有待提高。因此，未来在政府政策引领和支持下，我国工程机械行业组织及相关企业应加强自主创新能力建设，积极朝着智能制造、节能环保方向转型升级，同时，应重视我国工程机械后市场业务的开展，加速行业国际化进程，不断提高行业核心竞争力。

关键词：工程机械　行业分析　发展前景　发展建议　重点企业

* 陈枫，硕士，研究实习员机械工业经济管理研究院金融服务研究所；陈刘平，博士，副研究员，机械工业经济管理研究院金融服务研究所副所长。

一　工程机械行业发展概况

（一）工程机械行业的定义和分类

1. 定义

工程机械行业是我国装备制造业的重要组成部分。根据2011年中国工程机械工业协会发布的《工程机械定义及类组划分》，工程机械是指凡土石方施工工程、路面建设与养护、流动式起重装卸作业和各种建筑工程所需的综合性机械化施工工程所必需的机械装备。

2. 分类

（1）国家统计局分类

根据国家统计局制定的国民经济行业划分标准，工程机械行业分属于通用设备制造和专用设备制造。具体而言，工程机械行业产品主要集中在建筑工程用机械制造业和建筑材料生产专用机械制造业等子行业中（见表1）。

（2）中国机械工业联合会分类

根据中国机械工业联合会的机械工业标准分类，工程机械行业可分为建筑工程用机械制造业和建筑材料生产专用机械制造业两大类。在其机经网发

表1　工程机械行业子行业产品分类*

代码	行业	代码	产品名称
3603	建筑工程用机械	360301	挖掘、铲土运输机械
		360302	压实机械
		360303	捣固机（车）
		360304	工程钻机
		360305	桩工机械
		360306	公共工程用机械
		360307	建筑工程用货运自卸车
		360308	混凝土机械
		360309	建筑工程用机械零件

续表

代码	行业	代码	产品名称
3604	建筑材料生产专用机械	360401	水泥专用设备
		360402	建筑材料专用窑炉
		360403	平板玻璃制造及深加工机械
		360404	玻璃纤维加工机械
		360405	建筑卫生陶瓷机械
		360406	复合材料成型设备
		360407	非金属矿物混合搅拌机械
		360408	建筑材料制品成型机械
		360409	矿石烘干机
		360410	石材加工机床
		360411	建筑材料及制品专用机械零件

* 国家统计局：统计用产品分类标准，http：//www. stats. gov. cn/zjtj/tjbz/tjypflml/2010/36. html。

布的报告中，又将工程机械行业细分为：推土机、铲运机、装载机、挖掘机、工程用起重机、平地机、压碾机、摊铺机、混凝土机械、叉车及工业搬运车辆、电梯及自动扶梯 11 类。

（3）中国工程机械工业协会分类

2011 年 6 月 1 日，中国工程机械工业协会发布我国工程机械行业第一个协会标准——《工程机械定义及类组划分》（GXB/TY0001－2011）。协会将工程机械分为挖掘机械、铲土运输机械、起重机械、工业车辆、压实机械、路面施工与养护机械、混凝土机械、掘进机械、桩工机械、市政与环卫机械、混凝土制品机械、高空作业机械、装修机械、钢筋及预应力机械、凿岩机械、气动工具、军用工程机械、电梯及扶梯、工程机械配套件及其他专用工程机械 20 类（见表 2）。

（4）小结

结合上述三种分类标准，考虑到数据的可获得性，本章采取中国机械工业联合会的分类方法，主要研究工程机械行业中建筑工程用机械制造业和建筑材料生产专用机械制造业两大子行业。

表 2　工程机械类组划分*

类	组	类	组
挖掘机械	混凝土制品机械	路面施工与养护机械	气动工具
铲土运输机械	高空作业机械	混凝土机械	军用工程机械
起重机械	装修机械	掘进机械	电梯及扶梯
工业车辆	钢筋及预应力机械	桩工机械	工程机械配套件
压实机械	凿岩机械	市政与环卫机械	其他专用工程机械

* 中国工程机械工业协会：《工程机械定义及类组划分》，2011 年。

（二）国际工程机械行业发展概况

1. 国际工程机械行业发展现状

（1）市场现状

当前，国际工程机械行业市场格局正发生着变化，一方面，美国、欧洲、日本和中国仍占据七成左右的市场份额[①]；另一方面，印度、巴西等新兴工程机械市场发展迅速，具有广阔的发展空间。

美国工程机械市场出口形势严峻。2014 年，美国工程机械产品出口额达到 172.6 亿美元，同比降低 13.2%。此外，2014 年美国对世界各地区的工程机械产品出口额均有不同程度的下降，其中对南美洲、欧洲、大洋洲的出口额下降显著，分别下降了 28.3%、22.6% 和32.4%[②]。由此可见，世界各地区对美国工程机械产品需求量减少，美国工程机械市场出口形势不容乐观。

欧洲工程机械市场有所复苏。2014 年，欧洲工程机械市场增长 9%，成为世界第二最有活力的工程机械市场，仅次于北美地区。其中，英国工程机械市场增长最为迅速，德国、北欧国家均保持良好增长，法国市场发展进入平台期，而俄罗斯由于政治经济环境动荡，工程机械市场急速恶化。总体而

① 俞据：《世界工程机械行业发展形势》，《工程机械与维修》2008 年第 1 期。

② 美国设备制造商协会：http://www.aem.org/News/Newsroom/Releases/?HL=U.S._construction_equipment_exports_drop_13_percent_in_2014&R=1069。

言，欧洲工程机械市场有所复苏，但比其2007年行业巅峰时期的增长水平仍降低了40%。①

日本工程机械市场持续增长。2014年，日本工程机械产品出货量为24436.21亿日元，与2013年同比增长9.4%。其中，国内市场增速放缓，出货金额同比增长8.8%，增幅收窄14.5个百分点；国外市场强势复苏，出货金额同比增长9.8%，增幅扩大23个百分点。此外，小型液压挖掘机、混凝土机械等主要设备出货量增长明显，同比增幅超过24%。②

新兴工程机械市场发展迅速。近年来，印度、巴西、俄罗斯、南非等新兴工程机械市场发展迅速。在最新发布的“2014全球工程机械制造商50强排行榜”③中，印度、南非各有一家上榜；巴西因举办2014年世界杯和2016年奥运会，加大基础设施建设投入，拉动了当地工程机械市场的发展；俄罗斯尽管受当前政治因素影响，经济发展不景气，但其住房、电力、铁路等基础建设需求极大，促进了当地工程机械市场的发展。

（2）技术现状

微电子及信息技术已广泛应用。随着微电子技术和信息技术的飞速发展及普及，工程机械领域的自动化电子化程度有显著提升④。例如，国外生产的推土机、装载机、铲运机等已应用电子控制的自动变速器；卡特彼勒在装载机上使用电子监控系统以实现远程监控和信息处理；Leica运用GPS技术研发推土机定位系统，以实现虚拟推土作业等。

液压技术成为现代工程机械重要核心技术。液压技术得益于其功率密度高、匹配适应性良好、系统布局灵活等优点，已成为现代工程机械不可或缺的核心技术。液压系统的合理设计可以使原本单一功能的工程装置能够完成多种功能，如液压挖掘机同一主机可完成挖掘、装载、压实、破碎等多项作业；国外工程机械液压技术在节能方面亦大有作为，液压机械功率分流传动系

---

① 欧洲建筑设备委员会：http：//www.cece.eu/publications/annual－economic－report/。

② 日本建筑机械工业会：http：//www.cema.or.jp/english/index.html。

③ 《2014全球工程机械制造商50强榜》，《地质装备》2014年第6期。

④ 中国工程机械工业协会：《国外工程机械发展趋势》，《现代零部件》2008年第12期。

统、油液混合动力技术等的应用不仅实现了无级变速[①]，更进一步降低了能耗。

新能源动力应用多样化发展。为了实现节能环保理念，世界各国都加大了新能源工程机械的开发力度。例如，LNG 工程机械，以天然气代替传统燃料；电驱动工程机械，以大功率电动马达取代发动机驱动；双动力工程机械，既可降低噪声又可节省能源，美、英、德等国均已开发相关产品；混合动力技术应用以国外大品牌为主，如沃尔沃 L220F 混合动力装载机、德国福格勒公司的混合动力沥青摊铺机[②]等。

模块化设计加快了产品开发速度。模块化设计包括了以往所说的部件化、通用化及设计过程中的软件模块化，可大大缩短新产品开发周期，快速响应客户多样化需求。利勃海尔、卡特彼勒、德马格、马尼托瓦克等国际工程机械企业已将模块化设计应用于产品研发中。其中，利勃海尔构建了模块化系统，使其生产的塔机作为标准配置，可以以多种方式进行组合和扩展[③]。

2. 国际工程机械行业的发展趋势

（1）市场趋势

小型工程机械需求增多。西方发达国家基础设施建设日益完善，大型工程项目建设需求减少；而为了适应城市狭窄地段以及建筑物层内和地下工程的施工要求，节省人力成本，小型工程机械的需求日益增加，并广泛应用在家庭住宅及小型工程项目中。

工程机械后市场需求增多。国际工程机械行业受世界经济形势波动影响，传统整机市场需求量大幅下滑，各大企业纷纷开始转变思路，开发工程机械后市场，即市场核心由产品转向服务。随着工程机械零配件销售、维修服务、租赁服务等业务的蓬勃发展，工程机械后市场将不断拓展，为各国工

---

① 王意：《迈向新的深度和广度　工程机械液压技术的新境界》，第一工程机械网：http：//news. d1cm. com/2015041069263. shtml。

② 苏兆杰、唐向阳、王保森：《浅谈几种新能源工程机械特点及发展》，《建设机械技术与管理》2014 年第 3 期。

③ 吴玺、谭顺辉等：《论工程机械的模块化设计》，《科技创新导报》2014 年第 10 期。

程机械行业提供可持续发展的新方向。

重心向中国及新兴市场转移。中国工程机械行业发展迅速，销售量和销售额已跃居世界首位。鉴于中国工程机械市场的巨大潜力，卡特彼勒、小松、沃尔沃、斗山等国际巨头纷纷进驻中国市场，并针对中国市场需求推出本土化产品。但由于当前中国市场需求疲软，小松、日立建机等企业在华销售额大幅减少，因而开始降低对华市场依赖程度，战略重心转向非洲等新兴市场。

（2）技术趋势

节能环保要求日益提高。日益严峻的自然环境问题使得世界各国对节能环保更加重视，因而对工程机械技术也提出了更高的节能减排要求。近年来随着美国 Tier4、欧洲ⅢB 等排放标准的相继出台，工程机械行业对节能技术和新动力能源的应用更加重视，未来工程机械产品是否具备良好的环保性能将成为参与国际市场竞争的重要指标之一。

智能制造引领新工业革命。随着信息时代的来临，智能制造正逐渐成为工程机械行业发展的主流趋势，并引领着新工业革命的到来。新一代工程机械不仅需要实现集成化操作和智能控制，而且需要能够组成基于网络的智能化机群协同控制系统。目前，发达国家已着手实施未来装备智能化战略，如德国“工业 4.0”和“互联工厂”战略、印度“物联网政策”等。

更加注重零部件的开发与选择。关键零部件是工程机械产品发展的基础和支撑，当前国外发展较为成熟的工程机械行业已将技术研发主要聚焦在发动机、液压、传动和控制技术等关键零部件上。因此，在未来工程机械的设计中将更加注重研发高品质零部件，更注重零部件通用化、标准化和集成化发展。

（三）我国工程机械行业发展概况

1. 我国工程机械行业总体分析

（1）工业增加值增速大幅放缓

2014 年，我国工程机械行业工业增加值增速大幅放缓，平均增速为

4.5%，同比降低3.5个百分点；其中5月（-2.5%）、9月（1.0%）增速同比降幅明显，分别减少10.1、11.8个百分点。2014年，工程机械行业工业增加值增速环比波动较大，4月增速大幅下降，环比减少8.2个百分点；6月增速显著上升，环比增长5.1个百分点（见图1）。

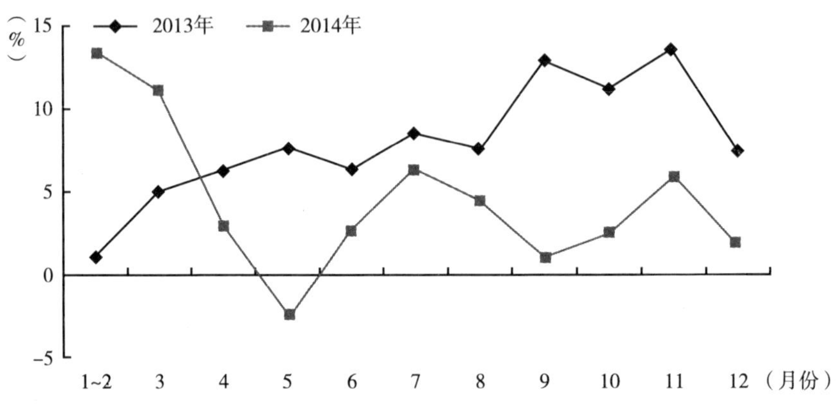

图1　2014年我国工程机械行业工业增加值及同比增速

数据来源：机经网。
如无特殊说明，以下数据均来自机经网。

（2）资产规模同比缓速增长

资产规模同比增长。2014年，我国工程机械行业资产规模总计6466.52亿元，与2013年相比增长2.64%。2014年一季度资产规模增幅显著，1~2月、3月同比分别增长13.17%、9.88%；此后同比增速大幅趋缓，降至5%以下（见图2）。

资产规模环比出现负增长。2014年我国工程机械行业资产规模增长环比有所波动（见图2）。截至5月资产规模保持良好增长，但6月资产规模出现负增长，比5月减少134.94亿元，环比减少1.10%；7月至10月资产规模基本维持低速负增长，直至11月资产规模恢复增长，资产总计达6439.69亿元，环比增长1.78%。

子行业资产规模均缓速增长。2014年，我国工程机械行业子行业资产规模均保持增长，但增速放缓（见图3）。其中2014年建筑工程用机械制造

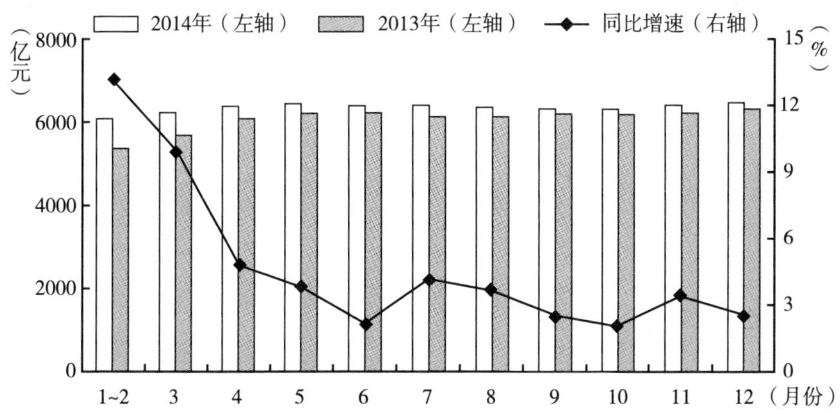

图2　2014 年我国工程机械行业资产规模及同比增速

业资产总计达 5552.9 亿元，建筑材料生产专业机械制造业为 913.7 亿元，比 2013 年同期分别增长了 1.50% 和 9.08%，增速同比下降了 3.21 个和 9.97 个百分点。

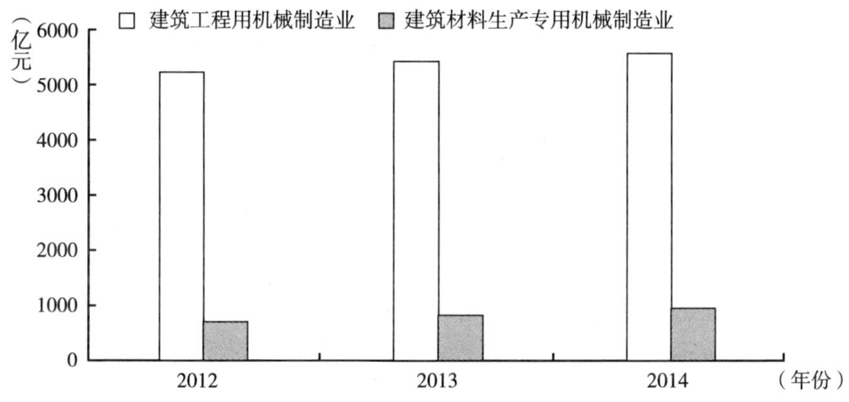

图3　2012～2014 年我国工程机械行业分行业资产规模

（3）固定资产投资额月度增幅波动大

2014 年，我国工程机械行业固定资产投资完成情况略好于 2013 年同期，全年共完成 964.2 亿元固定资产投资，同比增长 0.91%，如图 4。2014 年月度固定资产投资完成额同比增幅起伏较大，其中 3 月同比下降 24.39%；6 月和

12 月固定资产投资完成额同比出现显著增长，分别增长 25.25% 和 16.08%。此外，2014 年的工程机械行业固定资产投资额月度变化明显，4 月、6 月、12 月环比上月增幅显著，分别增长 42.02%、44.75%、22.59%。

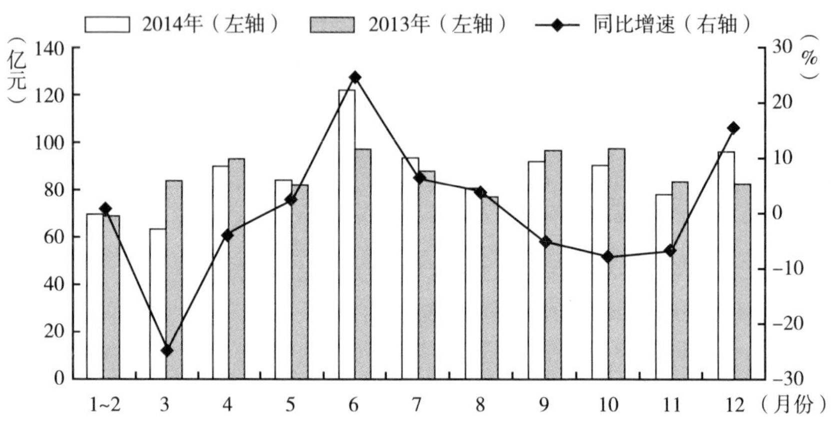

图 4　2014 年我国工程机械行业固定资产投资完成额及同比增速

（4）进出口规模同比有所扩大

2014 年，我国工程机械进出口贸易额为 222.59 亿美元，同比 2013 年增长了 3.79%。其中进口金额为 40.75 亿美元，同比减少 3.26%；出口金额为 181.84 亿美元，同比增长 5.51%。

整体进口额同比降幅显著，出口额企稳增长。如图 5 所示，2014 年工程机械行业进口额与 2013 年同期相比降幅显著，且进口额呈逐月递减趋势。其中 1 ~2 月进口额同比大幅增长，增幅达到 85.70%；3 月进口额同比增幅大幅回落，出现负增长，同比降低 33.20%。相较于进口情况而言，2014 年工程机械行业出口额同比 2013 年基本企稳增长，波动较小，但 3 月出口额同比增幅明显收窄，降至 -20.38%。

一般贸易进口额同比明显下降，出口额保持稳定增长。2014 年，我国工程机械行业一般贸易进口总值实现 157.76 亿美元，同比增长 3.37%。其中，进口总额为 27.21 亿美元，同比下降 5.59%，且逐月显著下降。2014

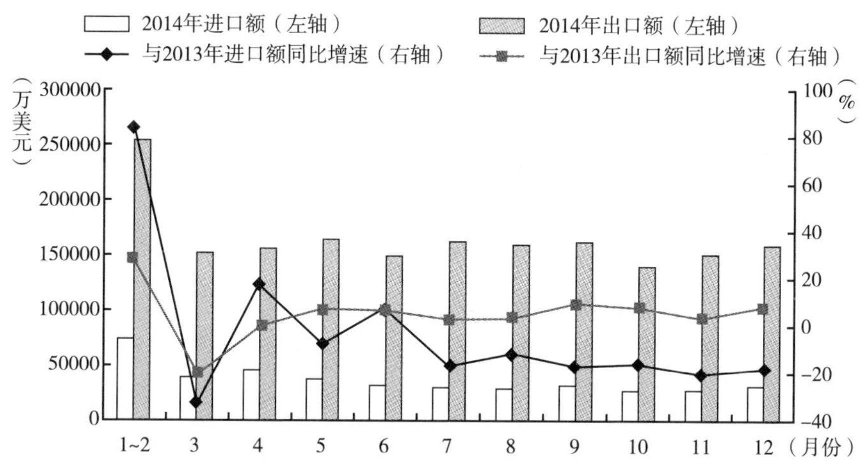

图5　2014年我国工程机械行业进出口额及同比增速

年12月进口额仅为19173万美元，同比减少30.24%。而出口额基本保持平稳增长，全年实现130.55亿美元，同比增长5.45%，但增速有所放缓（见图6）。

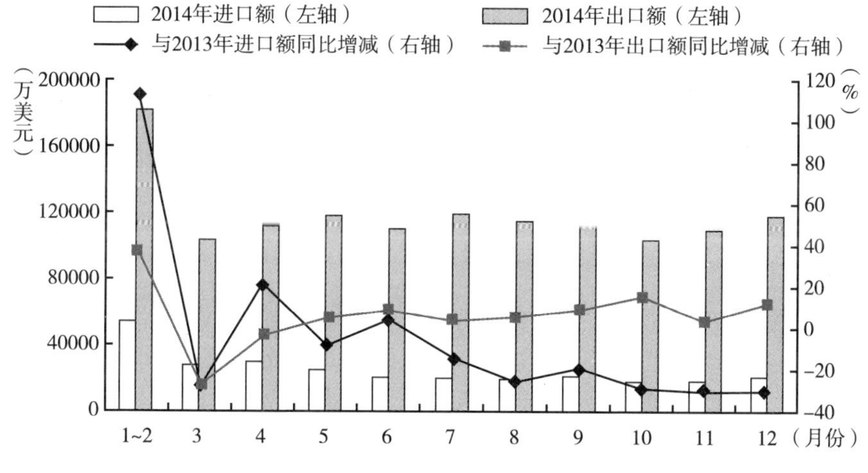

图6　2014年我国工程机械行业一般贸易进出口额及同比增速

加工贸易进口额同比波动增长，出口额同比增速趋缓。2014年，我国工程机械行业加工贸易进出口贸易总值达43.08亿美元，同比增长

11.63%。全年进口总值实现6.68亿美元，同比增长30.71%，月度增幅波动较大。其中，3月触底，进口额达3701万美元，同比减少61.26%；6月、8月、11月出现波动上升，同比分别增长96.25%、80.80%、88.37%。而2014年出口总值为36.40亿美元，同比增长8.72%，月度增速趋缓，其中5月、9月略有波动，同比分别增长23.37%、25.22%（见图7）。

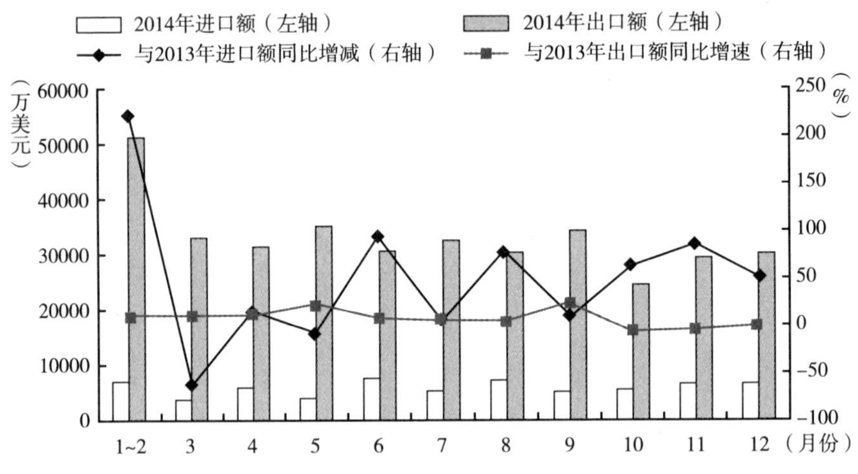

图7 2014年我国工程机械行业加工贸易进出口额及同比增速

我国工程机械行业进出口贸易多集中在东部沿海地区。2014年，我国工程机械行业进出口贸易额排名前十的省市多集中在东部沿海地区，其中北京、上海、广州地区进出口均名列前茅。

在进口方面，近三年，辽宁、河北工程机械产品进口额逐年增长，2014年分别达到13954.86万美元、899.56万美元，同比增长5.83%、14.94%；而江苏、北京、天津进口额逐年减少，2014年累计实现54386.68万美元、31603.57万美元、30238.86万美元。其他五省近三年均出现波动，其中上海、山东和福建2014年工程机械产品进口情况均好于2013年，同比增长9.51%、14.60%和10.86%；广东、安徽则相反，进口额比2013年同期减少了10.61%、20.27%（见图8）。

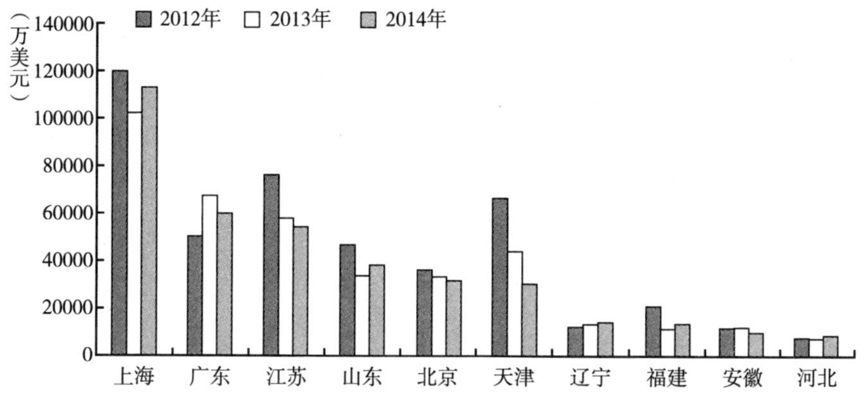

图8　2012～2014年我国工程机械行业进口额排名前10位地区贸易额

在出口方面，近几年排名前10位地区出口额基本呈逐年递增趋势（见图9）。其中，上海、北京和安徽2013年出口额有所下滑，同比下降4.75%、23.14%和7.16%，但在2014年出口额强势复苏，分别同比增长11.34%、21.18%和18.44%。值得一提的是，安徽省是近三年首次进入全国工程机械产品出口额前10位省份，取代了广西壮族自治区。

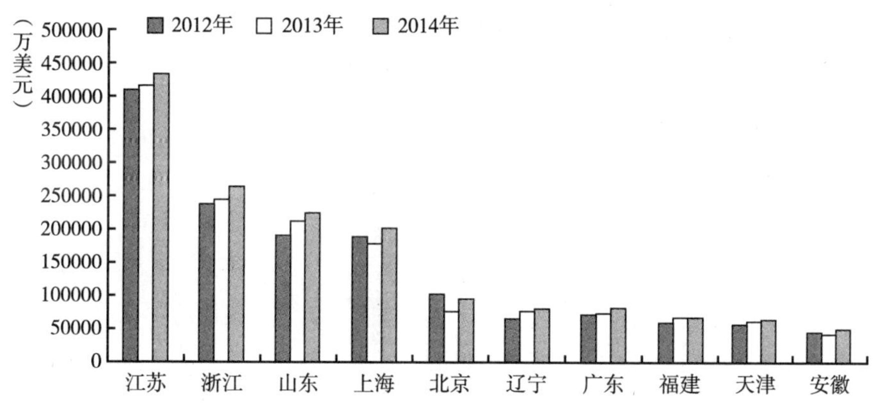

图9　2012～2014年我国工程机械行业出口额排名前10位地区贸易额

日本、德国、韩国为主要进口来源国。近三年，我国从日韩两国的进口额逐年下降，2014年同比分别下降20.15%和7.60%；而德国与之相反，我国工程机械行业从其进口额逐年递增，2013 年和 2014 年分别同比增长 14.24%、7.70%（见图 10）。

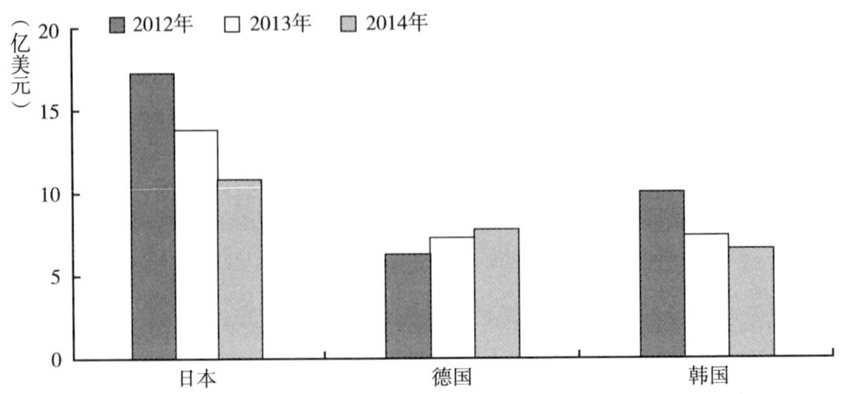

图 10　2012～2014 年我国工程机械行业进口来源主要国别贸易额

美国、日本、俄罗斯为主要出口目的国。2014 年对美国、日本出口额明显增加，达 22.52 亿、11.38 亿美元，同比 2013 年分别增长 22.99% 和 17.08%；而对俄罗斯出口额出现明显下滑，2014 年出口额为 9.63 亿美元，同比减少 10.83%（见图 11）。

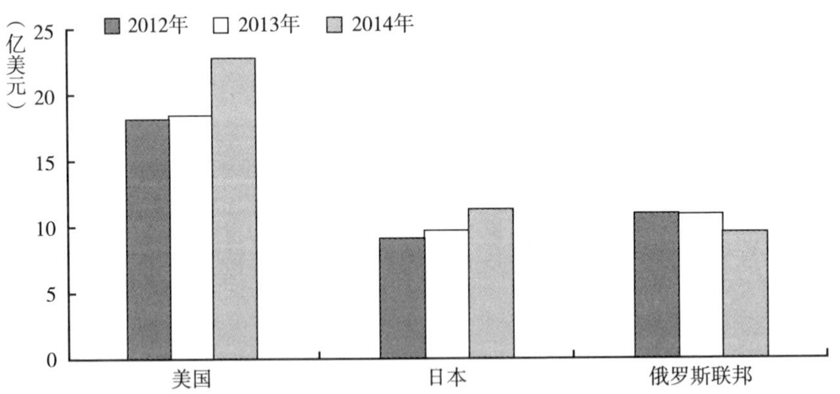

图 11　2012～2014 年我国工程机械行业出口主要国别贸易额

2. 我国工程机械行业的运行情况

（1）主营业务收入同比减少

2014 年，我国工程机械行业主营业务收入累计实现 5737.15 亿元，同比下降 3.35%。自进入第二季度后同比持续负增长，其中 5 月、10 月主营业务收入同比明显减少，分别降低 12.04%、10.94%。2014 年前三季度主营业务收入基本呈逐月递减趋势，其中 7 月环比降幅明显，比上月减少 18.39%；第四季度环比出现明显增长，其中 12 月环比增长达到 27.65%（见图 12）。

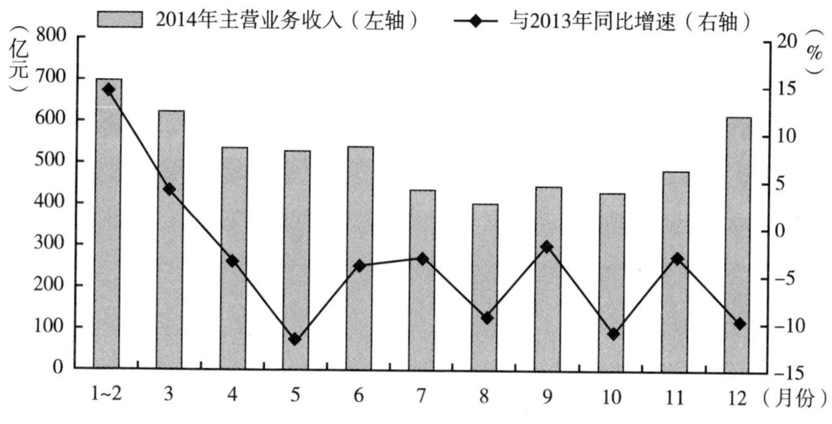

图 12　2014 年我国工程机械行业主营业务收入及同比增速

两大子行业收入增速趋缓。2014 年，建筑工程用机械制造主营业务收入为 4500 亿元，同比减少 4.86%，增速下降 6.20 个百分点；建筑材料生产专用机械制造 2014 年主营业务收入达 1237 亿元，同比增长 2.57%，增幅下降 14.71 个百分点（见图 13）。

民营企业收入逐年提高，国有企业收入显著下降。如图 14 所示，我国工程机械行业民营企业 2014 年主营业务收入为 3213 亿元，同比增长 5.82%，增幅略有下降；国有企业主营业务收入持续下降，2014 年收入为 1342 亿元，同比减少 18.43%。

中小型企业收入逐年增加，大型企业收入大幅下滑。如图 15 所示，我

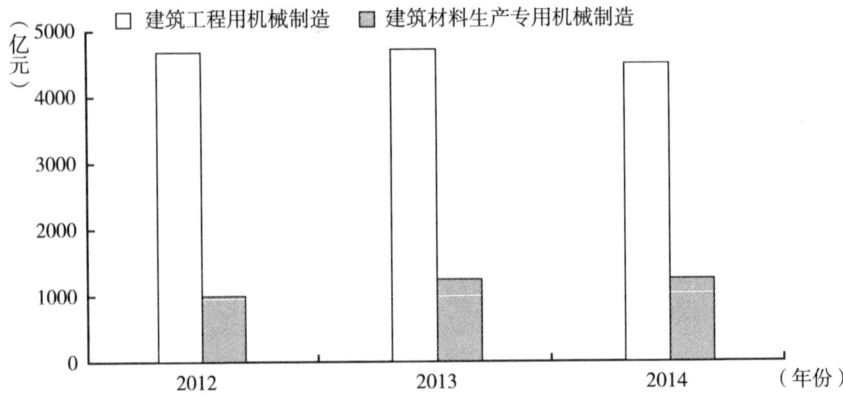

图 13　2012～2014 年我国工程机械行业分行业主营业务收入

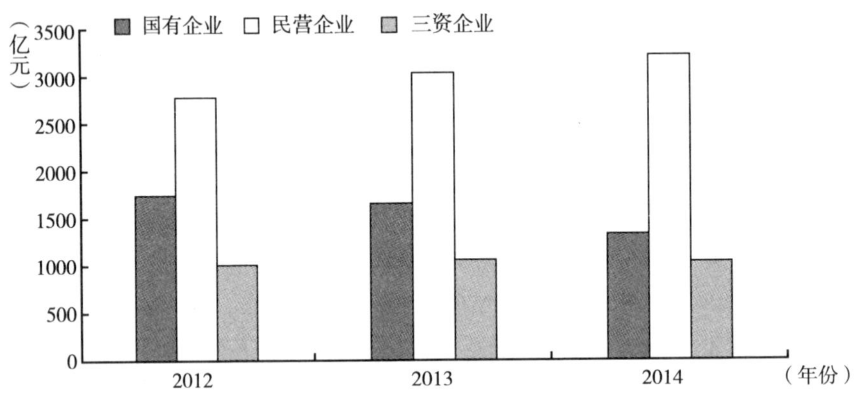

图 14　2012～2014 年我国工程机械行业分控股类型企业主营业务收入

国工程机械行业中、小型企业 2013 年主营业务收入分别较上年同比增长 18.20% 和 13.36%；2014 年，中小企业收入合计达 3088 亿元，同比增长 4.43%，其中中型企业收入同比略有下滑，减少 2.57%。而大型企业 2014 年主营业务收入大幅下滑，仅为 2649 亿元，同比减少 11.07%。

（2）主营业务成本同比增速波动下降

2014 年，我国工程机械行业主营业务成本为 4915.42 亿元，同比减少 2.12%，增速呈波动下降趋势。其中，5 月、8 月、10 月主营业务成

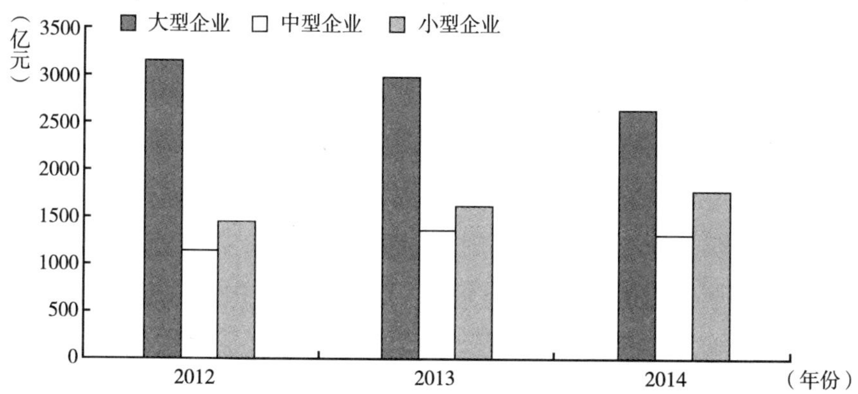

图 15　2012～2014 年我国工程机械行业不同规模企业主营业务收入

本同比降幅显著，分别为 -11.93%、-8.32% 和 -10.15%。同时，2014 年主营业务成本环比也有起伏，其中 7 月主营业务成本环比大幅下降，减少 18.97%；12 月环比出现明显增长，增幅达 23.20%（见图 16）。

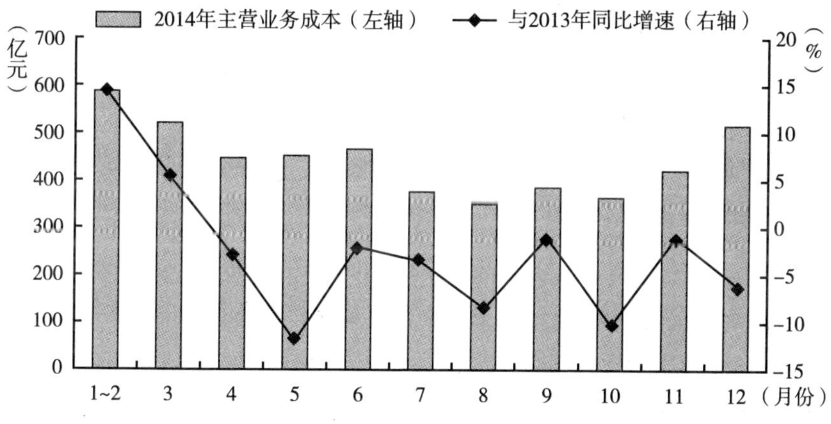

图 16　2014 年我国工程机械行业主营业务成本及同比增速

建筑工程用机械制造业成本略有降低，建筑材料生产专用机械制造成本有所增加。2014 年，建筑工程用机械制造主营业务成本为 3857.58 亿元，同比减少 3.58%；建筑材料生产专用机械制造产品销售成本有所增加，达

1057.84 亿元，同比增长 3.57%，但增幅同比收窄 13.57 个百分点（见图 17）。

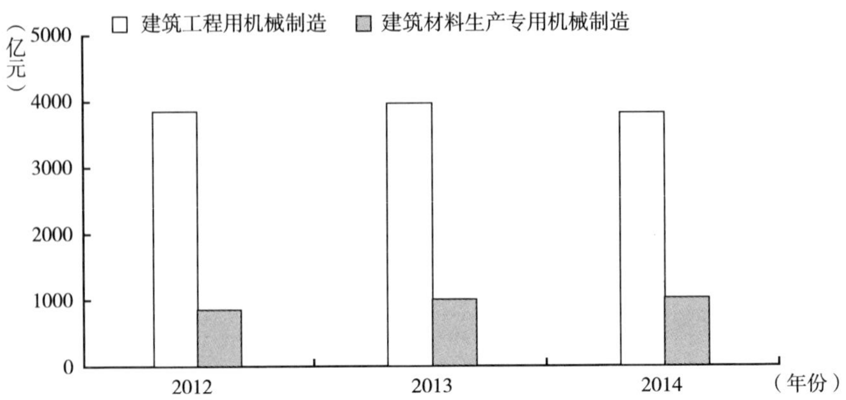

图 17　2012～2014 年我国工程机械行业分行业主营业务成本

民营企业成本持续增长，国有企业和三资企业成本呈下降趋势。我国工程机械行业民营企业 2013 年和 2014 年产品销售成本分别为 2565.42 亿元、2758.47 亿元，同比分别增长 12.60%、7.53%。而国有企业和三资企业近三年成本持续下滑，其中 2014 年同比分别减少 16.90%、6.20%（见图 18）。

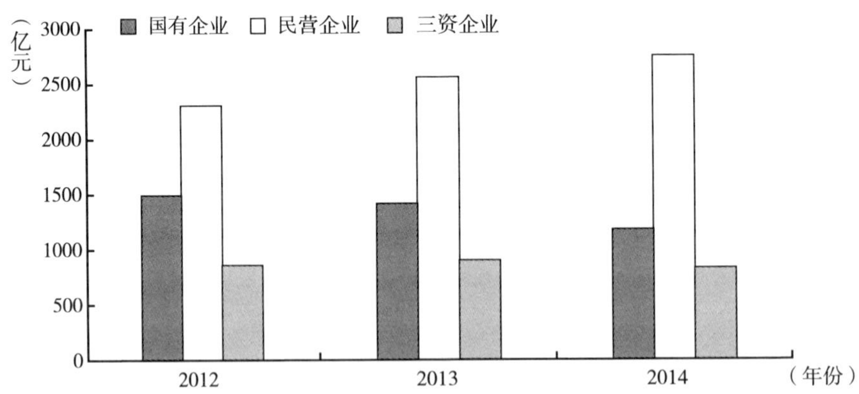

图 18　2012～2014 年我国工程机械行业不同控股类型企业主营业务成本

大型企业成本降幅较为显著，中小企业成本有所提高。我国工程机械行业小型企业 2013 年和 2014 年产品销售成本分别增长 14. 16%、10. 61%；中型企业 2013 年成本达 1165. 56 亿元，同比增长 18. 67%，但 2014 年成本略有降低，为 1137. 72 亿元，同比减少 2. 39%；大型企业成本持续下降，2013 年、2014 年分别同比减少 3. 23%、9. 00%（见图 19）。

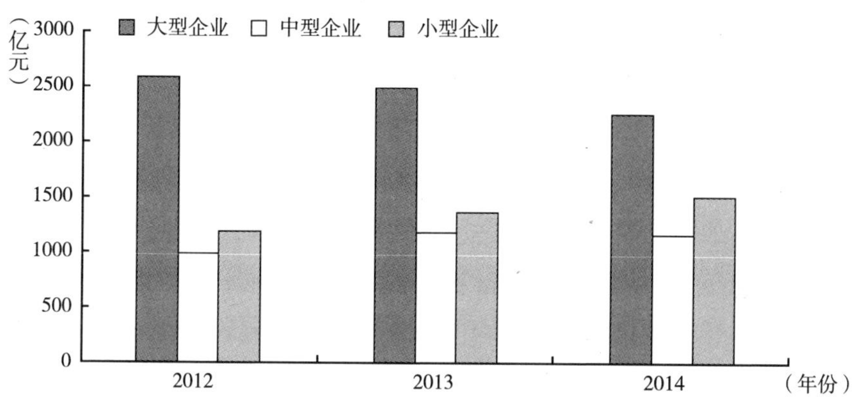

图 19　2012～2014 年我国工程机械行业不同企业规模主营业务成本

（3）利润总额月度增幅起伏较大

2014 年，我国工程机械行业利润总额为 345. 29 亿元，同比下降 8. 55%，但月度增幅波动起伏较大（见图 20）。5 月利润总额仅为 34. 73 亿元，第一次触底，同比减少 31. 91%；二、三季度利润同比略有回升，但在 10 月再次触底，利润仅为 15. 46 亿元，同比减少 35. 90%。2014 年的利润总额环比亦出现明显波动，7 月利润环比减少 46. 54%，12 月利润环比增加 126. 87%。

两大子行业利润减少。2014 年，我国工程机械行业两大子行业利润总额呈下降趋势（见图 21）。建筑工程用机械制造 2014 年利润总额为 258. 08 亿元，同比减少 8. 09%，降幅减少了 8. 7 个百分点；建筑材料生产专用机械制造 2014 年利润大幅下滑，仅为 87. 21 亿元，同比减少 9. 86%。

国有企业利润大幅下滑，三资企业利润保持稳定增长。2014 年，我国

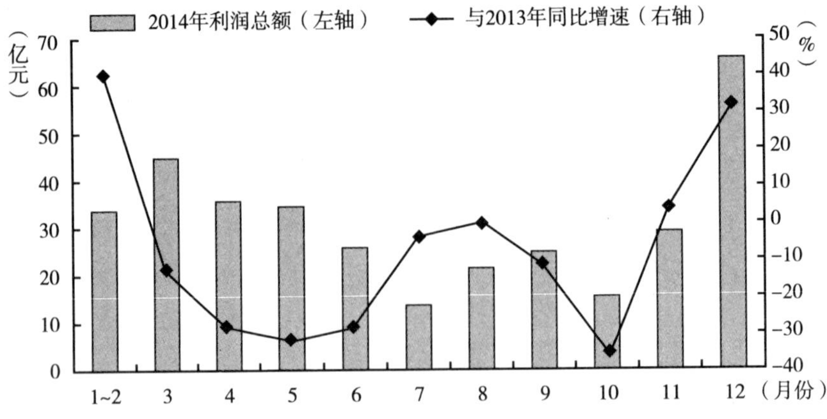

图 20　2014 年我国工程机械行业利润总额及同比增速

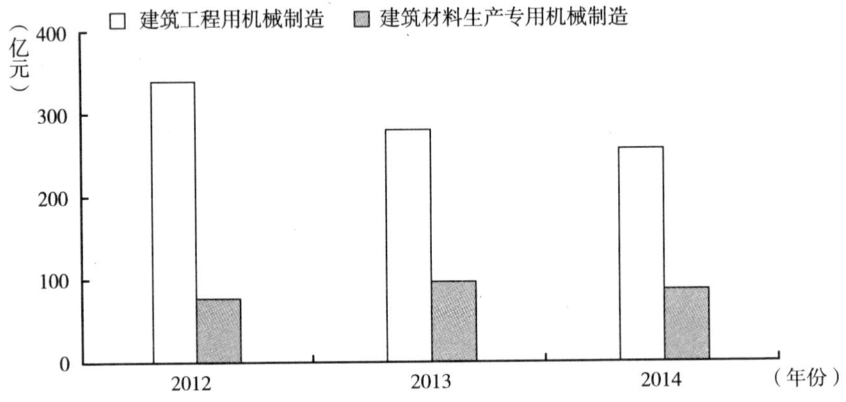

图 21　2012 ~ 2014 年我国工程机械行业分行业利润总额

工程机械行业国有企业利润总额为 38.29 亿元，同比下降 47.04%；民营企业 2014 年利润总额为 219.97 亿元，同比略有下滑，减少 3.60%；三资企业利润保持稳步增长，2014 年累计利润总额为 65.62 亿元，同比增长 7.21%（见图 22）。

中小型企业利润总额增加显著，大型企业利润大幅下滑。2014 年，工程机械行业中小型企业利润增加显著，其中，中型企业利润小幅增长至 83.80 亿元，同比增长 1.56%；小型企业利润总额呈现出大幅增长，达

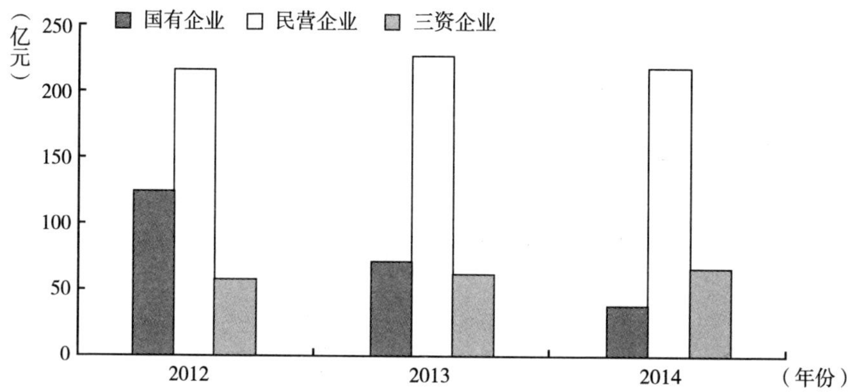

图 22　2012～2014 年我国工程机械行业不同控股类型企业利润总额

118.36 亿元，同比增幅为 25.49%。但大型企业利润大幅下滑，仅为 143.13 亿元，同比减少 28.69%（见图 23）。

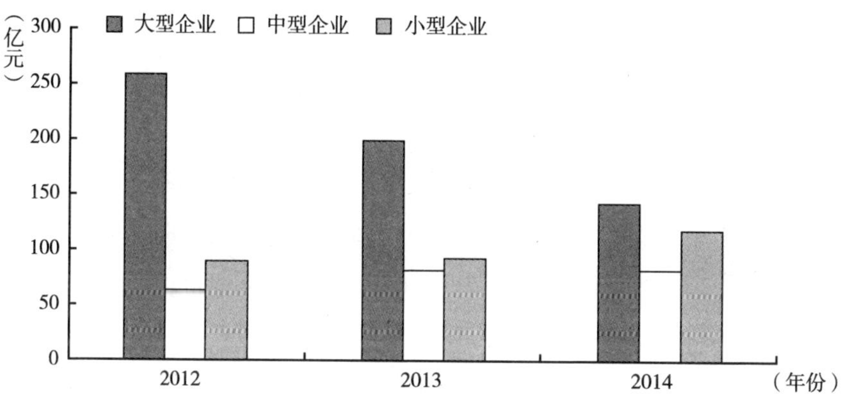

图 23　2012～2014 年我国工程机械行业不同规模企业利润总额

3. 我国工程机械行业市场需求分析

（1）下游基建市场需求旺盛

近两年，政府加大力度引导社会资本投向更多基础建设领域，包括棚户区和危房改造、城市地下管网等民生项目，中西部铁路和公路、内河航道等重大交通项目，水利、高标准农田等农业项目等，其中 2015 年铁路投资将保持在8000亿元以上，新投产里程在8000公里以上；重大水利工程已开工的57个项目将加快建设，还将再开工27个项目①。由此可见，国家基础建设的旺盛需求，有利于拉动工程机械市场需求。

（2）智能化工程机械产品需求上升

随着客户对工程机械产品技术水平要求的提高，国家更加重视智能制造、高端装备制造等领域的发展，整个工程机械行业也加大了技术创新的投入。为了抢占高端装备市场，提高核心竞争力，满足客户对工程机械产品更高的信息化、智能化要求，我国工程机械行业对智能化工程机械产品的投入随之上升。

（3）节能环保型产品需求增加

鉴于国内日益严峻的环境问题，工程机械产品正向节能减排、绿色环保方向调整转型。根据2014年9月发布的《重大环保技术装备与产品产业化工程实施方案》，环保装备制造业年均增速将保持在20%以上，因此，国内工程机械市场对节能环保型产品需求将明显增长；同时，国际工程机械市场准入门槛渐高，对产品排放标准要求提高，因而对节能环保型产品需求增长。

（4）小型工程机械需求较为旺盛

近年来，随着我国城镇化进程的加快，市场对便于在城市内部、农村建设中使用的小型工程机械产品需求日益增多。以挖掘机为例，尽管2014年整体挖掘机市场销售低迷，各类型挖掘机销量均有不同程度的下滑，但6吨以下迷你挖掘机的市场占比却在逐渐扩大；其中，2014年11月、12月迷你挖掘机销量为1325台、1372台②，分别占当月挖掘机总销量的28.20%、27.90%，同比提高了5.57、4.52个百分点。

（5）国际需求逐渐增多

2014年我国工程机械行业整体出口形势有所好转，国际需求逐渐增多。

① 梁靖雪：《今年铁路投资要保持在8000亿元以上　新投产里程8000公里以上》，新华网：http：//www. ce. cn/xwzx/gnsz/gdxw/201503/05/t20150305_ 4734279. shtml。

② 赵凡：《2014年12月份挖掘机销售数据分析》，慧聪工程机械网：http：//info. cm. hc360. com/2015/01/081711580383. shtml。

印度、巴西等发展中国家为刺激经济发展，大力投资基础设施建设，拉动了当地新兴工程机械市场的需求，亦有利于我国工程机械行业开拓海外市场；同时，“一带一路”战略所涉及的不少周边国家，基础设施建设相对落后，基建市场需求旺盛，因而促使我国工程机械行业的国际市场需求增加。

4. 我国工程机械行业存在的问题

（1）行业标准缺失或滞后

长期以来我国工程机械行业的标准体系存在缺失。我国工程机械行业标准体系跟国际上通行的标准体系内容仍存在差距，涉及安全环保类标准严重不足；相当一部分标准内容陈旧，对新技术标准内容反映较少；此外，现有标准体系内容存在重复和矛盾的现象，难以贯彻实施。

（2）高端零部件受制于人

虽然国产一般性零部件可以满足主机企业需要且供应充足，但由于我国高端装备技术水平较低，零部件设计制造的精细程度及技术水平与国际先进水平差距较大，致使我国液压元件、发动机等关键零部件主要依赖国外进口，使企业自身正常生产受到国外制造商的制约。

（3）二手设备交易管理混乱

我国工程机械市场保有量较为庞大，二手设备交易市场发展迅速。随着规模不断扩大，市场亟须规范，但当前我国对二手机械的评估标准存在空白，相关安全管理和淘汰报废制度尚不完善，部分企业依旧在使用陈旧落后、高能耗、高污染、安全性低的设备，导致二手设备交易市场管理混乱。

（4）融资难问题更加严重

目前，在我国工程机械产业转型升级的关键时期，由于对工程机械市场形势评估不乐观，[①] 不少商业银行和金融机构对工程机械企业融资持谨慎态度，而且我国工程机械行业融资渠道比较单一，使企业融资难和融资成本高的问题更加严重。

---

① 严曼青：《苏子孟：面对调整工程机械行业应主动作为》，中国工业新闻网：http：//www.cinn.cn/wzgk/wz/325023.shtml。

(5) 智能化信息化程度不高

目前，国内工程机械行业中大多数企业仍处于智能化制造的起步阶段，关键设备数字化率和联网率较低，生产设备的信息连通和制造协同度不高，行业整体制造设备信息化水平较低，基于物联网的智能制造系统应用水平也有待加强①。因此，我国工程机械行业的智能化、信息化程度亟须提高。

二　对我国工程机械分行业的分析

（一）建筑工程用机械制造业

1. 我国建筑工程用机械制造业概况

建筑工程用机械制造业作为我国工程机械行业的重要子行业，2014 年表现持续低迷，累计完成主营业务收入 4500.12 亿元（占工程机械行业的 78.44%），同比下降 4.86%；全年实现利润总额 258.08 亿元，同比下降 8.09%。挖掘机、装载机、推土机等细分行业也进入低速增长期，面临新的挑战及变革因素。

(1) 挖掘机行业进入低速增长

挖掘机市场是工程机械行业最大的细分产品市场。近年来，随着我国经济的高速发展，挖掘机行业产销量急剧增长，行业规模以粗放的增长方式迅速扩大。但自 2012 年以来，市场日益饱和，挖掘机销量逐渐回落；截至 2014 年底我国挖掘机销量为 92583 台，与 2013 年同期相比下降 19%，② 产量为 125301 台，同比下降 13.82%，整个行业全面进入了低速增长的新常态。

(2) 装载机市场格局趋于稳定

在我国工程机械行业中，装载机行业是发展最为成熟的子行业之一，经

---

① 王倩：《数字化基础薄弱容灾备份能力不足等成我国工程机械行业软肋》，慧聪工程机械网：http://info.cm.hc360.com/2014/10/201052570881.shtml。

② 崔玉平：《李宏宝：中国挖掘机行业发展进入新常态》，中国工业新闻网：http://www.cinn.cn/zbzz/332798.shtml。

历多年发展，国内市场格局趋于稳定，山东临工工程机械有限公司、广西柳工机械股份有限公司、厦门厦工机械股份有限公司、中国龙工控股有限公司、徐州工程机械集团有限公司前五大品牌在中国市场的总占有率接近八成。① 但随着国际巨头卡特彼勒进驻中国装载机市场，再制造和新能源等产品的推出，为国内装载机市场带来了新的变革因素。

（3）推土机市场表现持续低迷

推土机市场受工程机械行业不景气影响，市场表现持续低迷。2014 年，推土机销量为 7712 台，同比下降 18.92%。其中，国内市场累计销售 5110 台，占销售总量的 66.26%，同比下降 17.99%；出口销量为 2602 台，占总销量的 33.74%，同比下滑 20.69%②，整体出口形势不容乐观。

2. 我国建筑工程用机械制造业分析

（1）盈利能力分析

①总资产利润率同比降低

2014 年，我国建筑工程用机械制造业全年总资产利润率（4.65%）略低于 2013 年同期水平（5.13%）。其中二季度同比降幅明显，12 月资产利润率大幅提高，同比增长 0.41 个百分点。此外，2014 年总资产利润率环比波动较为明显，其中 12 月资产利润率为 1.01%，环比增长 0.66 个百分点（见图 24）。

②主营业务成本率同比增长

2014 年我国建筑工程用机械制造业主营业务成本率（85.72%）整体高于 2013 年同期（84.58%）；其中 11 月主营业务成本率为 88.77%，同比大幅增长，提高 3.04 个百分点。2014 年，月主营业务成本率环比波动较大，5 月主营业务成本率为 86.09%，环比提高 2.88 个百分点；12 月环比大幅回落，减少 4.17 个百分点（见图 25）。

---

① 《暗流涌动，装载机距变革“一步之遥”》，中国工程机械商贸网：http://news.21-sun.com/detail/2014/12/2014122207535230.shtml。

② 《2014 年 12 月推土机销售数据新鲜出炉》，中国行业研究网：http://www.chinairn.com/news/20150114/114201319.shtml。

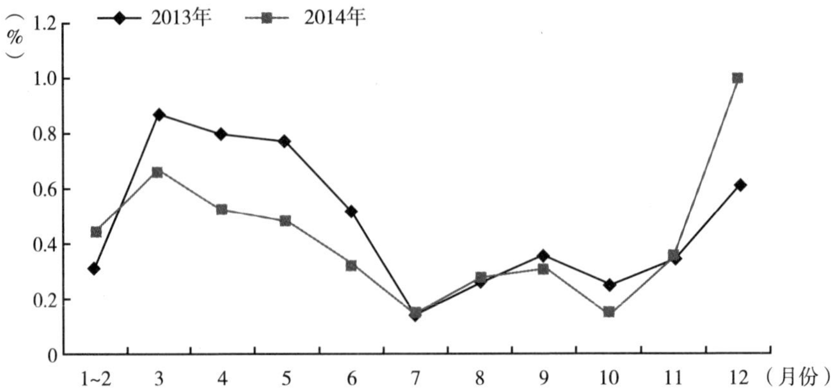

图 24　2014 年我国建筑工程用机械制造业总资产利润率及同比增速

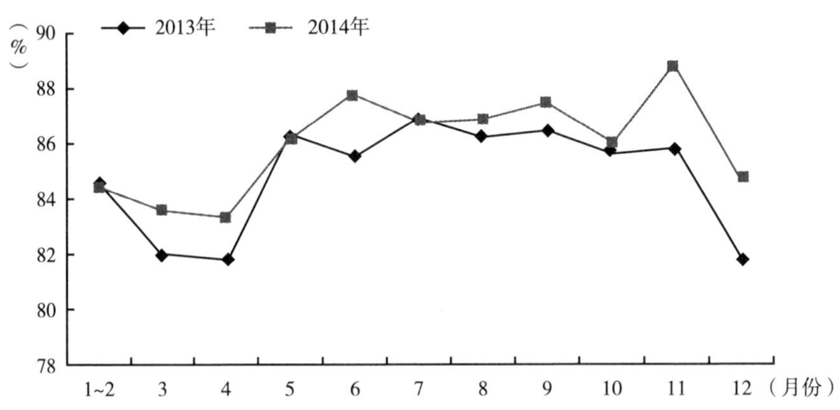

图 25　2014 年我国建筑工程用机械制造业主营业务成本率及同比增速

③三项费用占比同比有所提高

2014 年我国建筑工程用机械制造业三项费用占比（9.44%）与 2013 年同期相比有所提高，增长 0.28 个百分比，且月度增幅同比略有波动。其中 4 月三项费用占比为 9.58%，同比增长 2.25 个百分点；而 11 月同比降幅显著，减少 1.29 个百分点。2014 年 3 月、7 月三项费用占比环比波动明显，3 月三项费用占比（7.89%）环比降低 3.78 个百分点，7 月三项费用占比（10.67%）环比增加 2.49 个百分点（见图 26）。

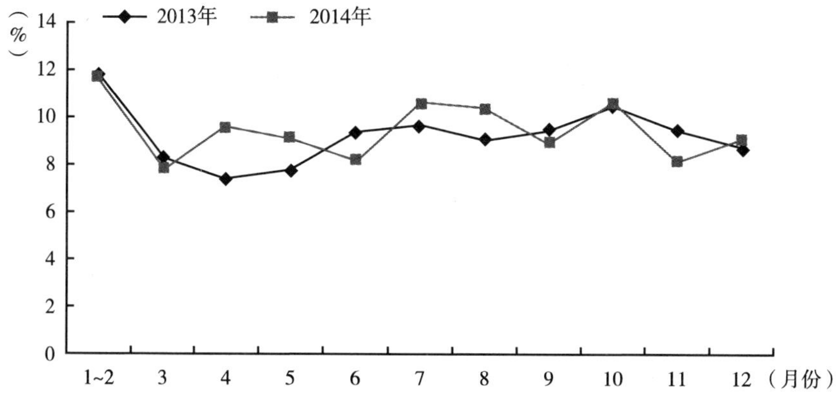

图 26　2014 年我国建筑工程用机械制造业三项费用占比及同比增速

（2）偿债能力分析

资产负债率下降趋势显著。2014 年我国建筑工程用机械制造业资产负债率为 58.11%，与 2013 年同期相比减少 1.64 个百分点；其中 10 月同比降幅明显，降低 2.36 个百分点。同时，2014 年资产负债率呈逐月递减趋势，6 月和 10 月环比显著下降，均减少 1.06 个百分点（见图 27）。

产权比率同比降低。2014 年我国建筑工程用机械制造业产权比率为 138.71%，与 2013 年同期相比降低 9.74 个百分点；其中 10 月产权比率为 137.47%，同比降幅显著，减少 14.10 个百分点。2014 年 1 月至 5 月产权比率环比缓慢上升，此后逐月下降，其中 6 月和 10 月环比降幅显著，分别较上月减少 6.73 和 6.12 个百分点（见图 27）。

权益乘数同比降低。2014 年我国建筑工程用机械制造业权益乘数为 2.39，与 2013 年同期相比下降 0.09，且权益乘数环比逐月下降。2014 年 6 月和 10 月权益乘数环比略有波动，其中 6 月权益乘数为 2.48，环比减少 0.07；10 月权益乘数为 2.37，环比减少 0.06（见图 27）。

（3）营运能力分析

应收账款周转率同比降低。2014 年，我国建筑工程用机械制造业应收账款周转率（3.33 次）低于 2013 年同期（3.77 次），其中 9 月、11 月分别为 0.25 次、0.28 次，同比基本持平。2014 年前三季度应收账款周转率环比

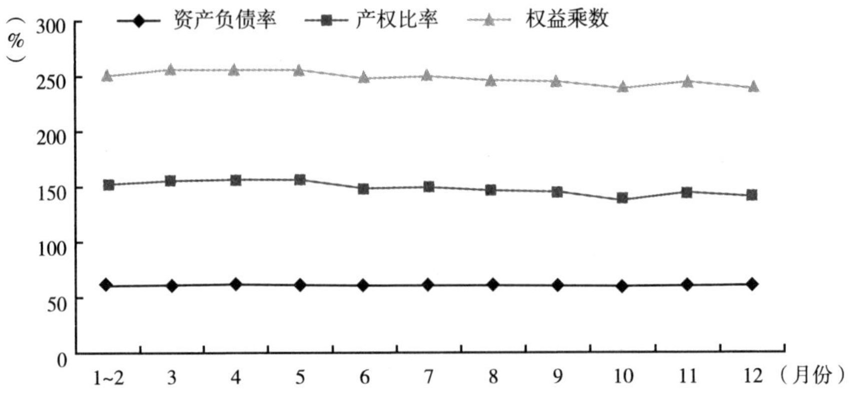

图 27　2014 年我国建筑工程用机械制造业偿债能力

逐月下降，其中 4 月应收账款周转率为 0.29 次，环比下降 0.07 次；四季度环比逐月提高，12 月环比增幅达 0.08 次（见图 28）。

总资产周转率同比降低。2014 年我国建筑工程用机械制造业总资产周转率（0.82 次）整体低于 2013 年同期（0.89 次），月资产周转率同比变化不大。2014 年前三季度总资产周转率环比略有下降，平均减少 0.01 次；四季度环比逐月提高（见图 28）。

流动资产周转率同比降低。2014 年我国建筑工程用机械制造业流动资产周转率（1.20 次）略低于 2013 年同期（1.30 次），平均每月流动资产周转率为 0.11 次，同比下降 0.01 次。其中 12 月流动资产周转率为 0.13 次，环比增幅较为显著，比上月增长 0.03 次（见图 28）。

（4）成长性分析

①主营业务收入增长率持续负增长

与 2013 年低开高走相比，2014 年我国建筑工程用机械制造业主营业务收入增长率呈高开低走之势，全年主营业务收入增长率为 -4.86%，同比下降 6.2 个百分点。自 2014 年 4 月起，主营业务收入增长率一直在负增长区间徘徊波动，其中，10 月主营业务收入增长率为 -13.52%，同比降幅最为显著，减少 42.70 个百分点；4 月和 10 月主营业务收入增长率环比显著下降，环比分别减少 10.82、12.55 个百分点（见图 29）。

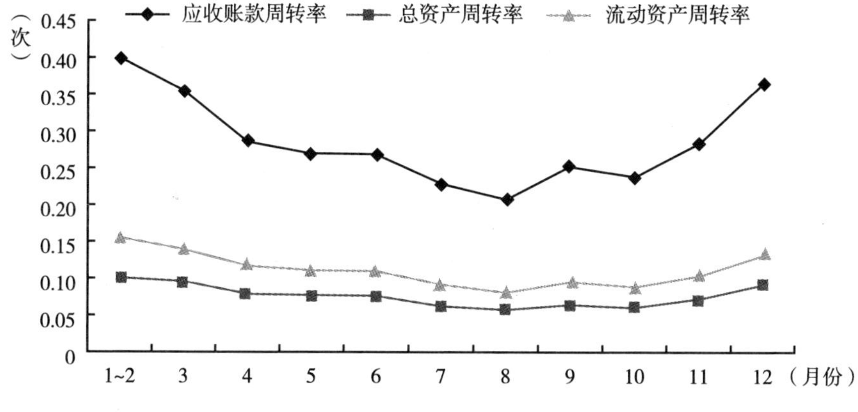

图 28　2014 年我国建筑工程用机械制造业营运能力

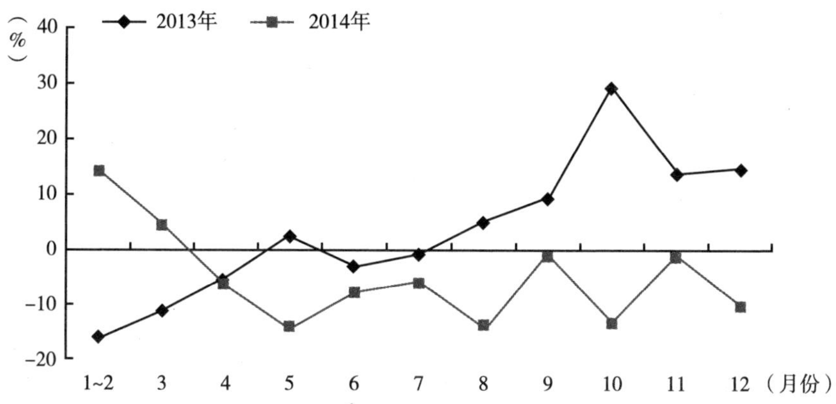

图 29　2014 年我国建筑工程用机械制造业主营业务收入增长率及同比增速

②资本增长率呈低速增长

2014 年，我国建筑工程用机械制造业资本增长率（1.52%）整体低于 2013 年同期（4.95%）；其中 10 月同比降幅显著，资本增长率为 2.07%，同比减少 4.35 个百分点。2014 年二季度以来，月资本增长率基本徘徊在 2% 以下，环比略有波动；其中 4 月资本增长率为 2.20%，环比大幅下降，减少 5.96 个百分点（见图 30）。

③利润增长率年底增幅显著

2014 年我国建筑工程用机械制造业利润增长率（-8.09%）整体高于

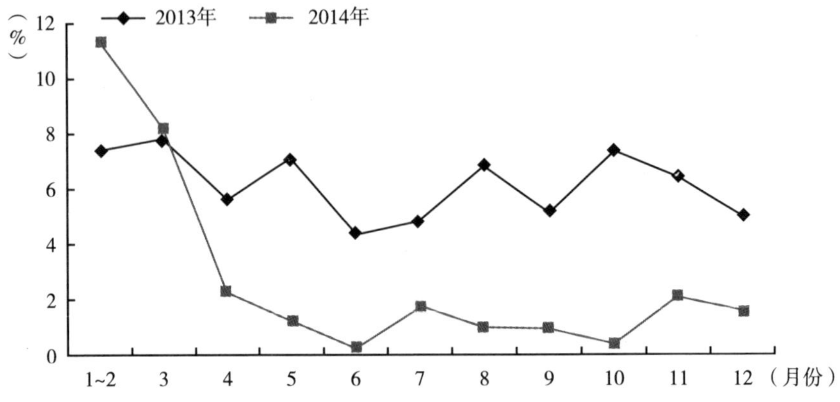

图 30　2014 年我国建筑工程用机械制造业资本增长率及同比增速

2013 年同期（-16.79%）；月利润增长率同比波动较大，其中 1～2 月和 12 月利润增长率分别为 54.95%、71.73%，同比分别大幅提高 122.65、67.77 个百分点。2014 年利润增长率环比波动显著，其中 11 月、12 月环比分别增长 47.05、68.20 个百分点，增幅显著提高（见图 31）。

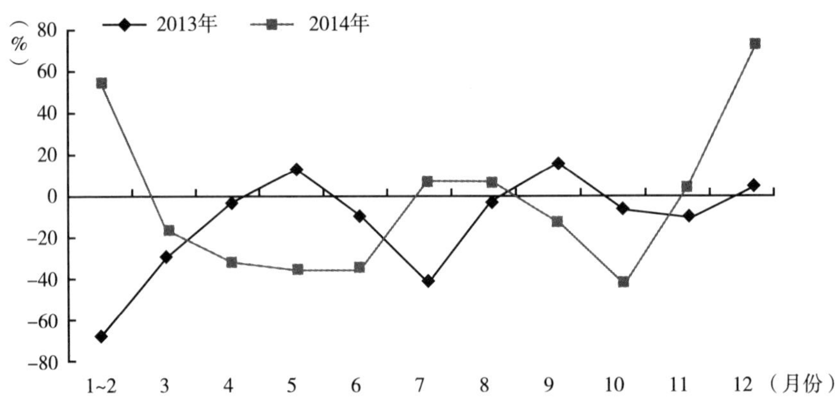

图 31　2014 年我国建筑工程用机械制造业利润增长率及同比增速

3. 我国建筑工程用机械制造业技术水平

我国建筑工程用机械制造业技术整体水平不断提升，在部分高端核心技术上屡有突破，突出表现在挖掘机、装载机等行业；起重机等行业在大型化技术发展上更加成熟；但液压零部件、传动零部件等关键配套零部件仍与国际先进水平存在差距，智能化水平有待提高。

（1）挖掘机行业实现核心技术突破

2014年，山东常林集团推出挖掘机“神挖”系列，其节油率达50%、生产效率提高100%。这一高效节能环保挖掘机及液压系统的成功研发填补了国内空白，达到国际先进水平，不仅在技术上实现了真正的“中国制造”，打破了国外对核心技术的垄断，更有力地促进了整个挖掘机行业生产技术的提升。

（2）装载机产业技术不断自主创新

我国装载机产业对液压系统与液压零部件、传动系统与传动零部件等，不断进行技术升级创新，已接近国际高端技术水平。例如，通过改进型多路阀全变量负荷传感液压系统，大大节省成本；通过定变量合流卸荷液压系统，解决了转向系统的节流与溢流损失；对装载机传统传动系统进行节能减耗的改造，研发出半变量静液压传动系统等。

（3）推土机技术智能化水平较低

目前我国推土机行业在智能化技术应用上仍处于起步阶段。徐州工程机械集团有限公司、三一重工股份有限公司、天津工程机械研究院等国内大型企业和研究院，已经完成了对道路施工机械中装载机、摊铺机、压路机等单机的智能化改造，初步掌握机群智能化工程机械系统的设计和制造技术，但是在智能推土机研究方面，还局限在推土机的某些局部装置，如三一重工的TQ230全液压推土机。

（4）起重机大型化程度越来越高

随着我国基础设施建设市场的不断发展，大型工程项目增多，国内起重机大型化趋势更加显著。如中联重科2014年成功研制出全球最大平头塔机T3000－160V，具备160吨的最大起重量、31200千牛米的最大起重力矩、85米的最大工作半径以及身截面及基础占地小、就位精准、安拆便利等优势，可广泛应用于大型工程建设。

（二）建筑材料生产专用机械制造业

1. 我国建筑材料生产专用机械制造业概况

2014 年，我国建筑材料生产专用机械制造业全年实现主营业务收入为 1237.03 亿元，占工程机械行业的 21.56%，同比增长 2.57%（增速减少 14.64 个百分点）；但累计完成利润总额为 87.21 亿元，同比下降 9.86%（增幅减少 36.43 个百分点）。目前，受整个工程机械行业不景气的影响，建筑材料生产专用机械制造业表现低迷，增速大大放缓，因此，行业正在积极进行转型升级，如水泥生产设备行业急需淘汰落后产能，优化产业结构；加气混凝土设备行业已向着节能环保方向转型升级。

（1）水泥生产设备行业有待转型升级

由于当前我国水泥行业市场已趋饱和，水泥生产产能过剩，导致水泥生产设备行业面临转型升级的挑战。行业淘汰落后产能并没有达到预期效果，反而受到高铁低迷、拉闸限电、保障房开工率低等基础建设的资金限制，虽然产能和产值都在增长，却呈现出产品价格低廉、效益低下、行业亏损的特点。因此，国内水泥生产设备行业亟须提高技术创新水平，发展资源节约和循环利用等关键技术，向绿色环保制造转型。

（2）加气混凝土设备市场持续走俏

虽然我国加气混凝土设备行业起步较晚，但目前加气混凝土设备在我国城市建设中已得到广泛的应用。由于加气砖具有节能利废、防潮耐火的性能，且市场日益重视产品的环保安全性能，因此，加气砖已成为建筑材料行业新型墙体节能材料的主要产品。随着国家相关节能环保政策的实施，未来加气混凝土设备市场前景看好。

2. 我国建筑材料生产专用机械制造业分析

（1）盈利能力分析

①总资产利润率同比降低

2014 年我国建筑材料生产专用机械制造业总资产利润率（9.55%）整体低于 2013 年同期（11.65%），月资产利润率除 12 月同比大幅下滑（同比减少0.99个百分点）外，其他月份总资产利润率同比环比均波动较小（见图32）。

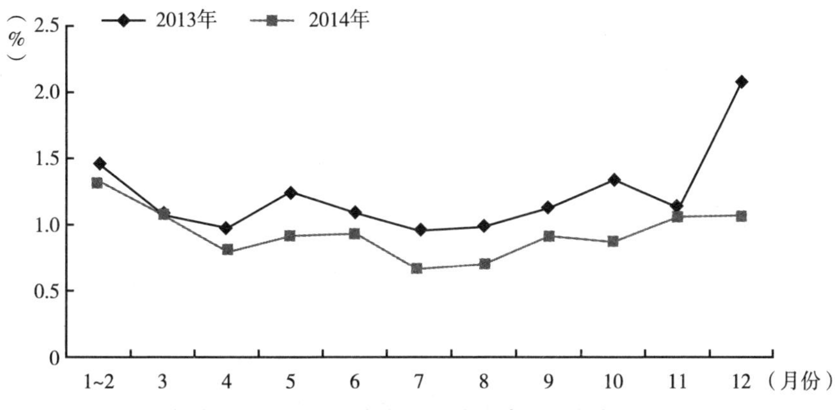

图32　2014年我国建筑材料生产专用机械制造业总资产利润率及同比增速

②主营业务成本率同比升高

2014年我国建筑材料生产专用机械制造业主营业务成本率（85.51%）整体略高于2013年同期（84.69%）；其中四季度同比出现较大波动，11月主营业务成本率（81.54%）同比减少3.65个百分点，而12月主营业务成本率（82.84%）同比增加5.06个百分点。2014年1月至7月主营业务成本率环比基本呈递增趋势，但9月和11月出现大幅下滑，环比分别减少4.08、4.98个百分点（见图33）。

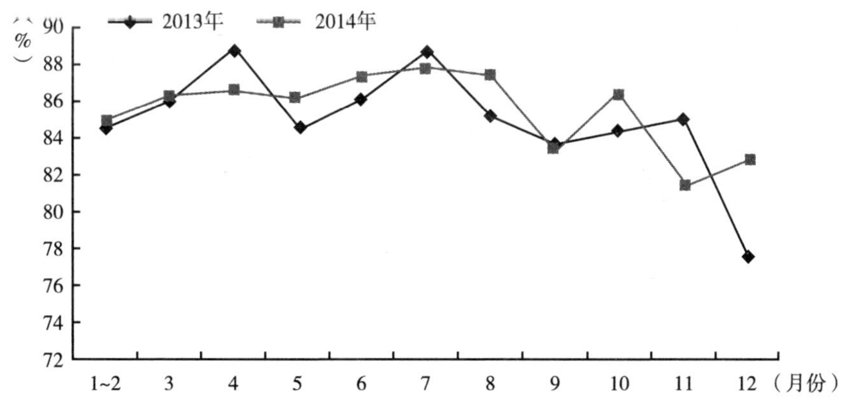

图33　2014年我国建筑材料生产专用机械制造业主营业务成本率及同比增速

③三项费用占比同比上升

2014 年我国建筑材料生产专用机械制造业三项费用占比（6.97%）整体略高于2013 年同期（6.52%）；其中9 月三项费用占比为6.65%，同比降幅显著，减少0.79 个百分点，而12 月三项费用占比（10.12%）增长显著，同比提高1.94 个百分点。2014 年的三项费用占比环比波动上升，其中12 月环比大幅增长，比上月提高2.31 个百分点（见图34）。

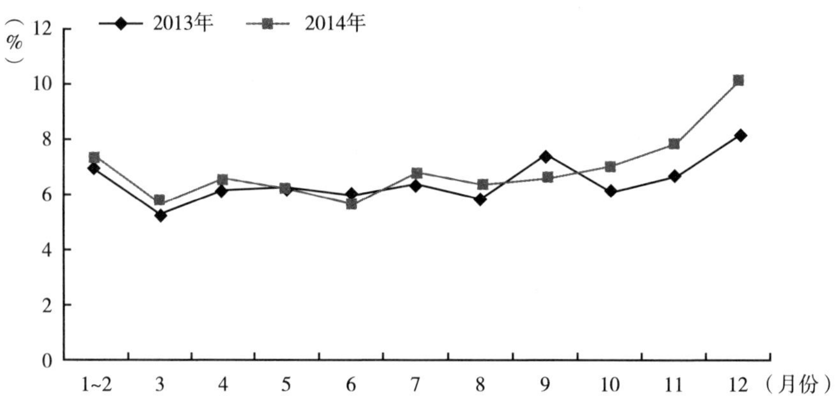

图 34　2014 年我国建筑材料生产专用机械制造业三项费用占比及同比增速

（2）偿债能力分析

资产负债率同比降低。2014 年我国建筑材料生产专用机械制造业资产负债率（55.18%）整体低于2013 年同期，同比减少2.00 个百分点。其中，3 月资产负债率为58.00%，环比大幅增长，比上月提高3.03 个百分点；此后，资产负债率环比逐月下降（见图35）。

产权比率同比降低。2014 年我国建筑材料生产专用机械制造业产权比率（123.09%）整体低于2013 年同期（133.53%），平均每月月产权比率为130.77%，同比减少12.31 个百分点。2014 年产权比率自3 月起环比逐月下降（见图35）。

权益乘数同比降低。2014 年我国建筑材料生产专用机械制造业权益乘数（2.23）整体低于2013 年同期（2.34），平均每月权益乘数为2.31，同比减少0.12。其中3 月环比大幅增长，此后权益乘数环比逐月下降（见图35）。

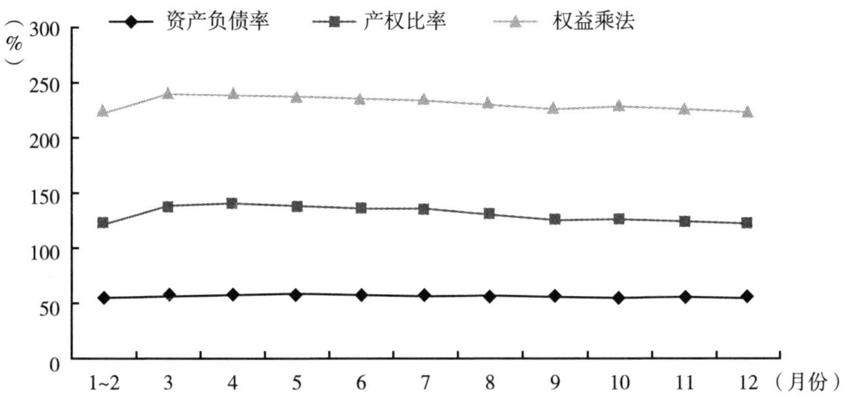

图 35　2014 年我国建筑材料生产专用机械制造业偿债能力

（3）营运能力分析

应收账款周转率呈下降趋势。2014 年，我国建筑材料生产专用机械制造业应收账款周转率（6.12 次）低于 2013 年同期（7.53 次），且周转率逐月下降。7 月、12 月应收账款周转率环比波动较为明显，其中 7 月应收账款周转率为 0.54 次，环比减少 0.15 次；12 月达到 0.61 次，环比增长 0.12 次（见图 36）。

总资产周转率同比降低。2014 年，我国建筑材料生产专用机械制造业总资产周转率（1.42 次）低于 2013 年同期（1.60 次），其中 3 月、7 月和 11 月总资产周转率环比下降，12 月环比明显增长（见图 36）。

流动资产周转率同比降低。2014 年，我国建筑材料生产专用机械制造业流动资产周转率（2.10 次）略低于 2013 年同期（2.18 次），月流动资产周转率环比波动较为明显，3 月、7 月环比周转率出现明显下滑，而 12 月环比大幅上升（见图 36）。

（4）成长性分析

①主营业务收入增长率波动下降

2014 年，我国建筑材料生产专用机械制造业主营业务收入增长率（全年 2.57%）明显低于 2013 年同期（17.28%），且月主营业务收入增长率呈波动下降趋势。其中 12 月主营业务收入增长率为 -8.89%，同比大幅下降，

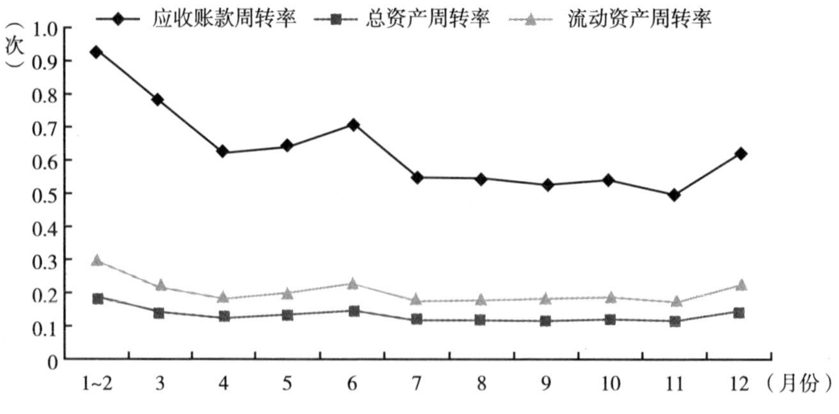

图 36　2014 年我国建筑材料生产专用机械制造业营运能力

减少 49.02 个百分点。此外，3 月、5 月和 9 月环比波动显著，分别较上月减少 14.25、12.14 和 13.04 个百分点（见图 37）。

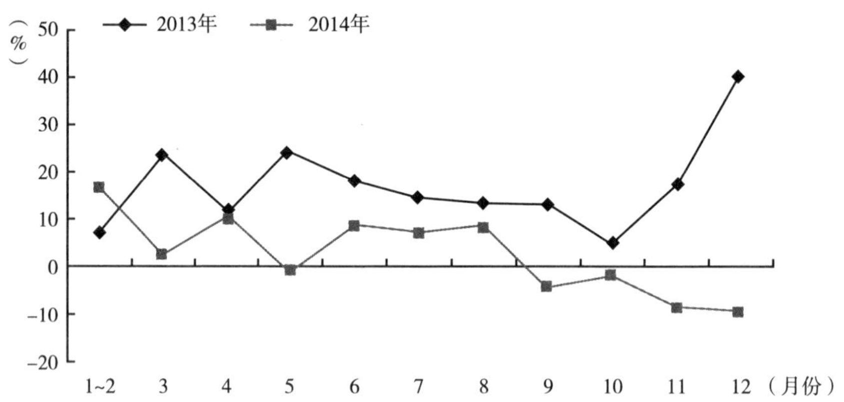

图 37　2014 年我国建筑材料生产专用机械制造业主营业务收入增长率及同比增速

②资本增长率呈显著下降趋势

与 2013 年波动上升趋势不同，2014 年我国建筑材料生产专用机械制造业资本增长率呈显著下降趋势，全年资本增长率为 9.98%，同比下降 13.55 个百分点。其中，9 月资本增长率为 13.43%，同比大幅下降，减少 10.97 个百分点。此外，6 月、9 月资本增长率环比大幅下降，分别减少 7.45 和 10.59 个百分点（见图 38）。

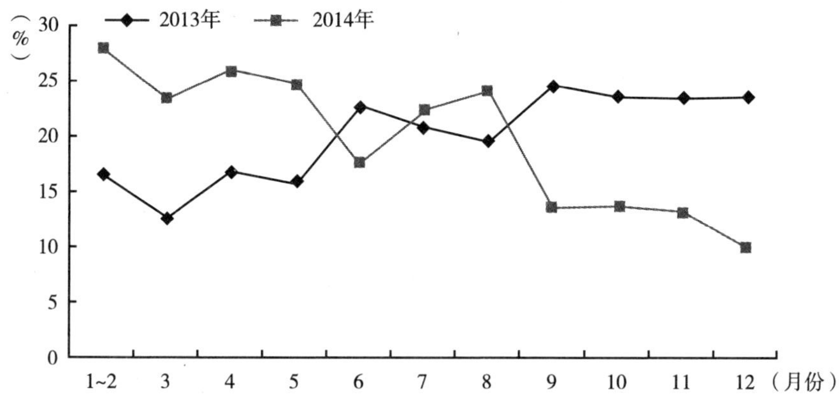

图38　2014年我国建筑材料生产专用机械制造业资本增长率及同比增速

③利润增长率波动下降

2014年，我国建筑材料生产专用机械制造业全年利润增长率（-9.86%）与2013年（29.02%）同期相比大幅下降，且月利润增长率波动下降。2014年利润增长率平均值为5.97%，同比下降42.33个百分点；其中12月同比降幅显著，利润增长率为-42.99%，同比减少253.63个百分点（见图39）。

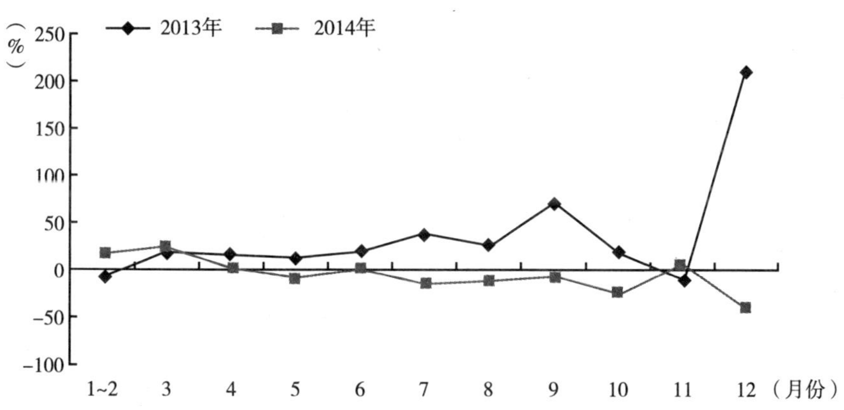

图39　2014年我国建筑材料生产专用机械制造业利润增长率及同比增速

3. 我国建筑材料生产专用机械制造业技术水平

我国建筑材料生产专用机械制造业正积极进行技术升级创新，朝着高品质、低能耗的方向发展，目前，水泥生产设备、干混砂浆设备等设备技术水平已达到国际一流水准。

（1）水泥生产设备技术向节能减排方向发展

我国目前水泥生产设备技术正朝着低能耗、高产量、少污染的方向发展。传统的水泥生产设备由于能量消耗大、环境污染严重、水泥产量低，已被逐渐淘汰；而新型干法水泥生产设备以悬浮预热设备技术和预分解技术设备为核心，以现代化的均热、粉磨、运输和环保设备为技术，充分利用新型的科学技术和设备，有效地提高了设备的节能减排水平。

（2）干混砂浆设备技术水平达国际一流

2014 年，中联重科融合德国 m－tec 顶尖的搅拌技术和先进的工业设计理念，自主制造具有高效节能、创新环保的 M－tec MS220V 型干混砂浆混合机，大大提升了搅拌效率，降低了添加剂使用成本 10%～15%，并能有效控制粉尘。该产品的研制在技术创新领域达到了国际一流水平，标志着我国干混砂浆设备技术水平将向着高效节能环保、自动化程度更高的方向发展。

（3）干法楼式机制砂生产线达到全球领先水平

2014 年，中联重科研发生产全球首条 150t/h 的干法楼式机制砂生产线，在技术上达到全球领先水平，实现了中国砂石装备行业的重大技术创新。该产品具有产能高、占地少、零排放等特点，有效改进了传统采砂方法污染破坏环境的问题，同时降低了水泥的用量，显著提高混凝土质量。因此，该产品的应用将提升整个行业的生产技术水平，促进砂石质量不断提高，保证建设工程质量。

三　对我国工程机械行业发展前景的展望与建议

（一）我国工程机械行业发展前景

1. 我国工程机械行业发展趋势

近年来，我国工程机械行业发展进入一个平台期，由高速发展转向稳定发展。随着国家政策支持力度的加大和产业结构的不断优化，工程机械行业未来有望突破瓶颈，发展前景看好。

（1）工程机械智能化成为发展重点

面临日益激烈的国内国际市场竞争，日趋多样化的客户需求，我国工程机械行业转型升级迫在眉睫。在《中国制造 2025》规划中提到，随着两化深度融合，智能制造将是制造业的主攻方向。而对工程机械行业而言，智能化制造将大大提高其关键技术创新水平，同时降低人力成本，提高工作效率，满足不同客户需求，推动业务创新和管理升级，因此，智能化将成为我国工程机械行业未来发展的重点。

（2）工程机械绿色发展成为主流

随着中国空气污染的日益严重，国家对节能环保等问题逐渐重视，市场对工程机械产品从研发到生产销售环节的节能减排要求也日益提高。目前，不少中国工程机械龙头企业已将绿色环保作为产品战略重点之一，加强对新型环保产品的研发和对传统产品的再制造，以此达到合理利用资源、减少环境污染的目的。由此可见，绿色发展将成为我国工程机械行业的主流趋势。

（3）工程机械行业国际化进程加速

李克强总理在 2015 年政府工作报告中明确提出要加快实施走出去战略，推动工程机械等中国装备走向世界；“一带一路”建设包括中国在内至少涉及 65 个国家，其中大部分为基础设施较为落后的欠发达国家，因此，有利于我国工程机械行业产能外迁，解决产能过剩问题；此外，亚洲基础设施建设投资银行的筹建和发展在为亚洲广大地区带来建设资金的同时，也将有利于中国工程机械产品开拓亚洲市场。

（4）工程机械后市场发展空间巨大

我国工程机械行业一直面临产能过剩的问题，国内市场整机保有量较大，这为工程机械后市场提供了广阔的发展空间。未来我国工程机械行业核心有望从产品转移到服务，开展包括设备维修、融资租赁、二手设备交易、零部件配套、设备再制造等服务业务。①

---

① 余亚军：《余亚军：工程机械后市场思辨》，《今日工程机械》2015 年第 2 期。

2. 我国工程机械行业投资机会

(1) 节能环保工程机械市场前景看好

随着基础设施建设、新型城镇化的不断推进，中国工程机械正在迈向一个更为稳健的增长阶段，行业对高品质、节能环保产品的需求持续提升。工业节能“十二五”规划、《中国制造 2025》政策的相继实施，都对工程机械行业提出了绿色发展、节能减排的更高要求，预示了我国节能环保工程机械市场良好的发展前景。

(2) 智能化工程机械市场前景广阔

智能化已成为我国工程机械行业发展的主流趋势。《中国制造 2025》规划对工程机械行业的发展提出了更高的要求，要广泛推行智能化制造技术，高度重视发展数控系统、工业机器人等关键设备，从而推动高端装备制造业的发展。由此可见，未来智能化工程机械产品需求将大幅增加，市场前景广阔。

(3) 工程机械二手设备市场潜力巨大

我国工程机械行业经过几年高速发展，导致主要产品保有量巨大，并开始进入设备闲置期，这为二手设备的销售提供了重要的条件。目前，二手设备以其较高的性价比逐渐得到客户的认可，特别是需要开源节流的中小企业，市场交易日益活跃；此外，对二手设备的循环利用顺应了工程机械绿色发展的需求，有利于可持续发展战略实施，可见其将具有巨大的市场发展空间。

(二) 对我国工程机械行业发展的建议

1. 对政府部门的建议

(1) 加大财税支持力度

政府应采取财政补贴或者减免相应税款，支持和鼓励我国工程机械行业绿色制造、智能化制造的发展。我国工程机械产品正在向节能减排、智能化方向发展，技术水平要求提高，研发投入力度增大，制造成本也随之增加，导致企业财政负担较大，因此，政府部门应给予相关财税政策的支持。

（2）加大金融政策扶持力度

政府应采取信贷倾斜政策，缓解国内工程机械行业的融资压力；简化境外投资、上市、并购等审批手续，发挥政策性银行等金融机构作用，鼓励和吸收社会资本，为企业"走出去"提供资金支持，促进我国工程机械企业拓展海外市场。

（3）支持国家级技术创新基地建设

建立多部门协同工作制度，加强对创新基地建设的组织领导；建立开放共享和协同创新机制，整合科技创新资源，积极培养和引进创新性人才，推动工程机械行业国家级技术创新基地持续健康发展，提高行业技术创新水平。

2. 行业发展建议

（1）大力推进智能化制造建设

为了提高行业国际竞争力和产品技术水平，工程机械行业应在《中国制造 2025》等政策支持下，加强两化深度融合，大力推进智能化制造发展，提高信息化、智能化技术在设备制造的广泛应用，发展高端装备技术，积极推动产业转型升级，打造"中国工程机械制造"品牌。

（2）重视再制造产业发展

发展再制造产业是工程机械行业可持续发展战略的必然要求。由于目前我国工程机械行业依旧面临产能过剩的困境，产品保有量巨大，发展再制造产业有助于解决行业落后产能，降低能源消耗和污染，大大节省企业成本投入，从而实现我国工程机械行业节能环保的发展目标。

（3）加快推动行业标准体系建设

当前，国内部分工程机械产品标准技术指标偏低，存在标准缺失、滞后、老化问题和重复、交叉、矛盾的现象，因此，行业协会应加快建立科学完整的标准体系，根据行业新技术水平和新要求，及时修订更新技术标准体系，同时，加强与国际协会的交流，促进行业标准国际化，进而推动我国工程机械行业的标准化。

3. 企业发展建议

（1）提高核心技术自主创新能力

我国工程机械企业应积极提高自主开发和创新能力，一方面应引进吸收

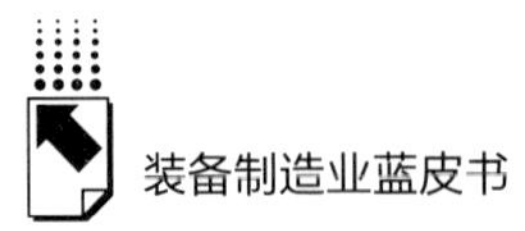

国外先进技术经验，尤其是学习国外关键零部件及高端装备制造技术；另一方面应集中力量建设企业的技术开发中心，培养自身技术创新能力和专业技术人才，提高产品的质量和技术水平。

（2）加强营销渠道建设和创新

面对日益激烈的市场竞争，工程机械企业可根据市场变化需求，充分利用不同营销渠道，提高其营销管理能力。① 如融资租赁已成为工程机械后市场时代的重要营销模式之一，企业可借此拓宽融资渠道，提高服务水平；此外，随着互联网技术的发展，工程机械企业可以选择电商营销作为新的发展渠道，提高其物流、资金流和信息流的有效传输和处理。

（3）在细分市场做精做强

企业应在所处细分行业领域做精做强，成为工程机械细分市场的领航者。我国工程机械骨干企业在发展壮大的同时，应重视细分领域产品的差异化、专业化，保障并提高其市场份额；中小企业则应专注于某个领域产品的技术研发、生产和应用，成为行业的“隐形冠军”。

（4）不断开发海外市场

工程机械企业应抓住国家实行“一带一路”战略的机遇，向周边发展中国家或地区进行产能转移；加强企业间合作，促进零部件配套企业和主机企业的协同发展；通过兼并收购海外企业等举措，不断扩大国际市场份额，提高自身国际竞争力，加速工程机械行业国际化进程。

---

① 路树龙：《金融危机下中国工程机械行业战略研究》，复旦大学硕士学位论文，2009。

B.11
机床工具行业

鲁蕾　杜一民*

摘　要：我国机床工具行业发展较为迅猛，产销连续几年世界排名第一，成为世界机床生产大国。产业规模虽位居世界首位，但却仍面临着产业结构不合理、自主创新能力不足等多项挑战。本文在概括国内外机床行业发展现状和趋势的基础上，从金属切削机床制造、金属成形机床制造、铸造机械制造这三个子行业入手，结合近几年的数据分析了2014年我国机床工具行业的发展状况。分析表明，在市场需求低迷的大环境下，我国机床工具行业总体发展趋势进一步下滑，增速明显放缓；民营企业在行业收入中占主导地位；进出口逆差高位运行，中高端产品仍主要依赖进口。为此，我国机床工具产业应加速弥补现实存在的短板，从注重产量和价格优势逐步向构建产品创新和提高品质方向发展，在产业发展目标和发展重点的指引下，系统地推进产业发展，特别是数控机床的发展，以期实现机床生产强国的愿景。

关键词：机床制造　金属切削　锻造　数控机床

* 鲁蕾，经济师，理学硕士，机械工业经济管理研究院；杜一民，博士，机械工业经济管理研究院办公室。

一　机床工具行业发展概况

（一）机床工具行业的定义和分类

1. 定义

机床工具行业是机械工业的一个重要组成部分，主要任务是为国民经济各部门的机器制造和修理提供技术装备，机床工具工业的产品水平和技术服务水平，对于机械工业产品生产技术和经济效益的提高起着决定性的作用。因此，常称机床工具行业是机械工业的“总工艺师”。先进的机械产品和科研手段必须用先进的机床工具来制造。工业发达国家都把机床工具行业作为国民经济中具有战略意义的工业，加以重点扶持和发展。①

2. 分类

（1）《机床工具行业“十二五”发展规划》分类

《机床工具行业“十二五”发展规划》，把机床工具行业分为八类：金切机床、锻压机械、铸造机械、木工机床、量刃具、磨料磨具、机床附件（含滚动功能部件）、机床电器（含数控系统）。

（2）机械工业联合会分类

机械工业联合会把机床工具行业分为九类：金属切削机床制造、金属成形机床制造、铸造机械制造、金属切割及焊接设备制造、机床附件制造、木材加工机械制造、切削工具制造、其他非金属矿物制品制造、其他专用设备制造。

（3）《中国机床工业年鉴》

《中国机床工业年鉴》将机床工具行业分为八类：金属切削机床制造、金属成形机床制造、铸造机械制造、木工机械、机床附件制造、工量具及量仪、磨料磨具、其他金属加工机械。

① 邓力群、马洪、武衡：《当代中国》，中国社会科学出版社，1990，第117页。

（4）中国机床工具工业协会分类

按照中国机床工具工业协会的分类标准，机床分为金属切削机床、金属成形机床、工具及附件三类。①

（5）国家统计局分类

国家统计局也对机床工具行业进行了分类，具体分类见表1。

表1　机床工具行业分类及代码*

代码	行业分类	代码	行业分类
3421	金属切削机床制造	3524	木材加工机械制造
3422	金属成形机床制造	3321	切削工具制造
3423	铸造机械制造	3099	其他非金属矿物制品制造
3424	金属切割及焊接设备制造	3429	其他金属加工设备制造
3425	机床附件制造		

*资料来源：国家统计局《国民经济行业分类》（GB/T4754－2011）。

（6）小结

本报告根据行业重要性和数据可得性，以及相关子行业在机床工具行业的重要性和代表性，本章选取金属切削机床制造、金属成形机床制造、铸造机械制造这三个子行业，作为本报告主要分析的子行业。

（二）国际机床行业发展概况

1. 国际机床行业发展现状

（1）市场现状

世界机床工具市场中，占据主导地位的有：德国、美国、英国、法国、日本、中国等国家的企业。2014 年前三季度，中、美、德三个国家机床工具行业实现销售收入达 1622 亿美元，同比增长 10.7%。世界主要机床生产国中，中国机床工具行业发展最为迅猛，产销连续几年世界排名第一，进入世界机床生产大国。

① 中国产业信息网，http：//www.chyxx.com/industry/201401/227906.html。

①美国本土消费增长

美国2014年制造业回暖，本土消费用户拉动机床工具行业的消费逐月增长。主要子行业订单总额上升，如金属加工机床制造业上升至50.8亿美元，同比增长3.1%；切削刀具制造业上升至20.4亿美元，同比增长5.9%。2014年全年美国机床工具行业呈波动上升。

②德国传统竞争优势受到挑战

德国2013年，机床工具行业产值同比增加4%，总产值达到111.5亿欧元，占世界机床工具行业的18.9%。2014年德国机床国内和海外订单也实现增长，产值增长3%。但由于世界主要的机床消费市场需求发生变化，目前德国机床海外订单和出口均出现同比逐月下降趋势。

③日本外需大幅增长

日本机床工具行业在世界一直占据重要地位，高档数控机床是日本发展的重中之重，主要是数控车床、加工中心（带刀库的数控铣床），都大量出口美国、中国等国家。目前，日本受到其国内制造业和本国政策等积极因素的影响，机床产出高速增长，2014年四季度的订单数量持续走高。

（2）技术现状

①超高速超高精度数控机床

数控机床的主流是高速高精度加工与多轴加工，高速高精度加工中纳米控制已成为潮流，多轴加工中五坐标联动加工最多。多轴加工技术领域应用越来越多，如能源、航空航天等行业都会应用到此类数控机床。

②机床误差检测与补偿技术

随着计算机、数控和测量系统技术的逐步提高，目前机床的误差检测、补偿技术都能短时间完成补偿测量，与传统仪器相比，误差补偿精度提高三倍。补偿技术与误差检测已成为许多精密仪器、精密机床应用中的重要技术。

③机床与机器人的融合应用

机器人与机床的融合应用日趋普及，呈现出应用范围扩大化，结构形式多样化，多传感器融合技术实用化，控制功能智能化，多机器人协同普及化的趋势。智能化加工与监测功能不断扩充，车间的加工监测与管理可实时获取机床本身的状态信息，分析相关数据，预测机床的状态，提前进行相关的维护，避免事故的发生，减少机床的故障率，提高机床的利用率。

2. 国际机床行业的发展趋势

（1）市场趋势

目前，世界经济呈现出弱复苏状态，欧日经济处于低位波动状态，中国经济增速放缓，导致机床工具行业状况整体受到影响。未来美国、德国、英国等国市场整体需求会小幅回升，所需进口的大量机床主要还是延续各种本国没有的系列和品种；然后是生产耗能较大的普通机床。而中国与欧美需求相反，未来市场需求量大的是依赖进口的高效能、技术密集型的机床，出口量大的是普通机床。

①美国本国机床消费回升

美国经济复苏将日益明显，在制造业回暖带动下，美国机床工具市场消费增长势头将继续提升。对 2014 年底美国机床工具市场的各种经济指标加以分析，可以看到整个 2015 年机床市场走势是乐观的。虽然有一些对机床工具行业不利的因素，但从整体上看 2015 年上半年美国机床工具市场继续保持回升的趋势，并处于快速上升阶段。

②日本增长速度加快

日本机床进口量小，每年只根据当年国内需要，进口一些欧美高端、专业机床。日本政府目前采取的积极财政和货币政策有利其外向型机床工具产业的发展，同时也有利于扩大和刺激内需在近期的集中释放。因此，未来一段时间将继续保持快速增长趋势。

③德国市场压力重重

德国机床工具行业虽然在出口方面有所增长，但过高的社会成本、日益萎缩的传统市场和更激烈的外部竞争，都为其近期的运行设下重重障碍。

（2）技术新趋势

未来机床行业发展的国际性大趋势是数字化、自动化、智能化、网络化、绿色化。其中智能化的核心是运动控制技术与当代信息技术的集成。智能化生产将引领制造业的发展方向；智能化制造将使生产过程更加高效、产品更加精细；复杂零件的加工更加简单。智能化开创了一个新的世纪，使生产过程更加节约资源，对环境的影响大为降低。

①高性能化、技术坚实化

材料高性能化（如更高强度、硬度、耐高温等），基础技术坚实化（如更高精度、效率、自动化）是当今世界数控机床技术的主要发展趋势。每一种新材料、新功能元部件的创新，都可能使机床的精度和自动化水平提高一大步，也可能成为某一时期机床技术的发展趋势，甚至成为某一时期机床技术的“发展浪潮”。

②高精度化、高质量化

机床行业永恒的发展趋势是高精度化、高质量化，如果没有这两个因素，就不可能发展高效率化，更不可能实现智能化、集成化。高精度化、高质量化，是先进高档数控机床发展的必经之路。

③智能化

目前，先进高档数控机床行业离完完全全的“智能化”机床制造，还有很大的距离。但智能化是未来制造技术的必然趋势。智能化完全实现的时间，将由人类的科学文化升级速度来决定。

（三）我国机床工具行业发展概况

1. 我国机床工具行业总体状况的分析

（1）工业增加值增速趋缓

2014 年，机床工具行业延续了 2012 年、2013 年的严峻形势，总体趋势是进一步下滑，工业增加值增速明显放缓，各子行业增速波动差异较大。其中，石墨及其他非金属矿物制品制造 2014 年增加值同比增长 10.9%，同比提高 1 个百分点；金属工具制造 2014 年增加值同比增长 9.5%，同比增速下降 1.4 个百分点；金属加工机械制造 2014 年增加值同比增长 9.2%，同比增速提高 0.4 个百分点；化工、木材、非金属加工专用设备制造 2014 年增加值同比增长 7.7%，同比增速下降 1 个百分点（见表 2）。

表 2　2014 年机床工具主要子行业工业增加值同比增速

单位：%

月份	石墨及其他非金属矿物制品制造	金属工具制造	金属加工机械制造	化工、木材、非金属加工专用设备制造
1 ~2 月	0. 103	0. 108	0. 115	0. 115
3 月	0. 074	0. 111	0. 111	0. 107
4 月	0. 119	0. 083	0. 108	0. 127
5 月	0. 103	0. 086	0. 103	0. 121
6 月	0. 090	0. 085	0. 068	0. 100
7 月	0. 117	0. 112	0. 121	0. 112
8 月	0. 086	0. 099	0. 106	0. 090
9 月	0. 086	0. 097	0. 101	0. 079
10 月	0. 124	0. 077	0. 066	-0. 040
11 月	0. 147	0. 082	0. 058	-0. 021
12 月	0. 142	0. 100	0. 064	-0. 020

（2）资产规模增速平稳

2014 年底，机床工具行业资产总额达 8247. 70 亿元，2013 年全年资产总额累计 7266. 71 亿元，同比增长 13. 5%。按月份来看，除 1 月资产增速较快外，其他月份均实现平稳增长（见图 1）。

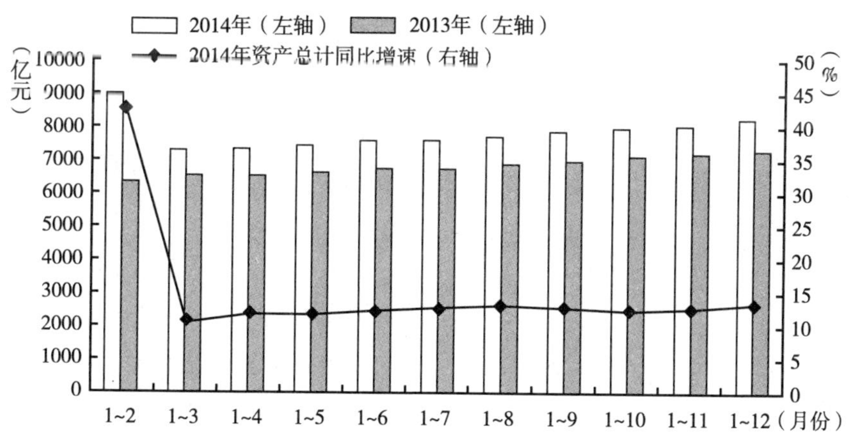

图 1　2014 年机床工具行业资产总计及同比增速

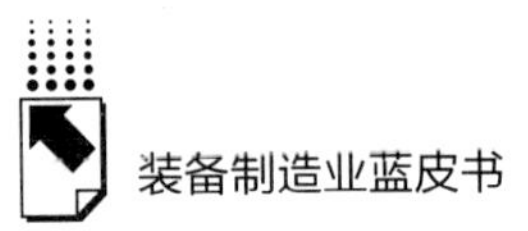

从机床工具各子行业来看，子行业间资产规模差距很大，资产规模最大的是金属切削业为2137.94亿元；最小的木材加工机械制造业仅为107.85亿元。第二、第三分别是其他非金属矿物制品制造业资产总额为1828.13亿元，其他专用设备资产总额为1296.48亿元（见图2）。

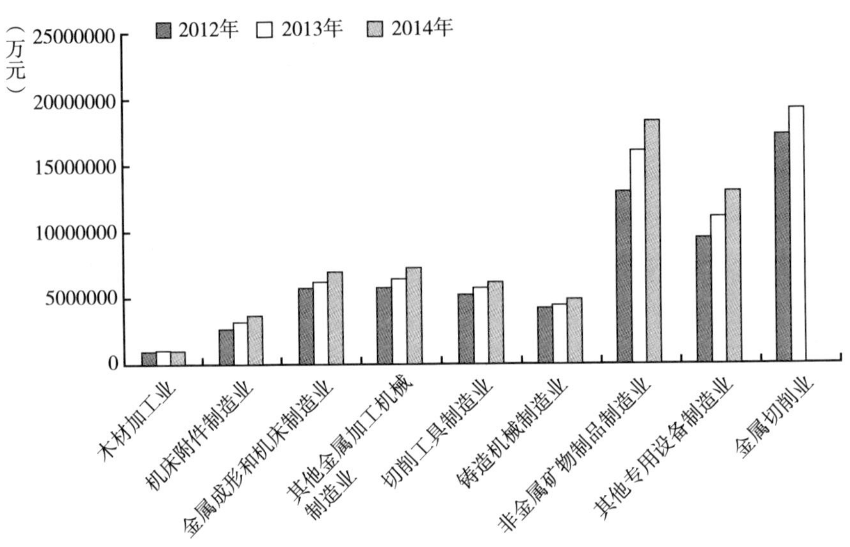

图2　2012～2014年机床工具行业重点子行业资产总计

（3）固定资产投资增速年终明显回升

2014年，我国机床工具行业市场低迷，固定资产投资额上下小幅波动，同比增速四季度明显回升，2014年累计固定资产投资完成额同比增长13.57%（见图3）。

（4）进口规模高位运行

国产低端产品需求明显减少，进口额高位运行。2014年机床工具行业进口总额为172.49亿美元，同比增长12.52个百分点；出口总额为108.82亿美元，同比增长20.67个百分点。机床工具行业进出口逆差为63.67亿美元（见图4）。在市场激烈的竞争中，产品结构与市场需求矛盾更加突出，我国机床工具产品出口呈现出先高后低状态。

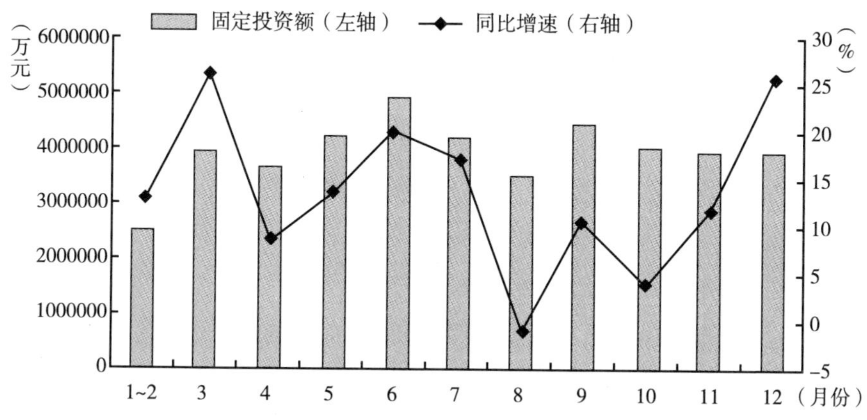

图3　2014 年机床工具工业固定资产投资额及同比增速

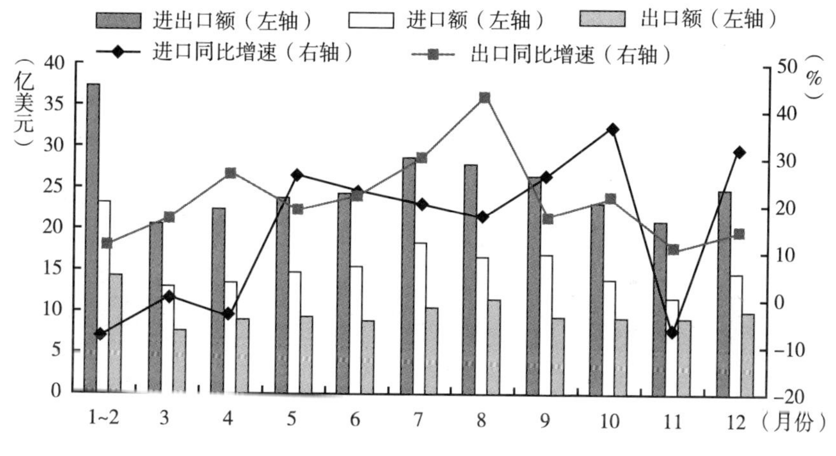

图4　2014 年机床工具行业进出口额及同比增速

①进出口贸易附加值提高

2014 年，机床工具行业附加值较高的一般贸易进出口总值为 217.93 亿美元，同比增长 16.61 个百分点，规模占全行业的 4.76%。其中进口总额为 128.07 亿美元，同比增长 13.73 个百分点；出口总额为 89.86 亿美元，同比增长 20.99 个百分点；一般贸易逆差为 38.21 亿美元（见图 5）。

2014 年，机床工具行业加工贸易共完成进出口总额为 1.89 亿美元，同

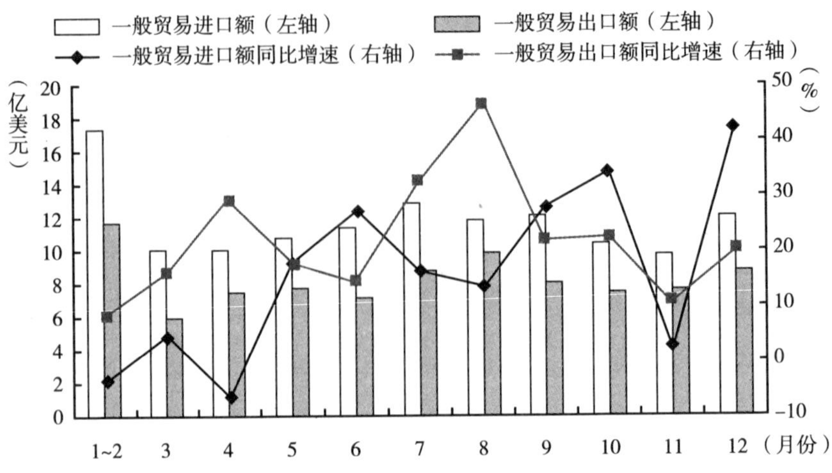

图5 2014年机床工具行业一般贸易进出口额及同比增速

比下降0.53%。其中，进口总额为0.26亿美元，同比增长23.81%；出口总额为1.63亿美元，同比下降3.55%（见图6）；加工贸易累计顺差为1.37亿美元（见图6）。

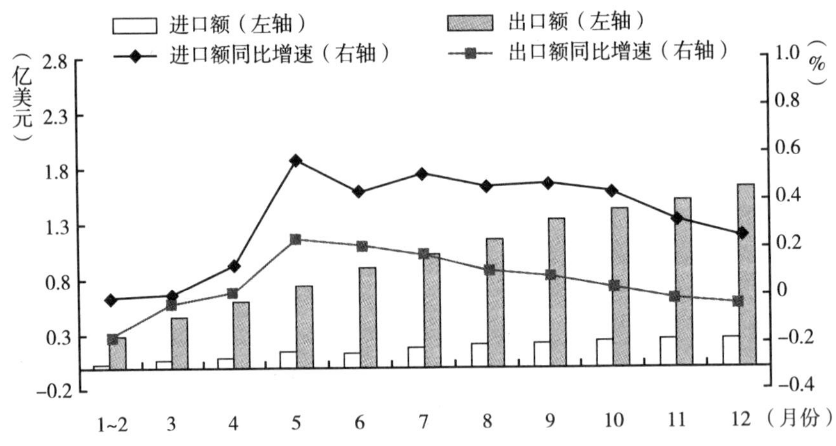

图6 2014年机床工具行业加工贸易进出口额及同比增速

②全国各主要省市情况

2014年，进口额排名前10位的省市分别是江苏、广东、上海、山东、北京、辽宁、浙江、天津、吉林、湖北。我国机床工具行业进出口贸易额排名前10位的省市多集中在东部沿海地区，其中江苏、广东地区进出口情况均名列前茅。在进口方面，近两年，江苏、广州机床工具产品进口额逐年增长，2014年分别达37.23亿美元、29.58亿美元；而北京、浙江、吉林进口额逐年减少，2014年仅为9.025亿美元、7.69亿美元、3.46亿美元。其他五省近两年均出现波动（见图7）。

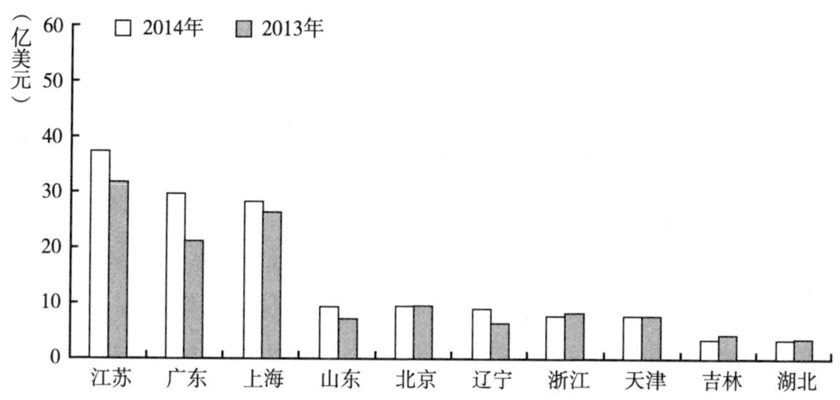

图7　2013、2014年机床工具行业10省市进口总额

2014年，出口额排名前10位的省市分别是江苏、广东、浙江、山东、上海、辽宁、广西、天津、福建、河南。2014年排名前10位地区出口额基本呈逐年递增趋势，江苏、广州机床工具产品出口额还是保持逐年增长态势，2014年分别达20.33亿美元、15.55亿美元；前10位中只有福建有所减少，为2.94亿美元（见图8）。

③主要出口国别

2014年，我国机床工具行业进口来源国家和地区共96个，主要有：日本、德国、中国台湾、韩国、美国、意大利、瑞士、西班牙、奥地利。其中日本是我国机床工具行业最大的进口来源国，我国从日本进口累计金额达52.52亿美元，同比增长26.89%。德国是第二大机床工具进口国，累计进口金额达38.66亿美元，同比下降3.69%。累计从中国台湾进口金额达

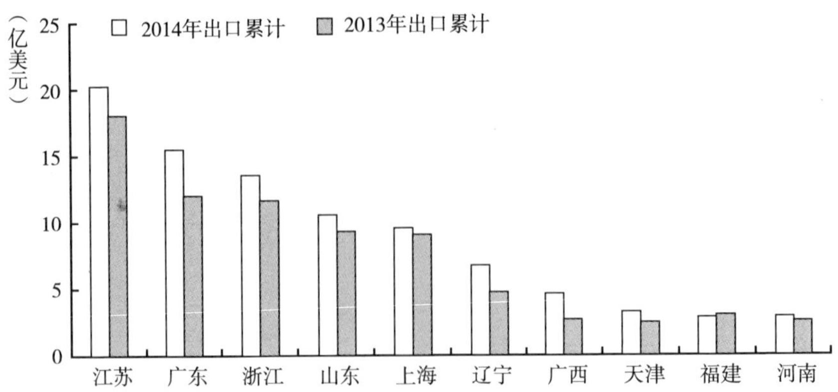

图8　2013、2014年机床工具行业10省市出口总额

24.09亿美元，同比增长17.34%（见图9）。

2014年，我国机床工具行业产品出口到213个国家和地区，主要有：美国、越南、日本、德国、印度、韩国、俄罗斯联邦、中国香港、中国台湾、泰国。其中，美国是我国机床工具行业最大的出口国，2014年我国向美国出口累计金额达15.61亿美元，同比增长10.01%。越南是第二大出口国，累计出口金额为11.29亿美元，同比增长139.19%。累计向日本出口金额达7.81亿美元，同比增长29.30%。

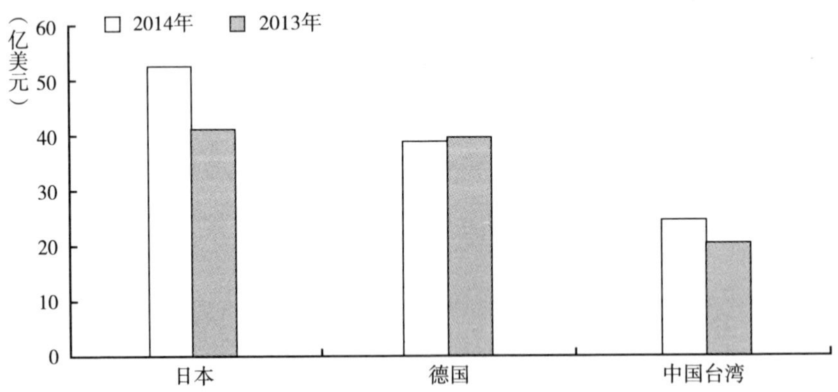

图9　2013、2014年我国机床工具行业进口来源国家和地区前三名

2. 我国机床行业的运行情况

（1）主营业务收入稳步增长

2014 年，机床工具行业实现主营业务收入为 10164.51 亿元，同比增长 11.40%，增速较 2013 年下降 2.09 个百分点。其中，1～7 月逐月累计增速均在 10% 以上，8 月出现下滑，12 月回升，高于全年其他月份（见图 10）。

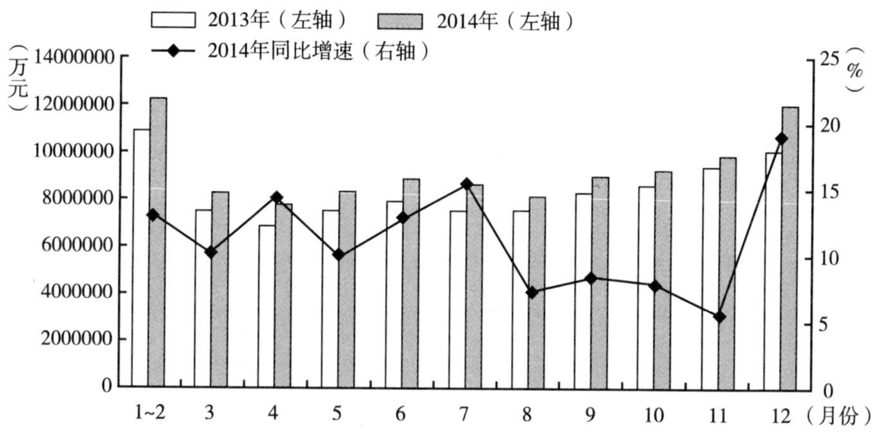

图 10　2014 年机床工具行业主营业务收入及同比增速

①非金属矿物制品制造业主营业务收入占比最大

从占比来看，2014 年非金属矿物制品制造业贡献率最高，完成主营业务收入为 2787.33 亿元，在整个机床行业中占比为 27.42%；金属切削机床制造的占比为 16.82%，其他专用设备的占比为 12.16%。从增速看，有五个子行业都保持了两位数增长，分别是非金属矿物制品制造业、金属成形机床制造业、其他金属加工机械制造业、切削工具制造业、铸造机械制造业（见图 11）。

②民营企业收入占主导

2014 年，机床工具行业中民营企业贡献率最大，主营业务收入为 7861.69 亿元，占机床工具行业的 79.99%。国有企业和三资企业所占比重较少，分别是 835.08 亿元和 1132.05 亿元（见图 12）。

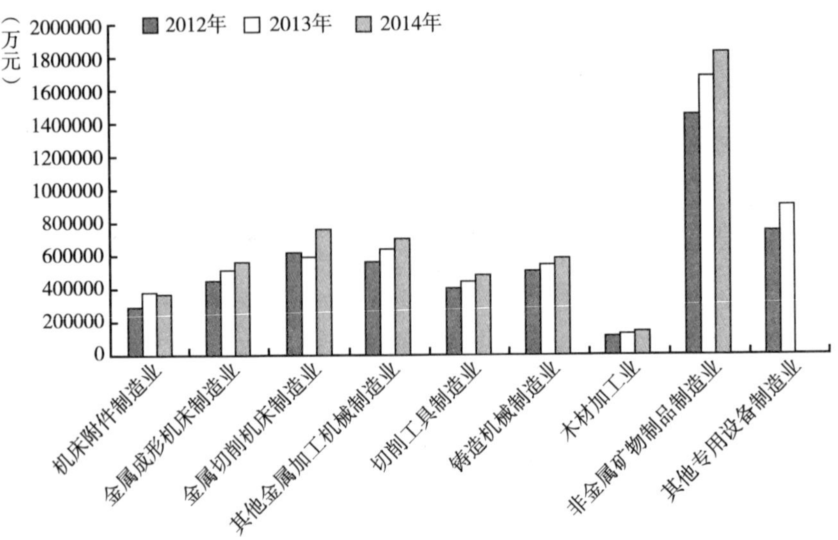

图 11　2012～2014 年机床工具行业主要子行业主营业务收入

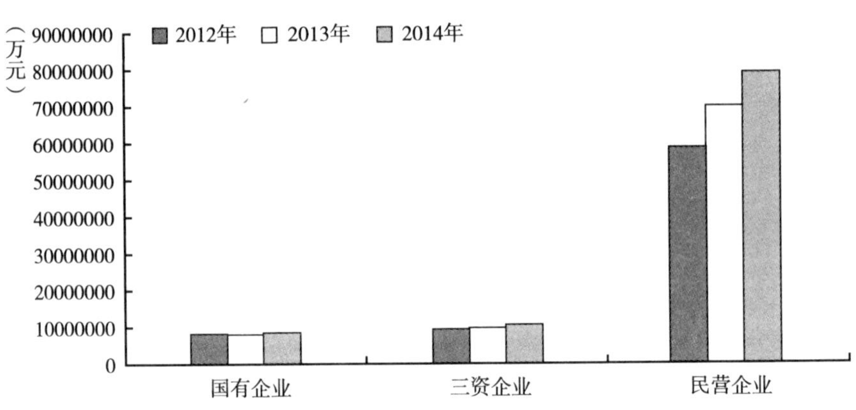

图 12　2012～2014 年机床工具行业不同企业性质主营业务收入

③小型企业收入占主导

2014 年，我国机床工具行业小型企业贡献率最大，2014 年小型企业完成主营业务收入为 6311.86 亿元，同比增长 12.63%，占机床工具行业主营业务总收入的 62.10%。大中型企业相对较少，2014 年完成主营业务收入为 3852.65 亿元，共同仅占总数的 37.90%（见图 13）。

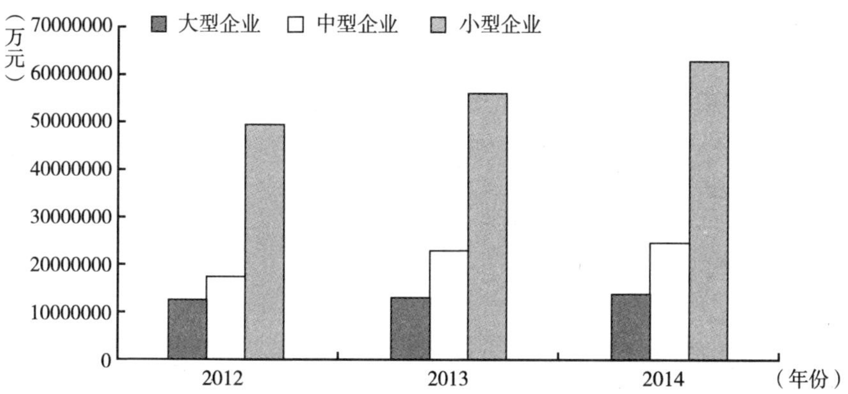

图 13　2012～2014 年机床工具行业不同企业规模主营业务收入

（2）主营业务成本增速快于收入

2014 年，全国机床工具行业累计主营业务成本为 2622.92 亿元，同比增长 12.3%（见图 14），且主营业务成本增速高于主营业务收入增速（11.4%）0.9 个百分点；随着材料、人工等生产成本的不断增加，这一差距也将不断扩大，节能降耗、产品转型升级将成为机床工具行业提高效益的重点。

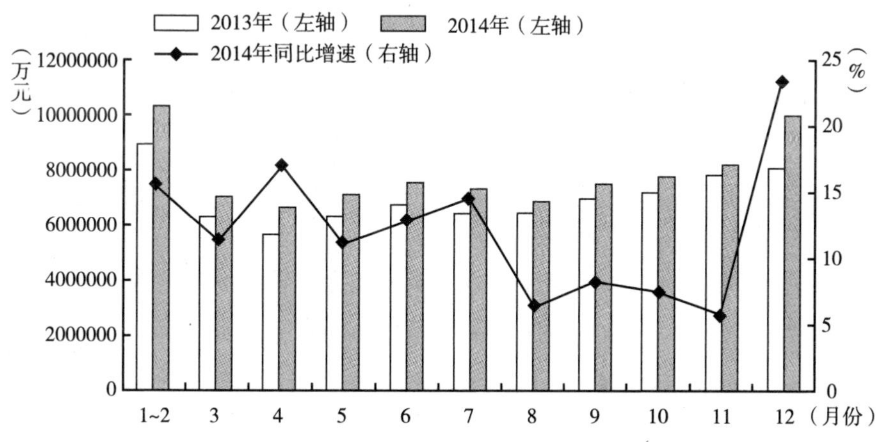

图 14　2014 年机床工具行业主营业务成本及同比增速

①民营企业主营业务成本最高

从企业所有制性质来看，机床工具行业中产销规模最大的民营企业占绝对主导地位，主营业务成本为6709.30亿元，成本最高，同比增加13.89%，占全行业的80.04%。国有企业主营业务成本为712.61亿元，三资企业主营业务成本为926.11亿元，其中三资企业相对2012年成本快速增长（见图15）。

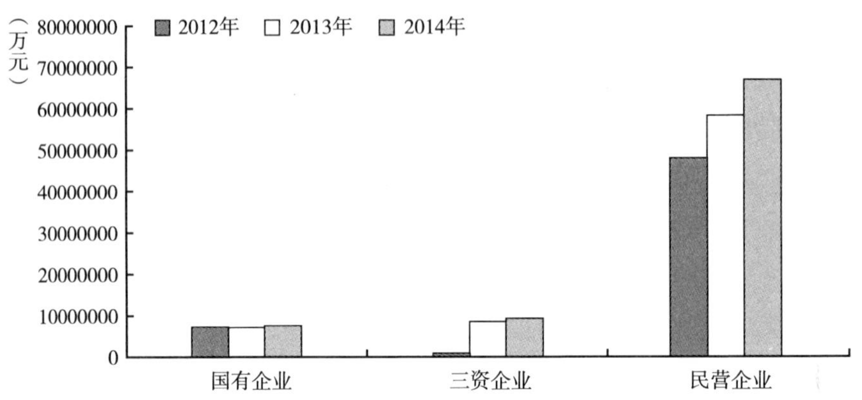

图15　2012～2014年机床工具行业不同性质企业主营业务成本

②小型企业利润最高

从企业规模来看，我国机床工具行业小型企业主营业务成本为4916.43亿元，同比增长18.32%。大型企业主营业务成本为1051.82亿元，中型企业主营业务成本为1617.03亿元，分别同比增长2.84%和13.08%（见图16）。

③子行业主营业务成本均有上升

各子行业主营业务成本逐年升高，其中非金属矿物制品制造业销售成本最高增速最快，2014年主营业务成本为2414.9亿元，同比增长15.92%；其次是金属成形机床制造业、铸造机械制造业，同比增速分别是13.28%和12.3%（见图17）。

（3）利润总额缓慢回升

2014年，全国机床工具行业累计实现利润总额为640.21亿元，同比增

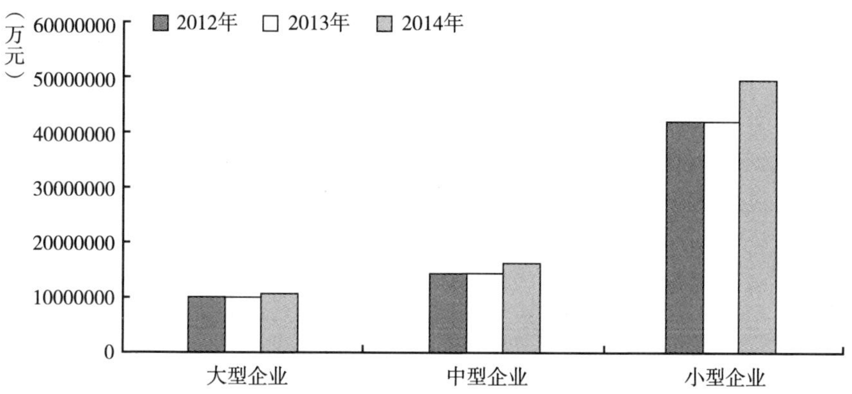

图 16　2012～2014 年机床工具行业不同企业规模主营业务成本

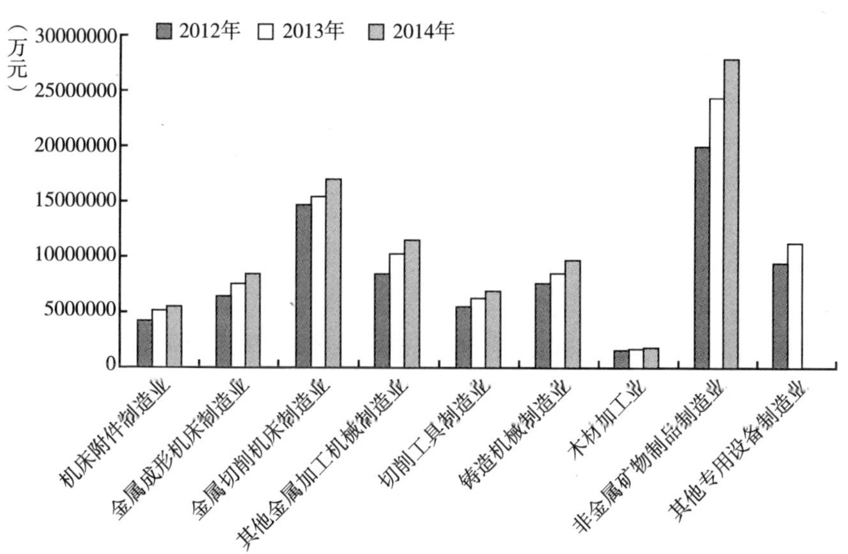

图 17　2012～2014 年机床工具行业主要子行业分主营业务成本

长 9.63%（见图 18）。机床工具行业从 2011 年下半年开始进入下行通道。在市场需求低迷的大环境下，全行业生产和销售呈现出持续下降趋势。同时，产成品库存增加和利润负增长导致行业亏损面持续处于较高水平。经过近三年的低位运行，行业普遍出现资金紧张和经营困难情况。

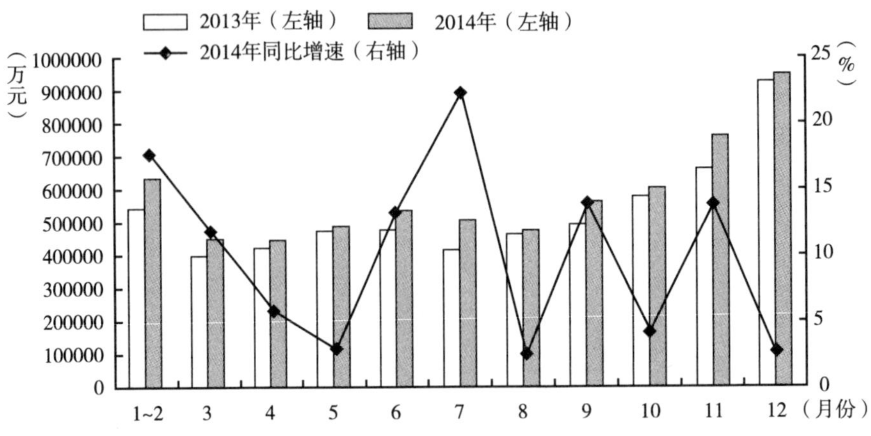

图 18　2014 年我国机床工具行业利润总额及同比增速

①民营企业利润快速增加

机床工具行业中民营企业利润总额最高，2014 年利润总额为 519.25 亿元，同比增加 8.78%，占机床工具行业利润总额的 84.57%。国有企业利润总额为 10.16 亿元，三资企业利润总额为 84.59 亿元，国有企业利润总额逐年下降。民营企业利润逐年提高，实现快速增长（见图 19）。

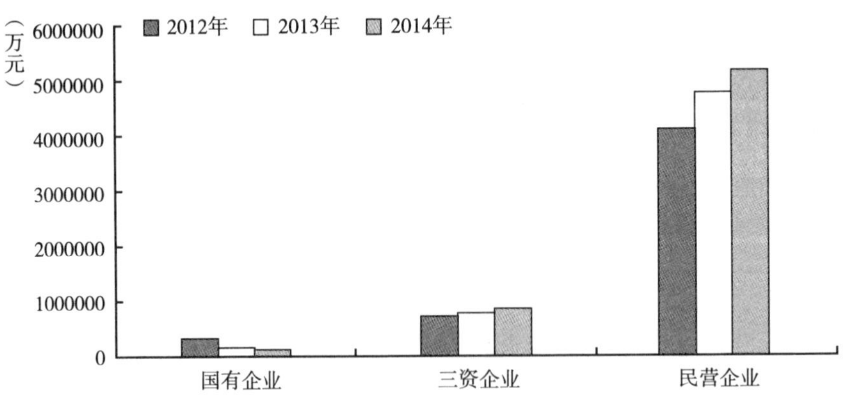

图 19　2012 ~2014 年我国机床工具行业按企业性质分利润总额

②小型企业总利润最高

从企业规模看，小型企业利润最高，我国机床工具行业小型企业利润总额为400.92亿元，同比增长5.7%；大型企业利润总额为80.13亿元，中型企业利润总额为159.16亿元。大型企业在2013年利润总额较2012年有所回落，2014年回升，同比增长34.14%（见图20）。

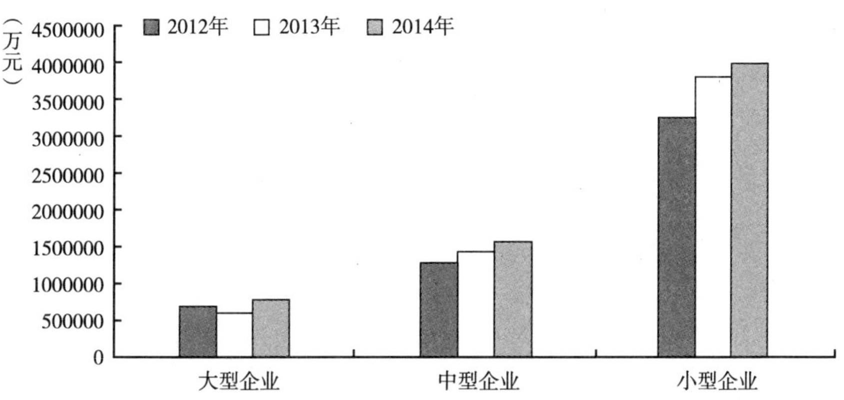

图20　2012~2014年我国机床工具行业按企业规模分利润总额

③各子行业利润均有上升

从子行业来看，非金属矿物制品制造业利润最高，为183.36亿元，同比增速最快，同比增长9.11%，占整个机床工具行业的28.64%。其次是其他专用设备制造业和金属切削机械制造业（见图21）。

3. 我国机床行业市场需求分析

（1）国内需求结构升级特征明显

国内市场经历了2012年、2013两年的下滑，未来几年，尽管市场需求总量明显减少和需求结构的加速升级的趋势不会改变，但国内城镇化建设的推进，铁路、汽车、航空等重大领域的持续需求和产业升级将为机床行业提供稳定的市场需求。

①汽车行业需求小幅增长

汽车行业是机床最大的用户行业，目前，国内对汽车的刚性需求仍然很大，但受交通设施和能源的约束，高速增长的阶段很难再现。汽车行业的固定资产投资增速将稳中趋缓，预计未来汽车行业的固定资产投资还会保持小

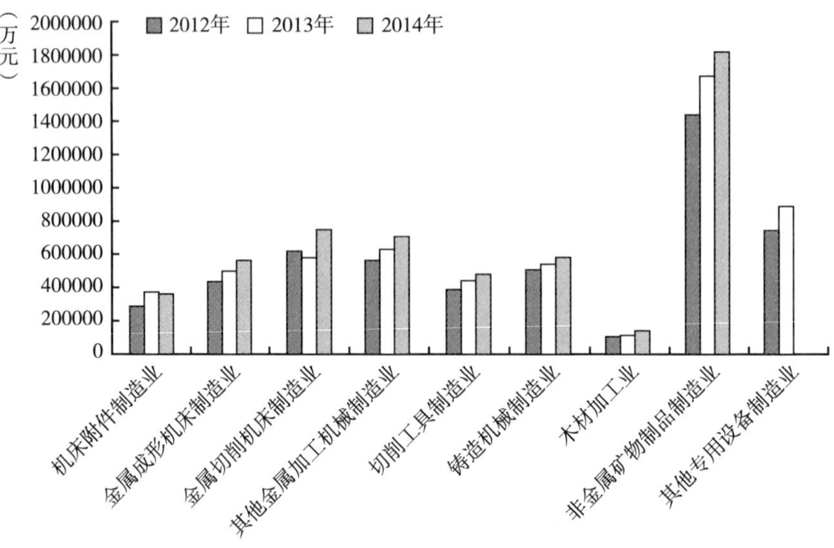

图 21 2012～2014 年我国机床工具重点子行业利润额

幅增长。对自动冲压生产线等金属成形机床，以及对模具加工的金切机床需求将持续增长。

②轨道交通装备行业需求大量增加

“十三五”期间，轨道交通建设仍将是我国重点投资项目，特别是铁路的大面积提速，包括机车、车辆制造、车轮、轨道加工等很多构件，都需要中高档数控专用、通用金切机床。对折弯机等金属成形机床也有一定需求。

③航空航天工业需求高端机床

航空航天工业一直是中国机床市场的高端客户，航空飞机制造主要是发动机，以及机翼、机身、尾翼的整体框架、梁、壁板等零件的加工。中国航空运输市场广阔，未来十几年间，国内需增加大型客机 3000 多架，支线客机上千架。

④国防军工行业对数控机床需求量大

面对复杂多变的国际形势，国防科技工业作为国家的战略性产业，必须大力发展。我国海军、空军、导弹、装甲部队的武器更新与实现装备现代化，都需要高科技制造装备。目前，国防军工行业正在加速进行生产能力建设，对数控机床的需求量很大，国产数控重型机床将成为首选设备。

（2）国际需求稍有改善

全球经济在经历了危机后，近一段时间复苏加快，在美国经济依靠制造业实现复苏的同时，英国经济也开始呈现出回暖，未来几年美、英与机床行业相关的领域如汽车工业、航空航天企业，这些下游行业群体对机床需求的拉动作用都非常大。欧盟目前本国消费和对内投资同比增长，同时，经济增长依赖外国的程度有所降低。工业生产缓慢增长，工业产能利用率接近历史平均水平。2013 年欧洲机床产品消费同比减少 4%，2014 年机床消费恢复增长。欧盟机床产品消费订单主要来自新型设备更新改造和新兴市场，面对巨大的新兴市场需求，机床制造企业将会呈现出积极稳定的发展趋势。

①汽车行业需求小幅上扬

在美国、日本和欧洲等发达国家及地区，汽车生产和消费量均达到了一定的饱和状态，汽车企业所面临的问题是如何提高整车性能，包括汽车的舒适性及节能环保这些以往不被重视的方面，以推进用户的更新换代，增加汽车消费量。因此，对机床工具的需求量未来不会有大幅上涨。

②船舶工业对普通机床需求下降

未来三年国际造船市场需求呈下降趋势，前景不容乐观，对普通机床需求量显著下降，但其中高端船舶订单可能有所增加。船舶工业中船用配套设备行业将成为机床行业重要用户。

③轨道交通装备行业需求有上升空间

发展中国家对轨道交通产品需求增长较快，而高速铁路相对发达的欧美与亚太地区主要是以高铁网的扩充为市场。全世界共有 20 多万台轨道车辆在使用，这些车辆大部分用于轻型轨道交通。随着全球人口流动加快和物流业的快速发展，预计未来，全球轨道交通市场的年增长率可达 3% ~7%。因此，所带来的对高中档数控通用和专用金切机床的需求有一定上升空间。

4. 我国机床工具行业存在的问题

（1）低端产品过剩和中高端产品依赖进口

国内机床行业生产低端机床的中小型企业居多，企业产能过剩和产品同质化现象严重。在机床行业过去十几年的迅速成长阶段，旺盛的市场需求以及行业经营门槛较低，大量生产企业的涌入加剧了行业竞争。同时由于各企业在资金、规模、技术等方面存在较大差距，部分企业为了生存，盲目扩张生产，造成重复建设和产能过剩。另外，一些企业在产品研发等方面，不愿意投入资金，再加上缺少专业的研发人员，导致企业生产的产品品质不高。

而我国的中高档产品在性能、质量、可靠性、服务、品牌影响力等方面与工业发达国家相比仍存在较大差距，由于产量小，无法满足国内需求，因而大量依赖进口。

（2）数控化率低

目前数控机床已成为工业的主流装备，数控机床的生产水平，是一个国家综合实力强弱的重要体现，也是世界机床贸易的主导机床产品。

近几年，中国生产机床的数控化率有所提升，但与欧美、日本等发达国家相比，中国机床产品的数控化率水平仍然很低。

我国的高端数控机床长期受制于人，绝大多数的数控机床需要从欧美、日本等国进口。尽管部分国产数控机床厂家已基本掌握了一些核心技术，其研制的高档数控系统也能满足部分用户的需求，但与发达国家产品相比，在技术、质量、稳定性上还存在较大差距。国内能做的中高端数控机床，更多处于组装阶段，未掌握核心技术。高端数控技术目前主要掌握在日本的发那科、德国的西门子、日本的三菱三大厂商手中，其高档数控机床基本垄断了中国国内市场。

（3）零部件性能较低，严重制约发展

高档数控机床的发展主要取决于高档数控系统、关键功能部件和零件的发展。经过多年建设，我国高档数控机床功能部件的发展初具规模，其中个别功能部件的制造水平已接近国际领先水平。

但由于"重主机、轻部件"的错误理念的长期误导，部件的研发和生产没有得到充分重视。因此，我国机床部件生产发展慢、产业化程度低，中高档机床配套的关键功能部件依然大量依靠进口，使得主机行业在技术水平提高、产品成本控制等多方面都受到限制，严重阻碍了机床行业的发展。由于材料应用技术的制约，特别是在数控刀具的研制生产方面滞后，造成国产刀具品种少、寿命短，严重影响数控机床效率的发挥。

二　我国机床工具分行业分析

（一）金属切削制造业

1. 我国金属切削制造业概况

金属切削机床是用切削、磨削或特种加工方法加工各种金属工件，使之获得所要求的几何形状、尺寸精度和表面质量的机床（手携式的除外）。金属切削机床是使用最广泛、数量最多的机床类别。[①]

过去 10 年里，随着国民经济快速稳定发展，在固定资产投资快速拉动下，中国机床产量上升为世界第一，作为机床行业的重要子行业之一的金属切削机床制造行业也得到快速发展，产品产量高速增长。而自 2011 年开始，行业运行整体处于调整的态势，金属切削机床制造行业大受影响，产品产量大幅减少。

2012 年、2013 年金属切削机床制造行业整体进入下行区间后，2014 年我国金属切削机床市场销量达 859341 台，同比涨 3.06%，其中：数控金属切削机床累计生产 260934 台，同比增长 14.78 个百分点。金属切削机床制造行业累计完成利润总额为 76.35 亿元，同比增长 29.85 个百分点。金属切削机床制造行业的整体向下趋势得到了有效抑制。

① 晏初红主编《金属切削机床》，机械工业出版社，2010。

2. 对我国金属切削制造业的总体分析

（1）盈利能力有所提高

①总资产利润率呈上升趋势

2014 年，我国金属切削制造业总资产利润率为 0.49%，同比上升 0.05 个百分点，全年总体呈上升趋势，金属切削制造业的资产利用效益强于 2013 年，经营管理水平有所提高。按月看，从 3 月、4 月起中国机床工具市场总体走出低谷，5 月超过 2013 年水平，迅速进入产品需求上升期（见图 22）。

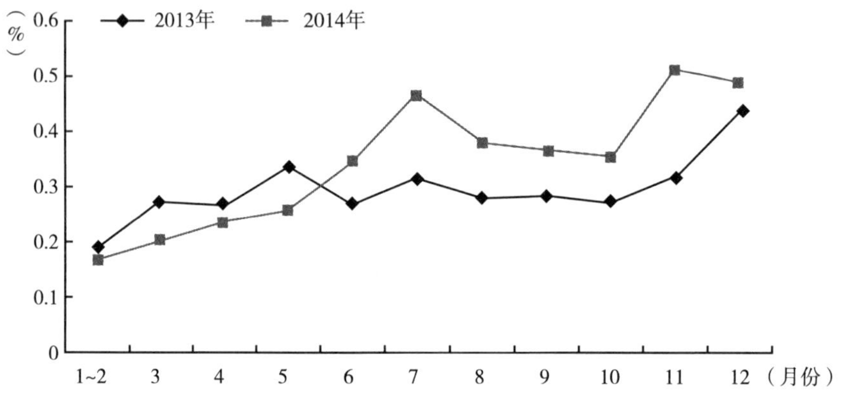

图 22　2014 年金属切削机床制造业总资产利润率及同比增速

②主营业务成本率同比持平

2014 年我国金属切削制造业累计主营业务成本率为 84.00%，与 2013 年全年同期持平，整体运行平稳。2014 年我国金属切削制造业主营业务成本率对盈利能力的影响与 2013 年持平。按月看，除了 11 月略低于 2013 年 0.04 个百分点，其他月份基本持平（见图 23）。2014 年金属切削制造业所需材料、人工、制造等费用都无明显上涨。

③三项费用比重略有下降

2014 年，我国金属切削制造业累计三项费用比重为 14%，同比下降 1 个百分点，整体与 2013 年相比小幅下降，说明 2014 年盈利能力增强。按月

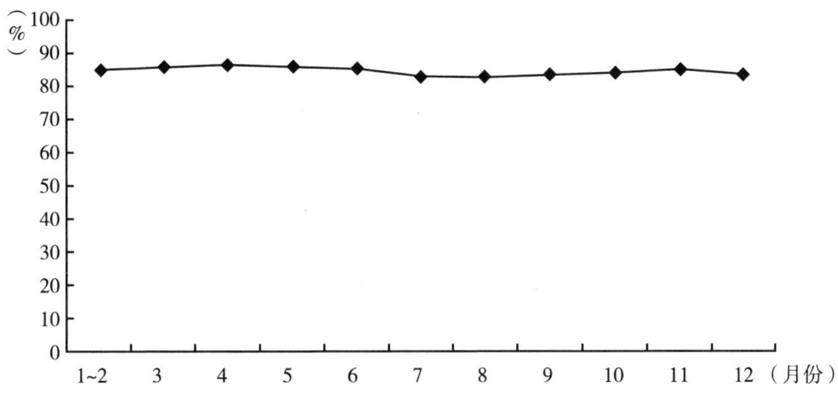

图 23　2014 年金属切削机床制造业主营业务成本率

看，11 月降到最低的 9% 后，12 月提升（见图 24）。2014 年我国金属切削制造业累计三项费用比重的降低，有利于企业增效。

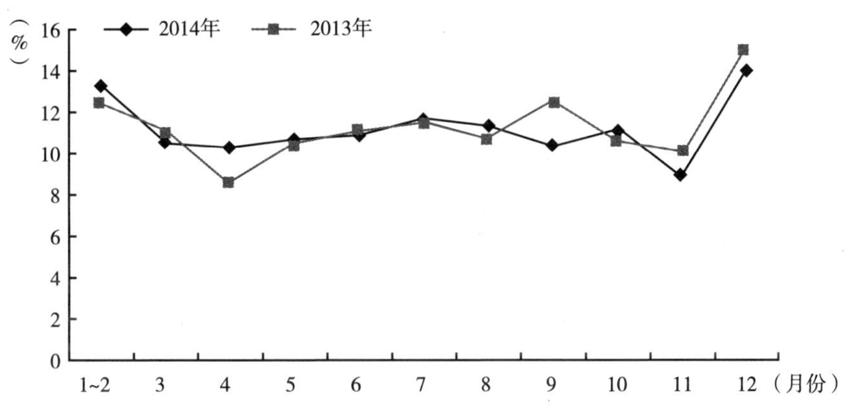

图 24　2014 年金属切削机床制造业三项费用比重及同比增速

（2）偿债能力减弱

资产负债率小幅上升。2014 年我国金属切削制造业资产负债率为 65.1%，全年略高于 2013 年。其中 8 月比 2013 年同期高 1.96 个百分点，12 月高 0.90 个百分点，2014 年逐月变化幅度不大。

产权比率与 2013 年同期相比略有下降。2014 年我国金属切削制造业产权比率为159.80%，比上年同期减少了6.22个百分点。2014年全年无明显增幅。

权益乘数全年无明显波动。2014年我国金属切削制造业权益乘数为259.80%，比2013年同期减少6.22个百分点。全年整体略高于2013年，按月看无明显波动，2月开始小幅提升，到7月跌倒谷底，从8月到12月一直小幅上升（见图25）。

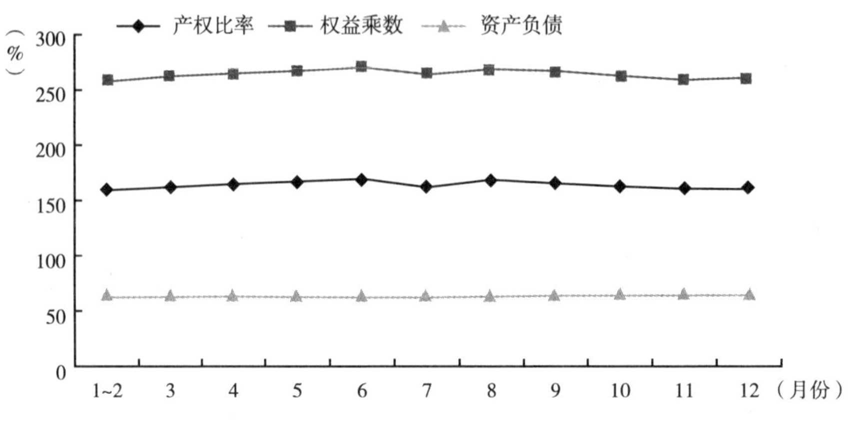

图25　2014年金属切削机床制造业偿债能力及同比增速

（3）营运能力增强

应收账款周转率同比上升，我国金属切削制造业应收账款周转率为0.62次，比2013年同期提高了0.08次；全年整体呈下降趋势。逐月看，前高后低，12月有小幅上升。

总资产周转率变动小，2014年我国金属切削制造业总资产周转率为0.09次，比2013年同期提高了0.01次；与2013年基本保持一致，变化不大。2014年逐月看，前高后低，8月达到0.07次最低后，开始小幅上扬。

流动资产周转率前高后低，2014年我国金属切削制造业流动资产周转率为0.14次，同比提高了0.01次。全年前高后低，整体比较平稳，8月达到最低点的0.104次后，开始缓慢回升（见图26）。

（4）成长性增强

①主营业务收入增长率

2014年，我国金属切削制造业实现主营业务收入为192.21亿元，占机

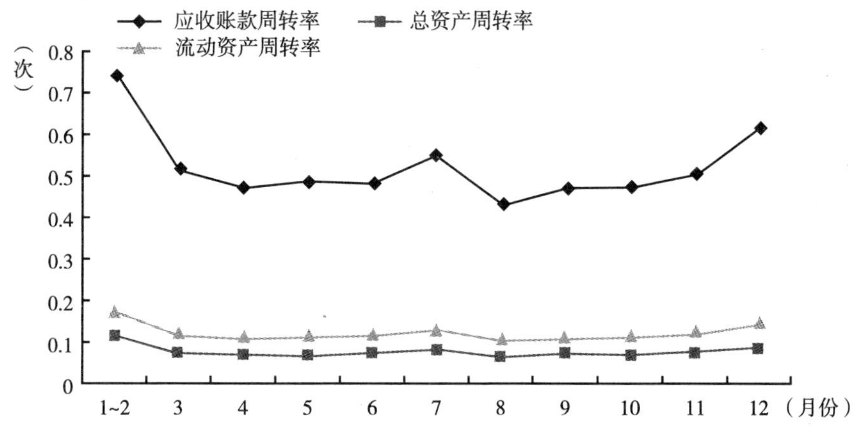

图 26　2014 年金属切削机床制造业营运能力

床工具行业累计实现主营业务收入的比重为 17.82%，金属切削制造业主营业务收入同比增长率为 24.00%。全年波动幅度较大，5 月进入最低点的 1.89% 后开始上行，12 月提升到全年的最高点 24.23%（见图 27）。

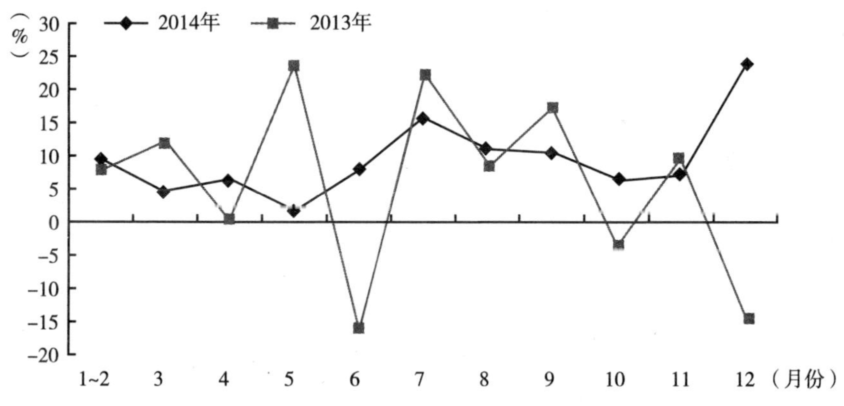

图 27　2014 年金属切削机床制造业主营业务收入同比增长率

②资产增长率小幅下降

2014 年，我国金属切削制造业实现资产增长率为 12.00%，同比小幅下降，逐月增速整体呈上升趋势。按月看，4 月最低为 8.12%，8 月达最高值

12.79%，比2013年同期增加4.05个百分点，8月后逐月下降，增速低于2013年水平（见图28）。

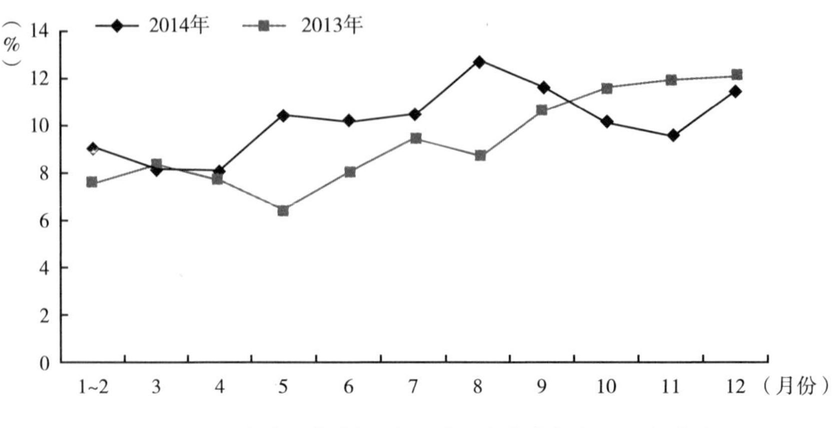

图28　2014年金属切削机床制造业资产增长率及同比增速

③利润增长率波动上升

我国金属切削制造业累计完成利润总额为76.35亿元，同比增长29.85%。2014年利润增长率为24.72%，全年波动上升，前5个月为负增长，6月以后实现正增长。逐月看，3月是全年最低点，为-19.92%，随后波动上升，11月进入最高点（见图29）。

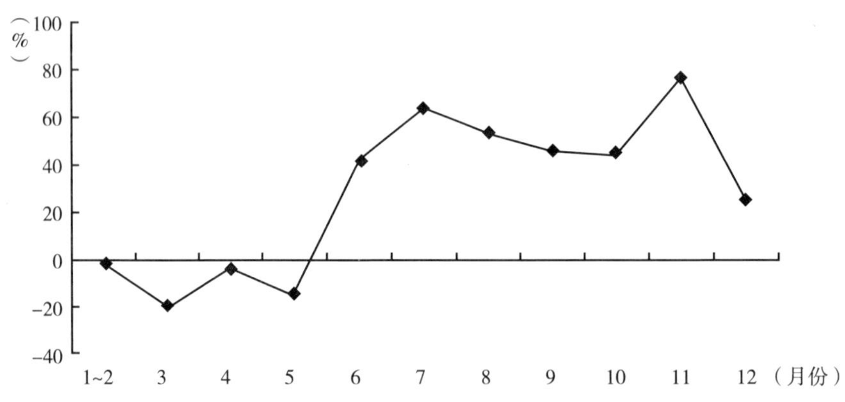

图29　2014年金属切削机床制造业利润增长率

3. 我国金属切削制造业技术水平

我国金属切削制造技术经过多年的发展，已进入了以发展高速切削、开发新的切削工艺、提供成套加工技术为主的新阶段。这是在制造技术全面进步和创新的基础上，实现包括控制系统、数控机床、涂层技术等在内的技术水平全面提升，使整体技术水平达到了一个新的高度。尤其是高速切削，标志着我国切削加工技术正式进入了新的阶段。

（1）国内最先进的大型高精度铣镗床研制成功

2014 年，研制成功国内最先进的大型高精度铣镗床——TH6920A 型专用落地铣镗加工中心，该机床多项重要指标均达到设计要求。该项目主要用于水下勘探、海上石油开采等设备的制造。这套设备的定位精度、滑枕挠度补偿等技术参数都达到了世界领先水平。其中，主轴转速提高到了 2000 转；主轴伸出直线度控制在 0. 33 毫米以内；综合加工精度提高 20% 以上，保证了水下生产设施关键零部件的制造。

（2）RF4250 型高速带锯床填补国内空白

RF4250 高速带锯床是济南第一机床自主研发、试制的卧式带锯床，填补了我国大型高速数控切割锯床的空白。改变了之前国内所需的高速特种数控锯床及配备的硬质合金带锯床只能依赖进口的局面。RF4250 高速带锯床属于高端装备制造业领域的金属切削机床，主要用于大规模高强度的高合金钢、耐热钢、不锈钢及有色金属等特硬材质的高速切削，主要生产航天航空、军工、船舶、钢铁冶金、石油、汽车等行业的重要装备。

（3）CKX5363X95/160 型机床技术水平达到国际先进水平

2014 年，武汉重型机床集团有限公司集团研制生产了具有自主知识产权的 CKX5363 ×95/160 型机床，该机床集中了超重型数控立式车床和超重型数控落地镗铣床的功能特点，为重型多功能加工设备。机床配备有自行研制的双齿轮消除间隙的传动技术，具有精密车、铣、镗、钻、磨复合加工的功能，提高了功能部件的加工精度和效率。CKX5363 ×95/160 型机床整机技术水平达到国际领先水平，可为我国核能发电等国家重点项目提供核心设备。

（二）金属成形机床制造业

1. 我国金属成形机床制造业概况

金属成形机床又称为锻压设备（机械），是指以压力成形方式进行板材或体积成形的一类装备，或能够实现分离、剪切、弯曲、拉伸等冲压工艺的装备，主要产品为机械压力机、液压机、剪切机、弯曲矫正机、线材成形自动机、锻机以及其他金属成形设备等。①

新中国成立后，我国通过机床的生产制造技术引进和自主研发，逐步建立了自己的设计、研发和生产体系。中国制造业的增长，刺激了对生产设备的大量需求，汽车、建筑、航空航天等行业均需要大量金属成形机床，因此，金属成形机床 2007 年之前伴随宏观经济的高速发展，行业利润快速攀升。

但近年来，伴随经济结构调整，全行业亏损企业平均占比逐年扩大，行业利润增速逐渐放缓。2014 年金属成形机床制造业完成产品销售收入为 847.72 亿元，累计生产产品 346478 台，同比增长 6.16%。累计完成利润总额为 57.38 亿元，同比增长 11.50%，全年行业利润有小幅回升。截至 2014 年我国规模以上生产企业为 545 家，其中大型企业较少，多数都是中小型企业，一半以上分布在上海、江苏、浙江等省市。

2. 我国金属成形机床制造业总体分析

（1）盈利能力小幅增强

①总资产利润率

2014 年，我国金属成形机床制造业累计总资产利润率为 8.35%，同比上升，盈利能力增强。逐月看，7 月总资产利润率触底为 0.52%，比 2013 年同期略微上升。7 月后进入上升通道，12 月达到最高点 1.4%（见图 30）。

②主营业务成本率

2014 年，我国金属成形机床制造业累计主营业务成本率累计为

① 中国锻压协会官网，http：//www.chinaforge.org.cn/info/detail/36－833.shtml。

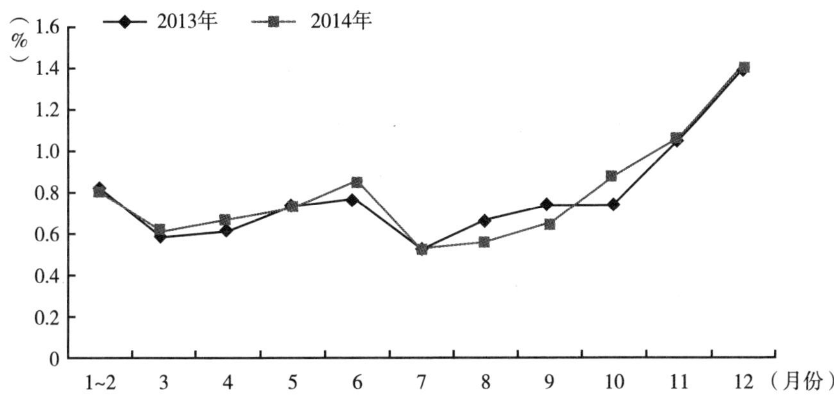

图 30　2014 年金属成形机床制造业总资产利润率及同比增速

84.56%，呈整体小幅下降趋势，盈利能力小幅增强。按月看，7 月到最高峰为 88.05%，之后小幅下降，12 月下降到 80%，比 2013 年同期高出 2.00 个百分点（见图 31）。

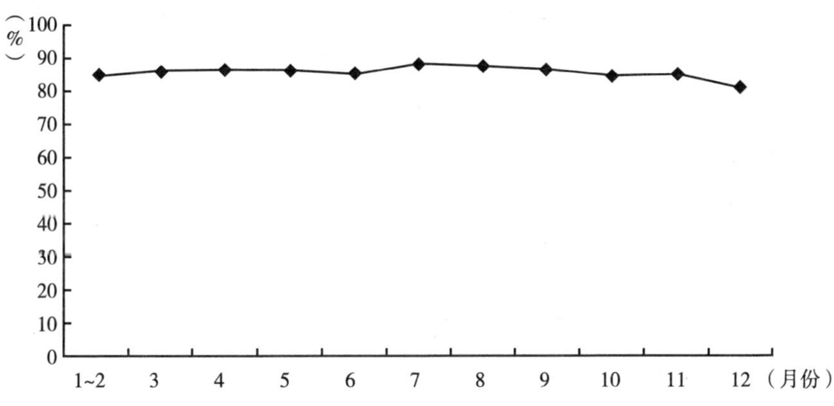

图 31　2014 年金属成形机床制造业主营业务成本率及同比增速

③三项费用比重

2014 年，我国金属成形机床制造业三项费用比重为 9.45%，同比下降 1.12 个百分点，盈利能力小幅增强。全年小幅波动，略低于 2013 年。

按月看，7 月为最低点 6.4%，同比低了 1.00 个百分点，年终小幅提升（见图 32）。

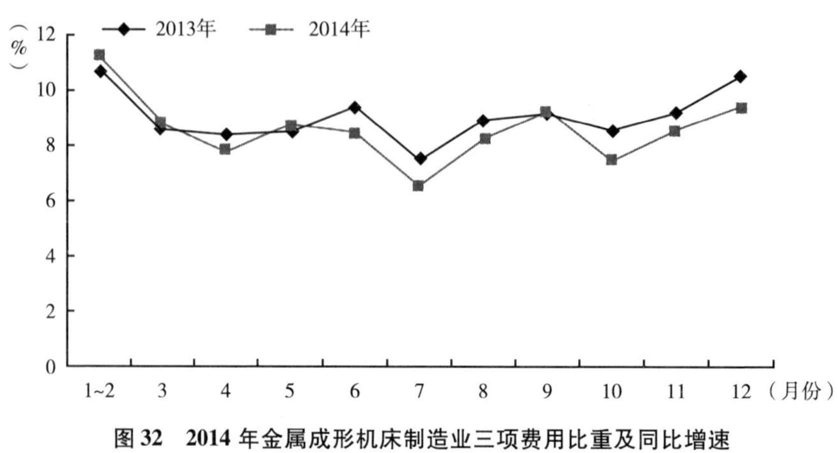

图 32　2014 年金属成形机床制造业三项费用比重及同比增速

（2）偿债能力安全可控

资产负债率同比略有上升。2014 年我国金属成形机床制造业资产负债率为 52.92%，同比增加 1.46 个百分点，偿债能力同比基本保持不变；全年呈平稳下降趋势，1～9 月都相对平稳，之后渐渐下行。9 月资产负债率为 54.64%，同比减少 2.44 个百分点。12 月最低值为 52.92%，同比稍高于 2013 年。

产权比率同比小幅增加，2014 年我国金属成形机床制造业产权比率为 112.4%，比上年同期增加了 6.38 个百分点，偿债能力同比基本保持不变。从全年看比较平稳，变化不大，10 月、11 月、12 月稍有下降。10 月产权比率为 118.09%，同比减少 3.35 个百分点。

权益乘数同比上升，2014 年我国金属成形机床制造业权益乘数为 212.04%，同比上升 6.38 个百分点，偿债能力同比基本保持不变。全年整体运行比较平稳，9 月开始下行，逐月下行至 12 月。9 月权益乘数为 120.44%，同比减少 12.53 个百分点（见图 33）。

（3）营运能力分析

应收账款周转率全年小幅波动，2014 年我国非金属矿物制品制造业应

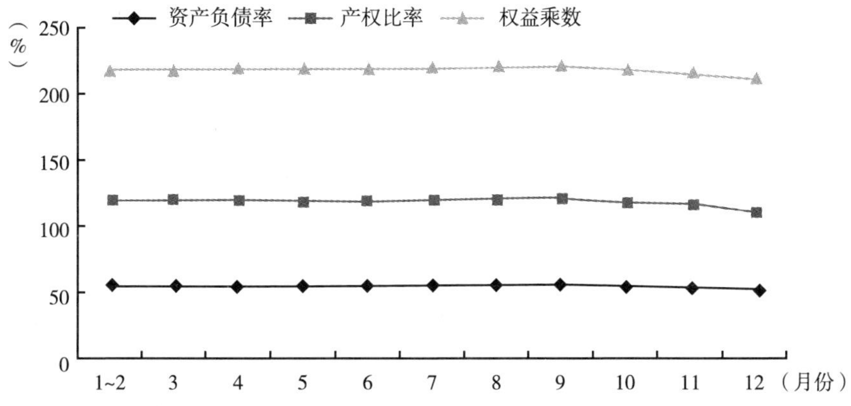

图 33　2014 年金属成形机床制造业偿债能力

收账款周转率为 0.88 次，同比下降了 0.02 次，全年小幅波动，与 2013 年基本保持一致，1～2 月在最高点为 1.06 次。7 月运行至最低点为 0.59 次，7 月后逐月小幅上扬。

总资产周转率同比提高，2014 年我国非金属矿物制品制造业总资产周转率为 0.13 次，同比提高了 0.01 次；2014 年全年与 2013 年基本保持一致，7 月进入最低值为 0.09 次，同比增加 0.05 次。8 月开始上升至年终，8 月为 0.11 次，同比增加 0.03 次。

流动资产周转率同比下降，2014 年我国非金属矿物制品制造业流动资产周转率为 0.22 次，同比下降了 0.001 次。2014 年全年呈下降趋势，与 2013 年比全年稍有提升。按月看，1～2 月为最高点，7 月进入最低点为 0.15 次，同比增加 0.02 个百分点。7 月过后逐月上升（见图 34）。

（4）成长性波动较大

①主营业务收入增长率波动大

2014 年，我国金属成形机床制造业实现主营业务收入为 847.72 亿元，占机床工具行业主营业务收入的 9.8%。2014 年金属成形机床制造业主营业务收入增长率为 7.36%，同比减少 0.14 个百分点。全年波动较大，7 月触底为 17.00%，之后波动上升（见图 35）。

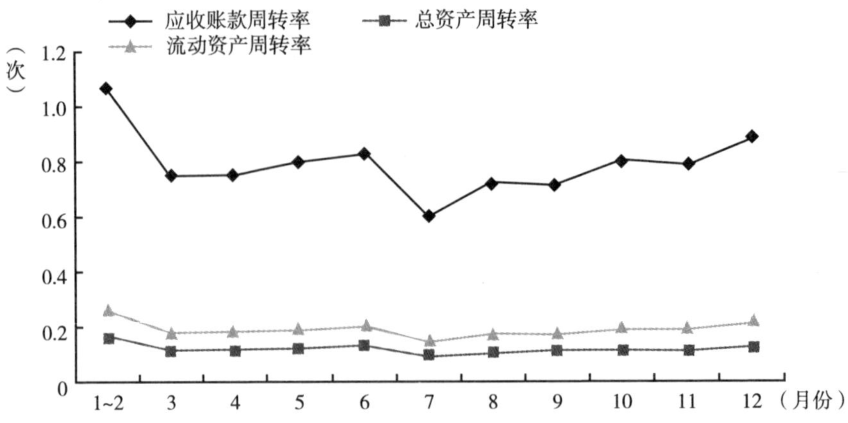

图 34　2014 年金属成形机床制造业营运能力

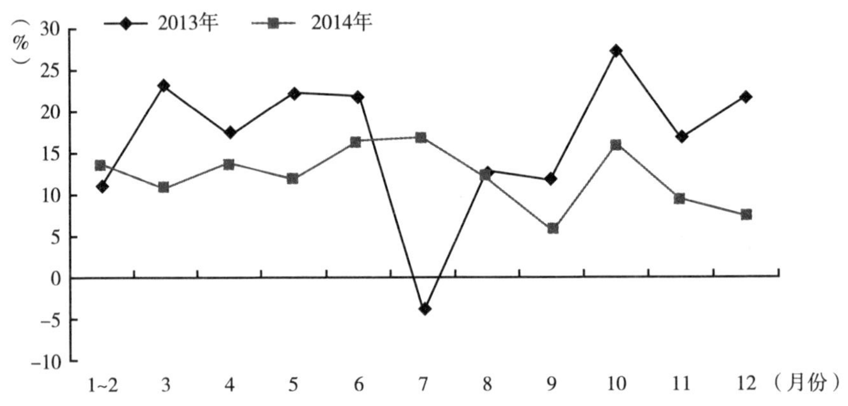

图 35　2014 年金属成形机床制造业主营业务收入增长率及同比增速

②资产增长率微升

2014 年，我国金属成形机床制造业资产增长率为 11.8%，同比增加 3.6 个百分点。全年保持平稳，整体小幅上扬。按月看，3 月最低点资产增长率为 6.12%，之后逐月上升（见图 36）。

③利润增长率波动变化

2014 年，我国金属成形机床制造业利润增长率为 12.07%，同比减少 2.4 个百分点。全年波动较大，与 2013 年差别较大。按月看，该月进入最

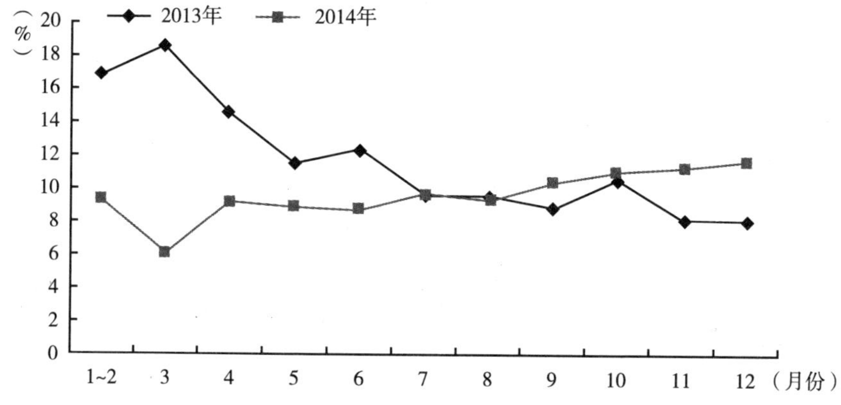

图 36　2014 年金属成形机床制制造业资产增长率及同比增速

低点，该月利润增长率为 -9.4%，同比减少 16.0 个百分点。10 月进入最高点，该月利润增长率为 32.6%，同比增加 26.0 个百分点（见图 37）。

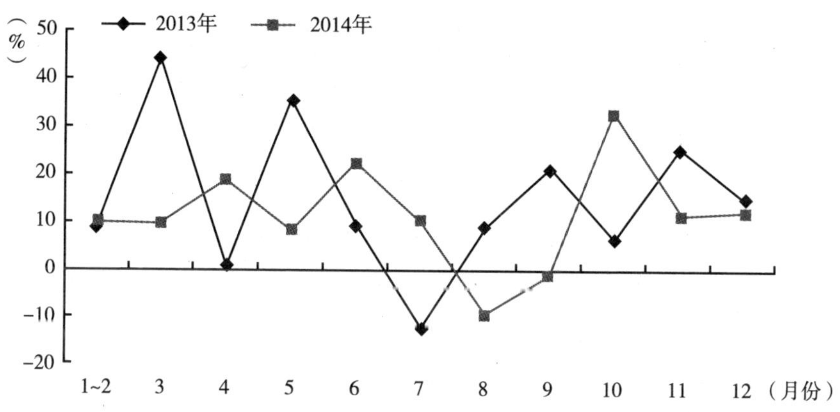

图 37　2014 年金属成形机床制造业利润增长率及同比增速

3. 我国金属成形机床制造业技术水平

我国目前主要金属成形制造技术包括大型覆盖件冲压技术、液压成形技术、激光拼焊毛坯成形技术、汽车超高强钢板热冲压成形技术等。多用于汽车、航空航天、电器仪表等领域，对提高汽车性能、减少汽车自重和零件数量起了非常重要的作用。

（1）我国生产首台“大型伺服压力机”

济南第二机床集团生产的国内首台25000KN大型伺服压力机，实现了国内冲压技术的重大突破，是冲压技术的又一创新和飞跃。大型伺服冲压技术采用伺服马达驱动技术，取消了飞轮、离合器、制动器，由伺服电机直接提供冲压能量，在冲压过程中可实现运行速度的无级调节，能够适应薄板拉伸冲压高强度钢板等新型材料的成形加工，具有高效、高质、节能和环保的特点。

（2）立式冷摆动碾压机填补国内空白

北京机电研究所自主研发的2000KN立式冷摆碾压机填补了国内空白，达到国际领先水平。该项目成功研发了具有新型运动轨迹的摆头新结构，取得了关键技术的突破，研制的冷摆辗机已成功试制出车辆起动棘轮和差速器锥齿轮合格件，对比传统的制造工艺，具有高效、节能等特点，产品市场前景广阔。

（3）“大规格数控成形砂轮磨齿机技术及产品”填补了国内空白

秦川发展的“大规格数控成形砂轮磨齿机技术及产品”项目通过科技成果鉴定。该项目开发了大规格齿轮（直径2500毫米，模数35毫米）系列化数控成形砂轮磨齿机，填补了国内空白，技术水平处于国内领先及国际先进水平，可广泛应用于国内外船舶、海洋工程、石油钻采、风电等工业领域，可解决大规格高精度齿轮加工难题，产生显著的经济效益和社会效益。

（三）铸造机械制造业

1. 我国铸造机械制造业概况

铸造是现代机械制造工业的基础工艺之一。铸造作为一种金属热加工工艺在我国逐步成熟。铸造机械是指将金属熔炼成符合一定要求的液体并浇进铸型里，经冷却凝固、清整处理后得到有预定形状、尺寸和性能的铸件，其生产过程中能用到的所有机械设备，称为铸造设备。

我国机床铸造产业经过近十几年的高速增长，铸件产量已连续14年位列全球第一，是当之无愧的铸造大国。其产量呈波动增长态势，2004 年以来持续上升，2011 年产量下跌，2012 年又开始急剧上升，增长率达到 181.2%，2013 年、2014 年，铸造机械产量都保持在高位，年产超过 90 万台。2014 年全国铸造机械制造行业规模以上企业为 179 家，产品产量累计完成 922610 台，同比下降 2.3 个百分点。铸造机械制造行业累计完成利润总额为 58.62 亿元，同比增长 6.27%。

2. 对我国铸造机械制造业的总体分析

（1）盈利能力有所增强

①总资产利润率同比上升

2014 年，我国铸造机械制造业累计总资产利润率为 1.74%，全年同比大幅上升。按月看，2 月开始进入上升通道，2 月总资产利润率为 1.78%，持续上升到 12 月的 11.95%，同比上涨 10.3 个百分点（见图 38）。

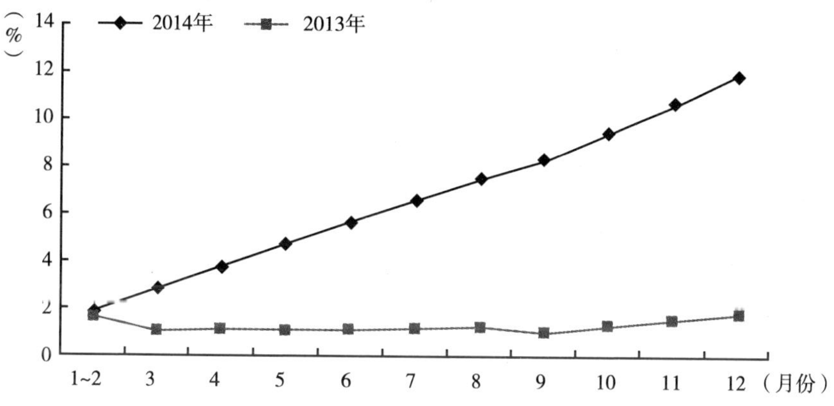

图 38　2014 年铸造机械制造业总资产利润率及同比增速

②主营业务成本率波动较大

2014 年，我国铸造机械制造业主营业务成本率累计为 85.33%，同比上升 3.45 个百分点。全年整体波动呈下降趋势，比 2013 年有提升。按月看，1～2 月在最低点，为 84.5%，后主营业务成本率波动下降（见图 39）。

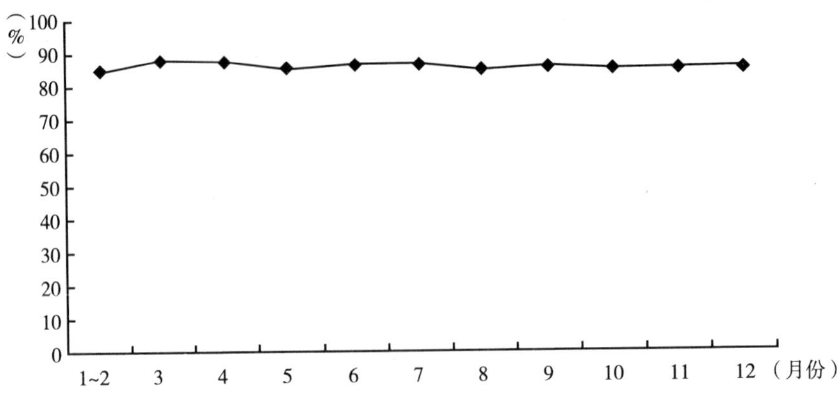

图 39　2014 年铸造机械制造业主营业务成本率

③三项费用比重小幅上升

2014 年，我国铸造机械制造业三项费用比重为 7.78%，全年小幅波动上升，同比下降 1.40 个百分点。按月看，3 月最低，为 6.13%，同比下降 0.01 个百分点。3 月后小幅上升（见图 40）。

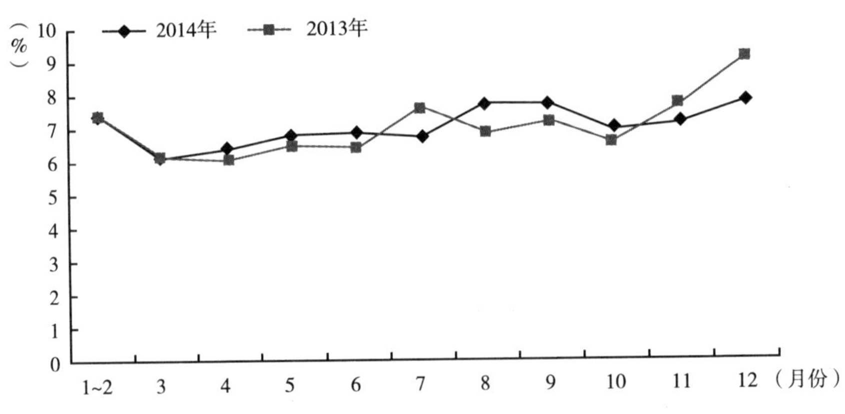

图 40　2014 年铸造机械制造业三项费用比重及同比增速

（2）偿债能力有所提升

资产负债率同比下降。2014 年我国铸造机械制造业资产负债率为

49.75%，同比减少2.47个百分点。按月看，2014年1~2月是最高点，为53.48%，同比减少2.5个百分点，2月之后逐月下降。

2014年我国铸造机械制造业产权比率为99.02%，同比减少15个百分点，全年整体下行，产权比率逐月下降。按月看，1~2月是全年最高点，为215%，同比减少13.00个百分点。然后逐月小幅下降。

权益乘数全年平稳，2014年我国铸造机械制造业权益乘数为199.02%，同比减少15.00个百分点。全年稳定小幅下降。按月看，1~2月是最高点，为215%，同比减少13个百分点。之后全年逐月下降，下降幅度不大，为小幅匀速下降（见图41）。

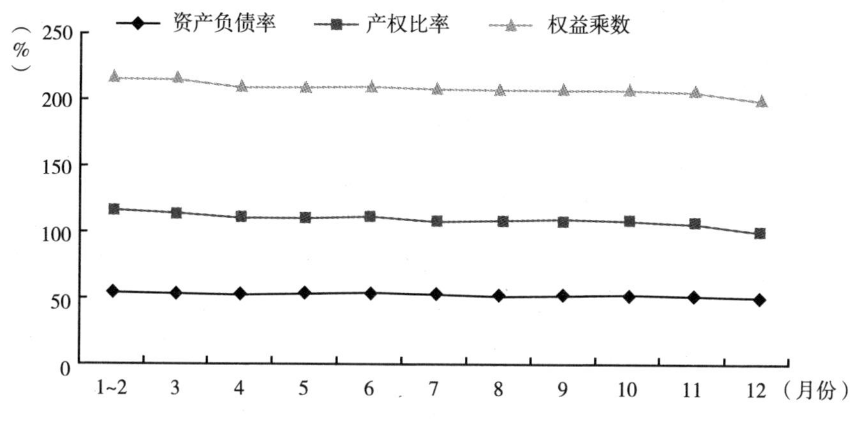

图41　2014年铸造机械制造业偿债能力

（3）营运能力得到提高

应收账款周转率前高后低，2014年我国铸造机械制造业应收账款周转率为1.58次；同比增加0.04次，全年呈前高后点的格局。按月看，1~2月是最高点，为1.93次，同比为0.06次。7月降到谷底，为1.06次后，后小幅上扬。

2014年我国铸造机械制造业总资产周转率为0.23次，同比增加0.01次，全年与2013年大致保持相同。按月看，1~2月是最高点，为0.29次，3月下降至0.19次，7月降至本年最低点0.15次，后小幅上扬。

2014年我国铸造机械制造业流动资产周转率为45.44次，同比增加0.04次，全年整体前高后低，小幅波动。按月看，1～2月是最高位，为0.53次，同比增加0.03次。4月流动资产周转率降到最低点，为0.32次（见图42）。

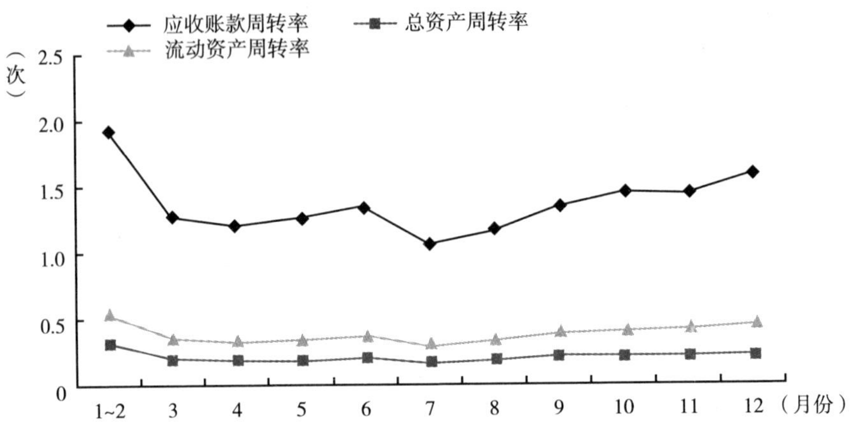

图42　2014年铸造机械制造业营运能力

（4）成长性分析

①主营业务收入增长率波动较大

2014年，我国铸造机械制造业实现主营业务收入为975.02亿元，主营业务收入增长率为11.96%，同比减少0.21个百分点，全年整体波动较大。按月看，8月主营业务收入降到最低点，为2.27%，之后波动上升（见图43）。

②总资产增长率小幅上升

2014年，我国铸造机械制造业总资产增长率为10.28%，同比上升0.06个百分点，全年呈小幅上升，同比2013年为全年上升。按月看，4月降到最低点，为7.7%，同比增加0.01个百分点（见图44）。

③利润增长率同比下降

2014年，我国铸造机械制造业利润增长率为13.31%，全年整体比2013年下降，在波动中下行。按月看，4月降到最低点，为－8.84%，之后小幅上扬（见图45）。

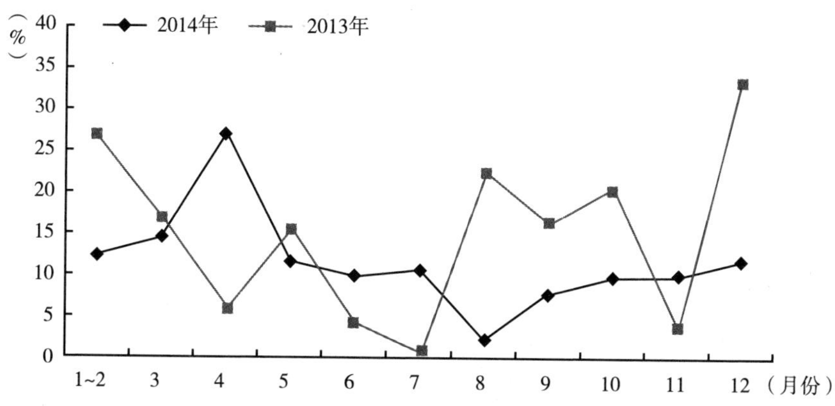

图 43　2014 年铸造机械制造业主营业务收入及同比增速

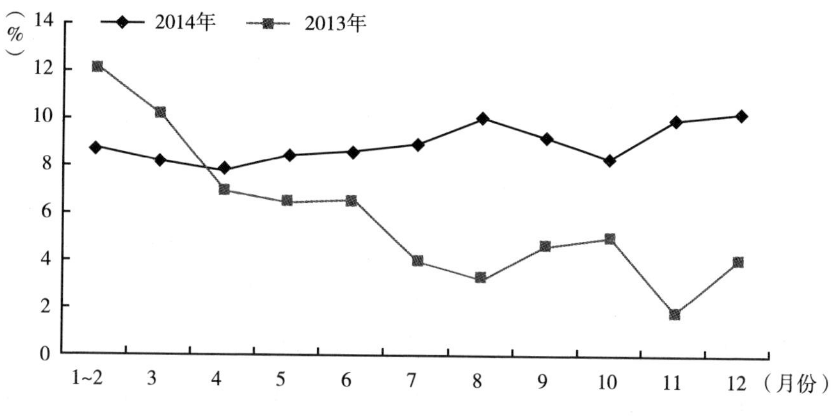

图 44　2014 年铸造机械制造业资产及同比增速

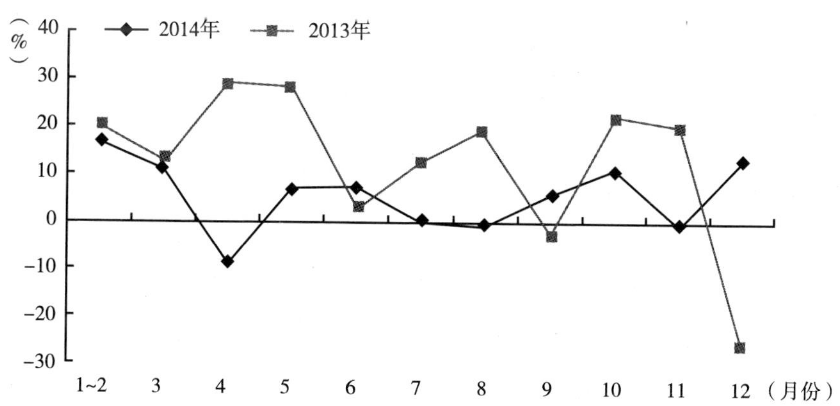

图 45　2014 年铸造机械制造业利润及同比增速

3. 我国铸造机械制造业技术水平

铸造制造是制造机械毛坯产品的重要方法，其在机械生产中占有非常重要的位置。现在，欧美、日本等生产技术发达国家的铸造机械具有高效、高质、对环境污染少的特点。我国虽有悠久的铸造史，但在世界近现代铸造技术上还处于较落后的位置。经过近几十年来的发展，我国铸造业已经取得了较大进步，并已步入世界铸件生产大国的行列。特别是近年来，铸件年产量均超过 3000 万吨，能生产各种材质的各类铸件，基本满足了国民经济发展的需要。

铸造是涉及学科门类很广的综合性专业（包括材料科学、冶金、机械等学科），因此，该学科存在的技术问题较多而且复杂。在 20 世纪 70 年代，铸造业发展曾一度停滞不前。但随着高科技对传统产业的改造，使得铸造这一传统产业又焕发了新的生机。

（1）“大型高质铸件的材料冶炼与成型控制技术”实现突破

“大型高质铸件的材料冶炼与成型控制技术”是对 4 种以上典型的铸件产品实现了规范，如：对 50 吨级不锈钢铸件、600 吨级超大型钢锭等。该技术在 6 种以上国家级重大水电工程项目中得到了成功应用，如海洋核电项目、三门核电项目、福清核电项目、红沿河核电项目、AP1000 堆型咸宁核电项目等。为我国能源、冶金等行业中所迫切需要的配套铸件的生产解决了重大技术问题，推动了我国装备制造业的快速发展。

（2）平板铸造实现技术新突破

“八位平板”件是 2014 年国内首次铸造，具有铸件面积大，吨位重的特点。其尺寸为长 3900 毫米、宽 3350 毫米、厚 250 毫米，单件重量约 19 吨。凭借铸造经验，铸造工人利用以往制作大型六位锭盘的娴熟技术，逐步探索出“八位平板”的铸造工艺。为满足质量要求和降低生产成本，技术人员对铸造工艺进行了改进，不做实样木模，而是在砂型平面上按图纸八位画出等分线，然后将铸件的透空块砂型一一叠放上去加以固定，形成型腔，满足铸件的形状要求。外形则采取模块式构成形状，采用四次分别填砂完成，大大节约了模具材料。该工艺主要难处在于木模简易但泥芯定位困难，定位不牢固易造成泥芯上浮，铸件就可能报废。“八位平板”制作工艺的改进，虽增大了造型难度，但降低了生产成本，突破了原有的铸造技术。

（3）浇筑单件净重 90 吨特大型工作台铸件实现技术突破

2014 年，济南第二机床铸造有限公司成功浇筑单件净重 90 吨特大型工作台铸件，实现了技术突破，同时为进一步开拓大型、特大型铸件市场奠定了基础。

该工作台直径达到 9 米，毛重 90 吨，浇注重量 97 吨，出铁重量 114 吨，共由 3 台熔炼炉、1 台保温炉同步顺序浇注。在经过充分的技术、生产准备后，总计 116 吨铁水从 6 个浇包中，按规定的浇包出铁顺序陆续浇入压重 620 吨以下的工作台型腔中，整个浇注与冲点过程持续了 10 多分钟，完全达到了熔炼工艺技术操作要求。成功浇注后，根据铸件结构特点，陆续经过 20 天的铸件保温，以及 15 天的铸件清整精修，圆满完成。

三　对我国机床行业发展前景的展望与建议

（一）我国机床行业发展前景

1. 我国机床行业未来发展趋势

（1）高速、柔性、复合是机床生产技术发展趋势

随着工业轻合金材料在汽车、航空航天等领域的广泛应用，高速加工进一步普及。是否具有高效柔性化是现代数控机床的重要衡量指标之一，基于数控技术的高效柔性化制造装备及制造系统，能根据用户需求做出灵活、快速的响应。同时，可提高加工精度、减少使用机床及夹具，免去生产过程中的储存、搬运，因此，缩短加工周期的复合加工机床成为今后发展的主要潮流。

（2）工业机器人技术日趋成熟

工业机器人经历了长达半个多世纪的快速发展，其生产技术日渐成熟，并在汽车、机械加工等多种工业领域都得到广泛应用。工业机器人作为先进

制造业中非常重要的装备，已是一个国家制造业水平的重要标志。另外，工业机器人在我国的使用和推广，也是基于产业转型升级、人口红利减弱，以助推工业自动化的背景下产生。其中，汽车工业和电子工业的发展是拉动工业机器人需求的巨大动力。

（3）发展技术注重环保

绿色制造是减少原材料和能源的消耗、保护生态环境以及缩短开发周期；减少成本，是机械制造的重要发展动向。重点技术包括：干切削技术、精密成形制造技术、工艺模拟技术。

（4）向注重客户服务转型

随着经济和社会的不断发展，客户对售后服务的要求越来越高，传统服务模式已无法满足对服务要求不断提高的目标客户，装备制造企业向重服务转型已成为主要趋势。我国机床行业尚处在服务业延伸和转型的初期阶段，目前沈阳机床集团走在了行业的前列。

（5）复合加工机床成为发展潮流

复合加工在未来总的发展趋势是，让更多不同的加工过程集合在一台机床上，达到减少夹具和机床数量、提高工件加工精度、缩短生产工期、缩小机床体积的目的。目前，在生产过程中，越来越多的复杂零件都采用复合机床来加工，越来越多的制造商把复合机床作为热门产品开发。

（6）数控机床与3D打印一体化

数控机床在我国工业化过程中起着非常重要的作用，但其在生产过程中的高耗能和产生大量废弃物的问题，直接影响人类生存环境。未来，通过3D打印技术和数控机床一体化，着重发挥两者的优势，在提高生产效率和降低生产成本的同时减少环境污染。数控机床与3D打印的一体化制造技术必将被广泛应用，一体化生产技术可有力促进未来装备制造业的全面发展。

2. 我国机床行业投资机会

（1）下游行业具需求潜力

①汽车行业

汽车行业每年对机床设备的投资约占全国每年机床消费额的40%，目前，中国对汽车的刚性需求还在，虽然汽车行业的固定资产投资增速趋缓。对自动冲压生产线等金属成形机床，以及对模具加工的金切机床的需求仍有大规模增长。

②船舶工业

中国船舶工业发展迅猛，生产规模已位于世界前列。国际造船市场专家预测船舶工业总体会呈下降趋势，但中高端船舶的生产订单仍然会上升。我国现在的中高档复合加工机床和专用高档数控机床已有长足的发展（如高档数控龙门镗铣床、高档数控立车，以及五轴、六轴联动复合加工机床和专用高档数控机床），这些机床都大大满足了我国目前船舶工业生产的需要。

③轨道交通装备行业

轨道交通装备属于高端装备制造的一部分，轨道交通建设在目前和将来都是我国重点投资项目，尤其是铁路的大面积准高速升级，其中包括车辆制造、车轮制造、轨道加工等很多方面，这些都需要许多中高档数控专用和通用金切机床，也需要大量折弯机等金属成形机床。

（2）政策支持力度将延续

基于高档数控机床、基础制造装备对装备制造业发展的重要作用，“高档数控机床与基础制造装备”在《国家中长期科学和技术发展规划纲要（2006－2020年）》中被列为国家科技重大专项之一。此项科技重大专项将有助于开发船舶、航空航天、发电设备制造等重大行业。其主要目标是到2020年形成核心产品的自主研发能力。总体实现高档数控机床技术水平能进入国际先进行列，部分产品国际领先，建立起完整的功能部件自我研发和配套能力。

为推动我国机床行业的发展，国家还出台了一系列政策法规，这些政策有力地推动了我国机床行业的发展，并成为行业未来进一步发展的重要基础和保障。

（3）中高端市场巨大

我国高档机床工具产品目前严重依赖进口，这说明我国对高档机床工具产品的需求量巨大。而我国机床在技术、研发能力等方面与发达国家还

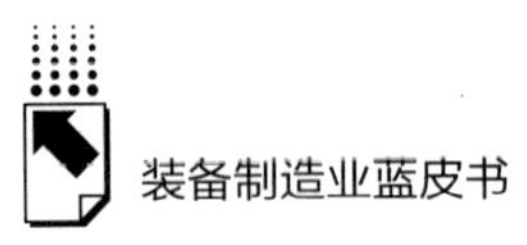

有相当大的差距，这主要表现在虽然具备了高端功能的指标，如五轴联动、车铣复合、大规格龙门机床等，但在速度、精度、动态特性、静态特性、稳定性上与发达国家同行存在较大的差距。

因此，随着机床市场客户的需求不断提升，我国只有向中高端机床制造加速靠拢，实现转型，才能适应新的市场形势。我国机床制造企业要加快企业改制与技术改造，以满足巨大的国内和国际市场需求。

（二）对我国机床行业发展的建议

1. 加强财税支持力度

我国应加强财政政策与金融机构结合的紧密性，推动金融机构加强对机床工业的信贷力度，支持机床行业中高新企业的发展。充分发挥政府投资对企业发展的引导作用，连带社会资金增大资金规模，向尚在创业初期的创新型企业加大投入。同时，结合税制改革，针对机床行业的产业特点，实行鼓励创新、引导投资的税收政策。

2. 加快标准化体系建设

首先，国家应加快建立有利于机床行业健康有序发展的标准体系和机床产品的技术标准体系，优化市场准入的管理程序。进一步完善机床市场开放机制，鼓励各类机床企业对高档数控机床和功能部件等重点领域进行投资。

其次，立项要优先选我国自行研发的首台首套高端机床，并促进自研高档数控系统产品的功能验证和市场推广。针对机床工业中关键共性技术完善标准体系。建立标准化产业发展协同机制，在重点产品和关键技术中同步实施标准化，加速创新成果的转化与产业规模化的步伐。

在企业管理中应重视国际市场和产品品牌建设，利用技术标准强化产品品质，提高我国产品在国内以至全球市场的竞争力。

3. 强化自主创新能力

在“新常态”下，企业的竞争力将更多地来自企业的创新能力，自主研发将变得非常重要。我国机床行业未来发展的战略基点是自主创新，着力提升自主科技创新能力，加速创建符合国情的机床技术创新体系。加快建设企业研发中心，增加机床新技术开发资金与人才的投入，提高机床技术国产化程度，争取在核心工艺、节能减排，及中高端智能机床机械产品研发中取得重大突破，促进机床产业技术升级，使机床工具行业实现从中国制造向中国“智”造的转变。

4. 加强人才队伍建设

机床行业应大力支持企业人才队伍的建设，完善高校与科研机构研发新产品、新技术的激励制度；加大对海外人才来华创新创业的政策支持力度，加快海外高层次人才创新基地的建设，加快吸引海外高层次人才。加强高等院校和中等职业技术学校数控系统、核心功能部件等相关专业的建设，改革创新人才培养模式，建立校企联合“培养”新机制，注重复合型人才的培养。

5. 加快推进海外并购

随着国家“一带一路”战略的提出和推进，我国机床工具企业可以借助“一带一路”政策，向周边发展中国家和地区进行产能转移，为本国大型机床企业实行国际并购提供了强有力的政策支持。

目前，世界机床行业相对不景气，但可利用的核心技术资源比较丰富，德、美、英、日等机床工业发达国家的机床企业规模都比较小，而且多数是家族企业，对抗经济危机的能力较弱，但机床生产技术水平较高，很多都具有国际品牌，可以通过并购推动我国机床工业的发展。

企　业　篇

Enterprise Reports

B.12

装备制造行业中的技术创新企业

徐静冉*

摘　要：本文重点介绍我国装备制造业中技术创新代表性企业，这些企业在资产规模、盈利水平上虽然还无法与大型企业相比，却都在自己的领域中稳居领军地位，它们都拥有先进的技术产品，前卫的创新理念，科学的技术创新规划，并得以稳步开展，它们都充分运用技术创新来应对国内外经济形势的变化，在装备制造业面临较大下行压力的情况下，实现了企业的持续健康发展。本文将这些企业的成功经验加以总结，希望能给其他装备制造企业以启示。在对技术创新企业的分析中，本文发现这些技术创新企业均具有重视人才引进、重视科研投入、重视产学研相结合等

* 徐静冉，助理研究员，博士，机械工业经济管理研究院产业经济研究所。

特点。

关键词： 技术创新 创新理念 经验总结

一 景津环保股份有限公司

（一）企业基本情况

1. 企业介绍

景津环保股份有限公司，成立于1988年，公司设在山东省德州市，是全球规格最全、产量最大的压滤机专业制造商、销售商和服务商，是一家集过滤成套装备制造、过滤技术整体方案解决、环保工程总承包及运营于一体的综合环保服务商。经过几十年的发展，景津已成为全球压滤机企业的领跑者，连续11年全球压滤机产销量第一，产品远销123个国家和地区。

2. 产品介绍

景津自主研发的过滤成套装备包括压滤机、振动离心机、搅拌机、输送机、自动加药机、双驱浓密机、刮泥机、滤饼破碎机等，广泛应用于环保、化工、食品、制药、冶金、选煤、尾矿等固液分离领域，主要产品介绍如下：

（1）聚丙烯高压隔膜滤板

景津自主研究开发的聚丙烯高压隔膜滤板主要用于要求缩短过滤周期，增加物料含固率以及提高过滤效果的过滤过程，是目前世界上最先进最实用的新型滤板。与普通滤板相比，过滤时间缩短1/2、冲洗用水节约2/3、洗涤时间缩短1/2、鼓膜压力由原来的3.0MPa提升到4.0MPa，达到了国际领先水平。

景津成功自主研发出聚丙烯隔膜滤板及其制备方法，使其成为全球第三家拥有此项核心技术的生产商，填补了国内在此项技术领域的空白，同时也打破了德国在世界范围内对此项技术的垄断。

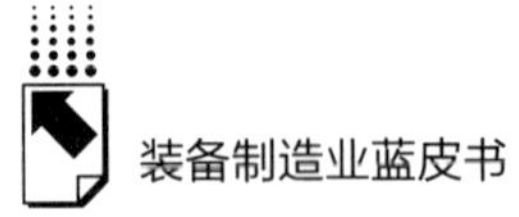

（2）节能高效快速压滤机

景津研发的节能高效快速压滤机，采用企业自主研发的压滤机快速进料装置、自动变频电机拉板装置和变频调速智能检测技术，实现了两端进料与快速拉开互补，大幅提高了拉板速度和卸料速度，使压滤机的处理量和处理速度得到大幅提高。与同类产品相比，该压滤机具有以下优势：一是自动化程度高，比国内同类产品自动化程度高出 30% 以上；二是采用变频电机拉板技术，运行稳定，故障率低；三是采用高压聚丙烯隔膜滤板，处理能力强，生产效率高，比同规格压滤机功效提高 3 倍；四是节电效果好，比传统压滤机节电 60% 以上，生产成本大大降低。

（3）生物沥浸污泥处理专用压滤机

生物沥浸污泥处理专用压滤机实现了污泥处理技术的突破，主要应用于城市污水污泥处理、工业污泥处理、尾矿处理、河道湖泊清淤等行业。该产品采用隔膜滤板技术和自动滤布清洗装置，提高滤布透液量，污泥不粘滤布，节省洗涤用水，提高了过滤效率，对生物沥浸污泥进行深度脱水，泥饼含水率达到 55%，且污泥回收率几乎达到 100%，实现了污泥的资源化利用，提高了污泥处理行业的技术水平。

（4）太阳能污泥一体干燥系统

最新研制的“太阳能污泥一体干燥系统”，利用阳光房吸收太阳能升高干化室内温度，通过热风射流空气循环系统，将污泥含水率干化至 20%，以最节能、环保、低碳的方式实现污泥的高效资源化利用。太阳能污泥一体干燥系统在不加任何填充物的情况下（如粉煤灰、石灰等），压榨后的污泥经太阳能干化处理后水分达到 16%，北方地区的纯生活污泥，发热量可达到 3200 大卡以上，可作为燃料、花木专用肥料、建材等，而且每吨绝干污泥处理成本费用仅需 100 元左右，真正做到了把污泥变成了资源。

（二）技术创新情况

1. 技术创新理念

景津以“节能环保，美丽中国”为使命，始终秉承“开拓创新铸造最优品质，节能环保创造美好生活”的理念，将创新贯穿在企业生产的各个环节。

2. 技术创新规划及目标

景津近中期的发展规划为：根据国家目前产业政策，尤其是对污泥处理处置产业政策，主要在污泥处理领域进行高端产品研发和市场推广，为此景津将从以下三个方面提高技术创新水平：

（1）致力于压滤机过滤系统集成技术的研发

景津未来将重点致力于开展以提高过滤效果为目标的过滤系统技术的研发，掌握压滤机系统集成服务各环节的技术，使压滤机过滤系统集成技术达到国际领先水平；同时，加快压滤机配套设备研发，努力成为国内首家完成压滤机从单机向压滤机配套模式及系统集成服务模式转型升级的企业。

（2）打造一流人才队伍

景津正努力打造一支在污泥深度处理领域省内领先、国内一流的人才队伍，培养出在国内有重要影响的学术带头人，形成强有力的学术团队；通过相关技术的研发，对压滤机过滤系统集成技术的重大关键问题进行攻关，不断创新成果，进行工程化研究，将景津建设成国内具有先进水平的科研与开发实体，成为国内压滤机行业技术研发、技术转化的基地，以及技术合作与交流的信息平台。

（3）加大产学研合作力度

加强与国内外科研院所及企业合作，提升分离技术研究水平和社会影响力，更好服务地方经济建设；将技术中心建设成为国家级固液分离工程实验室；引进先进的研发和检测设备，提高研发和检测能力，做好节能高效、自动化和大型化高端的污泥处理专用压滤机产品的研发和储备，争取三年内每年完成五项新产品新技术鉴定工作；集中人才优势和设备优势，加强科研创新，力求在污泥处理工程配套技术及设备研究方面取得阶段性成果，在压滤机智能化、大型化、信息化等方面取得标志性成果；加强产学研合作，积极与合作单位共建研发中心。

3. 技术创新工作开展情况

（1）研发机构健全

①完备的规章制度

景津设有专门提供技术研发的技术中心。该技术中心制定了《景津环保股份有限公司固液分离工程实验室管理委员会章程》《景津环保股份有限公司德州市固液分离工程实验室专家指导委员会章程》《景津环保股份有限公司德州市固液分离工程实验室技术人员职责与管理制度》《景津环保股份有限公司德州市固液分离工程实验室人才奖励制度》等工程实验室管理制度，形成了完善的运行机制和奖励机制。公司每年年初对上一年度技术创新做出突出贡献的技术人员进行表彰。

②健全的组织机构

技术中心实行管理委员会领导下的主任负责制。中心机构齐全，管理规范，设有管理委员会、专家指导委员会、市场分析部、研发部、工艺部、中试部、检测部、信息部、财务室、试制车间等部门，各部门各司其职，紧密合作。保证了技术研发工作的顺利进行和整个技术中心的正常运转。

③积极搭建创新平台

景津建立了压滤机行业唯一的国家博士后科研工作站，为高精尖人才参与压滤机的科技研发搭建技术交流平台。通过制定针对创新的绩效考核制度，激发员工的参与热情，产生创新的推动力，实现员工创新从被动的推动转变为主动的参与；景津还通过思想引导，在全体员工中形成全员创新的动力，营造创新的轻松环境；并通过树立创新榜样，营造创新的积极氛围。

④建立创新激励机制

技术中心创新人才激励机制，加大对优秀科技人才的激励力度。坚持把为科技人才提供事业平台放在第一位，建立了人尽其才，优秀人才脱颖而出的管理机制。同时，改进和完善分配方法，设立科技奖励基金，加大对做出贡献的科技人员的奖励力度，对在景津关键核心工艺技术方面做出重大贡献的优秀科技人才给予重奖。

（2）研发队伍实力雄厚

作为过滤行业的龙头企业，景津聚集了国内外过滤分离相关领域的大批专家和高科技人才，拥有一支结构合理，以机械、化工、自动化为主的多学科相结合、高素质的研发队伍。工程实验室现有研发人员 156 人，拥有中高级技术职称人员 40 人，博士学历人员 1 人，研发队伍实力雄厚、科研学识功底扎实、研究开发经验丰富，其研究开发水平处于国际先进水平。雄厚的人才基础及强大的创新团队保证了创新项目的顺利实施。

景津拥有多名技术带头人，创新团队知识结构合理、技术水平高、实践经验丰富。在创新人才培养方面，景津拥有先进的技术创新体制、灵活的人员激励机制和高效的产学研合作机制。景津培养了一大批创新的高科技人才。每年，景津都拿出专项资金支持企业员工进行在职深造，培养了一些专业的博士生和硕士生，为企业技术进步提供原动力。

（3）研发经费投入多元

景津技术中心的运行费用采用多元化的投入机制，经费来源主要依靠依托单位，积极争取银行贷款和市场融资，争取主管部门的补助以及国家补助资金，实现良性可持续的发展目标。

景津良好的经营管理为工程实验室的建设提供了强有力的支撑。公司每年年初做出本年度科技活动经费预算，由董事长签发执行，充足的科研经费的投入，为景津的技术创新提供了不竭动力。

（4）积极引进先进技术

景津公司积极引进消化吸收先进技术。早在 2004 年，景津公司就拿出 17 万欧元，买断意大利的一项压滤机全套专利技术，使景津压滤机技术达到世界领先水平，一跃成为中国分离机械行业的领跑者。2013 年景津引进了德国整套滤布生产线，为用户提供最佳效能的滤布，进一步提高压滤机的过滤效果和自动化程度。德国的先进技术与景津 20 多年在固液分离技术上丰富的经验相结合，生产出真正为用户创造最大价值的产品。

（5）产学研工作成效突出

景津公司与天津大学、南京农业大学、湖南长沙化工设计院、山东大学等共同开发和推广了大量新技术、新工艺、新产品。

景津同南京农业大学合作研发的生物沥浸污泥处理专用压滤机，利用生物沥浸技术，使污泥泥饼含水率大幅度降低，且污泥回收率几乎达到 100%；污泥不粘滤布，节省洗涤用水；实现自动化操作。该产品被列入国家重点新产品计划，同时通过省级科技成果鉴定，技术水平达到国际先进水平，获得2013年度山东省科技进步奖三等奖。针对国内城市污水处理厂污泥处理的难题，景津还与南京农业大学资源与环境科学院合作开发城市污水处理厂污泥处理与安全处置的关键技术与设备。

针对矿山尾矿的危害性、污染性问题，与天津大学化工学院、天津天辰设计院合作开发矿山尾矿处理过滤设备。为提高城市污泥处理产业化程度，与同济大学合作承担环保部、住建部水专项项目城市污水处理厂污泥资源化新技术的开发集成项目，与工程化项目子课题城市污水处理厂污泥处理处置技术装备产业化项目。同时，景津与天元锰业，上海市政白龙港污水处理厂开展了企业间的技术交流与合作，提高了景津的技术水平和市场竞争力。

4. 自主创新成果丰硕

景津拥有授权专利128项，其中国际发明专利3项，国内发明专利11项，外观设计专利2项，并有5项发明专利申请处于审查阶段，已形成涵盖压滤机产品、过滤系统、制造过程的专利体系。同时景津是压滤机国家标准的主起草人，主持起草和修订了压滤机的型式与基本参数、技术条件、滤板、滤布等7项行业标准。2011～2013年，获得有效授权专利45项，其中发明专利5项，国际PCT2项，实用新型专利36项，外观设计专利2项。在压滤机26项关键技术指标中，公司已有23项达到了国际领先水平，引领了国内压滤机行业的发展。

景津研发成果明显，取得了一大批科研成果，近年来景津推出新产品135项，其中15项达到了国际先进水平，已形成具有景津特色的系列优势产品，并且实现了良好的经济效益，2013年实现新产品销售收入达9.02亿元，占当年销售收入的43.6%。

（三）技术创新经验总结

1. 重视人才引进

景津积极抓好人才的引进工作，通过实施一系列优惠政策，吸引高素质技术人才到景津工作。而且，景津拥有一套完整的“选、育、用、留”人才培养体系，中层以上管理者都来自内部人才培养体系。

景津对员工职业生涯进行整体规划，建立起员工发展成长通道，并根据员工需要，提供培训“菜单”，项目涉及安全、管理、沟通、技能提升等方面，实现了每名员工每月至少有一次培训。同时，公司通过校企合作的方式，把学校植入企业，设立景津中专班、大专班，与当地高校设立景津本科班，鼓励员工自学成才。对成功拿到学历的员工，报销所有学费。目前，景津员工队伍比较稳定，工作10年以上的员工占30%，5年以上的员工占45%。

2. 重视科研投入

景津重视科研投入，在技术中心建设方面投入较大，以提高企业技术进步的硬件建设水平；景津加强对技术中心的管理和培训工作；重视企业新产品的研发工作，每年都推出一定数量的新产品；运用科技成果，加速产品的升级换代。

3. 积极争取科研资金

在科研资金申请过程中，景津销售人员首先在市场上进行广泛的调研，做出科学判断；景津的科技人员根据市场调研积极申报项目资金，积极做好国家、省财政专项资金等各类申报工作；在研发过程中，销售部、技术中心、生产部等人员积极配合，保障项目的顺利完成；最后，认真做好技术创新类项目的验收工作和新产品、新技术的鉴定工作。

二　山西阳煤化工机械（集团）有限公司

（一）企业基本情况

1. 企业介绍

山西阳煤化工机械（集团）有限公司设在山西省太原经济技术开发区，成立于2011年4月，是一家集研发、设计、制造、安装、检修、维护服务于一体的大型化工机械装备制造集团，是山西省和华北地区最大的化工压力容器技术研发中心和设备制造与安装厂家。2013年被评为中国化工装备科技创新企业，是中国非标压力容器20强和中国化工换热设备10强企业，位列中国化工装备100强第15位，中国化肥装备100强第2位，2014年实现销售收入为40亿元，利润为3.16亿元。

公司拥有A1、A2级压力容器设计与制造许可证，美国ASME U & U_2钢印授权证书；B级起重机械制造、安装、改造、维修等许可资质；2013年通过了QES（质量/环境/职业健康安全）三位一体管理体系认证；2015年获得山西省质量技术监督局颁发的“计量检测保证能力壹级”证书。

2. 产品介绍

公司主导产品为水煤浆气化炉（清华炉）及各类材料的非标准压力容器和部分机械设备，能够为化工、化肥、冶金、核电、风电、环保、科研等行业提供多种单体或成套的设备。典型产品主要有煤制油设备、煤制天然气设备、煤及焦炉气制甲醇设备、煤制烯烃、煤制尿素设备、焦化设备、氧化铝设备等。

（二）技术创新情况

1. 技术创新理念

以创新机制和创新精神为核心，以危机管理和人才管理为先导，以创新产品和创新科技为支撑，打造引领市场的、全国一流的“质量、品牌、效益”型高新技术企业。

2. 技术创新规划及目标

山西阳煤在未来几年将积极创建产学研用协同创新战略联盟，紧紧围绕“中国制造向中国创造转变，中国速度向中国质量转变，中国产品向中国品牌转变”的布局创新发展，以“三个转变”为发展基调，以产学研用协同创新为依托，以“集群化、专业化、产业化”为抓手，以“数字化、精密化、成套化”为支撑，实施引进消化再创新、集成创新及原始创新三步走创新战略，努力创建质量、品牌、效益型创新企业。近期内基本实现以下创新目标：

（1）新型煤气化炉现代设计

针对国内煤气化引进技术和装备普遍存在的投资偏高的缺点，且无法解决高硫、高灰熔点劣质煤的气化问题的发展现状，借助“山西省煤气化装备技术院士工作站”的科研平台，与清华大学院士团队紧密合作，研究开发日耗煤量1000~3000t/d、气化压力4.0~7.85MPa水煤浆水冷壁气化炉系列产品，重点开发洁净化利用“三高”煤技术，促使原料本地化，使产品达世界先进水平。

（2）大型空分设备技术研发

目前，国内大型空分设备基本依赖进口，近年来国内也有同类产品研发制造，但从总体技术水平来讲与国外同类设备还有相当差距。为了解决空分设备大型化及相关动设备的关键技术，山西阳煤与科研院所、知名企业建立紧密型合作关系，研究开发60000m^3/h、80000m^3/h、100000m^3/h及120000m^3/h空分系列产品，产品技术水平填补了国内空白，全面推进了国产化进程。

（3）先进的净化和合成工艺技术研究与产品开发

山西阳煤针对目前净化和合成工艺技术现状，从产品设计结构及确保净化合成工艺技术高质量、高效率、低成本两个方面突破，自主研发了先进的净化和合成技术，包括高效率、大型化脱硫、脱碳、变换、气体精制、高温高压合成技术及设备。

（4）煤层气（页岩气）低温深冷成套设备技术研发

目前，我国在煤层气（页岩气）的开发与应用技术方面与先进国家相比还比较落后，这严重制约煤层气的开发与有效应用，山西阳煤与国内知名企业和研究院所紧密合作，开发具有中国特色的煤层气成套设备技术工艺包，填补此项国内空白，掌握煤层气低温深冷储存及输送设备技术。

（5）现代煤化工设备大型化技术研究与开发

为了全面贯彻现代煤化工产业“低碳、高效、节能减排”的发展指南总体要求，现代煤化工设备的大型化已成为不二的选择。在目前已有的成套装备技术基础上，通过技术优化再创新，研究开发现代煤化工（60万吨以上级烯烃、40亿立方米煤制天然气和百万吨以上级煤制油、煤制乙二醇、煤制化工新材料等）成套装备技术。

（6）有色金属焊接工艺技术研究

通过对有色金属焊接工艺的研究，全面突破和掌握其焊接机理及焊接工艺技术，山西阳煤通过自主研究与攻关，为钛、锆、镍、哈氏合金、蒙乃尔合金等特种材料在现代煤化工、石油化工、化学工业等领域耐腐蚀设备生产中的应用提供技术支持。

（7）民用核安全设备制造技术基础性研究

充分把握国家“十三五”规划对核电产业发展布局规划的历史机遇，山西阳煤利用现有设备、场地优势，创新机制，创新管理，培养高技术密集型人才，研究和储备民用核安全设备制造技术，基本具备研发制造能力，从而进军民用核电领域。

3. 技术创新工作开展情况

（1）技术创新战略设计

山西阳煤以技术创新体系优化、创新机制再造为抓手，完善用人机制、激励和培养机制，修订了《技术创新管理办法》《技术项目立项及评估制度》《科技成果奖励办法》等相关制度，提高奖励比例，扩大奖励范围。形成尊重知识、尊重创新的风气，体现科技劳动的价值，让科技人员在创新活动中得到合理的回报，鼓励立足自主创新，提高原始创新、集成创新和引进消化吸收再创新。

为了全面推动技术创新驱动发展战略，构筑以煤气化技术院士工作站及山西省煤化工压力容器重点实验室为创新平台，与国内知名院校、研究院所及知名企业建立产学研用创新战略联盟，营造创新环境和创新氛围，将集团技术中心作为企业技术创新主体，集组织、搭建联络管道、实施、协调等功能于一身，各分技术中心作为集团技术创新专项实施主体，从制度顶层设计建立健全了有关技术创新的一整套管理制度，最大限度地激发和调动广大工程技术人员的技术创新激情和创造力。

（2）技术创新团队建设

公司现有各类科技人员750余名，其中直接参与技术创新工作的科技人员150余名。集团董事长、总工程师、技术中心主任及各分、子公司总工程师、副总工程师为学科带头人，充分发挥各自学科优势，结合岗位实施创新，通过与国内知名院校清华大学、太原理工大学及国内同行业知名企业建立协同创新联盟，在技术创新过程中培养具有专业特色的高级技术人才，不断提升企业创新能力和创新水平。

（3）技术创新经费投入

自山西阳煤建立以来，在短短的四年内已先后投入各类科技重大专项研发经费1亿元，研发经费投入比例始终保持在年销售收入的5%左右。根据创新项目技术水平、研发周期及贡献程度等合理安排创新经费，做到专款专用，分阶段审计，有力地推动和保证了技术创新项目的正常开展。

4. 技术创新成果

近年来山西阳煤化工机械公司创新成果凸显，获得以“水煤浆水冷壁气化炉技术”为代表的省部级科技成果奖20余项，经国家知识产权局核准的各种专利100余项。通过创新成果的转化与应用，年新产品率保持在70%以上，研发经费回报率达100%，保证了研发经费的使用效益。

（三）技术创新经验总结

1. “一把手”工程的示范带动作用

企业“一把手”的亲自参与和全力推动是取得技术创新成果不可或缺的关键因素。企业“一把手”始终把技术创新工作摆在企业的首要议事日程，瞄准市场，亲力亲为，深入调查研究，因势利导，果断决策，组织领导。由于企业“一把手”的积极参与和领导，上行下效，在企业内部技术创新活动蔚然成风。

2. 建立产学研用协同创新联盟

建立产学研用协同创新联盟是企业实施技术创新的必由之路，也是使企业真正成为技术创新主体的唯一支撑。面对市场竞争日益激烈和科学技术发展日益迅猛的大趋势，企业应该以建立产学研用协同创新联盟为支撑，以创新成果的高质、高效、高转化率为追求，以创新效益最大化为目标。

3. 创新体系和创新机制是技术创新的保障

建立健全技术创新体系和机制，是企业实施技术创新的坚强保障。世界上唯一不变的是变化。技术创新是企业驱动跨越发展的唯一前提，制度顶层设计决定技术创新的走向和成败，因此，必须顺应科学技术发展的潮流，不断创新体系、创新机制，为技术创新提供源源不断的动力。

三　杭州开普电子技术有限公司

（一）企业基本情况

1. 企业介绍

杭州开普电子技术有限公司是在国家对节能减排项目和重大高新机电装备产业大力扶持的背景下，创建的一家高新技术股份制企业，成立于2002年12月，位于杭州拱墅区科技创业中心，专业从事高性能电连接器（接插件）的开发研制、生产和销售。该公司已拥有完全自主研发的知识产权，完成研发多种高性能电连接器，在电连接器行业中处于国内领先地位。

2. 产品介绍

该公司以科技创新为动力，重视新产品的研究开发，开发出多种高性能产品，技术达到国内领先水平。公司生产的主要产品有电连接器、航空插头、电子元件等。具体包括电连接器的设计制造、电子产品的设计制造、防水插头的设计制造、航空插头的设计制造、圆形电连接器、矩形电连接器、接插件、电缆连接器、防水航空插头、军品电连接器、美军标电连接器、电磁铁控制器等。

除此之外，公司成立了新产品研发生产中心，专于研发新产品，以满足公司新品开发的例行试验及生产的质量监控。并配有各种检测设备，保证各类新产品的检测要求。

（二）技术创新情况

1. 技术创新理念

以技术和品牌为核心，通过多元化发展，紧密结合产业发展趋势，准确把握市场动向，对国内电连接器的现状进行大量的分析和调研，通过前瞻性的预测和分析，大胆进行研发投入，开发了各类新型电连接器，把国际先进的技术和产品引入国内，及时调整产业布局；根据用户实际需求进行工艺改革和性能创新，研发更为完善的工业产品，提高产品的市场占有率，提升本企业在电连接器行业中的地位与知名度。在创新意识的激励下，根据市场需求，将进一步创新开发更多的高性能电连接器产品。

2. 技术创新规划及目标

该公司将继续研发新型的电连接器产品，采用新型材料、采取创新思维，立足于用户需求，不断扩大生产规模和生产效益，专注于新产品的开发、应用。计划 5 年内，把公司打造成国内专业从事电连接器产品研究、开发与应用的新型企业，争取在“科技型中小企业成长路线”上有所突破，实现产品与资本互动发展模式，完善融资渠道，进入发展快车道。具体目标为：

（1）实现高效化管理

该企业争取做到作业标准化、流程表单化、管理数据化、人才专业化、营销阵地化、形象社会化、团队人性化、行动军事化，实现高效化管理，打造起飞平台。

（2）实现高行业内横向联合

利用品牌优势、网络优势、研发优势、管理优势等无形资产广泛寻求行业内的横向联合，利用有限的资金在短期内迅速扩大企业的经营规模与品种范围，不断提升企业在行业内的地位。

（3）实现全方位创新

转变企业的经营理念，把经营目标从追求短期利润最大化转变为追求长远资产增值的最大化，促进企业发展的手段从以“经销获利”为主转变为

“创新获利”为主，包括战略管理、技术、产品、营销等全方位创新。

3. 技术创新工作开展情况

（1）研发团队结构合理

公司研发团队在现有企业技术中心的基础上，加上产品研发、技术、生产、仪控、试验检测等相关部门选出的专门人员组成，中心实行主任负责制。研发中心在董事会的领导下，在总工程师的指导下，全面负责研发中心管理及技术开发的组织协调工作，任命课题组长，协调各组工作接口。

技术部主要负责新项目、新材料、新工艺、新技术、新产品的开发、应用、推广工作；负责标准化收集与管理工作、组织重大项目的攻关、负责项目的工艺技术与管理工作等；市场部主要负责国内外同类产品信息和用户信息的收集及传递工作，以及新产品的市场开发与推广工作等；品质部主要负责新产品的检验、试验与测试工作，负责质量保证体系的日常运行等；生产部主要负责新产品的试制工作。

（2）加大科技研发投入

该公司坚持立足本业，重视技术创新，增强企业核心竞争能力，追踪发展机遇，严格组织生产，加强现有生产品种的工艺技术攻关，进一步提高生产技术指标，努力提高现有主导产品的生产水平，优化产品结构，站稳脚跟，为今后的发展打下坚实的基础。

（3）开发高附加值新产品

该公司鼓励变革创新，鼓励员工积极开发新产品，力争每年都有新产品投入生产，平衡公司资金运转，为企业发展添后劲，通过高附加值新产品的销售增加利润。

（4）员工创新激励

为加强公司的科研开发和技术创新能力，促进科技进步，充分激发中心员工的工作热情和创造性，根据有关政策，结合公司实际情况，制定了《技术提案制度》。该制度对奖励范围、奖励标准、申报程序、分配办法进行了明确界定。为保证奖励的公平，公司一是充分发扬民主，广泛听取群众意见，二是坚持择优表彰，越是择优，奖励的效果越好。

4. 技术创新成果

公司的专利产品 FS2 系列产品是开普自行开发的原创产品，FQ/FS1/KP32/FS1/FS4/FS5 等系列专利产品是在原有的、在国内外已有的技术基础上消化创新而来，它们都得到了市场认可，取得了很好的经济效益。企业50% 的销售和 70% 的利润均来自开普的创新型专利产品。

（三）技术创新经验总结

1. 高素质的研发团队

公司拥有一批高性能电连接器的高级科技人才，并长期和国内外科技设计人员合作，吸取国内外同类产品精华，紧跟世界电连接器前沿科技。团队研发经验丰富，具有国际化视野，与国外同行的技术交流广泛，对电连接器的开发能力强，产品拥有完全知识产权。公司考察过中航光电、兴华航空、南车和北车集团等多个国内大型生产企业，与国内的生产技术相结合，形成了自有的生产工艺和产品生产流水线，产品在国内具有领先水平，是国内高端产品的主要设计者。

2. 高度的创新意识

该企业通过不断学习国内外电连接器行业专业知识，对国内电连接器的现状进行了大量的分析和调研，把国际先进的技术和产品引入国内市场。通过前瞻性的预测和分析，进行了大量的研发投入，开发了各类新型的电连接器，积极推广应用。并在原来的产品基础上，不断推广新技术的应用。

3. 产学研一体化

该公司大力推动其与科研机构、学校、政府的科技合作，以实现跨区域、跨校际、跨学科的科研人才资源共享。他们积极开展与国内外科研机构如西北工业大学的合作，极大地推动了产学研项目的开发，研究和探索了多系统交叉学科的发展，使产学研项目取得开拓性的发展。同时，公司每年投入的研发费用占当年销售的 7% 以上，以保证新产品开发的资金支持。

4. 长效完备的投资渠道

研究生产型企业必须有一定的研究基金。首次，从企业整体发展的目标出发，公司重视研发中心的建设工作，为其发展提供充足的资金支持，以促进更多创新性成果的完成，提升企业的国内和国际声誉。其次，积极争取政府各种专项科研经费的支持。最后，积极引入社会资金，与产业资本合作，共同组建“研发中心创业投资有限公司”。

5. 建立科学的业绩考评

实行定性与定量相结合、工作实绩与相关者测评相结合的科学考核方法。考评由研发中心组织实施，组织企业内部专家，以总工程师为带头人对相关研发人员进行科学的评价。考核等级分为不称职、基本称职、称职、良好、优秀五等，并以考核结果为依据决定职务的升降。

6. 科学民主的决策制度

公司在决策的过程中，必须经过董事会和部门代表的共同探讨。既要发挥专家的专业优势，又要发挥企业领导与政府、企业界、研究院所等相关人士的战略决策作用，定期就公司改革、发展的重大问题进行交流，明确具有前瞻性和比较优势的创新方向，在重点领域实现突破。

四　山东山一数控机床制造有限公司

（一）企业基本情况

1. 企业介绍

山东山一数控机床制造有限公司成立于 2009 年 9 月，是专门生产高端数控机床的厂家，工厂坐落在山东省章丘市双山办事处城东工业园，占地 6 万平方米，具有年产大型数控龙门镗铣机床 200 台套的能力。

目前，山一数控拥有 40000 平方米的现代化厂房，现有职工 140 人，其中各类技术人员 10 余人，拥有大型数控龙门铣床、数控龙门磨床等各类加工设备 200 台套，其中高精密设备 80 余台套，拥有激光干涉仪、三坐标测量仪等各类精密检测设备 20 余台套。良好的条件为生产高品质产品提供了可靠的技术保障。

山东山一数控机床制造有限公司一直注重“科技创新，以人为本”的经营理念，始终将产品开发放在首位，公司产品不断更新换代，加大对适销对路产品的开发，以满足顾客日益增长的需求。

2. 产品介绍

目前山一数控机床公司主要生产的机床包括：龙门移动式定梁数控镗铣机床、工作台移动式定梁数控镗铣机床、数控五面体加工中心、龙门移动式动梁数控镗铣机床、工作台移动式动梁数控镗铣机床、五轴联动数控龙门铣床、各种专用数控镗铣机床。主要产品介绍如下：

（1）龙门移动式定梁数控镗铣机床和工作台移动式定梁数控镗铣机床

该类机床摒弃了传统滚珠丝杠传动方式，采用精密齿轮齿条传动方式，降低了传动过程中产生的热量，避免传动过程中热变形引起的误差，提高了机床的稳定性和传动精度。该类机床可在一次装夹中进行五面体和各种空间方向的铣、镗、钻、攻等工序的加工。适用于汽车、高铁、印刷机械、纺织机械等各种机械制造行业的零部件加工。

（2）五轴联动数控龙门铣床

五轴联动数控龙门铣床是机床领域制造难度最大、技术最顶尖的机床，山一数控经过多年的探索和研究，独立研制出五轴联动机床，A、C 轴定位精度为 ±3″；A、C 轴重复定位精度为 2″，达到了国内的先进水平。国内其他机床厂家的五轴头全部为国外进口，售价达几百万元；而该公司生产的五轴头内部关键部件全部为自主研发，实现加工过程可控，并大幅降低成本，使五轴联动机床的大量普及成为可能。

（二）技术创新情况

1. 技术创新理念

该公司多年来一直坚持“用简单的方法去解决复杂的问题”的创新理念，不断改变机床传统的设计方式，例如，他们用自制的消隙机械使齿条传动代替滚珠丝杠传动，既简化了传动结构，又提高了传动精度；他们自行研制的高精密磨齿机，成本只有 20 多万元，精度能达到 6 级，替代了需几百万元资金的进口磨齿机。

2. 技术创新规划及目标

该公司的技术部门近期规划将不断优化双摆式机械五轴头，提升其加工精度，使之成为公司一款技术含量高的产品；并继续开发满足用户需求的专用数控机床。同时，还要不断引进高科技人才，充实技术队伍；他们还计划加大产学研合作力度，与国内外科研院所及企业合作，加快技术创新步伐，使企业发展步入快车道。

3. 技术创新工作开展情况

（1）研发机构健全

①完备的规章制度

山一数控设有负责研发的技术部门，他们制定了《山一数控技术人员职责与管理制度》《技术人才奖励制度》等管理制度，形成了完善的运行机制和奖励机制。该公司在每年年底都对本年度技术创新做出突出贡献的技术人员进行表彰。

②健全的组织机构

公司技术部实行总工负责制，做到部门机构齐全，管理规范，下设总工室、技术部、工艺部、中试部、质检部等部门，各部门各司其职、紧密合作，保证了技术研发工作的顺利进行和正常运转。

③积极搭建创新平台

公司技术部通过制定针对创新的绩效考核制度，激发员工的参与热情，产生创新的推动力，实现员工创新从被动的推动转变为主动的参与；公司还通过思想引导，在全体员工中形成全员创新的氛围，营造出创新的环境。

④建立创新激励机制

公司技术部创新人才激励机制，加大对优秀科技人才的激励力度。坚持把为科技人才提供事业平台放在第一位，建立了人尽其才、使优秀人才脱颖而出的管理机制。同时，改进和完善分配方法，设立科技奖励基金，加大对做出贡献的科技人员的奖励力度，对在山一关键核心工艺技术攻关方面做出重大贡献的优秀科技人才给予重奖。

（2）研发经费投入多元化

公司技术部的运行费用采用多元化的投入机制，经费来源主要依托本单位投资、地方科技项目评奖以及国家补助资金，实现良性可持续的发展目标。

山一数控良好的经济效益为产品研发提供了强有力的支撑。公司每年年初做出本年度科技经费预算，充足的科研经费的投入，为山一数控的技术创新提供了有利的条件。

（3）人才的培养

公司技术人员以青年人为主，都具有相关专业学历，并具有多年的从业经验。公司注重人才的培养，对新进技术人员进行一对一培养，直至能完成独立设计。

4. 技术创新成果

2014 年 3 月，山一数控自行开发的“双摆式数控五轴头”在 2014 年中国机床工具协会主办的机床展上展出后引起轰动；2014 年 12 月，山一数控独立研制的“数控动梁龙门移动式镗铣机床”通过了章丘市科技局的科技成果鉴定。“双摆式数控五轴头”是数控机床中的顶尖产品，国际上只有少数先进发达国家能够制造。

该公司技术研发成果明显，取得了一大批科研成果，形成了具有山一特色的系列优势产品，并且实现了良好的经济效益，2014 年实现新产品销售收入为 0.5 亿元，占 2014 年销售收入的 40.1%。

（三）技术创新经验总结

1. 重视人才引进

山一数控积极抓好人才的引进工作，通过实施一系列优惠政策，吸引高素质技术人才到公司工作。并且，公司对老员工也不定期地进行培训和思想工作，了解员工的思想及生活状况，及时解决员工的各种困难，使公司员工能够全身心投入工作中。目前，该公司员工队伍比较稳定，工作 10 年以上

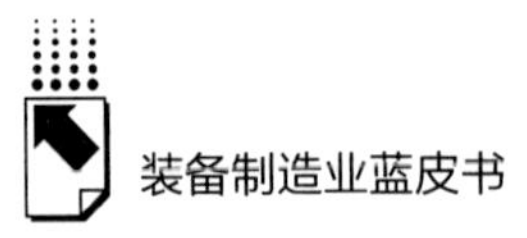

的员工占 30%，5 年以上的员工占 60%。

2. 重视科研投入

公司重视科研投入，在技术部门建设方面投入较大，不断优化技术部门硬件建设水平和专业软件的更新；使公司的技术部门每年都会推出一定数量的新产品；从而又加速了公司的发展，形成良性循环。

3. 积极争取科研资金

在展开各种科研项目时，首先由公司销售人员在市场上进行广泛的调研，把准用户的需求；科技人员根据市场调研的情况，反复进行核实，然后积极申报项目资金，其中包括国家级、省级财政专项资金等各类科研资金；设计完毕后再由生产部人员精心制作，保障项目的顺利完成；最后再由技术部门认真做好技术创新类项目验收工作和新产品、新技术的鉴定工作。

山一数控公司多年来一直紧跟国际数控机床的发展轨迹，紧跟时代步伐，并结合国情和企业自身实际，不断开发出适销对路的产品，满足广大客户日益增长的需求。

B.13
装备制造行业中的管理创新企业

李亚亚*

摘　要：受世界经济复苏乏力和我国经济增长放缓的双重影响，我国装备制造企业面临着极大的挑战和困难，在这种复杂的大背景下，广大企业正视困难积极应对国内外环境变化给企业带来的挑战。本文从近两年来中国机械工业企业管理协会组织的管理创新成果申报中，筛选出最具代表性的四家管理创新企业，介绍这些企业的管理战略、管理制度以及取得的重要成果。这些企业的管理创新成果不仅创造了显著的经济效益，增强了企业市场竞争力，而且具有很强的导向性和学习推广价值，对装备制造业企业创新管理具有典型的引导作用。在对管理创新企业的分析中，本文发现这些管理创新企业均具备重视管理理念的更新和创新、重视管理体系的更新和创新、重视管理手段的更新和创新等特点。

关键词：管理创新　管理战略　管理制度　经验借鉴

一　基于企业质量管理监控水平提升的创新实践

（一）企业基本情况

1. 企业介绍

东方电气集团东方电机有限公司隶属于东方电气集团，于2008年1

---

* 李亚亚，助理研究员，机械工业经济管理研究院产业经济研究所。

月30日成立，注册资金为20亿元人民币，目前已发展成为国内发电设备行业的强势品牌和涉及国家安全与国民经济命脉的重要骨干企业，是全球最大的发电设备制造和电站工程总承包企业集团之一。公司主要从事热能发电机（燃煤、燃气、核能）、水轮发电机组、电站控制系统、风力发电机（组）、交（直）流电机，以及军工产品的研发、设计、制造和服务。

经过50年的不懈努力，东方电机在水电、火电、核电、气电、风电方面均取得显著成效，国内大中型水、火电产品在市场中的份额占有率保持在水电30%、火电25%左右。其中，由于水电方面的混流式、轴流式、冲击式水电机组的批量投放市场，因而占据较大的市场份额；大型贯流式机组的批量投放市场，使其市场占有率为国内第一。

2. 产品介绍

东方电机通过自主创新和科研攻关，形成了水、火、核、气、风"多电并举"的产业发展格局，并且已成为全球发电设备制造行业的强势品牌，拥有行业最高端和最齐全的产品品种。包括500~1000MW巨型混流式、30~75MW大型贯流式、300~375MW大型抽水蓄能等水电机组，600~1000MW燃煤、400~480MW燃气、第三代核电AP1000及ERP1750MW等汽轮发电机，包括核电主泵机组和2.5MW永磁直驱风力发电机组等。

东方电机的产品以大型发电成套设备、工程承包及服务为主业，单机容量及性能参数均代表国内同期同类产品的顶级水平，产品特色在于积极发展的高效清洁能源。

（二）管理创新情况

1. 企业管理战略

（1）多元化战略

主要体现在创业初期重点发展传统的水电及燃煤发电业务，而后期着手开拓燃气发电、核能发电、风力发电、太阳能发电等领域，多元化战略布局的目的在于分散企业经营风险及加快产业结构调整。

（2）质量管理战略

一方面，坚持以“树立一流品牌”的质量为工作方针，通过改进、完善和创新质量管理，使产品质量水平稳步提高；另一方面，坚持“24小时服务精神”，秉承“100%让客户满意”的服务理念，竭诚为广大用户提供快捷周到的服务。

（3）全球化战略

积极有效地实施“走出去”的全球化战略。大型成套设备出口至近50个国家和地区，使东方电机连续入选ENR全球250家最大国际工程承包商之列。

2. 企业管理制度

公司积极倡导“一次就把工作做好”的工作理念，通过健全质保体系、完善控制程序、组织质量攻关、推行“质量诚信机制建设”、实施“质量业绩等级”制度等一系列质量管理和改进措施，增强了广大干部职工的质量意识，使单位万元质量损失额逐年下降，公司的质量声誉得到提高。

全面推进质量体系认证，先后通过了GB/T19001－2000质量体系认证、ISO 10012计量体系认证以及军工质量管理体系GJB9001A－2001认证以及核电质保体系审核，建立了相对完善的质量保证体系。

3. 企业管理创新重要成果

（1）实施背景

“十一五”“十二五”期间，随着国家能源、电力行业的快速发展，东方电机年发电设备产量保持高产出，但产品质量问题成为制约企业发展的障碍，主要集中于手工电类装配作业和关键核心部件过程质量控制，尤其近年出厂的产品出现漏水及铁芯熔损，使东方电机品牌受到严峻挑战，甚至关乎企业未来的生存和发展。因此，东方电机进行质量管理提升的任务艰巨且迫切。

（2）具体实践

①引导干部职工正确对待质量

陆续下发《质量诚信管理考核办法》《质量事故赔偿管理办法》《质量业绩经济责任制挂钩考核办法》等制度并严格执行，以提高管理效能。

②推广推量意识教育、普及质量管理知识、加强技能培训力度

东方电机将每年 3 月 20 日确定为公司“质量日”，设立质量问题曝光台，开展质量事故预防和主要危害专题讲座和展板教育；组织了 2013 年度干部质量管理知识培训，各二级单位中层干部必须考试上岗；组织开展如合同输入的评审、技术风险管理等专项质量管理方法的培训；对关键核心的手工电类作业操作者实施准入制度。

③重点推进电类产品的洁净化生产

成立“水火电定、转子洁净化生产专项质量改进”团队，从设计结构、工艺优化源头入手，系统提升焊接、加工、装配、工地安装全过程的洁净化生产管理，编制实施一系列文件和制度。

④应用“过程方法”思路管理过程，确保关键核心部套过程质量受控

从人、机、料、环、法、测六个方面入手，注重设计和工艺源头的改进，编制关键部件工序“过程质量控制卡”，保证过程质量受控。生产现场大力推进 5S 管理，TPM 专项提升管理，营造良好的生产作业环境。规范工艺纪律的管理，建立“过程质量巡检”制度，公司领导带队进行不定期检查，确保质量受控。

⑤加强设计研发质量管控，提高技术评审有效性，防范技术质量风险

将项目技术、质量风险评估纳入合同风险评审环节，使技术、质量风险评估工作流程化。系统梳理重大项目产品，聘请专家对技术人员及技术管理人员进行“FMEA”培训，结合产品特点进行技术风险识别管控，使技术评审环节更有效。

⑥组建重大项目执行团队，确保项目满足顾客要求

项目管理是保证项目保质保量执行的关键，公司组建了大水电、抽水蓄能、巴西杰瑞、宁德台山等核电项目团队，明确项目负责人，从工厂制造到电站工地安装调试，实行充分协调与配合，保证项目满足顾客要求。

⑦推进企业信息化建设，着力提高管理水平

系统构建企业信息化整体框架，形成以 ERP、PLM、KOA 为核心，MES 系统、生产看板、QC 系统和 HR 系统等专业信息化系统为辅助的信息化网

络，全面提升企业管理效率和工作质量。

（3）实施效果

①一系列重大新项目、新机组集中成功投运，各项指标达国际一流水平

2013 年 8 月 31 日，作为中国水电行业迄今为止出口机组台份最多，单个项目合同金额最大的、出口水电机组的巴西杰瑞 75WM 贯流式水轮发电机首台机成功发电。溪洛渡、锦屏一级、巴西杰瑞、仙游抽蓄、红沿河、宁德核电等一系列重大新产品集中成功投运。

②顾客满意度持续提高

2012 年，中广核工程公司向东方电机颁发了“质量管理奖”，充分肯定东方电机产品质量和管理水平的提升；2013 年共收到顾客表扬 60 份，顾客满意度测评达 90. 27 分。

③有效杜绝内外部重大质量事故，质量管理指标明显提升

通过近两年的质量管理提升，有效杜绝了内外部重大质量事故，总质量损失同比降低 45. 5%，外部质量损失同比降低 66. 6%，外部质量问题数量同比降低 37. 1%，各项质量管理指标明显提升。

④洁净化生产管理上台阶，基本到达国外同行水平

通过公司组织的质量改进，生产现场工艺布局进一步完善，发电机产品洁净化生产管理取得了明显成效。

⑤全员质量文化氛围浓厚，质量管理体系有效性持续提高

通过开展质量管理提升专项活动、对照标杆找出差距，以及对照自己找准问题，使公司质量管理提升成效显著。

（三）管理创新经验总结

1. 促进业务转型，注重内涵式发展

通过管理提升，找出风险点，以“做精主业、优化配置、精细管理”实现三个转变，即由注重规模扩张向注重效益增长转变，由注重做大向注重做强转变，由制造型企业向制造与服务型企业转变（如积极开展工程承包、国际贸易、电站服务、金融服务、物资贸易和大件物流等服务业务），全面

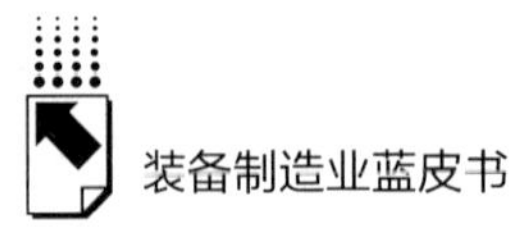

提高管理水平，实施创新驱动。

2. 坚持质量管理理念，健全质量保证体系

积极完善控制程序，组织质量把关，推行一系列质量管理和改进措施。建立并持续完善质量管理QC系统，实现产品质量预防、过程控制、质量改进等信息的有效管控，确保质量管理全过程“无盲点”。公司在质量管理中坚持“一次就把工作做好”，并培育“用户满意、塑造尊严”的质量文化。

3. 秉持可持续发展理念，实施清洁生产

面对环保形势日益严峻、节能减排压力持续加大的局面，强调自身社会责任感，坚持清洁生产和提供清洁电力，以“绿色动力、驱动未来”为宗旨，为地区经济繁荣及生态环境建设做出贡献，以培养战略型社会责任感深入参与全球可持续发展。

4. 展开全球范围内资源配置

理顺海外业务市场开发和项目执行的关系，整合进出口分公司和工程分公司，通过组织结构和运行模式的调整，提高电站工程总承包的效率和效益，提升工程承包和国际贸易的竞争力。通过实行工程承包、设备出口、海外子公司、海外营销网络、海外BOT项目等多种方式，在东南亚、中东、欧美和非洲等市场获得市场份额。

5. 落实国家战略，丰富产业板块

利用新能源汽车作为国家重点培育和发展的战略性新兴产业的机遇，东方电气集团加强与整车厂建立战略合作，加速发展电动车产业。按照相关产业多元化和向产业链下游发展的原则，积极发展与现有主业有关联度的产业，通过产业链上下游延伸，发展电力电子、储能技术等新产业。

二　离散制造业信息化的应用

（一）企业基本情况

1. 企业介绍

太重煤机有限公司始建于1925年，是煤炭综采综掘设备的主要供货商，

归属煤机行业。煤机行业是为煤炭开采企业提供装备的行业，属于专用设备制造业。

太重煤机有限公司具有较强的设计开发、生产、安装和服务能力，先后开发出百余项产品，其中大功率电牵引采煤机为“国家重点新产品”，在国内和国际享有盛誉。四度入围中国机械“500 强”；三度入围“中国机械 500 大”；“太矿”商标被评为采煤机行业唯一中国驰名商标。轧机生产水平处于全国领先地位，是全国能够国产化制造全套高线轧机的厂家。作为我国最大的采煤机研发制造企业，在行业中处于技术领先地位。

2. 产品介绍

目前，公司可生产煤炭采掘设备、洗选设备、辅运设备、矿用减速机、液压系统及元件、电控系统及元件、安全设备等。经过历次改扩建，年设计生产加工能力为 1 万吨，30 项技术填补国内空白。四大主导产品为交流变频电牵引系列采煤机和煤炭采掘设备、冶金轧制设备、润滑液压系统和原件、井下无轨装运设备。太重煤机的大型采煤机销量在全国市场占有 70% 左右的份额，煤层钻井设备自 2007 年起连续三年销量名列全国第一。

（二）管理创新情况

1. 企业管理战略

（1）国际化战略

一方面，太重煤机通过并购国际公司推出国际化发展路线，通过国际并购增加产品种类的多元化。公司已成功并购澳大利亚威利朗沃国际集团，收购美国 REI 钻机公司 60% 的股份。通过与英国海德拉国际刀具公司成立合资公司，研制出世界先进的采煤机滚筒；与德国格鲁考夫公司签订了《合作生产高端液压支架协议》；引进南非汉斯的瓦斯抑爆技术，研制出我国第一台井下掘进机；与美国塞姆克公司成立合资公司，研制出世界先进的高空作业车。

(2) 人才创新战略

完善人才激励政策，创新人才引进。注意产学研结合，从外界“引脑借智”，聘请资深外籍专家驻厂工作。派驻的3名中方人员进入领导层，不干预原有的生产经营，骨干人员获得期权，将购买公司股份与业绩挂钩。

2. 企业管理制度

质量管理的方针为科学管理，精心设计，质量第一，顾客满意。品质决定世界，创新改造世界。质量是企业的生命线，以零容忍态度对待质量问题。

各级领导关心、支持、参与营销工作，一切围绕市场，各部门以实际行动落实“全场一盘棋”的大营销理念，做营销工作的坚强后盾，做到坚强支撑、坚强保障。

精细化管理，深入推进全员全面的“6S”管理活动，建设具有“太重”特色的精细化管理体系，不断推进企业精细化管理向纵深发展，推动公司管理水平全面提升。

树立以加强职工培训为切入点，以建立激励机制为先导，以提升职工技能为主线的工作思路，形成了集团公司、子公司、分公司三位一体的职工培训体系，通过技术比武、职业技能上台阶、岗位练兵、选树技术工种带头人等活动，提高了技术工人的技能水平，完善了高技能人才的激励机制。

3. 企业管理创新重要成果

(1) 实施背景

作为先进的管理模式，ERP能为企业带来巨大经济效益，然而企业面临着更新观念、技术改造、加强基础管理等多重任务。实施ERP绝不仅是技术问题，而且涉及公司组织结构、业务流程乃至管理模式的变革，是一项复杂且耗资巨大的系统工程。

太重煤机自2009年9月已实现各业务模块的信息化建设。在设计、研发方面，实施并建成了PDM系统；在企业生产、管理、车间现场管理方面，实施并建成了CIM－ERP系统；在市场营销、客户管理方面实施了CIM－

CRM 系统、CIM－SRM 系统等；在质量体系建设方面，实施了自主研发的质量管理软件；在车间加工自动化方面实施了 DNC 系统。

信息化发展目标产品生产以计算机控制为主，自动化生产为方向；管理从信息系统相互独立，向信息资源整合和业务协同方向发展，提高企业在经营管理方面的决策智能化程度。目前，首要任务就是依靠信息化，加快新产品的开发和产业化，提高技术改造中的信息技术应用，推广领先的制造技术，加强系统间的相互联系，建立有效的工作平台。

（2）具体实践

①PDM 产品数据管理系统

将类电子文档、产品数据信息集成到 PDM 数据库中，有效控制产品设计版本，在系统中完成各种审批流程；同时，通过 PDM 结构中的设计 BOM 传递到 ERP 系统中，使车间控制及车间制造系统能够顺利进行。PDM 系统功能主要包括：CAXA 图纸的导入、修改、修订、BOM 结构的导入查看、项目启动立项申请流程、项目设计方案评审流程、更改通知单审批流程、出图流程、NX 二维三维、ERP 集成、各类报表。

②ERP 企业资源计划管理系统

由设计研究院将物料信息、产品结构等录入 PDM 系统中，通过 PDM 系统传递到 ERP 系统中，车间技术组根据实际生产情况，维护工艺路线、物料虚实件、单台生产数量等信息，转计划科进行 MRP 运算。由计算机在运算库存和在制品情况后，将所需生产的零部件数量生成，再由计划员进行调整，通过计算机自动投放，生成原材料需要量、毛坯需要量、外购配套件清单等；各采购部门的计划员从系统中得到相关信息，根据实际情况进行品种和数量的修改。材料采购回厂后办理到货登记并验收入库，库管员进行单据确认，同时调整供应商的应付金额。

（3）实施效果

2013 年 12 月，太重煤机信息化建设项目达到预定目标。在技术中心完成了 PDM 的实施，实现了文档管理、设计图纸的版本控制、PDM 与 ERP 的高度集成。CAE 研究室在 UGNX8.0 软件系统支持下，完成了近几年新产品

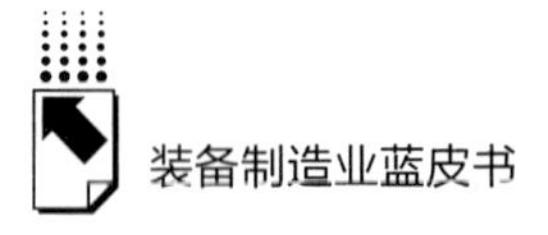

和改进产品的关键零部件及整机有限元分析。

PDM 的应用使企业的标准化工作和技术管理工作水平得到提高。采煤所、新产品开发部的所有新出产品数据进入 PDM 数据管理系统，所有明细转换为 BOM 结构，完成了自动汇总，提高了工作效率；为产品设计提供了可高效利用的共享资源。说明 PDM 管理数据可保证数据安全性、准确性、一致性、有效性和可追溯性，有效保护企业知识产权。

通过 ERP 生产相关模块的实施，规范了从计划到组织生产、到采购的整体流程。完成了采掘试点单位的 ERP 系统实施，覆盖了设计、产、供、销、财务等业务环节，实现了产品设计、制造的数字化，对业务流程进行了梳理及优化，解决了生产经营过程中存在的问题，使企业生产组织更加合理，从而缩短了生产周期，降低了库存，提高了生产效率。

（三）管理创新经验总结

1. 信息化管理的支撑

信息化管理系统为快速发展提供了强大支持，取得了显著的经济效益和社会效益。企业工作流、物流、信息流、资金流真正实现了“四流合一”，使资源得到更为合理的配置。采购管理、生产控制、成本管理、资金控制、考核管理、人力资源、质量管理、自动化办公等管理模块，涵盖了全部经营行为。在管理规范化、精益化显著提高的同时，也打造了企业较强的快速研发设计能力与敏捷制造生产能力。

2. 创新经营理念的更新

公司的决策理念为“绕过陷阱吃到馅饼”；品牌定位理念为大树下面全是“荫”，即定位经营理念是围绕采煤机“一棵大树”向深、向精、向强发展，坚决走专业化发展的道路。太重煤机坚持企业定位，集中财力、物力、人力，排除了液压支架、房地产、煤机市场的吸引，形成了比较优势。

3. 配套售后服务体系的完善

太重煤机在全国率先推出了“保姆式”服务，实施“太矿质量万里行”

售后服务制，完全做到4S店“四位一体”的经营模式，在整车销售、零配件供应、售后服务、信息反馈等方面不断加强巡访和沟通，及时提供各种资讯和技术服务。

三　以提高企业核心竞争力为目标的管理创新体系平台建设

（一）企业基本情况

1. 企业介绍

中国北车集团大同电力机车有限责任公司（以下简称同车公司），由原大同机车厂于2003年改制组建而成，是中国北车股份公司的全资子公司，我国电力机车及机车车辆配件研发制造的重要基地。成立以来，公司深入推进技术引进消化吸收再创新工程，制造技术和制造装备已全面达到国际先进水平。

公司应用系统集成技术、企业资源计划系统、工业化执行计划，进行机车的研发和生产，具备年产500台大功率机车的生产能力。作为国内电力机车产品最齐全、技术平台最先进的厂家，同车公司在铁路重载货运、快速客运等领域处于行业骨干地位。

2. 产品介绍

公司所生产的产品覆盖直流传动和交流传动两大领域，多款机车产品成为中国铁路标志性的技术装备。先后研发生产了SS3B、SS4改、SS7、SS7D、SS7E等11种型号直流传动电力机车以及HXD2系列等多种型号交流传动电力机车，其中SS7C、SS7D、SS7E型机车是铁路第三次、第四次、第五次大提速的主型机车。HXD2机车是世界上总功率最大、我国大秦线两万吨重载牵引的主型机车，HXD2B机车是世界上单机功率最大的机车，集成了世界一流的交流传动技术。HXD2C机车为贯彻欧洲标准最完整、与国际接轨最好的车型。

（二）管理创新情况

1. 企业管理战略

（1）低成本生产战略

采用低成本生产战略必定是在以成本领先为企业总战略的条件下形成的策略。公司主动与世界行业领先企业进行对标，寻找差距、学习借鉴，运用先进的成本管理方法和手段，对成本管控的各个环节重新进行价值链分析，对成本管控模式进行创新，对成本管控流程进行再造，进一步优化和改善公司成本管控水平，使公司的产品具有较强的市场竞争优势，从而占据市场的主动，赢得更大的发展空间。

（2）管理创新战略

公司通过建立和搭建管理创新发展平台，激发各级管理人员改革的原动力。

2. 企业管理制度

同车公司始终坚持一手抓项目实施、一手抓制度建设，着眼长期推行、着眼持续改善，全力推进长效机制建设。目前，已在现场5S、目视化、班组管理、生产过程规划、标准作业、快速切换、TPM、内部物流管理、现场质量控制和异常管理等方面，建立及完善了相关的制度、办法和流程。

同时，同车公司紧紧围绕企业发展战略，以实现企业管理现代化为目标，强化用管理带动公司“提效益、增实力、促发展”的能力，结合公司的实际发展情况，搭建了具有同车公司特色的管理创新发展平台。通过管理创新平台的搭建，构建起完整的管理创新制度体系，建立了有效的约束机制，充分调动了各单位的工作积极性。近年来，公司先后通过ISO 9001质量管理体系、ISO 14001国际环境标准、GB/T 28001职业安全健康管理体系认证，获得进军国际市场的资格。

3. 企业管理创新重要成果

（1）实施背景

长期以来，公司在管理创新方面一直处于粗放式管理状态，没有建立起完整的管理创新体制机制。同时，公司对管理创新的重视程度、资金投入、人才培养等方面均比较欠缺，导致公司管理创新主动性不强、创新意识薄弱，管理创效能力较差。随着公司的快速发展，在铁路体制机制改革的大背景下，公司以往靠规模红利实现快速发展的经营模式受到严重冲击，经营效益持续在低水平徘徊。因此，降低企业的制造成本，推动企业的转型升级，以打造世界一流企业，就迫切要求企业加强管理创新，突破制约公司发展的管理瓶颈，实现向管理要效益。

（2）具体实践

①精心筹划积极准备，配套构建管理创新机制

公司成立了管理创新领导组和工作组，明确了各级的工作职责和任务目标。经过实地调研，向股份制公司开展管理创新的先进单位取经，消化吸收它们的先进的管理经验和管理方法，并与公司自身的管理体系相融合。经过反复研究和讨论，初步形成了搭建公司管理创新平台的基本设想和框架思路。

②组织开展立项申报，快速启动管理创新工作

2013 年，按照公司下发的《同车公司管理创新工作实施方案》以及《管理创新管理办法（试行）》的规定，公司组织开展了管理创新立项申报工作。同车公司共有 39 个单位进行了立项申报，共申报立项 61 项。公司分成了五个专业评审组对立项项目进行了专业评审。

③强化立项过程管控，确保立项项目扎实推进

公司管理创新工作组要求各单位每季度末要填写《管理创新项目立项季度推进情况表》，对项目季度进展情况、项目未完成进度的原因，以及制订的应对措施进行总结和分析，并将该项工作纳入管理创新年终评比结果。同时，公司于 2013 年 5 月底，管理创新工作组相关成员，结合公司管理提升活动，开展了项目督查工作。

④严格项目年终评审，保证项目实施效果

公司管理创新工作组下发了《关于组织开展公司 2013 年管理创新项目年终评审工作的通知》。按照通知要求，各单位上报了《管理创新成果推荐报告书》、成果主报告以及经济效益计算结果。

⑤建立管理长效机制，构建管理创新闭环体系

公司结合实际运行情况进行了较大范围的修订工作，对组织机构和工作职责进行了调整，对立项工作流程、过程控制流程、管理创新成果及奖励发放流程进行了更详细的描述，强化了管理创新创效工作流程。并加强了对管理创新成果的后续评价工作。

（3）实施效果

①实施管理创新工作大幅提高了企业盈利能力

通过实施管理创新工作，实现了对企业管理的决策职能、协调职能、组织职能，以及管理手段、管理体制的优化，以适合企业组织规模和生产经营活动的需要，使各生产要素优化组合，提高企业有限资源的配置效率，从而最大限度地降低了管理成本，提高了管理效率，为企业经营效益的不断提升创造了条件。

②管理创新促进企业不断夯实基础管理水平

通过实施管理创新，公司管理基础得到了进一步夯实，许多管理盲点、管理漏洞以及管理交叉点都得到进一步改进和完善，一些先进管理方法和经验引入了公司的管理体系，公司在成本管控、预算管理、质量控制、节能减排、精益生产等方面均取得了积极成果，有效夯实了公司的基础管理，促进公司管理水平得到了大幅提升。

③建立健全管理创新工作长效机制

通过管理创新的实施，有效加快了创新成果的集成、转化流程，对于立项实施的创新项目，根据实践结果，公司进一步加强探索研究，通过攻关促进创新成果转化为现实生产力，加大成果转化的广度和深度，通过快速提高管理创新，以推动管理创新对公司发展的贡献度。

④取得了良好的社会效益

2013 年，公司盈利水平大幅提高，比上年同期增加了 15.61%，实现了保增长的目标；该年上缴税费总额为 29791 万元，公司履行了作为大型国有企业应尽的社会责任，为国民经济的健康发展做出了积极贡献。

（三）管理创新经验总结

1. 建立管理长效机制，配置资源水平不断提升

公司管理创新工作组建立了管理创新创效工作流程，通过对办法的全面修订，进一步规范了管理创新制度体系，提高了办法的科学性、可操作性和适用性，为公司持续开展管理创新工作奠定了坚实的制度基础。通过管理创新平台的搭建，以及公司第一届管理创新成果的评定，使公司管理创新工作逐步走上正轨，公司内部资源配置能力和效率均大幅提高，公司向管理要效益的能力进一步增强，为公司持续、稳定、健康发展奠定了坚实的基础。

2. 建立激励约束机制，调动生产积极性

同车公司紧紧围绕企业发展战略，以实现企业管理现代化为目标，强化用管理带动公司“提效益、增实力、促发展”的能力，结合公司的实际发展情况，建立了有效的激励约束机制和长效机制，充分调动了各单位的工作积极性。通过不断实施和完善管理创新工作，致力于解决企业管理中存在的突出问题和薄弱环节，充分挖掘公司既有资源和潜在能力，持续优化和改进管理环节，有效提高了公司管理的现代化水平，推动公司经营效率的不断提升。

3. 建设管理创新体系，推动企业转型升级

通过实施管理创新，大力推动创新驱动型战略，进一步突出管理创新在企业转型升级中的重要地位，优化公司资源配置能力，引导更多创新要素向企业核心价值链转移，突出高端引领，加快管理创新成果向实际应用的转化力度，全面提升企业自主创新能力，进一步提高企业管理的科学化、现代化水平，发挥管理创新对企业转变发展方式的积极作用，激发企业提高向管理要效益的能力，争取在国有企业新一轮深化改革浪潮中，抓住管理创新这一关键，不断夯实发展根基和积蓄发展力量，实现企业既定的战略目标。

四　基于核心竞争力的企业转型升级战略的实施

（一）企业基本情况

1. 企业介绍

中国一拖集团有限公司创建于1955年，其前身第一拖拉机制造厂，是我国“一五”期间兴建的156个国家重点项目之一，是中国农机工业的开创者、奠基者、引领者。所属第一拖拉机股份有限公司是中国农业机械制造领域中唯一的A+H股上市企业。

历经近60余年的发展，公司至今已生产300余万台拖拉机，始终引领中国农业装备的发展，“东方红”是中国最具影响力的农机品牌。2010年以来，一拖公司在“聚核铸强”战略发展思路指导下，在产品升级、研发创新、国际化经营、人才兴企、资本运作和精细化管理等方面，建设以市场为导向的技术创新体系，构建全球中高端产品竞争优势，努力把企业建设成卓越的全球农业装备供应商。

2. 产品介绍

公司拥有的“东方红”商标是我国农机行业第一枚驰名商标，“东方红”大中功率轮式拖拉机、履带拖拉机等多种机型是公司的主营产品。中国一拖集团有限公司技术中心，即洛阳拖拉机研究所有限公司（以下简称“拖研所公司”），是国家转制科研机构和国家首批认定的国家级企业技术中心，主要从事农业装备机械、动力机械及其零部件产品的开发设计、试制试验，以及CAE应用技术、电控技术、电器仪表、测试设备的开发研究，承担并组织国家拖拉机产品技术标准的制订、修订工作。拖研所公司在履带拖拉机、大中功率轮式拖拉机、非道路柴油机及其电控系统产品的研发，以及相关测试设备研制等技术领域始终保持国内领先水平。

（二）管理创新情况

1. 企业管理战略

（1）全球化战略

该公司在研究标杆企业的国际化发展历程、经营模式的基础上，组织制定国际化发展规划，明确了国际化目标、实现途径、战略步骤。并积极拓展国际市场，推动海外子公司健康发展，制订国际营销战略，产品销往世界140多个国家和地区。

（2）技术创新战略

一拖公司按照“产、学、研”战略合作的要求，组建了河南省农业装备工程技术研究中心、机械工业拖拉机工程研究中心等，推进基础研究，在关键与核心技术方面实现突破，开发具有自主知识产权的重大高端技术产品，并在一系列项目上取得重大突破。

（3）人才兴企战略

成立战略管理、卓越绩效、全员绩效考评、5S管理、精益管理领导小组等多种跨职能组织。对各岗位进行分析，完善了《员工岗位标准》。根据人力资源规划、公司运营流程、岗位职能等，对员工当前和未来的特点和技能进行识别，确定能力提升方向，为员工提供提升能力的机会，吸引、留住人才。

2. 企业管理制度

一拖公司“聚核铸强”战略的内涵，是要聚集核心资源、聚力核心业务、聚焦核心市场；以提升自主创新能力、市场营销能力、国际化经营能力、人才强企能力为重点，不断提升公司创新和运营能力；做强拖拉机、柴油机、机具核心业务，做强零部件“黄金供应链”体系，做强国内国外两个市场。

一拖公司在“聚核铸强”发展战略指导下，在产品升级、研发创新、国际化经营、人才兴企、资本运作和精细化管理等方面，建设以市场为导向的技术创新体系，构建全球中高端产品竞争优势，努力把企业建设成卓越的全球农业装备供应商。

3. 企业管理创新重要成果

（1）实施背景

一拖公司既面临十分难得的历史性机遇，也面对新的挑战。从国际看，世界经济将继续缓慢复苏，但受政治、经济、安全等多种因素影响，复苏进程仍将艰难曲折。从国内看，我国仍处于重要战略机遇期，经济发展长期向好的趋势没有改变，各种有利条件依然存在，但面临的矛盾和问题也不少。“十二五”时期是一拖公司拖拉机等核心产品的重要升级期，是重柴、农机具等新兴产品的加速发展期，是国际化发展的全面提升期，是企业核心能力建设的关键突破期。他们认为：企业的发展，“强是根本”，“优是关键”。企业必须充分认识到企业做强、做优的重要性和艰巨性，把握机遇，迎接挑战，站在新起点，创造新优势。

（2）具体实践

①推进产品升级工程，构建全球中高端产品竞争优势

公司明确“十二五”产品结构的调整方向和重点。产品结构调整重在做到“五个弄清楚”，这就是实事求是研究国际发展趋势、国家产业政策、客户需求、竞争格局、自身实力以及优劣势。据此制订公司《“十二五”产品结构调整规划及实施方案》。并坚持以市场为导向，以提高产品竞争力为核心，以快速商品化为目的，有效突破研发产品转化为商品的“瓶颈”。

②推进研发创新工程，建设以市场为导向的技术创新体系

他们的主要措施是：实施“产品技术提升行动”，加强技术中心建设，推进产品技术进步，争取取得重大突破；实施“制造技术提升行动”，组织编制集团公司《“十二五”制造工艺水平提升规划》；实施“产品品质提升行动”。一拖公司以规划和市场为导向，进一步明确产品品质定位，即将大轮拖拉机定位为国内领先到国际先进，中小轮拖拉机定位为国内领先；实施“研发管理提升行动”，加强组织领导、创新体系建设、持续加大科技投入，为科技发展提供坚强的组织保障、制度保障、资源保障。

③推进国际化经营工程，立足全球配置资本、人才、技术、市场等各类资源

在研究标杆企业国际化发展历程、经营模式的基础上，组织制定《国际化发展规划》，明确了国际化目标、实现途径、战略步骤。制订国际营销战略，细化分区域的市场拓展规划，利用国际平台，参与对外援助和国际合作项目，扩大出口，有效支撑主导产品“十二五”国际市场销售目标的实现。积极推动海外子公司的健康发展。消化吸收动力换档传动系统产品和工艺技术，推进以法国公司为制造平台的欧洲研发中心的建设，逐步构建欧洲营销中心。加强新产品开发工作，完善国内国外供应体系，加快实现由单一的产品生产向传动系、拖拉机产品的转变，由单一客户向全球市场转变。

④推进人才兴企工程，创新人才发展机制

成立战略管理、安全消防等管理委员会，建立卓越绩效、全员绩效考评、5S 管理、精益管理领导小组等多种跨职能组织。完善绩效管理系统的员工绩效考核分高层领导、中层管理者、一般员工三个层级，通过 KPI 的设定、权重、考评方式实现差异化评价。推动员工的学习与发展。公司建立以企业培训开发为主和员工自主开发相结合的培训开发体系。构建阶梯式、多通道员工职业发展机制。

⑤推进资本运作工程，加强产品经营和资本运作协调互动

明确资本运营的基本原则。制定了《一拖公司中长期资本运营规划》，成为一拖公司资本运作总的行动纲领和指南。加强投资前期的可行性分析，完善风险控制制度，严格控制子公司对外股权投资。按照有进有退、有所为有所不为的原则，以做强做大核心业务、提升集团公司生存发展能力和管控能力为战略基点，推进资本运作业务重组，实现产品经营和资本运作协调互动。

⑥推进精细化管理工程，创建一拖卓越运营体系

确定“6 +2 +1”精细化管理工程重点领域，通过项目推进，着力构建“一拖卓越运营体系”。在财务管理方面，通过整合融资渠道，有效控制融资成本。一拖公司在实施“6 +2 +1”管理提升重点项目的基础上，以创建

卓越运营体系为目标，系统总结一拖公司管理提升活动项目经验、优秀传统管理实践，提炼了“团队执行、班组建设、精益现场、管理标准化、设备及工装管理、质量管理、成本管理、产销协同、职业健康安全和环境、持续改进”10个核心要素，制订了一拖公司卓越生产制造体系纲要。

⑦加强“三大保障体系”

通过战略分解，一拖公司把三到五年的战略发展落实到年度业务上，把年度业务具体分解到关键任务、重点项目、责任单位，依靠战略经营管理、业务流程、项目管理等形成战略实施的闭环管理和双向承诺的动力机制。企业发布了《“十二五”企业文化建设规划》，坚持“为客户创造价值，为员工创造机会，为股东创造效益，为社会承担责任”的理念。加强作风保障体系。增强责任意识。坚持高标准的谋划工作、高效率的执行决策部署、高质量的推进落实，敢于负责勇于担当，身体力行积极作为，确保各项目标任务的实现。

（3）实施效果

①产品结构调整

一拖公司实现了多系列、多品种、柔性化和满足个性化需求的拖拉机、柴油机产品制造能力，可以根据客户需求采用国家和国际颁布的标准组织生产。

②市场结构优化

2012年，公司大中型拖拉机销售8.56万台，同比增长0.86%，继续保持市场占有率第一，其中：大轮拖拉机累计销售43842台，市场占有率为34.18%，行业位居第一；中轮拖拉机累计销售41728台，市场占有率为17.85%，行业排名第二；小轮拖拉机累计销售26940台，市场占有率为7.57%，行业排名第四；柴油机累计销售162458台，居非道路柴油机行业第一名。

③技术取得进步

一拖公司是国内唯一能够自主批量生产17～380马力全系列轮式和履带拖拉机的企业，是国内唯一的核心零部件100%完全自制的拖拉机制造企业。公司以整机产品技术为平台，以铸件、锻件、柴油机、变速箱、车桥、曲轴、覆盖件等为关键要素，构建了农机行业“黄金供应链”，实现了从整机技术平台到零部件制造技术的全面领先。

（三）管理创新经验总结

1. 提高产品竞争力，促进产业结构升级

一拖公司围绕重点产品和业务，制订一拖公司《“十二五”产品结构调整规划及实施方案》，加强商品化过程的科学管理，重点把握目标市场、技术路径与产品定位；有效配置人、财、物资源；确定具体发展阶段和关键节点，促进产业结构的转型升级。

2. 推进技术创新，建设以市场为导向的创新体系

一拖公司坚持市场化导向，通过原始创新、集成创新和消化吸收再创新，掌握关键与核心制造技术，优化工艺技术结构，增强核心制造能力，如大型复杂壳体件的制造工艺技术、拖拉机和柴油机及燃油喷射泵的装配与检测技术等，使新产品研发能力在试制和中试环节上保持国内同行领先，同时也缩小了与国外同行的差距。

3. 推进资本业务重组，实现资本运作协调互动

按照有进有退、有所为有所不为的原则，以做强做大核心业务、提升集团公司生存发展能力和管控能力为战略基点，一拖公司推进资本运作业务重组，实现产品经营和资本运作的协调互动。在资产重组方面，实施了扬动股份有限公司破产重整和长拖战略重组项目；在股权投资方面，完成了拖研所公司、一拖川龙公司、国机重工、专汽公司等股权投资项目；在清理整顿方面，对徐州诚诺公司等业务进行了重组。

4. 立足全球，推进国际化经营

一拖公司借助国机集团国际贸易的优势，积极主动寻求与国机集团所属企业的战略协同，构建国际贸易、生产制造、产品研发的全价值链合作平台，增强了一拖公司国际市场开拓的竞争能力。制订并实施出口业务倍增计划，完善出口产品价格体系，持续推进出口产品品质提升和适应性改进，进一步巩固国际出口业务基础。建立推动国际化经营工作快速提升的机制，有效调动营销、研发、制造、采购、服务等人员的积极性，为实现出口倍增目标提供机制保障。

专 题 篇

Special Reports

B.14

2014年装备制造业热点事件回顾与解析

吕汉阳*

摘 要： 本文选取了七件发生在2014年装备制造业的热点事件进行回顾与解析，这七件热点事件分别为《中国制造2025》、“一带一路”、中国南车北车合并、机器人产业迅速发展、光伏发电行业连遭贸易壁垒、新能源汽车以及三一重工在美国胜诉事件，这些事件不仅对2014年装备制造业的发展产生深远影响，而且对未来装备制造业发展方向和发展模式的变革产生深远影响。

关键词： 热点事件 事件回顾 事件解析

* 吕汉阳，助理研究员，博士，机械工业经济管理研究院产业经济研究所。

一 《中国制造2025》

全球制造业正在进入新的时代，在此条件下，世界各个国家都非常重视制造业的发展，并将其作为新一轮工业革命的首要任务。随着德国的“工业化4.0”“互联工厂”战略、美国的“再工业化”潮流及日韩的制造业转型计划逐渐明确，我国国家发改委、工信部、国资委和科技部四部门联合起草了《中国制造2025》的规划纲要，并要将其上升为“举国总体战略”，力争在2025年使我国迈入制造强国之列，实现由“工业大国”到“工业强国”的转变。

（一）发布背景

1. 全球竞逐工业4.0

受国际金融危机的后续影响，世界经济总体增长乏力，工业在国民经济中的比重不断下降，继而形成“外实中虚”、日趋萎缩的产业空心化局面，各国经济发展重点纷纷重回实体经济，着重推动工业化发展，争取下一轮科技活动的话语权，掀起全球竞逐工业4.0的国际形势。

（1）德国的“工业4.0”

2010年德国政府推出《高技术战略2020》十大未来项目，德国“工业4.0”就是其中的项目之一；2012年，德国发布《确保德国未来的工业基础地位——未来计划“工业4.0”实施建议》，通过以物联网、服务网以及数据网取代传统封闭性的制造系统，为未来工业奠定基础，这大大加强了德国的核心竞争力，奠定了德国在关键技术上的国际领先地位。

德国工业4.0是指随着信息技术与工业技术的高度融合，网络、计算机、信息、软件与自动化技术的深度交织产生新的加之模型，在领域的制造，“虚拟网络－实体物理系统”（Cyber－Physical System，CPS），核心是通过应用信息通信技术和利用互联网，将虚拟系统信息与物理系统相结合，完成各行各业的产业升级。其最终目的是要成为新一代工业生产技术的供应商和主导市场，将德国的机器人、成套装备制造、IT 技术、控制技术、信息技术等核心产业整合到工业 4.0 体系内，确保德国制造业的未来。

（2）美国的“再工业化”

2011 年 6 月和 2012 年 2 月，美国相继启动《先进制造业伙伴计划》和《先进制造业国家战略计划》，实施“再工业化”。美国通用公司提出的将“工业互联网”与智能设备、人和数据链接起来，并以智能的方式交换这些数据。思科（Cisco）、通用电气（GE）、英特尔（Intel）已经在美国波士顿宣布成立了工业互联网的联盟，期望能够打破技术的壁垒，并且促进物理世界和数字世界的融合。美国实施“再工业化”与“制造业回归”，以调整、提升传统制造业结构及竞争力，发展高新技术产业。“再工业化”战略的实质是要推动美国制造业产生一种新的生产方式，掀起第四次工业革命。

（3）日本“工业 4.1J”

2015 年 3 月，志愿团体 Virtual Engineering Community（VEC）与 NTTCommunications 公司启动一项实证实验，以确认“工业 4.1J”的技术要件。[①]“工业 4.1J”是由以德国推进的“工业 4.0”的社会革新计划发展而来，其安全级别要比德国“工业 4.0”更高一级，“J”表示源于日本。“工业 4.1J”首先会在现行控制装置中采用安全性出色的通信协议“OPC UA”[②]，验证其能否正常通信。同时，将使大容量数据高速流向云端及控制系统，以确认云端和现场之间所要求的连接构成和规格。由此，便可以实时

① 参与该项目的企业除了 NTTCommunications 之外，还有 Azbil、AzbilSecurityFriday、OSIsoft Japan、太阳电子、JT Engineering、Schneider Electric 日本、立花 ELETECH、Digital Electronics、BellChild、富士电机、迈克菲日本、村田机械、安川电机。VEC 负责企划和解决方案验证，并担任运营窗口，NTTCommunications 负责提供专用网络云服务“Biz Hosting Enterprise Cloud”和 VPN 网络“Arcstar Universal One”。

② OPC UA 基于 OPC 基金会提供的新一代技术，提供安全、可靠和独立于厂商的、实现原始数据和预处理的信息从制造层级到生产计划或 ERP 层级的传输。

进行异常检测，或者将现场数据反馈至云端。

未来“工业 4. 1J”会将分散在世界各地的工厂或部门连接起来，以实现一个可综合进行安全的资产管理、消耗部件订购管理、远程服务、高级控制技术支持的环境。比如，如果利用云上的监控系统实时模拟世界各地的工厂的正常生产情况，并将其与现场的生产情况进行对比，就能掌握现场控制系统的异常运行情况。

综观全球形势，一是欧美发达国家实施“再工业化”战略，不断加快高端制造业的发展，在技术维持、产业方面占据优势地位，逐步拉大与发展中国家的差距；二是印度、印尼、越南等发展中国家利用其廉价劳动力的优势，发展劳动密集型产业，迅速抢占制造业中低端市场。相比之下，中国的制造业承受来自欧美发达国家和发展中国家的“前后夹击”，正面临着严峻的挑战。发达国家的“再工业化”将对中国新兴产业产生较大的影响。中国的高新技术、新能源、电子以及汽车相关产业会受到影响。

2. 中国制造业面临着严峻的挑战

综观当前全世界各国的制造业，中国制造业在发展中存在很多问题。一是在技术上缺少创新带动发展的理念和创新的投入；二是在产品质量上与国际水平还有很大差距；三是结构不够优化，缺少具有国际竞争力的企业，缺少高端人才；四是环境约束越来越强烈，制造业发展受到约束。

3. 新一轮科技革命和产业变革对制造业发展提出了更高要求

21 世纪，世界兴起了新一轮的科技革命和产业变革，世界主要国家都积极响应科技创新发展的新趋势，寻找科技创新的突破口，不断在推动云计算、生物工程、新能源等方面取得了巨大突破，以抢占未来经济科技发展的先机。为了适应市场的需求，制造业需要在信息物理系统的智能制造、协同设计、大规模个性化定制等方面进行不断创新。

（二）内容解析

面对激烈的国际竞争形势和中国制造业的困局，中国需要从国情出发，构建一个更具有产业优势的战略模式和更具有前瞻性的长期规划。《中国制造2025》可概括为：以由制造业大国向制造业强国转变为目标，坚持市场主导、政府引导，全面推进、重点突破，立足当前、着眼长远，自主发展、合作共赢的四项原则，采取创新推动、绿色发展、质量为先、人才为本、结构优化的五项方针，推动强化基础工程、创新中心建设工程、绿色制造工程、高端装备创新工程、智能制造工程的建设，突破十个重点领域，同时通过信息化和工业化融合带动整个制造业的发展，争取用30年的时间通过“三步走”的方式实现到工业强国的转变。

1. 实现制造业由大变强的历史跨越

中国在由制造业大国向强国的转变过程中，要充分体现新技术革命的影响，实现与世界同步；突出创新驱动发展战略，利用创新、创新再创新等方式缩短在高端技术领域与世界的差距；在高端装备、新一代信息技术、高档数控机床、机器人等十大关键技术领域实现重点突破，在高端的核心部件和技术研发方面继续攻关和提高。

2. 坚持制造强国的“三步走”战略

“三步走”战略大体上把每一步都规划为十年左右的时间。第一步，可分为两个阶段，一是到2020年，信息化水准得到大幅提升，制造业基本实现工业化。二是到2025年，实现制造业整体素质、创新能力、全员劳动生产率都得到大幅提升，两化融合进一步发展。第二步，到2035年，我国制造业重点领域发展要取得重大突破，优势产业能够跻身国际领先行列，全面实现工业化，整体能够达到世界制造强国的中等水平。第三步，到2045年，建成世界领先的产业体系和技术体系，综合实力达到世界制造强国水平。

3. 全面提升制造业的核心竞争力

提高国家制造业创新能力，完善以企业为主体、市场为导向、自主发展、战略合作的制造业创新体制，按照产业链、创新链、资源链的顺序进行部署。推进工业化与信息化的融合，进一步融合新一代信息技术与制造技术，主攻智能制造，以智能装备和智能产品为发展重点，建设生产过程的智能化，创新生产方式，全面提升一系列的智能化水平，推动互联网与制造业的结合。逐步化解过剩产能，推进传统产业向中高端迈进，促进大企业与中小企业协调发展，使装备制造业布局得到进一步优化。加快制造与服务的协同发展，实施服务型制造行动计划，推动商业模式创新和业态创新，引导和支持制造业企业扩大服务范围，实现从主要提供产品制造到提供产品和服务的转变。鼓励优势制造企业“裂变”专业优势，积极进行业务流程再造，发展社会化、专业化服务，面向行业提供服务。

4. 营造良好的制度环境

动员各方力量，营造良好的制度环境。深化体制机制改革，政府减少行政审批事项，简化审核流程，激发制造业创新活力。通过公平竞争的市场环境实现合理的资源配置。完善现有的财税、金融扶持政策措施，创新财政资金支持方式，加强政府和社会资本的合作，引导社会资本参与企业技术改造、制造业重大项目建设和关键基础设施建设，进一步改革金融领域，使制造业融资渠道变宽，融资成本降低。完善中小企业政策，优化中小企业发展专项资金使用的重点和方式，加快设立国家中小企业发展基金，建立和完善中小企业信用担保体系，鼓励支持制造业中小企业的发展。

（三）对装备制造业发展的影响

1. 明确装备制造业发展的改革方向

《中国制造 2025》为我国今后装备制造业的发展提供了重要的方向性指导，智能制造是解决我国装备制造业由大变强的根本路径，是未来的主攻方向。装备制造业应将改革创新摆在发展的核心位置，积极探索机器人应用，并将其与云计算、大数据、互联网等新技术结合，将机器人作为实现智能制造的重要终端和载体，实现真正的智能制造。

2. 全方位、多层次推动装备制造业的发展

装备制造业应当统筹推进一系列基础制造方面的发展，加大对基础研究的投入力度，用发展的眼光探索影响关键基础零部件产品性能和稳定性的关键共性技术。加大对先进节能环保技术、装备和工艺的研发应用力度，以绿色为理念改造制造业同时研发绿色产品，提升终端用能产品能效水平。提高

制造业资源利用效率，实现低碳化、循环化和集约化。制定品牌培育管理体系，提升内在素质，夯实品牌发展基础，建设制造业品牌。支持优秀大型装备制造企业成立跨国公司，通过业务流程再造、全球资源利用、产业链整合等方式，进一步提高其竞争力。

3. 发挥装备制造业“四两拨千斤”的重要作用

作为中国工业发展的重要引擎，装备制造业无论是在国计民生还是产业链条的延伸方面都有着举足轻重的作用。实现装备制造业的智能化制造，全面推行绿色制造，将推动产业链上下游企业的全面发展，营造低碳化、循环化和集约化的经营理念，加快其他相关产业的转型升级，增加工业产品的附加值，有助于实现制造强国的战略目标，提高国家制造业创新能力。

二 “一带一路”战略出台

（一）“一带一路”出台背景

中国国家主席习近平在2013年9月和10月出访哈萨克斯坦和东盟国家期间，先后提出共同建设“丝绸之路经济带”和“21世纪海上丝绸之路”（以下简称“一带一路”）的战略构想。“一带一路”战略构想的提出，表明中国主张构建一个开放包容的体系，以开放的姿态鼓励各国积极参与，寻求突破传统的区域经济合作模式。该战略提出的背景是因为我国经济社会发展面临着“内忧外患”的困局。

1. 世界经济缓慢复苏，投资贸易规则酝酿调整

当今世界经济正缓慢复苏、发展分化，但国际金融危机深层次影响还将持续，多边投资贸易规则和国际投资贸易格局正在逐步调整，各国依然面临严峻的发展问题。贸易保护主义也因欧美经济下滑而盛行，同时美国正试图绕开中国，推进TTIP（跨大西洋贸易伙伴谈判）和TPP（跨太平洋伙伴关系协议），重新制定新的全球贸易规则。

2. 国内产能亟待消化，过剩资本谋求新的出路

近年来我国经济发展迅速，发展形势稳中向好，但仍然存在很多“内忧外患”。国内大规模的基建投资，地方政府债务高居不下，国内过剩产能亟待消化，实体经济亟待转型，过剩资本继续急需谋求新的出路，环境污染也不允许中国继续走从前的老路。面对中国经济增速下滑，传统的要素驱动、投资驱动方式不可持续的现状，“一带一路”的提出将有力推动中国经济的持续增长。

（二）“一带一路”主要内容

1. 框架思路

（1）从“单向开放”转向“全面开放”

以“内陆开放”打破“梯度转移”，丝绸之路经济带重点畅通中国经中亚、俄罗斯至欧洲（波罗的海）；中国至东南亚、南亚、印度洋；中国经中亚、西亚至波斯湾、地中海的通道。21 世纪海上丝绸之路的重点方向是从中国沿海港口过南海到南太平洋；从中国沿海港口过南海到印度洋，延伸至欧洲。“一带一路”政策通过加强与东盟、南亚地区的经贸往来和通道建设实现向南开放；通过强化中亚、欧洲地区的交流，保障能源通道安全实现向西开放；通过扩展辐射腹地，推动中心城市转型实现向东开放，从而实现从“单向开放”向“全面开放”，以“内陆开放”打破“梯度转移”的发展框架。

（2）与周边国家共同打造新亚欧大陆桥和国际经济合作走廊

中国致力于与周边国家展开合作，共同构建区域新秩序。根据“一带一路”走向，海上积极推动中巴、孟中印缅两个经济走廊与推进“一带一路”的合作，并以重点港口为节点，共同建设运输大通道；陆上借助国际大通道、沿线中心城市、重点经贸产业园区的支撑，共同打造新亚欧大陆桥、中国—中南半岛、中国—中亚—西亚等国际经济合作走廊。

2. 合作重点

（1）设施联通

“一带一路”建设的优先领域是基础设施的互联互通，设施联通主要包

括：促进交通基础设施的互联互通、能源基础设施的互联互通以及通信基础设施的互联互通。

（2）政策沟通

“一带一路”建设的重要保障是加强政策沟通。根据“一带一路”战略规划，沿线各国应该积极交流，对接经济发展的战略和对策，共同制定推进区域合作的规划和措施，制定对合作有利的政策，遇到问题共同协商解决。在沟通中，既要利用好积极因素，又要设法化解消极因素，以便形成合作的最大公约数，求同存异，为项目建设开启政策绿灯。

（3）资金融通

“一带一路”建设的重要支撑是资金融通，资金融通分为两方面：一是加强金融合作，建设亚洲货币稳定体系、信用体系、投融资体系；二是深化金融监管合作，建立区域高效监管协调机制。

（4）贸易畅通

“一带一路”建设的重点内容是投资贸易合作，贸易畅通可概括为：拓宽贸易领域，优化贸易结构，促进贸易平衡；实现投资贸易便利化，消除投资和贸易壁垒；加快投资便利化进程，消除投资壁垒；拓展相互投资领域，开展传统能源资源勘探开发合作；积极推动清洁可再生能源合作；推动新兴产业合作，加强沿线国家在新兴产业领域的进一步合作，逐步形成创业投资合作机制；通过优化产业链分工布局来推动关联产业和上下游产业链共同发展。

（5）民心相通

“一带一路”建设的社会根基是民心相通，民心相通主要包括：深化人才交流和科技合作；加强旅游合作，扩大旅游规模；强化医疗卫生领域合作；广泛开展各类公益慈善活动，加强民间组织的交流合作，努力改善沿线贫困地区生产生活条件。

（三）对装备制造业的影响

中国制造业正处在由低端制造向中高端制造转型升级的阶段。前 30 多年，我们基本上是靠农村富余劳动力来支撑中国制造业的发展，但随着人口红利的消失，新一轮的发展更需要有高技能人才的支持，我们原有的优势在逐渐弱化。但是，我国装备制造业虽然面临困难增速下滑，存在产能过剩的现象，但整体有望呈现出平稳、略有上升的趋势。借助新一轮技术革命的推动，我国将加大装备制造业的转型升级，使高端装备制造成为新的增长点。“一带一路”政策将为我国装备制造业的发展拓展广阔的市场空间，同时助力我国装备制造业的转型升级，进而实现由大到强的蜕变。

1. “一带一路”拓展我国装备制造业的海外需求

基础设施建设的互联互通是“一带一路”战略的首要前提和核心关键，而“一带一路”沿线国家基础设施建设一般较为落后，除了卡塔尔、印度、蒙古、越南之外，丝路沿线其他国家固定资本投资占 GDP 的比重仍然不足 30%，未来这些国家的固定资本形成都蕴含巨大的再推进过程。与此同时，东盟国家和中亚地区除新加坡外，工业化程度均不高，基础设施相对落后，对管线、铁路、港口、机场、电信、核电等基础设备和能源设备需求量巨大。在国家“一带一路”战略规划发布背景下，相关部委密集出台支持政策，不断创新，探索新常态下的金融产品和融资服务，为企业提供个性化和多元化的融资服务，加大对产品出口和企业“走出去”的支持力度。预计 2015 年全年装备制造产品的出口增速将保持在 8% 左右。

从长远来看，“一带一路”沿线上新兴经济体和发展中国家占多数，总人口约 44 亿，是一个近 1.12 万亿美元的基建大市场，分别占全球人口及市场份额的 63% 和 29%。根据亚洲开发银行最新数据估算，这些沿线新兴经济体和发展中国家在未来五年每年的基础设施投资需求将达 7300 亿美元，并且逐年增长。预计基础设施在未来 10 年间的投资量，相当于一个约 50 万亿元人民币的市场出现在“中国制造”“中国建造”面前，其中装备制造业占有重大的比重。因此，“一带一路”将会持续拓展我国装备制造业的海外需求。

2. “一带一路”加快我国装备制造业走出去的步伐

“一带一路”战略将帮助欠发达的新兴市场进行基础设施建设，中国金融、基建承包商、电力设备、工程机械、铁路设备、通信设备、物流等行业将全面受益。中国公司的海外基建业务将首先获益，迎来其爆发式增长的机

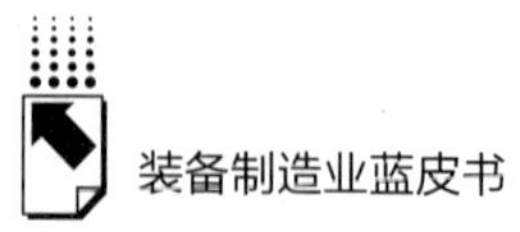

会点。“一带一路”规划的实施和中国的“走出去”战略都要求中国公司在海外建设更多的基础设施。

以往投资者认为由于投资增速下降，中国的铁路、公路、基建等这些“铁公基”产业已经产能过剩，再也无法翻身。在“一带一路”建设中，中国将通过资本输出消化自身的过剩产能，在沿线国家以资源型产业和劳动密集型产业为重点，发展资源在外、能源在外、市场在外的“三头在外”的产业，通过在当地建立生产工厂、实行技术输出等方式开拓市场，进而带动产品、设备和劳务输出。面对这个在未来10年我国对外投资将超过1.2万亿美元的重大历史机遇，在亚投行和丝路专项基金的支持下，国内装备制造业有望迎来掘金海外市场的良好机遇。

3. “一带一路”助力我国装备制造业的转型升级

随着中国“一带一路”战略的不断推进，新一轮改革政策的红利正在逐渐释放，装备工业将萌发新的动力与增长点，高端制造的出口也将成为未来10年中国经济新常态下的常态。目前，中国在先进轨道交通装备领域已经率先实现重大突破，已经与多国签署高铁合作项目，先进轨道交通装备步入了快速成长期。随着“高铁外交”的进一步扩展，中国轨道交通装备业正由“中国制造”向“中国创造”转变，它将同时推进中国由“制造大国”向“制造强国”迈进。

在“一带一路”战略方针以及高端装备制造业的产业政策的推动下，中国装备“走出去”的步伐会日益加快。未来，中国在高档数控机床、电力装备、工业机器人及航空装备、先进轨道交通装备、船舶和海洋工程装备等若干关键领域均会实现重大突破。在“一带一路”战略带动下，先行的中国高端装备制造业正在逐步改变世界。

三　南车、北车合并

（一）避免垄断，南北拆分

2000年，以国企改革破除垄断为大背景，铁道部下属5大公司统一脱钩铁道部。在这次重大重组中，南车、北车的前身，中国铁路机车车辆工业总公司（以下简称“中车公司”）脱钩铁道部；同年9月，经国务院批准，中车公司被拆分成中国南车集团公司和中国北方机车车辆工业集团两家公司。2007年，中国南车集团公司发起设立了中国南车；2008年中国北方机车车辆工业集团公司发起设立了中国北车，中国南车、中国北车由此成立。

此后的十几年中，南车、北车的发展突飞猛进。截至2013年末，中国北车的营业收入为972.4亿元，中国南车的营业收入为978.9亿元，收入比两公司刚成立时几乎多9倍。根据国际铁路行业权威战略咨询公司德国SCI Verkehr咨询公司最新发布的《世界铁路技术装备市场》报告显示，世界轨道交通装备制造商的“十强”中，中国北车（CNR）连续三年位居全球轨道交通装备制造商之冠，中国南车（CSR）位居第二。南车、北车公司的产品已出口到超过80个国家及地区。2014年，中国南车、北车集团新签海外合同总金额达60亿美元以上，同比增长超过60%，其中有一个我国高铁设备在海外的最大订单，即中标南非的28亿美元的591台内燃机电力机车车辆采购项目。中国北车和中国南车作为中国轨道交通制造业的龙头企业，逐渐成为我国高铁制造实力的象征。

建立我国机车车辆行业平等竞争的市场环境，推动轨道交通行业的发展是南车、北车分立门户的主要目的；但是两公司当时只是按照地域进行拆分，两家企业的业务架构和技术高度重合，从而引起了之后的恶性竞争。

（二）南北相争，两败俱伤

近几年，在南车、北车不负众望的发展背后，南车、北车始终在海外市场互相竞争，甚至互相进行价格倾轧，成为大众关注的焦点。

恶性竞价导致国外客户对我国技术水平信任度下降。2011年1月，南车、北车在土耳其机车项目的招标中互相压价，中国北车的投标价格几乎接近零利润，但最终订单被一家韩国公司抢走。2013年1月，在阿根廷电动车组采购招标中，中国南车通过削价，用与北车相比降幅近50%的报价，在竞标报价中突然杀出，在中国北车已经率先中标的情况下抢下了竞标。

2014 年 10 月，中国北车以竞争对手加拿大庞巴迪公司一半的报价，夺得美国波士顿地铁 5.67 亿美元的合同。

过度依赖价格竞争策略使轨道交通制造业的行业利润极低，甚至在一定程度上损害了中国企业的形象，不利于产业的长期发展，成为中国装备制造业“走出去”绕不过的难题。相比而言，国外装备企业走向海外投资时多为一家出面竞夺，中国南车、北车的合并将有利于整合资源，合力对抗国际巨头的挑战，使我国高铁能够站在世界最前端。

（三）“一个声音”对外说话，中国高铁“走出去”

中国轨道交通装备制造领域也经历了分久必合、合久必分的发展过程。2014 年 12 月 30 日晚，中国南车与中国北车在停牌两个多月后纷纷发布复牌公告，正式宣布合并，并发布了合并预案。根据预案，合并后的新公司将采用新的公司名称和新组织机构代码、股票简称和代码。合并双方拟定中文名称：中国中车股份有限公司，简称“中国中车”，合并方式为中国南车吸收合并中国北车。本次合并实施完毕后，合并后的新公司的实际控制人仍为国务院国有资产监督管理委员会（以下简称“国资委”）。

（四）南北合并之辩：竞争还是垄断

1. 观点一：南北合力，称霸全球

2000 年，南车、北车拆分之时，国企正面临改革，试图通过市场竞争激发活力。现在环境不同往日，中国高铁的竞争对手是来自全球范围内的企业，南车、北车的合并不仅有利于避免内耗，同时明显体现出中国高铁整体竞争优势，更有助于中国高铁抢占海外市场。整体来看，南车、北车的合并，将会给中国的轨道交通行业带来以下三个方面的影响：

（1）技术层面：有利于核心技术互补，拓宽业务范围

南车、北车两家企业核心技术各有优势，例如，南车擅长时速 350 公里的动车组制造技术，而北车则擅长牵引及网络控制系统等核心技术和时速 200 公里和 300 公里的动车组制造技术。两家企业的合并既实现

核心技术上的互补，也能够增强新公司在各个环节中的实力，另外，两家企业合并后在竞标安排时也能够更充分地利用各个分公司的技术特点，扩大业务范围。

（2）价格方面：有利于防止恶意价格战，降低成本，提高企业利润

南车、北车两家企业的核心技术，都是世界顶尖级别，市场开拓的能力也不相上下，随着我国高铁技术的提升。南车、北车两家企业都走出国门，积极参与到国外轨道交通项目的投标中。过去由于实力不分伯仲，两家企业难免使用价格战，有时为了竞得项目甚至使用超出正常范围的竞价，这种恶性竞争不仅严重损害了企业的利润，也造成国外客户对我国技术水平及信誉的质疑。南车、北车的合并有利于打破这种价格恶意竞争的局面，在保证价格竞争力的前提下提升企业的利润。

（3）国家战略方面，高铁外交已成为中国外交的重要组成部分

南车、北车合并避免了两公司在国际市场的“恶性竞争”，有利于实现高端技术输出，实施高铁“走出去”战略。南车、北车两家拥有的高铁技术已经成为我国高端技术输出战略的核心之一，在国际上享有盛名，是我国高端技术输出战略的一张重要名片。北车和南车两家企业在世界轨道交通企业中销售额排名分别位居第一和第二，合并之后的南车、北车无论从科研水平、制造水平还是管理水平还会进一步提高，实力将会更强。强大的实力会令企业赢得更多的国际关注和话语权，这不仅能让我国在该领有长久的发展，更能促进其他产业在高新技术的创新和研发，便于我国高端技术输出战略的实施，从而推动我国从工业大国到工业强国的转型。深入来看，高铁布局关系到国家影响力的竞争和综合国力，还涉及地缘政治和外交政策等方面，所以，应加速推进合并的进程。

2. 观点二：行政合并，弊大于利

降低内耗、避免价格战和在海外市场的恶性竞争是支持合并的最直接理由，同时，产生规模效应和协同效应，可以整合资源、集中研发。但是，价格战并不一定就是恶性竞争，价格竞争是市场竞争的基础。在当下全球轨道交通装备市场中，排在前七位的分别是我国的北车、南车，加拿大的庞巴

迪，德国的西门子，法国的阿尔斯通，美国的 GE，日本的川崎。目前北车和南车已属行业的前两名，南车、北车两家合并后，累计合计销售收入远高于后面 5 家海外竞争者的总和。

机械工业经济管理研究院认为，随着中国主导的亚洲基础设施投资银行的成立，中国希望借助“金融”和“制造”两只手，在赢得基础设施订单的同时，以南车和北车的重组来推进国企改革：强化经营基础，抢占海外市场，推动经济增长。

四　机器人产业

（一）机器人产业前景广阔

受到全球第三次产业转移、经济结构调整、人口红利消失以及国家政策大力扶持等因素驱动，中国机器人产业的行业需求、关注度都不断攀升，这使得曾经是世界工厂的中国如今成为全球机器人市场的最大买家，也成为中国机器人产业发展的动力。

2014 年国际形势不稳定，使我国装备制造业面临严峻考验。国产工业机器人市场延续了 2013 年的增长态势，呈现出供需两旺的景象。在全球范围内，机器人在各行业领域的应用更加广泛，有力地推动劳动密集型产业的转型升级；在中国，2014 年被称为“机器人元年”，机器人产业已经成为大数据时代下的“朝阳产业”。未来 10 年，机器人产业将创造数万亿美元的市场，它的高速发展，既可以弥补我国人口红利下降带来的影响，也孕育着中国制造业实现弯道超车的希望。

据国际机器人联合会统计，2013 年外资企业在华销售工业机器人总量达 2.7 万台以上，同比增长 20%。由此估计，2013 年中国市场共销售工业机器人近 3.7 万台，同比增长 60%，总销量超过日本，约占全球销量的 1/5，跃居全球第一大工业机器人销售市场。未来 10 年，中国工业机器人市场还将至少保持 30% 以上的高速增长，中国工业机器人市场潜力巨大。

机械工业经济管理研究院认为，工业机器人产业正在迅速成长，在中国经济转型升级的背景下，具有非常广阔的应用前景。工业机器人将广泛服务于国民经济，助力于机床工具、交通运输、电气设备等装备制造业，改变人类未来的生产及生活方式。长远来看，开拓机器人的应用领域、深度挖掘国内潜在市场，是促进国产机器人产业持续发展的必经之路。

（二）我国机器人产业处于起步阶段

我国机器人研究开始于20世纪70年代，与发达国家相比起步稍晚，直到2000年，中国机器人市场仍几乎为零；2004年，我国机器人进入到起步阶段，并以“七五”科技攻关为契机，特别是在国家“863”计划的支持下，当时市场规模约数千台；2010年至今，我国机器人开始进入快速发展的阶段。中国机器人产业经过30多年的研制、生产和应用，实现了从无到有，由弱变强的重大转变，目前形成了较为完善的产业基础，在应急救援、野外勘测、国防军工、资源开发等领域都发挥了重要作用。

在生产方面，2014年由沈阳新松机器人自动化股份有限公司建立的中国首条用机器人生产机器人的数字化生产线正式投产，年产能可达5000台工业机器人。在销售方面，据中国机器人产业联盟（CRIA）最新统计数据显示，2014年上半年共销售工业机器人超过6400台，是2013年全年销售量的66.8%。预计2014年全年国产工业机器人的销售总量将超过1.2万台，同比增长25%左右。①

在证券市场上，2014年机器人行业也呈现出火热行情，上市公司想方设法涉足机器人行业，仅2014年上半年就有10家上市公司宣布进入机器人领域，相关上市公司的股价也大幅上涨。机器人产业链不断延伸并向高端装备、高新技术行业发展，我国装备智能化步伐也随之加快。目前，机器人时代已快速到来，有望成为我国高端装备中的重要分支，进入快速成长通道。

然而，我国机器人产业与发达国家的差距仍然很明显。首先，在技术方

① 中国机器人产业联盟，http：//cria. mei. net. cn/news. asp？vid＝2080，2015/3/23。

面，关键零部件严重依赖进口，尤其是性能可靠的精密减速器仍无法规模化生产，成为制约降低国产机器人成本的首要因素，目前八成以上的机器人配件需要进口。[①] 其次，在市场方面，占全球市场份额50%的工业机器人四大行业巨头，瑞典的ABB、日本的Yaskawa（安川电机）和Fanuc（发那科）、德国的kuka（库卡）纷纷通过设立分公司及合资公司，抢占中国市场。2014年这四大企业在中国工业机器人市场的占比高达55%，而且仍在不断强化布局优势。目前，全球机器人平均密度值为51，而中国大陆仅为15，明显的差距也象征着无限发展的潜力和增长的空间。

（三）机器人产业的发展桎梏[②]

1. 具有市场影响力的自主品牌尚未形成

当前，由于国内的市场份额大部分被外资品牌机器人占领，推广我国自主品牌工业机器人的任务十分艰巨。瑞典的ABB、德国的kuka（库卡）、日本的Fanuc（发那科）、Yaskawa（安川电机）等知名企业的产品在中国市场占90%；值得关注的是，机器人制造业目前主要由日本掌控，6家日本公司占有了中国市场机器人销售额的一半，仅Fanuc一家，就在我国占有23%的市场份额。国内机器人市场鱼龙混杂，充斥着低端产品的无序竞争。目前，我国和机器人产业相关的公司有400多家，以中小企业为主，仅东莞机器人协会已有80多家机器人企业会员，但多集中于低端市场，难与国外巨头匹敌。而中国领先的4家机器人设备生产企业只占了中国市场的5%。

2. 关键核心部件受制于人

在机器人生产中，伺服系统、减速器和控制器这三大关键零部件决定了产品的性能、质量及价格。虽然我国在工业机器人相关零部件的生产方面有了一定发展，但在质量、批量化供给、产品系列方面都远落后于国外，其中精密减速器和高性能交流伺服电机方面的生产差距更为明显，不仅生产成本

① 精密减速器约占机器人整机成本的31%。

② http://xueqiu.com/3880820784/36834101,2015/3/23.

远高于国外同类产品，生产技术也远落后于国外企业。以安川电机 ES165Kg 为例，6 台精密减速器的总价值约为 2.08 万元，占整机成本的 12%；而同类型的国内产品，6 台精密减速器的成本约为 9.1 万元，占整机成本的比例为 31%。因此，如果要形成国产机器人产业化，必须将关键核心零部件国产化尽快提上日程。

3. 产业化发展有待规范

针对我国对工业机器人的需求越来越大的现状，企业纷纷开始生产工业机器人，但质量却参差不齐。目前，我国上市企业中机器人概念企业有 60 家，跟机器人相关的企业有 140 多家。仍有大量低端制造企业转型生产机器人，这势必造成质低价廉的恶性竞争，造成大多数关键部件研发生产的企业纷纷转型投入整机生产，这就难以形成细化、有序的产业链。因此，需要进一步规范工业机器人产业。

4. 研发激励机制尚需完善

虽然我国有近百家研究生产工业机器人的企业和高校院所，但现行的体制导致研究方面分散、相互独立封闭，彼此不能充分合作，造成研究重复、经费浪费。尽管国家在“十一五”“十二五”期间有多个项目涉及机器人领域，但有效的公共技术平台仍未建立，难以推进产业化进程，因此，需要完善研发和产业化方面的激励政策。

机械工业经济管理研究院认为，国内的机器人产业只有通过不断的技术创新，加快核心部件国产化，规范产业化的发展，建立完善的研发及产业化政策，才能形成在全球市场有影响力的自主品牌，才能拓展机器人产业应用领域，使机器人产业得到持续发展。

五　光伏发电行业连遭贸易壁垒

（一）国内发展现状

在 20 世纪 70 年代，我国光伏产业兴起。直到 2005 年前后，才开始实现真正的大发展。虽然起步较晚，但我国却在短短的6年时间内迅速扩张了光伏产业，企业的发展也受到极大的推动，逐步进入发展的黄金期，2007～2011年产量连续居世界第一，年平均增长率为191.3%，到2011年我国光伏产业已发展成为国际化程度很高、产业规模位列世界前三的新兴产业。

中国是光伏产品的制造大国，拥有全球绝大部分太阳能组件产能。目前，国内市场尚无法消化过剩产能，因此，出口市场仍将占据重要地位。目前新兴市场刚性需求尚未大幅增长，光伏产品的出口国主要是美国、日本和欧盟等发达国家和地区，但我国与欧美等国家的贸易摩擦不断，频繁的贸易争端导致企业的销售目标较难完成，中国光伏企业的国际化发展存在一定阻碍。

2015年3月6日，《国家能源局关于下达2015年光伏发电建设实施方案的通知》，提出“稳定扩大光伏发电应用市场”，全国新增光伏电站规模设定为17.8GW，比2013年实际完成量提升68%，创历史新高。这一政策显示出国家对光伏行业的扶持力度，也就是说，我国对于基建电站的建设和扩张持支持态度，这预示着积极的补贴政策和财政支持。但现在的发展模式以及过度依赖政策等都是我国光伏产业发展的隐患。

（二）国际发展现状

绿色能源工程已作为各国下一步能源产业发展的重要方向。作为一种可持续的清洁能源，由于太阳能可靠、安全、环境污染小，又不受地域限制，使得光伏产业成为新能源领域的新宠，在世界各国受到了广泛关注并得以快速发展。光伏产业正在从欧洲、美国、日本等发达国家和地区开始向全球拓展。世界光伏产业正在以每年31.2%的速度快速增长。

据光纤新闻网（OFweek）[①] 行业研究中心数据显示：到2011年，太阳能光伏发电已成为仅次于风电能和生物质能的第三大可再生能源。根据欧洲联合研究中心（JRC）的预测，到21世纪末可再生能源在能源结构中将占到80%以上，太阳能发电将占到60%以上，可见其重要的战略地位。

---

① OFweek太阳能光伏网，http://solar.ofweek.com，2015/3/24。

德国能源转型以其坚定的发展目标和清晰的发展路径一直备受世界关注。近几年来，德国已经关闭8座核电站，剩余9座将在2022年之前全部关掉。此外，2014年6月德国创造了光伏瞬时出力超过系统负荷50%的奇迹。美国太阳能产业也在快速发展之中，据美国太阳能工业协会（SEIA）发布的美国最新太阳能市场调查报告显示，2014年第二季度，美国太阳能装机量暴涨了21%，达到1133兆瓦。在2014年上半年，在新增发电量中，太阳能发电量占53%，天然气发电量占30%，风能发电量占14%。韩国政府在推动光伏发电产业发展方面不遗余力，并已推出可再生能源组合标准项目。据该项目显示，2015年韩国光伏装机容量目标为1.2GW。韩国地域辽阔，光照条件优越，有强大的市场发展潜力，是继欧洲之后又一重要的新兴光伏发电市场。

（三）产业面临发展瓶颈

1. 遭遇贸易壁垒

从2011年开始，美欧、印度等国相继对中国光伏产品展开反倾销调查，并出台反倾销惩罚措施，使得中国依赖出口的光伏产品受到重创，企业纷纷倒闭。反倾销使中国低廉的劳动成本优势消失，中国光伏产品在国际市场上的价格优势将不复存在。我国高度依赖国外进出口市场的光伏产业弊端显现，产能过剩、产品积压导致大批光伏企业负债，作为国内最大的光伏企业无锡尚德于2013年3月宣布破产。

2. 市场发展严重失衡

严重依赖国外市场是中国光伏产业发展的短板。中国的光伏产品国内需求比例很小，而且增速缓慢。中国是世界第一大太阳能电池生产国，电池的产量接近全球总产量的一半，但是市场格局却严重失衡。一方面，太阳能电池生产原料多晶硅国内产量极小，自给率不到10%，大部分依赖进口；另一方面，90%以上的光伏产品出口到国外市场。目前，国外市场增速放缓，国内市场供需失衡，光伏产品大量积压，各国展开激烈的价格战，使中国光伏企业的盈利能力严重下降。

3. 自主创新能力低

中国光伏产业技术相对落后，创新能力低下。目前的主要技术都是使用国外相对落后的技术，这些技术系统效率低、生产成本高，使中国光伏产业竞争力不足。我国光伏产业尚未建立其全面的研发和创新体系，光伏产品的关键生产设备基本依赖进口。这种状况使中国的光伏产业长期处于光伏产业的市场低端，只依赖规模得以生存，一方面大量进口材料、技术；另一方面把技术含量不高的产品拿去与国际高端产品竞争。而国际光伏产业快速更新换代，技术落后的现状已经严重制约了我国光伏产业的发展。

（四）走自主研发、内需发展的道路

针对我国光伏产业的行业特点、贸易特点，我国光伏产业的发展应走自主研发、扩大国内需求的道路。对我国光伏产业发展的具体政策建议如下。

1. 由“中国制造”向“中国创造”转变

我国现行的出口补贴政策只能短期有利于相关产品的出口，不能从根本上提高光伏产业竞争力，还养成企业的惰性。政府应该逐步减少出口补贴，转而增加对光伏产业的研发投入和人才培养，将大量的补贴用于研发核心技术，通过对核心技术的创新来降低成本、提高转换效率。目前，我国光伏产业仍处于发展初期，而各国差距并不是太大，我国企业必须把光伏发展技术的研发放在更突出的位置，加大创新力度，解决发展的共性技术问题，促进科技成果的转化。

2. 规范进出口政策，不断扩大国内需求

光伏产业贸易摩擦反映出一个问题，即我国经济的增长过分依赖出口，对外的依存度过高。在国内市场需求不足的情况下，企业只能争取出口，抢夺海外市场，这又导致恶意价格竞争。因此，缓解光伏产业贸易争端的根本出路是统筹对外贸易与国内销售的关系，把重心放到扩大内需上来。

与国际市场相比较，国内市场的开发空间巨大，可控性更强。脱离对外需的过分依赖，发展内需，是缓解我国与他国间贸易摩擦的很好的解决方案。解决日趋升级的贸易摩擦的另外一种方式是摆脱被动的局面，成为光伏产业相关标准的制定者。

六　新能源汽车

中国的汽车产销量不断增长，自 2010 年，已连续 4 年位居全球产销量之首，是当之无愧的“汽车大国”。汽车产业的迅速发展在促进我国经济的发展的同时，也带来了一些资源和环境方面的问题。面对这些问题，我国需要加快对新能源汽车的开发，以此来缓解资源、能源及城市的发展与汽车工业的迅速发展之间的矛盾。发展新能源汽车，不仅可以实现节能减排，同时也是加快我国汽车产业转型升级的战略措施。

（一）全球新能源汽车发展概况

新能源汽车的研发与应用正日益成为世界各国共同关注的焦点，所以，加快新能源汽车产业的发展日益成为世界各国共同的战略选择。世界上汽车技术领先的国家都制定了新能源汽车产业发展的政策，并在多个方面给予支持。

但是，在重点扶持领域，各国家各有侧重。如日本着重发展插电式混合动力、纯电动和燃料电池三种电动汽车，以提高产业竞争力。美国则大力推动增程式电动汽车和纯电动汽车的发展，以达到节能减排的目的。而德国原来的重点是放在发展燃料电池汽车和扶持清洁燃料汽车，后来受美国、中国和日本等国对发展电动汽车的影响，特别是目睹上述国家电动汽车技术日益成熟，德国开始转变战略，在政策扶持上改为重点扶持电动汽车，近期通过重点发展纯电动汽车赢得了市场，同时，德国又把氢燃料电池汽车作为为长远发展目标。①

① 陈翌、孔德洋：《德国新能源汽车产业政策及其启示》，《德国研究》2014 年第 1 期。

我国新能源汽车产业始于21世纪初，2001年启动的“863”计划制定了“三纵”“三横”的全方位发展目标①。依据《节能与新能源汽车产业发展规划》，我国计划到2015年新能源汽车将初步量产，2020年实现全面产业化，市场推广的覆盖率居世界前列。新能源汽车一方面，是国家节能减排的重要组成部分，另一方面，被列为七大战略性新兴产业之一，将在政策的指引下重点扶持。

新能源汽车战略在国家的扶持政策下不断推进，在国家的战略规划指导下有了明确的发展方向。同时，我国新能源汽车在发展的过程中积聚了一定的经验，但也暴露出存在的问题。但是，我国新能源汽车发展的前景一片光明，只要适应时代的发展，结合自身的优势，未来新能源汽车将会实现大规模的商业化、产业化。

（二）我国政府的政策扶持

2014年，在新一轮利好政策的刺激下，新能源汽车产销均呈现出“爆炸式增长”。截至2014年6月，新能源汽车产销已超2013年；7月，新能源汽车产量同比增长10倍，达到5799辆；8月，新能源汽车产量同比增长11倍。2014年，在业界被认为是新能源汽车的元年，各种政策的利好对新能源汽车产业的发展起到了显著作用。

2014年以来，多个中央部门颁布了新的新能源汽车补贴政策，全面支持新能源汽车的发展。尤其是2014年7月以来，出台了购置税减免、公务用车新能源化等一系列鼓励政策，表明在政策层面中国新能源汽车产业已进入黄金发展期。例如，2014年8月，财政部、工信部颁布的《关于免征新能源汽车车辆购置税的公告》提到，2014年9月1日起全国正式实施新能源汽车购置税减免政策，这对新能源汽车产业的推广起到了很大的推动作用。中央部门出台的这些扶持政策，极大地促进了优秀品牌的市场推广。

---

① “三纵”指的是纯电动、燃料电池、混合动力；“三横”指的是多能源动力总成控制、动力蓄电池以及驱动电机。

陆续推出的利好政策，打破了国内新能源汽车五年多停滞不前的窘境，为新能源汽车高速发展带来巨大空间。同时也在国家进一步出台的政策和细则的利好下，新能源汽车市场还将继续快速增长。

（三）新能源汽车产业在发展中存在的问题

1. 地方保护严重

目前，新能源汽车的发展过多地依赖于中央和地方政府的补贴，一系列补贴政策在短期内市场效果显著，但是否能够长期推动我国新能源汽车的快速发展，尚待观察。2014 年 9 月，新能源汽车的产销量迅速增长，这与 9 月份实施的新能源汽车免征购置税政策有关，但我国新对能源汽车的需求是否已进入快速增长阶段尚不明确。因此，新能源汽车想要得到快速健康发展，还需要中央政府从宏观的角度出台更多利好措施，从而打破地方保护主义的局面，同时加快充电桩等配套设施的建设。

2. 新能源汽车售价依然偏高

新能源汽车没有明显的价格优势。尽管纯电动汽车享有国家和地方的双重补贴，但是售价还是比较高，比如，比亚迪 E6 去除享有的 11.4 万元补贴后，售价仍旧高达 14 万 ~25 万元，与国产的燃油车价格相比，不具备竞争优势。值得注意的是，消费者更愿意接受插电式混合动力汽车，对于这种意向值得政府和生产商深思。

3. 产能过剩严重

根据中国汽车工业协会公布的统计数据显示，我国新能源汽车的发展还处在初级阶段，并未进入市场大量普及，2013 年中国新能源汽车销量只有 1.76 万辆。为了避免资源和资金的浪费，不可不顾市场需求过早投入规模量产。根据《节能与新能源汽车产业发展规划》，新能源汽车在 2015 年的目标是累计产销量为 50 万辆；新能源汽车在 2020 年目标生产能力为 200 万辆、产销量超过 500 万辆，但根据对各地方政府与各大车企的不完全统计，到 2015 年全国的新能源汽车产能规划已高达 550 万辆，明显超出了目前的产销水平和国家总体规划。

"产能冲动"必然会付出一定的代价。首先，盲目扩产的代价就是产品品质的下降；其次，"产能冲动"也许会造成新一轮的产能过剩。这都会对新能源汽车未来的发展造成重创。产品品质是企业核心竞争力的保障，盲目扩产，会导致零部件供应商资质的参差不齐，将直接威胁到新能源汽车的品质，使产品品质大打折扣，造成企业核心竞争力的丧失，严重者可失去产品市场。而产能过剩对企业也会产生轻则亏损、重则关停的不利影响。目前，国内出现的"新能源汽车热"使很多既无研发能力，又无核心技术的企业希望通过新能源汽车项目谋取汽车生产资质，这不仅有违国家的政策导向，同时也影响了新能源汽车产业的健康发展。①

（四）对于加快新能源汽车产业发展的政策建议

当前，新能源汽车技术与产业发展正处于整体提速期和产业变革期，加速新能源汽车的发展，是促进我国汽车产业转型升级，实现汽车产业从大变强跨越式发展的关键。从国家的角度，国家应完善相关支持政策，加强标准的制定、修订工作，重点完善新能源汽车的国家标准。政府应该坚持市场导向，减少对新能源汽车产业的行政干预，为企业商业模式的创新提供良好的环境。应该推动基础设施建设，倡导多元化投资。从企业的角度，企业应该加大对核心技术的研发投入，不断创新商业模式，顺应当下的发展趋势，推广新能源汽车，开拓新市场。

七　三一重工美国胜诉事件

（一）事件原因

三一集团是一家装备制造企业，主要从事工程机械的研发、生产。主导产品为混凝土机械、挖掘机械、桩工机械、筑路机械、风电设备、起重机

① 李永钧：《新能源汽车的狂欢与隐忧》，《轻型汽车技术》2014 年 11/12 月合刊。

械、精密机床、石油装备、港口机械等全系列产品，是全球装备制造业的领先企业之一。

2012 年 3 月，美国俄勒冈州的一个风力发电厂建设项目——Butter Creek（以下简称 BC 项目）被三一重工在美国的关联公司罗尔斯（Ralls）公司收购。该项目建设的所有审批和许可也被罗尔斯公司依法取得。同年 7 月，美国外资投资委员会（CFIUS）以涉嫌威胁美国国家安全为由，要求罗尔斯公司终止 BC 项目，且在没有得到美国政府允许的情况下，强制出售风电场及建设风场所需设备。随后，CFIUS 下达了命令要求三一退出所有项目的股权，其所有设备不允许转让。9 月 28 日，美国总统奥巴马又追加签发总统令：以涉嫌威胁美国国家安全为由，中止三一的 BC 项目，要求罗尔斯公司必须在 60 天内撤走全部财产和装置，并在 90 天之内撤走该项目的所有投资。

经过慎重考虑，三一重工分别将美国外资投资委员会与奥巴马总统告上法庭。2014 年 7 月 15 日，美国哥伦比亚特区联邦上诉法院合议庭就“三一集团在美关联公司罗尔斯因俄勒冈州风电项目被禁止”诉美国外资委员会和奥巴马总统案做出判决。合议庭一致认定：三一集团在该风电项目中拥有受宪法保护的财产权；奥巴马总统下达的禁止该风电项目的总统令违反程序正义，剥夺了罗尔斯公司在该项目中受宪法保护的财产权。

至此，我国三一集团与美国奥巴马政府关系的深度危机终于平息，三一重工的国际化必将迎来一个崭新的快速发展阶段。这宗案件的胜利，标志着美国以“存在国家安全风险”为由对外资公司展开秘密调查的做法终于被美国司法所不容。三一集团为中国装备制造企业树立了榜样，说明中国企业在美国遭受歧视后，是可以通过拿起法律的武器来保护自己的合法权益。

（二）胜诉原因

当时陷入危机的三一重工，在长达两年的诉讼过程中，通过四步化险为夷。第一步，三一重工完全执行了总统令，60 天之内拆除已经部分建成的风电项目，并恢复原状。第二步，三一重工组建了一个对美国司法系统有深刻理解的律师团。第三步，三一重工的五条诉讼请求直击要害，对总统会的程序正义性的质疑才是核心，这是美国外资投资委员会和美国总统的软肋。第四步，在海外维权的立场上，坚持原则，绝不放弃。

（三）案件意义

三一重工胜诉案件，打赢中企海外维权第一仗。三一集团的胜诉创造了中国企业告赢美国政府的历史。以往中国企业“走出去”都会遇到不公正的待遇，经常不敢站出来维护自身的合法权益，使中国企业很难争得“国际话语权”。此次三一集团的胜诉，为中国企业树立了榜样，说明在海外要敢于拿起法律的武器来保护自己的合法权益，这使“走出去”的中国企业可借鉴学习。

1. 用法律手段解决争端

在国家“走出去”战略的引领下，我国的海外投资在近 10 年发展迅速。中国企业往往斥巨资在国外建新厂、购旧厂，拓展在海外的业务，并以此当作企业的国际化。然而这并不是真正的国际化，换言之，这只是低水平的国际化。真正的国际化是表现为管理制度和文化理念上的国际化。在与当地出现摩擦时，要运用法律手段来解决争议，要懂得用东道国的司法程序解决争议，从而实现在文化上和观念上的国际化。

2. 具有示范效应，为中国企业海外利益维权开辟新路

在海外投资纠纷中，中国企业要主动出击，积极应对，只有积极应对才能维护自身合法的海外投资利益。而且在海外投资这项长期工程中，投资纠纷不可避免，我们需要做的就是懂得维护自身利益，据理力争，持之以恒，将海外利益的维权进行到底。

3. 具有警示作用，给美国外资投资委员会的暗箱操作敲响了警钟

三一集团胜诉奥巴马虽不能改变两年前 BC 项目受阻的最终结果，但是使美国外资投资委员会原本神秘的审查过程增加了透明度，从而对美国政府以威胁国家安全为由来阻止中国企业收购美国商业项目的做法提出了挑战。

中国装备制造业在“走出去”的过程中，存在巨大的国外政治和规则的阻力。三一重工的胜诉，告诉我们要真正实现装备制造业的国际化战略，不仅需要有良好的品牌口碑和产品质量，而且要充分熟悉和把握国外客户需求的独特性，了解并掌握海外市场游戏规则，三一重工的胜诉完成了中国装备制造业“走出去”的关键一步。

法律声明

S 子库介绍
Sub-Database Introduction

中国经济发展数据库

涵盖宏观经济、农业经济、工业经济、产业经济、财政金融、交通旅游、商业贸易、劳动经济、企业经济、房地产经济、城市经济、区域经济等领域，为用户实时了解经济运行态势、把握经济发展规律、洞察经济形势、做出经济决策提供参考和依据。

中国社会发展数据库

全面整合国内外有关中国社会发展的统计数据、深度分析报告、专家解读和热点资讯构建而成的专业学术数据库。涉及宗教、社会、人口、政治、外交、法律、文化、教育、体育、文学艺术、医药卫生、资源环境等多个领域。

中国行业发展数据库

以中国国民经济行业分类为依据，跟踪分析国民经济各行业市场运行状况和政策导向，提供行业发展最前沿的资讯，为用户投资、从业及各种经济决策提供理论基础和实践指导。内容涵盖农业，能源与矿产业，交通运输业，制造业，金融业，房地产业，租赁和商务服务业，科学研究，环境和公共设施管理，居民服务业，教育，卫生和社会保障，文化、体育和娱乐业等 100 余个行业。

中国区域发展数据库

以特定区域内的经济、社会、文化、法治、资源环境等领域的现状与发展情况进行分析和预测。涵盖中部、西部、东北、西北等地区，长三角、珠三角、黄三角、京津冀、环渤海、合肥经济圈、长株潭城市群、关中—天水经济区、海峡经济区等区域经济体和城市圈，北京、上海、浙江、河南、陕西等 34 个省份及中国台湾地区。

中国文化传媒数据库

包括文化事业、文化产业、宗教、群众文化、图书馆事业、博物馆事业、档案事业、语言文字、文学、历史地理、新闻传播、广播电视、出版事业、艺术、电影、娱乐等多个子库。

世界经济与国际政治数据库

以皮书系列中涉及世界经济与国际政治的研究成果为基础，全面整合国内外有关世界经济与国际政治的统计数据、深度分析报告、专家解读和热点资讯构建而成的专业学术数据库。包括世界经济、世界政治、世界文化、国际社会、国际关系、国际组织、区域发展、国别发展等多个子库。